本书获暨南大学“华侨华人研究”
优势学科创新平台资助

国家出版基金项目
NATIONAL PUBLICATION FOUNDATION

教育部人文社会科学重点研究基地
Key Research Institute of Humanities and Social Sciences at Universities
暨南大学华侨华人研究院
Academy of Overseas Chinese Studies in Jinan University

·世界华侨华人研究文库·

马来西亚华人社团研究

石沧金　著

暨南大学出版社
JINAN UNIVERSITY PRESS

中国·广州

图书在版编目（CIP）数据

马来西亚华人社团研究/石沧金著. —广州：暨南大学出版社，2013. 8
（世界华侨华人研究文库）
ISBN 978 - 7 - 5668 - 0617 - 8

Ⅰ. ①马… Ⅱ. ①石… Ⅲ. ①华人—社会团体—研究—马来西亚
Ⅳ. ①D634. 333. 8

中国版本图书馆 CIP 数据核字（2013）第 119457 号

出版发行：暨南大学出版社

地　址：中国广州暨南大学
电　话：总编室（8620）85221601
营销部（8620）85225284　85228291　85228292（邮购）
传　真：（8620）85221583（办公室）　85223774（营销部）
邮　编：510630
网　址：http：//www. jnupress. com　http：//press. jnu. edu. cn

排　版：广州市天河星辰文化发展部照排中心
印　刷：佛山市浩文彩色印刷有限公司

开　本：787mm × 1092mm　1/16
印　张：30. 75
字　数：617 千
彩　插：16
版　次：2013 年 8 月第 1 版
印　次：2013 年 8 月第 1 次

定　价：69. 80 元

吉隆坡暨雪兰莪中华大会堂

雪隆广东会馆

巴生福建会馆

森美兰梅江五属会馆

柔佛新山广肇会馆

拿笃潮州公会

丁加奴兴安会馆

诗巫福州公会

太平仁和公所

万挠高州会馆

太平增龙会馆

美里河婆同乡会

柔佛州南安会馆

诗巫漳泉公会

槟城龙山堂邱公司

隆雪陈氏书院宗亲会

马来西亚黄氏宗亲总会

吉胆岛吕卢高许纪五姓公会

森美兰中华总商会

亚庇中华工商总会

新山咖啡酒餐商公会

马来西亚留台校友会联合总会

马来西亚留华同学会

雪隆精武体育会奠基石

中马钟灵校友会

巴生三一教宗孔堂

居銮真空教道堂

槟城海客园真空祖师道堂

马来西亚一贯道总会大厦

雪隆德教会紫芳阁

亚庇德教会紫瑞阁（旁为六和塔）

马来西亚佛光山东禅寺修持中心

槟城慈济会静思堂

马来西亚佛教总会雪隆分会

马六甲青云亭

槟城极乐寺

马六甲宝山亭

雪隆海南会馆天后宫

芙蓉亚沙仙四师爷千古庙

金宝古庙

吉隆坡南洋同奉善堂

马口黄老仙师慈忠庙

成邦江玄天上帝庙

古晋东岳观

金宝阮梁圣佛庙

美里莲花山三清殿

沙叻秀谭公庙

山打根广泽尊王庙

适耕庄水尾圣娘庙

泗里街玉封探花府

注：以上图片均为作者在马来西亚考察时拍摄。

总 序

在20世纪，华侨华人问题曾经四次引起学术界关注。第一次是20世纪初关于南非华工的问题；第二次是“一战”后欧洲华工问题；第三次是五六十年代东南亚国家出现的“排华”问题；第四次则是80年代中国经济崛起与海外华侨华人关系的问题。每次华侨华人研究成为研究热点时，都有大量高水平研究著作问世，不胜枚举。

进入21世纪以来，随着全球化进程的加速和中国国际化水平的提升，海外华侨华人与中国的发展日益密切，华侨华人研究掀起了新一轮高潮。华侨华人研究机构由过去只有暨南大学、厦门大学、北京大学、华侨大学等少数几家壮大至目前遍布全国的近百所科研院校，研究领域从往昔以华侨史研究为主，拓展至华人政治、华人经济、华商管理、华文教育、华人文学、华文传媒、华人安全、华人宗教、侨乡研究等涉侨各个方面，研究方法也逐渐呈现出多学科交叉的趋势，融入政治学、历史学、社会学、民族学、教育学、新闻与传播学、经济学、管理学、法学等学科方法与视角。与此同时，政府、社会也愈益关注华侨华人研究。国务院侨办近年来不断加大研究经费投入，并先后在上海、武汉、杭州、广州等地设立侨务理论研究基地，凝聚了一大批海内外专家学者，形成了华侨华人研究与政府决策咨询相结合的科学发展机制。而以社会力量与学者智慧相结合的华商研究机构也先后在复旦大学、清华大学等地成立，闯出了一条理论研究与社会实践相结合的华侨华人研究新路径。

作为一所百年侨校，暨南大学在中国华侨华人研究中具有特殊的地位。暨南大学创立于1906年，是中国第一所华侨高等学府。华侨华人研究是学校重要的学术传统和特色。早在1927年，暨南大学便成立了南洋文化事业部，网罗人才，开展东南亚及华侨华人的研究，出版《南洋研究》等刊物。1981年，经教育部批准，暨南大学在全国率先成立华侨华人研究的专门学术机构——华侨研究所，由著名学者朱杰勤教授担任所长。1984年在国内招收首批华侨史方向博士研究生。1996年后华侨华人研究被纳入国家“211工程”1—3期重点学科建设行列，2000年获批教育部人文社会科学重点研究基地（华侨华人研究）。暨南大学于2006年成立了华侨华人研究院，并聘请全国政协常委、国务院侨务办公室原副主任刘泽彭出任院长和基地主任。2011 年，学校再次整合提升华侨华人研究力量，将华侨华人研究院与国际关系学系（东南亚研究所）合并成立国际关系学院/华侨华人研究院，继续聘请刘泽彭同志出任华侨华人研究院院长和基地主任，由华侨华人与国际问题研究知名专家曹云华教授出任国际关系学院院长兼华侨华人研究院执行院长。同时，学校还加大科研经费投入，努力打造“华侨华人研究优势学科创新平台”。研究院在加强自身科研能力的基础上，采取以研究项目、开放性课题为中心，学者带项目、课题进院的工作体制，致力于多学科和国际视野下的前沿研究，立足于为国家的改革开放和现代化建设服务，为社会服务，为政府决策咨询服务，努力将之建设成为世界一流的学术研究机构和人才培养基地。

值华侨华人研究在中华大地百花齐放、百家争鸣之际，为进一步彰显暨南大学科研特色，整合校内外相关研究力量，发掘华侨华人研究新资源，推动华侨华人研究学科的发展，学校推出“世界华侨华人研究文库”。本套丛书的著作多为本校优势学科的前沿研究成果，作者中既有资深教授、学科带头人，也有学界新秀。他们的研究成果从多学科视野探索了国内外华侨华人研究的一些新问题、新趋势，具有较高的学术价值和现实意义。

本套丛书的出版得到学校领导的大力关心与支持。学校从“211 工程”经费中拨专款予以资助。国际关系学院/华侨华人研究院领导与部分教师也付出了艰辛的劳动，他们在策划、选题、组稿、编辑、校对等环节投入大量精力。同时，暨南大学出版社对丛书出版也给予高度重视，组织了最优秀的编辑团队全程跟进，并推荐丛书申报国家级优秀图书。在此，我们对所有为本丛书出版付出宝贵心血与汗水的同仁致以最衷心的感谢！

最后，我们期盼本丛书的出版能在华侨华人研究领域激起一点小浪花，引来国内外同行更加深入、广泛的研究，为学界贡献更多高水平的成果！

《世界华侨华人研究文库》编委会

2013 年 8 月

序　一

马来西亚华人研究的领域相当多样，其中包括政党组织、历史人物、籍贯人口、文学美术、民俗宗教、性别研究等。这些课题，是荦荦大者，三十年来累积起来的著作也相当丰富，历年来杰出的学术著作亦不少。这与近年来马来西亚政府致力于高等教育的发展，以及学术群体的形成与努力有关联。华人社团（以下简称华团）研究历来是华人社会注重的议题，但由于资源与能力所限，大多还集中在研究的初级阶段，即资料的收集和编纂，或是在报刊发表即时评论文章，甚少有系统性的论述。诚然，科学上创新的难点，在于系统性论述的建立和发表。马来西亚华团研究资料未全，理论的建构就更加谈不上了。

石沧金教授的《马来西亚华人社团研究》弥补了这个明显的缺憾。本书除了提供一个严谨的理论架构之外，更重要的是搜集了马来西亚华团重要的资料并给予详尽的论述。看目录，可以窥见一个具严密性和系统性的章节结构，其带出一个清晰的主题。再看内容，作者积累了多年来收集的文献，查阅了大量资料，丰富了思维。石沧金教授利用这些丰富的资料进一步说明马来西亚华团的进步性和保守性。《马来西亚华人社团研究》的学术价值即在于此。

目前估计在马来西亚约有 9 000 个华团。马来西亚华团组织，是华人社会的“三大支柱”之一，其他两大支柱是华文报刊和华文教育。这些组织群体都是凝聚华人民间力量的重要工具；华人社会之所以能够在政治逆流中不被淘汰，这些民间组织所发挥的作用不可抹杀；中华文化能够在马来西亚的风雨飘摇中不断扎根，这些社会组织亦贡献良多。拥有多元族群、宗教与文化的马来西亚社会之所以比邻国稳定，政府与华团之间的沟通和关系的建立是关键。在重大的相关课题上，传统华团领导舆论的作用还是有的，虽然其民间权威性在目前政治理念分化之趋势下似已开始式微。

马来西亚华人传统的“三缘”社团组织，以地缘性社团、血缘性社团、业缘性社团占主体，其宗旨与目的，不外乎是保护乡亲利益、排解纠纷，绝大多数以联谊性与捍卫组织利益为大宗，甚少具有现代意义的利益集团所具备的利他主义的特征。如今进入全球化阶段，这些非政府组织所扮演的角色是否应该有所改变？随着马来西亚国内各族人口结构的变化，其组织结构、功能如何适应？所谓“超越政党，超越政治”的立场又如何在一个渴望民主化、现代化的国度里调适？这些的确是耐人寻味的问题。数十年来华团兴革转型之声不断，但成效并不显著，目前马来西亚国内有另一种改革思想迅速窜起，华团不进则退的窘境则更不言而喻了。

石沧金教授是历史学出身，长年关注海外华人研究议题，学术著作成就斐然。他是马来西亚的常客，到马的目的，首先是收集有关华团资料，其次就是讲学。这两项工作很自然地使马来西亚华人学术界能够与他相识相知。我希望他这本《马来西亚华人社团研究》能够在马来西亚华人社会广泛流传，因为里面确实有许多真知灼见，可以提供给华团作为参考，在这个资讯时代的转型道路上，或许能使华团的时代角色更具意义。

何启良

马来西亚拉曼大学中华研究院院长、教授

2013 年 6 月

序　二

马来西亚华人社团（以下简称华团）是马来西亚华人社会中最基本的社会组织。每天的马来西亚华文报刊都刊登有关华团的新闻。华团是华文报刊的重要广告客户，更是华文学校及福利事业的重要捐款者。华人是善于结社的社会群体，截至2010年8月3日，在马来西亚社团注册局注册的华团总共有10 230个，其中宗教团体的数目高达5 194个，非宗教性华团共5 036个。后者可分为12类，包括：①综合性团体（例如中华大会堂或华团联合会）；②地缘性团体（例如福建会馆）；③血缘性团体（例如陈氏宗亲会）；④业缘性团体（例如中华总商会、中医师公会）；⑤教育团体（例如华校董事联合会总会、华校教师会总会）；⑥学缘性团体（例如南洋大学校友会）；⑦文化团体（例如文化协会）；⑧青年团体（例如青运）；⑨妇女团体（例如妇女励志社）；⑩慈善福利团体（例如广东义山、华人残障协会）；⑪体育、休闲及联谊性团体（例如精武体育会、桃源俱乐部）；⑫其他（例如环保协会、马中友好协会、民众图书馆）。

马来西亚华团基本上可归纳为六大体系，即：①综合性华团（以马来西亚中华大会堂总会及各州中华大会堂或华团联合会为代表）；②马来西亚中华总商会及各州属中华总商会；③马来西亚华校董事联合会总会（简称董总）及马来西亚华校教师会总会（简称教总），加上各州属之华校董事联合会及华校教师公会；④全国约数十个之地缘性及血缘性社团联合会；⑤学缘性团体联合会；⑥全国性文化、青年、宗教等领域之代表性总会。初步估计，较为活跃的华团有2 000多个（包括马来西亚各州华团），其中具有影响力的全国性及各州华团则不超过400个。华团在华人社会及国家事务（包括社经文教等领域）中都扮演着特定之角色。

所有华团在本质上都是利益团体，以服务会员与维护公众利益为宗旨。开放与民主机制、科学的研究与调查、维护正义与人民利益的立场都是广义的利益团体之“公共性格”或核心价值。华团公共性格之体现是全球朝向公民社会迈进的必然结果。公共性格的发扬有助于民间与政府之互动，思想之翻新和社会之进步。华团领导机构更须以自主的姿态与政府或政党互动，不能沦为“倾向政府或政党”之单位。华团发展的格局是局限于旧框框，自我设限，还是积极发挥公民社会功能，很大程度上取决于华团领导人的素质及会员的诉求。

马来西亚华团研究是马来西亚华人社会研究的一个不可缺少的重要领域，具有重大的学术意义和社会现实意义。我们很高兴石沧金博士选择华团作为研究主题，并于2005年首次出版《马来西亚华人社团研究》，内容涵盖各类型华团发展史略、内部机制与主要组织机构、华团与华人社会（包括华团的政治参与、华团与华文教育、华团与华人文化）及华团名录等，提供了相当全面的马来西亚华团基本资料，具有很高的参考价值。华团研究涉及之层面极广，例如，华团传统角色的开拓与超越、华团统合与凝聚力、华团人物与发展格局、华团领导机构与影响力、华团与公民社会、华团与政府的关系、公民运动与华团转型等课题都是值得深入探究的方面。石博士曾于2011年至2012年到马来西亚讲学和研究（为期一年），并走访马来西亚多个地区，进行田野考察和资料收集，对华团和民间组织有亲身的体验与了解，对华团传统功能之继承与超越也有不少感悟。

马来西亚华人社会面对研究人员不足等条件之局限，我们欢迎更多学者前来开展关于华团研究的相关工作，深化和开拓华团研究之理论建设及行动方案。《马来西亚华人社团研究》之再版令人欣喜，显示了石博士之研究成果深获各界之重视，对今后的华团研究更能起促进作用。我谨此恭贺《马来西亚华人社团研究》之再版，并乐于推介此书予各界人士。

刘崇汉

马来西亚华人学者，原马来西亚

中华大会堂总会副总执行秘书

2013年6月

目　录

绪　论

一、选题意义及研究现状

（一）选题意义

东南亚地区是世界上华侨华人社团较为集中、活跃的地区（在20世纪60年代以前更是如此），而马来西亚国内不仅华人社团林立，而且特别活跃。根据2005年马来西亚政府社团注册局的统计资料显示，当年共有华人注册社团7 937个。目前估计已超过10 230个。[①] 在东南亚，甚至在全世界，马来西亚华人社团的历史起源可能最早，其发展脉络也较为典型。因此，研讨马来西亚的华人社团，考察马来西亚华人社团历史沿革的规律、特点，分析其在马来西亚的历史，特别是在当地华侨华人社会历史发展中的作用及影响，有着重要的学术价值和现实意义。而目前对马来西亚华人社团进行全面深入系统研究的学术专著仍然付之阙如，因此，我们力图弥补这一学术研究的缺憾。

（二）研究现状

海内外许多专家学者对马来西亚华人的历史，以及华人社团的发展，都曾给予关注，并做过比较深刻的研究。故此，涉及马来西亚华人社团研究的论文、著作比较丰富，有关马来西亚华人社团的研究成果也颇丰硕。

1. 新马地区的整体性研究概况

在新马地区，专门研究当地华人社会，尤其是专门研究当地华人社团的著作也很多。从事相关研究的许多学者本身就是当地华人。相较而言，在新马地区，研究新马（乃至东南亚）华人社会和当地华人社团的学术成果可说数量最为丰富，学术价值也最高。其中，《马来西亚华团简史》（马来西亚中华大会堂总会，1999年）一书中，分别记述了190多个马来西亚各类型华人社团的简史。此书开始部分还对马来西亚华人社团作了整体上的简要论析，并重点介绍了马来西亚

---

① 《星洲文化空间》，《星洲日报》副刊，2011年8月7日。

中华大会堂总会（简称“华总”）。《马来西亚华人社团辞典》（吉隆坡：一钱研究机构，1980 年）将华人社团分为地缘、血缘、业缘、总会、医药、体育、文娱、校友会、华教等类型，分别介绍了相关类型重要社团的简史，具有一定的参考价值。王赓武的著作《东南亚与华人——王赓武教授论文集》（姚楠译，中国友谊出版公司，1987 年）、《中国与海外华人》（天津翻译中心译，香港商务印书馆，1994 年）、《王赓武自选集》（上海教育出版社，2002 年）等，崔贵强先生的著作《新马华人国家认同的转向 1945—1959》（厦门大学出版社，1989 年）等，以及郑良树的许多著述中，就东南亚地区华人社会、马来西亚华人社会进行了深刻、精辟的研究与阐释，有助于学界获得对马来西亚华人社会和华人社团较为深入的总体性理解。

吴华先生在新马地区研究华人社团的华人学者中无疑占有重要地位。他的相关著作主要有：《马来西亚华族会馆史略》（新加坡：东南亚研究所，1980 年）、《新加坡华族会馆志》（共三册，新加坡：南洋学会，1975 年）、《柔佛新山华族会馆志》（新加坡东南亚研究所）等。对于研究新马地区的华人社团，吴华的上述著作非常重要，尤其在史料方面。可惜的是，《马来西亚华族会馆史略》一书只论述马来西亚华人的地缘性社团，同时，它也和吴华的其他相关著作一样，重于“志”，重于记述。除上述著作之外，吴华编著的《柔佛州华族组织概述》（新加坡：陶德书香楼、东南亚华文资料中心，2002 年），对马来西亚独立前后的柔佛州华族乡团组织、柔佛州逾百年历史的会馆、潮客两帮最早的会馆、柔佛州商业团体进行了概述，并对柔佛新山的华人会馆特刊作了简介。吴华还有一篇论文《大马华族社团的发展与功能》（载《“马来西亚华人”专论》，抽印本），此文分地缘性组织、血缘性组织、业缘性组织、综合性组织等社团类型，按照草创（1801—1890 年）、发展（1891—1941 年）、停顿（1941—1945 年）、复兴（1946—1957 年）、蜕变（1957—1983 年）5 个时期，简要论述了 20 世纪 80 年代中期之前马来西亚华人社团的发展。

彭松涛主编的《新加坡全国社团大观（1982—1983）》（新加坡：文献出版公司，1983 年）是记载、研究新加坡华人社团历史发展的一部非常重要的著述。这部书对新加坡的所有社团进行了归类，记载了众多社团的发展历史，并简要研究了其发展概况。新加坡是以华人为主体的国家，华人社团具有非常重要的地位，因此，作为一部工具书，《新加坡全国社团大观（1982—1983）》一书对研究新加坡华人社团来说必不可少。新加坡华人会馆沿革史编辑委员会、新加坡宗乡会馆联合总会、国家档案馆、口述历史馆编著的《新加坡华人会馆沿革史》（新加坡新闻与出版有限公司，1986 年）对研究新加坡华人会馆的历史，也有一定的史料参考价值。

由林水檺、骆静山合编的《马来西亚华人史》（马来西亚留台校友会联合总会，1984 年）和由林水檺、何启良、何国忠、赖观福合编的《马来西亚华人史新编》（马来西亚中华大会堂总会，1998 年）是两部集合了众多学者研究成果的重要著作。《马来西亚华人史新编》应该是在《马来西亚华人史》的基础上扩充、增补而成。在《马来西亚华人史新编》中，各有关学者从社会、人口、政治、教育、经济、华人新村、文化思想、报刊、文学、地缘性社团（乡团组织）、宗教等各方面，全面诠释了马来西亚华人的历史。其中，在第二十三章和第二十四章，刘崇汉专门分析研究了马来西亚华人的地缘性社团（刘崇汉称之为“乡团”），并提出了许多重要观点和见解。《马来西亚华人社团》（载《南洋学报》第 53 卷，南洋学会，1998 年 12 月）是刘崇汉所作的另外一篇全面研究马来西亚华人社团的著述。在文中，他界定了华人社团的概念，归纳了马来西亚华人社团的类别和数目，分期简析了其发展史，并指出了其发展所面临的挑战。

李雄之（横眉）先生长期在华团内担任要职，对华团内部事务了解稔熟。他的三部著作《烟雨华团》（第一部和第二部由李雄之分别于 2000 年、2006 年出版，第三部由雪隆李氏宗亲会于 2011 年出版）是研究马来西亚华团内部机制问题的必读作品。

吴云龙的著作《遭遇帮群：槟城华人社会的跨帮组织研究》（新加坡国立大学中文系、八方文化创作室，2009 年）主要从早期槟城华人社会历史上两个重要的领导性华团——平章会馆和中华总商会入手，分析福广两帮错综复杂的关系。该书曾大量引用早期槟城华人社会历史上重要的华文报纸《槟城新报》中的珍贵资料，增强了文章的研究力度和可信度。颜瑞章主编的《居銮华人社团简史》（新山新文学印务社，1975 年）主要对柔佛居銮地区的华人社团历史作了简析。《晋汉省华人社团简史》（古晋：晋汉省华总，1999 年）简析了砂拉越晋汉省的华人社团历史。

陈铁凡、傅吾康编的《马来西亚华文铭刻萃编》（共三册，马来亚大学出版部，1985 年）对研究马来西亚华人历史包括华人社团历史而言，是极为重要的原始史料。刘崇汉编著的《彭亨华族史资料汇编》（彭亨华团联合会，1992 年）和田汝康著述的《砂拉越华族社会结构与形态》（第二版）（吉隆坡：华社资料研究中心，1991 年）也是集合相关研究和资料的重要著作。而《第四省华人社团联合会会员资料汇编》（美里：第四省华人社团联合会，1987 年）、《诗巫省华团手册 2002—2003》（诗巫省华人社团联合会，2003 年）、房年胜主编的《诗巫华人社团大观》（诗巫省华人社团联合会，1995 年）则保存了砂拉越诗巫地方华人社团的许多珍贵资料。另外，由各马来西亚华人社团组织本身所编辑、出版的纪念特刊，也是比较重要的原始研究材料，在此恕不一一列举。

2. 中国大陆、台湾等地区以及其他国家的整体性研究概况

在中国大陆，林远辉、张应龙的《新加坡马来西亚华侨史》（广东高等教育出版社，1991 年）是研究新马华侨史的重要著作。在此书中，作者将新马地区的华人社团分为地缘组织、血缘组织、业缘组织等几类，以专门的章节加以论述，提出许多重要见解。李明欢所著《当代海外华人社团研究》（厦门大学出版社，1995 年）是中国大陆第一部全面系统研究海外华人社团的重要著作。该书从其产生的历史条件、组织形态、经济机制、社会功能等几个方面入手，分析探讨当代海外华人社团的发展。许振礼和方雄普编著的《海外侨团寻踪》（中国华侨出版社，1995 年）一书也分“侨团溯源”、“历史功绩”、“旧瓶新酒”、“史料钩沉”4 个部分，多角度分析、论述海外华人社团，该书具有重要的研究价值，尤其是史料价值。周南京主编的《华侨华人百科全书》（中国华侨出版社）和《世界华侨华人辞典》（北京大学出版社，1993 年）及庄炎林、武杰主编的《华侨华人侨务大辞典》（山东友谊出版社，1997 年）等工具书中，收录了研究世界华人社团包括马来西亚华人社团的许多重要学术成果，而且，其重要的资料价值也是不言而喻的。庄国土的著作《华侨华人与中国的关系》（广东高等教育出版社，2001 年）中，也有对海外华人社团的深入论述。赵和曼主编的《广西籍华侨华人资料选编》（广西人民出版社，1990 年）收录了有关马来西亚桂籍华人社团的许多原始资料及部分研究文章。曹云华等人的《东南亚华人的政治参与》（中国华侨出版社，2004 年）、曾玲的《越洋再建家园——新加坡华人社会文化研究》（江西高校出版社，2003 年）等著作中，也有关于新马华人社团较为深入的论析。

此外，在中国大陆，有很多著述行文时对马来西亚华人社团略有涉及，此处不再详述。至于在广东、福建、海南、广西等华侨华人比较集中的祖籍地，各省、市、县都有专门编辑和出版的当地的《华侨志》，其中，或多或少有涉及华人社团包括马来西亚华人社团的内容。

在港台地区，研究马来西亚华人社会，探讨马来西亚华人社团历史发展的著述也不少，如：麦留芳著《方言群认同：早期星马华人的分类法则》（台北：“中央研究院”民族研究所，1973 年）、黄枝连著《东南亚华族社会发展论》（上海社会科学院出版社，1992 年）、李威宜著《新加坡华人游移变异的我群观：语群、国家社群与族群》（台北：唐山出版社，1999 年）、麦留芳著《星马华人私会党的研究》（张清江译述，台北：正中书局，1985 年）等都是研究和论述新马地区华人社会的重要著作。有关专家和学者在著述中采用的研究方法和研究时所持有的观点，值得借鉴。

陈琮渊的学位论文《砂拉越诗巫华人社团联合会研究（1977—1997）》（台

湾淡江大学东南亚研究所硕士学位论文)，研究1977—1997年间的砂拉越诗巫华人社团联合会。作者认为，“二战”后砂拉越华人社团的发展与演变受到一定的政治、经济、文化因素的影响，其组织形态也呈现时代的特征，足以印证外在环境变迁造成人类团体改变的观点。文章重点分析了联合会的成立背景、内部组织架构及外部网络关系。文章还从政治参与、经济活动、教育文化、社会公益等几个角度，论述了砂拉越诗巫华人社团联合会的社会功能及时代意义。

此外，何凤娇主编的《东南亚华侨资料汇编》(一)(台北：国史馆，1999年)、杨建成主编的《30年代南洋华侨团体调查报告书》(台北：中华学术院南洋研究所，1984年)以及《30年代南洋华侨领袖调查报告书》(台北：中华学术院南洋研究所，1983年)和《30年代南洋华侨领袖调查报告书》(续编)(台北：中华学术院南洋研究所，1983年)等，在相关研究和相关资料搜集方面，都是很重要的著作。

国外其他国家和地区也有许多重要的研究华侨华人的学者，他们的研究成果也是很值得重视的。作为著名的研究华人华侨的华人学者，颜清湟的相关学术成果非常有影响力。他所著述的《新马华人社会史》(粟明鲜等译，中国华侨出版公司，1991年)一书，具有很高的学术价值。此书主要从社会学的角度出发，分析了“华人社会的形成”、“方言组织”、“宗亲组织”、“秘密会社与社会结构”、“阶级结构与社会的变动”、“社会分化与社会冲突”、“社会问题及其控制”、“文化与教育”等诸多问题，对1800—1911年的新马华人社会进行了比较深刻和客观的分析研究。书中对新马地区华人地缘性社团(方言组织)和血缘性社团(宗亲组织)及秘密会社的分析研究，对相关研究者而言颇具启示性。

此外，研究华人社团，尤其是研究马来西亚华人社团的论文数量非常多。许多论文具有比较高的研究价值，观点新颖，见解深刻，分析研究问题的方法多种多样。限于篇幅，此处不再一一列举。

3. 专题、个案研究概况

在整体性研究不断积累、日益深化的过程中，专题和个案研究的增多，更进一步增加了马来西亚华人社团研究的深度和广度。

在马来西亚各类华人社团中，地缘性社团和方言团体占有最大的比例，也较为活跃。因而，学术界也给予了较多关注。何启良的《马来西亚华人宗乡会馆“封闭”和“开放”的两难》(毛策：《郑良树研究》，北京图书馆出版社，2002年)以雪兰莪潮州八邑会馆创建“学术文艺出版基金”为例，简要论述了马来西亚地缘性社团的历史和发展现状。陈美华的论文《族群、历史与认同——以马来西亚客联会的发展为探讨》(《马来西亚华人研究学刊》2008年第11期)探讨的主题是马来西亚客家族群的认同问题。作者选取1979年成立至2004年的马来西亚客家公会联合会为研究对象，采用了广义的田野调查和访谈法，配合文献资料的搜集整理。作者总结认为，“客联会”的宗旨及目标乃凝聚华人认同感，一方面维护族群本身的生存与利益；另一方面巩固并强化华人整体的团结意识，同时达到凝聚客家次族群的内部关系、华人族群的内部关系，以及马来西亚国家的内部关系之三重“向心”的作用与功能。而其客家认同，可以从族群认同、文化认同和国家认同三个方面来理解。陈亚才的《马来西亚宗乡社团发展动向的观察与探讨》（《资料与研究》，吉隆坡：华社资料研究中心，1994 年第 8 期）探讨了 1990 年代初期马来西亚宗乡社团的发展动向。谢剑、陈美萍的《族群认同与文化适应：以马来西亚吉隆坡及雪兰莪地区客家社团的发展为例》（《第四届世界海外华人国际学术研讨会论文集》，台北：世界海外华人研究学会、“中央研究院”中山人文社会科学研究所，2001 年），以雪隆地区客籍社团为例，探讨了马来西亚客家人的族群认同与文化适应问题。台湾学者江柏炜的《海外金门会馆调查实录》（马来西亚篇）（金门县文化局，2007 年）主要分析了近代金门的海外移民和金侨的分布、东南亚金门人会馆的成立、马来西亚的金门人会馆。其中，作者重点分析了巴生、浮罗吉胆、马六甲、巴株巴辖、古晋等地的金门会馆。作者在实地考察的基础上写成此书，其研究成果既具有一定的特色，也有一定的参考价值。江柏炜的另一著作《星洲浯民：新加坡金门人的宗乡会馆》（第二版）（金门县文化局，2012 年）专门研究新加坡的金门会馆。作者以长期的田野考察、丰富可信的资料为基础，从金门会馆历史演变入手，比较系统地分析金门人的移民史、职业、认同以及与祖籍地的关系等重要问题。厦门大学南洋研究院 2009 级博士生林联华的博士学位论文《马来西亚福建籍华人地缘性社团研究》，主要研究马来西亚闽籍乡团组织的历史，更重要的是，探讨了闽籍乡团组织在政治、文化、教育等领域的重要作用。作者利用厦门大学的经费资助，到马来西亚各重要闽籍乡团中进行考察，并对一些乡团领导层进行采访，获得了第一手资料和观感。谢爱萍主编的《马来西亚广东人研究论文集》（马来西亚雪隆广东会馆，2007 年）中，收录有多篇研究粤籍会馆的论文，它们大多是作者经过田野考察后进行的探讨，具有一定的参考价值。

对宗教团体的研究，相关的著述也很多。朱金涛的文章《100 年来的吉隆坡华人寺庙》（《雪兰莪中华大会堂庆祝 54 周年纪念特刊》，雪兰莪中华大会堂文教委员会，1977 年），简析了吉隆坡地区的多家华人神庙及宗教组织，包括南天宫、仙四师爷庙、关帝庙、谭公庙、天后宫、钟万公庙、南阳宫、兴义殿、福星祠、威镇宫、弥陀岩、登彼岸、千佛寺、观音亭、雷王殿、地母庙、真空祖师道堂等。朱金涛对吉隆坡华人神庙道堂的分析论述是比较全面的，而且，作者是在实地考察的基础上写成此文，可信度较高。陈志明（Tan Chee-Beng）著的《马新德教会之发展及其分布研究》（苏庆华译，代理员文摘（马）有限公司，1991年）和《马新德教团体》专门研究了新马地区的德教社团组织。陈志明的上述著作是德教会研究的奠基之作。刘伯奎编的《砂拉越之真空教》（寻乌：黄畲山总道堂，1977年）专门分析了流行于马来西亚砂拉越地区华人中的真空教。特别值得提及的是，傅吾康（Wolfgang Franke）的论文《关于三一教的一些看法和它在新加坡、马来西亚的传播》（Orient Extremus，1972 No. 12，1980 No. 27）是他在新马地区亲自调查研究的成果，文章较为系统深入地分析了三一教在新马地区华人中的发展历史，具有较高的参考价值。

2007—2008年，在雪隆海南会馆（天后宫）经费赞助和妈祖文化研究中心的主催下，马来亚大学的苏庆华和刘崇汉率领一批中文系本科生对散布于马国各州的46间天后宫进行田野考察，并对当地耆老进行了口述历史的记录工作。经过整理、编写后，这批研究成果终于以《马来西亚天后宫大观》第一辑和第二辑的形式，分别在2007年及2008年出版成册。这两辑《马来西亚天后宫大观》既保存了马来西亚天后宫的重要原始资料，也为后来者的相关研究提供了极大便利。

对于目前在马来西亚日益活跃的一贯道，苏庆华作了较多的深入研究。他研究一贯道的代表性论文主要有：《马来西亚一贯道的历史及其发展近况》（《马来西亚一贯道总会成立大会特刊》，马来西亚一贯道总会）以及《弘道海外道——一贯道发一崇德在新加坡、马来西亚和泰国的传扬与发展》（《南洋学报》第64卷）等等，前篇以一贯道自1970年代末、1980年代初在马国的发展为起点，介绍各组线之发展概况，特别是各主要组线之佛堂分布与其所主办的一些重要活动。文章重点分析了发一崇德道场、宝光建德道场，进而总结认为：一贯道在马来西亚超过半个世纪的弘扬、阐道历程，绝非平坦无阻。后篇以新加坡、马来西亚、泰国道场的成立为例，分析一贯道“发一崇德”道场在海外的传播发展。

对于在华团中占有重要地位的文教团体，专家学者也作了相关深入研究。廖文辉的《华校教总及其人物》（加影：马来西亚华校教师总会，2006年）重点研究了马来西亚华文教育的重要领导机构之一——教总的历史及相关重要人物。该著分为上篇和下篇两部分。上篇主要论析教总的历史，作者从“母语教育权益的捍卫与争取”、“完整母语教育体系的维护与争取”以及“教总在政治、文化与社团领域的参与”等几个方面，阐述了教总维护、发展华文教育的卓越贡献；上篇也简要分析了华文教育两大领导机构教总与董总的关系，较为客观深入地评价了董教总在马来西亚华文教育发展史上的重要地位。下篇主要介绍分析了教总史上的几个重要人物，他们包括林连玉、沈慕羽、严元章、陆庭谕、庄迪君等人。《华校教总及其人物》是迄今为止较为深入系统研究教总的重要学术专著之一。

教总出版的《教总33年》（马来西亚华校教师总会，1987年）以及董总出版的《董总33年》（马来西亚华校董事联合会总会，1987年）和《董总50年》（钟伟前主编，马来西亚华校董事联合会总会，2004年）在研究马来西亚华文教育、研究董教总方面具有非常重要的史料参考价值。《教总33年》的主要内容包括：教总成立33年以来的图片纪实、历届会务报告、历史文献、属会简介等。《董总33年》的内容主要有：董总各州属会介绍、董总历年重要会议记录选、历年重要文告/声明选、重要备忘录选、文献/文章选编、华教33年大事纪要、大事专题、人物谱。《董总50年》是在参考前两本资料集的基础上充实而成，它增加了1987年以来的大量重要文献，并附有相关的重要统计数据。

黄伟雯的《砂拉越留台同学会之研究（1964—1996）》（诗巫：砂拉越留台同学会，2002年）比较系统地深入研究了1964—1996年之间的砂拉越留台同学会。该著作是黄伟雯将其学位论文进行出版，是作者在实地考察的基础上写出的，历经前后三次田野调查（1999—2001年），深入砂拉越当地的华人社会，通过实地的观察，以及与当地砂拉越留台同学会诸位重要干部的访谈，使论文的分析论述具有较强的可靠性。作者认为，在32年的历史中，砂拉越留台同学会虽然在1960年代不受当地华社重视，但如今已发展成沙华社会推动文化活动与华文教育的重要代表之一。

华团不仅是传统华社的三大支柱之一，与华社在政治、文化、教育等领域的关系也十分密切。学术界在这方面也有很多研究成果，尤其在华团的政治参与方面。祝家丰的论文《权益组织之路：马来西亚华人社团的质变与分化》［何启良、祝家华、安焕然主编：《马来西亚、新加坡社会变迁40年（1965—2005）》，南方学院出版社等，2006年］，以及《国家与马来西亚的非政府组织运动——华人非政府组织在马哈迪时期的转变和分化》（《马来西亚华人研究学刊》2007年第10期）是两篇研究华团政治参与的重要论文。祝家丰认为，在各项政策上，马来西亚政府注重马来议程，因此往往牺牲了华人的权益。而华基政党无法保障在马来霸权下的华人权益，因此，华人非政府组织通过政府的手段来维护他们的权益。这种政治式的参与使华人选民在大选中向国阵政府反映出他们的心声，尤其是在1986年及1990年的大选中。国家领导人认为这种维护权益的方式威胁到他们的政治地位，因而采取各种手段以破坏非政府组织的参与。政府采取国家社团主义的理论，以政治的方式渗透各个组织，国阵领袖以高压方式挑战及边缘化华人非政府组织。总之，国家社团主义支配式的政治介入运作，成功地改变了华人非政府组织的属性，并导致其分化。祝家丰的另一篇论文《国族构建与公民社会的形成：华团的角色》（文平强编：《马来西亚华人与国族构建——从独立前到独立后50年》，吉隆坡：华社研究中心，2010年），探讨了华团在马来西亚独立前后不同阶段的发展，认为随着争取平等权利运动的进展，华团表达的诉求大多摆脱了族裔性的羁绊。以公民权利为基础来争取各项权益的做法，让华团的角色有所转变，从而在国内民权运动中发挥更有益的功能。华团的积极行动也为马来西亚公民社会的形成作出了巨大的贡献。华团角色的转变深具意义，因为借此可以为国族构建的论述增添新的方向，而华团的抗争也冲击了马来西亚国族构建的进程。总之，在迈向一个属于全体马来西亚人的“想望的国家”的道路上，华团肯定仍会继续扮演重要的角色，俾使马来西亚在未来能塑造出涵纳全民的国家意识形态和国族认同。

4. 英文研究著作

英文方面的相关研究著作，主要有：研究新马华人社会的 Wolfgang Moese, Gottfried Reinknetch and Eva Schmitz-Seiber, *Chinese Regionalism in West-Malaysia and Singapore*（《西马和新加坡的华人地方主义》）（Hamburg，1979）；C. S. Wong，*A Gallery of Chinese Capitans*（《华人甲必丹群像》）（Singapore，1963）；R. K. Vasil，*Enthnic Politics in Malaysia*（《马来西亚的族群政治》）（New Delhi：Radiant Publishers，1980）；Mak Lau Fong，*The Dynamics of Chinese Dialect Groups in Early Malaya*（《早期马来亚华人方言群分类法则》）等。上述著述中或多或少都有关于华人社团的研究。从整体上研究东南亚地区华人社团的有：C. P. Filz Gerald，*The Third Chinese Communities in Southeast Asia*（《东南亚第三个华人团体》），Edited by George Hicks，*Chinese Organizations in Southeast Asia in the* 1930*s*（《1930 年代的东南亚华人社团》）（Select Books Pte. Ltd.，1996）等。研究地方性华人社团的著作有 *Morally United and Politically Divided：the Chinese Community of Penang*（《道德联合与政治分裂：槟榔屿的华人团体》），Michael B. Leigh，*The Chinese Community of Sarawak：A Study of Communal Relations*（《砂拉越的华人团体：社群关系研究》）（Malaysia Publishing House Ltd.，1964）等。研究早期华人秘密会社的有：W. Bligthe，*The Impact of Chinese Secret Secieties in Malaya*（《马来亚华人秘密会社的影响》）（Oxford University Press，1969），William L. F. Comber，*Chinese Secret Society in Malaya：A Survey of Triad Society from* 1800 *to* 1900（《马来亚华人秘密会社：1800—1900 年的三合会概览》）等。研究华人宗教社团的有：Bernard Formoso，*DE JIAO：A Religious Movement in Contemporary China and Overseas：Purle qi from the East*（Singapore：National University of Singapore）；Tan Chee-Beng，*Dejiao Associations in Malaysia and Singapore*（陈志明：《马新德教团体》）（Institute of Southeast Asian Studies，1985）等。

综合来看，在尽力充分占有原始可靠资料的基础上，学术界对马来西亚华人社团做了多方面的系统、深入的研究，尤其在关于华团的历史发展及其分期，华团在政治、文化、教育等领域所体现出的社会作用等方面，有了较为成熟的研究成果。在专题研究和个案研究方面，很多相关学术成果也是较为深入系统的，参考价值较高。

华社和华团的不断发展演变，会促使新的问题不断产生。经过不懈努力，更多的原始可信资料也将不断被挖掘出来。因此，我们有理由期待学术界对华社和华团进行更为深入的研究，尤其在华团与华社的关系方面，相信会有更多高质量的研究成果问世。

专题研究和个案研究仍然是需要加强的课题。因为，更为深入系统的专题研究和个案研究的不断涌现，一定会促进和提升对马来西亚华人社团整体性研究的水平。

二、华人社团概念界定、分类及历史分期

（一）华人社团概念界定

本书是对华人社团所做的研究，我们还需要弄清楚社团的概念及社团的分类。

对于“社团”一词，《现代汉语词典》解释为“各种群众性的组织的总称，如工会、妇女联合会、学生会等”；由罗竹风主编的《汉语大词典》对“社团”的解释也是“各种群众性组织的总称”。联系到本书，这种解释有些简单。《中国大百科全书》对“社团”的表述是：“为实现特定目的而建立的社会团体或单位，如学校、商店、科研院所、军队、政党等。社团是社会分工的产物，尤其在资本主义出现以后有了很大发展。”① 如果把这一解释放置于本文中，应该是不太合适的，有不严密、不恰当之嫌。早在 1869 年，当时统治马来亚的英国殖民政府针对华人私会党颁布《镇压危险社团法令》，1890 年又颁布《社团注册法令》，加强对社团组织的管理。1957 年马来西亚实现独立后，或颁布、或修订有关社团法令，以加强对其国社团组织包括华人社团组织的管理。因此，为更科学、更严密地探讨、理解“社团”的含义，还应该着眼于法学方面对这一概念的诠释。由于材料来源所限，我们不能查找出马来西亚国内对“社团”概念的法律界定。刘崇汉先生在《马来西亚华人社团》一文中，有这样的表述：“华人注册社团（简称华团）是基于共同宗旨（包括地缘、血缘、业缘性原则或利益）而建立起来的传统性或非传统性组织。”这种定义主要是一种学术性的定义，而

① 王伯恭：《中国大百科全书》(6)，北京：中国大百科全书出版社，1999 年，第 4720 页。

不是严格意义上的法律定义。

在我国，由邹瑜、顾明主编的《法学大辞典》对“社团法人”的解释是：它是“为实现一定目的，由一定数目社员结合而设立的法人”，“社团法人的设立须有一定数目的社员，须建立组织机构，制定章程，并须经法定机关进行登记后，才可取得法人资格”，“根据社团法人成立的目的，可将其分为营利社团法人和公益社团法人”。[①] 林尹、高明主编的《中文大辞典》对社团的定义是“社团法人的简称”，“社团法人：私法之一二人以上之社员依法律关于社团之规定而成立之法人也。分二种：一是以营利为目的者，曰营利社团；二是以公益为目的者，曰公益社团”。[②] 上述两种概念界定较为科学。

在中马两国关于华侨的双重国籍问题达成协议之前，马来西亚的华人社团更准确地说是华侨社团。而且，本文论述时所涉及的华人社团，在双重国籍问题解决之前，实际上也主要是那些华侨社团。关于“华侨社团”，《华侨华人侨务大词典》中解释为：“早期移居国外的华侨，为了团结互助以联络感情，以血缘、地缘和业缘等为纽带，自发建立起来的一种互助、联谊、自治的社会组织形式。”《华侨华人百科全书·社团政党卷》中对华侨社团作了如此解释：“早期移居国外的华侨，为了团结互助、联络感情、共谋生存与发展，或以血缘宗亲，或以地缘同乡，或以业缘同行等为纽带，自发建立起来互助联谊与自治的社会组织形式；它源于中国明清时代出现的秘密会社及以后的会馆，有其社会、政治和经济上的根源。”[③] 这些解释，对早期的华侨社团来说，比较全面，也比较准确，不过，不是严格意义上的华人社团的概念。目前，在马来西亚，根据政府有关法令的规定，马来西亚人享有结社自由，但合法的社团组织成员人数必须在 7 人以上，并在国家社团注册局登记并获准注册。至于本文中所研究的华人社团，主要指那些非营利性质的群众性、公益性、合法注册的华人组织。

（二）华人社团的分类

海外华人社团的分类也是一个较为复杂的问题。首先，在不同的历史发展阶段，海外华人社团的分类有所不同。早期新加坡、马来西亚的华人社团大体被分为方言组织、宗亲组织和秘密会社三大类（参见颜清煌：《新马华人社会史》）。而西方学者中，有人将华人社团分为传统主义、现代主义和激进主义三大系统；有人分为中式社团和西式社团两大类；又有些学者将华人社团按其主要功能分成

---

① 邹瑜、顾明：《法学大辞典》（6），北京：中国政法大学出版社，1991 年，第 818 页。
② 林尹、高明：《中文大辞典》（23），台北：中国文化学院出版部，1968 年，第 10236 页。
③ 谢成佳：《华侨华人百科全书·社团政党卷》，北京：中国华侨出版社，1999 年，第 1 ~ 2 页。

20类，除了传统分类之外，还分成武术团体、医药团体、艺术团体等等。在我国，一些学者将海外华人社团分为血缘、地缘、业缘、会党和联谊等5类；台湾侨史学界则将华人社团分为综合团体、乡族团体、社会团体、职业团体、文教团体、政治团体、救国团体等七大类。在这些名目繁多、着眼点不同的分类中，最基本的有3种，即地缘性组织、血缘性组织和业缘性组织。

1981年，马来西亚政府修正后的社团注册法令规定，社团组织分为3类：联谊团体、政治团体和政党。目前，马来西亚政府社团注册局把注册社团分为13类，即：①宗教团体；②社会福利团体；③联谊与休闲团体；④妇女团体；⑤文化团体；⑥互助团体；⑦商业团体；⑧体育团体；⑨青年团体；⑩教育团体；⑪政党；⑫职业团体；⑬一般性团体。马来西亚有些学者将本国华人社团划分为6类：①作为核心领导机构的马来西亚中华大会堂总会（简称“华总”），其成员包括马来西亚13个州的中华大会堂或华人社团联合会；②马来西亚中华工商联合会（简称“商联会”），其属会包括马来西亚各地的中华工商总会；③马来西亚华校董事联合会总会（简称“董总”）和马来西亚华校教师联合会总会（简称“教总”）（两者合起来简称“董教总”），成员包括马来西亚各地华校董事联合会和华校教师联合会；④地缘性社团和血缘性社团组织联合会，包括数十个地缘性社团联合会和血缘性社团联合会；⑤学缘性组织联合会，包括马来西亚留台校友会联合总会、马来亚南洋大学校友会、马来亚大学中文系毕业生协会和马来西亚华校校友会联合会总会；⑥全国性文化、青年、宗教等方面的华人社团组织，包括马来西亚华人文化协会、佛青、青运、青团运、佛总、道总等。[①]

颜清湟先生和我国一些学者的划分方法，对本书而言较为科学、合理，其他的划分方法多具借鉴意义。因此，关于马来西亚华人社团组织，本书中将把它们大致分为如下几类：地缘性社团（方言会馆或乡团）、血缘性社团（宗亲会馆）、业缘性社团、文（学）缘性社团、宗教社团、秘密会社等。对于政党组织，本书基本不将其作为研讨对象。需要补充说明的是，极少数的马来西亚华人社团，尤其是早期的少数会馆，由于诸多原因，其具体建立时间已不可考。对这些社团，文中一般只记录其大概的创建时间。1889年海峡殖民地政府颁布社团法令后，有些社团又只有其获准注册的时间，文中对于它们成立、创建的时间以获准当地政府注册的时间为准。至于有些社团的创建时间在不同史料中记载有别，则确定其创建时间时，以较原始的史料中所记载的时间为准，尤其是以社团本身或其总会所编辑、出版的纪念特刊中所记录的创建时间为准。

---

① 言路、齐进：《华团须勇于落实结盟策略》，《星洲日报》，2001年8月31日。

（三）华人社团的历史分期

关于马来西亚华人社团的历史发展进程，许多学者在缜密研究的基础上，曾对其进行分期。如，著名的新马华人社团研究专家吴华先生在其著作《新加坡华族会馆志》中，将新加坡华人社团的历史发展分期为：①草创时期（1819 年新加坡开埠至 1890 年）；②发展时期（1891—1941 年）；③停顿时期（1942—1945 年）；④复兴时期（1946—1957 年或 1946—1959 年）；⑤蜕变时期（1957 年或 1960 年至 1983 年或至今）。[①] 在其论文《大马华族社团的发展与功能》中，吴华先生对新加坡华人社团历史发展的分期作了同样的划分。关于“二战”后新加坡华人社团的历史分期，吴先生将其划分为两个阶段，我们认为，这种划分过于详细，而且，1960 年以后，吴先生称之为“蜕变时期”，“蜕变”的说法是我们所不敢认同的。况且，吴先生只是将新加坡华人社团的历史发展作了分期，未对整个马来西亚华人社团的历史发展进行分期。

在《马来西亚华人史新编》第二十三章和第二十四章，刘崇汉先生分别以“独立前华人乡团组织”、“独立后华人乡团组织”为题，以 1957 年马来亚独立为基准，将马来西亚华人地缘性社团（刘先生称地缘性社团为“乡团”）历史发展分为“独立前”、“独立后”两个时期进行分析。在这两个大的历史分期中，刘先生又作了更详细的划分。对于独立前马来西亚华人地缘性社团的发展，刘先生又划分为 4 个时期：①草创时期（1890 年以前）；②发展时期（1890—1941 年）；③停顿时期（1941—1945 年）；④复兴时期（1945—1956 年）。[②] 这种划分和吴华先生的相同。对于“独立后”马来西亚华人地缘性社团的发展情况，刘先生划分为以下 3 个时期：①巩固与发展时期（1957—1969 年）；②整合与开拓时期（1970—1989 年）；③寻求扩大组织时期（1990—1996 年）。[③] 在《马来西亚华团简史》中，刘先生撰写的《马来西亚华人社团概述》一文，又对整个马来西亚华人社团的历史发展进行了分期，大致相同于前述对华人地缘性社团的分期：①19 世纪以前的华人机构及先导组织（义山、寺庙、公司）；②草创时期（1801—1890 年）；③拓展时期（1890—1941 年）；④停顿时期（1941—1945 年）；⑤复兴时期（1945—1956 年）；⑥巩固时期（1957—1969 年）；⑦整合时

① 吴华：《新加坡华族会馆志》（第 1 册），新加坡：南洋学会，1975 年，第 6～12 页。

② 刘崇汉：《独立前华人乡团组织》，《马来西亚华人史新编》（第 3 册），吉隆坡：马来西亚中华大会堂总会，1998 年，第 349 页。

③ 刘崇汉：《独立前华人乡团组织》，《马来西亚华人史新编》（第 3 册），吉隆坡：马来西亚中华大会堂总会，1998 年，第 388 页。

期（1970—1989 年）；⑧振兴时期（1990 年至今）。[①] 刘先生还撰写有《马来西亚华人社团》一文，该文对马来西亚华人社团历史发展所作的分期，[②] 相同于他的前述划分方法。刘先生的划分方法，我们认为，或过于简略，或过于详细。不过，吴华先生和刘崇汉先生的划分方法都是建立在客观、理性研究的基础之上的，它们对我们进行相关的研究，进而划分马来西亚华人社团历史发展的分期，无疑可作为重要借鉴。

对于马来西亚华人社团早期历史发展的分期，结合刘崇汉先生和吴华先生的相关划分方法，按照马来西亚华人社团发展的历史轨迹，我们认为，马来西亚华人社团的历史发展可分 4 个阶段：①雏形时期（1800 年以前）（1889 年以前也是马来西亚华人社团的早期发展阶段）；②早期发展时期（1800—1889 年）；③调整曲折发展时期（1890 年至“二战”结束前）；④全面发展阶段（“二战”后至今）。

第一阶段时期的马来西亚华人社团，主要是以寺庙、祠堂、义山、互助社等形式出现，一般情况下，它们既为乡亲服务，也是早期华人联络乡谊、化解矛盾、解决纠纷的重要场所。第二阶段时期各类型华人社团纷纷成立，而且一度作为当时华人社会的主导力量。1889 年，华人社会中的秘密会社被查禁，促使了马来西亚华人社团走向新的发展阶段。第三阶段时期，当时中国国内风云激荡、中华民族命运面临严重危机，广大的马来西亚华侨积极心向祖国，马来西亚华人社会和中国的联系日益加强，至中国抗战时期达到高峰，这种倾向也必然影响并反映于马来西亚华人社团中；另外，随着当时新马地区经济的发展，华人社会和其他民族社会的联系也在逐渐加强，因而，当时的马来西亚华人社团也开始注重理顺与英国殖民政府及当地其他民族的关系；此外，各帮派华人社团内部、各类型华人社团内部也出现联合现象；由于深受当时中国社会的影响，也由于马来西亚社会的发展进步，这一时期的华人社团出现民主化、国际化的趋向，不仅是社团数量增加较多，华人社团的组织类型也呈现更多样化。日据时代，马来西亚华人社团发展一度陷入停顿。第四阶段是全面发展时期。“二战”结束后，马来西亚华人的当地意识开始日渐强烈起来，马来西亚华人社会当地化色彩加强。马来西亚独立后，随着中马两国对华侨双重国籍问题的逐步解决，华人绝大部分取得马来西亚公民权，马来西亚华侨社会转变为华人社会，这种转变也反映于当地的华人社团——以前的华侨社团大多转变为华人社团，它们的宗旨也与此前有了比

① 刘崇汉：《马来西亚华人社团概述》，马来西亚华团简史编委会：《马来西亚华团简史》，吉隆坡：马来西亚中华大会堂总会，1998 年，第 vi ~ vii 页。

② 刘崇汉：《马来西亚华人社团》，《南洋学报》1998 年第 53 卷，第 185 ~ 201 页。

较大的不同。马来西亚华人社团开始注重服务并促进当地社会的发展，注重理顺与当地政府及当地其他民族的关系。当然，作为华人社团，它们仍以维护华人自身的权益为基准。战后，伴随着马来西亚社会经济的发展进步，以及华人社会的发展进步，华人社团的发展更加迅猛，社团数量大增的同时，各种社团力量以各种方式、途径在不断进行整合，社团发展更显复杂化；各社团间的帮派意识在渐渐淡化；华人社团出现现代化、经济化的趋势并不断加强；社团体制中的民主化趋势在这一时期仍在日益加强；马来西亚华人经济较早时期即已具有国际性，而“二战”后马来西亚社会的风云变幻，全球化的国际形势，更促进了马来西亚华人社团联系的国际化。面对发展过程中遇到的种种课题，华人社团纷纷采取措施加以应对。“全面发展”体现于这一时期华人社团的本质性转变，体现于华人社团内部组织机构、管理体制的不断成熟完善，体现于华人社团或产生、或加强的复杂化、经济化、民主化、现代化、国际化等发展特点。

三、主要内容、研究理论和方法

（一）主要内容

本书分为四章，分别论述马来西亚华人社团的相关重要问题。

在第一章中，我们按照地缘性社团、血缘性社团、业缘性社团、文（学）缘性社团、宗教社团、秘密会社等几种类型，分别探讨它们的历史发展，并进行较为系统深入的总结。

第二章主要分析华团的内部机制与主要组织机构。本章中首先考察了华团的管理体制，接着分析不同类型社团中机构设置的具体情况。本章重点分析了在华团中具有重要地位和影响的青年组织、妇女组织以及奖助贷学金。

第三章主要从政治参与、华文教育、华人文化三个方面入手，探讨华人社团与华人社会之间的密切关系。

第四章为华人社团名录，我们仍然分为地缘性社团、血缘性社团、业缘性社团、文（学）缘性社团、宗教社团等几种类型，按照不同历史阶段，收录华人社团资料。它们主要反映不同华团的创建时间、发起人或创建人、首任或历届负责人、会员人数、主要组织设置等重要问题。

本书为《马来西亚华人社团研究》（中国华侨出版社，2005 年）的修改版。与前一版相比，此次再版重新撰写了前言，对研究现状、研究内容、研究方法等重要问题做了更充实、更明确的交代。在本书的第一章中，第四部分［文（学）缘性社团］和第五部分（宗教社团）补充比较多，尤其是第五部分，大幅增加了新内容，其余部分改动比较少。第二章和第三章改动不多，主要是增加了反映最近几年华人社团在政治、文化、教育等领域的主要活动的内容。原书第四章删除，内容大部分不再采用，少部分融入其他章节。本书第四章是原书的第五章，这部分中增加了很多各类型社团的条目，并对部分社团资料进行了补充修改。此次再版，也尽力补正了原版中的错误和不妥之处。

（二）研究理论和方法

本书首先主要采用历史学的理论和方法来研究马来西亚华人社团历史。如，划分华人社团历史发展分期；尽力搜集更多的社团史料，加以分析、归类、考订等；尽可能理清每个社团的建立时间、发起人、创建人、会员人数变化等重要问题。

本书也采用了一些社会学的方法。比如，在马来西亚进行了为期一年的田野考察，走访了许多华人社团，尤其是具有重要地位及影响力的华团；针对一些重要领袖或人物作了大量的访谈；此外，尽力搜集反映社团最新动态的一手资料等。

第一章 各类型华人社团发展史略

不同类型的华人社团，它们的历史发展轨迹有相同或相似之处，但更多的是具有差异性。因此，本章将分别简要分析、探讨不同类型的马来西亚华人社团的发展史，并在此基础上进行总结性论述。

第一节 地缘性社团

马来西亚早期的华人社团组织，以传统的“三缘”社团组织（地缘性社团、血缘性社团、业缘性社团）占主体，其他类型社团，尤其是超越帮派、地缘、方言、血缘、业缘等局限的社团组织还未大量产生。这是由当时马来西亚华人社会不太成熟的发展程度决定的。

地缘、血缘、业缘三大类社团组织，是华侨华人社会中最基本的传统组织，这三类华侨华人社团之间的关系，“首先由地缘关系而集合，继之以血缘、业缘的互相吸引”，进而成为华人社会的“三大主流”。[①]

地缘性社团组织，是指那些以地缘为纽带组建起来的社团组织。在古代中国，地缘组织产生的历史较早。有人认为，中国最早的地缘性会馆其前身是汉代时京中官员购置的那些用来解决“寄居饭食”的“郡邸”，[②] 也有人提出是宋代杭州出现的民间性质的同乡会。方雄普先生认为，由于明代万历年间在苏州出现了岭南会馆，所以，较完备的同乡会馆最迟在明代时已经产生。[③]

海外华侨华人的地缘性社团，是指那些华侨华人以其中国国内原籍为纽带组建而成的社团，它们既可以以省、府、县为原籍，也可以以乡或村为原籍。地缘性组织被海外华侨华人称为“会馆”、“公会”、“同乡会”，其中，以省、府、县为籍，规模较大的地缘性社团被命名为“会馆”、“公会”，而以乡、村为籍，规模较小的地缘性社团则被命名为“同乡会”等。

---

① 吴华：《新加坡华族会馆志》（第1册），新加坡：南洋学会，1975年，第2页。

② 胡焕春、白鹤群：《北京的会馆》，北京：中国经济出版社，1994年，转引自许振礼、方雄普编著：《海外侨团寻踪》（一），北京：中国华侨出版社，1995年，第3页。

③ 许振礼、方雄普：《海外侨团寻踪》（一），北京：中国华侨出版社，1995年，第3页。

无论在新马，还是在其他东南亚国家，华侨华人的地缘性和血缘性社团组织，早期常名为“公司”，如义安公司、潮州公司、香山公司、南顺公司、丰永大公司、宁阳公司等。“公司”这一称呼，当是华侨华人模仿西方殖民者所建立的公司之名而得来。也有人认为，早期华人地缘性社团被称为“公司”，“似是一时风尚，也与业缘有相当关系。公司的成员大都为同一籍贯（省份、州府、县市），从事有关工作，集体目标是为乡人服务”①。随着时势的变迁，华人之间由于地缘观念、职业上的利益关系而产生矛盾冲突，部分南来的华人秘密会社成员参加公司，公司内部帮派之间和不同公司之间发生械斗、火拼。公司与秘密会社之间有了复杂的关系。所以，后来成立的地缘性社团逐渐不再采用“公司”这一名称，改为“会馆”或“同乡会”。

我们认为，1800—1889 年为马来西亚华人社团组织的初步发展时期，原因就在于，在此时期，马来西亚出现了真正意义上的华人社团组织。早在 1795 年，在英国最早占领的槟榔屿，广东及福建两地的华侨组织成立了槟城广东暨汀州会馆，② 它是马来西亚华人历史上最早成立的会馆，也应该是广东帮华侨最早成立的社团组织。不过，有些学者对其准确的成立时间尚有不同说法，因为查诸关于槟城广东暨汀州会馆的史料，他们认为该会馆应成立于 1801 年。还是在槟城，第一家客家人的会馆于 1801 年诞生，此即槟城嘉应会馆。由于它有准确的成立时间，有些学者认为它也应该是马来西亚最早的华侨会馆。③ 尽管有关于 1799 年之前，在马来西亚已有华人秘密会社存在的说法，但是，当时的华人秘密会社还难以说是以合法的身份存在于新马地区。另外，相关的准确详尽的史料比较缺乏，所以，我们认为马来西亚最早的严格意义上的华侨社团组织应是地缘性的社团组织，即具体应该是槟城广东暨汀州会馆或槟城嘉应会馆。

根据 1881 年海峡殖民地政府对当时华侨人口进行调查后得到的准确数字，福建帮的人数为 24 981 名，位居马来西亚华人各帮人数之首；潮州人有 22 644 名；广府人有 14 854 名；海南人有 8 319 名；客家人最少，共 6 170 名。④ 各帮人口的多少与其地缘性社团的产生发展关系密切。

我们来了解一下各华人帮派早期的地缘性社团的相关情况。

马来西亚早期的华人社团中，福建华侨最早的雏形社团组织是“福建公

---

① 刘问渠：《华人社团的历史发展与中华大会堂》，载雪兰莪中华大会堂 54 周年纪念特刊编辑委员会：《雪兰莪中华大会堂庆祝 54 周年纪念特刊》，吉隆坡：雪兰莪中华大会堂文教委员会，1977 年，第 494 ~ 502 页。

② 刘崇汉：《独立前华人乡团组织》，《马来西亚华人史新编》（第 3 册），吉隆坡：马来西亚中华大会堂总会，1998 年，第 355 页。

③ 吴华：《马来西亚华族会馆史略》，新加坡：东南亚研究所，1980 年，第 16、128 页。

④ 吴华：《马来西亚华族会馆史略》，新加坡：东南亚研究所，1980 年，第 3 页。

家”，它的创立时间在1786年后的几年里。至于最早的正式社团组织是成立于1819年的槟城汀州会馆。[①] 潮州籍华侨最早的社团是马六甲潮州会馆，它最早在1822年以“潮州公司”之名见载于碑铭上，1882年改名为“韩江会馆”，1937年又改名为“马六甲潮州会馆”。[②] 潘醒农在其著作《马来亚潮侨通鉴》中则认为，马来西亚潮籍华侨最早的社团组织是新加坡的“义安公司”，它创立于1845年，由佘有进联络陈、林、蔡、黄、郭、张、吴、沈、杨、曾、刘、王12姓潮籍人士组建而成。[③] 关于义安公司的创建时间，吴华先生认为，1830年前后开始倡组，正式成立于1845年。[④] 海南帮华侨最早的社团组织是新加坡琼州会馆，它于1857年由韩旺彝（亚二）、王志德倡组。[⑤] 三江帮是指除广东、福建、海南以外其他各省籍的华侨群体，主要包括江西、江苏、浙江、广西、湖南、湖北、河北等地的华侨。三江帮人数很少，他们的社团组织也出现得很晚。

马来西亚早期的华人社团中，广东帮华侨的地缘性社团建立得最早，数量也最多。根据统计（由于资料来源所限，文中统计数字不可能非常确切，但应该能较客观反映我们所要说明的华人社团的特点和趋势），马来西亚华人各帮派早期的地缘性会馆中，广东帮有近30家，客家帮有20多家，福建帮约有15家，海南帮和潮州帮较少，都不足10家。

早期的广东帮地缘会馆中，广州府的中山（原名香山）、番禺、台山、南海、顺德、新会（包括今江门五邑地区）、东莞、宝安、三水等县籍和惠州府、肇庆府、高州府、廉州府、钦州府等地籍的华人会馆都已组建起来。

马来西亚广东帮华人地缘性社团中，今江门五邑籍（新会、台山、开平、恩平、鹤山5个县级市）的是主要组成部分之一。五邑华人地缘性社团有称为“冈州会馆”的，有名为“古冈州会馆”的，也有称为“四邑会馆”的，何以如此？这与五邑地区行政区划沿革有关。

冈州，东晋时为新会郡，隋开皇十二年（592年）始改名“冈州”。隋大业三年（607年），废冈州，再降设新会县，归属广州辖地。唐开元二十九年（741年），又置冈州，辖新会、义宁（汉代时属番禺县地，南朝刘宋时始置义宁县，属新会县）两县。南宋嘉定元年（1208年），再设新会县，仍属广州管辖。至明成化十四年（1478年），析阳江县之恩平堡和新会、新兴各一部分复置恩平县。恩平原为思平县地，唐贞观二十三年（649年）置恩州，天宝元年（742年）改

① 吴华：《马来西亚华族会馆史略》，新加坡：东南亚研究所，1980年，第16页。
② 吴华：《马来西亚华族会馆史略》，新加坡：东南亚研究所，1980年，第142页。
③ 潘醒农：《马来亚潮侨通鉴》，新加坡：南岛出版社，1950年，第331页。
④ 吴华：《马来西亚华族会馆史略》，新加坡：东南亚研究所，1980年，第143页。
⑤ 吴华：《马来西亚华族会馆史略》，新加坡：东南亚研究所，1980年，第148页。

为恩平郡，至德二年（757年）更名为恩平县。宋时并入阳江县，明成化年间复置。明弘治十一年（1498年），从新会县析置新宁（今台山县）。万历十年（1582年）时，新会、新宁两县属于广州府管辖，恩平县则属于肇庆府辖地。清顺治六年（1649年），又析新会县，置开平县。雍正九年（1731年），从新会县又析出鹤山县。嘉庆二十五年（1820年）时，广州府辖地中包括新会、新宁两县，肇庆府辖地中包括恩平、开平、鹤山三县。同治六年（1867年），析新宁县，置赤溪厅。民国元年（1912年），废赤溪厅，设赤溪县。1914年，新宁县改名台山县。1925年设立江门市政厅。1936年国民政府广东省行政督察区第一区下辖有新会、台山、开平、恩平、赤溪五县，鹤山县则属第三区管辖。1947年国民政府在广东省所设专署行政督察区第一区中，共辖台山、新会、开平、恩平、赤溪、鹤山、高明七县，其中前六县首次明确归辖于同一专区。1949年新中国成立初期，从新会析置江门县级市，不久升为地级。1953年赤溪县撤销，并入台山县。1991年广东省行政区划中，江门市包括台山、新会、开平、恩平、鹤山五县，延至今日。[①] 从以上所述江门五邑的行政区划沿革可以看出，新会、台山、开平、鹤山、赤溪五县都属原冈州辖地，恩平县部分地域也属冈州辖境。“有明以来，地虽分治，而邻封接壤，情感素优”[②]。而民国以后之行政区划更使它们成为“一家人”。所以，五邑华侨华人组建地缘会馆时，即以“古冈州会馆”、“冈州会馆”、“四邑会馆”等名称来命名。其中，四邑会馆之“四邑”指台山、新会、开平、恩平四地。古冈州会馆是由台山、新会、开平、恩平、鹤山和赤溪六地籍华侨华人共同组成的社团；冈州会馆由新会籍华侨华人创建，但可能吸纳五邑其他籍华侨华人为附属会员，如马六甲冈州会馆。[③] 至于马六甲五邑会馆之“五邑”则是指广东省的南海、番禺、顺德、中山、东莞五地。

马来西亚客家人数量较少，但在早期的各帮华人地缘性社团中，客家人创建的会馆也较早，且数量居第二位，这是有深刻原因的。

公元4世纪初期，中国西晋王朝发生“五胡乱华”后，客家人开始了南迁，至19世纪后期，客家人在中国境内的迁徙长达1 500年，期间共有五次大规模的迁徙。罗香林先生的著作《客家研究导论》一书中，对这五次南迁作了具体描

---

① 司徒尚纪：《广东政区体系——历史·现实·改革》，广州：中山大学出版社，1998年；潘理性等：《广东政区演变》，广州：广东省地图出版社，1991年；张明庚、张明聚：《中国历代行政区划（公元前221年—公元1991年）》，北京：中国华侨出版社，1996年；徐学林：《中国历代行政区划》，合肥：安徽教育出版社，1991年；《广东省地图册》（第二版），广州：广东省地图出版社，2000年；翁俊雄：《唐初政区与人口》，北京：北京师范学院出版社，1990年，第250页。

② 《马来西亚台山宁阳会馆联合会45周年会庆嘉年华会特刊》，古冈州六邑联合会，2000年，转引自刘崇汉：《马来西亚的五邑华人社团》（未刊稿），广东江门学术研讨会，2002年，第2页。

③ 刘崇汉：《马来西亚的五邑华人社团》（未刊稿），广东江门学术研讨会，2002年，第1页。

述：第一次，从公元317年至879年。东晋时，由于受“五胡乱华”的战乱影响，客家人从中原迁到河南南部、湖北北部，安徽、江西沿长江和赣江上下游地区以及湖南北部、广西东部。第二次，从880年至1126年，唐末发生的黄巢起义造成战乱频仍，客家人从皖、豫、鄂、赣等地迁至安徽南部、江西东部、闽西、闽南和广东东北边界。第三次，从1127年至1644年，金人南侵，宋室南迁，及其后的蒙古人南下，促使客家人从皖南、赣东、闽西迁到粤东及粤北。第四次，从皖南、赣南、闽西、粤东等地迁往广东中部和东南部、四川东部和中部、广西北部、江西西部及台湾。第五次，部分客家人从广东北部、东部再迁至广东西部和南部、广西东南部（高州、雷州、钦州、廉州各地）及海南岛。①

鸦片战争后，客家人通过各种途径远迁海外。海外的客家人，其数量一般认为有500万，其中新马地区合计有40万。②

在长期的迁徙过程中，客家人形成颇具特色的客家精神。《世界客属人物大全》（新加坡出版）一书的引言中对客家精神有具体说明：刻苦耐劳、刚强弘毅、辛勤创业、团结奋斗。上述客家精神特点中，团结互助、群体意识很强是公认的特点。马来西亚客家人最早的华人社团是由广东嘉应州的客家人于1801年创建的槟城嘉应会馆。从1801年至1870年，新马地区华侨华人建立的地缘性社团中，近1/3为客家人所建。这些事实也有力地证明了客家人比其他群体有更强烈的团结合作精神。

相较于其他华人帮派，早期客家人创建会馆时最为积极。除了上述强烈的团结合作精神因素外，还有着其他因素的促使，诸如少数群体的不安感、华人甲必丹制度、客家人早期在西婆罗洲的组织经验等。西婆罗洲著名的兰芳公司使当地的客家人积累了创建、发展组织的经验。后来他们中的一部分人把这些经验移植于海峡殖民地的客家人社群中，从而刺激了客家人早期创建地缘会馆的积极性。③

颜清湟先生认为，新马地区早期的华人地缘性社团有一个很显著的特点：人口较少的帮派其会馆数量反而占优势。1801—1839年间，槟榔屿、马六甲和新加坡三地的14家方言会馆中，13家属于客家人和广东帮，而上述两个帮派是当地华人中的少数派。“这种现象看来是由极敏感的方言组织之间的关系而引起的。”当地的闽南籍华人不仅人数众多，而且经济力量强大，他们还与英国殖民当局关系良好。不同帮派之间敏感的关系使那些人口较少的华人帮派积极组建会馆，加强团结，以增强力量。此外，英国殖民政府实行的甲必丹制度也使华人中

① 罗香林：《客家研究导论》，台北：古亭书屋，1981年，第40～64页。

② 许振礼、方雄普：《海外侨团寻踪》（一），北京：中国华侨出版社，1995年，第47页。

③ ［澳］颜清湟：《华人历史变革（1403—1941）》，《马来西亚华人史新编》（第1册），吉隆坡：马来西亚中华大会堂总会，1998年，第8～9页。

的少数派产生了不安全感。在槟榔屿和新加坡，早期的华人甲必丹多由在华人各帮派中整体实力较强的闽南人担任。由于不同语言间难以沟通，华人甲必丹势必倾向于维护本帮派的利益，而其他帮派的华人则感到自己未得到足够的保护，“并且在关键时刻不能依赖甲必丹”，他们更相信自己的方言会馆可以维护本帮派的利益。①

早期的华侨地缘性社团发展中，方言成为会员联系的重要纽带，方言比地缘更具有重要、强烈的联系作用（所以，早期的地缘性社团也可以称之为“方言会馆”）。后来，随着方言会馆对外联系的扩大，整个华人社会内部交流的频繁和增强以及华文教育的发展，方言的纽带联系作用逐渐减弱，地缘关系的联系作用日益增强。从20世纪30年代开始，马来西亚海南会馆联合会、马来西亚潮州公会联合会、马来西亚广东会馆联合会、马来西亚嘉属会馆联合会、马来西亚福建社团联合会等许多地缘性社团联合会或总会的相继成立，就是有力的证明。

相比较而言，客家人的地缘性会馆的方言纽带作用的色彩更为明显、强烈。

客家人创建的会馆，大都称为“客属公会”，也有以祖籍地命名的，如嘉应会馆、茶阳会馆、惠州会馆、龙岩会馆、永定会馆、增龙会馆等。这表明客家人的会馆主要以方言为基础，但地缘的因素仍十分重要，因为在中国，南迁后的客家人聚集于某些区域，如闽西、粤东北、赣南等。何以称为“嘉应会馆”？早在清朝雍正十一年（1733年），嘉应直隶州建立，它领有梅县、长乐（五华）、平远、镇平（蕉岭）、兴宁五县。② 因此，从嘉应州远迁海外的客家人，为表示对故土的怀念，遂以“嘉应”命名会馆。乾隆四年（1739年），清政府又建立丰顺县，至此，嘉应州境范围和现在的梅州市境范围大致相同，这种建置，为后世承袭。③ 茶阳，是广东大埔县的旧称；惠州指广东惠州县（今惠州市）；龙岩指福建龙岩县（今龙岩市）；永定指福建省的永定县；“增龙会馆”中的“增龙”是广东增城县（今广州市增城区）和龙门县的合称。这些地方都是较多客家人居住之地。此外，客家人的地缘会馆有时也称为“应和会馆”，如马六甲应和会馆、新加坡应和会馆、安顺应和会馆、庇能应和会馆等，“应和”即是期望嘉应客家人团结和睦之意。

根据1881年海峡殖民地政府对当时华侨人口进行调查所得的准确数字，福建帮的人数最多。人数众多的福建华人，其地缘性社团组织数量早期也较多（后来发展为最多）。福建帮早期的地缘性社团多属泉州籍华侨所创建，如永春籍华

① ［澳］颜清湟著，粟明鲜等译：《新马华人社会史》，北京：中国华侨出版社，1991年，第39~40页。

② 司徒尚纪：《广东政区体系——历史·现实·改革》，广州：中山大学出版社，1998年，第105页。

③ 司徒尚纪：《广东政区体系——历史·现实·改革》，广州：中山大学出版社，1998年，第105页。

侨创建的新加坡永春会馆、马六甲永春会馆等，此外还有新加坡金门会馆、新加坡浯江公会等，这表明新马地区福建帮的华侨中，泉州籍的很多。

马来西亚早期的华人社团中，人数较多的潮州帮的地缘性会馆创建却较晚。

潮州，得名可远溯于隋代。隋文帝开皇十一年（591 年）设置潮州，管辖义安、绥安、海宁、潮阳、义招、程乡（今梅州），潮州自此得名。为何称“潮州”，因为此地南面临海，“涨海连天，潮汐起伏”。历代潮州的所辖地理范围变化较大。至清代嘉庆二十五年（1820 年）时，潮州府下辖海阳、潮阳、饶平、惠来、大埔、揭阳、澄海、普宁、丰顺九县。① 所以，潮州籍华侨华人创建的会馆，有时在其门庭牌匾上，写有“九邑流芳”等字样。所谓“九邑”，应指前述九县。而有许多潮籍华侨华人会馆命名为“潮州八邑会馆”、“潮州八邑公所”等，如新加坡潮州八邑会馆、柔佛潮州八邑会馆、巴生滨海潮州八邑会馆等，此处“八邑”，指从上述九县中排除大埔县后的其他八县。原因在于大埔县人全为讲客家话的客家人，与其他八县很不相同；另外，大埔籍华侨很早就建立了属于自己的茶阳会馆，早在 19 世纪 20 年代，马六甲茶阳会馆即已成立。早期创建的潮籍华侨华人会馆，有时又称为“义安公司”，如新加坡义安公司，它创立于 1845 年，是新加坡潮籍华侨最早成立的社团组织。早在 1830 年，由佘有进联络澄海和海阳两县华侨中陈、林、蔡、黄、郭、张、吴、沈、杨、曾、刘、王 12 姓潮籍人士筹组“义安郡”。何以以“义安”命名？原因应该是早在东晋咸和六年（331 年），已置有海阳县，义熙九年（413 年），始设立义安郡，郡治在海阳县。② 当时广州所辖 13 郡中，包括义安郡。到隋代大业八年（612 年），全国共设 190 余郡，其中包括义安郡，郡治所设于海阳（今潮州市），领有海阳、潮阳、万川、程乡四县。③ 还有，有些潮州籍华侨华人地缘会馆以“韩江公会”称呼，源于潮州境内最大、最重要的河流韩江。韩江原名恶溪。唐朝时，大文学家韩愈曾任刑部侍郎，他上书谏言唐宪宗迎佛骨之举，得罪了当朝皇帝。元和十四年（819 年），韩愈被贬至当时还很荒蛮的潮州任刺史。在任潮州刺史时，韩愈为当地老百姓办了许多好事，一是撰写《祭鳄鱼文》，投祭于江水，组织群众驱走恶溪中为害百姓的鳄鱼；二是恢复久已荒废的州学，并以自己的俸禄资助办学。后来，潮州被冠以“海滨邹鲁”的美誉，首功当归属韩愈。而潮州人为了纪念韩愈，把不再有鳄鱼为害的恶溪改名韩江。海外潮州籍华侨华人把他们组建的地缘会馆以“韩江会馆”命名，反映的正是他们对故土的深切挂念。

---

① 张明庚、张明聚：《中国历代行政区划（公元前 221 年—公元 1991 年）》，北京：中国华侨出版社，1996 年，第 445 页。

② 詹友生：《国家历史文化名城——潮州》，潮州文化名城编辑部，1989 年，第 12 页。

③ 詹友生：《国家历史文化名城——潮州》，潮州文化名城编辑部，1989 年，第 185 页。

为便于正确把握潮州帮华人的地缘性社团发展，我们还必须准确理解潮州人的含义。所谓潮州人，指那些讲潮州话、生活在潮汕地区的人群。潮州是特定的地理概念，而“潮州九邑，县县有客；唯有澄海，一县无客”。在清代潮州府所辖九县中，澄海县全是潮州人，没有客家人；其他八县中都有客家人，尤其大埔县全是客家人。所以，要搞清楚的是，在今潮汕地区，并非全是潮州人，应区分开客家人和潮州人。

潮州人所讲潮州方言（潮州话），属于闽南语系。常有这样的说法，广州语系（粤语）来自今广东省南雄市的珠玑巷，客家语系（客家话）来自福建宁化县的石壁村，潮州语系（潮州话）则来自今福建省莆田市的石狮巷。其实，这几个地方只是几大民系南迁过程中著名的中转站而已，并非几大语系的真正源头所在地。[①] 事实上，隋唐时期，不断有人从河南南迁至闽南，这些人的后裔中又有人再南迁至粤东。潮州话的一些特点也可以印证上述事实。至今潮州话的一些语音，相近于河南光州、固始一带的土话。[②]

不管是在新马地区，还是在整个海外华人社会，相对于其他帮派的社团，尤其是相对于广东帮（广府帮）、客家帮、福建帮的社团，潮州华侨社团的创建时间比较晚。马六甲潮州会馆是最早的潮州人华侨社团，一般认为成立于1822年。也有人认为，1845年创立的新加坡义安公司是最早的潮人社团。[③] 在马来西亚，六帮各自创建的首家地缘性社团的简要情况是：

广东帮：槟城广东暨汀州会馆（1795年或1801年）；

客家帮：槟城嘉应会馆（1801年）；

福建帮：槟城汀州会馆（1819年）；

潮州帮：马六甲潮州会馆（1822年）；

海南帮：马六甲琼州会馆（1869年）；

三江帮：槟榔屿三江公会（1897年）。

在新加坡，各帮建立的第一家地缘性社团的简要情况是：

福建帮：福建会馆（1860年）；

广东帮：宁阳会馆（1822年）；

客家帮：应和会馆（1923年）；

潮州帮：义安公司（1845年）；

海南帮：琼州会馆（1857年）；

---

① 许振礼、方雄普：《海外侨团寻踪》（一），北京：中国华侨出版社，1995年，第50页。

② 许振礼、方雄普：《海外侨团寻踪》（一），北京：中国华侨出版社，1995年，第51页。

③ 许振礼、方雄普：《海外侨团寻踪》（一），北京：中国华侨出版社，1995年，第55页。

三江帮：三江会馆（1908 年）。

尽管创建较晚，但是海外潮州人的社团实力雄厚，机构庞大，因而其活动能量大，影响范围很广。

早期海南帮的地缘性社团较少，而 1889 年之前，马来西亚三江帮华侨尚未创建社团组织。

1800—1889 年之间，由于当时华侨人数较少，出于联合、团结的目的，早期华侨各帮派的地缘性社团很多为包含一省、一州府或整个方言群的地缘会馆，如广东帮建立的太平（北吡叻）广东会馆、槟城五福堂（广州会馆）、槟城肇庆会馆、新加坡肇庆会馆等；客家人创建的槟城嘉应会馆、马六甲应和会馆、新加坡应和会馆、森美兰梅城会馆、安顺应和会馆、古晋嘉应五属同乡会、日叻务嘉应会馆、马六甲惠州会馆、槟城惠州会馆、雪隆惠州会馆、森美兰惠州会馆、新加坡惠州会馆、太平惠州会馆、安顺惠州会馆、山打根人和会馆等；福建帮创建的新加坡福建会馆、马六甲福建会馆、太平福建会馆、古晋福建会馆、吉礁福建公会、新加坡永春会馆、马六甲永春会馆等；潮州帮创建的马六甲潮州会馆、新加坡义安公司、槟城潮州会馆、古晋潮州公会、山打根潮州公会等；海南帮建立的新加坡琼州会馆、马六甲琼州会馆、太平琼州会馆、槟城海南会馆、陈厝港琼州会馆、蔴坡琼崖会馆、新山琼州会馆、古晋海南公会、雪隆海南会馆等。

同样，出于团结、联合以自强自保的目的，早期的华人各帮派地缘会馆中，许多是两地或三地籍华侨合作组建的结果，如广东帮创建的地缘会馆中，南海和顺德两地籍的华人联合成立南顺会馆，东莞和宝安两地籍的华人共同组建东安会馆，广州府和肇庆府籍华人一起创建广肇会馆，广州府、惠州府和肇庆府三地籍的华人共同创建广惠肇会馆。

事实上，马来西亚最早的华人社团雏形是寺庙、义山等，由于当时华人数量很少，又多为同乡，所以寺庙、义山中的华人地缘帮派之分并不明显。广福宫即是由广东和福建两省籍华侨共建的寺庙（因此以广东和福建两省第一个字“广”、“福”命名寺庙）。而早期的马来西亚华人地缘性社团中，也出现跨省合建者，如槟城广东暨汀州会馆、槟城平章会馆等。这说明方言的因素在早期某些华人地缘性社团中的作用不像后来一段时期那样非常强烈；而在华人较少的时代里，地缘的因素有时在社团创建时所起的作用并不如后来那样强烈、明显。

以上我们按照华人各帮派来分析早期的马来西亚华人地缘性社团的发展，接下来，我们以马来西亚各州为基点，分析各地华人地缘性社团的发展。

在马来半岛，华人最早居于马六甲，尽管最早的华人寺庙——青云亭创建于这里，但最早的华人会馆（或者说华人社团）不是诞生于此地，而是在槟城，即 1801 年出现的槟城嘉应会馆。

1786年莱特占领槟榔屿后，粤籍（包括客家人）和闽籍华侨最早参与当地的开发，而且，更确切地说，槟城华侨最早时以嘉应籍和漳泉籍为最多。[①] 槟城广福宫（槟城历史最悠久的华人寺庙）、槟城嘉应会馆和槟城广东暨汀州会馆的创建就是证明。1886年，粤、闽籍华侨再次共同组织建立平章会馆，[②] “平章”两字之意，吴华先生的解释是“平章百姓、同平章事”，平章会馆也就专门负责管理两省籍华侨共同的寺庙广福宫的事务。实际上，平章会馆的功能较多，平章会馆的宗旨是“讨论华人之重要事务”、“华族人士有纷争时，如果双方愿意和解，即实行调停”，它对早期槟城地区华侨社会的作用很大。[③] 在槟城，粤、闽两籍华侨除了共同建立组织外，他们也各自建立组织。1889年前，闽籍华侨的地缘性社团组织主要有：福建公冢（1786年后不久即创建）、福建公司（闽籍邱、谢、林、杨、陈5姓或6姓的联合组织，是槟城福建帮的核心组织，有21姓及21姓以外的福建帮的组织为其外围组织）、汀州会馆等；粤籍华侨的地缘性社团组织主要有：广东暨汀州会馆、五福堂、中山会馆、南海会馆、台山会馆、顺德会馆、三水会馆、番禺会馆、新会会馆等；客家人的地缘性社团组织主要有：嘉应会馆、惠州会馆、增龙会馆等；琼籍华侨的地缘性组织较少，有琼州会馆等；潮州帮华侨的地缘性组织也较少，有潮州会馆等。

马六甲地区最早的华人社团是1805年创办的惠州会馆，它也是马六甲第一家华人地缘性社团，为客属人士创建。1889年前，马六甲客家人的地缘性组织还有茶阳会馆、应和会馆等；马六甲闽籍华侨的地缘性组织主要有福建会馆、永春会馆等；广东帮的地缘性社团组织主要有宁阳会馆、冈州会馆等；潮州籍华侨的地缘性组织有潮州会馆等；琼籍华侨的地缘性社团组织有琼州会馆等。

新加坡华侨首先创建的是血缘性组织，即1819年曹亚志创立的曹家馆，至于当地第一家华侨会馆——宁阳会馆则创建于1822年。

在森美兰，首个华人社团梅城会馆于1840年成立。森美兰早期的华侨都是开采锡矿的矿工，其中又以客家人居多。因此，1889年前，森美兰客籍华侨的地缘性社团最多，主要有：梅城会馆、惠州会馆、海陆会馆、日叻务嘉应会馆等。闽籍华侨人数在森美兰早期华侨总人数中居第二位，但组织会馆则较晚。其他各籍华侨的地缘性组织则更晚出现。

1850年霹雳拿律地区发现金矿，大批华人被吸引而来，他们大多居于太平。1859年，当地第一个华人社团太平福建会馆宣告诞生。1889年之前，太平各籍

① 吴华：《马来西亚华族会馆史略》，新加坡：东南亚研究所，1980年，第15页。

② 饶宗颐：《星马华文碑铭系年纪略》，《饶宗颐二十世纪学术文集》（第十册卷七），台北：新文丰出版公司，2003年。

③ 吴华：《马来西亚华族会馆史略》，新加坡：东南亚研究所，1980年，第16页。

华侨的地缘性组织主要有：琼州会馆、福建会馆、增龙会馆、惠州会馆、古冈州会馆、仁和公所、广东会馆等。在安顺，较早的会馆有惠州会馆等。

在雪兰莪，1864 年时出现第一家华侨会馆——雪兰莪惠州会馆（后改名为“雪隆惠州会馆”）。雪兰莪华侨的早期人口以惠州籍居多，而惠阳县淡水镇籍的叶亚来在开发雪兰莪的历史上功绩卓著，正是他创建了惠州会馆。在雪兰莪华侨的早期人口中茶阳籍和嘉应籍居于其次，所以，1889 年前的雪兰莪，客家人的地缘会馆还有茶阳会馆、茶阳回春馆等。闽籍、粤籍、琼籍华侨的地缘性组织在雪兰莪出现较晚，而且数量也少，主要有福建会馆、广肇会馆、琼州会馆等。潮州人的地缘性社团出现更晚。

吉打州是马来半岛最北部的一个州，也是历史最悠久的一个州，1850 年时该州第一家地缘性社团——吉打广东暨汀州会馆诞生。吉打州较早的华侨地缘性社团还有福建会馆等。

马来半岛最南端的柔佛州地邻新加坡，地理位置优越。天猛公伊卜拉欣（1825 年继位）统治时期，对南来柔佛的华人实行“港主（Kangchu）制度”，积极吸引华人开发柔佛，因此华人尤其是潮州籍华侨大批移入柔佛。由于当时许多港主是潮州人，柔佛的潮州人可以得到港主的照顾，这反而使潮州籍华侨的地缘性社团组织很晚建立。1855 年，柔佛州新山开埠后，很多华人接踵而至。第一家华侨会馆——广肇会馆便于 1878 年在新山创建，它是属于广府籍华侨的地缘性组织。在柔佛，琼籍华侨早期也创建有社团组织：新山琼州会馆、陈厝港琼州会馆、蔴坡琼州会馆；其他各籍华侨在柔佛建立地缘性社团的时间很晚。

北婆罗洲的华侨社团诞生比较晚。由于在古晋、包勿、诗巫及拉让河口发现金矿，从 19 世纪 50 年代开始，华人移入砂拉越。1853 年当地首家华侨会馆——古晋广惠肇公会诞生。1889 年前，砂拉越各籍华侨的地缘性组织还有顺丰公司（1933 年后改称古晋潮州公会）、古晋福建公会、古晋嘉应五属同乡会等。

华侨移居沙巴州的时间很早，但迟至 1886 年，第一个华侨地缘性社团山打根人和会馆才创建。早期其他各籍华侨的地缘性组织尚未组建。

在马来西亚华人社团发展的早期历史上，半岛东海岸的彭亨、丁加奴和吉兰丹三州和西海岸的玻璃市州也还没有华侨地缘性社团创建。

马来西亚各类型华人社团中，地缘性社团的建立时间最早。为什么地缘性社团最早创建？颜清湟先生对新马地区早期华人社会的研究表明，大多数中国移民是带着强烈的地方观念到达新加坡和马来亚的，他们为了安全、娱乐和互助，同一方言群体会很自然和谐地聚集在一起。中国移民强烈的地方观念的基础是对地域性的、相同或相近社会习俗及宗教信仰的认可，而在移民过程中，华人移民中的地缘观念和基于方言的亲密关系得到进一步加强。相同或相近的地缘和方言便于同一方言群体间的联络与合作，也为新加坡和马来西亚早期方言会馆的创立提供了条件。[①]

早期的马来西亚华人地缘性社团，其成立、创建的目的和宗旨大多是为了联络乡谊，扶助乡亲，兴学助教，共谋发展。刻立于清朝光绪辛丑年（1901 年）的福寿宫（民国初年改名为“吉礁福建会馆”）《勉善碑》中叙述了福寿宫的创建目的：“今吉礁境地褊小，华人无多，所以未设义塾医院，致贫者失学，病者失养，不及星洲槟城万于一也。况天地化育，民胞物兴，大舜博施济众，文王发政施仁，昔人德泽累累，何止恒河沙数，可谓指不胜屈，笔不胜书！吾辈心存隐恻，愿学义举。不吝囊金，先筑此室。俾童蒙读书有处，疾病栖身有所，即山顶来往人亦可以助驿于兹矣。”[②] 兴学、辅助贫病者、给旅人提供临时住处等，这是吉礁福建公会创立的目的。早期潮州帮的马六甲潮州会馆其宗旨是“敦睦乡谊，实行互助，提倡公益”。[③] 马六甲茶阳会馆的宗旨也大体相同：“联络同乡感情，举办同乡福利以及社会慈善公益。”[④] 蔴坡琼崖会馆的宗旨亦相似：“加强乡谊的联络，促进乡人的团结。”[⑤]

至于那些跨地域较广的华人地缘会馆，其宗旨和目的的着眼处更高，涉及事务更复杂，反映其功能更强。如槟城平章会馆的成立宗旨为“讨论华人之重要事务”、“华族人士有纷争时，如果双方愿意和解，即实行调节”。[⑥]

此外，随着马来西亚华人社团的不断演进与发展，华人社团本身对其章程会作相应的修改与调整，以符合社会发展的需求。1933 年成立的马海南联会（马来西亚海南会馆联合会的简称），到 20 世纪 80 年代时，其经过不断修改补充的章程共由 29 部分组成。[⑦] 按照其章程规定，马海南联会的宗旨是：①促进各属会和会员之间的友好关系与谅解；②促进马来西亚各民族之间的亲善与团结；③促进各属会及其会员的福利；④协助发展各属会及其会员的经济、文化、教育及福利等事业；⑤维护和争取各会员在宪法下的基本公民权益；⑥关注对会员民生有广泛性影响的政策与措施，并对它们提出意见；⑦联络与马海南联会宗旨类似的社团，以实现上述目标。成立初期，马海南联会的宗旨是为琼籍同乡服务，集中同乡的财力智力开发海南。随着环境的变迁和时代的进步发展，特别在 1957 年

---

① ［澳］颜清湟著，粟明鲜等译：《新马华人社会史》，北京：中国华侨出版社，1991 年，第 33 ~ 35 页。

② 《吉礁福建公会庆祝 80 周年纪念特刊》，吉礁福建公会，1980 年，第 6 页。

③ 潘醒农：《马来亚潮侨通鉴》，新加坡：南岛出版社，1950 年，第 297 页。

④ 潘醒农：《马来亚潮侨通鉴》，新加坡：南岛出版社，1950 年，第 299 页。

⑤ 《马来西亚琼州会馆联合会 50 周年纪念特刊》，1985 年，第 115 页。

⑥ 吴华：《马来西亚华族会馆史略》，新加坡：东南亚研究所，1980 年，第 16 页。

⑦ 《马来西亚琼州会馆联合会章程》，《马来西亚琼州会馆联合会 50 周年纪念特刊》，1985 年，第 438 ~ 445 页。

马来西亚独立后，马来西亚华侨大多拥有马来西亚国籍，成为马来西亚公民的华人，马海南联会的宗旨也因而相应改进，它不仅为琼籍同乡服务，更注重为整个马来西亚华人社会的进步发展尽心尽力，注重为马来西亚华人社会积极争取权益，注重协调、理顺与马来西亚其他民族之间的关系，注重为马来西亚的进步和发展作积极贡献。这些都表明马海南联会本身也在不断进步发展。

除上述目的和宗旨外，早期华人创建地缘性社团还出于敬神思想和慎终观念的推动。① 早期的华人移民由于受教育程度低下，中国传统观念非常强烈，他们把家乡的神灵带至移居地供奉，以求得到心灵上的慰藉。“神灵的保佑曾给予开荒年代的华人先驱者不少精神上的支持力量。”② 早期许多华人会馆的前身乃是寺庙，如：福寿宫是吉礁福建公会的前身，凤山寺是新加坡南安会馆的前身，天福宫是新加坡福建会馆的前身，会宁佛爷庙后逐渐发展成为槟城会宁会馆，韩江家庙发展演变为槟城潮州会馆，仁和公司（其建筑为庙宇式样，其中供奉关帝神位）最终发展为槟城嘉应会馆，等等。

华人还很注重养老送终。许多方言群多建有义山，以处理逝去同乡之丧事。后来，有些义山组织逐渐发展成为地缘会馆，如：槟城广东暨汀州会馆的前身是槟城广汀义冢和广东义冢，雪兰莪广东会馆的前身是吉隆坡广东义山，新加坡福建会馆的前身包括天福宫和恒山亭（恒山亭为义山），等等。

根据各地缘性社团的宗旨，我们进而可以推及它们的实际职能。不过，关于早期华人地缘性社团的职能，颜清煌先生根据万幸中保留下来的马六甲应和会馆和吉隆坡广肇会馆的若干记录，作了很有见地的总结，他认为主要有如下几点：③

1. 宗教和社会职能

早期的新马华侨大多来自闽粤农村，浓厚的中华文化传统使他们想方设法保存自己的宗教规范和社会习俗。一方面，通过祭祀寺庙中的神祇，早期的华侨可以实现他们在宗教信仰和社会习俗上的需求；但是，另一方面，人数较少的华侨帮派因为他们所尊崇的神祇可能不设在寺庙而使心神无所寄托，地缘性社团适时地弥补了这一缺憾。他们在馆舍中供奉所信仰的神祇，并组织会员定期举行祭拜活动。这些祭拜活动不仅满足了人们追求好运的心理，也给予那些经常返乡的华侨在行程期间心灵上的安全感。

另外，早期的许多地缘性社团还创建有义山（义冢），并经常在相关的华人

---

① 刘崇汉：《独立前华人乡团组织》，《马来西亚华人史新编》（第 3 册），吉隆坡：马来西亚中华大会堂总会，1998 年，第 351 页。

② 刘崇汉：《独立前华人乡团组织》，《马来西亚华人史新编》（第 3 册），吉隆坡：马来西亚中华大会堂总会，1998 年，第 351 页。

③ ［澳］颜清湟著，粟明鲜等译：《新马华人社会史》，北京：中国华侨出版社，1991 年，第 41 ~48 页。

节日期间举行祭拜活动。这些举措可能消除早期华侨担心客死异乡、变为孤魂野鬼的不安心理。马六甲应和会馆在其早期阶段（1851—1862年，即清朝咸丰年间）最重要的职能是组织宗教和社会活动。它为嘉应籍客家人创建义冢，在有关节日组织集体扫墓、祭拜活动。每次进行宗教活动时，会馆都举办盛大宴会，这对早期并不富裕的华侨来说是很重要的。盛宴既给他们提供了一饱口福、“改善生活”的机会，也使他们相互之间能够增进交流。

总之，许多早期的新马地区华人地缘性社团都认识到并重视宗教聚会和社会活动对华侨会员的重要性。

2. 福利职能

早期的新马华人社会没有属于自己的政府，更无从谈起来自政府的福利政策，至于殖民地政府和土著政权则更不可能主动施予他们福利政策。而早期那些大多来自农村的新马华侨在家乡得到的是自己宗族的保护和帮助。在异乡外域，他们同样渴望得到相关的保护和帮助。但新马地区早期的血缘性社团不能较多满足他们的上述需求，地缘性社团则相反。因而，早期的新马地区华侨从地缘性会馆那里获取保护和帮助。地缘会馆根据自身规模和财力对会员提供帮助和保护。规模较大、财力充足的会馆能够满足会员最重要的福利需求，如免费吸纳会员，为无业或失业会员寻找工作，给会员提供卫生保健，办理免费丧葬事宜等。在槟榔屿，新宁会馆、香山（中山）会馆、增城会馆、嘉应会馆、从化会馆、云台会馆等几家规模较大、财力雄厚的早期华侨地缘会馆，可以为会员提供消闲度日的高大舒适的馆舍，而那些同籍的“新客”也可入住其中；这些会馆可以举办各种形式的娱乐活动；它们还可以为病弱者提供食宿，负责亡故者的丧葬事宜。

有些较大的会馆还为华侨患病者开设康复中心（当时名为回春馆），这对医疗条件欠佳的早期华侨社会来说非常重要，何况回春馆还可以为华侨提供其他方面的福利帮助。雪兰莪茶阳公司专门开设茶阳回春馆，护理病人并殡葬亡故者。由于茶阳公司会员大多是容易患病的矿工，因而茶阳回春馆的开设对他们来说很重要。茶阳回春馆后来发展为私人医院，今日已发展为一家现代化医院。

3. 仲裁职能

从马六甲青云亭及华人甲必丹的职责、功能、作用可以看出，早期的新马华侨社会具有一定程度的自治性，“而作为自治机构之一的，便是方言会馆”。在新马地区，早期的地缘性社团可以维持基层的法律和秩序，解决会员间的微小争端。地缘性社团仲裁职能的大小强弱取决于会馆的规模及其领导者的名望和社会地位。人数少、影响小的会馆的仲裁职能在华人社会无足轻重；而那些实力雄厚、会员人数众多的会馆，它的仲裁职能比其他职能更为重要，甚至会超越会馆范围，广泛影响整个华人社会。

此外，针对海外华人社团，方雄普先生总结了其三大功能[①]：联络情谊，协调关系，举办公益。这种看法简明扼要。对于海外华人社团组织的社会功能，台湾学者陈烈甫先生也作了更明确详细的归纳：①互相合作，守望相助；②排难解纷，息事宁人；③救济贫病疾苦无依之人；④致力国民外交，改善华侨处境；⑤调和侨社与政府之间的关系，减少不必要的误会；⑥救乡救国，较能有声有色；⑦倡办文化事业，弘扬中华文化；⑧重视青年，奖励优秀，资助贫寒；⑨提倡健身与正常娱乐；⑩促进侨社的兴革。[②]

通过以上对华人地缘性社团功能的了解，我们可以看出，它们在华人社会有着重要的影响和地位。

对于马来西亚华人地缘性社团，刘崇汉先生曾总结了其具有的优越条件：①拥有资产，经济力量雄厚；②领导人具有一定的名望与实力；③不缺乏有组织能力的人员；④ 拥有一定的组织架构与号召力；⑤秉承发扬中华文化和热心公益事业的优良传统；⑥具备与友族团体进行文化交流的实力。[③]

但是，早期地缘性社团存在一个问题，即会员对社团事务漠不关心。有些会员希望得到社团的保护和经济好处，但对社团的会议、会员葬礼、清明节祭祖扫墓活动等则不感兴趣，不去参加。这种状况显然很不利于社团的发展，会降低社团的作用和影响。况且，早期的地缘性社团还要面临秘密会社和血缘性社团的竞争。因此，为吸引会员关注和参与地缘性社团事务，为加强与秘密会社及血缘组织的竞争，有些地缘性社团积极采取各种措施，如马六甲应和会馆以强制性方式招收嘉应府籍的“新客”，由客头预支新客首年的费用。1873 年时，马六甲应和会馆又发起争取会员的活动，会馆设立特别委员会协调此次活动，这次活动不仅要阻止会馆会员人数下降的趋势，而且要提高会馆的士气。这次活动为会馆的理事们提供了相互交流的机会，发展了和方言社区的密切联系，使会馆充满了朝气与活力。[④]

早期的新马地区华人社会中，秘密会社曾扮演过非常重要的角色，但是，秘密会社的落后性和破坏性也日益显露。1869 年时，海峡殖民地政府颁布了《危险社团法令》（*Dangerous Societies Ordinance*），其目的在于使华侨秘密会社通过注册实现他们社会地位的合法化。1869 年的《危险社团法令》应该是海峡殖民地政

---

① 许振礼、方雄普：《海外侨团寻踪》（一），北京：中国华侨出版社，1995 年，第 13 ~ 14 页。

② 陈烈甫：《东南亚洲的华侨、华人与华裔》，台北：正中书局，1979 年，第 379 ~ 383 页。

③ 刘崇汉：《独立后华人乡团组织》，《马来西亚华人史新编》（第 3 册），吉隆坡：马来西亚中华大会堂总会，1998 年，第 403 ~ 404 页。

④ ［澳］颜清湟著，粟明鲜等译：《新马华人社会史》，北京：中国华侨出版社，1991 年，第 49 页。

府颁布的第一部关于华侨社团的法令，它可以被看成是海峡殖民地政府以法律形式管理华侨社团的开始，尽管它主要针对的是当时的华侨秘密会社。从此，殖民政府正式对华侨社团施以法律上的管理。1889 年，海峡殖民地政府颁布《镇压危险社团法令》（*Dangerous Societies Suppression Ordinance*），该法令于 1890 年 1 月 1 日正式生效。上述法令对包括地缘性社团在内的合法的华人社团的发展，无疑有着积极的推动作用。所以，接下来，我们来考察 1890 年至“二战”结束前马来西亚华人地缘性社团的发展。

1890 年至“二战”结束前，新马地区华人地缘性社团虽然也出现同省籍或同方言帮派的联合组织，但是，这种联合组织的创建最早是在 20 世纪 30 年代。事实上，1890 年以后，新马地区华人地缘性社团更明显的发展特点是：在数量大增的背景下更多帮派组织和更小化帮派组织的成立。

1890 年至“二战”结束前，福建帮 80 多家地缘性社团组织中，除早期已有的福建会馆、永春会馆等之外，新组建的地缘性社团有兴安会馆、福州公会（福州会馆、福州十属会馆）、古宁同乡会、福清会馆、桃源俱乐部、南安会馆、惠安公会（惠安会馆）、屏南董乡公会、晋江会馆、安溪会馆、古田公会、漳州总会、同安会馆、漳泉公会、大华闽江联欢社、东山会馆（东山励志社）、闽侨俱乐部、诏安会馆、同美社、永德会馆、德化会馆、兴化莆仙公会等。这其中既有以“府”、“州”为单位创建的，如福州公会（福州会馆、福州十属会馆）、漳泉公会、漳州总会等；也有以县为单位创建的，如福清会馆、同安会馆、东山会馆（东山励志社）、永德会馆、诏安会馆、南安会馆、晋江会馆等；更有以“乡”为单位创建的，如屏南董乡公会等。

1890 年至“二战”结束前，广东帮新创建的地缘性社团组织有雷州会馆、五邑会馆、清远会馆、四会会馆、高州会馆、高明会馆（高明同乡会）、鹤山会馆、天河同乡会、高要会馆等。其中，雷州会馆、高州会馆是以“府”为单位组建的；五邑会馆、清远会馆、四会会馆、高明会馆（高明同乡会）、鹤山会馆、高要会馆是以“县”为单位组建的；而天河同乡会则是以“乡”为单位组建的。

1890 年至“二战”结束前，客家人新成立的方言组织和地缘性社团有南洋客属总会、客属公会、客属会馆、客家五属公所、新加坡永定会馆（永定同乡会）、大埔同乡会、同源社、龙客会馆、蕉岭同乡会、龙岩会馆、上杭同乡会等。其中，南洋客属总会是在新加坡成立的属于全东南亚地区客家人的方言组织；客属公会、客属会馆、客家五属公所、同源社等为居住地所有客家人的方言组织；至于其他会馆，则是以祖籍“府”或“县”为单位组建而成的。

1890 年至“二战”结束前，潮州帮成立的地缘性社团组织有韩江公会、潮州八邑会馆、潮阳会馆、马来西亚潮州公会联合会、潮安联谊社、普宁会馆、揭阳会馆等。上述会馆中，马来西亚潮州公会联合会、韩江公会、潮州八邑会馆为整个潮州帮的地缘性社团，其他则是以“县”为单位组建的。

1890年至“二战”结束前，琼籍华侨新创建的地缘性社团组织大多以原琼州府为单位，不过，全都创建于新加坡的琼崖沙港同乡会、琼崖存信同乡会、泰家南旅同乡会、孟里南旅同乡会则是以祖籍“乡”或“村”为单位创立的。它们当中，琼崖存信同乡会是当时琼崖县存信乡华侨的共同组织，琼崖沙港同乡会为今海南省文昌市沙港村华侨的同乡组织，泰家南旅同乡会是属于今海南省文昌市泰家村华侨的共同组织，孟里南旅同乡会是今海南省琼海市孟里村华侨的同乡组织。

1890年至“二战”结束前，其他各籍华侨创建的地缘性社团组织有槟榔屿三江公会、新加坡三江会馆、文冬广西会馆、雪兰莪暨吉隆坡广西会馆、新加坡温州会馆、雪兰莪广西会馆、新加坡江西会馆、柔佛州广西同乡总会、南洋华北同乡会、新加坡宁波同乡会、居銮广西同乡会、淡马鲁广西会馆等。它们当中，广西籍华侨的地缘性社团组织最多，其次是浙江、江西两省籍华侨地缘性社团，北方籍华侨地缘性组织最少。

1890年以后，马来西亚华人地缘性社团发展中出现帮派更小化、帮派林立的局面，说明当时马来西亚华人社会发展尚不成熟、不稳定，还不是一个有机联系的整体性华人社会，呈现出非常复杂化的整合状态。

以上是“二战”结束前地缘性社团的发展情况，接着我们来看“二战”后马来西亚华人地缘性社团的发展情况。

“二战”后，马来西亚华人社团的一个重要变化是它们之间联合、团结的现象更加明显。日军占领马来亚期间，对华侨华人实行残酷无情的殖民统治。日军的法西斯统治促使华人更加认识到了团结的必要性、重要性。战后，马来西亚多次发生的针对或者涉及华人的不利事件，也进一步促使华人走向团结、联合。战后以来，和东南亚其他国家的一些华人社团一样，马来西亚的华人社团也开始了“从孤立无序向联合有序的转化与发展”[①]。这一点在地缘性社团的发展上表现得特别明显，早在20世纪30年代，马来西亚华人地缘性社团的联合趋势即已出现，琼州帮和潮州帮的方言会馆的联合会（马来西亚海南会馆联合会、马来西亚潮州公会联合会）分别于1933年、1934年成立。此后，各华人帮派内部联合的趋势逐渐加强，行动逐渐加快。“二战”后，广东帮的4家地缘会馆总会（马来西亚广东会馆联合会、马来西亚台山会馆联合会、马来西亚三水会馆联合会、马

① 李明欢：《当代海外华人社团研究》，厦门：厦门大学出版社，1995年，第158页。

来西亚高州总会）分别成立。20 世纪 50 年代，马来西亚华人地缘性社团成立的联合会也有 4 家：马来西亚番禺会馆联合会、马来西亚古冈州六邑联合会、马来西亚福建社团联合会、马来西亚永春联合会。60 年代先后出现两家：马来西亚南海会馆联合会、马来西亚福州社团联合会。70 年代是华人地缘会馆联合会成立的繁盛时期，计有马来西亚兴安会馆总会、马来西亚会宁总会、马来西亚大埔社团联合会、马来西亚泉港社团联合会、马来西亚河婆同乡联合会、马来西亚万宁同乡会、马来西亚三江总会、马来西亚增龙总会、马来西亚客家公会联合会、马来西亚顺德联合总会等 10 家。进入 80 年代后，这种联合的趋势仍很强烈，马来西亚广肇联合会总会、马来西亚龙岩会馆联合会、马来西亚南安社团联合会、马来西亚东安会馆联合会、马来西亚安溪总会等地缘性社团总会相继创建。

实际上，到 20 世纪 70 年代末，马来西亚华人各主要帮派的地缘性社团联合会都已组建成立。“各华人乡团联合会的成立标志着乡团代表性的提升。”①

从下表我们可以看出战后马来西亚华人地缘性社团联合的明显特点和趋势：

表 1　马来西亚地缘性华人社团联合会简表②

帮　属	地缘性社团联合会名称	成立时间	属会数目
福建帮	1. 马来西亚福建社团联合会	1957 年	147
	2. 马来西亚永春联合会	1957 年	39
	3. 马来西亚福州社团联合会	1966 年	57
	4. 马来西亚兴安会馆总会	1970 年	30
	5. 马来西亚泉港社团联合会	1976 年	10
	6. 马来西亚晋江社团联合会	1977 年	12
	7. 马来西亚龙岩会馆联合会	1981 年	5
	8. 马来西亚南安社团联合会	1982 年	21
	9. 马来西亚安溪总会	1986 年	11

① 刘崇汉：《独立后华人乡团组织》，《马来西亚华人史新编》（第 3 册），吉隆坡：马来西亚中华大会堂总会，1998 年，第 395 页。

② 刘崇汉：《独立后华人乡团组织》，《马来西亚华人史新编》（第 3 册），吉隆坡：马来西亚中华大会堂总会，1998 年，第 383 ~ 384 页。

（续上表）

帮　属	地缘性社团联合会名称	成立时间	属会数目
广东帮	10. 马来西亚广东会馆联合会	1947 年	36
	11. 马来西亚台山会馆联合会	1947 年	6
	12. 马来西亚三水会馆联合会	1949 年	5
	13. 马来西亚高州总会	1949 年	21
	14. 马来西亚古冈州六邑联合会	1955 年（存疑）	28
	15. 马来西亚番禺会馆联合会	1953 年	5
	16. 马来西亚中山会馆联合会	1954 年	6
	17. 马来西亚南海会馆联合会	1960 年	8
	18. 马来西亚会宁总会	1973 年	11
	19. 马来西亚顺德联合总会	1979 年	7
	20. 马来西亚广肇联合会总会	1980 年	27#
	21. 马来西亚东安会馆联合会	1983 年	12
客家帮	22. 马来西亚客家公会联合会	1979 年	60
	23. 马来西亚嘉属会馆联合会	1950 年	24
	24. 马来西亚半岛惠州属团体联合会	1963 年	16
	25. 马来西亚大埔社团联合会	1973 年	18
	26. 马来西亚河婆同乡联合会	1978 年	6
	27. 马来西亚增龙总会	1979 年	9
潮州帮	28. 马来西亚潮州公会联合会	1934 年	47
海南帮	29. 马来西亚海南会馆联合会	1933 年	69
	30. 马来西亚万宁同乡会	1978 年	4
其他	31. 马来西亚广西总会	1952 年	35
	32. 马来西亚三江总会	1978 年	5

注#：其中7个乡团也是其他联合会的团体成员。

华人地缘性社团联合、团结趋势的加强，其基础和条件是战后特别是马来西亚独立后，华人各类型社团尤其是地缘性社团的迅速发展。独立以来，马来西亚华人地缘性社团能够得到迅速发展，其中一个很重要的原因，是实现独立后的马来西亚政府于1966年颁布实行的社团法令，为公民提供了结社集会的法律依据或保障。这部法令是由马来联邦1949年的社团法令、砂拉越1957年的社团法令以及沙巴1961年的社团法令统一而成。①

1949年2月，马来亚华人公会（The Malayan Chinese Association，简称“马华公会”，是当时华人社会唯一合法存在的政党）成立。1957年，马来亚独立，在此后的12年里，当地华人各帮派基本建立起属于自身的地缘性社团组织体系。但是，马华公会甚至执政者并不欢迎华人各社团参与华团总机构。20世纪60年代初以后，马来西亚国内外局势的发展加剧了华人政治力量的分裂和华人地缘性社团的政见分歧。② 不过，事物的发展总会在曲折中取得进步。马来西亚华人社团尤其是地缘性社团，其整合的趋势一直在持续发展。2001年底，马来西亚七大乡团之一的潮州会馆联合会总会建议华人社团实行大整合，成立包括广东会馆联合总会、福建社团联合总会、潮州会馆联合会总会、海南会馆联合会、客家公会联合会、三江总会和广西总会的七大乡团联合会，以凝聚华人社会力量，为华人族群争取权益。这有助于华人社会的团结，尤其有利于地缘性华人社团的全新整合。

下面让我们来了解各帮派华人建立的各种地缘性社团的情况。

根据1970年马来西亚人口调查统计，华人总人口为3 555 879，其中福建籍华人1 453 662人（福州籍和兴化籍共330 923人，其他各地籍1 122 739人），占华人总人口的40.9%，居各帮华人人口第一位。由此，在全马来西亚，福建籍华人的地缘性社团数量也最多。它们有以“省”为单位组建的，有以“府”或“州”为单位组建的，也有以“县”甚至“乡”为单位组建的。

马来西亚福建帮地缘性社团以“省”为单位组建的有：雪兰莪福建会馆、马六甲福建会馆、霹雳福建公会、槟城福建会馆、威省福建会馆、森美兰福建会馆、丁加奴福建会馆、吉兰丹福建会馆、柔佛福建会馆、沙巴州福建社团联合会、巴生福建会馆、太平福建会馆、吉打南部福建会馆、甘马挽福建会馆、安顺福建会馆、玲珑福建公会、关丹福建会馆、吉礁福建公会、和丰福建会馆、淡马鲁福建会馆、金宝福建会馆、蔴坡福建会馆、邦咯福建公会、万津福建公所、江沙福建公会、日叻务福建会馆、吉中福建会馆、乌鲁冷岳福建公会、野新福建公会、宜力福建公会、立卑福建公会、龙运福建会馆、笨珍福建会馆、马登巴冷福

① 刘崇汉：《独立后华人乡团组织》，《马来西亚华人史新编》（第3册），吉隆坡：马来西亚中华大会堂总会，1998年，第387页。

② 刘崇汉：《独立后华人乡团组织》，《马来西亚华人史新编》（第3册），吉隆坡：马来西亚中华大会堂总会，1998年，第393页。

建公会、亚庇福建会馆、文冬福建会馆、山打根福建会馆、利民达福建公会、而连突福建公会、巴株巴辖福建会馆、丰盛港福建会馆、马口福建会馆、沙巴斗湖福建会馆、美罗福建公会、金马士福建会馆、务边福建公会、吁鲁音巴福建公所、双溪古月福建公会、古晋福建公会等。

以“府”为单位组建的地缘性社团有：槟城福州会馆、霹雳福州十邑会馆、雪兰莪福州会馆、马六甲兴安会馆、森美兰福州会馆、吉打福州会馆、马六甲福州十邑会馆、柔佛福州会馆、巴生滨海福州十邑同乡会、太平福州会馆、巴南福州公会、加帛福州会馆、加纳逸福州公会、永平福州会馆、林梦福州公会、南霹雳福州公会、民都鲁福州公会、美里福州公会、成邦江福州公会、木胶福州公会、槟城兴安会馆、雪兰莪兴安会馆、霹雳兴安会馆、关丹兴安会馆、马六甲漳州会馆、诗巫漳泉公会、雪兰莪永春公所、马六甲永春会馆、森美兰永春会馆、吉隆坡永春会馆、丹绒马林永春会馆、文冬永春会馆、昔加挽永春会馆、麻坡永春会馆、东甲永春会馆等。

以“县”为单位组建的有：雪兰莪惠安公会、麻坡惠安公会、巴生惠安会馆、巴株巴辖惠安会馆、雪兰莪南安会馆、槟城南安会馆、森美兰南安会馆、巴生滨海南安会馆、小笨珍诏安会馆、雪兰莪安溪会馆、柔佛州安溪会馆、雪兰莪晋江会馆、天定州古田会馆、诗巫古田公会、诗巫长乐同乡会、实兆远福清公会、诗巫闽清同乡会等。

以“乡”或“镇”为单位组建的有：槟城北马沙堤赵氏公会、槟城北马六桥林氏公会、诗巫屏南董乡公会、新加坡古宁同乡会、新加坡东张镇同乡会等。

在马来西亚，广东帮各地籍华人地缘性社团有：广东会馆、广东暨汀州会馆、广惠肇会馆、广肇会馆、肇庆会馆、五邑（南海、顺德、东莞、香山、番禺）会馆、四邑（新宁、新会、恩平、开平）会馆、（古）冈州会馆、南番顺（南海、番禺、顺德三地）公会、新兴会馆、会宁会馆、从清会馆、南三会馆、德化会馆、东安会馆、高州会馆、南海会馆、新会会馆、台山（宁阳）会馆、中山会馆、三水会馆、番禺会馆、顺德会馆、开平会馆、恩平同乡会、赤溪会馆、鹤山会馆、清远会馆、高明会馆、花县会馆、高要会馆等。①

广东帮华人社团中，以“省”为单位组建的地缘性会馆有：雪兰莪广东会馆、霹雳广东会馆、马六甲广东会馆、丁加奴广东会馆、森美兰广东会馆、吉兰丹广东会馆、柔佛广东会馆、玻璃市广东会馆、砂拉越广东会馆、北霹雳广东会馆、关丹广东会馆、文冬广东会馆、安顺广东会馆、江沙广东会馆、玲珑广东会馆、巴生广东会馆、麻坡广东会馆、巴株巴辖广东会馆、甘马挽广东会馆、新文

① 吴华：《马来西亚华族会馆史略》，新加坡：东南亚研究所，1980 年，第 88 ~ 89 页。

龙广东会馆、上霹雳宜力广东会馆、太平广东会馆、永平广东会馆、天定州广东会馆、瓜拉庇捞广东会馆、万挠广东会馆等。

以“（古）冈州”命名的地缘性社团主要有：雪隆冈州会馆、马六甲冈州会馆、霹雳古冈州公会、彭亨古冈州会馆、太平古冈州会馆、金宝古冈州会馆、霹雳和丰古冈州会馆、华都牙也古冈州会馆、丹绒马林冈州会馆、美罗古冈州公会、安顺古冈州会馆、文冬古冈州同乐社、霹雳端洛古冈州公会、宋溪古冈州会馆、拿吃古冈州公会、任罗宏古冈州会馆等。

台山籍华人地缘性社团主要有：马六甲宁阳会馆、槟城台山会馆、雪隆台山会馆、霹雳台山会馆、森美兰台山会馆、吉玻台山会馆、安顺台山会馆、昔加末台山会馆、巴生台山会馆、蔴坡台山会馆、新山台山会馆、居銮台山会馆等。

新加坡天河同乡会则是以当时新会县天河乡为基础而组建的地缘性社团。

高州籍华人地缘性社团主要有：森美兰高州会馆、劳勿高州会馆、雪兰莪新古毛高州会馆、柔佛居銮高州会馆、柔佛彼咯高州同乡会、丹绒马林乌鲁安南高州会馆、雪兰莪根登高州会馆、霹雳宋溪高州同乡会、吉打居林高州会馆、霹雳和丰高州会馆、霹雳太平高州会馆、霹雳美罗高州会馆、霹雳务边高州会馆、雪兰莪万挠高州会馆、森美兰马口高州会馆、彭亨文冬高州会馆、霹雳金宝高州会馆等。

以“广（州府）肇（庆府）”为单位共同组建的华人地缘性社团组织主要有：吉隆坡广肇会馆、关丹广肇会馆、新山广肇会馆、巴株巴辖广肇会馆、蔴坡广肇会馆、昔加末广肇会馆、巴生广肇会馆、林明广肇会馆、北根广肇会馆、立卑广肇会馆、古来广肇会馆、东甲广肇会馆、令金广肇会馆等。

马来西亚客家人的地缘性社团可分为八大系统：①客属公会；②嘉应（梅县、兴宁、五华、平远、蕉岭）五属籍会馆；③茶阳（大埔）会馆；④惠州（归善、博罗、长宁、永安、海丰、陆丰、龙川、河源、和平、平远）十属籍会馆；⑤丰顺会馆；⑥增城会馆或增龙会馆；⑦永定会馆；⑧河婆同乡会。[①]

作为方言性会馆，马来西亚各地的客属公会主要有：雪兰莪客属公会、马六甲客属公会、霹雳客属公会、威省客属公会、吉打客属公会、沙巴州客属总会、吉中客属公会、瓜拉立卑客属公会、山打根客属公会、古晋客属公会、昔加末客属公会、关丹客属公会、蔴坡客属公会、诗巫客属公会、哥打丁宜客属公会、马口客属公会、瓜拉庇拉客属公会、金马士客属公会、东甲客属公会、下霹雳客属公会、令金客属公会、林明客属公会、槟城客属公会、文冬客属公会、笨珍客属公会、野新客属公会、劳勿客属公会、瓜拉吉赖客属公会、乌鲁冷岳区（加影）

① 吴华：《马来西亚华族会馆史略》，新加坡：东南亚研究所，1980 年，第 117 页。

客属公会、居銮客属公会、江沙客属公会、古来客属公会、丹绒马林客属公会、巴南客属公会、美里客属公会、三合港客属公会、巴登马六甲客属公会、淡马鲁客属公会、瓜拉冷岳客属公会、吉兰丹吉赖客属公会、巴生客属公会、沙巴州（亚庇）客属公会、沙巴保佛客属公会、沙巴丹南客属公会、沙巴斗湖客属公会、淡边客属公会、沙巴客属总会巴巴分会等。

嘉应籍客家人的地缘性社团主要有：槟城嘉应会馆、马六甲应和会馆、霹雳嘉应会馆、雪兰莪嘉应会馆、森美兰梅江五属会馆、庇拉应和会馆、霹雳蕉岭同乡会、柔佛州嘉应会馆、吉玻嘉应会馆、安顺应和会馆、古晋嘉应五属同乡会、日叻务嘉应会馆、司马南应和会馆、万里望嘉应五属公会、金保梅江公会、华都牙也嘉应会馆、美里嘉应吾属同乡会、太平嘉应五属会馆、马登巴冷加影五属同乡会、马来西亚兴宁同乡会、蔴坡嘉应会馆、淡边嘉应会馆等。

惠州属华人地缘性社团主要有：马六甲惠州会馆、槟城惠州会馆、雪兰莪惠州会馆、森美兰惠州会馆、霹雳怡保惠州会馆、古来惠州会馆、劳勿惠州会馆、太平惠州会馆、美罗惠州会馆、安顺惠州会馆、东甲惠州会馆、斗湖惠州会馆等。

大埔（茶阳）籍华人地缘性社团主要有：马六甲茶阳会馆、雪兰莪茶阳会馆、雪兰莪茶阳励志社、雪兰莪茶阳回春馆、槟榔屿大埔同乡会、霹雳大埔同乡会、彭亨大埔同乡会、沙巴大埔同乡会、巴株巴辖茶阳会馆、巴生大埔同乡会、砂拉越古晋大埔同乡会、蔴坡茶阳会馆、砂拉越美里坡大埔同乡会、柔佛居銮大埔同乡会、南洋茶阳赵氏公会、诗巫大埔同乡会等。

潮州帮的地缘性会馆层次比较简单，一般以潮州府为单位组建，主要有：马六甲潮州会馆、槟城潮州会馆、雪兰莪潮州八邑会馆、霹雳韩江公会、柔佛潮州会馆、丁加奴潮州会馆、吉兰丹潮州会馆、吉玻潮州公会、下霹雳韩江公会、森美兰潮州会馆、古晋潮州公会、巴生滨海潮州八邑会馆、大山脚韩江公会、邦咯韩江公会、蔴坡潮州会馆、诗巫潮州公会、昔加末潮州会馆、关丹潮州会馆、柔佛南亚潮州八邑会馆、巴株巴辖潮州会馆、砂拉越达岛潮州公会、居銮潮州会馆、和丰韩江公会、居林吉南韩江公会、霹雳马登巴冷美罗韩江公会、彭亨北根潮州会馆、北霹雳韩江公会、柔佛东甲潮州会馆、彭亨淡马鲁属潮州会馆、江沙潮州会馆、柔佛笨珍潮州会馆、丁加奴甘马挽潮州会馆、蔴属巴冬潮州会馆、沙巴纳闽潮州公会、沙巴亚庇潮州公会、沙巴山打根潮州公会等。

潮州帮的地缘性会馆中也有以县为单位而组建的，如槟城惠来同乡会、马六甲惠来公会、柔佛潮安同乡会等。

海南帮在 1988 年海南省未正式建立前称为“琼州帮”，琼州帮的地缘性社团也主要分为府级和县级两类。其中，以琼州府为单位组建的地缘性社团主要有：

马六甲琼州会馆、槟城琼州会馆、森美兰琼州会馆、威省琼崖同乡会、雪兰莪琼州会馆、霹雳琼州会馆、丁加奴琼州会馆、庇拉琼崖公会、太平琼州会馆、古晋琼州公会、蔴坡琼崖会馆、新山琼州会馆、巴生琼州会馆、吉玻琼州会馆、安顺琼州会馆、永平琼州会馆、纳闽坡琼州会馆、东甲琼崖会馆、淡边柔河琼州会馆、关丹琼州会馆、山打根琼州会馆、甘马挽琼州会馆、巴株巴辖琼州会馆、林明琼州会馆、北加琼州会馆、浮罗交怡琼州会馆、丰盛港琼州会馆、雪邦琼州会馆、双溪大年琼州会馆、令金琼州会馆、笨珍琼州会馆、新文龙琼州会馆、美里琼州公会、天定州琼州会馆、诗巫琼州公会、居銮琼州会馆、昔属琼州会馆、金宝琼州公会、龙运琼州会馆、江沙琼州公会、野新琼州会馆、北海琼海公会、波德申琼州公会、邦咯岛琼州公会、华都牙也琼崖同乡会、吉南琼崖同乡会、文冬琼州会馆、马六甲双溪巴路琼州公会、金马仑琼州公会、古来琼州会馆、立卑琼州公会、淡马鲁属琼州会馆、巴登马六甲琼州会馆、淡边琼州会馆、吉胆琼州会馆、亚庇琼州会馆、丹绒马林琼州公会、古晋琼州同乡会等。

海南帮中以“县”为单位组建的地缘性社团主要有：槟城万宁同乡会、雪兰莪万宁同乡会、马六甲万宁社、巴株万宁同乡会、霹雳琼乐会馆（此处“琼乐”指琼东和乐会两县）、蔴坡琼崖东路同乡会（此处“琼崖东路”包括定安、琼东、乐会和万宁）等。这些社团组织反映了马来西亚琼州帮华人中，大多原籍海南岛东部各地，如万宁、乐会、琼山、琼东、文昌等。①

由于受中国明清时期本土会馆发展的影响，马来西亚华人会馆最早亦正式建立于19世纪左右。马来西亚华人各帮社团组建情况与其原籍关系非常密切。原籍的地理区划深刻反映于华人地缘性会馆的发展之中。马来西亚华人各帮派其原籍地绝大多数在闽粤两省，所以，把清代以来闽粤两省行政区划变化情况和马来西亚福建帮、广东帮、客家帮、潮州帮、琼州帮等各帮华人的地缘性组织与原籍的关系制成简表如下②：

① 吴华：《马来西亚华族会馆史略》，新加坡：东南亚研究所，1980年，第147页。

② 表2、表3根据彭松涛先生主编：《新加坡全国社团大观（1982—1983）》中的“福建近代行政区域演变表”和“广东近代行政区域演变表”两表，改动、扩充而成。

表2 清代以来福建省行政区划演变与马来西亚华人社团关系简表

清政府		国民政府	中华人民共和国		马来西亚闽籍华人地缘性社团	附注
福宁府	福鼎 福安 寿宁 霞浦 宁德	福鼎 柘荣 福安 寿宁 周宁 霞浦 宁德	福鼎市 柘荣县 福安市 寿宁县 周宁县 霞浦县 宁德市	宁德市	福宁五邑同乡会	
福州府	屏南 古田 罗源 连江 闽侯 侯官 长乐 闽清 永福 福清	屏南 古田 罗源 连江 林森 长乐 闽清 永泰 福清 平潭	屏南县 古田县 罗源县 连江县 闽侯县 福州市 长乐市 闽清县 永泰县 福清市 平潭县	福州市	福州十邑会馆 古田会馆（公会） 闽侯同乡会 福州会馆（公会） 长乐公会 福清会馆（公会）	屏南董乡兴学公会 福州社团联合会 闽侨俱乐部 闽侯县属五个同乡会 光远慈善社 闽江联欢社 同乐社 三山俱乐部 梅邑同乡会 东张镇同乡会 玉屿同乡会
兴化府	莆田 仙游	莆田 仙游	莆田市 莆田县 仙游县	莆田市	福莆仙公会（同乡会） 兴安会馆 莆田会馆 莆中高平公会	兴安会馆总会
泉州府	同安（泉州府城）	厦门市 思明 同安	厦门市 思明区 同安区	厦门市	厦门会馆、厦门公会 禾山会馆 同安会馆 芦山会所	漳泉公会 同安金厦公会
	晋江 南安 惠安 安溪	金门 晋江 南安 惠安 安溪	金门县 泉州市 晋江市 南安市 惠安县 安溪县	泉州市	金门会馆 晋江会馆 南安会馆 惠安会馆（公会） 安溪会馆	县属十个乡会组织 仁和公所 仁爱音乐社 晋江社团联合会 南安社团联合会 惠安社团联合会惠北同乡会 安溪总会 惠南联乡会
永春州	永春 德化 大田	永春 德化	永春县 德化县		永春会馆（公会） 永德会馆	永春联合会、桃源俱乐部

（续上表）

清政府		国民政府	中华人民共和国		马来西亚闽籍华人地缘性社团	附注
漳州府	（漳州府城）		漳州市	漳州市	漳州十属总会	漳泉公会
	龙溪	龙溪	龙海市		龙溪会馆	
	海澄	海澄				
	漳浦	漳浦	漳浦县			
	南靖	南靖	南靖县			
	长泰	长泰	长泰县		长泰会馆	
	华安		华安县			
	诏安	诏安	诏安县		诏安会馆	云诏东会馆
	云霄		云霄县			
	东山		东山县		东山会馆	东山励志社
	平和	平和	平和县			
延平府	南平	南平	南平市			
	顺昌	顺昌	顺昌县			
	将乐	将乐	将乐县	三明地区		
	尤溪	尤溪	尤溪县			
	沙县	沙县	沙　县			
			三明市			
	永安	永安	永安市			
永春州属			大田县			
			清流县			
			明溪县			
			宁化县			
汀州府	清流	清流		龙岩地区		
	归化	归化				
	宁化	宁化				
	上杭	上杭	上杭县		南洋上杭同乡会	
	武平	武平	武平县			
	长汀	长汀	长汀县			
	连城	连城	连城县			
	永定	永定	永定县		永定会馆（同乡会）	丰永大公司
龙岩府	龙岩	龙岩	龙岩市		龙岩会馆	龙岩会馆总会
	漳平	漳平	漳平市			
	宁洋	宁洋				

表 3　清代以来广东省行政区划沿革与马来西亚华人社团关系简表

清政府		国民政府	中华人民共和国		马来西亚粤籍华人地缘性社团	附　注
嘉应府	嘉应	梅县	梅　县	梅州市	嘉应会馆 应和会馆	客属公会联合会 客属总会 客属公会 嘉属会馆联合会
	兴宁	兴宁	兴宁市		兴宁同乡会	
	长乐	五华	五华县		五华同乡会	
	平远	平远	平远县		蕉岭平同乡会	
	镇平	蕉岭	蕉岭县			同源社 南洋茶阳赵氏公会
潮州府	大埔	大埔	大埔县		茶阳会馆	大埔社团联合会 茶阳励志社
	丰顺	丰顺	丰顺县		丰顺会馆	丰永大公司
	（澄海县属）		汕头市	汕头市	潮州八邑会馆	义安公司
	澄海	澄海	澄海市		澄海会馆	县属四个同乡会
	潮阳	潮阳	潮阳市		潮阳会馆	县属十个乡会宗亲会
		南澳	南澳县			
	海阳	潮安	潮安县	潮州市	潮安会馆	潮州公会联合会
	饶平	饶平	饶平县			韩江公会
	惠来	惠来	惠来县	揭阳市	惠来同乡会	
	普宁	普宁	普宁市		普宁会馆	
	揭阳	揭阳	揭阳市		揭阳会馆	
	（河婆镇属）		揭西县		河婆同乡会	河婆同乡联合会
惠州府	海丰	海丰	海丰县	汕尾市	海陆会馆	
	陆丰	陆丰	陆丰市			
	河源	河源	河源市	河源市		
	永安	紫金	紫金县			
	龙川	龙川	龙川县			
	和平	和平	和平县			
	（红阳镇属）		连平县		惠州会馆	惠州属团体联合会
	长宁	新丰				
	新安	宝安	宝安区	深圳市	东安会馆	东安会馆联合会
	东莞	东莞	东莞市	东莞市		
	归善	惠阳	惠阳市	惠州市		
	（惠阳县属）		惠州市			
	（平山县属）		惠东县			
	博罗	博罗	博罗县			
广州府	龙门	龙门	龙门县			
	增城	增城	增城市	广州市	增龙会馆	增龙总会
	从化	从化	从化市			
	花县	花县	花都区		花县会馆	
	（府城）	广州市	广州市			番禺会馆联合会
	番禺	番禺	番禺市		番禺会馆	慕德同乡会
	清远	清远	清远市	清远市	清远会馆	

（续上表）

清政府		国民政府	中华人民共和国		马来西亚粤籍华人地缘性社团	附　　注
广州府	南海 顺德 三水	南海 顺德 三水	南海市 顺德市 三水市	佛山市	南顺会馆 顺德会馆 三水会馆	南海会馆联合会 顺德联合总会 三水会馆联合总会
广州府	香山	中山	中山市	中山市	中山会馆	中山会馆联合会
广州府	（番州镇属） （井岸镇属）		珠海市 斗门区	珠海市		
广州府	新宁 新会	台山 新会	台山市 新会市	江门市	冈州会馆　台山会馆 四邑会馆　宁阳会馆	台山会馆联合会
肇庆府	开平 恩平 鹤山	开平 恩平	开平市 恩平市 鹤山县	江门市	新会会馆　开平会馆 恩平会馆 鹤山会馆	古冈州六邑联合会 广肇联合会总会
肇庆府	高明	高鹤	高明市	佛山市	高明同乡会	
肇庆府	（肇庆府城）		肇庆市	肇庆市	肇庆会馆	
肇庆府	高要 四会 广宁 德庆 开建 封州	高要 四会 广宁 德庆 开建 封州	高要市 四会市 广宁县 德庆县 封开县	肇庆市	高要会馆 会宁同乡会	
	新兴	新兴	新兴县	云浮市	新兴会馆	颐安堂 会宁总会
	阳春	阳春	阳春市	阳江市		
阳江直隶州		阳江	阳江市	阳江市		
郁南	东安	郁南	郁南县	肇庆市		
广西	怀集	怀集	怀集县	肇庆市		
罗定直隶州		罗定 云浮	罗定市 云浮市	云浮市		
高州府	化州 茂名 电白 信宜	化县 茂名 电白 信宜	化州市 茂名市 电白县 信宜市	高州市	高州会馆 高州同乡会 高州公会	高州总会 三和会馆
高州府	吴川 石城	吴川	吴川市	湛江市		
廉州府	钦州 合浦 灵山	钦县 合浦 灵山	1965 年钦廉专区最终划归广西			
琼州府		琼山等 8 县 崖县等 8 县	1988 年 4 月 12 日海南独立建省		琼州会馆　琼崖会馆 琼州公会　琼崖公会 琼崖同乡会 琼海公会	海南会馆联合会 万宁同乡会

马来西亚华人地缘性社团的组织系统的建立开始于马来西亚独立前，最终建立于马来西亚独立后。马来西亚华人地缘性社团的组织系统主要有如下两种类型：

第一种，又可分为两类：①

（1）“城市—州—全国”方言群地缘性社团纵向组织体系（见表4）。

表4　地缘性社团纵向组织简表

粤籍地缘性社团类型	市级社团	州级社团	全国性社团
原省籍社团	安顺广东会馆 →	霹雳广东会馆 →	马来西亚广东会馆联合会
原州府籍社团	太平海南会馆 →	↑ 霹雳海南会馆 →	马来西亚海南会馆联合会
原县籍社团	太平嘉应会馆 →	↑ 霹雳嘉应会馆 →	马来西亚嘉应会馆联合会
原乡籍社团	安顺古冈州会馆 →	↑ 霹雳古冈州会馆 →	马来西亚古冈州六邑联合会

闽籍地缘性社团类型	市级社团	州级社团	全国性社团
原省籍社团	马口福建会馆 →	森美兰福建会馆 →	马来西亚福建社团联合会
原州府籍社团	巴生滨海福州十邑同乡会 →	雪隆福州会馆 →	马来西亚福州社团联合会
原县籍社团	笨珍永春会馆 →	柔佛州永春总会 →	马来西亚永春联合会

（2）相同州内，地缘性社团的四级单位组织系统。

第二种，为直系的“城市—州—全国”方言群地缘性社团的纵向组织。

马来西亚华人社团的分布极具地域性特色，反映马来西亚华人地域分布的变化状况。早期的马来西亚华侨地缘性社团多创建于开发较早、经济发达、交通便利、资源丰富、华侨集中居住的地方。其中，广东帮地缘会馆所在地属于州级的有槟城、新加坡、马六甲、吉打、雪兰莪，城镇有古晋、新山、芙蓉、太平、吉

① 表4转引自刘崇汉：《独立后华人乡团组织》，《马来西亚华人史新编》（第3册），吉隆坡：马来西亚中华大会堂总会，1998年，第389页。

隆坡等；福建帮地缘会馆所在地有槟榔屿、马六甲、新加坡、吉打、雪兰莪、太平、古晋等；客家人早期的方言会馆创建地中，属于州级的有槟城、马六甲、新加坡、森美兰、雪兰莪，城镇有吉隆坡、安顺、古晋、太平、日叻务、山打根等；早期潮州帮地缘会馆所在地主要有马六甲、新加坡、槟城、古晋、山打根；海南帮的地缘会馆创建所在地中，属于州级的有新加坡、马六甲、槟城、雪兰莪，重要城镇有太平、陈厝港、新山、古晋、吉隆坡、蔴坡。可以看出，各方面条件较好的马六甲、新加坡、槟榔屿、霹雳、雪兰莪、砂拉越、沙巴、吉打等州和太平、吉隆坡、安顺、古晋、山打根、陈厝港、蔴坡、芙蓉、日叻务等城镇是早期华人地缘性社团建立较为集中的地方。

血缘性社团、业缘性社团等多种类型社团的创建地，大抵也相似于地缘性社团的创建地。

“二战”后，随着马来西亚国内各地经济开发步伐的迈进，华人分布的地域更趋广阔，马来西亚华人社团的分布必然反映此种趋势。

马来西亚华人社团，尤其是传统的“三缘”社团的地域性分布特点，与华人人口地域性分布的特点密切相关。

1786 年槟榔屿开埠后，英国殖民者对马来半岛的经济开发，主要集中于海峡殖民地和马来联邦，这造成马来半岛东西海岸经济发展的不平衡（这种不平衡一直延续至今），也促成主要谋求经济利益的华人移民分布的不平衡，即马来西亚华人主要分布于马来半岛的西海岸。1948 年《紧急法令》实施后，许多原散居于乡村的华人被迁居于公路和铁路沿线分布的新村，这更造成华人人口分布的集中，尤其集中于西海岸。下表反映 1911—1980 年马来西亚华人人口在马来半岛分布的状况：

表 5　1911—1980 年西马各州华人人口分布比例表①　（单位:%）

年份 州名	1911 年	1921 年	1931 年	1947 年	1957 年	1970 年	1980 年
西海岸	94. 30	93. 50	93. 40	92. 70	93. 30	93. 00	92. 70
玻璃市	0. 20	0. 40	0. 50	0. 60	0. 70	0. 60	0. 60
吉打	4. 90	6. 90	6. 10	6. 20	6. 20	5. 90	5. 40
槟城	16. 10	15. 80	13. 70	13. 10	14. 00	13. 90	13. 50

① 钟临杰：《西马华族人口变迁》，《马来西亚华人史新编》（第 1 册），吉隆坡：马来西亚中华大会堂总会，1998 年，第 223 页。

（续上表）

州名＼年份	1911 年	1921 年	1931 年	1947 年	1957 年	1970 年	1980 年
霹雳	31.30	26.20	25.30	23.60	23.10	21.30	19.10
雪兰莪	21.70	19.90	18.80	19.20	20.90	24.20	14.70
（吉隆坡）							13.10
森美兰	5.90	7.60	7.20	6.10	6.40	5.90	5.40
马六甲	5.10	5.30	5.10	5.10	5.20	5.10	4.60
柔佛	9.10	11.40	16.70	18.80	16.80	16.10	16.30
东海岸	5.50	6.30	6.50	7.20	6.60	6.90	7.30
吉兰丹	1.40	1.50	1.40	1.20	1.20	1.20	1.20
丁加奴	0.60	0.80	1.00	0.80	0.80	0.70	0.70
彭亨	3.50	4.00	4.10	5.20	4.60	5.00	5.40
总计	100.00	100.00	100.00	100.00	100.00	100.00	100.00

从上表可以看出，西马华人主要分布于西海岸，即使到 1980 年时，仍占 92.70%。在西海岸各州中，雪兰莪（包括吉隆坡直辖区）、霹雳、槟榔屿、柔佛四州的华人占西马华人的 3/4。20 世纪 20—30 年代，霹雳州的华人占西马华人总数的 1/4。在东海岸，丁加奴和吉兰丹两州的华人人口很少。表中能够反映的华人人口分布变化的总的一个趋势是由北向南迁移。从华人社团分布的地域看，它们也主要集中于上述华人人口集中的州境。

“二战”结束以来，吉隆坡、槟城、怡保、马六甲、太平、新山、芙蓉、巴生、蔴坡、安顺、居銮、关丹、巴株巴辖、昔加末、古晋、诗巫、美里、哥打基纳巴鲁、山打根、丹南等城镇仍是华人社团集中成立的城镇。这同样与华人人口的分布状况密切相关。在马来西亚，华人在各地城镇人口中占据较大比例。这一特点尤其在大部分华人居住的马来半岛更为明显。在西马，许多城镇的产生及其发展与华人密不可分。1980 年，西马全部 60 个市镇中，有 33 个市镇的华人人口超过其总人口的半数，9 个甚至超过 78%。通过下表，我们可以了解西马华人人口分布，从而更直观理解华人社团集中分布于上述城镇的原因。

表6 1921—1980 年西马主要市镇华人人口占总人口百分比表①

城镇＼年份	1921 年		1931 年		1947 年	
	千人	%	千人	%	千人	%
西马	407.80	60.10	570.50	59.40	176.00	63.10
吉隆坡	80.40	60.40	111.40	61.00	189.00	72.90
槟城	123.10	67.10	149.40	67.80	80.90	70.10
怡保	36.90	66.30	53.20	64.40	54.50	74.70
马六甲	30.70	67.70	38.00	69.70	41.40	61.80
太平			30.00	57.90	38.80	41.10
新山					35.30	62.30
芙蓉					33.50	60.10
巴生						
城镇＼年份	1957 年		1970 年		1980 年	
	千人	%	千人	%	千人	%
西马	1 667.00	62.60	2 530.40	58.50	4 073.10	50.30
吉隆坡	316.20	61.90	451.80	54.80	919.60	51.90
槟城	234.90	72.90	269.20	71.60	248.20	70.90
怡保	125.80	67.00	248.00	71.60	293.80	85.40
新山	74.90	44.50	136.20	38.70	246.40	37.00
八打灵			93.30	62.40	207.80	57.40
巴生	75.60	60.80	113.60	58.10	192.10	52.20
瓜拉丁加奴			53.30	66.00	180.30	6.90
哥打巴鲁	38.00	28.90	55.10	29.00	167.90	12.90
太平	48.20	58.90	54.60	58.10	146.00	47.30
芙蓉	52.10	66.10	80.90	59.10	132.90	52.30
关丹			43.40	49.70	131.50	34.10
马六甲	69.80	76.10	87.20	75.40	87.50	74.40
北海	42.50	51.10	61.20	58.90	78.00	55.90
亚罗士打	52.90	48.40	66.30	48.80	69.40	46.90

① 钟临杰：《西马华族人口变迁》，《马来西亚华人史新编》（第1册），吉隆坡：马来西亚中华大会堂总会，1998 年，第 223 页。

（续上表）

年份 城镇	1957 年		1970 年		1980 年	
	千人	%	千人	%	千人	%
蔴坡	39.00	63.40	61.20	58.80	65.20	56.80
巴株巴辖	39.30	67.20	53.30	66.00	64.70	67.20
居銮	31.20	62.90	43.30	62.30	50.30	53.90
安顺	37.00	62.90	44.50	58.70	49.10	55.60
双溪大年			35.90	54.80	45.30	48.20
亚依逸淡					35.60	77.30
昔加末					34.00	74.20

再从各帮华人社团的具体分布，可以看出各帮人口分布的不同地域特色。根据马来西亚政府 1970 年人口调查统计结果，全马 3 555 879 名华人中，福建人 1 122 739，客家人 862 005，广府人 659 005，潮州人 421 998，海南人 152 790，福州人 147 689，广西人 77 577。[①] 而当时全马的各帮华人中，闽南籍的在雪兰莪、柔佛、槟榔屿三州占优势；雪兰莪、霹雳两州客家人最多；上述两州广府人也占据优势地位；在槟榔屿，潮州人分布多于其他各地；海南人在雪兰莪、柔佛、丁加奴最多；福州人在砂拉越和霹雳两州人数最多，诗巫有“新福州”之称，实兆远的福州人也很多，因而诗巫、实兆远的福州华人社团组织比较多；马来西亚的广西籍华人，早期大多居于霹雳的和丰、玲珑、宜力，不少也居于彭亨的文冬、劳勿、文德甲、关丹等，一小部分住于柔佛州、森美兰州等地（参见下表）。所以，广西籍华人的社团组织，尤其是地缘会馆，多见于上述各地。

表 7　马来西亚各区广西华人人口简表[②]

	新加坡	槟榔屿	马六甲	霹雳	雪兰莪	森美兰	彭亨	柔佛	吉打
1931 年	945	335	108	17 040	5 658	5 894	6 506	7 519	1 075
1947 年	742	339	588	23 033	6 214	6 020	18 266	14 197	1 440

① 吴华：《马来西亚华族会馆史略》，新加坡：东南亚研究所，1980 年，第 5 页。
② 原表见《南洋学报》1950 年第 6 卷第 1 辑，第 72 ~ 73 页。

第二节　血缘性社团

血缘性组织，是指那些以血缘为纽带组建成立的社团。和中国国内的血缘性组织一样，海外华侨华人的血缘性社团也以相同或同源姓氏为建立组织的基础。海外华侨华人的血缘组织一般称为宗亲会馆，具体名称有“宗祠”、“公司”、“公会”、“公所”、“会馆”或“堂”等。

早期的马来西亚华人，他们创建宗亲会馆的目的，一般在于祭祀祖先、促进宗亲之间的联络、加强团结、照顾宗亲、关怀福利等。马六甲注礼堂戴氏宗亲会的宗旨即是：“祭祀祖先、崇尚礼教、联络感情、促进团结及敦亲睦族。”① 马六甲李氏宗祠的宗旨也是：“联络同宗之感情，互助爱护及促进同宗之利益。”② 早在1892年创立的雪隆叶氏宗祠，有三大宗旨：①奉祀列祖神主，资宗亲祭祀，俾他乡客子，知己身之所出，不致贻“数典忘祖”之嫌；②举行春秋两祭，借以联络宗亲，使知尊亲敬长之义，进而彼此之间，互通有无，调解甘苦，斟酌得失，明徵存亡，庶几身客异乡，犹居梓里；③由此组织，可以招待远来宗亲，方便庆吊大事，备办社会福利，调停或有纠纷。③ 太平霹雳郭氏汾阳堂的成立宗旨：联络宗亲感情，为宗亲谋福利，为宗族权益作贡献。④ 1958年底正式成立的砂拉越陇西公会的宗旨是：联络及促进彭、董、李三姓宗亲的情谊；增进宗亲福利及以该会名誉参与农工商业投资；赞助社会慈善公益，推动文化、教育事业；每年清明节时，会同宗亲前往彭、董、李三姓祖先墓前举行祭拜，以崇祖德。⑤ 雪隆李氏宗亲会章程中明确规定了其宗旨是：促进会员之间的友好关系与谅解；促进会员之间的经济、文化、教育及福利事业；联络与该会宗旨类似的社团，以达致上述目标。⑥

---

① 《马六甲注礼堂戴氏宗亲会》，马来西亚华团简史编委会：《马来西亚华团简史》，吉隆坡：马来西亚中华大会堂总会，1999年，第263页。

② 《马六甲李氏宗祠》，马来西亚华团简史编委会：《马来西亚华团简史》，吉隆坡：马来西亚中华大会堂总会，1999年，第265页。

③ 毓光：《雪隆叶氏宗祠史略》，《雪兰莪叶氏宗祠成立100周年纪念特刊》，雪兰莪叶氏宗祠，1993年，第84页。

④ 《太平霹雳郭氏汾阳堂》，马来西亚华团简史编委会：《马来西亚华团简史》，吉隆坡：马来西亚中华大会堂总会，1999年，第145页。

⑤ 李福安：《砂拉越陇西公会简介》，《雪隆李氏宗亲会50周年金禧纪念》，雪隆李氏宗亲会，1999年，第132页。

⑥ 《雪隆李氏宗亲会章程》，《雪隆李氏宗亲会50周年金禧纪念》，雪隆李氏宗亲会，1999年，第132页。

随着马来西亚以及当地华人社会的发展进步，后来成立的血缘性社团，它们的宗旨往往不仅限于上述几点，而是立意更为高远，尤其是那些宗亲总会组织的宗旨，关注华人社会甚至马来西亚的发展，以及当地族群关系的亲睦等。1988年成立的北霹雳洪氏敦煌堂的宗旨是：祭祀洪氏祖先牌位；联络族亲感情，促进合作；关注族亲福利，发挥互助精神；协助社会公益、慈善文教事业；促进各族社群亲善团结。[①] 同样是在1988年成立的马来西亚陈氏宗亲总会的宗旨是：团结宗亲、联络感情、共谋福利；促进社会繁荣，各族亲善、公平，效忠国家；设立助学、奖学、贷学基金；推动各项健康文娱活动。[②] 马来西亚黄氏联合总会的宗旨是：联络马来西亚各地黄氏宗亲会，互助合作，精诚团结，启发智慧，敦厚道德，善邦亲睦，促进文化，依据政府政策，振兴教育，共谋社会人群福利。[③]

新马地区早期的华人血缘性社团组织，其产生的根源为以血缘为纽带的家庭所组成的宗族。血缘关系在中国社会，尤其在中国农村地区影响非常深远，根深蒂固。这种影响在闽粤两地尤其突出、明显，“福建省是中国传统家族制度最为兴盛完善的地区”[④]，“广东人的宗族和血缘关系在所有中国人中是最牢固的”[⑤]。新马地区华人移民大多来自于闽粤两省，由于他们之间存在各种血缘关系，原本在中国的复杂宗亲系统被移植于侨居地华人社会。[⑥] 同时，早期的华人移民身处外国政府统治之下，生活在语言隔阂、难以通融的群体中，这使他们深感交往和发展的不便，他们渴望建立联络便利、有利于自身生存和发展的血缘性社团（宗亲组织）。

早期华人血缘性组织能够建立的另一个重要因素，是富裕的华人追求名望。由于深受中国传统的官本位思想的影响，早期那些致富的华侨渴望出人头地、官运亨通。但是，身处殖民地社会，他们不可能在殖民地政府中仕途得意。如果能成为华人社会的某种领袖，他们也可获得所追求的名望和影响力，于是，他们转而在华人社会内部寻找途径。这种动力，促使一些华人富商出面建立血缘性社团，毕竟，通过各种血缘关系，宗亲组织的建立较为容易、方便；而通过创建宗亲组织获得的名望和地位，由于各种血缘关系的存在而使它们的作用和影响也变

---

① 《北霹雳洪氏敦煌堂》，马来西亚华团简史编委会：《马来西亚华团简史》，吉隆坡：马来西亚中华大会堂总会，1999年，第146页。

② 《马来西亚陈氏宗亲总会》，马来西亚华团简史编委会：《马来西亚华团简史》，吉隆坡：马来西亚中华大会堂总会，1999年，第62页。

③ 《马来西亚黄氏联合总会》，马来西亚华团简史编委会：《马来西亚华团简史》，吉隆坡：马来西亚中华大会堂总会，1999年，第63页。

④ 郭绪印：《老上海的同乡团体》，上海：文汇出版社，2003年，第891页。

⑤ ［美］邝治中著，杨立信等译：《唐人街——当代美国华人社区》，北京：世界知识出版社，2002年，第24页。

⑥ ［澳］颜清湟著，粟明鲜等译：《新马华人社会史》，北京：中国华侨出版社，1991年，第67页。

得更为直接、明显，那些富商更容易直接感受到成就感、满足感。

相较于地缘性社团，新马地区华人血缘性社团创建时间较晚。有着可信记载并延续至今的最早的血缘性社团之一，是1835年创立的槟榔屿龙山堂邱公司，它是邱氏华侨的宗亲社团。[①] 此后至1889年，槟榔屿的杨、伍、陈、许、李、谢、林等姓氏的华侨纷纷成立各自宗亲的会馆；而在另一个华侨集中的地方新加坡，当地的曹、陈、黄、林、周、郭、刘、关、张、赵、王、李、符等姓的华侨也创建自己的血缘性组织；在马六甲，早期的华人血缘性社团只有两家：马六甲江夏堂黄氏宗祠、马六甲陈颍川堂。总之，早期的华人血缘性社团数量是比较少的。

早期的华人血缘性社团可以划分为两大类型：地域性宗亲集团和非地域性宗亲集团。其中，地域性宗亲集团以血缘、地缘以及方言为纽带和基础，其成员认同一个祖先，他们祖籍同一村、县，说同一类方言，地域性血缘社团对成员的亲缘关系要求严格；而非地域性宗亲集团则是以较大范围的亲缘及地缘为纽带，或以传统兄弟结盟的特殊团体为基础，其成员来自相近的县、府，承认历史较久远的祖先，相互之间可以沟通、交流。1889年前建立的血缘性社团中，地域性血缘社团有新加坡曹家馆、马六甲江夏堂黄氏宗祠、槟榔屿龙山堂邱公司、槟榔屿霞阳植德堂杨公司、槟榔屿许氏高阳堂、槟榔屿谢公司、新加坡黄家馆、槟榔屿林氏勉述堂、槟榔屿林公司敦本堂、新加坡汾阳公司、槟榔屿九龙堂林公司、新加坡闽王祠、马六甲陈颍川堂、新加坡符氏社、新加坡潮州西河公司等；非地域性宗亲社团有新加坡四邑会馆、新加坡福建九龙堂、新加坡周家祠、新加坡刘关张赵古城会馆、新加坡潮州江夏堂、新加坡李氏书室、新加坡保赤宫陈氏宗祠等；槟榔屿江夏堂黄氏宗祠、槟榔屿李氏陇西堂、槟榔屿颍川堂陈公司等几家血缘社团难以分清其属性。[②] 可以看出，新马地区早期的华人血缘性社团中，地域性的宗亲会馆占据优势，但在新加坡，非地域性宗亲会馆则占优势。

早期的非地域性宗亲会馆全创建于新加坡。对于非地域性宗亲会馆创立的原因，颜清煌先生认为可能是一些华人同血缘群体缺乏足够的成员，于是他们扩大地域范围以吸引更多人参加宗亲会馆，但仍局限于同一方言群体。[③] 新加坡四邑陈氏会馆会员包括台山、新会、恩平、开平四地的陈姓族人。四邑华人方言相同，习俗相近；他们在移居海外的过程中，又形成了紧密的联系纽带，这些是他们共同组建血缘性社团的深层次原因。新加坡刘关张赵古城会馆是新马地区首家多姓氏血缘社团。四姓族人联合组建会馆的原因，源于《三国演义》中刘备、

① ［澳］颜清湟著，粟明鲜等译：《新马华人社会史》，北京：中国华侨出版社，1991年，第68～69页。
② ［澳］颜清湟著，粟明鲜等译：《新马华人社会史》，北京：中国华侨出版社，1991年，第69页。
③ ［澳］颜清湟著，粟明鲜等译：《新马华人社会史》，北京：中国华侨出版社，1991年，第69页。

关羽、张飞、赵云四人结义的历史故事。当然，新加坡刘关张赵古城会馆的成员仍全说广府话，属于同一方言。新加坡保赤宫陈氏宗祠中成员包括闽籍陈姓华侨，也包括潮籍陈姓华侨，不过，他们可能都操闽南话（潮州话实际上源于闽南话）。新加坡保赤宫陈氏宗祠是第一家血缘性总会。

关于早期华人血缘性社团的功能，颜清湟先生作了如下归纳：祭祖和崇祀保护神，纪念传统节日，扶助贫困会员，仲裁纠纷，关心族人婚姻，促进教育事业的发展。[①] 血缘性社团的这些职能和地缘性社团的职能大多相同。

以上是1890年以前的华人血缘性社团的发展概况，下面再来考察1890年以后的发展情况。

1890年至“二战”结束前，新马地区华人血缘性社团组织包括下列各姓氏的宗亲会：李、叶、王、陈、韩、龙、汪、吴、黄、杨、谭、郑、梁、朱、谢、苏、姚、胡、虞、袁、田、孙、陆、赖、云、方、邓、许、林、江、翁、洪、邢、张、沈、卓、郭等。这一时期，更多的姓氏群体创建了自己的血缘性社团组织。这也是当时新马地区华人数量大增的一种侧面反映。

海外华侨华人血缘性社团的命名大多与华侨华人姓氏的郡望或堂号密切相关，新马地区华侨华人的血缘性社团的命名自不能例外（见表8、表9及表10）。郡最早出现于开始实行郡县制度的我国秦代。郡望原指某郡内的豪门大族，后来指某一姓氏发迹、兴旺的地方。堂号是某一个或某些姓氏的特殊标识，它与各姓氏的起源地、发祥地、发展史等密切相关。

表8　常见郡望堂号与社团对照表[②]

姓氏	堂号	郡望所在地	相应的社团
王	太原堂	汾州二府及保德、平定、忻州等地	太原堂王公司、太原王氏宗亲会
李	陇西堂	甘肃旧兰州、巩昌、秦州等地	陇西公司、陇西李氏公所、陇西李氏宗亲会、陇西堂
陈	颍川堂	颍水流域，包括河南旧许州、陈州、汝宝、汝州等地	颍川陈氏公会、颍川堂颍川陈氏宗亲会、颍川公所、颍川青年会

① ［澳］颜清湟著，粟明鲜等译：《新马华人社会史》，北京：中国华侨出版社，1991年，第77~86页。

② 表8、表9根据《海外侨团寻踪》第24~27页中原表扩充、修改而成，资料来源：张学衔：《华夏百家姓探源》，南京：南京大学出版社，2001年；陈铁凡、傅吾康：《马来西亚华文铭刻萃编》（1），吉隆坡：马来亚大学出版部，1985年，第163页。

（续上表）

姓氏	堂号	郡望所在地	相应的社团
黄	江夏堂	湖北云梦境内	江夏堂黄氏宗祠、江夏黄氏宗亲会
林	西河堂	山西离石县	西河公司、西河林氏宗亲会、西河别墅
郭	汾阳堂	山西阳曲	汾阳公会、汾阳公司、汾阳郭氏宗亲会、郭氏汾阳堂
蔡	济阳堂	山东定陶县	济阳蔡氏公会、蔡氏济阳堂
杨	弘农堂	河南灵宝县内	弘农杨氏公会、弘农杨氏宗亲会
郑	荥阳堂	今河南荥阳、成皋一带	荥阳堂、荥阳堂郑氏公会、荥阳郑氏宗亲会
吴	延陵堂	今江苏武进县	延陵联合会
胡	始平堂	今陕西兴平县东南	安定堂
马	扶风堂	今陕西咸阳东	马氏扶风堂
何	庐江堂	今安徽庐江	庐江堂
汪	平江堂	今山西临汾西南	平江汪氏公会
洪	敦煌堂	今甘肃敦煌	洪氏敦煌堂
张	清河郡	今河北清河东	清河张氏公会
罗	豫章堂	今江西南昌一带	罗豫章堂
沈、尤	吴兴堂	今浙江吴兴	吴兴堂
柯、蔡	济阳堂	山东定陶	济阳家族会、济阳柯蔡宗亲会
甄、汤	中山堂	今河北正定县境内	中山馆、甄汤中山会馆
张、廖、简、颜	清河堂	今河北清河、山东清平等地	清河堂、清河互助会

表9　常见自主堂号与社团对照表

姓氏	社团名称	典故出处
林	九牧堂、九龙堂	春秋时林泉曾任赵国宰相，其九子皆仕进，国人称泉“九龙之父”，此为前九牧。唐时林茂官至太子詹事，其九子皆明经及第，并具为州牧，此为后九牧。
胡	安定堂	北宋胡瑗于吴地教授经学，子弟达数百人。曾官授校书郎。庆历年间礼部所取士中，瑗之弟子居十之四五。当时学者称赞其“安定先生”，胡姓后人因以“安定堂”为号。

（续上表）

姓氏	社团名称	典故出处
冯	竖德堂、忠胜堂	五代时冯道经历四朝十君，于后唐、后晋时任宰相。他倡议校对“九经”文字，并组织人员雕刻。后周时此事完成，后人称“五代监本”。由官府大规模刻书即始于冯道时。九经内容皆倡扬仁义道德。冯氏后人为纪念冯道，故取堂号曰“竖德堂”。
曾	三省堂、崇省堂、崇圣堂	春秋时代鲁国人曾参是孔子学生中的七十二贤之一。他严格要求自己，每日都要反省自身，其名言有“吾日三省吾身”。其后人就以“三省”、“崇省”、“崇圣”为堂号。
何	庐江堂、何思成堂	
庄	四美堂	
邱	龙山堂	澄海新江邱氏自中原南迁福建，首至泉州惠安之龙山，龙山是其在南方的发祥地，所以邱氏华侨以“龙山堂”命名宗亲会堂。
杨	四知堂、植德堂	东汉杨震曾任荆州刺史、司徒太尉等职，为官正直、清廉。一次杨震去东莱赴任时，途径昌邑，时任昌邑县令的王密原系震所举荐之荆州秀才。密于深夜时面见震，并以十斤黄金相送，谓深夜无人知晓。震怒而责之，以为“天知，地知，你知，我知”，坚拒不受。震升任涿州太守后，有人劝其为子孙乘机积财，震则以为他把清白为官的德行留于子孙是很丰厚的遗产。其人高洁之道德赫然可见。因此，杨氏后人称堂号为“四知堂”、“植德堂”，以纪念杨震之清廉、高洁。
王	太原堂、三槐堂	宋代王祐任尚书兵部侍郎，他曾植三棵槐树于庭，自言子孙必有为相者，后祐子果为宰相。因此，世称“三槐王氏”。祐之子孙建立三槐堂。
司徒	教伦堂	
戴	注礼堂、二礼堂	汉代儒学家戴德和戴圣被称为“大小戴”，大戴曾作礼书85篇，小戴作46篇，并作乐记49篇，大学、中庸等数篇。元时大儒陈浩将礼记写成集说，列于五经。戴氏家人为纪念大小戴，将堂号称为“二礼堂”、“注礼堂”。

（续上表）

姓氏	社团名称	典故出处
伍	伍胥山堂、伍氏馆、伍胥山公所	伍子胥过昭关。
余	余风采堂、武溪馆、武溪公所	北宋名臣余靖，字安道，号武溪，官至朝散大夫，其人文章颇具风采，誉满乡里，其故乡建有风采楼、风采堂。又或以其号“武溪”命名会馆。
谢	宝树堂、宝树谢氏宗亲会、宝树同宗社	东晋名臣谢安功勋卓著，孝武帝驾临谢府，见其庭院有大树，以之联系于安之功，曾谓，此为谢家之宝树也。此后，谢氏族人以“宝树”为号。
高、吕、卢	教亲堂	
雷、邝、方	溯源堂	方出于雷，邝出于方；雷、邝、方三姓同源，只是后来由北至南的迁徙中，才分出三姓。
谈、谭许、谢	昭伦公所、世界昭伦宗亲恳亲大会	西周姜子牙后裔分为四姓。四姓族人，为昭明伦理，“上祀祖先，下柬后人”，所以建立昭伦公所。
刘、关张、赵	古城会馆、龙岗公所、龙岗亲义总会	三国时，刘关张桃园三结义，徐州大战时相互失散，后三人不仅在古城相聚，而且赵云也加盟，军威大振。这是四姓联宗，并以古城命名会馆之由来。又，清代四姓族人于开平、新会、台山交界处修建龙岗古庙，四姓宗亲会遂以“龙岗”来命名。
洪、江、翁、方、龚、汪	六桂堂、六桂堂青年会、世界六桂堂恳亲会、六桂堂宗亲会	宋时翁乾度育有六子，为便于逃难，六子分别取姓。后六子皆中进士，故有“六桂联芳”之誉。
吕、卢、高、许、纪	烈山五姓联宗会	炎帝神农出生于烈山石室，五姓为炎帝最初蕃衍。
姚、虞、陈、胡、田	妫汭五姓联宗会	传说舜当天子前，帝尧把两个女儿嫁给他，让他们居于妫汭河畔。舜的后裔分出陈、姚等姓。

（续上表）

姓氏	社团名称	典故出处
萧、钟、章、叶、沈、尤	六兰堂宗亲会	
吴、周、蔡、翁、曹等	至德宗亲会	核心为吴姓。吴姓始祖为泰伯，泰伯为周太王长子，但他让小弟继位，自己到江南发展，建立吴国。所以孔子赞曰：“泰伯其何谓至德也已矣。”
陈、胡、袁、姚、虞、田、孙、陆、车、王	南舜别墅、南舜同宗会、至孝笃亲舜裔总会	舜帝后裔，不计其数，十大姓联宗，意表十全十美。至孝笃亲，源于“以至孝承先德，于笃亲启后民”。

“二战”后，新马地区华人创立许多血缘性社团总会或联合会，主要有新加坡萧氏总会、新加坡曾邱公会、南洋詹氏公会、南洋卢氏总会、新加坡蓝氏总会、新加坡黎氏联宗总会、雪兰莪州刘关张赵古城会、星洲梁氏总会、南洋黄氏总会、南洋范氏总会、南洋周氏总会、新加坡彭氏总会、南洋唐氏总会、南洋柯氏公会、南洋赵氏总会、南洋魏氏公会、彭亨古城堂、南洋客属宝树同宗社、南洋徐氏公会、南洋薛氏总会、彭亨何韩联宗会、南洋程氏总会、马来西亚李氏总会、南洋荼阳赵氏公会、马来西亚关氏公会、马来西亚黄氏联合总会、马来西亚陈氏宗亲总会、马来西亚成氏宗亲会、泛马（马来西亚）谢氏总会等。

各血缘性社团总会或联合会都有许多的属会。如，截至20世纪末，马来西亚陈氏宗亲总会共有29家属会，分布各州，遍于各地。它们分别是：①

隆雪陈氏书院宗亲会　　甲洞陈氏真山家族会
巴生滨海陈氏宗亲会　　丹绒士拔陈氏宗祠
浮罗吉胆陈氏公会　　马来西亚永春鸿榜陈氏公会
瓜拉冷岳仁嘉隆陈氏公会　　马六甲颍川堂陈氏宗祠
马六甲客属颍川堂陈氏宗祠　　柔佛颍川陈氏公会
蔴属保赤宫陈氏宗祠　　蔴坡潮州颍川公会

① 《马来西亚陈氏宗亲总会》，马来西亚华团简史编委会：《马来西亚华团简史》，吉隆坡：马来西亚中华大会堂总会，1999年，第62页。

笨珍颍川公会
霹雳陈氏宗祠
威省大山脚陈氏颍川堂
槟城颍川堂陈公司
槟城宗盟社陈氏宗祠
槟城琼崖陈氏祠
彭亨文冬陈氏联宗会
砂拉越拉让区颍川陈氏公会
永春东关伟公陈氏公会
柔中区保赤宫陈氏宗祠
北霹雳太平陈氏宗祠
北海威省陈氏颍川堂
槟城陈氏宗义社
槟城陈氏潮塘社
吉玻陈氏颍川堂
砂拉越古晋颍川陈氏公会
直凉举溪陈氏宗亲会

血缘性社团间的团结、联合现象，还包括相同起源的姓氏建立共同的宗亲社团。如，李、彭、董三姓皆源自甘肃陇西，三姓间有亲属关系，传统上三姓人士同为宗亲。因此，砂拉越陇西公会、北海陇西堂、大山脚陇西堂以及吉玻陇西公会，都是包含李、彭、董三姓华人的马来西亚华人血缘性社团组织。① 雪兰莪州刘关张赵古城会、新加坡古城会馆则是刘、关、张、赵四姓的宗亲组织。马六甲六桂堂、笨珍六桂堂分别是两地洪、江、翁、方、龚、汪六姓华人联合的血缘性社团组织。新加坡南舜同宗会是姚、陈、胡、虞、田、袁、孙、陆共八姓华人建立的血缘性社团。彭亨何韩联宗会是何姓和韩姓华人联合建立的血缘性社团组织。新加坡曾邱公会、新加坡庄严宗亲会分别是包含新加坡曾姓和邱姓、庄姓和严姓华人的血缘性社团。

新马地区华人组建血缘性社团的姓氏是很多的。吴华先生曾统计过新加坡102个创建了血缘组织的华人姓氏：白、曹、蔡、岑、陈、程、戴、邓、杜、范、方、冯、傅、符、高、龚、辜、关、郭、韩、何、洪、胡、黄、纪、江、蒋、柯、邝、赖、蓝、雷、龙、李、黎、廖、连、梁、林、刘、卢、陆、罗、吕、马、麦、梅、莫、潘、彭、邱、全、佘、沈、宋、施、苏、孙、谭、汤、唐、田、萧、谢、邢、徐、许、薛、王、汪、魏、温、翁、邬、吴、伍、姚、颜、严、杨、叶、易、尹、余、虞、袁、云、招、赵、詹、张、曾、甄、郑、邹、周、钟、朱、庄、卓、欧阳、司徒等。②

目前，一些大姓氏的宗亲会仍然人数众多，而且很活跃积极。比如，雪隆江

① 李福安：《砂拉越陇西公会简介》，《雪隆李氏宗亲会50周年金禧纪念》，雪隆李氏宗亲会，1999年，第131页。

② 姓氏排列以其拼音顺序为准。参见吴华：《新加坡华族会馆志》（第1册），新加坡：南洋学会，1975年，第15页。

夏堂在2011年时有会员近1 800名，广泛分布于雪隆地区的各市镇。①

重视家族、血缘的观念仍在传统华人社会有一定的保留。我们在马来西亚一些比较僻静的乡区仍能看到很多华人家庭的房门上悬挂表示姓氏出身的堂号，比如雪兰莪州的吉胆岛、适耕庄港口，以及在霹雳怡保郊区的华人新村等地。在面积不大的吉胆岛，我们见到不少姓氏公会，如汾阳公会、陈氏公会、吕卢高许纪五姓公会、蔡氏济阳公会、太原公会、谢氏公会；还看到了很多堂号：平阳堂（汪）、颍川堂（陈）、汝南堂（廖）、济阳堂（蔡）、荥阳堂（郑）、吴兴堂（沈）、太原堂（王）、汾阳堂（郭）、西河堂（林）、范阳堂（张）、始兴堂（麦）、陇西堂（李）、河东堂（吕）、宝树堂（谢）、高阳堂（许）、敦煌堂（洪），等等。在适耕庄港口，我们见到很多的谢氏宝树堂，那里的华人最早可能都来自潮州的某一地，他们南来后又居于一处，有利于守望相助。

表10　百家姓郡望堂号简表

姓氏	堂号	郡望
赵	半部堂	天水郡、涿郡、南阳郡、颍川郡
钱	吴越堂	下邳郡、彭城郡、吴兴郡
孙	平治堂、乐安堂、富春堂、映雪堂	汲郡、陈留郡、太原郡、乐安郡
李	陇西堂	陇西郡、赵郡、顿丘郡、中山郡
周	细柳堂、爱莲堂	汝南郡、沛郡、陈留郡
吴	延陵堂	延陵县、濮阳郡、陈留郡、长沙郡
郑	博经堂、安远堂	荥阳郡、洛阳、高密郡、雍州郡
王	三槐堂、槐荫堂	太原郡、京兆郡、天水郡、中山郡
冯	同舆堂、三同堂、市义堂	始平郡、杜陵县、颍川郡、上党郡
陈	三恪堂	颍川郡、广陵郡、河南郡、武当郡
褚	何南堂	河南郡
卫	河东堂	河东郡、陈留郡
蒋	钟山堂、九侯堂	乐安郡
沈	梦溪堂	吴兴郡、汝南郡
韩	泣杖堂、昌黎堂、颍川堂、南阳堂	颍川郡、南阳郡
杨	关西堂、四知堂	弘农郡、天水郡、河内郡
朱	白鹿堂、居敬堂、折槛堂、凤阳堂	吴郡、沛郡、凤阳郡、河南郡

① 参见《雪隆江夏堂·马来西亚黄氏宗祠青年团、妇女组2011年度常年会员大会会议手册》，2011年，第70～77页。

（续上表）

姓氏	堂号	郡望
秦	三贤堂、乐善堂、养真堂、五礼堂	天水郡、太原郡
尤	洗耳堂、得仁堂、训诂堂	吴兴郡
许	高阳堂	汝南郡、高阳郡、河南郡、太原郡
何	水部堂	庐江郡、东海郡、陈郡、郫县
吕	渭滨堂	河东郡、淮南郡、东平郡、金华县
施	恭敬堂	吴兴郡
张	百忍堂、清河堂、金鉴堂、孝友堂	清河郡、范阳郡、太原郡、京兆郡
孔	阙里堂、至圣堂	鲁郡、京兆郡、河南郡、会稽郡
曹	清靖堂、无为堂	谯郡、彭城郡、巨野县
严	富春堂	天水郡、冯翊郡、华阴郡
华	武陵堂、华岳堂	武陵郡
金	丽泽堂、彭城、京兆堂	彭城郡、京兆郡
魏	九合堂、巨鹿堂、十思堂	巨鹿郡
姜	稼穑堂、渭滨堂	天水郡
戚	三礼堂	东海郡
谢	宝树堂、威怀堂、安晋堂、陈留堂	陈留郡、陈郡、会稽郡、冯翊郡
邹	碣石堂、讽谏堂、范阳堂	范阳郡
潘	黄门堂、荥阳堂	广宗郡、河南郡、荥阳郡、豫章郡
彭	可祖堂、长寿堂、陇西堂	陇西郡、淮阳郡、宜春县
韦	扶阳堂、京兆堂	京兆郡
马	铜柱堂、绛纱堂、扶风堂	扶风郡
方	正学堂	河南郡
任	水薤堂	乐安郡、东安县
袁	卧雪堂、守正堂、陈郡堂、汝南堂	陈郡、汝南郡、彭城郡、襄阳郡
史	忠烈堂	健康郡、高密郡、京兆郡
唐	移风堂、晋阳堂、晋昌堂、北海堂	晋昌郡、北海郡、鲁郡、晋阳县
薛	忠谏堂	河东郡、新蔡郡、高平郡
雷	谦让堂	冯翊郡
贺	四明堂	会稽郡、河南郡、广平郡
汤	玉茗堂	中山郡、范阳郡
罗	尊尧堂、豫章堂	豫章郡、长沙郡、襄阳郡
郝	晒书堂	太原郡

（续上表）

姓氏	堂号	郡望
常	知人堂、太原堂	太原郡、平原郡、河内郡、武威郡
于	忠肃堂、东海堂	河南郡、东海郡、河内郡
傅	兴商堂、清河堂	北地郡、清河郡
齐	简礼堂	汝南郡、高阳郡、中山郡
康	会稽堂	京兆郡、东平郡、会稽郡
伍	孝友堂	安定郡、武陵郡
余	风采堂、清严堂、忠惠堂	新安郡、下邳郡、吴兴郡
顾	三绝堂、会稽堂	会稽郡、武陵郡
孟	三迁堂、平陆堂	洛阳郡、平陆县、东海郡、巨鹿郡
黄	宽和堂、江夏堂、思敬堂、逸敦堂	江夏郡、会稽郡、零陵郡、巴东郡
萧	定汉堂	兰陵郡、广陵郡
尹	和靖堂、天水堂	天水郡、河间郡
姚	圣仁堂、吴兴堂、南安堂	吴兴郡、南安郡
邵	安乐堂、博陵堂	博陵郡、汝南郡、安阳县
汪	越国堂、忠勤堂、平阳堂、六桂堂	平阳郡、新安郡、六桂郡
毛	舌师堂	西河郡、荥阳郡、河阳县、北地郡
禹	惜阴堂、十起堂	陇西郡、琅琊郡
狄	梁公堂	天水郡、太原郡
米	鹿门堂、宝晋堂、海岳斋	京兆郡、陇西郡、高平郡
明	廉慎堂	吴兴郡、平原郡、河南郡
计	晋鉴堂	京兆郡、齐郡
成	永敬堂	弘农郡、上谷郡
戴	注礼堂、独步堂、避贵堂、谯国堂	谯郡、广陵郡、清河郡
宋	玉德堂	京兆郡、西河郡、广平郡、敦煌郡
熊	射石堂、江陵堂、南昌堂等	江陵郡、南昌郡
舒	阆风堂	京兆郡、巨鹿郡
屈	三闾堂、汨罗堂	临海郡、河南郡
项	圣师堂	辽西郡
董	直笔堂、良史堂、豢龙堂、陇西堂	陇西郡、济阴郡
梁	仪国堂、保善堂、安定堂	安定郡、扶风郡、天水郡、河南郡
杜	诗圣堂、少陵堂、京兆堂	京兆郡、襄阳郡、濮阳郡
阮	竹林堂	太原郡

（续上表）

姓氏	堂号	郡望
蓝	戒君堂	中山郡、东莞郡、汝南郡
席	嘉会堂	安定郡
季	三思堂	鲁郡、寿春县
麻	金紫堂	上谷郡
强	浚渠堂	天水郡、丹阳郡
贾	至言堂、武威堂	武威郡
危	太史堂	汝南郡、临川郡
江	忠廉堂、济阳堂、淮阳堂、六桂堂	济阳郡、淮阳郡、六桂郡
颜	复圣堂	鲁郡、琅琊郡
梅	宛陵堂	汝南郡
林	西河堂、九龙堂、十德堂、九牧堂	西河郡
刁	藏春堂	渤海郡、弘农郡
钟	四德堂	颍川郡、竟陵郡
邱	文庄堂	河南郡、吴兴郡
高	厚余堂、渤海堂、渔阳堂、辽东堂	渤海郡、渔阳郡、广陵国、河南郡
夏	平水堂、会稽堂	会稽郡、谯郡、高阳郡、鲁郡
蔡	九峰堂、龙亭堂、济阳堂	济阳郡
田	贫骄堂	北平郡、雁门郡、京兆郡、河南郡
胡	澹安堂	安定郡、新蔡郡
虞	五绝堂	济阳郡、会稽郡、陈留郡
万	显西堂	扶风郡、河南郡
柯	异鹊堂	济阳郡、钱塘县、齐郡
昝	明敏堂、笃义堂	太原郡、彭城郡
管	匡世堂	平原郡、晋阳郡
卢	专经堂	范阳郡、河南郡、河间郡
莫	威远堂	巨鹿郡、江陵郡、河间郡
经	赐宴堂	荥阳郡、平阳郡
房	中书堂	清河郡、济南郡、河南郡
裘	敦睦堂	渤海郡
缪	公辅堂、尽忠堂	兰陵郡
解	梁都堂	平阳郡
应	淮阳堂	汝南郡、颍川郡

（续上表）

姓氏	堂号	郡望
宗	忠简堂	京兆郡、河东郡
丁	驯鹿堂、济阳堂	济阳郡
邓	平寿堂、谦恕堂、南阳堂、南雄堂	南阳郡、安定郡、高密国、平阳郡
杭	东乡堂	余杭郡、丹阳郡
洪	双忠堂、敦煌堂	敦煌郡、宣城郡、豫章郡
包	刚毅堂、清河堂、孝肃堂	丹阳郡、上党郡
左	传经堂、高义堂	济阳郡
石	徂徕堂、平原堂	武威郡、渤海郡、平原郡、上党郡
崔	噤李堂	清河郡、博陵郡、荥阳郡等
龚	中隐堂	武陵郡、河内郡、渤海郡
程	明道堂、伊川堂、立雪堂、安定堂	广平郡、河南郡、安定郡
滑	跻鹊堂	下邳郡、京兆郡、安陆郡
裴	绿野堂、督国堂	河东郡
陆	忠烈堂、黜霸堂、河南堂、平原堂	吴郡、河南郡、颍川郡、平原郡
翁	资善堂、赐鱼堂	临川郡、钱塘县
荀	作冠堂、兰令堂	河南郡
羊	种璧堂	泰山郡
於	救民堂	京兆郡、广陵郡、黎阳郡
惠	景言堂	琅琊郡、扶风郡
甄	还金堂、中山堂	中山郡
麴	惠政堂	汝南郡
封	平卢堂	渤海郡
芮	桑柔堂	平原郡、扶风郡
羿	苏民堂	济阳郡、齐郡
汲	东海堂	濮阳郡、清河郡、西河郡
邴	操尚堂	鲁郡、平阳郡
段	君轼堂、武威堂、京兆堂	京兆郡、武威郡、扶风郡
乌	懿穆堂	颍川郡、汝南郡、鄱阳郡
巴	双卿堂	高平郡
弓	光禄堂	太原郡
牧	善治堂	弘农郡
隗	江石堂	余杭郡、西河郡

（续上表）

姓氏	堂号	郡望
谷	恩威堂	上谷郡
侯	却币堂、救赵堂	上谷郡、丹徒县、河南郡
宓	鸣琴堂	太原郡、平昌郡
全	绥南堂、钱侯堂	京兆郡
郗	文成堂	山阳郡、高平郡
班	定远堂、汉书堂	扶风郡
仰	乌竹堂	汝南郡、河南郡、钱塘县
秋	鉴湖堂	天水郡
伊	任圣堂	陈留郡、河南郡、山阳郡
宫	忠谏堂	河东郡、太原郡
仇	方正堂、德化堂	南阳郡
栾	重义堂、郦侯堂	河西郡、魏郡
暴	耿介堂、定阳堂	魏郡、河东郡
甘	五城堂	渤海郡
钭	惠楚堂	辽西郡
厉	半树堂	范阳郡
戎	柳丘堂	江陵郡、扶风郡
武	鬻薪堂、太原堂	太原郡、沛郡
刘	彭城堂、豢龙堂、藜照堂	彭城郡、沛郡、弘农郡、河间郡
龙	世师堂、八德堂、经德堂、天水堂	武陵郡、天水郡、武阳郡、太原郡、武昌郡
叶	崇信堂、南阳堂	南阳郡、下邳郡
郜	集古堂	京兆郡
黎	载酒堂、京兆堂、九真堂、宋城堂	京兆郡、九真郡、宋城郡
薄	格物堂	雁门郡、谯郡
印	御侮堂	冯翊郡
宿	太原堂	东平郡
白	治生堂、南阳堂	太原郡、南阳郡
蒲	揖让堂、帝师堂	河东郡
邰	翼亲堂	平卢郡
鄂	安平堂	武昌郡

（续上表）

姓氏	堂号	郡望
咸	含象堂	汝南郡
赖	秘书堂、颍川堂、南康堂、河南堂	颍川郡、南康郡、河南郡、河内郡
卓	褒德堂	南阳郡、西河郡
蔺	完璧堂	中山郡、华阴郡
蒙	献典堂	安定郡
乔	文惠堂、梁国堂	梁国郡、冯丘郡
能	淄青堂	太原郡、华阴县
苍	武陵堂	武陵郡
双	和易堂	天水郡
闻	超卓堂	吴兴郡
莘	枣强堂、环州堂	天水郡
党	忠武堂	冯翊郡
翟	传诗堂、宠畏堂	南阳郡
谭	善断堂、济南堂、弘农堂	济阳郡、齐郡、弘农郡
申	鲁诗堂、忠孝堂	琅琊郡、魏郡
扶	翼汉堂	京兆郡、河南郡
堵	知兵堂	河南郡
冉	南面堂、迎圣堂	武陵郡、魏郡
宰	临淄堂	西河郡
郦	广野堂	新蔡郡
璩	石波堂、西川堂	豫章郡、黎阳郡、汲郡
桑	枢密堂、淮翼堂	黎阳郡、河南郡
桂	民祀堂	天水郡、幽州郡、燕郡
牛	太史堂	陇西郡
寿	洁素堂	京兆郡
通	直忠堂	河西郡
边	腹笥堂	陈留郡、金城郡
燕	召贤堂	上谷郡、范阳郡
冀	革弊堂	渤海郡
郏	司农堂	荥阳郡、武陵郡
尚	廉介堂	京兆郡、清河郡、上党郡

（续上表）

姓氏	堂号	郡望
农	稼穑堂	雁门郡
温	三公堂	平原郡、太原郡、汲郡、清河郡
庄	南华堂、武强堂	天水郡、会稽郡、东海郡
晏	廉俭堂、久敬堂	齐郡
阎	丹青堂、右相堂、天水堂、河南堂	天水郡、河南郡、太原郡
连	清冻堂、双贤堂	上党郡
茹	终养堂	河内郡、河南郡
习	忠烈堂	东阳郡、襄阳郡
艾	爱民堂	陇西郡、河南郡、天水郡
鱼	灵渠堂	雁门郡、冯翊郡
容	律历堂	敦煌郡
向	中和堂、淑均堂	河南郡
易	纯孝堂、植栗堂	济阳郡、太原郡
戈	平允堂、平寇堂	临海郡、景州郡
廖	果烈堂、紫桂堂、汝南堂、中乡堂	汝南郡、巨鹿郡
终	奔商堂	南阳郡、济南郡
暨	关内堂、旌孝堂	余杭郡、渤海郡
居	湘侯堂、瞻盦堂	渤海郡、信都郡
衡	阿衡堂	雁门郡、汝南郡
步	临湘堂、宽宏堂	平阳郡
都	鸿胪堂	黎阳郡
耿	美阳堂、怀远堂	高阳郡、扶风郡、河东郡
满	昌邑堂、清廉堂	山阳郡、河东郡、汝南郡
弘	纳肝堂	太原郡
匡	凿壁堂、乐安堂	晋阳郡
国	恭俭堂	下邳郡
文	信国堂、正气堂	燕门郡
阙	铨仙堂	下邳郡
东	友舜堂、玉林堂	平原郡
欧	八剑堂	平阳郡
沃	勤政堂	吴兴郡、太原郡

（续上表）

姓氏	堂号	郡望
蔚	清慎堂	琅琊郡
越	伸知堂	晋阳郡
夔	相汉堂	京兆郡
隆	翕然堂	南阳郡
师	授琴堂	太原郡、琅琊郡、平原郡
厍	辅仪堂、金城堂	松阳郡、河南郡
聂	悯农堂	河东郡、新安郡
晁	智囊堂、学书堂	京兆郡、南阳郡、颍川郡
敖	宊庵堂	谯国郡
融	古皇堂	南康郡
冷	化民堂	京兆郡、新蔡郡、临安郡
訾	直博堂	渤海郡
辛	双贞堂	陇西郡
那	循法堂	丹阳郡、天水郡
简	德感堂	范阳郡、涿郡
饶	惠风堂、朋来堂	平阳郡、临川郡
曾	三省堂、鲁阳堂	鲁郡、天水郡、庐陵郡、鲁阳县
沙	济民堂	汝南郡、东莞郡
乜	太师堂	晋昌郡、赵郡
养	方正堂	山阳郡
鞠	清河堂	汝南郡
须	陆量堂	琅琊郡、渤海郡
丰	尚义堂	松阳郡
巢	礼仪堂、辞禅堂	彭城郡
关	忠义堂	陇西郡、东海郡
蒯	辅国堂	襄阳郡
相	讽德堂	西河郡、巴郡
查	清容堂	齐郡
江	忠廉堂、济阳堂、淮阳堂、六桂堂	济阳郡、淮阳郡、六桂郡
游	美秀堂、仁和堂	广平郡、冯翊郡
竺	枞阳堂、化乡堂	东海郡

（续上表）

姓氏	堂号	郡望
权	贞孝堂	天水郡
盖	多士堂、崇贤堂	渔阳郡、洛阳郡、汝南郡
益	怀远堂、冯翊堂	冯翊郡
万俟	建昌堂	兰陵郡、开封郡
司马	太史堂	河内郡
上官	孝友堂	天水郡
欧阳	画荻堂	渤海郡
夏侯	汝阴堂	谯郡、鲁郡
诸葛	三顾堂、卧龙堂	琅琊郡
闻人	中山堂	河南郡
东方	四何堂	济南郡、平原郡
赫连	乐川堂、仁恕堂	盛乐郡、渤海郡
皇甫	威远堂	安定郡、京兆郡
尉迟	镝余堂、忠武堂	太原郡
公羊	春秋堂	顿丘郡
澹台	斩蛟堂、毁璧堂	太原郡
宗政	安西堂	彭城郡
濮阳	相吴堂	平陵县
淳于	德感堂	齐郡、河内郡
仲孙	干礼堂	高阳郡
太叔	明鉴堂	东平郡
申屠	固安堂	京兆郡、西河郡
公孙	白马堂、忠义堂	扶风郡、高阳郡
轩辕	太霞堂	上党郡、郃阳郡
慕容	辽东堂	敦煌郡、雁门郡
司徒	藏名堂	赵郡
司空	耐辱堂	顿丘郡

资料来源：http：//www.mychinesefamilytree.net/database；张学衔：《华夏百家姓探源》，南京：南京大学出版社，2000 年；陈建魁：《中国姓氏文化》，郑州：中原农民出版社，2008 年。

第三节　业缘性社团

业缘性组织，是以业缘为纽带组建起来的社团，它们主要指行业商会、行业公会或行业性的联谊组织。

1889 年以前，新马地区华人业缘性社团和联谊性社团等其他类型社团数量很少，发展层次也很低级。业缘性社团等其他类型社团的繁荣发展是在 1890 年以后。

首家已知最早的华人业缘性社团是 1803 年建立的庇能鲁班行，是位于槟榔屿的华人木匠组建的社团。1832 年创立的庇能打金行也是位于槟榔屿的一家社团，它是当地打金行业的华人雇主与雇工的领导机构。当时，该社团成员的祖籍地是古冈州六邑。槟城姑苏广存堂成立于 1875 年 8 月 1 日。1889 年，槟城鲁艺行也在槟城成立。在新加坡，1890 年前已有多家华人业缘性社团，它们是新加坡梨园堂（1857 年成立，是新加坡最早的华侨业缘性社团组织）、新加坡八和会馆（1857 年）、新加坡甘蜜胡椒公局（1867 年）、新加坡硕莪贩卖商行会（具体创建时间不详）、新加坡北城行（1868 年）、新加坡姑苏行（1876 年）、新加坡轩辕洋服商行（1880 年）等。在吉隆坡，最早的华人业缘性社团姑苏行直到 1893 年才成立。

传统的“三缘”会馆中，同地缘性社团和血缘性社团相比，业缘性社团最早创建的时间最迟。此外，1890 年前的马来西亚华人业缘性社团，它们所涉及的行业也较少。

1890 年至“二战”结束前的几十年间，新马地区华侨华人创建的业缘性社团组织不仅数量多，而且涉及很多行业。它们主要有建筑业、布业、粮食杂货、矿业、木器、金银、餐饮、椰肉、树胶、典当、欧美什货、百货、中药和茶叶等进出口、酒楼、送报、屠宰业、铜铁、杂货、家私、印务、孵卵、司机、咖啡、裁缝、五金机械、茶业、自由车（公共汽车）、酒、柴炭、中医中药、机器、汽油、络索（绳缆）、铁器、漆料等等。

新马地区华人业缘性社团不仅数目庞大，而且涉及行业多种多样，几乎包含了当地社会全部行业。这与新马华人无所不在的行业分布有密切关系。下表反映了 20 世纪 40 年代新马华侨在各种行业中人数的分布状况：

表 11　新马地区华侨行业人数简表①

行业类别	马来西亚联合邦		新加坡		行业类别	马来西亚联合邦		新加坡	
	男	女	男	女		男	女	男	女
渔业	17 491	155	2 975	30	纸制业及书籍装订业	244	42	373	218
农业	245 911	87 062	18 747	2 996	印刷业及照相业	1 872	59	1 746	132
矿业	23 603	7 221	804	69	建筑业	5 302	133	2 211	129
非金属及石矿物	81	6	121	5	油漆及装饰业	1 582	18	1 847	17
砖、陶器及玻璃制造业	1 224	117	555	90	其他制造业	3 498	1 779	3 428	1 921
化学业及油漆制造	640	62	484	119	交通运输业 *	23 593	266	30 671	353
五金业	19 371	251	14 659	155	商业及金融业	95 618	7 787	48 007	5 200
贵金属物及电镀业	5 603	95	1 530	28	自由职业	8 716	4 059	3 845	2 466
电器业	1 918	18	1 950	6	娱乐业	1 507	670	922	585
钟表眼镜业	1 072	10	596	17	俱乐部旅馆等役务	33 790	20 234	20 339	17 791
皮革制造业	177	7	197	37	书记	20 208	869	20 274	1 123
纺织业	251	232	233	32	货仓管理	669	72	973	132
织品服装制造业	9 183	1 765	5 609	2 067	室内机械	1 497	7	301	24
食品饮料及烟草制造业	10 299	1 685	3 662	360	其他不确定职业	20 391	2 203	20 896	5 725
木材加工	23 423	615	11 067	392					

注 *：此处指该行业中的雇员人数。

① 资料来源：1947 年马来亚政府统计数据。参见华侨问题研究会：《华侨人口参考资料》（内部文件），1956 年，第 39 ~ 46 页。

业缘性社团可分为商人组建的行业商会和工人们创立的行业公会两类。行业商会是商人们在商业利益的基础上组建的，其目的在于方便同行商人联络、交流，团结同行商人共谋发展；行业公会的宗旨是便利同行工人们之间的联络、交流，谋求公正合理的待遇及福利等。[①]

隆雪中华百货商会的成立宗旨是：联络同业感情，共谋商业发展，互惠互助，排难解纷。新山百货布匹商公会的成立宗旨是：联络会员感情，促进体育运动、福利、慈善及教育事业的发展，以合法行动维护和争取会员的利益。吉兰丹家具同业商会的宗旨是：发展家具行业；与国内其他团体合作，保护家具厂商的利益；促进会员间的联系；促进该会与社会人士的联系；处理、解决会员间的问题。

森美兰禽畜业公会的成立宗旨是团结同业以共谋切身利益。吉隆坡蔬菜批发商公会的成立宗旨，在于培养会员间的互助精神，联络他们之间的感情，使同行们团结一致，促进商业发展，丰富会员的经商知识。登州（即丁加奴州）建造行的成立宗旨是：为建筑界人士谋福利、联络感情、研究工艺、增进知识、调节行友纠纷、介绍职业，以求劳资合作，并为行友提供体育活动及正当娱乐的设施。[②] 乌鲁冷岳加影商矿公会的成立宗旨是：联络会员感情，谋求会员福利，促进各民族间的亲善与团结，赞助公益慈善事业，维护与争取会员的基本公民权益，对影响会员的政府施政提供建设性的建议。[③]

雪隆家庭电器商公会的成立宗旨较为明细，不仅着眼于维护会员权益，并注意对会员进行技术培训，改进他们的服务等。其宗旨具体为：①促进、培养、代表及维护该会会员利益；②鼓励会员互相合作，以谋求彼此间的商业或贸易利益及发展；③寻求方法改进会员对顾客的服务；④为会员主办技术与销售促进课程；⑤收集、获取、发表及传播统计数字及其他有关贸易和关系到会员的情报与资料；⑥接收来自任何人士及团体的旨在实现该会上述宗旨的捐款、赠物、赞助金及认捐，并保有这些基金，以用于实现该会宗旨；⑦促进实施与文化、教育及家电技能有关的培训计划；⑧在理事会批准下，可用任何方式捐出、支付或开销在其控制下的款项，以进一步推动该会宗旨。[④]

业缘性社团是华人经济、居住地城市发展到一定程度、规模后才得以成立的。业缘性社团有可能超越方言的窠臼，但是，由于在新马地区早期的华侨华人

---

① 吴华：《新加坡华族会馆志》（第 1 册），新加坡：南洋学会，1975 年，第 31 页。

② 《登州建造行》，马来西亚华团简史编委会：《马来西亚华团简史》，吉隆坡：马来西亚中华大会堂总会，1999 年，第 315 页。

③ 《乌鲁冷岳加影商矿公会》，马来西亚华团简史编委会：《马来西亚华团简史》，吉隆坡：马来西亚中华大会堂总会，1999 年，第 236 页。

④ 《雪隆家庭电器商公会》，马来西亚华团简史编委会：《马来西亚华团简史》，吉隆坡：马来西亚中华大会堂总会，1999 年，第 240 页。

社会中，某一方言群在某一或者某些行业占据主导或处于垄断的地位，这就造成早期的华人业缘性社团同样具有方言、地缘的色彩。[①] 在19世纪的海峡殖民地，闽籍华侨华人主要是硕莪粉制造工人、脚夫、砌砖工人、泥水匠、船夫、鱼贩、税收承包处工人、批发商、贸易商、旅行推销员；潮州籍华侨华人主要是烧炭工、石工、家禽贩、屠宰业工人、进出口商、甘蔗园和胡椒园及甘蜜园的工人；广府籍华侨华人垄断了制砖工、造艇工、木匠、金工、面包师等职业。[②]

在东马的砂拉越和沙巴两地，华侨的经济活动同样存在帮派划分的特点。在砂拉越，商业、进出口商行、航运业多由闽南华侨经营，闽南华侨还从事银行业、杂货业、汇兑业、打金业等；福州籍华侨经营的行业有农业、银行、五金、进出口贸易；兴化籍华侨大多从事捕鱼以及与交通有关的行业；多居于城市的潮州籍华侨主要经营杂货店、土特产生意；广府籍华侨居于城市者经商，在农村者从事种植业，他们还经营金铺和鞋店；客家帮华侨主要从事农业，也经营洋杂货、药材、制衣等行业；琼籍华侨主要经营咖啡店和饮食业。在沙巴，当地华侨人数最多的客家人主要从事农业；福建籍和潮州籍华侨主要经商，不过，前者主要经营日用品零售和橡胶出口，后者主要经营杂货和大米进口贸易；广府籍华侨主要从事农业或经营打金业、茶楼餐馆；琼籍华侨以经营咖啡餐饮业著称。

根据马来亚联邦政府劳工部1948年报告书，当时联邦内各籍华人从事的工作或行业情况是：[③]

闽南帮：树胶工场、装卸货、驳船、采石、烧砖、木匠、泥水匠、黄梨及硕莪工场、火锯、搬运夫、进出口商。

广府帮：机器、木匠、树胶工场、藤工、打金、制革、茶楼。

潮州帮：制鞋、渔夫、藤器、火锯、驳船、京果什杂货。

客家帮：制鞋、藤器、洋铁用具、药材、当铺业。

海南帮：树胶工场、面包、饼干、海员、室内服务、茶楼。

兴化、福州、福清三地华侨华人：酱油、海员、修理脚踏车及轮胎翻新。

宁波、温州、江西、上海等三江帮：家具、帷帘椅垫、装修、革制品。

新马地区各籍华侨华人行业上的分布情况，造成业缘性社团中某些社团为某籍华侨华人所垄断或占多数。如在新加坡，广府帮所垄断或占多数的业缘性团体有：北城行、鲁北行、文华行、姑苏慎敬堂、八和会馆、普福会馆、轩辕馆、广帮猪肉行、广肇客栈行、广东藤器商公会、广帮熟食行；潮州帮在酱园公局、金

---

① 林远辉、张应龙：《新马华侨史》，广州：广东高等教育出版社，1991年，第260页。

② 麦留芳著，张清江译述：《星马华人私会党的研究》，台北：正中书局，1985年，第55～56页。

③ 林远辉、张应龙：《新马华侨史》，广州：广东高等教育出版社，1991年，第39页。

果行公局、香汕郊公局、三郊联合会、海屿郊公所、渔业公局、孵卵公会、潮侨汇兑公会、潮州梨园公所、潮州客栈行等业缘性社团中占据垄断或主要地位；福建帮的业缘性社团主要有福州咖啡酒餐商公会、福州商业公会、福州木帮公会、星华女衣工友联合会、闽南汇兑公会、福建建筑工业社、福建理发店公会、福和客栈联合会；海南帮的主要业缘性团体有琼侨汇兑公会、琼南客栈行、琼侨咖啡酒餐商公会等；客家帮的业缘性团体星马布商公会、华洋百货公会、当商公会、钻商公会、茶阳京果商务局；三江帮的业缘性团体有上海西式女服同业会、华侨干洗公会。①

1890 年以前，业缘性社团中尚无总会性质的行业团体，这一方面是由于当时马来西亚华人社会发展还在初级阶段，马来西亚华人经济也还未进入大发展时期；另一个非常重要的原因，应该与 1890 年以前秘密会社在华人社会，尤其在华人经济领域中的强烈控制作用有关。1890 年以后，秘密会社被取缔，华人社会、华人经济的发展摆脱了这一复杂因素的控制和影响，各类型华人社团，尤其是业缘性社团的发展自主性及其功能得到增强，它们也能够顺应当时马来西亚华人社团已经出现的联合的趋势。业缘性社团联合的现象，表现在那些打破行业和帮派局限的各地中华（总）商会的成立。“20 世纪初在各州出现的华人商会标志着一个新的时代。在这个橡胶业开始茁壮的新时代里，商会取代了 19 世纪的秘密会社，而成为华人社会的支配力量。”② 1890 年至“二战”结束前，马来西亚各地中华总商会的创建情况，见下表：

表 12　1890 年至“二战”结束前马来西亚各地中华商会简表

商会名称	成立时间	商会名称	成立时间
山打根中华商会	1892 年	吉兰丹中华总商会	1912 年
砂拉越古晋中华商会	1897 年	马六甲中华总商会	1915 年
槟榔屿中华总商会	1903 年	彭亨淡马鲁中华商会	1921 年
关丹中华商会	1903 年	文律中华商会	1923 年 8 月 15 日
吉隆坡暨雪兰莪中华工商总会	1904 年 3 月 27 日	美里中华商会	1925 年
古达中华商会	1904 年	巴南中华商会	1927 年
新加坡中华总商会	1905 年	诗巫中华总商会	1931 年 8 月 12 日

① 吴华：《新加坡华族会馆志》（第 1 册），新加坡：南洋学会，1975 年，第 39 ~ 40 页。

② 林水檺、骆静山：《马来西亚华人史》，马来西亚留台校友会联合总会，1984 年，第 231 页。

（续上表）

商会名称	成立时间	商会名称	成立时间
霹雳中华总商会	1907 年	泗里街中华商会	1932 年
巴株巴辖中华商会	1908 年	笨珍中华商会	1933 年 6 月 15 日
彭亨文冬中华商会	1909 年	民丹莪中华商会	1933 年 12 月
古晋中华总商会	1910 年	仙本那中华商会	1933 年
柔佛中华商会	1910 年	吉打中华工商总会	1936 年 6 月 14 日
彭亨劳勿中华商会	1911 年 4 月 21 日	木胶中华商会	1939 年 9 月 10 日
亚庇中华商会	1911 年 8 月		

从上表可以看出，1892 年成立的山打根中华商会是当时马来西亚最早成立的商会组织。这可以说明，马来西亚华人社会传统的三缘社团组织中的联合现象，以业缘性社团出现最早，血缘性社团次之（新加坡陇西李氏总会于 1907 年正式注册），地缘性社团最迟（1933 年海南会馆联合会成立）。

“二战”后马来西亚华人业缘性社团联合、团结的特点也非常明显。从“二战”结束至 20 世纪 80 年代中期，马来西亚各地成立的中华商会和中华总商会主要有：

表 13　“二战”后马来西亚各地中华（总）商会及其成立时间简表

商会名称	成立时间	商会名称	成立时间
新山中华商会	1945 年	丹南中华商会	1952 年
丁加奴中华总商会	1945 年 9 月 2 日	拉老中华商会	1954 年
那笃中华商会	1945 年	斗湖中华商会	1955 年
彭亨立卑中华商会	1946 年 2 月 16 日	沙巴州中华商会联合会	1955 年
巴都中华商会	1946 年	根地咬中华商会	1956 年
丰盛港中华商会	1946 年	斗亚兰中华商会	1956 年 4 月 22 日
赖央赖央中华商会	1946 年	吧亚马中华商会	1857 年
彭亨州中华总商会	1946 年	吉兰丹吧西吗中华商会	1956 年 8 月
蔴坡中华总商会	1946 年	仙本那中华商会	1959 年
咁孟中华商会	1946 年 5 月 5 日	林梦中华商会	1961 年
巴生中华总商会	1946 年 5 月 28 日	砂拉越中华商会联合会	1965 年 4 月 10 日
居銮中华商会	1946 年	北霹雳中华总商会	1966 年
森美兰中华工商总会	1946 年 9 月 8 日	成邦江中华商会	1966 年 1 月 16 日

（续上表）

商会名称	成立时间	商会名称	成立时间
马来西亚中华工商联合会	1947 年 2 月 23 日	昔加末中华总商会	1973 年
柔佛州中华商会联合会	1947 年 8 月 1 日	老越中华商会	1975 年
令金中华商会	1947 年 9 月 3 日	民都鲁中华商会	1975 年 5 月
哥打丁宜中华商会	1947 年 10 月 10 日	地南商会	1977 年
实务的中华商会	1948 年	拉美士商会	1977 年 4 月 25 日
文冬中华商会	1948 年	加帛中华商会	1978 年 7 月 6 日
桑坡中华商会	1948 年	沙拉卓中华商会	1979 年 1 月 4 日
吧巴中华商会	1948 年	石山中华商会	1980 年
玻璃市中华商会	1949 年	西莲中华商会	1980 年 2 月 12 日
纳闽中华商会	1949 年	石隆门中华商会	1982 年 7 月 23 日
保佛中华商会	1949 年	而连突中华商会	1983 年
士乃中华商会	1950 年 6 月 20 日	彭亨云冰县中华商会	1983 年
古来中华商会	1950 年 9 月 14 日	古纳中华商会	1984 年

商会组织曾经在马来西亚华人社会中发挥过重要作用，它们一度是华人社会的组织者和领导者。因此，商会组织的宗旨和活动不仅限于维护会员的权益，商会还关注华人社会的文化、教育等方面的发展进步，关注马来西亚经济的发展，关注马来西亚政府的政策走向，注意建立各民族间的友好关系等等。

1904 年成立的吉隆坡暨雪兰莪中华工商总会的宗旨是：促进会员在商业、工业、矿业、农业及其他合法经营企业的利益；促进社会、文化、教育及福利事业的发展；排解商业纠纷；提升市场之安定；加强工商界之团结；参与马来西亚经济发展并作出贡献；联络其他与该会宗旨相同的注册社团，共同努力，互助合作，以达致上述目标。① 因此，吉隆坡暨雪兰莪中华工商总会的会务方针是：②

（1）提高与促进马来西亚的工商业发展，包括工商事务咨询、收集与分析国内外经贸信息、筹组工商业考察团与举办展览会、排解会员之间的工商纠纷。

（2）扮演政府与私人机构之间的沟通桥梁，包括和政府与法定机构进行对话、向会员传达政策与条例、代表会员提呈意见与建议。

① 《吉隆坡暨雪兰莪中华工商总会》，马来西亚华团简史编委会：《马来西亚华团简史》，吉隆坡：马来西亚中华大会堂总会，1999 年，第 242 页。

② 《吉隆坡暨雪兰莪中华工商总会》，马来西亚华团简史编委会：《马来西亚华团简史》，吉隆坡：马来西亚中华大会堂总会，1999 年，第 245～246 页。

（3）提升社会福利，推广文化教育工作，资助慈善与社会福利机构，提供大专贷学金和中学助学金给清寒学子。

（4）培训人力资源，开办各类工商管理课程。

（5）出版刊物，包括会员行业手册、中小型工业手册、会讯。

1921年成立的彭亨淡马鲁属中华商会的宗旨是：保持及促进工商农与矿业及不动产的利益；排难解纷，安定市场，巩固团结力量，共谋公众利益；讨论政府制定的相关政策与条例。[①] 1945年成立的丁加奴中华工商总会的宗旨是：促进与维护会员在商业、工业及其他行业领域的利益；在各方同意下协助会员或公众人士调解纠纷；促进社会文化、教育及会员福利等事业的发展；促进与中央和各州政府、法定机构的联系；与其他具有共同宗旨的合法注册团体或机构合作；进行该会认为适当的各种商业、投资或联营计划；举办商展、工商课程或讲座会。[②] 1955年成立的沙巴州中华商会联合会的宗旨是：加强沙巴州各地华商之联系合作，同心协力振兴与维护商业利益，协助农矿业，并联络其他各族商会，促进沙巴州经济繁荣，共谋社会进步与安定。

1947年2月23日，马来西亚华人业缘性社团的领导组织——马来亚中华工商联合会（简称“马华商联会”）正式成立。参加马华商联会的是马来亚各州埠和新加坡的中华总商会。1963年，马来西亚联邦成立后，马华商联会改名为“马来西亚中华商会联合会”。成立初期的马华商联会，其目的在于联络马来西亚各地中华商会，维护、振兴商务，及协助工商业、矿业的发展。1969年10月，马华商联会召开第二十三届代表大会，会上修订了章程，将其“宗旨”增订为：“联络马来西亚各地中华商会，维护及振兴商务，协助工农矿业，以及联合其他各族商会，促进经济发展，共谋社会福利。”[③]

1975年12月，马华商联会再次改名为“马来西亚中华工商联合会”，并在1979年9月召开的第三十三届代表大会期间，举行特别大会，广泛修改商联会章程。其“宗旨”内容再次扩大、充实如下：[④]

（1）促进马来西亚各地华人工商会的联络与合作，共同维护及争取属会会员在商业、工业、原产业及其他经济活动方面的权益和发展。

---

① 《彭亨淡马鲁属中华商会》，马来西亚华团简史编委会：《马来西亚华团简史》，吉隆坡：马来西亚中华大会堂总会，1999年，第330页。

② 《登嘉楼中华工商总会》，马来西亚华团简史编委会：《马来西亚华团简史》，吉隆坡：马来西亚中华大会堂总会，1999年，第313页。

③ 《马来西亚中华工商联合会》，马来西亚华团简史编委会：《马来西亚华团简史》，吉隆坡：马来西亚中华大会堂总会，1999年，第31页。

④ 《马来西亚中华工商联合会》，马来西亚华团简史编委会：《马来西亚华团简史》，吉隆坡：马来西亚中华大会堂总会，1999年，第31页。

（2）研讨及拟定马来西亚华人工商界对国内社会经济发展问题的见解和建议，借以促进与政府或其他机构、团体间的了解与合作，共同致力于发展国民经济和加强全民团结。

（3）汇集、整理及传播有关工商及其他经济活动的资料。

（4）联络其他商会或经济团体，主办或参加经济会议、工商考察团、工商展览会及其他有关促进经济合作的活动。

（5）提倡社会福利事业，主办或协办有利于国民经济的人力训练计划或研讨会。

（6）在各方面同意下协助会员调解纠纷，并推行其他一般性的商会任务。

马华商联会的最高权力机构为会员代表大会，平时则由常务委员会处理重要会务。1988 年 3 月，常务委员会改名为“中央委员会”。经“中央委员会”同意后，会长可委任正副义务秘书各一名，并据情况设置各工作组，如财务筹划组、公共联络组、商务组、农业组、建筑及房产组、法律组、社会经济研究组、出版组、国民真诚联营组等，各组正副主任人选也由会长提名并交由“中央委员会”核准。

1973 年 10 月，马华商联会在吉隆坡正式设立永久秘书处，以更有效地处理一切会务。目前，秘书处由下列人员组成：执行秘书（1 名）、副执行秘书（1 名）、助理执行秘书（2 名）、会计主任（1 名）、出版主任（1 名）、秘书助理（3 名）、书记（1 名）、勤务员（1 名）、外勤员（1 名）。①

20 世纪 90 年代末，马华商联会共有 17 名成员，它们是：②

砂拉越中华工商联合会	吉隆坡暨雪兰莪中华工商总会
槟州中华总商会	柔佛州中华工商联合会
沙巴州中华工商联合会	吉兰丹中华总商会
森美兰中华工商总会	霹雳中华总商会
吉打中华工商总会	彭亨中华工商总会
丁加奴中华工商总会	玻璃市中华工商总会
居銮中华工商总会	巴株巴辖中华商会
北霹雳中华总商会	巴生中华总商会

① 《马来西亚中华工商联合会》，马来西亚华团简史编委会：《马来西亚华团简史》，吉隆坡：马来西亚中华大会堂总会，1999 年，第 33 页。

② 《马来西亚中华工商联合会》，马来西亚华团简史编委会：《马来西亚华团简史》，吉隆坡：马来西亚中华大会堂总会，1999 年，第 32 页。

马华商联会主要从事以下几个方面活动：

（1）维护华人权益。1947 年，英国殖民政府出台马来西亚联邦法案，严重损害了华人的利益，华人社会一片抗议之声。在此情况下，马华商联会顺应华社民意，领导华团积极争取维护华人的权益。当年 10 月 20 日为英国国会日，马华商联会号召全马华人工商界休业一天，以示抗议。这标志着马华商联会领导的维护华人社会权益的活动达到高潮。

（2）积极推动华人的组织活动。1967 年，马华商联会常年大会决定促成各州属会积极推动所在州内华人大会堂的建立。至 20 世纪末，在马华商联会推动之下成立的中华大会堂有：①

吉兰丹中华大会堂	丁加奴中华大会堂
森美兰中华大会堂	马六甲中华大会堂
吉打华人大会堂	砂拉越华人社团联合总会

（3）积极设法推动华人经济的发展。1981 年，马来西亚中华工商联合会在第三十五届大会上决定成立商联控股有限公司。1984 年该公司开始进行招股。至 20 世纪末，商联控股有限公司主要从事两个行业：油棕种植（包括榨油厂）、电子产品制造及销售。其 9 家子公司分别设于吉隆坡、拿笃、槟城、洛杉矶、里昂和剑桥。截至 1997 年 3 月 31 日，该公司财政年度的缴足资本为 1 亿令吉，营业额为近 2 亿 7 千万令吉，并且达到 2 150 万令吉的税前盈利。② 1978 年 9 月、1992 年 8 月，马华商联会分别召开了第一次和第二次“全国华人经济大会”。在第一次大会上，通过了有关马来西亚华人工商界对政府施行新经济政策的看法、华人社会本身应如何谋求发展的十大决议案。会后，根据大会讨论内容，拟具了一份理论和内容均缜密的备忘录，并于 1980 年 1 月底提呈当时的首相马哈蒂尔。第二次会议上，参加人员包括各州华人商会代表、政府官员、马来族及印度族商会代表与企业家、商团和学术界代表，首相马哈蒂尔主持大会开幕式。

（4）促进民族间合作。1982 年，马华商联会与马来总商会正式成立“马来西亚华巫商会联合理事会”（Sino-Malay Joint Chambers Council of Malaysia，SM-JCC）。该组织的宗旨在于加强两大商会间的了解与联系，并推动华人与马来人商家间的真诚联营，以促进两个民族间的精诚合作与团结。成立后，联合理事会

① 《马来西亚中华工商联合会》，马来西亚华团简史编委会：《马来西亚华团简史》，吉隆坡：马来西亚中华大会堂总会，1999 年，第 34 页。

② 《马来西亚中华工商联合会》，马来西亚华团简史编委会：《马来西亚华团简史》，吉隆坡：马来西亚中华大会堂总会，1999 年，第 35 页。

经常定期举行会议，并通过对话与会餐，交换在经济合作领域的看法，同时促进双方的了解。1996 年 3 月初，联合理事会在吉隆坡斯里马来餐馆主办“农历新年与开斋节联欢会”。联欢会由首相马哈蒂尔主持开幕式，出席者包括 1 000 多名华巫印三大民族各领域的领袖，充分体现了各民族间的融洽和团结精神。

（5）推动中马贸易关系。多年来，马华商联会代表中国贸易商，在交涉、争取放宽诸多限制方面，做了大量工作。它还大力协助、安排中国贸易团到马访问；同时，处理马方商家访华的申请。1985 年 10 月，按照时任首相马哈蒂尔的指示，马华商联会与马来总会联合组成“马来西亚华巫商会高层代表团”，赴北京访问，后与中国国际贸易促进会达成《中马经济合作协议》，这为后来两国政府签署中马双边贸易协定铺平了道路。马华商联会一直积极争取促使政府撤销商家访问中国的诸多限制，到 1990 年 9 月，马来西亚政府最终取消了其国人访问中国的一切限制。

同中国相比，马来西亚华人商会组织最早建立的时间稍早。但与世界主要资本主义国家相比，马来西亚华人商会组织建立的时间和中国一样，比较晚。下表显示相关商会组织的建立时间：

表 14　马来西亚、中国及世界主要资本主义国家首家商会建立时间表①

商会组织	建立时间	所在国	商会组织	建立时间	所在国
马赛商会	1599 年	法国	汉堡商会	1665 年	德国
哈利法克斯商会	1750 年	加拿大	泽西岛商会	1768 年	英国
纽约市商会	1768 年	美国	阿姆斯特丹商会	1803 年	荷兰
东京商公会议所	1876 年	日本	山打根中华商会	1892 年	马来西亚
上海商业会议公所	1902 年	中国			

马来西亚华人商会组织建立时间较晚的主要原因是：中国大规模对外移民出现的时间已经是 19 世纪中后期；中国移民群体本身多为来自农村地区的农民，文化素质低，生产技术落后；19 世纪中后期的中国，依然是自给自足的封建经济占据统治地位，经济发展落后；而当时的马来西亚，经济发展也较为滞后，等等。

包括马来西亚各地华人商会在内的南洋各地华人商会，与中国各地的商会之间交往密切。早在 1909 年，高阳商会和天津各县工厂就送物品到南洋参加赛会。

① 本表为作者自制，资料来源：宋美云：《近代天津商会》，天津：天津社会科学院出版社，2002 年，第 55 ~ 56 页。

1931年底，天津商会派代表到南洋考察商务，他们访问了新加坡、马来西亚等国家与地区的中华商会。在新加坡中华总商会，举办了天津商会带来的90多个中国国货精品的展览会，新加坡中华总商会总理还为展览会大力宣传。马六甲中华总商会也主动邀请天津商会到当地举办展览会。①

第四节　文（学）缘性社团

文（学）缘性社团是指以文化（或学校）为纽带建立起来的华人社团。文（学）缘性社团包括武术团体，舞蹈、音乐、美术、合唱团体，龙狮团，文学以及文化团体，校友会等。

在“二战”前，马来西亚华人组建成立的文化娱乐性社团有新加坡精武体育会、金宝中国精武体育会、雪兰莪华人子女精武体育会、森美兰精武体育会、槟城精武体育会、槟城女子精武体育会、怡保精武体育会、雪兰莪联胜国术团、雪隆精武体育会、太平华人精武体育会、马六甲精武体育会、实吊远精武体育会、蔴坡精武体育会、和丰精武体育会、安顺精武体育会、马六甲晨钟励志社等，以保护、发展中华文化。

“二战”后，随着马来西亚华人社会的进一步发展，更多的文化娱乐性社团组织成立。文冬华人体育会、马来西亚精武体育会总会、砂拉越精武体育会、马来西亚佛教总会、吉隆坡剧艺研究会、雪州华人象棋公会、南马文艺研究会、吉隆坡商庐俱乐部、柔佛州象棋总会、黄氏太极学会文德甲分会、雪州及联邦直辖区狮团总会、马来西亚华人文化协会、黄氏太极学会文冬分会、太平华人文化协会、马来西亚中华外内丹功学会、关丹中国精武体育会、马大华文学会、马来西亚易经学会、槟城陈氏太极拳协会、马来西亚陈氏太极拳总会、关丹精武体育会等涉及中华文化多层面的社团组织纷纷创立。

华人文化社团的创立，一般都是为了保护和发扬本民族文化，同时，促进各族间文化的交流。马来西亚华人文化协会的成立宗旨是：为马来西亚华人文化以及本国其他民族文化交流提供一项媒介；设立一个中心，研究及提倡马来西亚华人文化，使之成为马来西亚国家文化的一个重要组成部分。太平华人文化协会的成立宗旨是：研究与发扬华人文化，使之成为马来西亚国家文化主流重要的一环；联络各民族文化团体，互相交换研究心得与意见；学习与推动本地的文化艺术及国家舞蹈。南马文艺研究会的成立宗旨是：发扬文学和艺术，联络感情，交

① 郭绪印：《老上海的同乡团体》，上海：文汇出版社，2003年，第524页。

换意见，以及提高文化水准。槟城陈氏太极拳协会的成立宗旨是：发扬中华武术文化，大力推动陈氏太极拳运动，组织与安排各种武术活动，促进马来西亚各族之间的体育与文化的交流与发展。

创办于马来西亚各地的精武体育会，其源头是最早起源于中国本土、由著名爱国武术家霍元甲于1909年创办的“上海精武体操学校”。1910年3月3日（清朝宣统二年正月二十二日），陈公哲、卢炜昌、姚蟾伯、罗啸璈等人将其改组为“上海精武体育会”。精武体育会是最早有组织、有目的地向海外传授中华传统武术的体育社团，截至目前，全世界已有包括美国、英国、瑞士、荷兰、俄罗斯、捷克、澳大利亚、新西兰、日本、马来西亚、新加坡等在内的50多个国家、地区建立了精武体育会。

1920年，“精武五使”罗啸璈、叶书田、黎惠生、陈公哲、陈士超（女）南下东南亚宣传精武精神。在他们的感召下，新马各地精武体育会相继成立。[①] 马来西亚各地精武体育会的情况，请看下表：

表15　马来西亚精武体育会简表

名称	创建时间	首任会长
雪兰莪华人女子精武体育会	1921年7月1日	谭彩云
雪隆精武体育会	1921年9月	张郁才
霹雳金宝中国精武体育会	1921年	黄芳
森美兰精武体育会	1922年3月	朱戟门
新加坡精武体育会	1922年8月	
槟城精武体育会	1924年元旦	
槟城女子精武体育会	1924年2月22日	郑秀英
霹雳怡保中国精武体育会	1924年8月10日	梁燊南
霹雳实兆远精武体育会[②]	不详	
霹雳和丰精武体育会	1925年	
太平精武体育会	1929年	林三及
安顺精武体育会	1930年代	
马六甲精武体育会	1932年春	

① 《精武发展史略》，《怡保中国精武体育会60周年钻禧纪念特刊》，怡保中国精武体育会，1984年，第20页。

② 《和丰精武体育会简史》（载《第16届全国精武嘉年华会特刊》，雪隆精武体育会，2009年，第32页）记载，1925年前，上海精武体育会主任黄强亚南来马来亚，在霹雳各地推动筹建精武体育会，并相继在实兆远、安顺等地创办成功。其后，他又前往和丰创建精武体育会。

（续上表）

名称	创建时间	首任会长
砂拉越精武体育会	1964 年	
吉打精武体育会	约 1983 年	张惠勤
沙巴精武体育会	1988 年	
彭亨关丹精武体育会	1988 年 6 月 17 日	陈美成
雪兰莪沙白安南精武体育会	1993 年	李锦鹏
霹雳马登巴冷精武体育会	1998 年	邝新高
砂拉越民都鲁精武体育会	2003 年	
柔佛蔴坡精武体育会		

资料来源：《第 16 届全国精武嘉年华会特刊》，雪隆精武体育会，2009 年。

上表显示，“二战”前，在中国精武体育会及当地华人的推动下，马来亚各地建立了不少精武体育会组织，它们主要分布于中马及北马。1960 年代之后，又有一批精武体育会创建。进入 21 世纪，仍有新的精武体育会建立。这背后反映的是华人对自身传统文化的热爱和坚持。

为了更好地推动精武体育事业在马来西亚的发展，1953 年，马来西亚精武体育会总会成立，当时名为“马星精武体育会总会”，新马两国“分家”后改名。

各地精武体育会不仅从事武术、体育、文化、艺术活动，它们也关注福利公益活动，更关注马来西亚社会及华人社会的总体发展。马来西亚精武体育会总会每年都会举办嘉年华会。嘉年华会期间，武术表演是必不可少的节目，同时，还要举办乒乓球、绘画、象棋、武狮等多种形式的文娱活动。雪隆精武体育会是很活跃的一家体育组织，其主建筑为一座三层圆楼，附设有合唱团、国术团，还有对外开放的游泳池。从其布告栏贴出的内容丰富的会务报告来看，该会开展的活动比较丰富活跃，在当地华社也颇有影响。怡保精武体育会是马来西亚精武体育会总会的重要成员之一，它曾多次承办嘉年华会。怡保精武体育会除设有武术、田径小组外，还设有龙狮、舞蹈、话剧、图书等多个小组。其中，话剧组于 1975 年成立以来，先后编演过《林冲夜奔》、《精忠岳传》、《孙悟空三打白骨精》、《聊斋志异》、《武松与潘金莲》等中国传统剧目。基本服务团亦是怡保精武体育会的主要机构，其宗旨在于以母会基本目标为基础，积极服务社会，救济贫病者。

作为马来西亚华人社团重要组成部分的精武体育会，是超越了宗派的社团组织，“它容纳了所有华裔公民，不分宗亲、血缘、宗教信仰”，代表了整个马来西亚华人社会的基本机构。在马来西亚华人社会面临文化发展的巨大外来冲击时，精武体育会也曾发挥了华人文化的堡垒作用。可以说，精武精神在其实践过程中，明显体现着华人的民族思想、社会观念和行为哲学。①

为了维护华校教师的权益，更好地发展华文教育，早在“二战”前，已有华校教师（公）会的成立，如蔴坡华校教师公会（1939 年）、槟城华校教师公会（1940 年）、马六甲华校教师公会（1940 年）、诗巫华校教师公会（1940 年）、泗里街华校教师公会（1940 年）等。战后，伴随华人社会为发展华文教育所作出的更大努力，更多的华校教师（公）会相继成立。同时，为了保障和促进华校的发展，华校董事的组织以及以此为基础的华校董事联合会也相继成立。

马来西亚华校教师会总会是由各地华校教师公会及州级华校教师会联合会组成的联合体。到 21 世纪初，共有 40 个属会，它们是：

霹雳州华校教师会联合会	柔佛州华校教师公会联合会
彭亨州华校教师公会联合会	玻璃市华校教师会
吉北华校教师会	吉中华校教师会
吉南华校教师公会	槟城华校教师会
北霹雳华校教师会	霹雳江沙县华校教师公会
霹雳怡保市华校教师会	霹雳华怡乡区华校教师会
霹雳金保区华校教师公会	霹雳曼绒华校教师会
霹雳马登巴冷区华校教师会	下霹雳华校教师会
雪兰莪州华校教师公会	吉隆坡华校教师公会
森美兰华校教师会	马六甲华校教师公会
柔佛昔属华校教师公会	柔佛蔴坡华校教师会
柔中区华校教师公会	柔佛居銮区华校教师公会
柔佛笨珍华校教师会	柔南华校教师公会
彭亨淡马鲁暨百乐县华校教师公会	彭亨文冬华校教师公会
东彭华校教师公会	彭亨立卑华校教师公会
彭亨劳勿华校教师公会	彭亨而连突华校教师公会
彭亨金马仑华校教师公会	丁加奴华校教师公会
吉兰丹华校教师会	砂拉越诗巫华人教师公会
砂拉越晋汉省华小教师会	砂拉越泗里街华人教师会
砂拉越马拉瑞县华小教师会	砂拉越美里省华校教师公会

① 《怡保中国精武体育会 60 周年钻禧纪念特刊》，怡保中国精武体育会，1984 年，第 240 页。

20 世纪末，马来西亚华校董事联合会总会有 13 个会员，它们是：柔佛州华校董教联合会、马六甲华人教育协会、森美兰华校董事联合会、雪隆华校董事联合会、霹雳华校董事联合会、槟威华校董事联合会、吉打华校董事联合会、玻璃市华校董事联合会、吉兰丹华校董教联合会、彭亨华校董事联合会、砂拉越华文独中董联会、砂拉越华小董联会、沙巴独中董联会。上述社团是各州的董联会或董教联合会。

以学校或同学关系为纽带建立起来的校友会，在马来西亚华人文（学）缘性社团中占有重要位置。校友会创建的原因主要有以下两点：①对母校怀有深厚感情，经常关注其生存、发展，并以各种方式回馈母校，这促成战后东南亚地区校友会的大量涌现；②对于学成毕业后现实问题的考虑，促使那些在同一学校、同一地区的求学者以“校友”为纽带团结起来，共谋发展。吉隆坡中华校友会的成立宗旨是：谋求母校的发展和校友的利益。居銮留台同学会的成立宗旨是：联络留台同学感情，共谋同学的福利，服务社会。太平华联校友会的宗旨是：联络校友，促进交流；提升会员的福利；协助母校的发展；致力社会公益慈善事业；遵照教育法令的规定，委派校友代表担任母校董事会的董事。[①] 雪森彭隆钟灵校友会的成立宗旨是：培养融洽精神；促进全民团结，推动钟灵校友间的互助；共同维护母校的声誉与利益。

两次世界大战期间，校友会的兴起成为海外华人社团发展中最显著的特色。[②] 海外华人校友会组织中，那些战前已建立的华校校友创建的校友会，其成员在社会地位、思想意识、理想情趣等方面差异较大，因而这种校友会主要目的在于相互联谊，为会员子女设立奖学金、助学金，开展福利活动。至于那些“二战”后以新的校友关系为纽带创立的校友会，其成员在年龄、社会地位、境遇等方面比较相似，它们显得团结性更强，也较为活跃。[③]

在新加坡，最早成立的校友会是 1918 年 8 月创建的南卢校友会，该校友会的母校是 1906 年由福建帮创办的道南学校。南卢校友会除组织社交和娱乐活动外，还参与创建华侨中学和南洋女子中学，以及为中国天津发生的水灾筹款。20 世纪 30 年代时，新加坡至少有 10 所校友会，槟城有 13 所。其中，新加坡 10 所校友会的会员总人数约有 2 000 名。[④]

---

① 《太平华联校友会章程》，《马来西亚霹雳州太平华联校友会 30 周年纪念特刊（1961—1991）》，太平：太平华联校友会，第 99 ~ 104 页。

② ［澳］颜清湟：《华人历史变革（1403—1941）》，《马来西亚华人史新编》（第 1 册），吉隆坡：马来西亚中华大会堂总会，1998 年，第 59 页。

③ 李明欢：《当代海外华人社团研究》，厦门：厦门大学出版社，1995 年，第 193 页。

④ 杨建成：《30 年代南洋华侨团体调查报告书》，台北：“中华学术院”南洋研究所，1984 年，第 99 ~ 100 页。

“二战”后，在海外华人社会（包括东南亚）中，成立了许多校友会、同学会等以学缘为纽带的社团组织。在马来西亚众多的华人校友会中，既有华文高等院校的校友会，如南洋大学校友会等；也有华文独中的校友会，如槟城时中校友会、韩江校友会等；也有华文小学、华文女子学校的校友会，如日落洞华文小学、槟城槟华女中校友会等（“槟城槟华女中校友会”的母校原为“福建女子学校”，后改名为“槟华女子中学”，其成员绝大多数为女性）。既有单独一所华校的校友会；也有多所华校的联合校友会，如北海中华公学校友会，它是四家华校的校友组织。此外，地区性的校友联络网也形成了，如槟榔屿华校校友会联合工委会。① 另外，毕业于英式教育学校或国民型学校的华人学生，也建立了校友会。

留台校友组织是马来西亚华人社会中一个很重要的校友组织。从 1951 年至 2004 年，赴台的海外侨生超过 17 万人，毕业的有 10 多万人，其中，来自马来西亚的留台学生人数即占 1/4，马来西亚赴台升学的侨生人数一直居世界之首。② 另外，根据台湾有关方面的统计数字，1954—2007 年，马来西亚共有33 310名各类留台学生③，在各国华人留台学生人数方面居于首位。留台学生学成归国后，在马来西亚华人社会的各个领域都有比较重要的贡献和影响力，许多人甚至成为当地华社的中坚力量。

为了进一步提升留台校友组织的社会地位与形象及加强自身的力量，1974 年 7 月 16 日，马来西亚留台校友会联合总会（简称“留台联总”）正式获准官方注册成立，首任会长是赖观福。目前，留台联总共有属会 26 个，成员 3 万多人，活跃会员 5 000 余人。该组织与台北驻吉隆坡经济文化办事处联系密切。其宗旨是：促进各校友会的互相联系，推动校友会的福利工作，开展会员间的活动，提倡对团体及国家有益的教育、娱乐和福利活动，促进各族人民间的亲善、团结和文化交流等。留台联总附设合唱团、舞蹈团和戏剧组，开办马来语班和英语班，曾主办“全国书画名家艺术作品联合展”、“华校中学生短篇文艺创作征文”等活动。1991 年 5 月初，由会长覃成福率团访问泰国留台同学会，商议共同发起成立东盟各国留台校友会和区域性组织。1992 年 8 月 29 日在吉隆坡主办首届亚洲留台校友会联谊会，并在此次联谊会期间成立亚洲留台校友会。

留台联总目前共有 27 个属会成员（详见表 16）：

---

① 李明欢：《当代海外华人社团研究》，厦门：厦门大学出版社，1995 年，第 192 页。

② 《留台侨生留住中华文化的根》，《亚洲周刊》2004 年第 33 期。

③ 《2008 马来西亚台湾高等教育展倡导简报》，http//：www. taiwanembassy. orgpublicAttachment8。马来西亚华人则通常认为有 35 000 人或 36 000 人。

表 16　留台联总会员成立年表

★校友会	筹备年份	获准注册/成立	第一任会长
马来西亚留台成功大学校友会	1971 年 6 月 21 日	1972 年 8 月 17 日	林国登
马来西亚雪州留台台湾师大校友会	1972 年 5 月	1972 年 10 月 17 日	赖观福
台湾大学马来西亚校友会	1972 年 6 月	1973 年 8 月 15 日	张景良
马来西亚留台政治大学校友会	1973 年 3 月 11 日	1973 年 9 月 11 日	谢有才
马来西亚留台中兴大学校友会①	1973 年	1974 年 3 月 16 日	李振光
马来西亚逢甲大学校友会	1984 年 1 月 1 日	1985 年	杨振兴
马来西亚留台东海大学校友会	1987 年 1 月 16 日	1989 年 7 月 25 日	李惠泉
马来西亚留台淡江大学校友会	1993 年	1996 年 3 月 26 日	陈明新
马来西亚留台中原大学校友会	1990 年	1998 年 12 月 23 日	温演龙
马来西亚台湾“国防”医学院校友会	不详	1990 年	刘进汉
马来西亚留台屏东科技大学校友会	1999 年	2002 年 7 月	苏福全
马来西亚留台天主教辅仁大学校友会	2001 年 7 月	2004 年 3 月 12 日	张和风
马来西亚东吴大学校友会	2007 年 9 月 15 日	2008 年 5 月 31 日	黄志成
★州际性的同学会	筹备年份	获准注册/成立	第一任会长
马六甲留台同学会	1964 年 5 月	1965 年 6 月	张长发
砂拉越留台同学会	1964 年	1965 年 10 月 3 日	郑光秀
沙巴留台同学会	1964 年	1965 年 12 月	杨来添
霹雳留台同学会	1963 年	1965 年 12 月 24 日	李庆步
马来西亚森美兰留台同学会	1965 年	1966 年 3 月 18 日	陈继润
吉玻留台同学会	不详	1974 年	刘长炬
槟城留台同学会	1974 年 6 月 5 日	1976 年 3 月 16 日	吴乃贵
雪兰莪暨吉隆坡留台同学会	1977 年	1977 年 11 月	林德成
★地区性同学会	筹备年份	获注册时间/成立	第一任会长
蔴坡留台同学会	不详	1966 年 12 月 11 日	许光权
居銮留台同学会	1967 年	1967 年 10 月 14 日	陈诗圣
金宝留台同学会	1972 年 1 月	1973 年 6 月 4 日	吴均昌

① 1974 年，马来西亚留台中兴大学校友会正式成立，该校友会于 2008 年更名为台湾中兴大学暨台北大学马来西亚校友会。

（续上表）

★校友会	筹备年份	获准注册/成立	第一任会长
新山留台同学会	1975 年	1976 年 2 月 15 日	史年延
巴株留台同学会	1977 年 9 月 3 日	1980 年 6 月 19 日	盛琼荣
永平留台同学会	1985 年 6 月 18 日	1986 年 6 月 17 日	林书存

资料来源：《马来西亚留台校友会联合总会成立 30 周年纪念特刊（1974—2004）》，马来西亚留台校友会联合总会，2004 年；《马来西亚留台校友会联合总会 35 周年纪念特刊（1974—2009）》，马来西亚留台校友会联合总会，2009 年；《台湾东吴大学校友电子报》2008 年第 38 期，http：//www. scu. edu. tw/alumni/paper38/。

砂拉越和沙巴这两个州的赴台留学学生也较多，两州的留台同学会又下辖较多的留台同学会。详见下表：

表 17　砂拉越与沙巴留台同学会各分会简表

分会	筹备年份	获准注册/成立	第一任主席
古晋省　Kuching	不详	1965 年	郑光秀
诗巫省　Sibu	1964 年	1965 年 1 月 3 日	詹廷昌
美里省　Miri	1964 年	1965 年 12 月 15 日	谢衍发
民都鲁省　Bintulu	不详	1978 年 12 月	池标德
泗里街省　Sarikei	不详	1973 年	詹长开
分会	筹备年份	获注册时间/成立	第一任主席
亚庇　Kota Kinabalu	1965 年 3 月	1965 年 9 月	黄任芳
山打根　Sandakan	1965 年	1966 年	汤慕良
斗湖　Tawar	不详	1966 年	曾福良
拿笃　Lahad Datu	不详	1970 年	涂委冰
※根地咬 Keningau①	1974 年	1978 年	黄梅华
※丹南　Temom	1974 年	1978 年	黄伯荣
古达　Kudat	不详	1972 年	张杨保
纳闽　Labuan	1996 年	1996 年	陈绍厚

资料来源：《马来西亚留台校友会联合总会成立 30 周年纪念特刊（1974—2004）》，马来西亚留台校友会联合总会，2004 年。

① 根地咬与丹南的留台人士原同属沙巴州内陆省留台同学会，该会第一任主席为冯汉光，因地域、交通与工作的关系，在 1978 年一分为二，出现两个同学会。

留台校友组织尤其是留台联总在传播中华传统文化、帮助华人子弟赴台升学、为全体留台人谋福利等方面做了大量很有成效的工作，从而在马来西亚华社中占有重要地位。

1949 年以后，由于马来西亚与中国大陆的关系长期处于中断或者冷淡的状态，当地华人子弟不可能到中国大陆留学。中国改革开放后，这种情况逐渐发生变化。尤其近年来，马来西亚华人子弟到中国大陆留学的人数越来越多。由于中国大陆经济的快速发展，综合国力的稳步提高，吸引了很多马来西亚华人学生到中国大陆留学。从 1990 年代开始，马来西亚华人学生来华深造，起初大多集中于暨南大学、厦门大学、华侨大学等传统侨校。2003 年，马来西亚留华学生人数为 841 名，2004 年增加为 1 241 名，2005 年为 1 569 名，① 到 2009 年底，大马到中国留学的学生人数达 2 800 人，② 且广泛分布于我国许多高校。

为了使马来西亚留华学生相互之间便于联络、交流，为了能让他们更好地生活、发展，同学会组织应运而生。其实，在 2005 年马来西亚留华同学会成立前后，有许多小范围的或较小型的同学会纷纷组建，如，马来西亚留学北京学生会、马来西亚雪隆留中同学会、复旦大学马来西亚同学会、暨南大学马来西亚同学会，等等。此外，许多马来西亚华人学生想来华留学，但往往缺乏一个咨询与沟通的平台，许多人遇到了“求学无门”的境况，而留华同学会以及其他类似的校友组织则可以提供这方面的帮助。

马来西亚留华同学会的发起人分别是：陈志成、王增文、黄生光、王瑞国、黄劭业、杨锦荣、张依玲、唐六生、黄美云。他们随后向马来西亚政府注册官提呈筹组同学会的表格，获批后成立理事会，确定留华同学会的定位及要协助解决的留华学生所遇到的问题。2005 年 10 月 10 日，留华同学会正式成立，到 2006 年初，会员人数约 100 名。

截至 2011 年 9 月初，其会员人数为 294 人，而在 2007 年年初，曾留学中国的马来西亚学生共有 12 000 多人。③ 事实上，在很多华人看来，成立之初的留华同学会在留华群体乃至华人社会中能否具有广泛的代表性、重要的影响力和地位仍需拭目以待。

马来西亚留华同学会自成立之日起就与马来西亚留台校友联合总会（下称“留台联总”）之间争论不断，焦点之一便是双方的服务范围。留台联总成立以

---

① 《2008 马来西亚台湾高等教育展倡导简报》，http//：www. taiwanembassy. orgpublicAttachment8。

② 《马来西亚中国留学生人数近 9 200，学位互认有望实现》，中新网，http：//liuxue. eol. cn/liu_xue_kvai_xun_3291/20100812/t20100812 -507532. shtml，2010 年 8 月 12 日。

③ 《马来西亚留华同学会鼓励马学生到中国留学》，新华网，http：//www. gqb. gov. cn/news/2007/0320/1/4262. shtml，2007 年 3 月 20 日。

后，其服务的对象主要是留台的马来西亚华人学生。虽然马来西亚留华同学会现今会员数量远远不及留台联总，可它在不断壮大，会员有可能来自中国大陆、台湾、香港与澳门等地区。而且，留华同学会欢迎留台学生加入留华同学会，这样一来，留华同学会的会员就可能完全覆盖了留台联总的会员。这正是留台联总所忌讳的。当然，就两个社团各自不同甚至悬殊的社会地位和影响来看，留华同学会要吸引更多留台人士加入还难以做到，但留台联总还是未雨绸缪，多次呼吁所有留台人士要坚守岗位，维护和巩固现有留台组织，更不鼓励擅自加入留华同学会，以免造成混淆，引人非议。[①] 毕竟，从两岸目前的发展情势看，将来马来西亚留学大陆的华人学生人数最终可能超越留台的人数。所以，留台联总会长刘天吉表示，留华同学会招收的会员也包括留台生，目前留台校友会的会员不会减少，但以后就不知道了。[②] 实际上，留台联总由于自身不及留华同学会服务的范围广阔，产生了对其发展前景的担忧，这是可以理解的。另外，留华同学会与留台联总的争论涉及中国两岸的政治话题。中国的两岸问题一直以来是极为敏感的政治议题，由于各种综合复杂因素的作用，两岸长期以来不能得到统一，非官方性的华人社团一般都很少去触及。不过，留华同学会除其目标、宗旨和会员与留台校友会都有所重叠外，该会从成立之时就获得了中国政府的支持，而留台校友组织则与台湾有关方面的关系比较密切，这就使得外界对两个组织猜测颇多，他们的看法大多涉及中国两岸的统独问题，这个问题已经成了“留华”与“留台”华人群体间激辩的课题。[③] 在有些华人看来，与中国大陆关系更为密切的留华同学会，其会员涵盖留台人士，“就难免引起统战的疑虑，‘为统一中国提供多一个支持者’的说法也势所难免”。[④] 由于留华同学会与留台联总的性质都为非官方性的民间组织，不应该掺和到无关的政治，尤其是敏感性的政治议题上，只有这样，它们才能更好地为大马留学生来中国大陆及台湾留学服务。留华同学会与留台联总应该维护其独立社团的性质，为马来西亚留学生谋取福利，服务于当地华人社会。

校友会中还有一股特色鲜明、凝聚力很强的重要力量——南洋大学校友会。

1953 年，陈六使以新加坡福建会馆主席的身份，献出 523 英亩地段作为兴建大学之用，并以个人身份捐献了 500 万新元。陈六使的办学倡议得到了全东南亚华人社团的积极支持，新加坡乃至东南亚各地华人倾资兴学、无私奉献。南洋大学的成立是全东南亚华人万众一心奉献于华文教育事业发展的成果。

① 《三点声明分界线，两会兼职不容许：留台与留华起争端》，《东方日报》，2005 年 9 月 11 日。

② 《刘天吉称不同组织不会分裂留台联总》，《光明日报》，2005 年 10 月 11 日。

③ 《统独争论成激辩课题》，《东方日报》，2005 年 11 月 23 日。

④ 东方社论：《留华同学会水到渠成》，《东方日报》，2005 年 10 月 13 日。

1956 年 3 月 15 日，南洋大学正式开课，招收了第一批共 584 名学员。南洋大学开办 7 年后，招生数量已达到了 2 324 名。1964 年，南洋大学首次获得政府的财政支持，款额与当时新加坡大学获得的财政支持一样。同年，南洋大学成立了校友会。1980 年，南洋大学和新加坡大学合并，成立新加坡国立大学，教学语言以英文为主。至此，南洋大学完成了它的历史使命，办学期间共培养了 12 000 多名毕业生。

南洋大学校友遍布全球，其中以马来西亚最多，其次是新加坡，文莱、澳大利亚、加拿大、中国（包括香港、澳门地区）、美国、日本、新西兰、英国、印度尼西亚等地也有不少。

新加坡南洋大学毕业生协会，1964 年注册为社团，宗旨是通过举办各类学术、体育、康乐、社交与休闲活动来促进校友之间的联系与友谊。

槟榔屿南洋大学校友会，1964 年获得注册，是马来西亚成立前当地最早创立的区域性的南洋大学校友会。随后，其他区域性的南大校友会如吉隆坡的马来亚南大校友会、霹雳南大校友会、新山南大校友会、砂拉越南大校友会及马六甲南大校友会等相继成立。往后，这些校友会联成一气，加强了南大校友在大马各地的联系及力量。

1992 年，第一届全球南大校友联欢会在加拿大多伦多市举办。2008 年 10 月，第十一届全球南洋大学校友联欢会在北京举办。2012 年，全球南洋大学校友联欢会在新加坡举办。

马来西亚华人文（学）缘性社团都注重并积极展开对外交流。1989 年，马来西亚龙狮总会主办马来西亚金狮杯国际赛。参赛的不仅有来自马来西亚国内的 400 余支醒狮队，还有来自国外的多支醒狮队，如中国广州工人醒狮协会、美国中国武术会馆醒狮队、法国中华武术体育总会醒狮队、巴黎法亚文化友爱会英武堂醒狮团、澳大利亚墨尔本中华青年醒狮队、澳门罗梁体育总会醒狮团、澳大利亚侨青社金狮队、澳大利亚柏斯中华醒狮团、日本横滨中华学院校友会、新加坡友艺体育会醒狮团、英国醒狮协会、文莱马来弈中华中学瑞狮团、香港长汉雄体育会、台湾回春瑞狮团、台北市两广国术醒狮团、台湾南投竹山两广万春国术醒狮团等。

第五节　宗教社团

宗教社团是指以宗教为纽带而建立起来的社团。如果从马六甲青云亭算起，马来西亚各类型华人社团中，宗教社团的历史最悠久。接下来，我们分为宗教教派和民间信仰两个部分，具体了解相关宗教组织。

一、主要宗教派别（尤其是民间教派）及其相关组织

马来西亚华人的宗教信仰较为庞杂，但总体上应属于佛教、道教、儒教、基督教等几大宗教信仰系统，或者属于混合儒释道等华人传统宗教思想的民间教派。

19 世纪后期至 20 世纪初，英国人在马来西亚建立了完整的殖民统治。当时英国人对马来西亚的经济开发最终促成大量中国移民南来，这使当地华人宗教信仰较早期显得多元化。

（一）先天道

约 1860 年后，先天道的斋教堂传入西马，斋教在各地创建斋堂，宣传、弘扬本教派信仰。一些“不落家”或终身不嫁的广府籍华人女性妈姐则建立“姐妹斋堂”，以作为寄托信仰、相互联谊、关怀救助的场所。

在一些斋堂中，除主祀观音外，还配祀许多道教女神，如吕仙姐、北极仙姐、地母娘娘、华岳三娘、七仙女、桃花仙姑、冯仙姑、龙母和龙女等。[①] 在槟城，约有二三十间先天教斋堂，其中有福建人、广府人、客家人的，也有潮州人的，还有不分籍贯的。槟城先天教斋堂原有男斋堂，后只剩女斋堂。当地较早的斋堂是由建德会头领邱天德的夫人创建的“善化堂”，以及“大生佛堂”（男斋堂，属客家人）、“大圆佛堂”（属广府人）。在吉隆坡，有 40 多间先天斋堂，其中大部分为广府人的姐妹斋堂。

（二）三一教

19 世纪末 20 世纪初，三一教由于兴化移民的南来而传入东南亚地区。三一教又名“三教”、“夏教”，于明代嘉靖、万历年间由福建莆田人林兆恩（1517—1598 年）创建。林氏字懋勋，号龙江，道号子谷子、心隐子、常明先生、混虚氏、无始氏等，门徒尊称其三教先生、林三教、三一教主。主要著作有《林子三教正宗统论》等。在创教过程中，林氏深受同乡、著名道士卓晚春（又称“卓小仙”）思想的影响。三一教主张道儒释三教合一，因而得名。但是，三一教的思想体系中，道教的色彩非常浓厚，不仅远超佛教，甚至也压过儒教。[②] 对于修持深厚的三一教经师而言，他们普遍认为三一教“以儒为本，以道入门，以佛为极则”。

---

① 参见朱金涛：《吉隆坡华人寺庙的研究》，马来亚大学硕士学位论文，1968 年。

② 陈支平：《福建宗教史》，福州：福建教育出版社，1996 年，第 76 页。

在新加坡，三一教堂祠（文中有时简称三教堂）有琼三堂、天性祠和天元堂等。① 在马来西亚，可以确认的三一教堂祠共有20余间②，它们分布于吉隆坡、雪兰莪、霹雳、槟榔屿、森美兰和柔佛等地。具体情况列表如下：

表18　马来西亚三一教堂祠简表③

祠堂名称	创建时间	所在地	奉祀主神
感应亭	1869年	雪兰莪万挠	观音（中）、三一教主（右）、天后（左）
珠兴祠	1894年	雪兰莪巴生港口	三一教主、佛祖、上阳真人、太上老君、孔子
崇圣宫	约1899年	霹雳太平	观音、三一教主、卓真人、天后、济公
宗孔堂	1913年	雪兰莪巴生	三一教主、卓晚春、观音
三教堂	1916年	吉隆坡十五碑	三一教主、卓晚春、观音
普仙书院④	1919年	霹雳实兆远	三一教主、九皇大帝、玄天上帝、关帝
玉山祠	1936年	槟城	三一教主、卓晚春、观音、老子
志元堂	1947年	森美兰芙蓉	三一教主、玄天上帝、注生大帝、张公圣君
宗圣堂	1949年	吉隆坡秋杰中南区	三一教主、卓晚春、观音、太上老君、吕祖
宗兴祠	1951年	雪兰莪双溪比力	三一教主、观音大士、上阳真人
珠光书院	1960年前	柔佛居銮	三一教主、卓晚春、玄坛元帅
宗孔堂	约1962年	雪兰莪双文丹	三一教主、观音、白鹤仙翁
三圣堂	1967年⑤	吉隆坡旧巴生路	三一教主、太上老君、法主公、卓真人、关公
宗贤堂⑥	1969年前	吉隆坡水塘路	三一教主、卓晚春、观音、护法、护道

① 很可惜的是，新加坡琼三堂已停办。琼三堂历史悠久，大约从1950年代开始，该堂逢甲（带“甲”字的农历年份）做中元普度法会，并且从马来西亚的居銮珠光书院等处请来三一教经师协助。琼三堂分别于1964年、1974年、1984年做过三次法会。琼三堂也曾从我国福建请经师帮忙。

② 我们与柔佛居銮珠光书院的主坛经师杨文进先生及雪兰莪巴生尊孔堂的资深经师杨志雄先生访谈时，他们均表示赞同马来西亚有20多家三一教堂的说法。杨志雄认为，包括新加坡天性祠在内，全马有23家三一教堂（不包括新加坡天元堂在内）。

③ 参考文献：田野考察所得资料，我们考察过的三一教堂祠分布在雪隆地区、柔佛、森美兰、霹雳、槟榔屿、新加坡等地，共约20家；Some Remarks on the“Three - in - One - Doctrine”and its Manifestations in Singapore and Malaysia，in Sino-Malaysiana，*Selected Papers on Ming and Qing History and an the Overseas Chinese in Southeast Asia*（1942—1988），Singapore：South Seas Society，1989，pp. 343 - 399；陈支平：《福建宗教史》，福州：福建教育出版社，第116～117页。

④ 因为林龙江曾在仙游教过书的缘故，当地的三一教堂祠习惯以“书院”来命名。这样名称也随华侨传到国外。

⑤ 《两千多车沙填矿湖，理事会建庙护神明——旧巴生路三圣堂》，《马来西亚神庙大典》（创刊号），第104～105页。

⑥ 此处的宗贤堂原名为“宗圣书院”，原在吉隆坡太子路，后被火烧。重建时搬至吉隆坡水塘路，并改为现名。

（续上表）

祠堂名称	创建时间	所在地	奉祀主神
金宝宫①	不详	霹雳爱大华	三一教主、九皇大帝、探花府、关帝、观音
谱金祠	约半个世纪前	霹雳昔加里	三一教主、观音、关圣、济公、法主公
普金庙	不详	霹雳昔加里	三一教主、观音、关圣、福德正神

此外，在马来西亚，还有霹雳太平三教祠、槟城华山祠、吉打双溪大年锦山祠、吉打居林泰峰祠、霹雳甘文阁蓬岛祠，也属于三一教堂祠。②

总体上，马来西亚三一教堂祠的建立可以分为两个历史阶段：①19 世纪后期至“二战”前，兴化籍华侨在马来西亚各地建立了几间堂祠；②“二战”后，更多的堂祠建立起来。

早期的三一教庙堂，是由南来的华侨兴建。建于 1894 年的巴生港口珠兴祠，创建人张启从福建仙游南来设教弘法，巴生当地兴化籍同胞协助建祠。巴生宗孔堂由华侨郭和创建。吉隆坡十五碑三教堂原建于简陋的亚达屋中，创始人有王道祖、徐虞香、徐唐汉、周性辉（女）。雪兰莪双溪比力宗兴祠的发起人则有杨智善、游荣基、徐瑞宝、翁承基、黄于衍、陈发泉、林明祺、徐瑞琳、游开基、刘瑞芳等多位先贤。

除了早期南来的华侨直接建立三一教主的庙堂，还有些庙堂的创建另有缘由。吉隆坡怡保律水塘路的宗贤堂，是 1969 年“五一三事件”发生后，华人从半山芭逃至水塘路后供奉三一教主以祈求得到护佑所建立的庙堂。而昔加里普金庙则是因为当地谱金祠的理事会内部产生矛盾，部分理事“另立山头”，在相距不远处另外创建供奉三一教主的庙堂。而爱大华的金宝宫和居銮的珠光书院则都源于实兆远的普仙书院，是从普仙书院分灵出去建立的。在吉隆坡，旧巴生路三圣堂源于十五碑三教堂，是其分支。最早是一间板屋，后搬进店屋，再搬至政府

---

① 爱大华金宝宫原为九皇大帝庙，后受到实兆远普仙书院的影响，1960 年代开始供奉三一教主金身，1970 年代建庙。2010 年，南北斗开光，邀请珠光书院的杨文进主坛经师帮忙。2011 年做九皇诞，举行祈安消灾法会，仍请杨文进协助。这表明该庙部分采用三一教的宗教仪式。另据杨文进经师讲，爱大华金宝宫目前由福建古田籍华人掌握，因此该庙的宗教仪式风格也是接近闾山派；但有意思的是，该庙经常组织人员到三一教的莆田东山祖庭寻源朝圣。

② 黄清仪：《三一教的创立者——林兆恩》，黄清仪：《马来西亚兴安会馆总会 40 周年纪念特刊》，马来西亚兴安会馆总会，2010 年，第 372 页。

2012 年 1 月 4 日晚，我们在居林考察时，曾找到当地的三一教主泰峰祠。该祠在三楼，一楼为店屋。我们访问了杂货店中的母女二人。据长者说，她的家公（应该是公公）20 多岁来马后就开始拜三一教主，10 多年前去世，享年 101 岁。如此推断，该华人拜三一教主的时间应该始于 1920 年代。她的家公去世后，泰峰祠更加家坛化，不对外开放，只是她和家人拜拜而已。至于太平三教祠、槟城华山祠、吉打双溪大年锦山祠、霹雳甘文阁蓬岛祠，也鲜少为外界知道，私家神坛的性质很浓厚。

地，募捐重建新堂。三圣堂的创建人为陈春盛、黄玉祥、钟海涂、林文锁。

在马来西亚，有些兴安会馆（莆仙两地华人即兴化人建立的会馆）中也敬拜三一教主，如太平兴安会馆。该会馆成立于清光绪二十五年（1899 年），是海外历史最悠久的兴安会馆，原名“福兴仙馆”。该会馆建立的同时，又创建了崇圣宫。[①] 崇圣宫居左，会馆居中。崇圣宫神位中间奉祀观音大士，左祀天后圣母，右祀三一教主林龙江。1979 年重建会所时，建成了四层半的大厦，其中第四层为崇圣宫，仍然崇奉观音大士、天后圣母、三一教主林龙江诸神。[②]

而兴化人建立的天后宫中也有供奉林龙江和卓晚春等三一教人物的。比如，在马六甲兴安会馆附设的天后宫中，中间供奉天后，其右边供奉三一教主，左边供奉卓祖真人。此外，在怡保的霹雳兴安会馆附设的天后宫（落成于 1975 年）中，神位中间供奉天后，右边供奉三一教主，左边供奉卓祖真人。金马仑兴安会馆中设有灵圣堂，也供奉有三一教主。

事实上，马来西亚的三教堂既大多集中于兴化人聚居的地方，也与兴安会馆关系密切，或者“比邻而居”，或者“合二为一”。而雪兰莪巴生滨海兴安会馆创建之初，借用巴生宗孔堂为临时会址。再者，三教堂的成员很多就可能是当地兴安会馆的成员，“人”既重叠，联系就密切起来。

（三）基督教卫理公会

1890 年后，信仰基督教等西方宗教派别的华人，也在马来西亚创建了相应的宗教社团。如 1902 年，诗巫基督教卫理公会建立，当时该宗教社团名为“诗巫基督教美以美会”，“二战”后改名为“诗巫基督教卫理公会”。

（四）真空教

1906 年，真空教在怡保创设首间道堂“真空祖师道堂”。真空教又称空中教、空中大道、空道、空道教、无极教等，即南洋华人社会中俗称的“仙伯坛”、“大伯坛”、“戒烟社”。该教派创始人为廖帝聘，清朝江西长宁县桂岭堡水东村（今江西寻乌县澄江镇桂岭村）人。同治元年（1862 年）创立真空教。真空教融道教、佛教和儒家思想为一体，主张恢复本原，回归真空。真空教主要礼仪有“放花”、饮茶、烧檀香、跪拜、诵经等。教义包括：“五皈”（皈依、皈

① 2011 年 11 月 20 日，太平兴安会馆的一名负责人在与我们谈话时提到，在太平，实际上先有崇圣宫，后来才建立兴安会馆，所以，崇圣宫的建立时间可能早于兴安会馆。事实上，在马来西亚华人社会历史发展中，神庙往往早于会馆建立，并且很多神庙就是后来会馆的前身。

② 陈士希：《本会馆史略》，《太平兴安会馆 85 年纪念特刊》，第 60 页；《太平兴安会馆会务报告》，《马来西亚兴安会馆总会 15 年纪念特刊》，马来西亚兴安会馆总会，1984 年，第 136 页。

中、皈正、皈一、皈空）、“四考”（考真、考直、考愿、考舍）、“十戒”（勿淫欲赌博，勿贪婪奢侈，勿剥削盗窃，勿自私倾轧，勿诳言欺诈，勿骄傲仇恨，勿背恩逆伦，勿崇敬偶像，勿迷信风水，勿吃鸦片烟）。[①] 主要经典有《三教宝卷》、《无相宝卷》、《报空宝卷》和《报恩宝卷》，都是廖帝聘编定的。[②] 四大宝卷中，《无相宝卷》分为两册，所以真空教四部经典又称“四部五册”。

该教不拜偶像，不信风水，不祀鬼等，与传统的道教又有所不同。真空教道长和教徒可建立家室；教徒不仅可以常年茹荤，还以杀牲来为病人祛病消灾（称“放花”，杀鸡称“小放花”，杀猪称“大放花”；平常人放花可祈求平安福祉，病人放花可求渡过劫难），这又与传统的佛教教义相背离。真空教主张教徒经常以跪拜和静坐的方式拜道。清末，中国深受鸦片毒害，而真空教提倡人们以跪拜、静坐和饮用清茶的办法戒除鸦片，祛除疾病。因而，真空教得以迅速兴起。

真空教传入南洋各地，主要有两条路线：一条是从江西传到福建西南，再南传至广东蕉岭等地，沿着韩江水路抵达汕头，从汕头经海路传至马来半岛及英属婆罗洲；另一条路线始于福建西南部，然后经厦门出海抵达马来半岛及印尼的一些地方。

真空教著名的传道师福建武邑人黄道云南来马来半岛后，将真空教传入马来西亚。“按黄道云之首至南洋开化，当在清光绪末叶（1900—1908 年左右）。”[③] 当时马来半岛华人社会正值推行戒（鸦片）烟运动，而黄氏以戒烟为旗号进行传道，因此，真空教在当地获得快速发展。1906 年，马来西亚首间道堂在怡保设立，“（黄道云弟子黄盛发）1906 年到红毛丹埠开坛，得赖道复入道，他后到雪兰莪州万挠埠及其他地方开坛，又得张运泗（张四伯），他先后在新加坡及柔佛州巴罗埠开坛”。[④] 此后，新马地区真空教道堂纷纷建立，最多时大约有 186 间，其中最多在雪兰莪州，共有 30 多间，柔佛有 30 间，吉隆坡有 13 间。[⑤] 南洋真空教内部也因开创者及后继者的不同风格，而形成复本原、登义山、本元虚灵、天灵几个重要派别。其中，黄道云及其弟子创建的道堂在南洋真空教内部属于复本原系统，其道友一般都是客家人。林华文（道号显传，字华文，福建永春

---

① 关于十戒的说法，并不完全统一，这里采用的是 1949 年廖艺圃道长所颁布的《黄畲山总道堂真空教教规》，见《归一会刊》2003 年第 13 期，第 1 页。

② 苏庆华：《独立前华人宗教》，《马来西亚华人史新编》（第 3 册），吉隆坡：马来西亚中华大会堂总会，1998 年，第 436 页。

③ 罗香林：《流行于赣闽粤及马来亚之真空教》，香港：中国学社，1963 年，第 170 页。

④ 《黄盛发老师史略》，谢佐德：《新加坡真空教联合会暨本元山道堂新厦落成开幕纪念册》，新加坡真空教联合会，1992 年，第 139 页。

⑤ 骆静山：《大马半岛华人宗教的今昔》，林水檺、骆静山：《马来西亚华人史》，马来西亚留台校友会联合总会，1984 年，第 440 页。

人）创建的道堂属于登义山道堂系统，其道友主要是闽南籍华人。广东蕉岭县客家人徐孺侃（有时资料上写为“徐如侃”或“徐儒侃”）创立的道堂属于本元虚灵系统，其总道堂——虚灵山总道堂至今仍存在于新加坡。黄达忠创建的道堂属于天灵系统，其道友既有客家人（黄氏本身即是客家人），也有其他方言群的华人，尤其以闽南人居多。黄氏的很多嫡传弟子就是闽南人，其著名门徒中，杨先觉（道号光耀）为同安人，吴卉秧（道号光悟）为南安人，刘献堂（道号光华）为永春人，施得力（道号光受）也是永春人，等等。黄氏及其众多弟子在新马一带建立很多道堂，他们对真空教在南洋的传播贡献甚大。

新加坡的真空教道堂具体情况参见下表：

表 19　新加坡真空教道堂简表①

道堂名称	创办人	创办时间	堂址	传道师
复本原道堂	黄道云	1912 年	后港加密士律	黄道云、杨梅、李定浩
天南坛道堂	陈新炮	1923 年	巴民望律	林华文、陈新炮、陈子捻、陈瑞琴
如真坛	徐孺侃	1924 年	实丁里街 17 号	徐孺侃、李道三、杨琳、杨水发
如真道堂	朱文秀	1926 年	丹绒巴葛正端街	徐孺侃、朱文秀、杨招妹、黄栟妹
道南坛	张再来	1928 年	道拉实街 31 号	林华文、张再来、张月清、许文华
显明道堂	王金茯、苏水龙	1930 年	红毛丹格	林华文、陈新炮、苏水龙、张亚发
显传道堂	陈新炮、王代红	1930 年	杨厝港律 3 号	林华文、王代红、郭芳清、陈新炮
天灵总道堂	黄达忠	1930 年	漳宜律门牌 472 号	黄达忠、谭灵锡、杨先觉、吴卉秧
灵光道堂	陈新炮	1930 年	杨厝港律十个石	林华文、陈新炮、吴水来、周文祺

① 资料来源：廖经才：《东南亚真空教道堂图刊》，香港：真空纪念堂出版社，1968 年，第 7～30 页；我们在新加坡考察时拍到的有关各道堂历史的图片资料。

（续上表）

道堂名称	创办人	创办时间	堂址	传道师
本元道堂	翁文兴、蔡石觉	1932 年	丝丝街 169 号	徐孺侃、翁文兴、蔡石觉、许亚会
本元道堂	翁文兴	1935 年	中峇鲁律	徐孺侃、翁文兴、蔡惠仁、蔡天琼
福龙坛	王金茯	1935 年	军港路海南山	林华文、陈新炮、王金茯、王振隆
和真道坛	苏阔、林家齐	1936 年	菜市平安路	黄达忠、杨先觉、张明宝、林家齐
如真道堂	朱文秀、刘炎亮	1939 年	芽龙 29 巷 245 号	徐孺侃、朱文秀、刘炎亮、曾兰妹
真和道堂	吴福寿	1939 年	如切不礼	黄达忠、吴卉秧、吴福寿、李藤
显原山道堂	郭芳清	1940 年	已丝力九个石	林华文、陈新炮、吴文歆、郭芳清
天灵道堂	陈光川、潘光抚	1940 年	井水港	黄达忠、陈光川、潘光抚、林由
真和山道堂	吴卉秧、黄神赐等	1941 年	裕廊律九个石	黄达忠、吴卉秧、黄神赐、吴福寿
显扬坛	张金亿	1943 年	丝丝街 94 号	林华文、陈新炮、张金亿、曾仁佬
灵霄坛	苏有栋、王光桔	1947 年	小坡仰光律	黄达忠、谭灵锡、王光桔、庄有栋
福缘道堂	林世秋	1950 年	裕廊律十五个石	黄达忠、杨先觉、郑清南、林世秋
复本堂	苏文龙	1954 年	军港西山园	苏文龙、傅春、黄桂
和真道堂	陈昌炽	1955 年	裕廊律十三个石	黄达忠、杨先觉、陈昌炽
应光道堂	陈和坪、林长水	1956 年	武吉智马十个石	黄达忠、施得力、陈和坪、林长水
虚灵山总道堂	徐孺侃	1967 年	圣迈居士律	徐孺侃

从上表不难看出，1900—1929 年期间，真空教在新加坡有 5 间道堂，最密集的时间是 1930 年，一年共有 4 间道堂创建，整个 30 年代共建立了 10 间道堂，40 年代 5 间，50 年代 4 间，60 年代 1 间。从 1930 年代到 1960 年代这 40 年里，共计出现 20 间道堂（从罗香林的统计看，实际出现的应该更多）。从中不难发现其发展趋势为：30 年代是其发展的黄金期，出现过最多道堂，四五十年代也不少，这 20 年出现了 9 间道堂。

1970 年代以后，新加坡真空教道堂数量不仅没有增加，反而迅速减少。1976 年出版的《星洲真空教联合会成立二十周年纪念特刊》记载：当时星洲的道堂共计有 22 所。到了 20 世纪八九十年代，真空教的衰落速度更快，道堂急剧减少。截至 1998 年，仅剩下 11 所道堂。① 笔者在 2011 年 11 月底曾至新加坡考察，这个时候，整个新加坡只剩下 7 间真空教道堂，即显传总道堂、天灵总道堂、本元虚灵山总道堂、本元山道堂、天灵道堂、复本堂道堂、天南坛戒烟社。从 36 间道堂减少至 7 间，只剩下不到 1/5，真空教在新加坡严重衰落，到了让道友感到“非常心酸难过”的境况。

表 20　马来西亚真空教道堂简表

道堂名称	创办人	创办时间	堂址	传道师
真空祖师道堂	黄盛发	1906 年	怡保红毛丹老街场	黄盛发、李滕、范扬、张仕
显南道堂	柯化吉	1912 年	吉打加影亚逸依淡	柯化吉、林道珠、廖道绵、施水圭、方金木
登义山道堂	林华文	1914 年	柔佛巴株巴辖丹绒凹务路一条半石	林华文、施得坤、徐文赞、王永祥、吴文玉、黄晏水、郑求仁、周金发
真空道堂	王建发	1915 年	槟榔屿水龙宫后新路	柯化吉、王建发、李晚来、王文变、李文辉
真空祖师道堂	黄盛发	1916 年	槟榔屿亚逸淡大伯公路	黄盛发、温五、胡文、邱俊仁、叶德英
真空道堂复本原	彭如春	1917 年	芙蓉武吉都木	黄道云、徐道耀、彭如春、温咏庭、林仕芬
真空祖师复本原道堂	赖道复、刘侣仙、彭如春	1918 年	吉隆坡半山芭蕉赖路口	黄盛发、赖道复、刘侣仙、彭如春、丘新妹

① 林玉润：《新加坡各道堂概况》，《归一会刊》1998 年第 4 期，第 2～3 页。

（续上表）

道堂名称	创办人	创办时间	堂址	传道师
返本原道堂	庄紫阳、谢添龙、吕明佐	1919 年	雪兰莪万津丹绒士拔	庄紫阳、吕明佐、许性德、黄亚猴、林炎德、庐秀英
大玄山道堂	郑大良、柯化吉	1921 年	槟榔屿大山脚丹亚烈路	郑大良、柯化吉、杨连枝、刘文彬、洪汉臣、李富、郑伙
万化坛	陈新炮、王宏河	1922 年	柔佛笨珍龟咯	林华文、陈新炮、王宏河、黄怡汉、林木添、沈西山
真空道堂明朗山	余轩	1923 年	吉隆坡沙叻秀五条石	廖安、廖佛昌、廖桂壇、古露华、余雁初、何西娇
道南坛	柯化吉	1923 年	吉打街场过港	柯化吉、周春书、陈首莉
返本原道堂	庄紫阳	1923 年	波德甲淡江亚南	庄紫阳、吕明佐、陈栏
显南道堂	邱炎	1923 年	芙蓉沙都路口	邱炎、张章铭、王振华、王成才
复本原道堂	赖保五	1924 年	吉隆坡万挠十七条石	黄盛发、赖保五、谢福煊、余福
真空祖师复本原	钟元祥、文显康、朱亮	1924 年	森美兰马口	钟元祥、文显康、扬发、朱水
南华山道堂	陈韶九	1924 年	霹雳宝吊远亚逸大华	张悟云、陈韶九、陈善徒、戴直荣、张长仁
真灵道堂	刘秉云、陈兴政、张灵奎	1924 年	霹雳宝吊远甘文阁新村	刘秉云、陈兴政、侯桂花、陈树仁
登义道堂	王炎	1925 年	瓜拉庇拉后街	古良显、王炎、苏俾
桂南坛道堂	施得力、林赞兴	1925 年	霹雳丹绒马林甘光陆佑律	黄达忠、施得力、林赞兴、颜寮、林厚、方亚宝
和真道堂	杨先觉、郑敬忠	1925 年	柔佛笨珍文律门牌 88 号	黄达忠、杨先觉、郑敬忠、孙章有
明和坛道堂	林义和、颜壶年	1925 年	柔佛巴罗新村	林义和、颜壶年、颜泉、苏其学

（续上表）

道堂名称	创办人	创办时间	堂址	传道师
如真坛	赖可然、刘施缸	1925 年	柔佛州蔴坡文打马街	徐孺侃、朱文秀、刘施缸、叶燕、杜德坎
灵山坛	黄麟趾、李振和	1925 年	柔佛笨珍戏园背	黄达忠、杨先觉、黄麟趾、李振和、李龙绞
登道堂	黄亚九	1925 年	柔佛拉美士丁能路	林华文、黄亚九、陈新炮、林玉辉、张金亿、邱赐、陈一龙、康渥、郑业温、郑火土、郑志碧、姚座
真空道堂	张运泗	1926 年	柔佛吧罗	黄盛发、张运泗
清南坛	陈明道	1926 年	槟榔屿新路红灯角	林华文、陈明道、薛进生
公立和真道堂	杨先觉、张明宝	1926 年	彭亨文冬暹猛新村	黄达忠、杨先觉、张明宝、陈汉、郑伙、陈梅芳、林清味、周永
和真道堂	杨先觉	1927 年	柔佛巴株巴辖中路	黄达忠、杨先觉、郑兴麟、张和鸣、郑振滩、李通理
灵山道堂	杨先觉、黄麟趾	1927 年	柔佛笨珍路二十三个石	黄达忠、杨先觉、黄麟趾、黄晏水、吴明道、郑求仁、庄有栋
真显道堂	古良显	1927 年	吉隆坡惹兰劳也勿	古良显、王炎、张洪坛
原南道堂	周春喜、林清池	1927 年	吉打双溪大年老街场	周春喜、林清池、蒋文庙
桂南坛道堂	施得力	1927 年	霹雳美冷	黄达忠、施得力、李永
返本原道堂	石武	1927 年	马六甲马也美珑	古良显、石智杉、林慧炉、苏通慧、叶慧苑
和真道堂	张明宝	1927 年	芙蓉瓜拉庇拉	黄达忠、杨先觉、张明宝、陈金和、郑玉潜
天灵坛	林赞兴	1928 年	吉隆坡甲洞	黄达忠、施得力、林赞兴、陈克福、潘注
耀南坛	林如册	1928 年	吉隆坡新古毛	古良显、林如册、刘德令

（续上表）

道堂名称	创办人	创办时间	堂址	传道师
明和坛道堂	林义和、郑义奕	1928 年	马六甲淡武郎格律	林义和、郑奕恭、陈金聪、姚玉美、陈做
和南道堂	程灵柏	1928 年	霹雳宝吊远甘文阁新村	智传、刘慧雍、程灵柏
和真道堂	杨先觉、林宝铁	1928 年	彭亨老蔚新巴力	黄达忠、杨先觉、林宝铁、郑联文、吴惠通
真光坛道堂	王炎	1929 年	芙蓉林木	古良显、王炎、潘注、苏学、王振华、陈云兴
和真道堂	杨先觉	1930 年	柔佛居銮	黄达忠、杨先觉、黄秋菊
天灵道堂	林赞兴	1930 年	吉隆坡怡保律水池脚	黄达忠、施得力、林赞兴、李掌、谢忠钳、刘亦绵、吴亚武
天缘道堂	郑清南	1930 年	巴生海墘	黄达忠、杨先觉、郑清南、何乾、郑兴麟、李载润、颜光湛
真空道堂	廖恒心	1930 年	柔佛居銮埠	廖恒心
和真道堂	张和鸣	1930 年	柔佛拉美士新村	黄达忠、杨先觉、张和鸣、张摇、郑级、苏浣、萧螺、陈却、郑瑞兴
真空祖道堂	吴卉秧、吴文赞	1930 年	柔佛新山惹兰罗马居律	黄达忠、吴卉秧、彭乐云、黄金狮、蔡正泰、黄怡汉
真空祖师道堂	张福康	1930 年	吉打居林老火较路 204 号	黄盛发、张运泗、张福康、邓才、蔡汉球
和真道堂	林宝铁	1931 年	彭亨立碑双溪甲板	黄达忠、杨先觉、林宝铁、陈金瓶、许观英
真空祖师道堂	张福康	1931 年	霹雳太平司南马 64 号	黄盛发、张福康、张木康、张镜
原南坛道堂	洪文臣	1932 年	吉打玻璃市加影	周春喜、洪文臣、陈秋冬、黄文水、黄虾
真和坛道堂	吴卉秧	1932 年	霹雳怡保大平珠排	黄达忠、吴卉秧、黄金吉、张章铭、郑玉奇
和真道堂	林宝铁	1932 年	彭亨关丹直落西西	黄达忠、杨先觉、林宝铁、张软、王才、陈昌炽、林应祥

（续上表）

道堂名称	创办人	创办时间	堂址	传道师
天和道堂	黄达忠、郑遂文、郑仁文	1932 年	吉隆坡和清园	黄达忠、郑仁文
天缘道堂	郑清南	1932 年	吉隆坡巴生港口三美律	黄达忠、杨先觉、何墩、郑清南、苏练、林长岳、谢忠钳
天恩道堂	詹枝、李云	1932 年	吉隆坡巴生彭亨井	黄达忠、施得力、李云、詹枝、陈和坪、郑正炮
天恩道堂	薛铜	1932 年	巴生港口班达马兰新村	黄达忠、施得力、薛铜、黄升杰
返本原道堂	吕明佐	1932 年	雪兰莪双溪比叻	庄紫阳、吕明佐、黄亚猴、赖树亮、黄振坤、金正松、林水舟、王耀南、沈细英、陈尤湖
如真道堂	刘施缸	1933 年	柔佛吗咯新村	徐孺侃、朱文秀、刘施缸、刘恩赐、刘储、陈灶
真空道堂	吴卉秧	1934 年	霹雳怡保大和园	黄达忠、吴卉秧、陈才添、陈清吉、杨水哉、黄鸿顺
真空祖师道堂	廖道绵	1934 年	槟榔屿浮炉池骨	柯化吉、周春喜、廖道绵
桂南道堂	林赞兴	1934 年	吉隆坡万挠39 号	黄达忠、施得力、林赞兴、陈影、林玉坚、刘亦绵
真空教道堂	郑清南	1935 年	马六甲三宝井山脚	黄达忠、杨先觉、郑清南、余广运、林世秋、林宗玉
和真道堂	翁其仁、郑振录、欧振民等	1935 年	柔佛龙引	黄达忠、杨先觉、郑清南、郑兴麟、郑振录、陈金和
和一道堂	陈伯腾	1935 年	雪兰莪万津门牌 330 号	黄达忠、杨先觉、陈伯腾、郑道悟
真和道堂	洪妈传	1936 年	柔佛笨珍猪廊路	黄达忠、吴卉秧、洪妈传、陈亚圆
明心堂	卢天福	1937 年	砂拉越诗巫南兰律	陈养林、胡日友、卢天福、陆梨花
真和社道堂	黄赤	1938 年	柔佛笨珍水池路	黄达忠、吴卉秧、洪妈传、黄赤

（续上表）

道堂名称	创办人	创办时间	堂址	传道师
和真道堂	林璇	1939 年	柔佛蔴坡玉射	黄达忠、杨先觉、林璇、蔡正天、颜沃、郑重
福仁堂	李就甲	1940 年	砂拉越诗巫南兰律	陈养林、胡日友、卢天福、孙三牧、刘孔尧
如真坛	叶燕	1940 年	柔佛蔴坡巴口新村	徐孺侃、刘缸、叶燕、杜相、杜崇
原南坛道堂	苏达三、冯利	1942 年	槟榔屿大山脚爱司丁律	周春喜、林清池、蒋文庙、冯利、郑元伟
智南坛道堂	林如册	1943 年	吉隆坡怡保律门牌 31 号	古良显、林如册、施得力、郑慧接、刘亦绵
真空祖师坛	苏文龙、王文便、高铭铎	1944 年	槟榔屿亚逸淡海客园	廖艺圃、廖经常
原南坛道堂	邱记拴、谢三	1945 年	槟州威尼斯省甲巴峇带	柯化吉、周春喜、林清池、蒋文庙、谢三、黄文溪、崔才源、曾光华
和真道堂	李铸	1947 年	柔佛笨珍双弄	黄达忠、杨先觉、郑清南、李青山
原南道道堂	许田合	1949 年	吉打州亚屡新路	周春喜、洪文臣、蔡江水、许田合
真空道堂	王成才	1949 年	彭亨关丹渡船头	黄达忠、杨先觉、王成才、梁端治
天和坛	黄生财	1950 年	吉隆坡士望月	黄达忠、郑仁文、黄生财
真德和道堂	黄神赐	1950 年	怡保和丰	黄达忠、吴卉秧、黄神赐、连关丰、施性耀
乾元洞道堂	卢天福	1950 年	砂拉越成邦江路十英里	陈养林、胡日友、卢天福、
原南道堂	洪清泉	1951 年	槟州威尼斯省三佰加基	周春喜、林清池、蒋文庙、蔡江水、洪清泉、易温故、谢朝元
明心堂	卢天福	1951 年	砂拉越明那丹	陈养林、胡日友、卢天福

（续上表）

道堂名称	创办人	创办时间	堂址	传道师
明心堂	卢天福	1953 年	砂拉越泗里街芦勃律	陈养林、胡日友、卢天福、李祖标、倪冬菊
一心堂	赖陟	1954 年	马六甲毛士街德化会馆内	林义和、陈陟、郑燃、王日才
真空祖师道堂	刘耀腾	1956 年	威省打西汝咯半路店	黄盛发、张运泗、张福康、刘耀腾、梁荣记、陈凤娇
真空道堂	王务娘	1957 年	吉隆坡半山芭大坑渠	黄盛发、王务娘、吴凤妹
复本原总道堂	涂志伟、黄玉兰、覃章英	1958 年	怡保昆仑喇叭新村	吴应利、赖树亮、司徒木、廖添盛、刘英
应光道堂	林长水、陈和坪	1959 年	柔佛哥打丁宜四湾岛	黄达忠、施得力、林长水、戴以种
天灵山道堂	谭灵锡、郑仁文	1960 年	吉隆坡巴打狲再也惹兰加星	黄达忠、谭灵锡、郑仁文、陈和坪、黎玉兰、亚春
有缘道堂	陈振良	1962 年	柔佛蔴坡	黄达忠、杨先觉、郑敬忠、陈振良、余今口

资料来源：廖经才：《东南亚真空教道堂图刊》，香港：真空纪念堂出版社，1968 年。

从上表可以看出，在当时的马来亚，1906—1919 年，华人共建立 8 间真空教道堂；1920—1929 年，共建立 33 间；1930—1939 年，共建立 28 间；1940—1949 年，建立 9 间；1950—1959 年，建立 11 间；1960—1962 年，建立 2 间。日军南侵马来亚后，真空教道堂与中国的道堂失去联系，各地教务陷于停顿。战后，马来亚华人社会基本消除了鸦片毒害，真空教衰落。在此背景下，“二战”后建立的真空教道堂数量日益减少。

（五）慈教

奉祀黄老仙师的慈忠会庙群（或称慈教），其创始人为廖声俊（1901—1973 年），潮州揭阳县人。1937 年扶乩时得黄老仙师垂示，开始修身弘道。1957 年后，再弘扬仙道。[①] 廖声俊最初传教，是在马来亚森美兰州的马口镇。1958 年，

① 《吉隆坡黄老仙师慈忠庙金禧纪念特刊》，吉隆坡：黄老仙师慈忠庙，2010 年，第 42 页。

慈教的两名信徒朱顺和李有谱记录下黄老仙师降坛的神示，总结出14页的《黄老仙师道理书》，至此形成了其教义基础。该书所教导的十大道理“慈、忠、信、义、礼、伦、节、孝、廉、德”，主要以传统的儒家思想为核心。然而，慈字庙群公开宣称它们是三教合一的教派群体，因此，慈字庙中都供奉黄老仙师、老子、齐天大圣，老子代表儒教，齐天大圣则成为佛教的代表。很有趣味的是，既然以人们更喜闻乐见的孙大圣为佛教代表，从一个侧面可见慈字庙群的世俗性，或者浅白乃至“低下”的宗教性。根据黄老仙师慈教的“上香行四跪八拜礼”可看出，慈教将所有华人民间俗称的满天神佛都包括在内：“第一拜，西天列位佛家，南海列位娘娘，上天列位仙人；第二拜，西天如来第一大佛祖，观音娘娘，齐天大圣，燃灯大佛，准提道人，接引道人；第三拜，上天玉皇大帝，王母娘娘，六壬仙师，太上老君，华佗仙师，南斗星君，北斗星君，张良大师，华光大帝，黄老仙师，黄道仙师，五雷仙师，七姑仙娘，七姑仙姐，众位八仙，众位仙师，众位佛家，众位圣人，众位圣母，众位老母，众位娘娘，众位仙姑，众位仙姐；第四拜，天地日月星，金木水火土，弥陀佛，陀佛，南无阿弥陀佛。”如此庞杂的神祇队伍也反映了慈教非常浓厚的民间道教的色彩。

1957年，廖声俊在马六甲建立了第一间黄老仙师慈忠庙，包括马六甲慈忠庙在内，廖氏先后推动创建的黄老仙师庙共有7间。[①] 1960年代到1970年代，黄老仙师慈庙群的建立进入了全盛期，慈教首先在客籍华人中传播，后来又延至非客家方言群。到1990年，根据非正式的统计，从马来亚半岛到半岛南部的新加坡，共有38个供奉黄老仙师的“慈教组织”，接迎过逾14万信徒。[②] 2001年，黄老仙师慈字一家总会成立。到2006年，马来西亚有40多间黄老仙师庙，新加坡有7间。

黄老仙师慈教和其他原本流传的客家教派一样，也是通过入教仪式以神明的名义认可弟子练法的权利、授予练法的诀窍，作为区别教派弟子以及非教派弟子的界线。[③] 其入教仪式称为“过法堂”。

---

① 需要说明的是，东马砂拉越的石隆门和伦乐这两个早期以客籍华人为主的地方都有历史超过百年的黄老仙师庙，前者可能由印尼坤甸华工转迁至石隆门时创建，光绪甲午年（1894年）重建；后者创建于1889年。它们与1957年之后才陆续建立的黄老仙师慈教庙没有直接“瓜葛”。马六甲广福庙和胜宫，主殿右侧供奉黄老仙师，与慈教庙中的黄老仙师的主神地位也有明显差别。

② ［日］佐佐木宏干：《凭灵和道理——马来西亚黄老仙师慈教再论》，［日］杉木良男：《传统宗教与知识》，名古屋：南山大学人类学研究所，1991年，第251～256页。转引自王琛发：《黄老仙师慈教的兴起与演变——观察在马来亚紧急动态时期创教的一个客家教派》，提及于2009年7月29日嘉应学院主办的国际人类学与民族学联合会（IUAES）第16届世界大会“解读客家历史与文化：文化人类学的视野”专题会议。

③ 王琛发：《黄老仙师慈教的兴起与演变——观察在马来亚紧急动态时期创教的一个客家教派》，黄忠彩：《今日人类学民族学论丛·解读客家历史与文化：文化人类学的视野》，北京：知识产权出版社，2011年。

下面是马来西亚各州主要的慈字庙及其创建时间:①

马六甲德兰达军营仙师庙，1957 年；

森美兰芙蓉慈仁堂，1958 年；

森美兰知知港慈仁堂，1959 年；

吉隆坡慈忠庙，1960 年；

马口黄老仙师慈忠庙，1962 年；

雪兰莪焦赖慈德庙，1962 年；

巴生慈义庙，1968 年 4 月 27 日举行开光典礼；

柔佛笨珍龟咯港脚慈德庙，原为 1970 年设立黄老仙师坛，1985 年改名慈德庙；

彭亨淡马鲁慈教庙，1976 年；

森美兰州芦骨慈德堂，1983 年；

柔佛蔴坡巴冬海口慈信庙，1986 年；

雪兰莪丹绒加弄慈信坛，1997 年；

霹雳怡保慈忠庙，2001 年。

此外，马来西亚各地尚有多家慈教庙：柔佛巴株巴辖有慈德祠、永平慈忠堂、蔴坡慈天宫、东甲慈信堂、文律慈忠坛；马六甲有野新慈忠宫、霹雳太平慈心庙、新咖啡山仙师庙；雪兰莪有吉胆岛黄老仙师庙（1979 年前成立）、慈德庙；森美兰有新邦榴莲慈德堂、日叻务古打灵慈忠堂；彭亨有明加叻慈德庙；吉隆坡有沙叻秀慈孝庙。②

新加坡慈义堂将军庙成立于 1960 年，慈忠庙成立于 1964 年，慈念堂成立于 1967 年，慈云山宫协会成立于 1973 年。

新加坡慈教庙共有 8 间，最早的一间是由一位在马来西亚参加过法堂的仙师弟子于 20 世纪 50 年代引来香火，并于 1960 年正式成立的“慈忠庙”；其香火于 1953 年又分灵出了“慈义堂”（今为“慈义堂将军庙”联合宫）。1966 年，“黄老祖师慈忠会”直接分灵自马来西亚。“慈忠坛”成立于 1961 年。新加坡慈云山宫协会正式成立于 1973 年。③

在廖声俊本人及其徒弟的推动下，黄老仙师慈教庙一度很兴旺。廖去世后，

① 参见《吉隆坡黄老仙师慈忠庙金禧纪念特刊》，吉隆坡：黄老仙师慈忠庙，2010 年。

② 2011 年 12 月 26 日，我们在彭亨文德甲调研。在当地德教会紫亨阁阁长叶江强先生的帮助下，我们参访了附近华人新村中的黄老仙师慈忠庙。但奇怪的是，该庙供奉的主神为关帝、观音等，黄老仙师、齐天大圣等反而几乎找不到踪迹。这家黄老仙师庙发生了“变异”。

③ 徐李颖：《新加坡的道教与民间教派、“信仰群”——以黄老仙师信仰为例》，《宗教学研究》2011 年第 4 期，第 35 ~ 43 页。

世易时移，慈教庙逐渐衰落。

（六）德教

1939 年，广东省潮阳县和平乡英西港人杨瑞德创立紫香阁，德教开始创立。

德教崇奉关帝为“玉皇大天尊”。关帝统领由五教教主（佛教释迦牟尼、基督教耶稣、回教穆罕默德、道教老子和儒教孔子）和诸佛仙真神（如“德德社协天阁主裁竭忠王关平少帝”、吕洞宾、华佗、八仙等）组成的天界“德德社”。德教宣扬五教（佛教、基督教、回教、道教、儒教）同宗，宗旨在于奉祀佛神仙尊，笃志为善，慈济俗世。槟城紫云阁章程阐明该会阁宗旨：“以崇奉德德社诸佛仙尊之硕德伟绩，嘉言懿行，笃志为善，联络感情，本互助之旨，发展一切慈善福利事业，但不参加政治活动。”怡保济德阁会阁宗旨是：“以提倡道德，纠正风纪，遵从当地政府法律，服务社会，共谋人群幸福，而主要目的乃公开于各族人士祈拜仙佛。”德教会阁的社会功能，即是行善布施，举办各种慈善活动，服务社会。

德教教友们遵守所谓“七大信条”和“十章八则”，七大信条即教不离德，德不离身；不欺不伪，不贪不妄，不骄不怠；毋侵损相害，无是非讼扰；持志洁净，怡愉自得；父慈子孝，先友弟亲，夫义妇顺；戒酒，戒淫，戒烟；立身行道，扬名后世。十章八则包括“孝、悌、忍、信、礼、义、廉、耻、仁、智”十章及“不欺、不伪、不贪、不妄、不骄、不怠、不怨、不恶”八则。

“二战”结束后，德教开始向南洋传播。1952 年 10 月 15 日，新马地区的首间德教组织——紫新阁在新加坡成立。紫新阁成立后，在其乩务引领下，农历甲午年（1954 年）在马来西亚马六甲创立紫昌阁，同年 3 月 1 日在柔佛巴株巴辖成立紫英阁，4 月 18 日在槟城成立紫云阁，1956 年再创建雪兰莪紫芳阁、麻坡利丰港紫光阁。①

1957 年以后，柔佛州新山紫书阁、砂拉越州古晋紫霞阁、槟榔屿州北海紫威阁、森美兰州芙蓉紫森阁、森美兰州邦咯岛紫邦阁相继建立。1962 年，再创槟榔屿州爪夷紫仪阁、柔佛州哥打登宜紫登阁。1964 年，霹雳州太平紫平阁、雪兰莪州巴生紫生阁、丁加奴州瓜拉登嘉楼紫孚阁也相继创建。

1957 年 12 月 6 日（当年农历十月），南洋德教总会在新加坡紫新阁成立。它包括新马德教会紫系十八阁（参见表 21）：

---

① 《星洲紫新阁简史》，《星洲德教会紫新阁成立 50 周年金禧纪念特刊》，新加坡：德教会紫新阁，2002 年，第 99 页。

表 21　南洋德教总会所属各阁一览表[①]

地名	阁名	创阁日期（农历）	地名	阁名	创阁日期（农历）
新加坡	紫新阁	1952 年 10 月 15 日	砂拉越	紫霞阁	1960 年 1 月 15 日
马六甲	紫昌阁	1954 年 2 月 2 日	威省北海	紫威阁	1960 年 11 月 22 日
巴株巴辖	紫英阁	1954 年 3 月 1 日	森美兰州	紫森阁	1961 年 12 月 8 日
槟城	紫云阁	1954 年 4 月 18 日	天定州	紫邦阁	1961 年 8 月 28 日
怡保	紫明阁	1954 年 12 月 9 日	威南爪夷	紫仪阁	1962 年 8 月 15 日
雪兰莪	紫芳阁	1957 年 4 月 14 日	哥打丁宜	紫登阁	1962 年 10 月 10 日
安顺	紫蓬阁	1956 年 4 月 14 日	太平	紫平阁	1964 年 1 月 15 日
利丰港	紫光阁	1957 年 4 月 14 日	吧生	紫生阁	1964 年 4 月 14 日
柔佛新山	紫书阁	1957 年 5 月 13 日	丁加奴州	紫孚阁	1964 年 6 月 24 日

南洋德教总会属下共有十八会阁。“十八阁”被认为是依据神祇乩谕揭示之“数理”而设立起来的，也就是说它们是根据“一九”原则及“二九”原则而设立的，“圆成二九十八之数理”。

1967 年，赞化系的十一阁在槟州大山脚赞化阁成立“德教联谊会”。

20 世纪 70 年代初，德教发展衍化为紫系、济系、赞化系、振系和其他派系共 5 个系统。[②]

1965 年 8 月 9 日，新马两国分治。1973 年，马来西亚联合邦德教联合会（简称“马德联”）注册成立，1987 年改名为马来西亚德教联合总会（简称“马德联总”）。1982 年，济系会阁开始举办“济阙联欢”。

根据 2004 年的统计数据，马来西亚有 142 个德教会阁，泰国有 74 个，新加坡有 11 个。[③]

目前，马来西亚德教会大约有 170 间，新的会阁仍在不断创建中。

作为宗教社团，德教组织和其他类型的华人注册社团一样，都在政府注册登记，成为合法宗教团体。德教组织的管理方式也是和现代华人社团组织相近或相同。德教会阁设有董事会，各派系建立理事会。紫系会阁均设有董事会，由阁长、副阁长、总务、文书、财政及其他职位组成。会阁中还设顾问等职，由会长

① 《马来西亚威省北海德教会紫威阁特刊》，马来西亚威省北海德教会紫威阁，1968 年，第 3 页。

② 苏庆华：《独立前华人宗教》，《马来西亚华人史新编》（第 3 册），吉隆坡：马来西亚中华大会堂总会，1998 年，第 455 页。

③ Bernard Formoso, *DE JIAO*: *A Religious Movement in Contemporary China and Overseas*: *Purle qi from the East*, Singapore: National University of Singapore, 2010, p. 1.

聘请社会名流担任。

传入初期的德教，其会员多为潮州籍华人，这些人当中包括一些商界名流。有人据此认为德教是一种潮州籍商人借以保持生意联系和通过善举提升个人社会声誉的组织。德教后来突破会员只有潮州华人的局限，为其他各帮派华人所信仰。德教会阁对外活动多以施医赠药、赈灾济难为主，因而它被视为有别于华人寺庙的一种宗教慈善机构。① 下表反映1965年南洋德教总会所属各阁赠医施药的具体数据。

表22　南洋德教总会所属各阁赠医施药统计表（1965年）②

阁名	赠医人数	施药剂数	付出银额（叻银$）
紫新阁	7 657	15 324	1 378 260
紫昌阁	7 176	7 176	945 602
紫英阁	3 468	6 936	1 200 406
紫云阁	4 148	7 677	520 036
紫明阁	2 652	6 663	399 820
紫芳阁	5 980	11 182	1 781 959
紫蓬阁	2 850	8 550	427 500
紫书阁	5 887	9 526	1 857 900
紫霞阁	2 831	6 792	577 280
紫威阁	3 275	6 550	917 000
紫森阁	1 956	3 912	704 116
紫仪阁	450	1 276	178 640
紫登阁	1 939	1 939	387 800
紫生阁	1 189	1 893	326 775
紫平阁	976	2 044	367 920
1965年1—10月	52 434	97 430	11 973 014
1954—1965年10月合计	410 069	674 867	72 051 133

德教会主要的宗教活动是扶乩（扶鸾），扶乩又分为在乩盘写鸾文的文乩以及可以开口讲、可以走动、可以拿剑等舞弄的武乩。新马地区早期的德教会，因

① 苏庆华：《独立前华人宗教》，《马来西亚华人史新编》（第3册），吉隆坡：马来西亚中华大会堂总会，1998年，第439页。

② 《南洋德教总会金禧纪念特刊》，第316页。表中叻银指新加坡元，下同。

为扶乩问题而发生重大的“丁未年事件”（1967 年）。此后，大部分阁所停止扶乩，而坚持扶乩的德友开始另外创立振系等其他派系的德教会。而且，暂时停乩的南洋德教总会的阁所大部分恢复扶乩活动。

从积极的角度看，“丁未年事件”使德教会阁普遍认识到慎重对待扶乩仪式的重要性。它们虽然继续开乩复鸾，但也从一些方面对扶乩活动进行了改进。这些改进也可以被理解为德教由之前的“教权”过大演变为“‘神权’与‘绅权’结合发展出‘教权’”[①]，从而使德教更具制度化。“丁未年事件”是德教会发展历史上的一个劫数、一个教训，也是一个重要的转折点。

（七）日莲佛法与创价学会

基于日本商社在东南亚地区贸易投资的兴盛，佛教大乘派别的日莲正宗及其组织创价学会也顺势传入该地区。1964 年日莲正宗由泰国和中国香港传入马来西亚。日莲正宗创始人为日本高僧日莲（1222—1282 年），1912 年，日莲正宗的名称正式出现。1930 年，日本创价教育学会建立，创立者牧口常三郎是一位作家及教育家，信奉日莲佛法。1939 年，创价教育学会由学术研究团体转变为以信仰日莲佛法为宗旨的在家信徒组织。1961 年，担任日本创价教育学会第三任会长的池田大作访问东南亚、南亚，并向当地传播日莲佛法。1972 年，新加坡创价学会（Singapore Soka Association，简称 SSA）正式登记成为一个佛教团体，宗旨是促进新加坡社会对日莲佛法的理解和实践。1984 年，马来西亚创价学会（Soka Gakkai Malaysia，简称 SGM）成立。

马来西亚创价学会是一个透过人性变革和价值创造，致力于推动和平、文化与教育活动的俗家佛教团体。它以日莲佛法的人本主义、尊敬生命及慈悲精神为根本，倡导和谋求人类幸福、社会的安宁与繁荣，并冀望透过个人的内在改革，以建立社会的安泰，构筑不同文化与信仰的民族和谐共生的社会。

马来西亚创价学会成立的宗旨是：提高会友的良好价值观与道德，为国家的安泰与繁荣作出贡献，促进友谊、家庭幸福、种族和谐与和平，推动文化、社会福利与教育。

马来西亚创价学会出版的刊物有《宇宙》月刊和《流》半月刊。《宇宙》以中英文为媒介语，内容涉猎广泛，其中包括和平、文化、教育与当代课题，同时也报道马来西亚创价学会所推行的活动；《流》则刊载有关日莲佛法哲理以及池田大作的指导性文章。马来西亚创价学会在各州设有分会与文化会馆，并在吉隆坡金三角地带建成综合文化中心。这些文化会馆是会员热衷和平及为实现和平真

① 郑志明：《传统宗教的传播》，台北：大元书局，2006 年，第 267 页。

心供养建立的。马来西亚创价学会的会员来自社会的各阶层，他们可以经常聚集在全马各州分会的文化会馆和地域会场，学习佛法及分享如何实践佛法哲理。马来西亚创价学会也常常在其所属的各州文化会馆举办讲座，受邀担任主讲的嘉宾包括学术界、艺术界及文化界的知名人士。演讲的主题涵盖和平、文化、教育、领导能力、健康及青年课题。

2004 年 2 月 27 日，为表扬马来西亚创价学会对马来西亚的文化与艺术建设所作的贡献，马来西亚文化艺术及旅游部授予其“推广艺术贡献奖”。马来西亚创价学会是全国唯一获奖的华社非政府组织。

目前，马来西亚的创价学会主要从事文化教育方面的工作，它与以从事宗教活动为主的日莲正宗日益“分道扬镳”，沿着不同的轨迹发展。

国际创价学会（SGI）成立于 1975 年，目前由 90 个成员组织组成，会员遍及全球 192 个国家和地区。

（八）一贯道

20 世纪 40 年代，潮州人吕文德将一贯道（宝光组）传入马来西亚，并在吉隆坡设立其总堂“元光堂”。由于当时中国大陆和台湾对一贯道的严厉限制，1950 年代后一贯道道务在马来西亚陷入停滞。虽然 1951 年时，其第十八代祖孙慧明曾到马来西亚传道。

1970 年代之后，在台湾一贯道组织的推动下，一贯道开始在马来西亚逐渐发展，并成为目前当地华人社会中信徒人数众多、影响力较大的民间宗教之一。

一贯道在台湾经过数十年的曲折发展，经由不同前人的努力阐道，形成了宝光组、基础组、发一组、文化组、南京组、天祥组、明光组、金光组、浩然组、兴毅组、安东组、常州组、慧光组、正义辅导会等组线。各主要组线在马来西亚均有传播。1973 年，宝光建德道场在柔佛州巴株巴辖设立了第一间家庭佛堂——“孝典堂”。1977 年，台湾的兴毅组以“孔孟圣道院”的名义传入马来西亚，兴毅桃兴在森美兰州芙蓉设立总院。1979 年，常州组在雪兰莪州巴打灵建立总堂“育化圣母宫”。1980 年代后，宝光建德在各州设立“天”字号本堂，并于 1985 年正式成立“无极圣母马来西亚总会”。1989 年，基础忠恕道场在雪兰莪加影成立了“天嘉堂”。2000 年，成立了“雪州加影市一贯道基础忠恕圣道会”。

发一组线源自天津的同兴坛。“发一崇德”是目前台湾一贯道的最大组线分支之一。1978 年，开创者陈鸿珍访问了新加坡、马来西亚（吉隆坡）及泰国（曼谷），并计划在新马泰三国开创发一崇德道场。后来，台湾“发一崇德”的“海外五大道场”就有四个分别设立在新加坡（崇德文教会）、吉隆坡（崇德文教研习会）、亚罗士打（崇德道院）及泰国（崇德佛院）。在马来西亚的两大道场的具体设立时间是1993年，发一崇德建立了“崇德文教馆”（吉隆坡）和“崇德道院”（亚罗士打）。其中，吉隆坡道场以“崇德文教研习会”为道务中心，该道场共分六个“区”，即：吉隆坡区、巴生区、芙蓉区、太平区、关丹区以及沙巴区。它们各自属下具体的佛堂名称及成立时间见下表：

表23　发一崇德吉隆坡道场各分区佛坛简表

佛堂名	建立时间	佛堂名	建立时间	佛堂名	建立时间	佛堂名	建立时间
吉隆坡区 甲洞分区		博德坛	1999年	传德坛	2008年	利德坛	1989年
		庆德坛	2007年	沙巴区		裕德坛	1989年
宏德坛	1979年	启德坛	2007年	达光坛	1984年	尚德坛	1990年
同德坛	1984年	锦德坛	2009年	慧德坛	1989年	康德坛	1990年
积德坛	1986年	焦赖分区		智德坛	1992年	进德坛	1990年
复德坛	1993年	居德坛	1988年	集德坛	1994年	祥德坛	1991年
归德坛	1993年	宜德坛	1989年	达德坛	1996年	安德坛	1991年
成德坛	1993年	兴德坛	1991年	太平区		佳德坛	1991年
合德坛	1993年	培德坛	1991年	亲德坛	1986年	仁德坛	1992年
行德坛	1995年	恒德坛	1991年	集德坛	1993年	吉德坛	1992年
有德坛	1999年	闻德坛	1993年	耀德坛	1999年	隆德坛	1995年
恩德坛	2000年	扬德坛	1999年	平德坛	2000年	宗德坛	1995年
铭德坛	2002年	承德坛	1999年	嘉德坛	2004年	至德坛	1996年
万德坛	2006年	学界		芙蓉区		准德坛	1996年
容德坛	2006年	儒德坛	1998年	配德坛	1987年	顺德坛	1996年
悦德坛	2007年	融德坛	2003年	观音坛	1991年	华德坛	1997年
巴打灵分区		源德坛	2003年	德焕坛	1992年	新德坛	1998年
通德坛	1988年	雅德坛	2005年	修德坛	1993年	敏德坛	1999年
济德坛	1991年	辅德坛	2005年	忠德坛	2002年	宽德坛	1999年
升德坛	1991年	怀德坛	2007年	盛德坛	2007年	诚德坛	2002年
正德坛	1993年	关丹区		巴生区		敬德坛	2003年
惠德坛	1997年	关德坛	1995年	美光坛	1983年	好德坛	2003年
倡德坛	1999年	泉德坛	1999年	益德坛	1988年	莹德坛	2005年

资料来源：《发一崇德吉隆坡道场30周年暨不休息菩萨成道周年感恩纪念特刊》，吉隆坡：崇德文教研习会，2009年，第18～19页。

亚罗士打道场以吉打州首府亚罗士打“崇德道院”为该道场道务中心，道场共分5个“区”，即亚罗士打区、双溪大年区、槟威区、加央区以及怡保区。①

2009年时，亚罗士打区有13个佛坛：元贞坛、同化坛、胜德坛、同顺坛、同进坛、同源坛、同惠坛、同济坛、同一坛、同贤坛、同协坛、同瑞坛、同慈坛；双溪大年区有5个坛：同心坛、同本坛、同德坛、同助坛、同上坛；槟威区有13个坛：同仁坛、同达坛、同智坛、同合坛、同礼坛、同信坛、同谊坛、同诚坛、同祥坛、同庆坛、同修坛、同宇坛（学界）、同量坛（学界）；加央区有6个坛：宏道坛、同古坛、同行坛、同步坛、同耀坛、同恩坛；怡保区有11个坛：近德坛、发德坛、合德坛、有德坛、行德坛、保德坛、诚德坛、慧德坛、安德坛、祥德坛、豪德坛。②

另外，1977年12月，陈鸿珍前人首次到访新加坡后，在其推动下，新加坡的道务逐渐拓展开来。鉴于马来西亚柔佛州与新加坡的密切关系，发一崇德新加坡道场的道务共分作3个区来运作，即新加坡区、新山区和永（平）居（銮）区。2001年，新山崇慧佛院建成。关于发一崇德新加坡道场属下三区中位于柔佛州的各佛堂的情况，参见下表：

表24　发一崇德新加坡道场柔佛州佛堂简表

佛堂名	建立时间	佛堂名	建立时间	佛堂名	建立时间
志德坛	1986年6月7日	达德坛	1996年11月8日	贤德坛	2003年12月19日
创德坛	1987年6月19日	承德坛	1998年2月5日	慈德坛	2003年12月21日
兴德坛	1988年5月2日	生德坛	1999年1月8日	浩德坛	2007年1月21日
仁德坛	1991年10月22日	谦德坛	1999年1月8日	凯德坛	2008年10月19日
义德坛	1991年11月27日	慧德坛	1999年12月19日	庆德坛	2008年11月11日
礼德坛	1992年11月21日	启德坛	2001年4月16日	骏德坛	2010年5月28日
智德坛	1992年12月14日	宣德坛	2002年5月6日	沾德坛	2010年11月5日
景德坛	1993年5月14日	行德坛	2003年8月6日		
敬德坛	1995年11月28日	宝德坛	2003年11月28日		

资料来源：《崇慧·我们的家10周年特刊》，新山崇德文教会，第24～25页。

① 参见《发一崇德亚罗士打道场30周年感恩纪念特刊》，吉打：发一崇德亚罗士打道场，2009年，第64页。

② 《发一崇德亚罗士打道场30周年感恩纪念特刊》，吉打：发一崇德亚罗士打道场，2009年，第97～112页。

宝光建德是目前在马来西亚颇有影响力的另一个一贯道组线。1980 年起，宝光建德道场已先后在马来西亚各州建立了 7 所“天”字号“本堂”，即：柔佛州巴株巴辖的“天关佛堂”（1980 年）、吉隆坡的“天上佛堂”（1988 年）、芙蓉的“天宫佛堂”（1992 年）、马六甲的“天理佛堂”（1994 年）、蔴坡的“天宣佛堂”（1995 年）、槟城的“天威佛堂”（1999 年）以及新山的“天下佛堂”（2001 年）。至 2002 年，宝光建德组线分布在马来西亚柔佛州（新山、巴株都巴辖、居銮、昔加末、蔴坡）、彭亨（关丹）、马六甲州、森美兰州（芙蓉）、吉隆坡直辖区、霹雳州（太平、怡保）、槟城州（槟榔屿及北海）和吉打州（双溪大年）等地的公共佛堂共有近 800 所。[①]

2003 年 12 月 14 日，马来西亚一贯道总会在吉隆坡蒂旺萨正式成立。

虽然一贯道各组线在马来西亚基本都有传布，但比较活跃且影响较大的是发一组、宝光组、基础组等。各组线之间联系并不密切，有时甚至不相往来。一贯道组织中有扶乩（开沙）和跳童（借窍），但目前很少举行，而是注重开办法会，讲解、宣传一贯道的仪轨、教义等，尤其重视宣传中国传统文化中的儒、佛、道三教思想。一贯道的教义以儒、佛、道三教为主。从外表看，儒家的色彩比较浓厚。一贯道组织建设比较系统完善，因而显得组织性、约束性较强，比较团结紧凑。一贯道对传教、宣教工作非常重视，也很系统，因而其传播较为迅速。不过，一贯道因为其排外性、神秘性而为外人诟病。一贯道的传教有时又显出急功近利的特征，乃至被人认为其传教方式类似于金字塔形的传销模式。

除了在马来西亚，一贯道在泰国、日本、印度尼西亚、美国、中国台湾、柬埔寨都设有总会，并已传播到 100 多个国家。

（九）佛光山

1967 年，星云大师在台湾高雄大树乡麻竹园创建佛光山。1972 年，星云大师制定佛光山宗务委员会组织章程，自此，佛光山成为有制度、有组织的现代教团。佛光山遵循四大宗旨：以文化弘扬佛法，以教育培养人才，以慈善福利社会，以共修净化人心。数十年来，佛光山创立了大学、佛教学院、图书馆、出版社、翻译中心、艺文中心、茶馆，同时也创办了育幼院、老人之家、高级中学、报社以及电视台等。

创建后不久，佛光山即开始向海外传播。至 2006 年，国际佛光会（1991 年由星云大师开创的佛教组织）的协会有 170 多个，分会有 1 000 余个，遍布 170

① 《马来西亚一贯道的历史及其发展近况》，苏庆华：《马新华人研究——苏庆华论文选集》（第二卷），雪兰莪：联营出版（马）有限公司，2010 年，第 129 ~ 149 页。

多个国家，全球会员人数超过 200 万，[1] 佛光山已成为颇具世界性影响的佛教宗派。

1980 年，佛光山走出台湾，向海外发展。在亚洲，佛光山首先落足华人众多且佛教信仰在华人社会普遍流行的马来西亚。1963 年，星云大师随团到东南亚各国访问，包括到访马来西亚。20 世纪 80 年代以后，星云大师几乎每一年都到马来西亚，其行程内容主要包括举办讲座、主持法会和三皈五戒典礼等。1987 年，马来西亚佛教青年总会举办的“南北大师喜相会”讲座，星云大师代表北传佛教与南传佛教达摩难陀大师共论教义。同年，应马来西亚佛教总会主席金明长老暨新加坡佛教界邀请，星云大师率领 20 人访问团，前往新马等地弘法。这是马来西亚佛教总会成立 20 余年来，首次正式具函邀请国外法师弘法访问。1989 年，星云大师为南华寺（现称东禅寺，在雪兰莪仁嘉隆）主持动土仪式。从此，马来西亚有了本土的佛光山道场。1992 年 3 月 7 日，国际佛光会马来西亚协会获得政府社团注册局批准成立。4 月 10 日，星云大师亲临吉隆坡为国际佛光会马来西亚协会授证。[2] 下表反映佛光山在马来西亚成立道场的简况。

表 25　佛光山马来西亚道场简表

分会名称	现任会长	成立时间	主要活动
冼都佛光分会	陈红珠	2000 年	社区服务，慈善活动
大学园第一佛光分会	王亚环	1995 年	宗教节日，社交，校园弘法
大学园第二佛光分会	周有才	2008 年	交流会，读书会
东禅瓜拉冷岳分会	黄世交	不详	宗教节日，文化交流
巴生新镇佛光分会	许丕隆	2001 年	宗教节日，弘法
巴生佛光分会	邹钦华	不详	布施，佛学讲座
首邦市佛光分会	邓月圆	2003 年	服务社区，校园弘法，环保
加里尔峰佛光分会	谢美英	不详	儿童佛学班
芙蓉佛光分会	马金富	不详	社区服务，节日庆典
蕉赖佛光分会	周正文	不详	救灾
文良港佛光分会	岑添和	1996 年	社会慈善，交流学习
八打灵佛光分会	不详	不详	宗教节日，社会慈善

① 符芝瑛：《云水日月——星云大师传》，北京：北京十月文艺出版社、北京出版社出版集团，2006 年，第 14 页。

② 《国际佛光会马来西亚协会 20 周年庆特刊》，雪兰莪八打灵：国际佛光会马来西亚协会，2011 年，第 107 页。

（续上表）

分会名称	现任会长	成立时间	主要活动
七宝佛光分会	林玉	2001 年	弘法，举行法会
瓜拉雪兰莪佛光分会	郑月珍	不详	教育，节日活动
适耕庄佛光分会	不详	不详	宗教节日，少儿活动
东禅校友佛光分会	罗子昌	2008 年	宗教节日，佛学教育
怡保佛光分会	杨德富	不详	宗教节日，佛学讲座
巴株巴辖佛光分会	不详	不详	讲座会，法会
利民达佛光分会	不详	不详	救灾
拉美士佛光分会	不详	不详	讲座，少儿活动
英文佛光分会	郭君武	不详	英文佛学班，社会福利
砂拉越佛光分会	张国君	1996 年	医疗服务，文艺演出
马口佛光分会	邹宜桦	1999 年	佛学讲座，社区服务
昔加末佛光分会	苏爱莲	不详	宗教节日，弘法

资料来源：《国际佛光会马来西亚协会 20 周年庆特刊》，雪兰莪八打灵：国际佛光会马来西亚协会，2011 年。

佛光山积极参与政治，与官方关系较为密切。华人重要节日如春节时，国家元首会到东禅寺拜访。2012 年元宵节期间，首相拿督斯里纳吉于 2 月 6 日莅临东禅寺，与 10 万人一起同庆元宵。当时纳吉还宣布拨款改善东禅寺外道路交通，以感谢佛光山对发展旅游及宗教文化所作的努力。2011 年 12 月 28 日，马来西亚国家社会与家庭发展部（LPPKN）特邀马来西亚佛光山共同探讨青年教育活动内容，希望能借此减少青少年所带来的家庭与社会问题，促进社会和谐。马来西亚佛光山代表蕉赖佛光分会会长周正文及分会理事向官方建议，以力行“三好”，提倡与共同推动“净化人心七诫运动”，内容为戒烟毒、戒色情、戒暴力、戒偷盗、戒赌博、戒酗酒、戒恶口，以杜绝毒品、色情泛滥，敦厚伦理道德，以达致全民安乐，建立祥和社会之主旨。希望通过青年活动如领袖培训营、青年学佛营及以七诫运动来净化人心，端正社会风气。马来西亚佛光山选择东禅寺为主要活动地点，让各城镇青年前来参加各项有益身心的活动，这受到了官方代表苏莱尼的称赞。①

① http：//www. fjnet. com/hwjj/haiwainr/201201/t20120107_ 188815. htm.

（十）慈济功德会

1937 年，证严上人出生于台湾台中县清水镇，俗名王景云，4 岁过继叔婶为女。1963 年 2 月，赴台北求受三坛大戒，因缘皈依印顺导师，获赐法名“证严”，字慧璋。5 月，返花莲闭门潜修。10 月，移锡慈善寺，讲演《地藏经》近 8 个月，许多闻法信众请求皈依。1966 年 4 月 14 日，“佛教克难慈济功德会”在普明寺正式成立，6 位常住众每人每天多做一双婴儿鞋，30 位信女每人每天存下五毛买菜钱，每月集资 1 000 多元，开始从事济贫救苦的工作。

“慈济”二字的含义为“慈悲为怀，济世救人”。慈济功德会是宗教性质的慈善救济团体，致力于对慈善、医疗、教育、人文四大志业的推动；另外，积极从事骨髓捐赠、环境保护、小区志工、国际赈灾，即慈济所谓“四大志业八大法印”，统称为“一步八脚印”。慈济的经费全来自于民间，其志工也是各项服务方案的主要执行者，因此来自社会各界的善款的使用得到最佳监督，获得海内外社会大众的信任与支持。

1985 年之后，侨居各国的台湾慈济人，将慈济志业推广至台湾之外。

根据 2002 年 7 期出版的《慈济月刊》公布的数据，慈济功德会在海外机构共 108 家，其中美国 49 家，加拿大 2 家，墨西哥 2 家，多米尼加 1 家，巴西 1 家，巴拉圭 2 家，阿根廷 1 家，奥地利 1 家，英国 1 家，法国 1 家，德国 1 家，荷兰 1 家，西班牙 1 家，南非 6 家，莱索托 1 家，日本 1 家，菲律宾 3 家，泰国 2 家，越南 1 家，马来西亚 18 家，新加坡 1 家，印度尼西亚 1 家，文莱 1 家，约旦 1 家，土耳其 1 家，澳大利亚 5 家，新西兰 2 家。

截至 2007 年，慈济组织遍布世界五大洲，在全球 44 个国家成立了超过 320 个分支会或联络处。

1989 年，台湾人、慈济成员叶慈靖来到马来西亚槟城。此后，她积极在当地宣扬慈济。1993 年 8 月 11 日，郭济航赴台湾花莲本会，从证严上人手中传承一尊观世音菩萨圣像。同年农历六月二十四日，马来西亚第一所慈济联络处正式在槟城成立。

1988 年，台湾人简慈露随夫婿刘济雨到马六甲投资设厂，1991 年底加入慈济。1992 年 8 月，简慈露开始发扬慈济。1994 年初，刘济雨及简慈露被证严上人授证为委员，自此，两人更加积极宣扬慈济。他们在中马、南马，乃至东马传播慈济。1995 年 3 月，两人再被证严上人委托负责吉隆坡和马六甲的会务。不久，他们在马六甲建立了静思堂。1997 年 5 月 21 日，静思堂落成启用，并在 1998 年 6 月正式升格为慈济的分会，负责统筹中南马及东马据点的会务推展。目前，全马 13 个州中建立了超过 30 个慈济据点。① 它们具体分布如下：

雪隆据点：雪隆分会、大爱儿童教育中心（吉隆坡）、佛教慈济义诊中心（吉隆坡）、静思书轩（吉隆坡店）、慈济大学吉隆坡社会教育推广中心、巴生支会、静思书轩、雪兰莪共修处、无拉港、大班镇、加影锡米山、沙登、快乐园、永安镇、万津、绿林镇。

吉隆坡据点：斯理白沙罗、鸿图园、半山芭、文良港、大城堡。

马六甲据点：马六甲分会、大爱儿童教育中心（马六甲）、佛教慈济义诊中心（马六甲）、静思书轩（马六甲店）、慈济大学马六甲社会教育推广中心、马六甲共修处、晋巷、玛琳、峇樟、马六甲市 Bandar Melaka、野新、榴莲洞葛。

柔佛据点：蔴坡支会、居銮、哥打丁宜、新山支会、巴株巴辖、静思书轩（新山店）、柔佛共修处、昔加末、乌鲁地南。

槟城据点：槟城分会、佛教慈济洗肾中心（槟城）、佛教慈济洗肾中心（北海）、静思书轩（槟城店）、静思书轩（北海店）、大山脚联络处、巴里文打联络处。

吉打据点：吉打分会、佛教慈济洗肾中心（吉打）、静思书轩（日得拉店）、日得拉、双溪大年。

森美兰据点：芙蓉、静思书轩（芙蓉店）、淡边。

霹雳据点：怡保、静思书轩（怡保）、高乌联络点、太平。

彭亨据点：彭亨、劳勿、淡马鲁、文德甲。

吉兰丹据点：吉兰丹支会、静思书轩（吉兰丹店）。

玻璃市据点：玻璃市。

丁加奴据点：丁加奴。

砂拉越据点：古晋支会、静思书轩（古晋店）、美里、诗巫、砂拉越民都鲁共修处。

沙巴据点：亚庇、山打根、斗湖、丹南、根地咬。

（十一）藏传佛教

霹雳怡保是马来西亚藏传佛教传播的发端地，乌金祖古仁波切是第一位踏足大马的藏传佛教高僧大德。1972 年，乌金祖古受邀从尼泊尔来到怡保。之后，第十六世噶玛巴大宝法王也访问怡保两次，达日祖古及萨迦天津法王等人亦曾逗留怡保闭关。由此，怡保的藏传佛教活动非常活跃。

根据我们在马来西亚的考察见闻，以及获取到的有关资料来看，格鲁派、嘎

① http：//chn. tzuchi. my/index. php？ option = com_content&view = article&id = 4153&Itemid = 462.

档派、噶举派等藏传佛教派别在新马地区都有传播。具体而言，格鲁派在新马地区的主要组织有：马来西亚吉隆坡格鲁巴佛学会、槟城格鲁巴佛学会、新加坡格鲁巴佛学中心。噶当派的主要组织有：新加坡嘎档巴佛教总会、马来西亚嘎档巴佛教总会（吉隆坡）、古来嘎档巴佛教会、马六甲嘎档巴佛教会、槟城嘎档巴佛教会、万里望嘎档巴佛教会、怡保嘎档巴佛教会、安顺嘎档巴佛教会（筹建中）、北马阿帝夏佛教会（槟州大山脚）、吉兰丹嘎档巴佛教会等。

此外，还有一些可能属于其他派系的藏传佛教组织，如柔佛居銮噶玛巴佛学中心（20 多年前建立，为一座约四五层楼高的藏传佛教传统建筑）、雪兰莪巴打灵孔玛智慧眼佛学会、槟城金刚乘卡玛迦如佛教会、吉隆坡金刚乘卡玛迦如佛教会、怡保创古藏传禅修中心、槟城竹巴葛举等。

更有意思的是，我们在一些路旁的土地神庙和拿督公庙中，也能看到里面供奉藏传佛教的画像。藏传佛教的“渗透”日益深化。比如，2011 年 6 月上旬，我们在吉隆坡秋杰的回龙庙（供奉司马大人和齐天大圣等）旁边的土地庙中，看到放置着一幅名为“大王金刚多杰雄登”的藏传佛教画像。

马来西亚的藏传佛教组织会举行一些宗教活动，如吉隆坡格鲁巴佛学会的常年活动，主要包括千人素宴、舍利展、增益火供大法会。而在 2011 年 8 月 21 日，怡保嘎档巴佛教会由依尊慧菩萨吉祥活佛主持“17 坛误上猷轧息灾大火供”，当晚七点半有阿弥陀佛灌顶，22 日及 23 日，讲授菩提道灯论。8 月 28 日，怡保嘎档巴佛教会在邦咯岛举行供海龙及在船上举行白财神灌顶仪式。另外，它们也举行一些慈善公益活动，如 2005 年初，东南亚地区发生地震和海啸后，槟城格鲁巴佛学会捐款 3 万马币给马来西亚红新月会，作为东南亚地震和海啸灾黎筹募赈灾基金。

（十二）穆斯林协会

1994 年 4 月 8 日，马来西亚华人穆斯林协会（MACMA）成立，总部设于吉隆坡，在柔佛、吉兰丹、丁加奴、雪兰莪、霹雳、马六甲、砂拉越等州设有分部。根据马来西亚官方数字，其国目前有华人穆斯林 60 000 人左右，其中大部分为新加入伊斯兰教者，少数本来为回族。另外，根据马来西亚政府 2000 年的人口统计，华人穆斯林登记人口为 57 227 人，约占马来西亚华人总人口的 1%。其具体分布如表 26：

表 26 马来西亚华人穆斯林分布简表①

州名	华人穆斯林人数
雪兰莪	17 246
吉隆坡（联邦直辖区）	7 991
沙巴	8 589
砂拉越	7 237
其他州	16 164
总计	57 227

根据马来西亚华人学者刘崇汉先生对 2001 年 6 月马来西亚社团注册局统计数据的整理，马来西亚共有华人宗教社团（包括佛教和民间宗教组织）3 351 家，占全国同类型社团总数的 62.27%。② 不管是在数量上，还是在全国同类社团中所占的比例，华人宗教社团都居于最高。

二、地域性的各种民间信仰及其宗教组织

马来西亚华人的民间信仰很复杂，不过，其信奉的神祇可以大体上分为两类：传自中国，深受中国影响的神祇；受居住地影响，在居住地创造和发展的神祇。而传自中国的神祇，又可分为两类，一类为全中国普遍信仰的神祇，另一类为分属于闽粤琼等省的地方性神祇。以民间信仰为纽带，华人建立了很多宗教组织。所以，接下来，我们先来了解闽粤琼等省籍华人不同的信仰及其相关组织。

（一）闽籍华人的民间信仰及其组织

1. 保生大帝

保生大帝是福建最著名的地方神之一，他原名吴夲，正式名为吴华基，还被称为“吴大人”、“吴真人”、“大道公”等。据传说，保生大帝出生于闽南同安县的白礁村，成神后，为安溪、惠安、同安几地的民众所信仰。保生大帝至今仍是闽南和台湾的主神之一。香火最盛的是白礁慈济宫（同安县）、青礁慈济宫（龙海县）、宝泉庵（晋江）和花桥慈济宫（泉州市），闽南其他城乡还有许多大小不一的保生大帝庙。同时，福建其他地方的人民也逐渐信仰保生大帝。后来，

① 尤素福·刘宝军：《海外回族和华人穆斯林概况》，北京：民族出版社，2004 年，第 78 ~ 79 页。

② 刘崇汉：《我国社团知多少?》，《2000—2001 年全国华团研讨会资料汇编》，吉隆坡：雪隆社团秘书公会，2002 年，第 201 ~ 208 页。

保生大帝信仰由福建移民带到东南亚。2011 年 11 月，我们在马来西亚考察时，在笨珍拜访了吴公真仙庙，该庙主神为吴公真仙，即保生大帝，庙祝为福建诏安人。庙中还供奉法主公、福德正神等。在吉隆坡怡保路新兴府庙中，中间供奉吴大人（右边也供奉广泽尊王）。在甲洞美都柏迈九间庙中的灵惠庙，供奉保生大帝。在槟城著名的旅游景点姓氏桥中，姓周桥有“青岩宫”，奉祀保生大帝；姓李桥有“朝元宫”，奉祀保生大帝。

2. 法主公

法主公信仰在华人社会影响很大。法主公是源自永春的地方神，福建人常称他为“张公”、“张公圣君”。法主公本名张慈观或张自观，字克勤。南宋高宗绍兴九年（1139 年）诞生于永福县（今永泰县）。少时学道，并以道法济世。绍兴二十六年（1156 年），与结义兄弟章敏、肖明一起，前往江西闾山拜师学法。五年后回闽。南宋孝宗乾道四年（1168 年），张、章、肖三道人在石牛山石壶洞降妖除魔。其后，三人相约死后显化在石壶洞。石壶洞除妖后，三人开始收徒传法。孝宗淳熙元年（1174 年），三人再往闾山学道。孝宗淳熙十年（1183 年），张慈观在石牛山麓的九龙潭羽化。张、章、肖三道人全都羽化成仙后，乡人在石牛山石壶洞开始建庙宇塑金身奉祀三人。石牛山石壶洞成为法主公信仰的祖庭。在我国，法主公信仰主要流行于闽南（德化尤盛）、闽中（仙游尤盛），以及台湾等地。在马来西亚，我们考察过的属于法主公信仰的庙宇有：吉隆坡威镇宫——观音庙、马六甲三多庙、马六甲华德宫及青山宫、雪兰莪适耕庄天福宫、雪兰莪巴生张公圣君庙、巴生港口天赐宫（法主公庙）、巴生北区岩法坛章公圣君、巴生南区河边路天福宫、巴生天和宫，等等。在闽南人聚居非常集中的巴生地区，供奉法主公的神庙为数甚多。而在柔佛东甲的永春会馆，一楼为法主公庙，供奉法主公（中）、章公圣君（左）、肖公圣君（右）。2012 年 3 月 12 日，我们拜访巴生昆仑福进宫。该庙有 60 多年历史，1971 年、1994 年分别重建。主殿正前方为 3 个神龛，中间神龛名为“石牛昆仑洞”。以法主公信仰的发祥地石牛山来命名。昆仑洞供奉张公圣君（中）、章公圣君（左）、肖公圣君（右）。昆仑洞左边神龛供奉福德正神，右侧神龛供奉盘古，右手拿斧，左手拿凿，意为开天辟地。盘古下方放置关帝、太上老君等神像。香炉桌上供奉三太子和五营将军。此外，很多以其他神祇为主神的庙宇中也供奉法主公，例如吉胆岛协天坛，主神为关帝，同时供奉张公圣君神位。

3. 广泽尊王

福建最常见、最重要的另一位神祇是郭圣王，南宋高宗皇帝时朝廷敕封其为“广泽尊王”，郭圣王也被称为“圣王公”、“保安尊王”等。广泽尊王原名郭忠福，以至孝闻名乡里，16 岁时逝于当地郭山。乡人葬其山中，并立庙祀之，庙称郭山庙或将军庙。又因郭山形似凤凰，庙又称凤山寺。南宋绍兴年间（1131—1162年），朝廷敕封郭忠福为“威镇广泽侯”，敕建“威镇庙”。南宋庆元元年（1195年）和开庆元年（1259年），朝廷两次分别加封其为“威镇忠应孚惠广泽侯”、“威镇忠应孚威武英烈广泽尊王”。被敕封后的广泽尊王，其信众队伍日益扩大，广泽尊王信仰逐渐流传开来。郭忠福后被演化为道教俗神，并成为南安的地方保护神。明清时，其影响扩大至南安之外。在安溪、南安两地籍贯华人较多的新加坡、马来西亚，建有很多广泽尊王庙。我们在马来西亚考察时，曾见到很多供奉广泽尊王为主神的庙宇，如吉隆坡增江北区三间庙中的凤山寺（广泽尊王庙）、增江南区龙山宫凤山寺（甲洞福建会馆旁边）、甲洞美都柏迈九间庙中的广泽尊王庙、雪兰莪加影的镇方寺（供奉广泽尊王、法主公等）、砂拉越古晋凤山寺、马六甲广福宫、槟城天有宫、砂拉越古晋广泽尊王庙、沙巴山打根广泽尊王庙（主殿中间供奉广泽尊王、左边供奉注生娘娘、文昌帝君，右边供奉关圣、魁星）、沙巴亚庇碧南堂（主殿中间供奉广泽尊王，左边供奉观音，右边供奉关圣，庙中也供奉保生大帝）、雪兰莪双文丹福灵庙（主神广泽尊王，还供奉观音、圣王、关帝等，该庙为当地福建会馆所有），等等。在霹雳安顺，早期南来的闽南籍华人在1845年就开始在简陋神龛中供奉广泽尊王，它成为1883年正式建成的福顺宫的前身。在砂拉越民都鲁天恩寺福德祠所供奉的诸神中，也包括广泽尊王。此外，南安会馆中也会供奉广泽尊王，如柔佛州麻属南安会馆，其会馆顶楼附设凤山寺，供奉广泽尊王及圣妈娘娘。而在柔佛州南安东房张氏公会，其附设的宝龙宫（1986年农历十二月十一日开光），供奉广泽尊王、武德尊侯、张公圣君。①

4. 惠泽尊王

另一位源于南安的神祇为惠泽尊王，他本名叶森（1189—1208年），南宋时南安高田人。生前不茹荤，不婚娶，能预言祸福吉凶，20岁时羽化成仙。成仙后能救急拯危，行仁赐福，神通广大，有求必应。乡民因而建庙纪念。据史册记载，自南宋嘉定至清朝同治年间，叶森历经五次敕封，其中，南宋景炎元年（1276年），被敕封为“忠应威武英烈惠泽尊王”。惠泽尊王的祖庙在凌云山云山寺（前身名慈济宫）。在马来西亚，我们见到的供奉惠泽尊王的庙宇并不多，在吉隆坡增江三间庙中看到的南阳宫，宫中主神为惠泽尊王。在槟城慈济宫，供奉主神为惠泽尊王，该宫属于槟州南阳叶氏宗祠。

5. 清水祖师

清水祖师（1037—1101年），永春县小姑乡人，俗名陈普足。清水祖师之名

---

① 《马来西亚南安社团联合会、马来西亚南安社团联合会青年团、马来西亚南安社团联合会妇女组会讯》，马来西亚南安社团联合会青年团，2005年，第116页。

源于安溪县的清水岩，他又被称为“蓬莱祖师”、“普庵祖师”，其神明影响主要在闽南。陈普足原为北宋僧人，幼年出家为僧，学成后热衷于慈善事业，施医济药，铺路造桥，深受群众敬仰。南宋时，朝廷多次敕封其为清水祖师。元代，清水祖师信仰继续发展。清时，进一步扩大。清水祖师信仰随着闽南移民尤其是永春籍华侨传播到东南亚各国。在马来西亚、缅甸、新加坡、印度尼西亚、泰国等永春人较多的国家，建有许多清水祖师庙。在马来西亚，比较著名的清水祖师庙有：云顶高原的清水岩庙、槟城的青云岩蛇庙等。槟城清水宫（供奉清水祖师、观音、天后、大伯公等）、吉隆坡增江南区灵尊殿（清水祖师、法主公）、吉打居林广福宫（清水祖师）等等，基本上也是以清水祖师为主神的庙宇。在邦咯岛，当地市区的福清宫中供奉清水祖师，同时供奉广泽尊王。

6. 三平祖师

三平祖师公，亦即三平广济大师，俗名杨义中（781—872 年），诞生于今福清，后在漳州芝山创建“三平真院”，宣扬佛法，并以精湛医术济世救民，因而深孚民望。唐宣宗时敕封其为“广济大师”。逝后民众在三平寺修建三平祖师殿，把杨义中作为神灵奉祀。我们在马六甲拜访过的众安亭，该庙主神便为三平祖师。

7. 王爷信仰

王爷信仰的来源，一般说法有几种系统：瘟神系统、英灵系统、郑成功祖孙系统等。在福建，有许多的“王爷庙”，这些庙里的王爷照例会冠上一个姓，称为“某府王爷”或“某府千岁”，俗说共有三百六十王爷，共一百三十二姓。假使三个王爷或五个王爷合祀在一起，则称为“三府王爷”、“五府千岁”等。供奉王爷的庙亦称“代天府”，王爷出巡则称为“代天巡狩”。一般王爷的造型都非常威严，但都是以明朝的装束出现，有的锦袍玉带，有的则是顶盔贯甲。福建还有烧“王船”的习俗，将王爷神像连同祭物粮食载在一艘特制的船中，任其漂流，假如某个村落有王船漂到，该村便要迎神建庙。而乩童降神，往往亦称有某王爷附身。乩童作法时有时会把一枚大铁针从左颊穿到右颊，或是以钉槌猛击背部，颇为神奇玄妙。在马来西亚，有很多供奉王爷的神庙，而吉隆坡孟加兰兴义殿、柔佛巴株巴辖观音宫兴义殿、雪兰莪万挠兴义殿，主神为五府王爷。

8. 开漳圣王

开漳圣王，是漳州地方神。开漳圣王原名陈元光（656—711 年），唐朝河南光州固始县人，字廷炬，号龙湖。青年时随父陈政入闽平定叛乱，后担任漳州刺史 20 多年，勤于吏治，政绩显著，受到了朝廷的嘉奖和百姓的爱戴，被尊为“开漳圣王”。陈元光是漳州设府置郡的创始人和中原文化与闽越文化融合的奠基者。陈元光及开漳将士的后裔成为漳、泉、潮汕地区的主要人口成分，并不断地向中国台湾、香港、海南岛和南洋诸国流徙。目前，“开漳圣王”信众超过

2 000 万人。在马来西亚，早期的槟榔屿和马六甲陈姓华人大多崇拜开漳圣王。在槟州大山脚陈氏宗祠，其中供奉开漳圣王。在槟城著名的姓氏桥中，姓陈桥有“昭应殿”，奉祀开漳圣王。2012 年 3 月，我们在印尼棉兰考察时，在当地陈氏颍川堂的神殿看到其中供奉开漳圣王。

9. 临水夫人

临水陈夫人也是福建人信仰的神祇。陈夫人本名陈靖（进）姑，福建省古田县临水乡人，另一说为福州府罗源县下渡乡人，生于唐代宗大历元年（766 年），生时“瑞气祥光罩体，异香绕闼，金鼓声若有群仙护送而进者，因讳进姑”。17 岁时始学仙法。后因助皇后生太子而被敕封为“都天镇国显应崇福顺意大奶夫人”，建庙于古田。24 岁时因难产死去。卒时自言：“吾死必为神，救人难产。”后屡显神迹。北宋淳祐年间（1241—1252 年）被封为“崇福昭惠慈济夫人”，赐额“顺懿”，因而又被称为“顺懿夫人”，后又加封为“天仙圣母青灵普化碧霞元君”。传说临水陈夫人能除妖蛇，并能催生助产，因而为广大妇女虔诚信仰。[①] 临水夫人与李三娘、林纱娘合称“三奶夫人”，并被奉为“三奶教”教主。因此，陈靖姑又被称为陈大奶。清代后期，临水夫人信仰随华侨移民传至东南亚地区。

传说陈靖姑生前曾受业于闾山派王姥教最高女神“太姥”或“王姥”，学道于“闾山大法院”（或称“庐山大法院”），临水夫人属于道教闾山派中的一位女性神祇。[②] 那些深受闾山派影响的庙宇就虔诚奉祀临水夫人。在芙蓉志元堂，主殿中供奉陈氏真人（即陈靖姑）。在新加坡天性祠，跳童时附身的多是中坛元帅、临水夫人、法主公等神祇。

10. 探花府

探花府，是闽籍华人尤其是福州籍华人普遍信仰的神祇。据学者研究，探花府实际上就是田都元帅或者田公元帅，一般认为指的是雷海清这个历史人物。在福州鼓楼区元帅路西侧，有一元帅庙，供奉三田都元帅。该庙始建于唐代（具体时间不详），为福建最早的田都元帅庙之一，被尊为祖庙。在福建，供奉田都元帅的庙宇不少，田都元帅信仰十分普遍，福州、莆田、泉州、厦门一带尤其兴盛。在闽籍华人聚居较多的新加坡、马来西亚等地，也有许多田都元帅庙。

原先，田都元帅是梨园弟子供奉的戏神，但由于他还能显威御寇，保境安民，也能医治儿童疾病，所以演化为保境护童的神祇，拥有许多信众，特别是妇女。

---

① 吕宗力、栾保群：《中国民间诸神》，石家庄：河北教育出版社，2001 年，第 320 ~ 322 页。

② 詹石窗：《临水夫人的道派归属与社会影响》，《中国道教》1997 年第 1 期，第 34 ~ 37 页。

田都元帅为何又被称为探花府？“探花府”在莆田一般指戏神庙或戏神龛名，探花是古代科举制度中殿试一甲第三名的别称，民间传说雷海青曾进京应试中探花，故有探花府一说。①

2011年8月，我们在福州人聚居较多的砂拉越考察时，曾拜访了诗巫玉封探花府、泗里街探花府。位于诗巫的玉封探花府又名观音堂，主祀观音（中）、田都元帅（右）、天后（左）。该庙于2011年被火烧，新建后的新庙富丽堂皇。估计此庙原为玉封探花府，后来加挂观音堂的匾额（在“玉封探花府”匾额之下），正殿中间主神也变为观音。这间庙中还配祀玄天上帝、法主公等。该庙每年在农历八月廿三日庆祝田都元帅千秋神诞。泗里街探花府正殿门上悬挂“九天风火院”的匾额，供奉主神田都元帅，还奉祀注生娘娘、阎罗太子等。根据善信1973年敬赠的彩幅看，该庙最少有近40年的历史。诗巫玉封探花府又名第三省同乐社（诗巫为砂拉越第三省），泗里街探花府又名泗里街同乐社，表明它们可能是戏剧演员或者“票友”建立的宗教组织。

在吉隆坡冼都，也有一座福州人建立的玉封探花府，该庙于1946年9月创建，并从中国福建原籍请来三田都元帅香火供奉。在霹雳爱大华金宝宫，其前殿正前方中间供奉三一教主，旁边供奉探花府等。

11. 妈祖

妈祖本姓林，名为林默娘（约960—987年），南唐莆田县湄洲人（今福建省莆田市秀屿区湄洲岛）。死后被神化，历代朝廷多有封赐。北宋宣和年间（1119—1125年），林默娘被首封为“南海神女”；南宋光宗绍熙三年（1192年）被封为“灵惠妃”；元朝至元十五年（1278年）被加封为“天妃”；顺帝至正十四年（1354年）被封为“辅国护圣庇民广济福惠明著天妃”；明朝崇祯帝时（1628—1644年）被封为“天仙圣母青灵普化碧霞元君”等等。② 清朝康熙二十三年（1684年），朝廷敕封其为“天后圣妃”。

福建人往往称林默娘为“妈祖”、“妈祖婆”、“天上圣母”、“苏玉娘娘”等，客家人常称其为“水母娘”。在新马地区的华人中，其他方言的华人也信仰天后，但是，天后信仰在福建人和海南人的信仰中更占重要地位。天后原籍福建，福建人视其为福建的地方神。许多的闽籍华人会馆、宗亲会及神庙中，通常奉祀妈祖。在马六甲，供奉天后的就有青云亭（闽南人所建）、宝山亭、福建会馆（天福宫）、永春会馆、兴安会馆等。由于妈祖祖籍莆田，来自当地以及仙游的华人尤其热诚敬拜妈祖。在马来西亚兴安会馆总会属下的17间兴安会馆中，

---

① 杨榕：《明清时期福建民间戏曲碑刻考略》，《文献》2006年第3期，第113~126页。
② 吕宗力、栾保群：《中国民间诸神》，石家庄：河北教育出版社，2001年，第318页。

都设有天后宫或者供奉妈祖的神龛。妈祖本姓林，很多林姓华人也热衷于崇拜妈祖。马六甲林氏西河堂，槟城林氏九龙堂、林氏双桂堂、林氏忠孝堂，巴株巴辖天后宫（马来西亚林氏宗祠总会所在地），昔加末林氏宗祠天后宫，新山林氏宗亲会，笨珍林氏公会等宗亲组织中，也都设有天后宫或者供奉妈祖的神龛。[①]

福建民间所信仰的神祇反映了一个很明显的特点，即区域性特征。这一点，在东南亚的闽籍移民中也有明显体现。具体来说，闽南的华人多信奉保生大帝、开漳圣王、三平祖师、清水祖师、广泽尊王、王爷等，闽东和福州籍华人多信奉临水夫人等，闽籍客家华人多信奉定光古佛，兴化籍华人多信仰妈祖等。此外，在同一方言区内，不同的府、州、县又信奉、崇拜不同的神祇。如，闽南方言区内，漳州府属各县流行信奉开漳圣王、三平祖师，泉州府属的永春、安溪、德化等县信奉清水祖师，南安县信奉广泽尊王，等等。[②] 马来西亚闽籍华人的神祇信仰同样有上述特点。

（二）粤籍华人的民间信仰及其组织

1. 谭公

谭公，原名谭峭，是元朝时的广东归善（今惠阳县）人。生前是五代道士、道教学者，在道家中被称为紫霄真人。12 岁时就得道，在惠东地区经常帮助渔民和船家预测天气及治疗疾病。他著有《化书》6 卷，共 117 篇。他的思想源于老、庄。谭公死后被村民设庙加以供奉，成为广东惠州一带著名的地方神。谭公信仰随惠州客家移民远播海外。在马来西亚，早期的客籍矿工即建立谭公庙。我们在吉隆坡安邦及吉隆坡附近的甲洞、沙叻秀、沙登，以及霹雳的怡保、沙巴的山打根等地，都能看到谭公庙。我们在蕉赖见到的谭公庙（谭公仙圣庙），以及在沙登街边看到的一座谭公庙，都有 100 多年历史。在森美兰芙蓉惠州会馆附近，也有一座历史久远的谭公仙圣庙，大约在光绪年间创建。大约在光绪九年（1883 年）建立的太平岭南古庙中，也供奉谭公仙圣。此外，在惠州籍客家人建立的寺庙如仙四师爷庙中，也供奉谭公爷。而马六甲广福庙和胜宫，在主殿左侧供奉谭公仙圣。

2. 金花娘娘

金花娘娘也称“金花夫人”，金花夫人信仰大约产生于宋元时期，主要流行于珠江三角洲一带。明清时期，地方士大夫阶层不断对金花夫人故事添加有利于

① 苏庆华：《大马半岛与新加坡的妈祖的崇祀：过去与现在》，苏庆华：《马新华人研究——苏庆华论文选集》，马来西亚创价学会，2004 年，第 103 ~ 132 页。

② 林国平、彭文宇：《福建民间信仰》，福州：福建人民出版社，1993 年，第 39 ~ 40 页。

其发展的元素，使其在文化、政治两方面力争归附于正统政治体系。特别是在清朝中叶，随着珠三角地区礼仪变革的完成，地方士人开始重新构建金花夫人故事，给其增添更多符合儒家正统的元素，从而使金花夫人信仰得到充分发展。①

金花夫人主司送子护产，掌管生育。旧时，广东很多地方都建有“金花庙”。在马来西亚，广东人建立的庙宇中也经常供奉金花夫人，如吉隆坡仙四师爷庙、吉隆坡广肇会馆关帝庙、森美兰芙蓉列圣宫、太平何仙姑庙、霹雳金宝的金宝古庙，等等。

3. 钟万公神

钟万公神源自惠州。钟万原籍惠州紫金，少时到闾山学法，数十年潜心研究，精通法术。曾于乡井设馆授徒，教人从善，悬壶济世。后因国内动乱，南渡逃难至马来亚。初时执业于客籍华工矿场。工余时候，兼做赤脚医生，所有病者求医，一律免费，又因医术高明，颇得侨众爱戴。仙师逝世时，享年近百岁，被同门在吉隆坡建庙供奉。吉隆坡钟万仙师庙创立于 1879 年，至今已有 130 多年历史。目前在西马地区仅吉隆坡有一间钟万仙师庙，供奉主神是钟万。

4. 三山国王

来自粤东的华侨华人还信仰三山国王。三山一般是指位于今天揭西市河婆镇背面的独山、西南面的明山与巾山。三山国王的传说有两种不同说法：一是隋炀帝时，三位勇士曾救帝驾，因功被封，但三人挂印留书隐退；二是隋开皇年间，有三位神仙显身于巾山石穴，自称兄弟，授命于天，镇守三山，并托灵于玉峰石界，庙食于彼处。三山国王信仰主要分布于整个韩江流域及韩江三角洲以西的沿海丘陵地区。旧时的潮州地区，几乎村村都供奉三山国王。广东揭西县河婆的霖田祖庙，建于隋代，历史最久。由于三山神显灵，护国庇民，宋帝赐封粤东汉族移民的三山祖祠为三山国王庙。三山国王庙原是惠潮嘉地区汉族移民的祖祠，后来演变为神庙，即把祖先、前贤神化。所以，三山国王也是人格化的神祇。三山国王信仰文化随着粤东移民传播到海外，早期的客家移民就在西马地区建立了三山国王庙。具体来说，在吉隆坡、雪兰莪州、霹雳州、柔佛州等地，都有很多三山国王庙。比如，在雪兰莪蕉赖，就有一家三山国王庙，又名霖田祖庙。约光绪九年（1883 年）建立的太平粤东古庙，也是一座三山国王庙。在东马，也有三山国王庙的存在。2011 年 8 月下旬，我们在石隆门考察时，在圣淘沙镇就见到了一座三山国王庙三山亭（国王庙）。在英吉利里考察时，在十五分公司庙中，也看到三山国王的神位。1941 年建立的砂拉越儒慕间安会亭大伯公庙，供奉大伯公、观音娘娘与三山国王。

① 黄建华：《明清广东金花夫人信仰研究》，暨南大学硕士学位论文，2010 年，第 58 页。

5. 何仙姑

增城籍的华人虔诚信仰八仙中的女神何仙姑，也是海外华人民间信仰中的一大特色。我们在怡保近郊见到一家何仙姑庙。在太平，也有一家很有名气的何仙姑庙，庙中梁柱上有光绪十一年（1885 年）的对联，表明该庙有 120 多年历史。该庙附属于旁边的北霹雳广东会馆，太平增龙会馆也在不远处。

6. 冼夫人

冼夫人又被称为“冼圣母”、“冼太夫人”等，高州人很信奉她。冼夫人原是南朝高凉（今广东电白）人，是南越首领，初时协助丈夫高凉太守冯宝治理当地。丈夫死后，冼夫人代掌岭南诸事，治理岭南，保证归服中原王朝的统治。自陈代到隋文帝之际，冼夫人一直是稳定珠江流域政治局面的重要支持力量。冼夫人死后，人们将其神化，作为能够保境安民、消灾解难、有求必应的神，尊称其为“天南圣母”，俗称“冼太亚婆”。在马来西亚，吉隆坡附近的增江建有一座较为高大雄伟的“冼太庙”，由祖籍高州、信宜的华人在 1960 年发起筹募捐资建立。增江冼太庙筹建时，当地华人专门到高州冼太庙请来割香，十数日后才将冼太夫人恭迎到马来西亚（该庙除供奉主神冼夫人外，还供奉观音、刘三岩等）。在雪兰莪适耕庄，当地也有不少高州人，因此，适耕庄关帝庙中也供奉冼夫人。

海南与粤西地区尤其是雷州半岛、茂名地区接近，海南人也受到后两个地区的宗教信仰影响进而信仰冼夫人。在适耕庄水尾圣娘庙，主殿左侧供奉冼夫人的神位。1939 年由海南人创建的昔加末武吉仕钵排海庙，供奉主神为水尾圣娘、冼太夫人。全马海南会馆中，很多都奉祀冼夫人，古来海南会馆前身为庙宇，敬拜天后、水尾圣娘、冼夫人。巴株巴辖海南会馆附属的天后宫中，敬拜天后圣母、水尾圣娘、冼夫人、108 兄弟公。1945 年，居銮海南会馆设立天后宫，奉祀天后元君、冼夫人、水尾圣娘、108 兄弟公、福德正神等。其他供奉冼夫人的海南会馆有：吉胆岛海南会馆、安顺海南会馆、新山海南会馆、永平海南会馆、江沙海南会馆、丰盛港海南会馆等。①

7. 龙母

来自西江流域的粤西籍华侨信仰龙母。龙母本姓温，祖籍广西藤县。据记载，龙母生于战国楚怀王辛未年（公元前 290 年），卒于秦始皇三十七年（公元前 210 年），是百越氏族集团杰出的女首领。温氏治理部族有方，使百姓安居乐业。逝后，百姓立庙祭祀。龙母信仰主要流传于西江流域，祖庙位于广东省德庆

① 安焕然、吴华：《远观沧海阔——海南历史综述（海南·马来西亚·柔佛）》，柔佛：南方学院出版社，2009 年，第 74 ~ 178 页。

县悦城镇境内西江河畔。大约在光绪二十三年（1897 年）建立的森美兰芙蓉列圣宫中除供奉观音、天后、金花夫人、何大仙姑、水尾圣娘、花粉夫人等诸女神神位外，也供奉龙母娘娘神位。

8. 宋大峰祖师

宋大峰祖师是流行于潮州人中的一种重要民间信仰。宋大峰原是北宋时的一名僧人。他自福建来到潮阳县和平里，见当地乡民深受江水阻隔之苦，乃发愿建桥以度众生。后经多年努力化缘募捐，终于修成桥梁，但宋氏当时卒逝。乡民为感念其恩德，建庙祀之，并在庙内供奉其像。潮州人信奉宋大峰祖师，始于南宋时期，盛于清代民初。清末，宋大峰崇拜随潮籍华侨传入东南亚地区，尤其是新马泰三国。由于宋大峰祖师信仰的主要活动为参与慈善公益事业，因此，潮籍华人建立很多的善堂，从事社会慈善公益。泰国曼谷的华侨报德善堂就因兴旺成功的慈善公益活动而著称。在马来西亚，信奉宋大峰祖师的潮籍华人也建立很多善堂，其中著名者如吉隆坡旧巴生路的南洋同奉善堂、修德善堂（祖堂在中国广东潮安大吴村，马来西亚有 4 间，新加坡 3 间），等等。因为都源于潮州，在人事方面，善堂和德教会之间关系比较密切。比如，在柔佛笨珍的紫珍阁，其理事会成员很多也是修德善堂笨珍分堂理事会的成员。

修德善堂祖堂在中国广东潮安浮洋镇大吴村，于清朝光绪二十八年（1902 年）创立，原属潮阳庵埠镇太和堂分社。民国后期，堂务兴盛，有 600 余名社友。

马来西亚分堂有 4 间，新加坡有 3 间。新加坡修德善堂养心社初创于 1916 年 4 月，创建人为陈四顺、吴立声、杨永潮、陈荣安。位于新加坡大芭窑的修德善堂建立于日治时代的 1942 年，初时名为“修德善堂合春园分堂”，创建人为陈树岐等。修德善堂武吉知马分堂成立于 1959 年，筹建人为吴翘然、陈清孝、蔡炳桐、林亚崇、杨文宽、李德林、杨振发等。在马来西亚，马六甲分堂于 1956 年正式成立，筹建人为温虎干、邱石生、吴芳鹤、黄瑞祥等。麻坡分堂于 1962 年 5 月 9 日获得批准成立，发起人为温和平、蔡炯松、温钧汉、温咸集、陈梁士等 10 多位，首届主席为蔡炯松。笨珍分堂于 1964 年成立，1967 年获准注册，倡建人为洪肇闪、丁子科、蔡木火等。槟州威北平安村分堂于 1990 年开始筹建，正式成立于 1997 年 10 月，发起人为黄再坤、马镇森、黄进财、陈俊平。①

善堂虽然对外以积极参与慈善公益著称，但其内部也有一定的宗教活动与仪式。比如，常见的扶乩，还有建供法会等。其建供法会主要包括诵经与礼忏，具体仪轨与顺序是：发奏关文、演净启请科仪、讽礼十王宝忏、大成金刚妙典、天

① 参见《新加坡修德善堂养心社庆祝宋大峰祖师圣诞暨成立 95 周年纪念刊》，新加坡修德善堂养心社。

厨妙供科仪、关赞地藏福灯、安坦科仪、慈悲千佛鸿号、供奉十献七珍、妙法莲花普门、慈悲三昧水忏、瑜伽焰口真诠。[①]

9. 玄天上帝

潮州人普遍信仰的另一位重要神祇为玄天上帝。玄天上帝又名“真武大帝”、“上帝公”、“北极大帝”等，是职掌看守北门之神。马来西亚的潮州籍华人建有很多玄天上帝庙。在柔佛新山著名的柔佛古庙中，主殿中间供奉着代表当地潮州籍华人的玄天上帝。在砂拉越古晋，也有比较著名的玄天上帝庙。在砂拉越木中，有一座不大但历史悠久的玄天上帝庙。在砂拉越斯里阿曼（原称成邦江），有一座历史悠久的玄天上帝庙。同在斯里阿曼的成邦江边，有一座慈云庙，庙中主神为观音，同时供奉玄天上帝（观音右侧神龛）等。在吉打华玲的北极洞，供奉主神为玄天上帝。吉胆岛宝圣宫，主神为玄天上帝。在森美兰的巴西班让（当地华人称此地为老港，相对于后来出现的波德申港口而言），当地的广福庙建于1905年，当地人称大伯公庙，主神为玄天上帝。该庙是否为潮州人所建尚不能确定，因为巴西班让海南人较多。巴生天宝宫的主神为玄天上帝，该庙由福建诏安人创建，该庙的理事会主要由诏安人掌控。诏安与潮州相接，诏安人也较多信仰玄天上帝。

10. 仙法师公

仙法师公护佑渔民安全，并能保佑国泰民安、风调雨顺，是潮州人普遍信仰的神祇，尤其是靠近海边的潮籍华人。在马来西亚，潮籍华人建立了许多仙法师公庙，并于2001年6月获准成立了总会——马来西亚仙法师公古庙总会。总会目前有属会约60家。

马来西亚主要的仙法师公庙及其创建时间如下：

表27　马来西亚仙法师公庙简表

名称	创建时间	名称	创建时间
大港港口仙法师公古庙	1946年	雪兰莪沙白安南仙法师公	1970年
下霹雳四条港仙法师公古庙	1946年	下霹雳双溪杖仙法师公古庙	1970年
雪兰莪沙白安南浅顶仙法师公古庙	1954年12月17日	安顺双溪泗里仙法师公古庙	1970年

① 《新加坡修德善堂养心社庆祝宋大峰祖师圣诞暨成立95周年纪念刊》，新加坡修德善堂养心社，第125～127页。

（续上表）

名称	创建时间	名称	创建时间
乌暹港口仙法师公古庙	1956 年	丹绒加弄峇眼巴西众位仙法师公古庙	约 1970 年代
丹绒士拔五雷仙法师公古庙	1960 年	班台仙法师公古庙	1971 年
霹雳角头仙法师公古庙	1960 年代	大港八仙古庙	1973 年 9 月 15 日
瓜拉雪兰莪龙尾景仙法师公古庙	1960 年代	峇眼拿督菜园大法堂庙	1976 年农历五月
巴生港口班达马兰黎山圣母庙	约 1960 年代	适耕庄济公古庙	1977 年
丹绒加弄东姑腊八仙古庙	约 1960 年代	瓜拉雪兰莪巴西不南邦七剑仙师佛祖古庙	1979 年
柔佛新山柔佛再也花园三合宫	1962 年	丹绒加弄六支众位仙法师公古庙	约 1980 年代
适耕庄仙法师公古庙	1962 年	沙巴下南南仙法师公古庙	1984 年
吉胆岛峇眼潮州白鹤仙法师公古庙	1963 年筹建	柔佛哥打丁宜慈德阁	1986 年农历十二月
槟城浮罗新路头港口仙法师公古庙	1963 年	瓜拉雪兰莪峇东众位仙法师公古庙	1992 年
雪隆仙法师公古庙	1966 年	关丹仙法师公亲善庙	1994 年
安顺双溪榴莲对面港华人村仙法师公古庙	1965 年	彭亨关丹仙法师公古庙	1995 年农历十月
槟城高渊港口仙法师公古庙	1967 年	瓜拉雪兰莪巴西不南邦万佛寺	1996 年 5 月 12 日
下霹雳双武隆仙法师公古庙	1968 年	峇眼巴硕众位仙法师公古庙（威灵坛张府天师）	1996 年 6 月 30 日
吉胆岛太上老君仙法师公古庙	1968 年	汶汀哥坝仙法师公古庙	1996 年农历十二月
太平十八丁仙法师公古庙	1969 年	半港众位仙法师公古庙	1999 年 1 月 2 日
瓜拉雪兰莪沙沙兰仙法师公古庙	1969 年	柔佛笨珍仙法师公古庙	2000 年 9 月 20 日
下霹雳峇眼里拔仙法师公古庙	1969 年	德古鲁港口仙法师公古庙	不详
吉胆岛太上老君仙法师公古庙	不详		

资料来源：《马来西亚仙法师公古庙总会　十年风雨长征　古庙近百年历史大全》，马来西亚仙法师公古庙总会。

从表27可以看出，20世纪60年代是仙法师公古庙成立的高峰时期，70年代建立的也不少。这些古庙一般都位于沿海，尤其是一些港口地区。

11. 阮梁圣佛

四会人信仰阮梁圣佛。阮梁圣佛信仰中包括3位主要神祇：软公圣佛、梁公圣佛、文氏贞仙。阮公圣佛，原名阮子郁，四会陶塘铺周村人，生于宋朝神宗元丰二年（1079年）正月初九，自小就很有佛缘，能理解梵文经典佛籍。传说1102年，六祖慧能现身为阮氏说法，选中凤凰山与阮一同修行。同年八月，阮公坐化于荔枝树顶，时年24岁。乡民将其金身奉祀于当地的众缘寺中，后来改为宝林寺，成为阮梁公圣佛信仰的祖庙。梁公圣佛，原名梁慈能，四会马山都人，生于宋哲宗元符元年（1098年），幼时因双亲贫穷无力养育而投靠姐姐。梁羡慕阮公修道成佛，曾前往参谒。19岁时坐化于高平山。供奉梁公圣佛的祖庙为四会宝胜古寺。文氏贞仙，本姓文，四会贞山都人，自小嫁给鲍生。丈夫不幸死于虎口，文氏服丧三年，并尽心尽力伺候家翁及小姑，但遭父母强迫改嫁，遂逃到贞山修道。唐德宗贞元十七年（801年），飞升成仙。村民在其飞升处设肖像奉祀，名为“贞烈仙洞”。

马来西亚的阮梁公圣佛庙主要分布在四会广宁籍华人集中的地区，共约12间，[①] 它们包括：沙叻秀公主花园阮梁圣佛庙、[②] 吉隆坡增江北区阮梁圣佛庙、焦赖阮梁圣佛庙、八打灵千百家村阮梁圣佛庙、甲洞富城园阮梁圣佛庙、[③] 雪兰莪巴打灵白沙罗新村阮梁圣佛庙、[④] 霹雳金宝阮梁圣佛宫（属于金宝会宁同乡会）、霹雳怡保红毛丹阮梁圣佛庙、霹雳巴占阮梁圣佛信徒会、霹雳务边新咖啡山佛爷庙等。2012年2月18日，我们和雪隆会宁总会副会长、妇女组主席申约然女士一起拜访了沙叻秀公主花园阮梁圣佛庙。该庙建在山坡上，颇有气势，主殿为两层建筑。正殿中间神龛供奉阮公（中）、梁公（右）、文氏贞仙（左），背景画像中有一棵枝繁叶茂的菩提树，象征该庙属于佛教系统。左边神龛供奉禅宗

① 《四会市侨联接待马来西亚客人》，四会市宝林古寺网站，http://www.shbls.org/a/xinwendongtai/2012/1106/125.html。

② 该庙是马来西亚各地阮梁公圣佛庙的源头。四会籍华人来到马来西亚后，先在吉隆坡的文良港落脚，形成四会村。村民于光绪十四年（1888年）将阮梁二佛及文氏贞仙从四会的宝林古寺阮公庙请来，盖起了庙宇奉祀他们。1964年，阮梁公庙被锡矿公司逼迁至淡马鲁路，1969年再度被逼迁至现在的蒂蒂旺沙公园处，1983年第三次搬迁时，才在沙叻秀邵氏园的政府地正式落脚。2000年，阮梁公庙再次搬迁重建，在与沙叻秀新村比邻的公主花园建起了富丽堂皇的中国北方宫殿式庙宇。参见http://ssyuenleong.blogspot.com/2009/07/blog-post.html。

③ 甲洞富城园阮梁圣佛庙的二佛一仙于1869年由先贤从中国广东四会县带来吉隆坡孟沙，经过百年后，于1969年搬迁到增江区淡巴汉，2009年8月再搬迁到甲洞富城园。参见马来西亚《光明日报》（副刊），2010年6月5日。

④ 创立于1941年，原在吉隆坡班台（Pantai），1948年白沙罗新村建立后迁到该村。

六祖慧能，右边神龛供奉观音。2000 年，沙叻秀公主花园阮梁圣佛庙举行新庙落成庆典，并举办庆祝建庙 113 周年。目前该庙有跳童，可问事，也可问病。该庙也有施医赠药，有 6 位医师每逢周三晚义诊，设有赠药部。同一天，我们还拜访了吉隆坡千百家村（华人习惯称之为“大港”，为新村，原有 1 000 多家住户，故名，大多为四会广宁籍）阮梁圣佛宫，该庙先由四会请神来安置在文良港，后搬迁至千百家村。正殿中间神龛供奉阮公（中）、梁公（右）、文氏贞仙（左）。右边神坛上供奉有如来佛祖（最上一层）、玄天上帝、法主公、观音、玉帝、太上老君（上一层）、杨戬、济公、关帝、齐天大圣、达摩等（下一层）。再右边是当年太岁，再往右为财神，最右边是善财童子和五营将军。左边供奉福禄寿三神。正殿上方有两个重要匾额，一个上写“阮梁圣佛宫”，边上刻有“中华民国九年季秋吉旦”以及“重修忠信弟子敬立”，表明该庙至少已有 92 年历史。另一匾额上写“佛生家万”，边上刻有“民国九年孟春吉旦”。正殿外左边神龛供奉华人普遍信仰的虎爷。该庙有跳童，可问事治病。也设有龙狮团、西医顾问。殿中有两幅楹联：“佛缘广结度众生，圣贤导籍居兴旺。”“真实不虚大慈悲度一切苦恼，意识无界空色相现五蕴光明。”表明阮梁圣佛信仰的佛教色彩很浓厚。

（三）琼籍华人的民间信仰及其组织

海南人信仰的重要神仙中有天后、水尾圣母、108 兄弟公等。

1. *天后*

天后又被称为“圣妃”、“天妃”、“通灵女神”、“天上圣母”等，即福建人广泛信仰的妈祖。妈祖婆的称呼源自海南。天后本姓林，因此，海外林姓华人往往信仰天后。海南林姓华人称呼天后为“姑祖婆”。在新马地区的华人中，天后信仰在福建人和海南人的信仰中更占重要地位。海南岛四面环海，当地人经常要迎风击浪，因而他们深为信仰保佑海路平安的天后圣母。新马地区的海南人寺庙中，天后是最流行的神，天后庙随处可见。① 槟城琼州会馆中附设的天后宫，是海南人在马来西亚最早建立的一间天后宫，其建立时间应在 1870 年前。而雪隆海南会馆所属的吉隆坡乐圣岭天后宫，在马来西亚华社中很有名望和影响力。吉隆坡一地也有近十间奉祀天后的庙宇。我们在半山芭见到一间规模不大的天后宫，据庙祝说，它是吉隆坡最早的一家天后宫。此说尚需证实。在瓜拉丁加奴，也有一座历史悠久的天后宫，光绪二十二年（1896 年）建立，属于当地的海南会馆。2011 年 8 月初，我们在柔佛东甲海南会馆考察时，看到其一楼附设妈祖

---

① 福建人和潮州人也非常崇信天后，他们也建立了很多妈祖庙或者天后庙。位于吉兰丹哥打巴鲁的镇兴宫，于 1804 年建立，供奉主神为妈祖，为闽南人创建。

庙，供奉天后（中）、水尾圣娘（右）、109 兄弟公神位（左）。在马六甲海南会馆，从创会初期就开始供奉天后。蔴坡海南会馆创建时就设立天后宫，供奉天后及南天圣娘。山打根海南会馆、令金海南会馆、美里海南会馆、亚庇海南会馆、斗湖海南会馆、古达海南会馆（1985 年）附设有天后宫。瓜拉冷岳海南会馆近年在其会所三楼设立天后祠。森美兰海南会馆的前身是天后庙。双溪大年海南会馆、三合港海南会馆前身也为天后庙。

根据以上资料，我们可知，很多海南会馆的前身其实是天后庙。同时，许多的海南会馆都附设天后宫。1993 年马来西亚海南会馆联合会进行了一项调查，发现当时全马 68 间海南会馆中，供奉神明的有 51 间，其中 35 间设有天后宫。51 间敬神的海南会馆中，有 46 间奉祀天后。另外，462 间奉祀水尾圣娘，28 间奉祀 108 兄弟公。①

2. 水尾圣娘

海南人以水尾圣娘为其慈善神和保护神，水尾圣娘又称“水尾圣母”、“南天夫人”等，本名莫丽娘，元末明初出生在琼州府定安县梅村峒龙马田村（现海南省定安县岭口镇水尾田村）。16 岁时，某天去坡地干活，再也没有回来。据言被玉帝选中，肉身归天而成圣娘。又因颇具神力，敬奉者众多。后来，海南人普遍信仰水尾圣娘，与闽粤两地民众虔诚信仰的妈祖地位相当。水尾圣娘信仰随海南人漂洋过海“移民”海外，尤其是东南亚地区。我们拜访过的马来西亚丁加奴水尾圣娘庙，据称清朝道光年间就已存在，1896 年重建。槟城丹绒武雅琼谊社南天宫，崇祀主神为水尾圣娘。在吉隆坡乐圣岭天后宫，主殿左侧供奉水尾圣娘。在雪兰莪适耕庄水尾圣娘庙，主殿供奉水尾圣娘、天后（右）、冼夫人（左）、108 兄弟公、阴神（左、女性）、阳神（右、男性）、三太子等，右偏殿供奉玄武上帝，后殿为阴府殿，供奉南方财神关公，以及大伯爷、二伯爷，黑白无常。该庙做神诞期间会有跳童、水尾圣娘、中坛元帅等降乩附身。在瓜拉丁加奴天后宫中，供奉水尾圣娘。实际上，丁加奴海南会馆的前身为水尾圣娘庙。宜力海南会馆的前身同样是水尾圣娘庙。太平琼州公所（后来的太平海南会馆）在 1932 年建成新会所时，在其前厅供奉天后与水尾圣娘。吉兰丹海南会馆中供奉天后圣母及水尾圣娘。甘马仕海南会馆附属天后宫中供奉天后圣母、水尾圣娘、木头大伯公、关帝。淡马鲁海南会馆从早期就开始供奉天后、水尾圣娘及诸神神位。

3. 108 兄弟公

海南人信仰的地方神还有 108 兄弟公等。关于 108 兄弟公信仰的来源，据传

---

① 安焕然、吴华：《远观沧海阔——海南历史综述（海南·马来西亚·柔佛）》，柔佛：南海学院出版社，2009 年，第 172 页。

在清朝咸丰年间，有一次，海南岛 109 人从文昌铺前港同乘一艘海船去南洋谋生，途中遇风浪覆舟，农历九月十五日被某岛载南王所捕，除一厨工逃脱外，均被误认为是海盗而被杀。后来他们 108 个兄弟变成了海神，扶弱救危，显圣海上，被朝廷封为“昭应英烈 108 忠魂”，后人所建祭祀庙宇称“昭应庙”、“孤魂庙”或“兄弟公庙”等。在马来西亚、新加坡、泰国、越南等国，海南人聚居较多的地方建有许多供奉 108 兄弟公的庙宇。在吉隆坡附近甲洞的天后宫，中间神龛供奉天后（中）、水尾圣娘（右）、冼夫人（左），右边神龛供奉昭应英烈 108 兄弟公。适耕庄水尾圣娘庙中也有 108 兄弟公神位。麻坡巴莪的琼伍关府由当地海南人创办，供奉关帝、水尾圣娘及 108 兄弟公。在槟城海南会馆，创建初期就供奉天后与 108 兄弟公。纳闽海南会馆中除供奉天后、水尾圣娘外，也供奉 108 兄弟公。吉玻海南会馆中供奉天后、南海圣母、水尾圣娘、108 兄弟公。安顺海南会馆创立初期实际上也是一座庙宇，供奉天后、水尾圣娘、关帝及 108 兄弟公。在上文提到的柔佛东甲海南会馆，其所属的天后宫中也供奉昭应 109 兄弟公神位（即殉难的 108 个兄弟加上逃脱的另一名兄弟的神位。海南人较多供奉 108 兄弟公神位，供奉 109 兄弟公神位的庙宇比较少见）。在吉胆岛昭应庙天后宫，主殿中间供奉 109 兄弟公神位，左神龛中间为天后，左为海南人信仰的另一位神祇劳荣夫人，右为水尾圣娘。巴登马六甲海南会馆最初因为供奉 108 兄弟公神位，而名为“琼州会馆兄弟公庙”。[①] 吉胆岛海南会馆的前身最早为神庙，供奉 108 兄弟公和天后圣母。霹雳高乌仁丹海南会馆早期既是同乡会，也兼神庙职能，供奉天后圣母、水尾圣娘、108 兄弟公。浮罗交怡海南会馆每年举办“庆祝一百零八有九兄弟公显圣宝诞千秋庆典”。[②] 林明海南会馆于 1968 年创建天后宫，供奉天后圣母、水尾圣娘、108 兄弟公。北加海南会馆中最早供奉关帝，后增加天后圣母、水尾圣娘、108 兄弟公以及山水两类男女五姓孤魂神位。丰盛港海南会馆于 1925 年重修后，奉祀天后圣母、108 兄弟公尊神。“二战”后复办的柔河海南会馆，开始供奉 108 兄弟公神位。昔加挽海南会馆附属天后宫中，供奉天官赐福、天后元君、水尾圣娘、侯王爷、昭应英烈 108 兄弟公、福德正神。1980 年代，龙运海南会馆在馆内设立小型天后庙，供奉天后圣母、水尾圣娘、关圣帝君、108 兄弟公神像。淡边海南会馆设有天后宫，奉祀天后圣母、水尾圣娘、108 兄弟公。1974 年，马六甲马日丹那海南会馆开始奉祀天后圣母、水尾圣娘、108 兄弟公、华光祖师。居銮琼联社建有昭应祠，并举办天后、108 兄弟公、水尾圣娘、冼夫人、福德正神的神诞。历史悠久的海南籍林氏宗亲组织槟城长林

① 黄宏荫：《马来西亚海南族群史料汇编》（上、下），马来西亚海南会馆联合会，2011 年，第 810 页。
② 黄宏荫：《马来西亚海南族群史料汇编》（上、下），马来西亚海南会馆联合会，2011 年，第 774 页。

社创建之初，奉祀天后圣母及昭应英烈108兄弟公。1900年创立的海南籍华人的联谊互助组织——槟城以文阁俱乐部，一直供奉关帝及108兄弟公。

4. 其他神祇及其组织

从海南会馆以及海南人所建的神庙所供奉的神祇来看，除了上述3位“主神”，海南人还普遍敬拜关帝、观音、华光大帝、三圣娘娘、李英娘娘、李府五爷、福德正神、财神、天神、土地公、拿督公、天公以及洪仙大帝等。这些神祇大多为各籍华人崇敬。但如三圣娘娘、李英娘娘、李府五爷等可能是海南地方性的神祇。此外，我们在海南人的会馆神庙中还能看到其他海南地方性神祇。玉射海南会馆正厅设有神案，主祀忠烈侯王，配祀多河峒主、温州侯王、关帝、福德正神以及华光祖师等。① 1986年建成的马六甲万宁社新会所中，三楼供奉“山钦海主温州侯王”。有百年历史的北海古庙海南昭应庙，供奉南天圣娘及万州圣王。最早由海南人李大镒于民国初年建立的吉隆坡崇真堂（原在武吉免登，后迁至增江南区），供奉昊圣妙道真人、② 多河中水侯王、梅仙大帝、108兄弟公及水尾圣娘。柔佛州中水宫，供奉主神为中水侯王。斗湖海南会馆中奉祀排海娘娘。约1935—1936年间由海南人创建的哥打丁宜南亚峒主侯王庙，供奉主神峒主侯王。而忠烈侯王、多河峒主、温州侯王、昊圣妙道真人、多河中水侯王、梅仙大帝、排海娘娘等，都可能是海南人“专祀”的神祇。

（四）全体华人基本都信仰的神祇及相关组织

至于全体华人基本都信仰的神祇，也有很多。其中，大伯公是一名华人中普遍信仰且特色鲜明的神灵。大伯公又称“福德正神”、“本头公”、“土地公”、“本宅土地”等。大伯公的来源和性质问题，长期以来是学界热烈争辩的话题。许云樵先生曾在《南洋学报》上发表《大伯公二伯公与本头公》、《再谈大伯公研究》、《大伯公为吴太伯说的由来》、《南洋三神考》等数篇重要文章，提出其重要见解。他认为：“大伯公就是土地公，土地公的人选因地而异，大伯公也不一定是一个人，槟城的大伯公可能是张理，某处大伯公可能是都纲或都公，全出于奉祀者的附会，无争执的必要。同时，南洋的大伯公，的确和中国的土地公有些不同，他兼负着国内姜太公、财神和灶君等职位，因为南洋华侨一切讲求简单，拜神拜一位也就算了。在他们筚路蓝缕、披荆斩棘的时期，垦地开矿都得动土，因此他们想到要拜‘伯公’、‘土地神’。定居下来后要求家宅平安，要求发

① 黄宏荫：《马来西亚海南族群史料汇编》（上、下），马来西亚海南会馆联合会，2011年，第801页。

② 真名林道玖，南宋时期海南临高人，号妙道真人，海南人多称其为“南天昊圣妙道真人”。幼好老庄言，长大后愈悟玄机，能呼风雷降雨。南宋端宗景炎年间蜕解。乡人名其所居为崇真堂，并供其肖像敬祀之。

财如意，便把一切责任都付托给大伯公。到后来数典忘祖，或出于好事者附会，才把先驱华侨作为奉祀的对象，所以巴素博士（Dr. Victor Purcell）说得好，大伯公是华侨先驱者的象征。那是最好的定义。”① 较早的大伯公庙有槟榔屿海珠屿大伯公庙、槟城客家人建立的福德祠等。

而“拿督公”的称呼则源于马来人从前信奉的“圣地之神”（Datuk Keramat），华人以其为土地神进行祭拜。或者说，皈依伊斯兰教之前的马来人非常崇祀他们的土地神拿督公，信仰发生变化后，马来人虔诚信仰真主，放弃了对拿督公的敬拜，但为华人普遍奉祀。在华人社区，随处都可见到拿督公庙，它们和大伯公庙一样，很普遍，很流行。

共同信仰的神祇在早期的华人寺庙中就有，很多寺庙实际上是当地华人共同的信仰家园，方言籍贯的区别没有那么严格。关帝信仰在华人社会普遍流行。在广府帮华人中，关帝信仰更为普遍。在吉隆坡，最早供奉关帝的是广肇会馆附设的关帝庙（1889 年建立，也供奉观音、金花夫人、医灵大帝、赵公元帅等），此外当地还有多间庙宇和会馆供奉关帝。1856 年（吉隆坡开埠前一年），槟城的广府人建立“武帝庙”，供奉关羽及关平、周仓。广东籍的客家华人也崇拜关公，雪隆嘉应会馆就在其大厦二楼设有供奉关帝的关帝庙。而在吉隆坡怡保路，闽南人建有一座关圣大帝庙，该庙近年重建，富丽堂皇。

除了普遍信仰的神祇的庙宇，如关帝庙、观音庙之外，一些在我国并不是很普遍流行但有一影响力的“神祇”，华人也建立了一些敬拜它们的庙宇。如，巴生北区的开封府包公大人庙、北海的天福宫（供奉主神为顺平侯赵子龙，以及阎罗天子、福德正神）、霹雳巴登的三忠王庙（供奉主神为文天祥）等等。

但是，早期的华人寺庙中具有明显的神祇信仰的地方性特征与宗亲团体属性，从庙中供奉的神祇，即可判断出它属于哪一个华人帮群，是福建人的，广东人的，还是海南人的。某血缘性社团中崇拜的神祇，会与其姓氏历史的发展密切相关。

（五）本土化的神祇及其相关组织

以上主要是传自中国的华人宗教信仰。接着，我们简要了解马来西亚华人自己创造并加以崇拜的神祇。

1. 仙四师爷

仙四师爷是仙师爷和四师爷的合称。仙师爷指原芙蓉华人甲必丹盛明利（1822—1860 年）。盛明利原籍广东惠州，是另一著名华人领袖叶亚来的同乡和

① 许云樵：《南洋三神考》，《南洋文摘》1961 年第 2 卷第 7 期，第 42 页。

上司。盛明利原名叶观盛，尊称为盛公，字明利，1850 年来到马来亚。1860 年 8 月，由于争夺锡矿的开采权，芙蓉两名土著酋长之间爆发战争，当地华人也被卷进去。时任芙蓉华人甲必丹的盛明利死于战事，部属为纪念他，1861 年在芙蓉拉沙建立千古庙。四师爷指叶四，是叶亚来的盟友与挚友，后死于发生在吉隆坡的战事。因他排行老四，因而被尊称为“四师爷”。由叶亚来于 1864 年创建的吉隆坡仙四师爷庙是吉隆坡最早的华人庙宇。当年，叶氏从芙蓉请来盛公神位，建立“仙师爷庙”。吉隆坡战乱结束后，叶氏又倡建新庙。1875 年，新庙落成，改称“仙四师爷庙”，并增添叶四以及往日阵亡的师友将士们的神位。今天，吉隆坡仙四师爷庙主建筑分为正厅、右厅、左厅，正厅居中供奉盛公（在左）、叶四（在右）神位，右厅中供奉华光大帝、谭公爷和叶亚来神位（始于 1938 年），左厅供奉关帝。另外，庙中右边附祠（义勇祠）供奉保卫吉隆坡的忠勇先烈神位，左边附祠（观音堂）供奉观世音菩萨。

在马来西亚，目前属于仙四师爷信仰的神庙共有十多座，具体如下：

森美兰芙蓉亚沙仙四师爷庙千古庙，1861 年创立，为全马仙四师爷庙的祖庙、发源地；

吉隆坡仙四师爷庙，1864 年创建；

森美兰芙蓉仙师爷宫，1869 年创立，现在王成就村，1977 年重建；

雪兰莪万挠仙四师爷宫，1869 年创立；

柔佛蔴坡武吉摩仙师宫，1872 年创立，2006 年始被发现；

雪兰莪士毛月仙四师爷宫，1880 年创立；

雪兰莪乌鲁冷岳牙屹十四碑煤炭山，1890 年创立；

马六甲广福庙和胜宫，1890 年创立；

雪兰莪新古毛岳山古庙，创建于 1895 年；

森美兰知知港福圣宫，建立于 1895 年；

雪兰莪双文丹仙四师爷宫，1898 年创立；

雪兰莪加影师爷宫，迁自森美兰州芦骨，1898 年建立；

吉隆坡新街场师爷庙，1901 年建立；

彭亨文冬广福宫，1902 年创立；

雪兰莪龙邦古庙仙四师爷宫，1902 年创立。

另外，森美兰瓜拉庇拉的三圣宫（1897 年建立）、芙蓉天师爷庙（1864 年建立）、新邦葫芦顶三圣宫、翠岭山庄泗仙庙、武来岸石拿督庙等，也供奉仙四师爷。[①] 位于吉隆坡附近的沙叻秀医灵庙，也供奉仙四师爷。

早期马来西亚华人探察开采锡矿的路线，始于马六甲，中经芦骨、芙蓉、士毛月、加影，止于吉隆坡；又经吉隆坡北上至万挠、双文丹、新古毛、龙邦；也有从吉隆坡去文冬，折东至关丹、林明，或南向至巴生、八丁燕带。结合前述华人仙四师爷庙的分布地，可以看出，上述具体的路线，与马来西亚各地华人仙四师爷庙的分布之间，存在密切关系。[②] 亦即，当年华人矿工随其探察开采锡矿地的推进，也把仙四师爷庙创建于其不断延伸的开矿地区。华人矿工确实需要创建仙四师爷庙，以寄托信仰，祈求仙四师爷的庇佑。毕竟，仙师爷、四师爷都曾在锡矿区生活过，矿工对他们有着亲近之感，仙四师爷应与他们有心灵相通之处。

2011 年 12 月，我和马六甲兴安会馆副主席吴添福先生一起，拜访历史悠久的马六甲晋巷广福庙和胜宫。该庙主殿供奉四师爷盛明利（中）、黄老仙师（右）、谭公爷（左）。可惜由于保护不好，年代久远的雕刻绘画很残破，有些珍贵文物被偷走。和其他很多的仙四师爷庙相比，马六甲晋巷广福庙和胜宫中的神祇队伍很“单纯”，甚至“单调”。目前，由于受到其他华人民间信仰的影响或者“渗透”，仙四师爷庙反映出来的民间信仰很庞杂以致“凌乱”。在著名的吉隆坡仙四师爷宫，其中供奉的神祇包括：主殿正前方中间为四师爷（左）、仙师爷（右），右边供奉文昌关帝，左边靠近仙四师爷为谭公爷，其次为华光大帝，再次为创办人叶亚来神位。正殿中间左边为财帛星君。主殿的右边为观音堂，正前方中间供奉观音菩萨，右边供奉金花夫人，左边供奉花粉夫人。左边为太岁祠，中间供奉太岁爷以及义勇祠神位，并放置写有诸多神仙名称的牌位，右边为白无常，左边为虎爷。我们在文冬的广福庙（仙四师爷庙）看到，该庙除供奉仙师爷、四师爷外，还供奉观音、关公、天后、注生娘娘、李广将军、龙母娘娘、八仙、石将军玄坛爷、金花夫人、华光大帝、谭公爷、齐天大圣、佛祖、法主公、土地公、当年太岁、白无常、拿督公等。两座庙中供奉的庞杂的神祇队伍让我们感觉“乱花渐欲迷人眼”。仙四师爷庙中的神祇扩散现象值得关注。

---

① 2011 年 11 月初，我们拜访芙蓉亚沙仙四师爷庙主席黄俊棠先生时，他提到目前全马以仙四师爷为主神的庙宇共有 15 间。

② 《吉隆坡仙四师爷庙考》，《吉隆坡仙四师爷庙庆祝 125 周年纪念特刊（1864—1989）》，第 72 ~ 74 页。

2. 洪仙大帝

洪仙大帝可能是华人在马来西亚“自创”的神祇。[①] 早期华人南来后，经常要面对当地严重的虎患，于是开始供奉洪仙大帝。在新加坡以及邻近的马来西亚柔佛，洪仙大帝信仰较为兴盛。根据新加坡淡滨尼联合宫顺兴古庙管委会记载，传说早期淡滨尼有一村民上山砍柴，路遇猛虎。村民向老虎下跪求饶，并答应下山买猪头给老虎吃。老虎听后，没有伤害村民，随即走到山下一棵芒果树下，等待村民去买猪头回来。在等待之时，另一些村民发现了老虎，打伤了老虎后脚，老虎被迫逃入深山。不久，买猪头的村民回来，发现老虎不见了，他为信守承诺而带猪头上山给老虎吃，并在山内修道养生。几年后，淡滨尼村民经常看到一位神明骑三只脚老虎出现在这棵芒果树前，自称是洪仙大帝。村民因而在芒果树前兴建一间茅草屋，安奉洪仙大帝，祈求境内平安，自此虎患断绝。[②] 新加坡有两座著名的洪仙宫：1851 年前就已创建的淡宾尼顺兴港洪仙宫，以及丹拉美那义安公司新兴港洪仙宫。新兴港洪仙宫据说是由潮帮的义安公司发起，并从顺兴港洪仙宫分香过去的。该宫庙今已不存，但新兴港洪仙大帝中元会还继续运作。另外，在新加坡，静山路的七寨神庙也是奉祀洪仙大帝的神庙，该庙后来因新加坡城市发展，已并入玄夫仙的联合庙组织。在马来西亚，洪仙公宫以柔佛一州最多，历史也比较悠久，其他各州较为少见。柔佛州华人尤其是南柔地区华人较早、较多敬拜洪仙大帝，原因是早在柔佛港主时代就已开始的洪仙大帝信仰，应该与新加坡华人北上柔佛拓荒开垦有关，[③] 新加坡华人北上后，将洪仙大帝信仰也带入柔佛。在新山，非常著名的柔佛古庙中供奉代表闽帮华人的洪仙大帝。在新山，还有洪仙宫主祀洪仙大帝。在柔佛居銮，有一座较为大型的洪仙大帝庙，其中供奉神祇除了主神洪仙大帝外，还有观音、地母元君、天后等。在柔佛，还有古来新港洪仙大帝古庙、振林山区泊港（Kampung Pok）洪仙大帝庙等。

3. 公子爷

柔佛乌鲁地南公子爷庙，供奉主神公子爷爷，以及哪吒三太子、水尾圣娘。

---

① 洪仙公的另一说出自中国本土。据传说，洪仙公是广东大埔人，姓洪，自幼聪颖过人，善习拳棒，曾拜名师学习拳术及剑术。因生性耿直，心地善良，常以仁义待人，更具有侠义之风度，锄强扶弱，所以乡人颇敬之。一次洪仙公翻越山岭时，路遇斑额大虎，老虎上前跪在地上不走，洪仙公定神一看，原来该虎为三只脚，洪仙公骑上虎背，就地坐化成仙。时为农历十一月廿一日。洪仙公归仙得道之后，乡民更希望得其英灵庇佑，因此到处建庙祭祀。新马的洪仙公信仰乃是随客属移民而南传。又因为大埔毗邻潮汕，而被潮州人接受。洪仙大帝的封号出自何朝代则无从稽考，其造像有文身与武身两型，武身者，骑虎，手执宝剑；文身者则坐莲花，手拿仙佛。正月廿一日为其诞辰，十一月廿一日为其成道纪念日。参见新山中华公会：《奉祀神明简介》，http：//zhidao. baidu. com/question/212286861. html。

② 安焕然：《新加坡的洪仙大帝信仰》，http：//tech. sinchew－i. com/sc/node/248479。

③ 安焕然：《新加坡的洪仙大帝信仰》，http：//tech. sinchew－i. com/sc/node/248479。

公子（旧时海南人尊称年轻的读书人或富家子弟为公子）爷爷原是祖籍海南乐会的年轻读书人，求取功名不成，18 岁时跟同乡族人王绍经（后成为柔佛华侨社会早期著名侨领）下南洋，定居于乌鲁地南，因不适应当地酷热气候而病逝。王绍经和其他同乡将其安葬于地南河边。公子爷爷死后英魂不散，经常托梦当地居民，并能庇佑他们，于是同乡建神坛敬拜之，后来建庙，并塑造公子爷爷金身，定每年农历十二月十五日为其神诞日。公子爷爷最终成为当地的“城隍”，公子爷庙也在乌鲁地南家喻户晓，是当地华社共同奉祀、最具地方代表性的神庙。① 1952 年，乌鲁地南公子爷庙重修。目前由乌鲁地南神宫委员会管理，并由当地的琼、闽、粤、客、潮五帮华人轮流担任炉主，举办神诞庆典时，邀请琼剧团演海南戏，酬谢神恩。

4. 刘善邦

由阵亡人英灵演化为神祇的还有刘善邦。刘氏原籍广东陆丰，原为 1857 年石隆门（Bau）华人矿工反抗英国殖民者的领袖，他在战争中不幸阵亡。生前受人爱戴的刘善邦死后被尊称为“砂拉越开山始祖”，与其共同赴难的妹妹刘珍珍及义弟刘大伯和王甲，也备受当地人敬仰。位于砂拉越新尧湾的“义德庙”中，正厅上方中央悬挂“三义堂”匾额，庙中供奉主神为刘善邦，其他神祇包括老祖仙师（左起）、三山伯伯（王甲）、刘大伯公公、刘珍珍姑娘、玄天上帝。此外，与石隆门华工反殖事件有关的早期华人寺庙还有石隆门帽山（刘善邦时期华工公司的大本营及居住中心地）的“天师龙宫”和石隆门三叉港的“把水口伯公庙”（1903 年时重修）。

在马来西亚，早期的华人移民大多来自闽粤农村，文化素质低下，他们所能带来并信仰的宗教，通常是原始的精灵崇拜和佛道儒的末流所混合的民间信仰。19 世纪中期以前，马来半岛的华人宗教具有高度的权威主义和封建主义，华人的社会组织和权力结构或者建立在宗教信仰基础之上，或者带有浓厚的宗教色彩。当时，华人寺庙多由秘密会社控制，此外，一些行业社团和乡会也都以神庙或祠堂为活动中心。②

19 世纪末，秘密会社势力在华人社会衰退，宗教的权威主义被打破。

马来西亚的华人寺庙分为私人寺庙和公众寺庙。佛教寺庙和斋堂由于其组织机构，常被包括在私人寺庙中。在吉隆坡的 54 座普通寺庙中，29 座为私人拥有。大多数情况下，私人寺庙由一个人所有，寺庙成为其谋生的来源。有时，私人寺

---

① 吴华：《近看乡情浓——柔佛州海南族群资料专辑》，柔佛：柔佛州十六间海南会馆，2009 年，第 152～153 页、第 272～273 页。

② 骆静山：《大马半岛华人宗教的今昔》，《马来西亚华人史》，吉隆坡：马来西亚留台校友联合会，1984 年，第 443 页。

庙的所有者死亡后，由一个组织接管寺庙，进而变为公众寺庙。公众寺庙大致分为三类：宗亲寺庙、会馆寺庙、同一祖籍地的民众建立的寺庙。[①]

马来西亚华人建立的寺庙不仅仅是华人的宗教活动场所，而且，它们热心从事社会公益事业，尤其是积极资助华人教育，这也是我们可以称其为“宗教社团”的原因。

吉隆坡仙四师爷庙建立的深层次原因，“原以当日尚未有所谓社团之组织，除寻常会馆外，而欲成立一无界限之公共集会场所，则庙堂尚矣”[②]。由此看来，它不会只是一座寺庙。吉隆坡仙四师爷庙设有“大学奖学金委员会”，目的在于“协助品学兼优，有志深造，而家境非裕之华人青年学子，使得进入大学，完成其学业，为国家社会服务”[③]。1976—1988 年，吉隆坡仙四师爷庙大学奖学金共资助学生 92 人次，拨出奖金共 182 000 马元。吉隆坡仙四师爷庙还设有“华文独中奖励金”，1968—1989 年，该奖励金共资助“尊孔”、“坤成”、“循人”、“中华”四所华文中学 197 610 元。另外，吉隆坡仙四师爷庙还资助雪兰莪同善医院、吉隆坡华人接生院、雪兰莪大会堂、雪兰莪惠州会馆等。[④]

2004 年 11 月 28 日，哥打丁宜德教会紫登阁举办庆祝该阁成立 41 周年纪念庆典。在庆典上，紫登阁捐献 6 000 令吉给当地育华华小作为建校基金；捐给当地培华华小、新哥打华小、马威华小、泰丰华小各 400 令吉，作为它们的活动基金；颁发贫寒子弟助学金 4 200 令吉给当地各族小学生；以及为哥打丁宜老人院、哥打丁宜市区及乌鲁地南老人院施赠贫老。[⑤]

再如，马佛青总会曾经举办过全国佛学常识比赛、全国佛学歌唱比赛、全国民间舞蹈比赛、大专学生弘法课程、佛教学生联谊会等，它还经常发起献血活动、捐眼角膜活动、反吸毒运动等社会福利活动。1975 年，槟州中元联合会发动 103 个街区联合为韩江中学募捐 50 万元，作为该校建立图书馆的基金；次年，又为 8 家华文小学募捐发展基金；1978 年，再次为南华平民医院筹募建院基金；第二年，又为丹绒道光汉民华文小学筹募重建款项，并为柬埔寨难民义演筹款；1980 年，槟州中元联合会再为槟州元首敦萨顿各民族慈善基金和槟州华人大会

---

① Wolfgang Moese, Gottfried Reinknetch and Eva Schmitz-Seiber: *Chinese Regionalism in West-Malaysia and Singapore*, Hamburg, 1979, p. 352.

② 《四公纪念碑》，《吉隆坡仙四师爷庙庆祝 125 周年纪念特刊（1864—1989）》，立成印务有限公司，1989 年，第 98 页。

③ 《吉隆坡仙四师爷庙考》，《吉隆坡仙四师爷庙庆祝 125 周年纪念特刊（1864—1989）》，立成印务有限公司，1989 年，第 165～166 页。

④ 《历年庙务记略》，《吉隆坡仙四师爷庙庆祝 125 周年纪念特刊（1864—1989）》，立成印务有限公司，1989 年，第 176～216 页。

⑤ 《南洋商报》，2004 年 11 月 29 日。

堂建堂筹募，等等。善举频繁，款项可观。德教的许多会阁，尤其是紫系和赞化系的会阁免费为群众提供中医诊疗，怡保的济德阁和新加坡的济芳阁则聘请西医为德友和群众义务治疗；许多会阁为经济困难的德友子女或非德友子女提供学费和奖学金；规模较大的会阁开办幼稚园，专门为青年提供乒乓球、羽毛球、象棋等体育器具，开设太极拳班，举办联欢灯谜等体育与文娱活动。

从宗教社团的成立宗旨，也可看出它们除弘扬教义、增进会员感情外，对社会公益活动也有所关注。霹雳太平德德社济诚阁的成立宗旨是：崇奉德德社诸佛诸仙尊的硕德嘉言懿行；恭迓古圣贤降銮，为病黎解除疾苦，为善信阐释疑难，劝善立德，醒化人心；赞助慈善事业与阁员福利及联络友阁感情。[①] 但是，有些宗教社团的成立宗旨中，也往往强调加强各族交流，促进各族间的和谐。如，马来西亚佛教总会的成立宗旨是：团结大马佛教徒，联络感情，振兴教制，宣扬教义，福利社会，以及提高人类道德，促进各族和谐。[②] 马来西亚华人穆斯林协会的主要宗旨，除了关心华人穆斯林的福利、组织华人穆斯林间的活动和节日庆典之外，还力图充当促进各民族间和睦相处、相互理解的桥梁。[③]

混杂佛道儒三教成分、富有中华传统文化因素的庙宇，普遍是马来西亚华裔小区的中心。民间宗教信仰深入普通华人的骨髓和灵魂，神庙与华人息息相通、“血乳交融”，它们在华人中下层社会的凝聚力与动员力之强，政党乃至社团都“难以匹敌”。神庙实际上就是华人社会保护、传承自身族群文化的坚强堡垒。

华人宗教伴随马来西亚社会、马来西亚华人社会的发展而发展。各种华人宗教组织机构的各种活动无疑会淡化华人之间的帮派意识和特点，促进各华人群体之间的交流与合作，加强华人各群体之间的团结与整合，从而在整体上有利于华人社会的进步。

第六节　秘密会社

新马地区早期华侨社会中存在的秘密会社（又称为“私会党”、“秘密会党”等，英文名 Secret Society），起源于中国的天地会。产生于清朝初年的天地会是以“反清复明”为活动宗旨的一种民间组织。天地会传入南洋通过两条途径：

---

① 《霹雳太平德德社济诚阁》，马来西亚华团简史编委会：《马来西亚华团简史》，吉隆坡：马来西亚中华大会堂总会，1999 年，第 151 页。

② 《马来西亚佛教总会》，马来西亚华团简史编委会：《马来西亚华团简史》，吉隆坡：马来西亚中华大会堂总会，1999 年，第 69 页。

③ 尤素福 · 刘宝军：《海外回族和华人穆斯林概况》，北京：民族出版社，2004 年，第 81 页。

一是由于华侨移居而传入；二是天地会在国内起事失败后，其成员逃往南洋。包括新马地区在内的南洋各地早期的华侨秘密会社，“从组织系统看，它是属于乾隆年间在闽南诞生并迅速在中国南部流传的天地会的海外分支”[①]。

新马地区华人秘密会社出现的时间较早。莱特在1784年1月25日写给当时的孟加拉总督的信中曾说，槟榔屿的华侨“善秘密结社，以反抗政府法律之不称其意者”[②]。1799年，槟榔屿的华侨秘密会社发动了反对英国殖民者的斗争。

在新马地区落地生根后，华侨秘密会社迅速发展。伴随19世纪中期以后华人移民浪潮的推动，秘密会社的会员数量和力量快速增长。马来半岛上几乎所有的男性华人都加入秘密会社。而且，在一些华人秘密会社中，还允许马来人和印度人加入。因此，华人秘密会社很早就跨越了种族界限。

各个秘密会社还不断发展其分支，如，以三点会为基础的义兴公司、海山公司、大伯公会（也称“建德会”）、义福公司等几家秘密会社势力最强。这几家秘密会社又有不同的分支。

同传统的三缘组织相比较，地域性因素也在秘密会社中起作用，如，一家秘密会社可能只是一个华人方言群的组织。不过，有时一家秘密会社也会允许两个或三个甚至更多的华人方言群加入其中。实际上，秘密会社较早突破了华人的方言界限。在槟榔屿，义兴公司的成员限于广东人，其首领来自广州府台山县。与义兴公司有关联的和合社，其会员是来自台山县的客家人。早期的马六甲华人移民中，客家人占多数。起初，当地的义兴公司属于广东人，同时可能包括客家人。后来，该秘密会社的成员组成发生变化，福建人和海南人也加入进去。

义兴公司的对头是海山公司，该秘密会社在1820年左右创建于槟榔屿，有人认为它由华生会社发展而来。华生原属义兴公司，后于1801年脱离义兴，并创建了自己的会社，成为客家人的一个秘密会社。也有看法认为，海山公司是最早在槟榔屿出现的秘密组织，它后来结合华生会社形成一个新的联盟。[③]

海山公司的成员主要是来自五邑的广东人和来自惠州府的客家人。马来半岛上所有的华人定居地都有海山公司。在霹雳、雪兰莪和森美兰，海山公司的成员主要是惠州府的客家人。上述几地客家人曾一度在华人各帮群中占据优势。在新加坡，当地义兴公司的成员中还有潮州人。

1810年在槟榔屿被发现的和胜会社，活跃在马来半岛北部，尤其在槟榔屿和霹雳两地。它是首家吸收其他种族加入的秘密会社，其成员包括华人、马来

---

① 蔡少卿：《中国近代会党史研究》，北京：中华书局，1987年，第381页。

② 书蠹著，顾因明、王旦华译：《槟榔屿开辟史》，上海：商务印书馆，1936年，第136页。

③ Wolfgang Moese, Gottfried Reinknetch and Eva Schmitz-Seiber, *Chinese Regionalism in West-Malaysia and Singapore*, Hamburg, 1979, p. 482.

人、葡萄牙人、吉零斯人（Klings）以及加夷贝干斯人，华人成员可能以广东人和惠州客家人为主。[①]

义兴公司也有福建人的分支。不过，大的福建人的秘密会社在19世纪30—50年代之间出现，其源头为义兴公司。在槟榔屿，福建人的秘密会社称为“大伯公会”，在新加坡则称为“义福公司”。槟榔屿的大伯公会在1844年建立，其后活跃于槟榔屿及霹雳。大伯公会的领导人曾有多位是当地的邱姓人士，因此，它与邱公司联系密切。大伯公会的成员中大多是富有的商人和店主，包括军火制造商与销售商。

槟榔屿还有义福公司，其成员大部分是潮州人。

一般来说，早期秘密会社为其会员，尤其是为新客提供帮助和保护。“华侨秘密会党是华侨实行互助与反抗英国殖民统治的组织”[②]。1799年槟榔屿的起事，1824年新加坡的暴动，1856年马六甲的反英起义，1857年槟榔屿、新加坡的总罢工，1867年的槟榔屿暴动以及1872年新加坡的小贩罢工等，都是秘密会社组织或以其成员为主力的反对英国殖民者的斗争。

秘密会社在华侨社会中的出现和发展，使各种不同性质的社团组织之间的关系变得更为错综复杂。同乡会、宗亲会、行业公会、寺庙的领袖或负责人，以及作为华人社区官方任命的领袖华人甲必丹等，他们与秘密会社的密切关系众所周知。邱天德原是槟榔屿大伯公会的领袖，曾因为1867年的槟榔屿暴动而被海峡殖民地政府判处死刑，后被改判为驱逐出境。他还参加了拿律战争（1862—1873年），后回到槟榔屿，担任邱公司的领导。对开发霹雳太平作出重要贡献的华人甲必丹郑景贵，在拿律战争期间是海山公司的领袖，他同时也是一名估价商，担任过霹雳州议会议员。开发吉隆坡的华人甲必丹叶亚来，也是当地海山公司的领袖。

马来西亚的华侨因为地缘、方言的因素，形成了福建帮、广府帮、潮州帮、客家帮、海南帮、三江帮等帮派，各帮派在所从事的行业上也有区别。华侨社会的帮派特征影响了华人秘密会社，秘密会社也分成不同的帮派。不同的帮派之间互相猜忌、敌视，甚至发生械斗。秘密会社之间较为严重的冲突，有19世纪40—50年代新加坡义兴会和义福会之间的冲突，1854年槟城的义兴、和成与海山、大伯公会的冲突，1862—1873年拿律战争期间义兴会和海山会、大伯公会的冲突，1860—1873年双溪乌绒的海山会和义兴会的冲突，1876年吉打义兴会

---

① Wolfgang Moese, Gottfried Reinknetch and Eva Schmitz-Seiber, *Chinese Regionalism in West-Malaysia and Singapore*, Hamburg, 1979, p. 484.

② 林远辉、张应龙：《新加坡马来西亚华侨史》，广州：广东高等教育出版社，2008年，第247页。

和大伯公会的冲突等。

上述冲突中，以拿律战争最为知名。当时霹雳拿律地区盛产锡矿，为争夺锡矿的所有权和开采权，义兴公司和海山公司进行了较长时间的残酷战争。

秘密会社之间的内讧既会削弱其本身的力量，同时还会造成社会不安与动荡。而华人秘密会社间的内斗，也成为英国殖民者改变统治手段、加强对华人社会的控制的一个重要原因。

直到19世纪60年代，海峡殖民地政府还未制定出符合殖民地统治需要的政策法律，涉及华侨和马来人的事情，大多按照各自的风俗习惯加以处理。另外，由于英国人当时实行自由贸易政策，他们积极鼓励输入、招徕华人（尤其是华工），因而对华侨事务不作直接的、过多的介入和干预。19世纪70年代以前，海峡殖民地政府对华侨采取间接统治的办法，通过任命华人甲必丹，“把华侨大体上置于他们首领的直接管理之下，为这些有权势的首领建立起中央的和发号施令的地位，并给予他们较大的权限，以便他们能有效地发挥警察的功能”。[①]

英国殖民者对华侨实行间接统治的另一种方法是默许、听任华人秘密会社的存在，这是因为秘密会社在当时马来西亚各地的华人社会中，有着广泛、深刻、巨大的影响。殖民地政府让一些秘密会社的首领承包税收，同时，还允许他们拥有经营鸦片、赌博、酒、典当的垄断权，可以操纵对“猪仔”的贩卖，可以充当华人甲必丹。殖民者的意图很明确，他们利用秘密会社及其领袖的重要影响，借以管理、控制华侨社会。

秘密会社在英国殖民政府的认可下，参与早期殖民地的经济活动，成为烟、酒、赌博业甚至卖淫业的重要保税商，进而成为控制早期马来西亚华人社会的有力力量，维持了华人社会的和平与稳定，这种作用在马来土邦的各地采矿中心尤其明显。[②] 因而秘密社会是早期马来西亚华人社会能够实现稳定的一个重要因素。正因为如此，1890以前的秘密会社在华人中发展迅速，影响力极大。1876年时，海峡殖民地和马来亚各土邦的华人中，60%以上是秘密会社的成员，其余40%也处于秘密会社的影响之下。[③]

但是，华人秘密会社存在很严重的封建性、神秘性、落后性和破坏性等缺点，各派之间常常为些许小事或经济利益展开有时甚至变得非常残酷、血腥的堂斗，造成华人社会乃至当地整个社会的动荡不安，华人社会也因此而蒙受被殖民地政府和其他民族鄙视的羞辱。

---

① Victory Purcell, *The Chinese In Malaya*, Kuala Lumpur: Oxford University Press, 1967, pp. 72 – 73.

② ［澳］颜清湟：《海外华人史研究》，新加坡：亚洲研究学会，1992年，第184页。

③ Lee Poh Ping, *Chinese Society in Nineteenth Century Singapore*, Kuala Lumpur: Oxford University Press, 1978.

19 世纪六七十年代之后，由于各种因素的变化，英国殖民政府放弃了一直实行的对马来半岛的不干涉政策，积极进行直接的干涉，发动殖民侵略，力图把马来半岛纳入自己的统治。由此，1867 年，英国政府加强了在海峡殖民地的地位，由原来的印度事务部管辖，改为由英国殖民部管理，将马来半岛变成皇家殖民地。与此相适应，英国殖民当局也调整了对华侨实行的间接统治的方法，转而进行直接统治，这种统治方式变化的重要标志是 1877 年华民护卫司的建立。

早在 19 世纪 50 年代，海峡殖民地政府开始试图加强对华侨社会的统治。1856 年，它颁布《警察法令》（*Police Act*）和《管理法令》（*Conservancy Act*）。这两部法令涉及华侨的集会、游行、演出、丧葬、祭祀以及市场管理等活动，完全把华侨置于殖民地政府的统治之下。[①] 这两部法令的颁布引起海峡殖民地华侨的广泛抗议，随即在新加坡、槟榔屿发生华侨总罢工。罢工迫使殖民地政府答应对《警察法令》作部分修改。

1872 年，新加坡又发生华侨小商贩的罢工罢市活动，抗议殖民地政府实行《管理法令》。1876 年，新加坡华侨举行暴动，反抗殖民地政府对他们经济上的压榨。华侨的上述举措使殖民地政府感到必须加强对华侨的统治。

在 1872 年的罢市活动中，华侨小商贩自发袭击了胡璇泽的面包房。几年后发生的华侨暴动中，华侨下层群众对那些出卖了华侨利益的华侨富商和秘密会社的领袖非常愤怒和憎恨。这些情况表明，殖民地政府所倚重的华侨富商和秘密会社领袖，他们的威信和影响力已下降到不足以有效管理华侨社会的地步。这也促使海峡殖民地政府改变间接统治的方式，采用直接的、更加有效的统治方式。

此外，英国殖民统治力量的加强和殖民统治地位的巩固，也使英国殖民政府能够对华侨采取直接的统治。

1877 年 6 月 1 日，根据同年颁布的《华人移民法令》（*Chinese Immigrants Ordinance*），海峡殖民地政府在新加坡成立华民护卫司署（*Chinese Protectorate*）。该机构直接全面、专门地负责管理、统治华侨。最高负责人称为华民护卫司（Protector of Chinese，也有译作华民保护司）。由于首任华民护卫司是毕麒麟（W. Pickering），所以有的华侨也直接称呼华民护卫司为毕麒麟。

同在 1877 年，海峡殖民地政府指定了一位华民护卫司驻于槟榔屿，到 1881 年，槟榔屿华民护卫司署正式成立。两年后，霹雳的华民护卫司署也成立了。雪兰莪的华民护卫司署成立于 1890 年。在马六甲，1911 年成立华民护卫司署之前，管理华侨事务的职责由当地警察局局长兼任。在森美兰和彭亨，两地成立华民护

---

① 林远辉、张应龙：《新加坡马来西亚华侨史》，广州：广东高等教育出版社，2008 年，第 213 页。

卫司署前，管理当地华侨事务的职责由雪兰莪的华民护卫司负责。①

华民护卫司署的建立，标志着英国殖民主义者对新马地区华侨间接统治的结束和直接统治的开始。有关华侨的移民、社会、政治、文化等问题，华民护卫司署都有权处理。从此，英国人加强了对华侨的全面统治。而华民护卫司则“是海峡殖民地总督和马来亚最高专员关于华侨事务问题的顾问，是英国殖民当局对华侨各项政策的参谋者、咨询者，也是英国殖民当局对华侨各项政策、法令、法案的执行者”②。

华民护卫司署建立后，需要解决的一个重要问题是弊端很多而且很严酷的“契约华工”（或称“苦力贸易”、“猪仔贸易”）问题。其实，在1871年和1873年时，鉴于“契约华工”存在严重的消极现象，华商和华侨领袖曾两次向海峡殖民地政府请愿，1873年10月9日，殖民地政府立法委员会通过了一项移民法令，但此法令当时并未能生效，不过，“它却为1877年以后在海峡殖民地和马来各土邦设立华民护卫司署铺平了道路”③。1888年，海峡殖民地政府颁布另一项移民法令，加强对“契约华工”的管理，以图纠正其中存在的严重弊端。华民护卫司署的建立和1888年移民法令的颁布，对马来亚地区“苦力贸易”中存在的严重问题，还是起到了部分的纠正和抑制作用。

华民护卫司署建立后，也制定和颁布了改善华工处境的法令，如1877年的《诱拐法令》（*Crimping Ordinance*）、1891年的华侨农业工人保护法令等。

针对当时海峡殖民地各地存在的华人秘密会社，华民护卫司署也采取措施加强管理、控制。1867年海峡殖民地划归英国政府殖民部后，随即成立了一个委员会对华侨秘密会社的情况进行调查。根据调查结果，海峡殖民地政府于1869年颁布了《危险社团法令》（*Dangerous Societies Ordinance*），并在1870年、1872年分别作了两次补充。1869年的社团法令制定了所有社团的注册原则，其目的在于使华侨秘密会社通过法律的注册实现他们社会地位的合法化。海峡殖民地政府当时还并不想取缔华侨秘密会社，而只是想控制它们，减少殖民者认为的“危险”秘密会社的数量。英国人还是想暂时利用秘密会社控制各地的华侨社会，利用秘密会社的领袖来加强对华侨社会的管理。由于秘密会社及其首领在各地华侨社会中具有很大的影响力，它们成为稳定华侨社会的重要力量。因此，英国殖民者这么做是情理中的事。毕麒麟当时曾警告说：“如果秘密会社被消灭，我们对

① ［英］W. L. 布莱司著，王陆译：《马来亚华侨劳工简史》，《南洋问题资料译丛》1957年第2期，第2～24页。

② 林远辉、张应龙：《新加坡马来西亚华侨史》，广州：广东高等教育出版社，2008年，第219页。

③ ［澳］颜清湟著，粟明鲜等译：《新马华人社会史》，北京：中国华侨出版社，1991年，第8页。

华人中无法无天的阶层就将一点也控制不了。”①

19 世纪 80 年代后期，新加坡接连发生华侨（或华工）的罢工、暴动事件，这可以被看作是秘密会社控制华侨社会的影响力下降的一种体现。而且，秘密会社本身存在的弊端、阴暗面及其在社会上的消极影响不断暴露，这对华侨社会的正常发展不利，也不利于英国人进行殖民统治。1882 年，英国殖民政府不再准许华人秘密会社注册。1888 年的调查数据表明，新加坡有 11 个华人秘密会社被注册，槟榔屿有 5 个，共涉及会员 156 440 人。② 1889 年，海峡殖民地政府颁布《镇压危险社团法令》（*Dangerous Societies Suppression Ordinance*），规定各种秘密会社均为非法组织，秘密会社的标志、符号、神主必须公开销毁，对主持秘密会社的首领处以极重的罚款。该法令于 1890 年 1 月 1 日开始正式生效。

表 28　1876 年英国殖民当局认为危险的华人会党及成员人数表③

会党名称	新加坡	槟榔屿	合计	会党名称	新加坡	槟榔屿	合计
义兴会（潮州帮）	1 298	12 870	17 452	义心	785	—	785
义兴会（福建帮）	3 284			大伯公会	—	5 752	5 752
义福会	3 529	300	3 829	和胜	—	2 590	2 590
海山	1 492	400	1 892	存心	—	1 357	1 357
义记	1 128	—	1 128	合计	11 516	23 269	34 785

表 29　1885 年新加坡登记注册的会党表④

会党名称	所 在 地	首领职业	头目人数	注册会员	已缴会费会员
义兴公司（福建帮）	中国街 4 号	药材	404	11 454	4 160
义兴公司（海南帮）	桥北路 478 - 1 号	贸易	84	3 796	1 750
广福义记	比奇罗敦街 140 号	甘蜜经纪商	80	4 203	2 234
福兴	北卡纳尔街 41 号	鸦片、酒类	154	9 505	2 895
广惠肇	南京街上段 475 号	客栈	75	3 038	1 450

① 林远辉、张应龙：《新加坡马来西亚华侨史》，广州：广东高等教育出版社，2008 年，第 225 页。

② 关楚璞：《星洲十年》，新加坡：星洲日报社，1940 年，第 971 页。

③ 资料来源：*Proceedings of Legislative Council*, Straits Settlements, 1877. 转引自《南洋资料译丛》1984 年第 3 期，第 96 页。

④ 资料来源：*Proceedings of Legislative Council*, Straits Settlements, 1877. 转引自《南洋资料译丛》1984 年第 3 期，第 97 页。

（续上表）

会党名称	所 在 地	首领职业	头目人数	注册会员	已缴会费会员
松柏馆	南京街上段 32 号	伐木	66	5 811	1 580
义福公司	卡宾达街 25—4 号	米店、剧场	414	10 860	5 133
洪义堂	珍珠街上段 3 号	酒类	15	402	250
利城行	桥南路 163 号	木匠	5	407	350
粤东馆	北卡纳尔街 35 号	贸易	6	415	235
合计			1 303	49 891	20 037

华民护卫司也是社团注册官（Registrar of Societies），他既负责处理秘密会社的问题，也负责对所有华侨社团组织进行直接的管理和监督。华侨社团组织的成立要得到华民护卫司的批准，华侨社团组织的活动也必须向他汇报，未经其批准的社团组织被视为非法，对任何社团组织华民护卫司都有取缔和解散的权力。

华民护卫司还对华侨社会中存在的吸食鸦片、赌博、娼妓等问题采取措施，加强管理，并取得一定效果。

1869 年的《危险社团法令》应该是海峡殖民地政府颁布的第一部关于华侨社团组织的法令，它可以看成是海峡殖民地政府以法律形式管理华侨社团组织的开始，尽管它主要是针对当时的华侨秘密会社。从此，殖民地政府正式对华侨社团组织加以法律上的管理。

1890 年以后，华人秘密会社以新的形式在新马地区出现并活动于当地。在霹雳，秘密会社还是以相同的名称在当地出现，如义兴公司、海山公司、大伯公会、松柏馆。它们的活动仍主要在于控制商人、走私和经营卖淫业。

此外，它们还与当时中国的政治发展联系密切。康有为、孙中山等人曾在马来亚分别组建了保皇会、同盟会的分支机构，其中许多成员是当地秘密会社分子。

新马地区沦陷于日军魔爪之前，新加坡的福建人、广东人和潮州人中，有几个秘密会社在他们当中占据主导地位。福建人中有新义兴（老义兴的继承者）和新公司（不属于三点会组织），新义兴又组建了很多的分社。新公司建立于 1921 年，1929 年时它有 7 家分支。潮州人的秘密会社仍主要是由凤梨业工人于 1908 年组建的“福潮琼”（后称为“三字”），它也不是三点会组织。20 世纪 20 年代时，福潮琼有 10 个分支，其势力范围扩大至南柔佛。另一家潮州人的秘密会社是新中华（Sin Tong Hwa），1921 年从新义兴中分离出来，它有 4 个主要分社，以及无数的小分社。广东人的秘密会社中，一个是兴党，由属于三点会组织的兴记、兴义、兴华、兴友、兴侨 5 个分支组成；另一个是非三点会组织的万义，它的分支是和记、华侨。

上述组织在海峡殖民地和马来联邦的其他地方也有出现。

1908 年成立的华记会社，是广东人中最重要的秘密会社之一。在新加坡和槟榔屿，它被称为“水陆平安”或“水路票”。据说，华记由义兴公司分裂而来，或认为是中国的青帮传入马来半岛后改名而来。

日军侵占新马地区后，许多秘密会社的成员被杀害，有些被日本人利用为间谍。与此同时，许多秘密会社的成员积极参与到马来亚共产党和马来亚国民党地下抵抗组织的反日斗争中。

“二战”后，为数众多的秘密会社恢复活动。首先是三合会组织以洪门会的形式在槟城出现，并迅速向吉打、霹雳、柔佛及新加坡等地扩展。到 1947 年 2 月，槟城与新加坡的私会党聚集在新加坡，决定成立“马来亚洪门致公堂”。同年 11 月 18 日，它们正式向殖民地政府社团注册官提出申请成为合法团体。1948 年 5 月 12 日，社团注册官援引 1889 年社团注册法令，拒绝批准私会党的申请。[①]

为了加强对秘密会社的控制，在原有法令的基础上，英国殖民政府先后于 1947 年和 1949 年分别在新加坡和马来亚出台了一项新的登记制度，三点会组织被宣布为非法组织。

20 世纪 50 年代，华人秘密会党的活动形成战后的另一高潮。据统计，当时约有会党组织 360 个，党徒 13 000 人左右，其中活跃者有 120 多个，拥有党徒 7 000 人，包括 110 个福建帮与潮州帮、18 个广东帮及 8 个印巫帮。[②] 针对会党活动的猖獗，1955 年，殖民地政府颁布了《刑事裁判（临时条款）法令》[*Criminal Justice* (*Temporary Provisions*) *Ordinances*]。该法令授权警方，反对让涉嫌会党分子具保在外候审，对触犯该法令中所列某些特别罪行的会员施以重刑。[③]

“二战”后仍在马来半岛和新加坡积极活跃的秘密会社，基本上是在 20 世纪最初的 20 年组建的，它们主要分布于福建人、广东人和潮州人几大帮群，其他帮群中秘密会社成员占少数。[④]

新加坡仍存在的秘密会社分布于福建人、广东人以及潮州人中。它们的大致

---

① 郑文辉：《新加坡华人私会党》，新加坡：新文化机构，1981 年，第 124 页。

② 郑文辉：《新加坡华人私会党》，新加坡：新文化机构，1981 年，第 124、137 页。

③ 麦留芳著，张清江译：《星马华人私会党的研究》，台北：正中书局，1985 年，第 76 页。

④ Wolfgang Moese, Gottfried Reinknetch and Eva Schmitz-Seiber, *Chinese Regionalism in West-Malaysia and Singapore*, Hamburg, 1979, p. 490.

情况是：①

福建人最重要的秘密会社以数字符号 18、21、24、36 以及 108 为表征，它们还有各自的分支。

18 的小组织中，有：新海轩、十三么（它是最有影响力的分社，其会员中也有广东人、客家人、马来人和印度人）、义群党（也称“同民阁”或“三六九”）、义昆堂、小义虎和小坤堂。

24 的小组织中，有：义龙虎、义红军、义龙杰、义海龙、888、新再合、义三合（也称“789”）、文山、969、金岐山。

36 的小组织有：329（它有最强大的地位，其成员除了华人，也有印度人、欧洲人）、同金兰、义忠和、666666、忠义剑、忠义虎、振盛。

108 的小组织有：义龙发、红白虎、金龙虎、龙山波、龙虎山、义龙珠、海陆山、303、小三雄、小英雄、细路祥、808。

广东人分布于以下 3 个主要秘密会社：万义党（也称“老字号”或“七方八面党”）、兴党（也称“五方六面党”）和群义党（也称“三方四面党”）。它们各自还有小的分支。

万义党的小组织有：万义和记、同学、铁群、华侨（亦即“草花”）、和记、联华、会群和广义和。

兴党的分支有：兴和、兴义、兴发（亦即“兴友”）、兴华、乐华以及兴侨（“二战”前原属福建人的“18”）。

群义党的小组织有：老君（是最有势力的会社）、老义、老长、义群英、大集会、君联、新君、君记。

潮州人最著名的秘密会社是三字，它有下列主要小组织：老永兴、8888、新兴阁、新永兴。

1987 年 3 月，马来西亚副内政部长曾披露，当时该国有私会党 90 个，槟城、霹雳、吉隆坡、森美兰和柔佛是它们最活跃的地区。20 世纪 90 年代初期，私会党派系遍布全马，而且主要以洪门和华记为“旗头”。其中，洪门活跃于西马沿海的柔佛、马六甲、槟城、吉打、雪兰莪，在吉隆坡势力也很强；华记在槟城、吉打、玻璃市、吉隆坡、彭亨、森美兰势力最强。

具体来看，马来西亚私会党有 100 多支派别，它们分别是：②

1. 洪门

三八一二、凤凰山、五指山、五色旗、洪顺堂、三百六、老君、君联、龙虎

---

① Wolfgang Moese, Gottfried Reinknetch and Eva Schmitz-Seiber, *Chinese Regionalism in West-Malaysia and Singapore*, Hamburg, 1979, pp. 496 – 498.

② 郭仁德：《揭开私会党真面目》，马来西亚华人文化协会，1992 年，第 27 ~ 29 页。

堂、百龙虎、廿一、廿四、马来洪门（九六九）、马来零八、印度黑豹、印人一条心、马来一条心、红金龙、红双堂、红花、零八、小零八、卅二党、二龙虎、廿一海、义红山、红虎、零一、小零一、小三王、印人黑鹰、洪金龙、洪盟会、红日山、二零四、合和堂、兴联会、黑龙、海山、义兴党、王虎山、小白虎、二零、小白雄、仁义堂、小金龙、小龙虎、五龙、小三六、一点红、红花党。

2. 华记

华记、小华记、十八、十八罗汉、美华十八、四洞仔、小梅花、十虎、十三太保、兴记、马来十八、印人十八、马来小梅花、十八子坤堂、中和仔（钟和）、暹地十八、新红面、广东十虎。

3. 其他“独立派”

联鹰社、北海堂、卅二党、二红鹰、罗光、二蓝阁、九色龙、忠育盟、家和堂、忠义堂、月山薛、廿二派、小红叶、满地红、十三虎、小龙球、小斧头、龙虎、一条龙、小龙发、八仙、二等星、十三阿窿、黑玫瑰、黑乌鸦、六指琴魔。

接下来我们来了解马来西亚各地私会党的分布。

在吉隆坡，洪门和华记的势力平分秋色，旗鼓相当。其中，洪门的派别有：三八廿一、五指山、三百六、龙虎堂、百龙虎、廿一、红花与零八、印度洪门、廿四堂、马来洪门（九六九和零八）、君联、老君、印度黑豹、红金龙、红双堂、印度“二和四”、洪顺堂；华记的派别有：美华十八、十八、小梅花、华记、十三太保、马来十八、马来小梅花、十八罗汉；除洪门和华记之外，其他的私会党派别有：六指琴魔、二零、红金龙、小龙发等。

在霹雳州首府怡保市，势力较强的私会党有：小零八、万和、洪顺堂、小华记等。在太平活动的势力强大的私会党有三百六和十八罗汉；而三百六和小龙球在安顺和天定州的势力强大；实兆远则有洪成党，等等。

在槟榔屿岛，华记、小白虎、小零八、小三王、二蓝星、新二零、八仙、小龙虎、四洞仔、零八、新红面、洪金龙、二零四、二零、零一等私会党派别较为活跃。在威斯利省的北海，私会党派别也很多，主要有：华记、洪金龙、一条龙、四洞仔、零八。在大山脚，洪金龙、二零四、黑鹰、小三王在当地势力强大。

在柔佛州，新山的私会党有：凤凰山、十八小坤堂、联鹰社、合和堂、北海堂、三二党、二红鹰、二龙虎、义联会、仁义堂、廿一海、洪顺堂、罗光、二蓝阁。巴株巴辖的私会党有：义洪山、凤凰山、二红鹰、洪顺堂、月山薛、五龙、三八廿一、华记、小红点、忠义堂、廿一党。笨珍势力较强的私会党有：廿一海、红虎、二红鹰、联兴会、凤凰山、廿一海、家和堂。在蔴坡，私会党有：凤凰山、五色旗、月山薛、义洪山、老君、红鹰。居銮较为活跃的派别有：凤凰山、三二党、仁义堂、二龙虎、五色旗、二蓝阁、红日山、九色龙、义红山、华记。在哥打丁宜活动的私会党有：二龙虎、卅二派、印度洪门等。

在马六甲，非常活跃的私会党有：华记、十八、洪顺堂、五色旗、三八二一、一点红、红棍、四洞仔等。

在彭亨，“华记”控制的地区范围较广。文冬、劳勿、文德甲、立卑、金马仑、而连突等地区，都属于“华记”与“十八”的势力范围。

在森美兰，“华记”与“十八”的势力也较强大。

在吉兰丹，除“洪门”和“华记”外，还出现“小斧头”和“红花党”两个新的私会党派别。

丁加奴除了“洪门”外，也出现了一个新的私会党派别——“黑乌鸦党”。

在最北部的两个州吉打和玻璃市，主要的私会党有“暹地十八”、“洪门”、“三百六”。

“二战”后，马来西亚秘密会社的发展特点如下：

（1）跨族发展。不仅有马来人、印度人等其他民族成员加入华人私会党，而且，受华人影响，马来人、印度人等组建自己的私会党，如马来洪门（九六九和零八）、马来十八、马来小梅花、马来一条心、印度黑豹、印度“二和四”、印度洪门、印人十八、印人一条心，等等。

（2）与党派政治关系密切。“华记”的成员大多倾向于支持执政党，马华公会、民政等以华人为基础的政党，曾在历届大选或补选中，得到“华记”头目及其属下的支持；洪门成员则大多倾向于支持反对党，以华人为基础的最大反对党民主行动党，得到洪门大多数成员的支持，反对党成员中，有些人也是洪门的成员。此外，洪门的一些领袖也和马共有联系。

（3）青年人纷纷加入。20 世纪 60 年代末至 70 年代中期，秘密会社蓬勃发展，而且非常活跃，很多年轻人纷纷加入。70 年代时，马来西亚政府曾采取严厉措施，大规模扫荡私会党，但它们经历一段时间的沉寂后，在 80 年代初又开始活跃起来，甚至渗透到学校。槟州、霹雳、柔佛以及吉隆坡的多间学校，沦为私会党的温床，连校方也束手无策。

（4）女性私会党崛起。如在蔴坡，1987 年时纯属女性的“黑玫瑰党”崛起，广招会员，并且专门面向女学生。

（5）与其他华团的联系。1991 年 12 月 1 日，位于吉隆坡的一家注册社团“金兰武术五祖洪门总会”举行成立大会。在其成立后宣布的名誉主席团成员中，很多是华团的领袖。同时，马来西亚各地的许多俱乐部、体育会、地缘性社团中，“都有洪门与华记的中坚分子在活动，甚至有些又领导着这些合法组织，是民间一支有助于民族事业发展基础的生力军”。①

进入新世纪的华人私会党，其主要活动不再主要是于刀光剑影、血雨腥风中讨生活、谋发展，而是趋于商业化，涉足高利贷、贩毒、走私、非法移民、博彩业等能够赚取暴利的行业。同时，私会党与党派、社团日益“鱼水情深”；换言之，在马来西亚华人社会，黑道与白道日趋融合，有时“黑白不分”，难以区分。所以，早期的华人私会党比较重节义，乃至重视维护华人利益，而目前的华人私会党则更多地关注自身利益。与此同时，目前那些受华人影响而建立起来的印度人的私会党，像早期的华人私会党那样，血腥狠勇，经常拼杀，动辄杀人。

第七节　马来西亚中华大会堂总会

“二战”后，除传统的“三缘”性社团联合的趋势在增强外，其他类型社团同样出现了联合趋势。战后以来产生的各类型华人社团的总会主要有：马来西亚中华工商联合会、马来西亚华校董事联合会总会、马来西亚华校教师会总会、马来西亚华人文化协会、马来西亚华文作家协会、马来西亚留台校友会联合总会、马来西亚南洋大学校友会、马来西亚青年运动、马来西亚青年团结运动、马来西亚佛教青年总会、马来西亚乡团青年运动、马来西亚华校校友会联合会等。

不同类型华人社团中早已出现的联合现象，既需要在它们之间建立领导机构，也为产生它们的领导机构奠定了基础。马来西亚华人社团的领导机构首先产生于各县（此处不涉及青云亭、平章会馆等早期具有领导性质的社团或社团雏形组织）。在华人集中、华人社团活跃的县份，很早就产生了当地华人社团的领导机构。如文冬华人大会堂（1914 年）、居銮中华公会（1920 年）、新山中华公会（1922 年）、蔴坡中华公会（1925 年）等。关丹华人社团联合会也于 1973 年成立。

稍晚，马来西亚各州华人社团也相继成立了自己的领导机构。下面是马来西亚各州华人社团领导机构成立或获得注册的时间：

雪兰莪中华大会堂（1923 年）
霹雳中华大会堂（约 1932 年）
柔佛中华总会（1946 年 1 月 16 日）
槟州华人大会堂（1974 年 11 月 16 日，由平章会馆改名而来）

① 郭仁德：《揭开私会党真面目》，马来西亚华人文化协会，1992 年，第 261 页。

丁加奴中华大会堂（1976 年）
玻璃市华人大会堂（1989 年 1 月 11 日注册）
吉兰丹中华大会堂（1981 年 11 月 20 日）
森美兰中华大会堂（1983 年元旦）
彭亨华人社团联合会（1986 年 3 月 30 日）
吉打华人大会堂（1987 年 5 月 8 日注册）
砂拉越华人社团联合会（1983 年 7 月 17 日）
马六甲中华大会堂（1988 年 1 月 9 日注册）
沙巴中华大会堂（1994 年 2 月 22 日）

上面所列情况显示，各州华人社团领导机构最早产生于雪兰莪，时间是1923年。20 世纪 80 年代，州级社团领导组织创立最多，而当时正是华总成立的前夕。沙巴中华大会堂则在华总出现后成立。

作为当地华人社团以及华人社会的最高领导机构，各地华人大会堂、中华大会堂或中华公会的成立宗旨一般在于加强当地华人社团及华人社会的团结与合作，谋求会员的福利，促进当地华人文化、教育、科学等诸多方面的发展。有些立意更高的社团领导机构还强调促进各民族间的和谐团结，力图促成建立一个民主繁荣的马来西亚。

马六甲中华大会堂的宗旨是：促进马六甲州内各华人注册社团以及华人的团结与联系，增进情谊、谋求福利、进行慈善工作及排难解纷；与国内其他有相同宗旨的华人注册社团保持联系及合作；促进文化、教育、科学、公益事业及推动文娱、体育活动；促进各民族间的和谐与亲善。[①] 关丹华人社团联合会的宗旨是：①维护一个公平团结的马来西亚，争取宪法的基本公民权；②通过各民族的相互了解、亲善，促使马来西亚成为一个强大、繁荣的国家；③联络关丹县内华人社团，与政府合作，基于国家原则，促进社会的发展；④发动和参与社会福利及文教工作；⑤促进关丹县内各华人社团的密切联系；⑥设立大学贷学金，资助国内各大专学院学生深造。[②]

各类型华人社团的联合、团结，有利于马来西亚华人民族观念的巩固和加强，有利于马来西亚华人社会增强内部凝聚力，有利于整合马来西亚华人社会的力量，从而可以更好地维护华人社会在马来西亚的权益。

---

① 《马六甲中华大会堂》，马来西亚华团简史编委会：《马来西亚华团简史》，吉隆坡：马来西亚中华大会堂总会，1999 年，第 15 页。

② 《关丹华人社团联合会》，马来西亚华团简史编委会：《马来西亚华团简史》，吉隆坡：马来西亚中华大会堂总会，1999 年，第 322 页。

但是，当时的马来西亚华人社会仍然没有一个领导所有华人社团的总机构。1974 年 11 月，各州华人社团代表参加在怡保举行的霹雳中华大会堂成立 47 周年纪念会庆宴会。期间，东道主召集参会的霹雳中华总商会、雪兰莪中华大会堂、董总、教总等 13 个社团的代表会谈。各社团代表达成一致意见，原则上同意成立全马来西亚华人社团的联合总会组织，并即席投票选举霹雳中华大会堂、霹雳中华总商会、雪兰莪中华大会堂、董总、教总负责拟定总会章程和推动成立工作。不过，总会成立工作后来暂时延迟。①

1982 年 9 月 19 日，马来西亚各州中华大会堂的领导机构在吉隆坡召开会议，正式成立“马来西亚中华大会堂联合会筹委会”，并一致通过由雪兰莪中华大会堂草拟的“马来西亚中华大会堂联合会章程”。次年 2 月 20 日，筹委会向马来西亚政府社团注册局申请注册。经过 9 年的不懈争取、等待，直至 1991 年 10 月 17 日，马来西亚中华大会堂联合会（以下简称堂联）注册申请终于获得批准。

堂联成立的宗旨，是在符合马来西亚联邦宪法的原则下，推动和参与文教、福利、社会工作，并对影响会员的政策或措施提出意见；促进马来西亚各民族之间的亲善、团结，商讨与处理和会员有关的问题。根据堂联章程，其中委会（组成人数不超过 30 名）委员的任期为两年，可以连任。但会长任期不得连续超过两届。

根据马来西亚中华大会堂联合会 1991 年 4 月 1 日的记录，当时各州大会堂领导人如下：②

雪兰莪中华大会堂	林玉静
槟州华人大会堂	拿督庄汉良
砂拉越华人社团总会联合会	朱祥南
霹雳中华大会堂	丹里斯张国林
柔佛中华总会	奚克侨
森美兰中华大会堂	胡火山
丁加奴中华大会堂	杜水淼
吉兰丹中华大会堂	拿督符昭雄
沙巴中华商会联合会	拿督陈友仁
彭亨华人社团联合会	赖帅清
马六甲中华大会堂	沈慕羽

① 刘崇汉：《独立后华人乡团组织》，《马来西亚华人史新编》（第 3 册），吉隆坡：马来西亚中华大会堂总会，1998 年，第 395 页。

② 《星洲日报》，1991 年 10 月 20 日。

吉打华人大会堂	拿督植廉贵
玻璃市中华总商会	许常梅

为了使作为华人社团总机构的堂联的名称更具代表性，堂联顺应华人社会舆论呼声，于1997年1月召开会员特别大会，决定将“马来西亚中华大会堂联合会”改名为“马来西亚中华大会堂总会”，简称“华总”。这样，从名称看，“华总”名正言顺地成为马来西亚华人社团的最高机构。“华总”组织机构可以参见下表：

表30　“华总”组织机构简表①

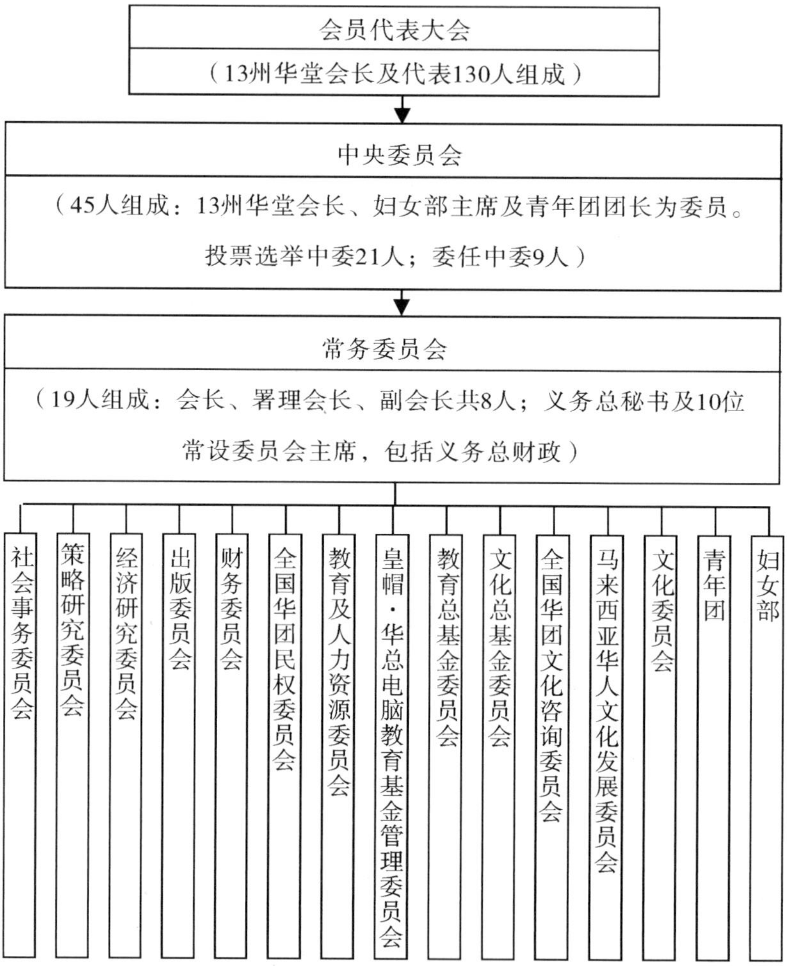

① 表30、表31引自：马来西亚华团简史编委会：《马来西亚华团简史》，吉隆坡：马来西亚中华大会堂总会，1999年，第xviii～xix页。

现今的“华总”机构设置健全，各机构职责分工明确，这使“华总”成为马来西亚华人社团的有力领导者。

表 31　“华总”各机构职责简表

妇女部	推展各项妇女活动，提升妇女素质，关注及谋求妇女之社会地位和权益。
青年团	推展有益身心之青年活动，培养青年领袖素质，为华社和华团储备人才，促进国内团体交流，协助母会推展活动。
文化委员会	拟定及推展各项文化活动，提升华社文化素质，促进各民族文化交流。
马来西亚华人文化发展委员会	协调与促进马来西亚华人文化发展之工作，并落实《全国华团文化工作总纲要》中的有关建议。
全国华团文化咨询委员会	辅导及协调各州华堂举办一年一度全国华人文化节。辅助华团推动表演艺术等文化建设工作。
文化总基金委员会	筹募及管理文化基金，建议基金用途和用款数目。
教育总基金委员会	筹募及管理教育基金，发出各项奖、贷学金。
皇帽·华总电脑教育基金管理委员会	购买电脑赠送全国各地华小，发出奖学金给华小和独中生，发出贷学金给华社清贫子弟攻读大专电脑工艺课程。及赞助华总数项重要活动之部分经费。
教育及人力资源委员会	研究有关课题，向华社或官方提出建议。
全国华团民权委员会	关注民权概念，向华社或官方提出建议。
财务委员会	审核本会各种开销，筹募本会行政经费。
出版委员会	出版各类书刊，传播知识，并审阅所欲出版之书刊内容，避免触及种族，宗教等敏感问题。
经济研究委员会	研究有关课题，向华社或官方提出建议。
策略研究委员会	研究本会在政治、经济、文化、教育各类课题之策略，以提供中委会参考。
社会事务委员会	研究有关课题，向华社或官方提出建议。

至 20 世纪 90 年代初，马来西亚各州的中华大会堂或华人社团联合会也都已经筹建起来。各华人中华大会堂、联合会，尤其是堂联的最终成立，标志着马来西亚华人社团组织系统的形成。当时马来西亚 4 000 多个华人社团基本形成了三大系统：“中华工商联合会将在华社中代表经济领域，董教总则代表华裔教育领

域，而中华大会堂联合会将代表社会领域。”① 从此，马来西亚华人社团形成堂联、商联会、董教总三强鼎立的局面，主要华人社团之间出现如下组织关系：②

地缘性社团联合会

↙↗　　↑↓　　↖↘

商联会←马来西亚中华大会堂联合会←董教总

↖↘　　↑↓　　↙↗

学缘性/校友会组织

马来西亚华人社团的三大系统各有全国、州、省、县的分层机构。“中华工商联合会”系统中，其最基层的组织是各县、市的华人公会或华人行业公会。例如，在砂拉越第三省省会诗巫，当地华人共创建有诗巫入口商公会、诗巫零售商公会、诗巫药商公会、诗巫咖啡商公会等数十个行业公会，其中24个联合组建“诗巫中华总商会”。作为市、县级华人商会的联合团体，诗巫中华总商会又和砂拉越州的另外11个同级华商会如古晋（砂拉越第一省省会）中华总商会、成邦江（砂拉越第二省省会）中华总商会、美里（砂拉越第四省省会）中华总商会等共同组建了州级总商会机构砂拉越中华商会联合会。然后，砂拉越中华商会联合会和其他州级团体一起共同隶属于全国性的“马来西亚中华工商联合会”。不过，马来西亚华人社团三大系统之间的界限不是十分明显，特别是在基层团体的构成上，相互交错的现象十分普遍。马来西亚中华大会堂联合会成立时，它下属的13个州级组织中，11个是州级大会堂，而沙巴和玻璃市两州则因为未成立中华大会堂组织，而由其州级中华总商会作为团体会员。另外，各州中华大会堂的下属会员团体多达百计，雪兰莪中华大会堂会员组织就有250个，槟州华人大会堂的会员组织在20世纪80年代初即有近300个。它们所属的会员组织，实际上包括了华人三缘（地缘、血缘、业缘）组织及校友会、俱乐部等各类社团。可以看出，一个社团同时隶属于若干不同社团的现象是普遍存在的。

马来西亚中华大会堂联合会的获准注册、马来西亚各州的中华大会堂或华人社团联合会的筹建，标志着马来西亚华人社团组织系统的形成，更重要的是，标志着一个有机联系、一个完整意义上的华人社会的最终形成。这是马来西亚华人长期不懈争取自身合法权益的结果，亦是未来马来西亚华人社会积极向前发展的基础，可谓马来西亚华人命运中的大幸事。

① 《大会堂获准注册》，《星洲日报》，1991年10月20日。

② 见刘崇汉：《独立后华人乡团组织》，《马来西亚华人史新编》（第3册），吉隆坡：马来西亚中华大会堂总会，1998年，第400页。

第八节　总结

马来西亚的华人社团，尤其是传统的“三缘”（地缘、血缘、业缘）组织，在马六甲、槟榔屿、新加坡最早创建并获得发展，此三地是华人移居且人口集中聚居较早的地方。

清朝嘉应州（今广东省梅州市）人谢清高（1765—1821年）曾去东南亚等地游历过，并著有《海录》一书。槟榔屿在《海录》中被译成“新埠”，该书记载：“闽粤到此种植胡椒者万余人。”①

1786年莱特占领槟榔屿时，该岛“皆长林丰草”，居民只有58人。② 据很早创建于槟榔屿的龙山堂邱公司刻立于清朝光绪二十三年（1906年）的《重修龙山堂碑记》记载：“雍道时，吾族侨寓屿中者百余人。”③ 此处“雍道”指清朝雍正、道光年间，相当于公元1723年至1850年间。当时福建海澄县新江邱氏族人已侨居于“屿”（指槟榔屿）。前引《海珠屿大伯公庙重修碑记》也记载，早在18世纪中叶，闽粤客家人已“南来槟榔屿，或为教读，或业铁匠，或营炭窑”。④ 根据上述记载可知，1786年前，槟榔屿已有华人长期侨居生活。槟榔屿开埠后的数年间，大量华人（尤其是邻近地区的华人）涌入并定居下来。他们从事各种职业，有贸易商、店屋经营者、木匠、泥水匠、铁匠、菜农和豆蔻、丁香、甘蔗种植者。1794年1月25日，莱特在写给孟加拉总督的信中说：“华人是我们的居民中最有价值的部分。男人、妇女和儿童，约有3 000人。他们从事各种木匠、泥水匠和铁匠职业，为商人、店主、种植者。他们雇用小船冒险到邻近各地做生意。他们是东方的民族中，唯一使政府不用开支和支出特别的费用就能增加收入的民族，获得他们是非常有用的。”英国殖民政府设法直接从中国输入华人。1805年，槟榔屿正式设立了招募华工的组织机构，根据印度总督的训令，殖民政府制定了一个从中国有计划、有组织地运送契约工人出洋的方案，以使华工能够被顺利运至槟榔屿。1805—1815年，每年从中国澳门运至槟榔屿的华工有500～1000名左右。1812年时，槟榔屿总人口估计为27 000人，其中华人有7 558人；1818年，槟榔屿人口有35 000人，其中华人有8 000名。19世纪30—40年代，

① 谢清高口述，杨炳南笔录，安京注释：《海录校释》，北京：商务印书馆，2002年，第51页。
② 书蠹编，顾因明、王旦华译：《槟榔屿开辟史》，上海：商务印书馆，1936年，第149页。
③ 陈铁凡、傅吾康：《马来西亚华文铭刻萃编》（2），吉隆坡：马来亚大学出版部，1985年，第862页。
④ 陈铁凡、傅吾康：《马来西亚华文铭刻萃编》（2），吉隆坡：马来亚大学出版部，1985年，第524页。

每年到达槟榔屿的华工有 2 000 ~ 3 000 人。[1] 1860 年，槟榔屿总人口为 39 956 人，其中华人超过 28 000 人；华侨人数超过了马来人。到 1871 年，槟榔屿华人已有 36 561 人。[2] 而据《槟榔屿纪略》记载，1881 年（光绪七年），槟榔屿 100 597 名总人口中，华人有 67 820 人。这些华人人口，45 135 人居于槟榔屿，22 219 人居于威斯利，466 人居于天定。居于槟榔屿的华人人口中，闽籍者 13 888 人，琼籍者 2 129 人，客籍 4 591 人，广府籍 9 990 人，潮州籍 5 335 人，土生华人9 202 人。居于威斯利的华人人口中，闽籍者 2 680 人，琼籍者 382 人，客籍 2 312 人，广府籍 2 112 人，潮州籍 13 458 人，土生华人 1 275 人。[3]

表 32　槟榔屿华侨人口增长表（1787—1901 年）[4]

年份	人数	增长率	年份	人数	增长率
1787	60（户）	—	1833	11 010	26. 70%
1788	1 000	—	1842	9 715	-11. 80%
1794	3 000	200. 00%	1851	24 188	159. 00%
1803	5 500	83. 30%	1860	36 222	49. 80%
1812	7 558	37. 40%	1871	36 561	0. 93%
1818	7 858	3. 97%	1881	67 354	84. 20%
1820	8 595	9. 38%	1891	86 988	29. 10%
1830	8 693	1. 02%	1901	97 471	12. 20%

上表显示，18 世纪末、19 世纪初，槟榔屿华侨人口增长出现高潮。此后，当地华侨人口仍一直在平稳增长，直至 19 世纪 40 年代初。19 世纪 50 年代后，槟榔屿华侨人数再次呈现快速增长势头，到 20 世纪初，槟榔屿华侨总人口已接近 10 万。

马六甲是中国移民在马来半岛最早移居的地方。1511 年 8 月，葡萄牙占领马六甲。从葡萄牙占领时期开始，马六甲的华侨有了自己的社会，并有了自己的宗

① Victory Purcell, *The Chinese In Malaya*, Kuala Lumpur：Oxford University Press, 1967, p. 60.

② 以上数据参见钟临杰：《西马华族人口变迁》，《马来西亚华人史新编》（第 1 册），吉隆坡：马来西亚中华大会堂总会，1998 年，第 205 页；林远辉、张应龙：《新加坡马来西亚华侨史》，广州：广东高等教育出版社，2008 年，第 102、104 页。

③ 力钧：《槟榔屿志略》，福建师范大学历史系华侨史资料选辑组：《晚清海外笔记选》，北京：海洋出版社，1983 年，第 48 ~ 56 页。

④ 资料来源：Victory Purcell, *The Chinese In Malaya*, Kuala Lumpur：Oxford University Press, 1967, p. 68.

教活动中心。葡萄牙殖民者侵占马六甲后，为了更好地控制和统治当地的亚洲籍外侨，专门任命了盘陀诃罗（Bendahara）来加以管理，并建立了甲必丹（Captain）制度。1512 年初，阿伯奎委任了各侨居民族的领袖为甲必丹，其中，摩尔人、欣都人、爪哇人各一名，还有一个是其他各民族侨民（其中包括华侨在内）的领袖。甲必丹战时负责维持地方秩序，平时处理侨民内部事务。甲必丹制度后来为荷兰、英国等殖民者继承。

1673 年，华侨甲必丹郑芳扬和李为经创立青云亭，并将其作为马六甲华侨的宗教活动中心。

1511 年 8 月葡萄牙占领马六甲后，葡萄牙殖民者对华侨、华商横征暴敛，对中国货物征税最高，并经常袭击中国商船。居住于马六甲的华侨，有很多因无法忍受葡萄牙的殖民统治，转往其他地方贸易。因此，马六甲在葡萄牙占领的 130 年间，华侨的数量一直很有限。

1641 年初，荷兰从葡萄牙手中夺占马六甲。由于是荷兰殖民者经过 7 个月的围攻后才得手的，马六甲遭到了极大的破坏，几成废墟。城市原有居民大约 20 000 人，约 7 000 人死亡，10 000 人逃离，此时的马六甲只剩下 3 000 人。这种情况使当地的劳动力十分缺乏。殖民者急需吸引大量人口，尤其是勤劳能干的华侨，以重建马六甲。马六甲总督博特（Balthasar Bort）于 1678 年在写给其上司的报告中说："这个国家必须要有大量的人口，特别是勤勉的中国人，以便可以继续必要的土地垦殖和其他的交通和贸易。"[①] 然而，荷兰人仍和葡萄牙人一样，继续采取垄断贸易和海岛掠夺政策，压榨和掠夺包括华侨在内的各族人民，华侨和其他民族人民惮于前行，荷兰殖民者吸引人力的希望落空。1678 年时，根据博特的报告，马六甲人口当时只有 4 884 人；华侨 426 人，其中男性 137 名，女性 140 名，儿童 159 名。[②] 1678 年后，马六甲的华侨人数在一段时期曾有所增多，至 1750 年，已有 2 161 名。但此后，又开始下降，1760 年减至 1 390 人，1817 年只有 1 006 人，1827 年又增至 5 000 人，1834 年降至 4 143 人。[③] 1847 年，马六甲采锡华工有 1 200 名，1850 年增至 4 000 名。[④] 1860 年，马六甲城内人数最多的是华人。

---

① 转引自林远辉、张应龙：《新加坡马来西亚华侨史》，广州：广东高等教育出版社，2008 年，第 78 页。

② Victory Purcell, *The Chinese In Malaya*, Kuala Lumpur: Oxford University Press, 1967, p. 30.

③ 麦留芳著，张清江译：《星马华人私会党研究》，台北：正中书局，1985 年，第 45 页。

④ 林远辉、张应龙：《新加坡马来西亚华侨史》，广州：广东高等教育出版社，2008 年，第 135 页。

表 33　马六甲华侨人口增长表（1817—1901）①

年份	人数	增长率	年份	人数	增长率
1817	1 006	—	1852	10 608	54. 1%
1825	3 828	281. 0%	1860	50 043	372. 0%
1827	4 510	17. 8%	1871	13 456	-73. 1%
1829	4 797	6. 4%	1881	19 693	53. 0%
1834	4 143	-13. 6%	1891	18 161	77. 8%
1842	6 882	66. 1%	1901	19 468	72. 0%

1871 年，槟榔屿和马六甲两地的华人共有 50 043 名。②

谢清高《海录》中，曾对马六甲（该书中写为“麻六呷”）有过记载，还说“闽粤人到此采锡及贸易者甚众”。③

1819 年初，英国殖民者莱佛士（Sir Thomas Stamford Bingley Raffles）率船队登陆新加坡。1824 年 8 月，英国正式占领新加坡。莱佛士初占新加坡时，他看到当地有马来人和华人 180 名。当时的新加坡只有几个稀稀落落的小村庄。英国人积极招徕华人的政策使华侨的数量迅速增加。1821 年，新加坡总人口 4 724 人，其中华侨有 1 150 人。1840 年，新加坡总人口 35 000 多人，华侨有 17 000 多人。1860 年，新加坡华侨有 50 043 人。

表 34　新加坡华侨人口增长表（1819—1901）④

年份	人数	增长率	年份	人数	增长率
1819	30	—	1840	17 704	28. 8%
1821	1 150	370. 0%	1849	27 988	59. 0%
1824	3 317	188. 0%	1860	50 043	78. 8%
1829	7 575	128. 0%	1871	54 577	9. 1%
1830	6 555	-13. 5%	1881	86 766	59. 0%
1833	8 517	29. 9%	1891	121 900	40. 3%
1834	10 767	26. 4%	1901	164 041	34. 6%
1836	13 749	27. 7%	1911	207 413	26. 4%

① 资料来源：Victory Purcell, *The Chinese In Malaya*, Kuala Lumpur: Oxford University Press, 1967, pp. 36 -38；麦留芳著，张清江译述：《星马华人私会党的研究》，台北：正中书局，1985 年，第 62 页；张礼千：《马六甲史》，上海：商务印书馆，1941 年，第 327 页。

② 钟临杰：《西马华族人口变迁》，《马来西亚华人史新编》（第 1 册），吉隆坡：马来西亚中华大会堂总会，1998 年，第 206 页。

③ 谢清高口述，杨炳南笔录，安京注释：《海录校释》，北京：商务印务馆，2002 年，第 45 页。

④ 资料来源：Victory Purcell, *The Chinese In Malaya*, Kuala Lumpur: Oxford University Press, 1967, p. 71；麦留芳著，张清江译述：《星马华人私会党的研究》，台北：正中书局，1985 年，第 64 页；Song Ong Siang, *One Hundred Years' History of the Chinese in Singapore*, 1967, pp. 22 -23.

在早期的华侨“三缘”组织中，创建最早的华侨地缘性社团其规模最大。规模最小的是血缘性社团，他们在人数上、财力上都与地缘性社团相去甚远。创建最迟的是业缘性社团，但它们规模不小，其实力虽不及地缘性社团，却可能强于血缘性社团。

早期的华人社团，在组织形式上注重传统，从名称、组成，到领导机构、选举办法，数十年甚至长达百年保持不变或变化不大。①

在马来西亚早期的华人社团组织系统内部，中国封建社会的某些因素有着深刻影响，早期的华侨会馆中，家族势力和终身制的色彩相当浓厚。新加坡福建会馆的前身是创建于1839年的天福宫，当时其主事者是陈笃生，他于1850年去世后，其子陈金钟继承父亲在福建帮中的领导地位，出任天福宫及新加坡福建会馆的首任总理。陈金钟之后，其长孙陈武烈继任新加坡福建会馆总理，直至1915年卸任。此后，陈氏家族领导新加坡福建会馆的历史终告结束。② 由于早期马来西亚华侨社会尚处于走向成熟的发展阶段，所以才有社团中的世袭制和终身制。事实上，陈笃生家族对新加坡福建会馆的发展建树颇多。另外，新马地区早期的华人血缘性社团继承了中国宗族的许多特征：群体聚合、论资排辈、公共财产等。它们体现于会馆的内部结构、首领遴选、社会职能等方面。

1851年正式创建的槟城龙山堂邱公司深受中国古代宗法社会制度的影响，它的内部管理反映出该血缘组织还滞留于宗法制度范畴。19世纪中期的槟榔屿福建帮华侨仍是普遍聚族而居，同姓同系族长不仅对族人的财产继承有权干预，他还可以惩罚违法的族人，裁决族内外各种纠纷，主持祭祀祖宗、建造祠堂、修族谱等活动。族长大权在握，加强了他对同姓族人的控制。此外，即使是同姓华侨，如不属同一支系，也受排挤。龙山堂邱公司对不是龙山系的支系同姓人，具有强烈的排外情绪：“凡吾新江族人，皆不得相混。”③

早期新马地区华人的“三缘”社团在当地华人社会中的作用是很有限的，它们的作用主要限于内部。这主要是受当时华人秘密会社（私会党）强烈影响的缘故。早期的新马华人社会中，秘密会社（私会党）的实力十分强大，它们对华人社会产生了非常重要的影响。

早期马来西亚华人秘密会社常和某些地缘性或者血缘性社团结合或渗透其中，形成义兴、义福、福兴、广福等不同帮派，并以源顺公司、义兴公司、海山公司等名义出现，④ 而且，秘密会社、华人甲必丹、华人社团三者之间关系密

---

① 许振礼、方雄普：《海外侨团寻踪》（一），北京：中国华侨出版社，1995年，第111页。

② 《陈笃生家族领导福建会馆75年》，《联合早报》，1991年4月7日。

③ 张少宽：《槟榔屿龙山堂邱公司》（上、下），《文道》第46、47期，第24～28页、第14～19页。

④ 巫乐华：《华侨史概要》，北京：中国华侨出版社，1994年，第233页。

切。秘密会社通过亲缘、地缘和业缘关系形成了强大的凝聚力。有些华人甲必丹既是地缘性社团的领袖，又是秘密会社的首领。例如槟榔屿秘密会社大伯公会的首领邱天德，就是当地地缘性社团福建公司和血缘性社团龙山堂邱公司的领袖。华人甲必丹控制并利用秘密会社和地缘性社团，以履行自己的职权并扩大自己的利益。但同时，华人甲必丹又是属于秘密会社和地缘性社团的，他有义务保护和提高以他为首的秘密会社和地缘性社团的利益。①

1890 年《危险社团镇压法令》生效后，非法的华人秘密会社被正式取缔。从此，其他类型的、合法的华人社团组织开始获得更大的发展，它们对新马华人社会的作用也越来越强大。

1800—1890 年期间，马来西亚华人社会已有了很大的进步和发展。西方殖民者尤其是英国人在马来西亚的侵略和扩张及其采取的初步开发当地的举措，既促使当地社会发生变化，也使华人社会在多方面与此前有了很大不同，其中之一就是当地性色彩逐渐有所加强，尽管仍非常微弱。但是，英国殖民者还未对华人社会进行直接的、体制性的统治，当地土著传统社会仍很落后，使华人社会保留自身中华性成为可能和必须。而 19 世纪后半期，清政府对华侨政策的巨大变化也深刻影响了马来西亚华人社会。清政府加强了对华侨的管理，它采取的吸引华侨的措施使马来西亚华侨对祖国、祖籍地的向心力与日增强。因而，1800—1890 年间，马来西亚华人社会与中国社会的联系更为密切，方式更为多样，不仅仅在经济、文化等领域，在政治领域的联系也明显增强。这使仍在马来西亚华人社会占据主导地位的华人社团（尤其是商会组织）与中国社会的互动比起此前，影响更深刻，效果更明显。相比之下，马来西亚华人社会与当地社会的联系虽在加强，但仍旧在很有限的领域、范围内（主要是经济领域）进行，只于很少的途径、渠道中（经商、贸易）展开。华人社团与当地社会的互动关系影响甚微。

1890 年之前的马来西亚华人社会仍是一个分散性、帮派特点很明显的社会。以不同祖籍“省”、“府”、“县”，甚至以“乡”、“村”为基础的地缘认同，和以不同姓氏、家族、支系流派为基础的血缘认同，以及包括和地缘、血缘有区别的不同行业基础之上的业缘认同构成了华人之间认同的主要因素，对当时的华人社会产生极其重要的影响，不利于消除华人社会和华人组织的分散性和帮派之别。各帮派、各类型华人社团的纷纷成立组建，是华人社会分散性和帮派色彩浓厚的典型体现。但是，它们的创建也为日后华人社团内部进一步整合，并在此基础上带动整个马来西亚华人社会的整合，创造了重要条件。事实上，各帮派、各类型华人社团在其成立初期，即已开始进行内部的不断互动、整合，尤其是那些

① ［澳］颜清湟著，粟明鲜等译：《新马华人社会史》，北京：中国华侨出版社，1991 年，第 117 页。

在马来西亚华人社会里表现最为活跃的业缘性社团，1890 年以后不久，最早打破地域、帮派、血缘局限，代表某地区全体华人的华人社团很快产生。

从青云亭建立的 1673 年开始直至 1890 年，包括后来被取缔的华人秘密会社在内的马来西亚华人社团及其最早期的雏形组织，曾经长期是马来西亚华人社会的主导力量。这使华人社团及其雏形组织成为那一时期马来西亚华人社会和马来西亚社会互动的中介或媒介，也使得华人社团和马来西亚社会的互动在直接状态下进行，不像 1890 年以后那样，是通过马来西亚社会实现的。由此，我们认为，1673—1890 年间，马来西亚华人社团和马来西亚社会的互动是一种直接互动模式。1890 年以后，华人社团组织在马来西亚华人社会中逐渐不再具有主导力量，马来西亚华人社团和马来西亚社会的互动进入了间接互动的状态。

1890 年以后马来西亚华人社团的大发展，首先表现在各类型华人社团数量的大增。根据粗略统计，1890 年至“二战”结束前成立的三缘社团组织中，地缘性社团总共有近 250 家，其中福建帮最多，有近 90 家，其次为广东帮和客家帮，两者都接近 50 家。潮州帮和其他各省籍则较少。血缘性社团共有 50 多家，业缘性社团约有近 60 家。相较于早期的华人社团，这一时期各种类型、各华人帮派的社团组织都有很大发展。

1890 年以后马来西亚华人社团组织的大发展，还表现在华人社团分布地域的扩展和增多。1890 年以来，在那些第一个华侨社团创建时间很迟的几个州，华人社团也纷纷成立。彭亨州首个华侨社团关丹琼州会馆于 1891 年成立；丁加奴首个华侨社团是甘马仕琼州会馆，创建于 1906 年；吉兰丹海南会馆是该州最早的华侨社团，于 1906 年成立。这样，除玻璃市州以外，在马来西亚其他每个州，都有华人社团组织了。

1890 年至“二战”结束前，马来西亚华人社团呈现外向型发展，这首先体现在当时出现的社团联合的趋势。在此趋势下，全国（全马来西亚）性总会、全省性（全祖籍省）地缘联合会、姓氏血缘总会、全行业性业缘总会纷纷成立。当时成立的全国性华人社团总会有：彭亨文冬华人大会堂（1912 年）、居銮中华公会（1920 年）、柔佛新山中华公会（1922 年）、雪兰莪中华大会堂（1923 年）、蔴坡中华公会（1925 年）、瓜拉立卑华侨俱乐部（1928 年）、霹雳实兆远中华公会（1934 年）等。地缘性社团中，出现全祖籍省性质的社团总会或联合会，主要有：马来西亚海南会馆联合会（1933 年）、马来西亚潮州公会联合会（1934 年）等。血缘性社团中，很多姓氏总会或联合会也已成立。以新加坡为例，1890 年至“二战”结束前创建的姓氏总会或联合会有：新加坡陇西李氏总会（1907 年正式注册）、南洋黄氏总会（1924 年）、新加坡延陵联合会（1928 年）、南洋谢氏总会（1929 年）、新加坡刘氏总会（1930 年）、南洋方氏总会

(1935 年)、新加坡洪氏总会（1938 年)、新加坡张氏总会（1939 年）等。

1890 年至“二战”结束前，马来西亚华人社团的外向型发展，也表现为不含地缘、血缘、业缘因素的艺术、武术、宗教等类型社团的出现。如雪隆精武体育会（1921 年)、雪兰莪华人子女精武体育会（1921 年)、槟榔屿孔教会（1922 年注册)、怡保精武体育会（1924 年创立)、雪兰莪联胜国术团（1926 年)、马六甲晨钟励志社（1928 年）等。

1890 年以来，马来西亚各类型华人社团组织联合的现象、华人联合社团组织的产生，表明一个有机联系的华人社会开始在马来西亚形成（至 1991 年马来西亚中华大会堂总会正式获准成立后正式形成)。

马来西亚华人社团在其历史发展进程中，体现出其他一些较为明显的特点。如由于各帮派华人移民不同的特点，使各帮派华人社团出现不同地域分布、不同社团性质的特色。在砂拉越各帮华人中，客家人、福州人、福建人占主体，所以，该州华人社团也主要以上述几个华人群体为主。在沙巴，客属人口遥居各帮华人之首，而该州华人地缘性社团中，客属公会也占大多数。19 世纪末、20 世纪初，砂拉越主要的四批华人集体移民大多与教会有关，尤其是福州籍和兴化籍移民，多是教徒。所以他们积极组建教会组织。

东南亚的华侨华人以方言之别，更具体、更详细、更准确地主要分为如下帮派：

1. 福建帮

（1）闽南帮：由漳州、泉州、厦门等讲闽南语的华侨华人组成。

（2）福州帮：由讲福州话的闽侯、闽清、永泰、古田、屏南、长乐和福清等地籍的华侨华人组成。

（3）莆仙帮：由莆田、仙游等地籍、操莆仙话的华侨华人组成。

2. 广东帮（广府帮）

广东帮由讲粤语的粤籍华侨华人组成，他们的祖籍地主要在今广州（包括番禺、增城、从化、花都)、肇庆（主要在广宁、四会等)、顺德、南海、三水、中山、东莞、珠海、江门五邑（台山、新会、开平、恩平、鹤山)、清远、高州等地。

3. 客家帮

客家帮由讲客家话的华侨华人组成，原籍地域广阔，包括今广东的梅州市、惠州市、汕尾市、河源市等地，以及福建龙岩市的连城、长汀、武平、上杭、永定。

4. 潮州帮

潮州帮由讲潮州话的粤籍华侨华人组成，原籍主要在今潮汕地区，包括潮州、汕头、普宁、揭阳、潮安、潮阳、澄海、饶平、惠来等。

5. 海南帮

海南帮由原籍海南省的华侨华人组成。

6. 广西帮

广西帮由原籍广西的华侨华人组成，可能说粤语，也可能说客家话，甚或闽南话。

7. 三江帮

三江帮指福建、广东、海南、广西几省区以外的其他各省籍华侨华人，尤其指原籍江西、江苏、浙江三省的华侨华人。

同在东南亚其他国家的华人一样，新马地区华人之间的帮派分化很严重，消除帮派分化同样十分艰难。这种情况深深反映于社团本身的发展之中，换言之，华人社团因地缘、方言的影响而出现的帮派分化很不利于华人社会的团结和协作。成立于1906年的新加坡中华总商会在新马地区是一个很有影响力的华人社团组织，成立之时，它所制定的商会章程规定，每届正副会长不能全由一省之人担任，同省籍者，也不得连任会长；同时，商会的理事人员，分为福建、广府、琼州、潮州、大埔、梅州、三江七帮，按一定比例选举产生。近一百年来，围绕章程，商会有过多次争论，以期废除帮派制度，其中较大的有5次：第一次，1933年林文田、林庆年担任正副会长时，9位章程修改小组成员首次提出废除帮派制度，但未获通过。第二次，1939年李光前、林文田担任正副会长时，废除帮派制度之议仍未奏效。第三次，1952年时，庄惠泉等15位商会理事和会员联名上书，明确指出帮派之弊："时代递嬗，日新月异，民情俗尚，今昔悬殊。……本会组织，最大缺点莫如帮派制度之存在，历届理事选举，畛域界线分明，封建观念浓厚，徒使本会表面上为廿世纪新时代中代表华商之最高机构，实际上仍系最保守最落伍的封建组织。"但当时这种正确见解未被采纳。第四次，1959年8月，经过多次争议及数月酝酿，商会通过新章程，打破了会长选举时的帮派限制，但理事的选举，仍受帮派制度的局限。第五次，1956年，孙炳炎担任会长时，曾成立15人组成的章程修改小组，提出关于废除理事选举中的帮派制度弊端的提议，经过三年半16次会议讨论，未能获得通过。[①] 直至1993年8月，在由会长郭令裕主持召开的特别会员大会上，最终通过了修改后的章程，新加坡中华总商会终于废除了实行近百年的帮派制度。根据新章程，商会会长由新加坡公民并有能力维护华商利益者担任即可，不再受帮派限制。商会数十名董事，大部分是从商号会员、商业团体和个人会员中选举产生，但为了照顾各方言

① 参见许振礼、方雄普：《海外侨团寻踪》（一），北京：中国华侨出版社，1995年，第19页。

群的代表，选举委员会从本会会员中以一致决定的方式，委任7位创会方言群代表为董事。这7位方言群的理事，分别来自福建帮、潮州帮、广府帮、大埔帮、三江帮、梅州帮和琼州帮。[①] 看来，废除了帮派制度的新加坡中华总商会新章程，仍然遗留帮派的残迹。

由于华侨社会民族主义的兴起和兴盛，也由于马来西亚社会的发展进步，两次世界大战期间，马来西亚华人社会新创建的社团建立在日益淡化的地缘、方言、血缘关系的基础上。在此期间，地缘性社团和血缘性社团的创建数量增加明显。当时，华人社团的发展途径大致有两种：一为组合，一为分化。组合自下而上进行，即先从基层将所有县籍地缘性社团合并为“一伞式组织”。[②] 马来西亚主要的华人帮派如福建帮、潮州帮、广府帮、客家帮和海南帮等，它们的地缘性组织都是在这一时期进行合并的。分化则是自上而下进行的，许多原为县籍的地缘会馆经过分化后，成立了以“乡”、“村”甚至以家族为基础的地缘会馆。地缘性社团的组合反映了其在新马地区（华人社会）多变的情势下对团结和互助的需求、渴望；而地缘性社团的分化则是新马地区华人人口激增和县籍地缘会馆内部缺乏团结的体现。[③]

“二战”前，新马地区华人社团帮派色彩淡化的另一个重要体现是多个校友会的创建。1912年以后创建的华侨学校招收学生时大多不对学生的省籍加以限制，而校友会是以所就读的同一所学校为创立基础，所以，校友会的创建实际上超越了方言、地缘、血缘等因素的局限，这就为造就一个更为团结密切的新马华人社会铺成了顺畅的宽广大道。

19世纪末至“二战”结束前，中国国内发生的多次革命运动，以及动员了包括海外华人在内的波澜壮阔的全民族抗日战争，更淡化了海外华人之间的帮派窠臼，浓厚的中华民族主义让华人社会空前团结。由于地缘近于祖国，由于新马地区是当时海外华人的中心，因而新马华人社会的发展受到中国社会的影响很强烈。

“二战”前几十年间，马来西亚华人社团内部发展时，体制在不断健全完善，现代化、民主化、国际化的趋势或开始出现，或逐渐加强；各类型华人社团也处于不断的力量整合中。“二战”后，伴随马来西亚社会、马来西亚华人社会的进一步发展，马来西亚华人社团的上述发展趋势更为明显，并且，华人社团在

---

① 区如柏：《总商会理事达共识，通过修改章程草案》，《联合早报》，1993年7月31日。

② ［澳］颜清湟：《华人历史变革（1403—1941）》，《马来西亚华人史新编》（第1册），吉隆坡：马来西亚中华大会堂总会，1998年，第58页。

③ ［澳］颜清湟：《华人历史变革（1403—1941）》，《马来西亚华人史新编》（第1册），吉隆坡：马来西亚中华大会堂总会，1998年，第58页。

更广阔的层面上发展完善。

19 世纪末至“二战”结束前，作为东南亚地区华人社会中心的新马地区，它的华人民族主义不断持续高涨并达到最高潮。在此背景下，马来西亚华人社会和中国社会的关系进入最密切的历史时期，不仅联系的次数最为频繁，联系的途径也最为多样化，涉及政治、经济、文化、教育等诸多领域。马来西亚华人社团和中国社会的互动关系也进入最密切状态。在华人社团对马来西亚华人的组织、动员乃至领导下，马来西亚华人社会对中国社会的政治、经济、文化等方面产生了许多积极甚至很深远的影响。而中华民族主义的激荡也使得马来西亚华人社会空前团结起来，马来西亚华人社会不断进行各种形式的整合，这使“二战”后马来西亚华人社会走向更加稳定、成熟成为可能。

马来西亚华人社团在不断进行整合的马来西亚华人社会大环境中，也在进行自身的不断互动、整合，传统的“三缘”社团组织在广泛层面上联合、团结的趋势已经出现并持续加强，突破帮派色彩的文化、宗教、娱乐等类型的社团不断涌现。这既为“二战”后马来西亚华人社团整体上的成熟、完善奠定了坚实基础，创造了非常重要的前提条件，也促进了马来西亚华人社会整体上的发展进步。

英国殖民政府对马来亚的大规模开发，使马来西亚华人更广泛、更深入地参与当地的经济活动；土生华人阶层在逐渐壮大，1890 年以后英国人对华人社会采取直接统治的方式，上述这些因素使马来西亚华人社会的当地化色彩逐渐加强。反映于马来西亚华人社团，即它们开始关注当地事务，注意理顺与当地政府、民族的关系，这有利于马来西亚社会在总体上的发展进步；从马来西亚华人社会的发展趋势看，也最终有利于广大华人在当地的生存、发展，这表明马来西亚华人社团的发展在走向成熟。总之，马来西亚华人社团与马来西亚社会的互动关系也在不断加强。

1890 年以后，由于华人社团组织在马来西亚华人社会中逐渐不再具有主导力量，马来西亚华人社团和马来西亚社会的互动关系渐次进入了间接互动模式。马来西亚华人社团和马来西亚社会的这一互动模式在“二战”后，尤其在马来西亚独立后，更趋明显强烈。

“二战”后，马来西亚华侨社会发生重大变化。由于华侨在政治上逐步认同马来西亚，以马来西亚为其效忠的对象，更加关注并积极参与当地社会事务。因此，马来西亚华侨社会转变为华人社会。正是由于华人社会的这种本质性的转变，华侨社团组织发生了本质性转变，它们变化成为华人社团。

第二次世界大战结束后的初期，英国人以“军政府”的形式统治马来西亚。殖民（地）政府宣布撤销“二战”前实施的《社团注册法令》，所有的社团豁免注册，马来西亚华侨社团纷纷恢复组织和活动，许多新的社团也组建成立。“二战”后，马来西亚华人社团数量增长很快。总结其原因，主要有：华人人口的增长和华人经济的发展；战后国内外的新形势，要求华人地缘性社团更要发挥在华人社会中的团结互助功能；中华人民共和国成立后，特别突出意识形态问题，导致中国传统文化地位卑微，马来西亚华人社团试图维护与传承中华传统文化。①

战后至马来亚联合邦成立前，华人社团的发展并不是一帆风顺。《紧急法令》出炉前两年多期间，由于殖民（地）政府实行自由结社政策，也由于战争及日本法西斯统治对华人社会造成的摧残和破坏，华人社会急需恢复和重建，于是华人社团如雨后春笋般纷纷成立。1948 年，《紧急法令》出台，殖民（地）政府恢复《社团注册法令》，对社团的成立严加管理。甚至那些牵涉政治活动的文化团体，即使早已成立，也被强制封杀。随着马来西亚政治局势的缓和，1952 年后，华人社团的成立再趋活跃。至 20 世纪 90 年代初，当时马来西亚 4 000 多个华人社团基本形成了堂联、商联会、董教总三足鼎立的三大系统，马来西亚华人社团的组织系统最终形成。

根据 2001 年 6 月马来西亚社团注册局的统计数据，当时全国共有各族各类型注册社团 32 269 个，其中华人社团 7 276 个。刘崇汉先生对各类型华人社团数量及其在全马来西亚相同社团总数中所占比例作了整理和统计：②

（1）宗教组织（包括佛教和华人民间宗教组织）3 351 个（占全国相同类型社团总数的 62.27%，下同）；

（2）社会福利组织（包括会馆、宗祠、老人院、义山、道德会、福利会等）1 754 个（50.97%）；

（3）联谊和休闲组织 518 个（11.51%）；

（4）妇女组织 32 个（17.11%）；

（5）文化组织（包括武术、舞蹈、音乐、美术、合唱团体，龙狮团，文学和文化团体）246 个（19.19%）；

（6）互助组织 187 个（8.99%）；

（7）商业组织（包括华人各类型商业公会）436 个（16.11%）；

（8）体育组织 85 个（2.56%）；

（9）青年组织（包括青运、青团运）25 个（0.96%）；

（10）教育组织 22 个（8.09%）；

① 刘崇汉：《独立前华人乡团组织》，《马来西亚华人史新编》（第 3 册），吉隆坡：马来西亚中华大会堂总会，1998 年，第 368 页。

② 刘崇汉：《我国社团知多少?》，《2000—2001 年全国华团研讨会资料汇编》，第 206 页。本文引用时略去政党组织。

（11）职业组织（包括行业公会）84 个（14.05%）；

（12）一般性组织（包括校友会、国际友好协会）535 个（9.11%）。

在马来西亚，许多同一原籍、相同姓氏的华人组织兼有血缘性和地缘性的社团组织，如马来西亚南安刘氏公会、马来西亚蓬莱刘氏公会、南洋赵氏公会、雪兰莪南阳叶氏公会、麻坡潮州颍川公会、马来西亚永春鸿榜陈氏公会、马来西亚卿员乡黄氏登进家族会、永春美山林氏家族会、永春埔头霞陵林氏宗祠、北马沙堤赵氏公会、马来西亚永春大丘头林氏公所、巴生溪东林氏公会、槟城林氏溪东公会、直凉举溪陈氏宗亲会、砂拉越龙峰黄氏公会、北马厚美张氏公会等。[①] 这些华人社团既具有地缘性色彩，又有更强烈的血缘性色彩。

至于相同地域、相同职业的华人，他们有时也联合组织社团。这种社团主要以业缘为联系纽带，但地缘、方言的联系作用也很重要，尤其在社团组织发展早期。如新加坡福州木帮公会、新加坡福州咖啡酒餐商公会、槟城广商公所、槟城福州咖啡公会、新加坡福州商业公会、新加坡琼侨咖啡酒餐商公会、槟城潮商公所、新山咖啡酒餐商公会、新加坡酱园金果香汕三郊联合会、雪兰莪福州咖啡酒餐商公会等。

① 刘崇汉：《独立后华人乡团组织》，《马来西亚华人史新编》（第 3 册），吉隆坡：马来西亚中华大会堂总会，1998 年，第 384 ~ 385 页。

第二章　内部机制与主要组织机构

海外华侨华人社团都设置有相应的管理机构。由于种种原因，尽管海外华人社团的机构设置名目繁多，千差万别，但一般还是有规律可循。马来西亚华人社团的管理机构也是如此。同时，马来西亚华人社团中还有着明确的机构设置。其中，青年组织、妇女组织、奖助贷学金是我们在本章中将要加以重点分析探讨的。

第一节　管理体制

在马来西亚，1890 年后英国殖民政府对华人社团实施的相应法律管理，推动了华人社团的发展，促进了华人社团组织机构的健全。华人社团机构设置的规律，一般包括三大部分：①议事机构，例如理事会、常委会；②办事机构，例如秘书、财政、交际；③监督机构，例如监察委员、监事会、查账等。[①]

“二战”前，新马地区华人社团发展的一个重要特点是其管理机构本身的民主化。

海外华人社团的内部运作机制，主要有如下三种：[②]

（1）理事会制。社团只设理事会，理事会的主要负责人为理事长、会长或者主席。理事会之下再设各个部门。理事会制并非没有监督机构，只是其监督机构由查账等代替而已。在各种华人社团中，理事会制较为普遍。理事会制的运作模式如下：

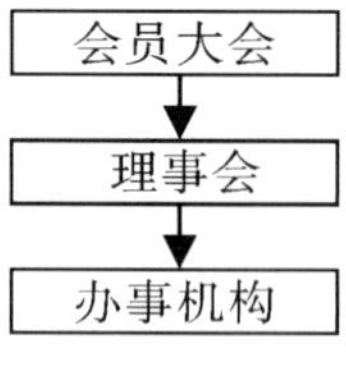

① 许振礼、方雄普：《海外侨团寻踪》（一），北京：中国华侨出版社，1995 年，第 130 页。
② 许振礼、方雄普：《海外侨团寻踪》（一），北京：中国华侨出版社，1995 年，第 130～132 页。

（2）委员制。这种制度是在会员中直接产生委员，再从常务委员中产生执行委员和监察委员，分别处理会务。常务委员会为议事机构，决定会务发展状况；执行委员会为办事机构，商议执行决议的方式和途径；监察委员会为监督机构，负责督促、检查、弹劾事宜。委员制的运作模式是：

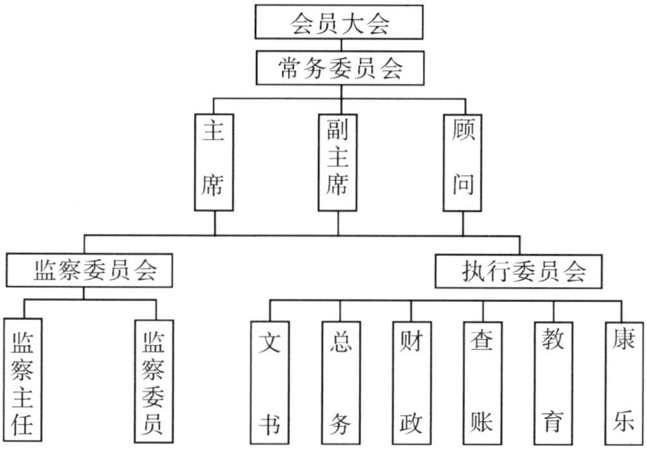

（3）理事会和监事会并列制。这类社团的组织机构分为理事会与监事会两大部分。两大机构分开，可以加强社团的监督功能，更好地起到互相制衡的作用。需要相互协调时，召开理事会、监事会联席会议。采用这种类型的华人社团不多。理事会和监事会并列制的具体运作模式是：

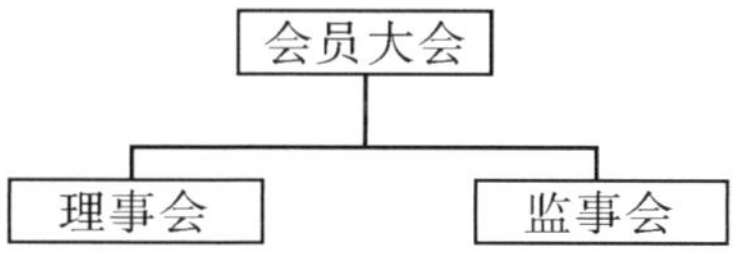

从以上华人社团组织机构的三种类型中可以看出：它们均有议事机构、执行机构和监察机构，只是大小不同、强弱不等而已。

和其他国家及地区的华人社团一样，很多马来西亚华人社团的机构中，设置有荣誉职务，主要包括名誉会员、名誉理事、名誉委员、名誉委员长、永远名誉会长，等等。

总之，到“二战”前，新马地区华人社团的管理机构形式已呈多样性，这反映了社团管理机构的民主化，也反映了华人社团本身的不断发展完善。

华人社团管理体制上的民主色彩，在其早期的历史发展中已有所体现。下文试以地缘性社团为例来加以分析。

早期马来西亚华人地缘性社团组建领导管理机构时，大多采取民主制度。所有的会馆成员都有选举权，在年度全体会议上以民主方式选举社团理事会。理事会中，除理事长一人外，其他理事会成员一律地位平等。但各理事之间缺乏明确职责分工，除理事长外，其他理事没有明确的职责。当理事长需要帮忙时，各理事才可能被临时分派工作。理事长的负担较重，他既要操持会馆的宗教和庆典活动，又要关心会员的福利，仲裁纠纷，解决会馆财政问题。从这种两级管理体制可以看出，早期华人（地缘性）社团领导管理机构的缺陷很明显。早期华人社团的会员人数必然不多，这是社团的领导管理机构较为简单的缘故。人数较少，会员之间有可能直接联系，涉及会员的事务相应较少、较简单。

早期新马地区华人地缘性社团的领袖几乎都被称为“炉主”，其字面含义是“香炉之主”。[①] 和理事长的选举方式一样，炉主也是通过民主的方式选举产生的，但是，炉主选举的过程有着非常浓厚的宗教色彩。颜清湟先生描述的大致情形如下：选举当天，会员聚于会馆。候选者的名字被写在纸条上，纸条卷起来置于箱子或竹制盒子里。每次取出一张纸条后，拿一副“筶”在神祖牌位前抛掷，如果“筶”飘落成平面和凸面，该纸条上所写候选人即被认为有神灵保佑，连续三次同形，表明该候选人已获神灵认可，他将被当众宣布姓名，成为新的炉主。有些地缘性社团炉主的选举仪式在宗教气氛浓厚的义冢旁举行，如马六甲应和会馆的选举方式即是如此，每年的清明节扫墓后举行选举，写有某人名字或其店名的纸条从竹制刷子盒里拿出来，置于义冢主墓碑铭之前，前后抛“筶”，获得三副佳“筶”者即被宣布为新炉主。

新炉主和理事选举出来后，接着要举行权力交接仪式。卸任的炉主将手中象征职权的“炉”（香炉）移交新炉主。香炉既象征职权，又象征神灵的保佑，因而移交仪式常在庄严的庆典场合和迎神集会时举行。“一个新首领的产生与宗教信仰之间的这种紧密联系，进一步证明宗教支配了方言会馆早期的历史。”[②] 原因在于早期马来西亚华侨社会整体的社会状况——当时华侨的文化和教育水平很低，许多人目不识丁，宗教在他们中间有至高无上的地位。

角逐炉主的候选人，其范围一般仅限于小部分富人或富商。经济上贫困、社会地位低下的群体和阶层如车夫、种植园工人、矿工及店员等，被排除在外。早期华人社团的领袖主要从商人阶层中产生。如马六甲应和会馆在选举会馆领导前，首先要调查嘉应籍客家人的店铺及其经营状况，把店铺和业主的名字加以记录作为选举时的参考依据。至于那些无店铺和实业者，则不会被记入候选人

---

① ［澳］颜清湟著，粟明鲜等译：《新马华人社会史》，北京：中国华侨出版社，1991 年，第 49 页。
② ［澳］颜清湟著，粟明鲜等译：《新马华人社会史》，北京：中国华侨出版社，1991 年，第 51 页。

名单。

早期马来西亚华侨社会中，有些人极力想成为社团领袖的真正原因，是他们被进入领导层后所拥有的权力和地位所吸引。新马地区许多华侨富商曾为晚清政府在华侨中卖官鬻爵的政策打动并付诸行动，有些华侨这样做并不仅仅是爱国心使然，而是他们渴望跻身于社会上层。成为社团的领袖也能表明，他们拥有了一定的名望和地位。此外，在炉主制度下，保管香炉的特权，对商人尤其具有吸引力，那种特权标志着会得到神灵的保佑，会有好运相随，生意上的成功也将有保障。①

两次世界大战期间，华人地缘性社团内部管理已呈现民主化的倾向。此前，地缘性社团主要由有财富和权势的家族控制。伴随马来西亚华人社会的发展进步，许多地缘性社团变得具有开放性，它还给予会员参与会务的民主权利。社团的权力不再掌握于某一家族人物手中，而是由公开选举的委员会掌握。1929 年新加坡潮州八邑会馆的成立和新加坡福建会馆的改组即是两个最好的例子。②

鉴于早期会馆两级领导管理体制的弊端，20 世纪 20 年代后，两级领导管理体制演变为三级领导管理体制。在三级领导管理体制下，由理事长、副理事长、司库及秘书组成常设委员会；财政和秘书分别有专人管理；会馆的文化、福利和教育事务也有专人负责。

马来西亚社会的发展进步，以及马来西亚华人社会的发展进步，特别是华人受教育程度的普遍提高，促使华人社团民主化色彩进一步加强。例如，为防止权力过于集中和专权现象的产生，华人社团对其领导人及掌权者的权力进行制度性限制。如槟城琼州会馆（1991 年改名为槟城海南会馆）在 1983 年的会员大会上修改章程，改变选举法，规定候选人以提名方式进行竞选，主席、总务、财政三人不得连任三届相同职位。③

马来西亚华人社团在吸收新成员加入时，在社团章程中会对入会要求作出相应规定。如年龄的限制、祖籍地或姓氏的限制、身份的要求、会费的缴纳等等。接下来我们看一看某些马来西亚华人社团的具体入会要求。

雪兰莪福建会馆对入会者的要求：凡是在雪兰莪州的闽籍人士，年满 21 岁者，品行端正，愿遵守该会馆章程，均可加入为会员。入会时，必须由该会馆两

---

① ［澳］颜清湟著，粟明鲜等译：《新马华人社会史》，北京：中国华侨出版社，1991 年，第 52 页。

② Yen Ching-Hwang, *Power Structrue and Power Relations in The Teochew Community in Singapore, 1819—1930*, pp. 21 – 23；杨进发：《战前星华社会结构与领导层初探》，新加坡：南洋学会，1977 年，第 14 ~ 23 页；转引自［澳］颜清湟：《华人历史变革（1403—1941）》，《马来西亚华人史新编》（第 1 册），吉隆坡：马来西亚中华大会堂总会，1998 年，第 58 页。

③ 《槟城海南会馆》，马来西亚华团简史编委会：《马来西亚华团简史》，吉隆坡：马来西亚中华大会堂总会，1999 年，第 109 页。

名会员介绍，填写入会申请书，经该会馆董事会通过，并缴纳登记费 2 元后，方可成为正式会员。

雪隆潮州会馆的入会要求较为复杂。该会馆会员分为三类：①个人会员和永久会员。凡是潮州八邑同乡，无论其本人或祖先，其原籍为潮安、澄海、潮阳、揭阳、普宁、惠来、饶平、丰顺等县，以及南澳、汕头、南山等区者，不分男女，年龄在 21 岁以上，品行端正，愿意遵守该会馆章程，均可申请加入为个人会员及永久会员。②商号会员。而凡是在雪兰莪州内，由同乡人士经营的商店、公司、工业、园丘、矿场或农场，要求以其商号名称申请加入为商号会员者，得派一名代表出席会员大会，其代表姓名，必须先函告该会馆备案。若有同乡人士与其他人士合资者，亦可要求申请加入为商号会员，但必须派出同乡人士为代表，方可出席会员大会。③团体会员。凡是在雪兰莪州内，由同乡人士组织的注册社团，要求以其社团名称申请加入为团体会员者，得派两名代表为该会馆团体董事，出席董事会议。其代表姓名必须先函告该会馆备案。团体董事有发言权及表决权，但无选举权和被选举权。

入会时，前两类会员均须填写申请志愿书，以及一名个人会员介绍，经董事会通过，并缴纳基金、年捐后，由该会馆发给会员证书，方正式成为会员。第三类会员，必须填写申请入会志愿书，经董事会通过，并缴纳基金、年捐后，由该会馆发给会员证书，方成为正式会员。个人会员入会基金为 2 元、年捐 1 元。永久个人会员一次缴纳入会基金 20 元，则可免缴纳入会基金 2 元和年捐 1 元。商号会员入会基金为 5 元、年捐 3 元。团体会员入会基金为 20 元、年捐 10 元。

太平仁和公所入会要求：凡是同乡或附近邻乡的同侨（包括同乡后代），品行端正，年满 20 岁，认同公所宗旨，遵守公所的章程者，都可加入。加入时，入会者必须由一名所员介绍，一名所员赞同，填写志愿书一份，张贴一星期后，由董事会通过，才能被正式承认为公所基本会员。如入会时一次缴清 100 元会费以及入会基金 10 元者，可成为公所的永久会员；凡是乐捐建筑新公所基金 1 000 元及以上者，也可成为永久会员。[①]

雪隆李氏宗亲会对入会者的要求：凡属于马来西亚公民的李氏宗亲，年龄在 18 岁以上，行为良好，并愿意遵守该宗亲会章程者，均可申请成为该宗亲会会员。在籍大学生不能入会，除非已经获得有关学院的书面批准，方能加入。此外，会员的妻子，愿遵守该宗亲章程者，也可申请加入成为附属会员。

雪隆李氏宗亲会的会员分为三类：①普通会员，仅缴纳入会基金 10 元及年

① 《太平仁和公所章程》，《马来西亚太平仁和公所庆祝成立 100 周年纪念特刊》，马来西亚太平仁和公所，1985 年，第 69 ~ 73 页。

捐 12 元；②永久会员，仅缴纳入会基金 10 元以及一次缴清永久会员捐 100 元；③附属会员，仅缴纳入会基金 10 元。[1]

中马中医师公会章程中规定，正式执业五年以上的中医师，或在四年制中医学院面授毕业，品行端正，赞同该会宗旨，绝对恪守马华医药总会制定的中医师公约者，方可入会。入会时必须依照一定的手续。如，入会者必须有一名会员介绍，填写志愿书、履历表，并缴入会基金 20 元，证书费 5 元，年捐 12 元以及半身二寸照片 3 张。经理事会审查，如认为合格，则发给证书，该入会者正式成为中马中医师公会会员。[2]

太平华联校友会对入会者的要求：凡是马来西亚公民，在华联中小学以及从前的修齐、振华、励群、启明四校肄业的同学，年满 18 岁，不限性别，赞成该校友会的宗旨，并愿遵守该校友会的章程，服从其决议案者，均可依章申请加入太平华联校友会。但在校或任何学院的学生不能加入。要加入者，需填具入会申请书一份，经一名会员介绍，一名会员赞成，并由总务将申请书张贴布告 7 天，若无人反对，再经理事会通过，才可成为太平华联校友会会员。

该校友会的会员分为普通会员和永久会员。曾在母校毕业或肄业而已退学的同学为普通会员；而一次缴纳会费 200 元者，则可成为永久会员。新加入者入会时，缴纳入会基金 2 元、普通会员月捐 1 元或年捐 10 元，永久会员月捐豁免。各会员的月捐，必须在每月 15 日以前缴纳，年捐必须在每年 3 月底以前缴纳。若会员拖欠月捐三个月，校友会即书面通知本人，如收信后一周内仍未缴清，则该校友会将由理事会通过，取消其会员资格。[3]

第二节 机构设置

马来西亚华人社团都有明确的机构设置，每个机构也有其明确的职责权限。下面，我们将以各类型社团为例，来了解其相关情况。

首先是华人社团的领导机构。如，雪兰莪中华大会堂，其第二十九届（1998—2000 年）董事会组成人员如下：[4]

---

① 《雪隆李氏宗亲会章程》，《雪隆李氏宗亲会 50 周年金禧纪念》，雪隆李氏宗亲会，1999 年，第 191 ~ 195 页。

② 《中马中医师公会章程》，《中华施诊所银禧纪念特刊》，中华施诊所，第 52 ~ 58 页。

③ 《太平华联校友会章程》，《马来西亚霹雳州太平华联校友会 30 周年纪念特刊（1961—1991）》，太平华联校友会，第 89 ~ 104 页。

④ 参见《雪兰莪中华大会堂》，马来西亚华团简史编委会：《马来西亚华团简史》，吉隆坡：马来西亚中华大会堂总会，1999 年，第 12 页。

1. 会长；
2. 副会长（4名）；
3. 义务总秘书；
4. 副义务总秘书；
5. 联络委员会主席；
6. 副联络委员会主席（2名）；
7. 福利委员会主席；
8. 副福利委员会主席；
9. 文教委员会主席；
10. 副文教委员会主席（3名）；
11. 青年团团长；
12. 妇女组主席；
13. 董事（21名）。

彭亨文冬华人大会堂1996—1997年度理事成员：[①]

1. 董事长；
2. 副董事长；
3. 总务；
4. 副总务；
5. 财政；
6. 中文书；
7. 国文书；
8. 查数（2名）；
9. 董事（16名）；
10. 义务法律顾问（2名）；
11. 产业受托人（4名）；
12. 候补董事（5名）；
13. 管理会堂小组（11名）；
14. 管理广福庙小组（9名）；
15. 福利及文化教育小组（9名）；
16. 经济小组（14名）；
17. 政府事务小组（9名）；

---

① 参见《彭亨文冬华人大会堂》，马来西亚华团简史编委会：《马来西亚华团简史》，吉隆坡：马来西亚中华大会堂总会，1999年，第319页。

18. 各区协理（包括玻璃口、旧玻璃口、金马苏、暹猛、力巴士、吉打里、双溪都亚、加叻、地里望、斯里地里望、双溪甲杯、文积、武吉丁宜、宋溪本祖令、美律、新暹猛，职员共35人）。

接下来看地缘性社团的机构设置。

马来西亚海南会馆联合会是组织机构健全、规章制度完善的琼籍华人社团总会。按其章程规定，主要机构有：代表大会、执行委员会、监察委员会、奖贷学金委员会。其中，代表大会为马海南联会的最高权力机构，执行委员会为最高执行机构。代表大会每两年召开一次。代表大会上所通过的决议案，各属会、各属会会员、执行委员会及监察委员会必须遵守。代表大会的主要议程有：①接收执行委员会的会务报告；②接收联合会两个年度的财政账目报告；③考察执行委员会、监察委员会和各属会的提案及建议；④选举应届代表大会的正副议长，以主持代表大会或特别代表大会；⑤选举正副会长4名；⑥选举执行委员会委员50名。

执行委员会由代表大会推选出会长1名、副会长3名、委员50名，负责管理马海南联会。执行委员会可以组织各小组委员会，并可以决定它们的职权。执行委员会由下列人员组成：

1. 正会长（1名）；
2. 副会长（3名）；
3. 正总务；
4. 副总务；
5. 正财政；
6. 副财政；
7. 青年主任；
8. 副青年主任；
9. 文书主任；
10. 文化主任；
11. 副文化主任；
12. 福利主任；
13. 副福利主任；
14. 联络主任；
15. 副联络主任；
16. 执行委员（37名）。

执行委员会各成员都有明确的职权分工。

监察委员会组成人员包括正副主席、正副秘书、监察委员。监察委员会的主要职权有：①接受执行委员会提交的联合会常年报告和账目；②检验及审查有关影响马海南联会利益的一切问题；③向马海南联会执行委员会或代表大会提出建议或决议；④对会员、职员、属会违反章程、决议案以及其他有损于马海南联会名誉的行为作出处理或处分；⑤奖励会员、职员、属会对马海南联会所作出的特别贡献；⑥监察委员会委员须列席代表大会并发言，但是对任何提案不得投票。[①]

马海南联会十分重视自身的建设和发展，根据环境的变化、时代的进步，马海南联会不断吸纳新成员，至2001年，马海南联会已有属会70多个，总会员人数30 000余人。[②]

以上是马海南联会的相关情况，接下来再看其他社团。

诗巫福州公会设有会员大会、特别会员大会、执行委员会、常务委员会等机构。[③] 其中，会员大会每两年召开一次，议程包括：接受执行委员会对当届的工作汇报，接受经财政审查的当届账本，选举执行委员会并指定下一届审计师，处理预先提出的其他事项。由执行委员会决定会员大会召开的时间、日期和地点。会员大会的法定人数为执行委员会人数的双倍或全体会员人数的半数。如不足法定人数，会议将延期举行，召开日期仍由执行委员会决定。

特别会员大会在下列两种情况之下召开：当执行委员会认为有需要时，可随时召开；不少于100名会员联函要求并能说明会议的目的与理由。

执行委员会的组成人员由会员大会选出，他们分别是：

1. 主席；
2. 署理主席；
3. 第一副主席；
4. 第二副主席；
5. 第三副主席；
6. 第四副主席（由青年团团长担任）；
7. 第五副主席（由妇女组主席担任）；
8. 总务组正主任；
9. 总务组副主任；
10. 中文秘书；
11. 英文秘书；
12. 财政；

---

① 《马来西亚琼州会馆联合会章程》，《马来西亚琼州会馆联合会50周年纪念特刊》，1985年，第438～445页。

② 《马来西亚海南会馆联合会》，世界海南网络中心，http://www.hainanese.com。

③ 《马来西亚砂拉越诗巫福州公会50周年纪念刊》，诗巫福州公会，1997年，第177～182页。

13. 助理财政；
14. 福利组正主任；
15. 福利组副主任；
16. 交际组正主任；
17. 交际组副主任；
18. 文化组正主任；
19. 文化组副主任；
20. 康乐组正主任；
21. 康乐组副主任；
22. 青年团团长；
23. 青年团副团长；
24. 监察组正主任；
25. 监察组副主任（2 名）；
26. 委员（19 名）。

执委会每年至少召开两次会议，其法定人数不得少于执委会人数的一半。执委会的职权有：执行会员大会的决议案；填补执委会的空缺；需要时聘请该会任何职员；可罢免有疏忽职守、不诚实、不能胜任以及拒绝执行该会决定的职员；指示常务委员会有关公会的行政管理；依据 1966 年马来西亚政府社团法令第九（B）项条款，并在会员大会批准下指示信托人动用或变卖该会的不动产。

常务委员会由下列人员组成：

1. 主席；
2. 署理主席；
3. 第一副主席；
4. 第二副主席；
5. 第三副主席；
6. 第四副主席（由青年团团长担任）；
7. 第五副主席（由妇女组主席担任）；
8. 总务组正主任；
9. 总务组副主任；
10. 中文秘书；
11. 英文秘书；
12. 财政；
13. 助理财政；
14. 福利组正主任；

15. 福利组副主任；
16. 交际组正主任；
17. 交际组副主任；
18. 文化组正主任；
19. 文化组副主任；
20. 康乐组正主任；
21. 康乐组副主任；
22. 监察组正主任；
23. 监察组副主任（2名）。

常务委员会每月至少应召开一次会议，其法定人数不得少于常务委员人数的一半。它必须接受执委会或会员大会的指示，管理公会的日常事务，包括：执行执委会及会员大会的决议案，考虑各小组的报告事项，审查及核准会员入会申请书。

各职员的职权：主席主持所有会员大会及执行委员会会议，并负责会议的顺利进行，他有投票权，并签署经核准后的会议记录；主席缺席时，由署理主席代行其职权。总务组主任依章程管理公会的事务，并执行会员大会和执委会的指示，负责保管除账目记录外的其他一切文件，还要出席所有的会议并记录其程序；财政负责公会的财政事务，必须记录所有的账务并确保无误；中文秘书负责所有的中文通信及会议程序的记录；英文秘书负责所有的英文通信及会议程序的记录；福利组主任负责公会的福利事务；交际组主任负责公会的社交活动；文化组主任负责促进砂拉越各民族的文化；康乐组主任负责公会所举行的庆典及其他集会场合的康乐事务；监察组监督公会的行政事务；福利、交际、文化、康乐及监察各组的副主任协助正主任执行任务，当正主任缺席时，代替其行使职权。

诗巫福州公会和其他的华人社团一样，也设有查账一职。关于查账，公会章程规定，会员大会可任命一名或多名人士作为公会的义务审计师，他（们）必须不是公会的执委，其任期为两年，不得连任。审计师要审查公会的账目，并向会员大会提呈报告或证明书。主席可要求他（们）审查在其任期内任何时期的账目，并向执委会作报告。

雪兰莪福建会馆章程中规定，该会馆设有会员大会、董事会、产业受托员。① 会员大会由全体会员组成，是会馆的最高权力机关，其法定人数至少为45

① 《雪兰莪福建会馆章程》，《雪兰莪福建会馆100周年纪念特刊》，雪兰莪福建会馆，1986年，第387～392页。

人。会员大会闭幕后，由董事会处理会务。会员常年大会每年召开一次，会员大会选举董事的会议，每两年召开一次。董事会成员由会员亲自投票选举产生。按州属各地，代表名额分配如下：吉隆坡41人，巴生2人，乌鲁冷岳2人，乌鲁雪兰莪2人，瓜拉冷岳2人，瓜拉雪兰莪2人，沙白安南2人。由上述被选出的人员组成董事会。产业受托员共5人，由会员大会选举产生，其任期不限年限。

会员大会结束后，董事会在两星期内召开复选会，互选下列人员组成董事会：

1. 正会长；
2. 副会长；
3. 正总务；
4. 副总务；
5. 正财务科长；
6. 副财务科长；
7. 正文化科长；
8. 副文化科长；
9. 正福利科长；
10. 副福利科长；
11. 正建设科长；
12. 副建设科长；
13. 正稽核科长；
14. 副稽核科长；
15. 正调查科长；
16. 副调查科长；
17. 正交际科长；
18. 副交际科长；
19. 青年科长。

表1　雪兰莪福建会馆组织系统表①

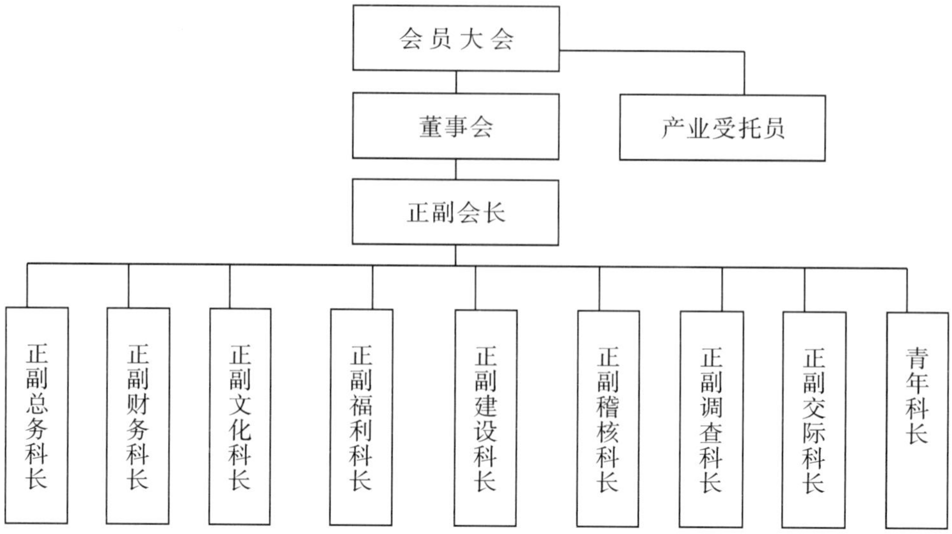

董事会的职权：执行会员大会决议案；计划会馆进行事宜，处理日常事务；互选董事会各职员；筹措经费及审查逐月收支的费用；编纂年报审查预算及决算；有权开支3 000元以内的用款；审查会员入会的申请书；管理会馆的产业及冢山、威震宫、福山亭、福德亭等事项；决定会馆秘书及职员的任免，并规定其薪金；解决同乡之间的纠纷事项。至于董事会各职员的权责，章程中也有明确规定。董事会任期两年，可连选连任。董事会每两月召开一次会议，必要时可随时举行，每次会议以15人为法定人数。

产业受托员的职权是保管会馆的一切产业，有权列席董事会会议，有权被选为董事。受托员如犯有下列事项即失去产业受托员资格：被法庭宣告破产者，被法庭判处徒刑者，患神经病者，离开马来联邦一年以上而未告假者。

雪兰莪福建会馆每年会员大会时委聘查账员1名，该查账员必须有马来西亚政府颁发的稽查有限公司的执照，任期为一年。

许多会馆还设有名誉会长、名誉董事等，如雪隆潮州会馆。② 下表是雪兰莪潮州八邑会馆的组织系统：③

① 资料来源：《雪兰莪福建会馆章程》，《雪兰莪福建会馆100周年纪念特刊》，雪兰莪福建会馆，1986年，第388页。有改动。

② 参见《雪兰莪潮州八邑会馆钻禧纪念特刊》，雪兰莪潮州八邑会馆，1951年，第113～117页。

③ 《雪兰莪潮州八邑会馆钻禧纪念特刊》，雪兰莪潮州八邑会馆，1951年，第117页。

表 2　雪兰莪潮州八邑会馆组织系统表

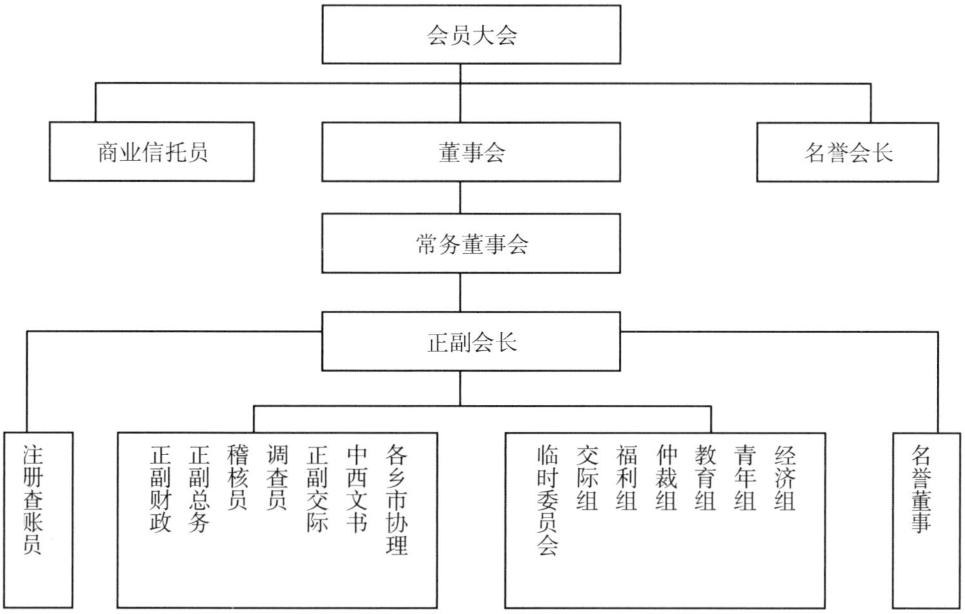

以上是社团领导机构及地缘性社团的机构设置情况，接下来再看其他类型社团的相关情况。

雪隆李氏宗亲会设有常年会员大会、特别会员大会、执行理事会和常务理事会。[①] 其中，常年会员大会和特别会员大会均为宗亲会的最高权力机关。每两年举行一次的常年会员大会选出 25 名执行理事。被选出的理事在 14 日内复选出下列职位，组成执行理事会：

1. 正会长；
2. 署理会长；
3. 副会长；
4. 秘书长；
5. 副秘书长；
6. 财政；
7. 副财政；
8. 福利；
9. 副福利；

① 《雪隆李氏宗亲会章程》，《雪隆李氏宗亲会 50 周年金禧纪念》，雪隆李氏宗亲会，1999 年，第 191 ~ 195 页。

10. 公关；
11. 副公关；
12. 文教；
13. 副文教；
14. 青年团长；
15. 副青年团长；
16. 执行理事（10名）。

执行理事会每年至少召开4次会议，其会长、秘书长和财政的职位连任不能超过两届。

常务理事会由会长、署理会长、秘书长、财政、福利、文教、青年团长以及公关组成，负责处理会馆日常的会务活动或由执行理事会授权的事务。

雪隆中华百货商会第四十四届（1997—2000年）理事会组成：①

1. 会长；
2. 署理会长；
3. 副会长（2名）；
4. 总务；
5. 副总务；
6. 财政；
7. 副财政；
8. 工商；
9. 副工商；
10. 交际；
11. 副交际；
12. 福利；
13. 副福利；
14. 文娱；
15. 副文娱；
16. 查账；
17. 副查账；
18. 理事（5名）；
19. 委任理事（2名）。

---

① 参见《雪隆中华百货商会》，马来西亚华团简史编委会：《马来西亚华团简史》，吉隆坡：马来西亚中华大会堂总会，1999年，第247页。

中马中医师公会理事会组成:①

1. 理事长;
2. 副理事长（2 名）;
3. 秘书;
4. 副秘书;
5. 财政;
6. 副财政;
7. 学术主任;
8. 副学术主任;
9. 福利主任;
10. 副福利主任;
11. 交际（2 名）;
12. 调查（2 名）;
13. 理事（6 名）。

理事会职员必须是马来西亚公民，任期两年，可连选连任。理事会是会员大会召开之后的执行机构，执行大会决议案以及处理一切会务。

会员大会为中马中医师公会的最高权力机构，它负责选举理事，通过或修正章程，决定全年预算决议案，表决一切重要事项，讨论会员提案。

太平华联校友会最高权力机构为会员大会。会员大会包括常年会员大会（每年 3 月底以前召开）以及特别会员大会。会员大会投票选出 21 名会员组成理事会。理事会具体由下列人员组成:

1. 正会长;
2. 副会长（2 名）;
3. 正总务;
4. 副总务;
5. 财政;
6. 查账;
7. 中文书;
8. 英文书;
9. 调查;
10. 交际;
11. 理事（10 名）;

① 参见《中马中医师公会章程》,《中华施诊所银禧纪念特刊》，中华施诊所，第 52 ~ 58 页。

12. 候补理事（5名）。

理事会的职权：讨论及推行校友会的会务；批准各股提交的建议或计划；聘请总干事，委任各股正副主任与小组委员；遇有理事缺职时，补选候补理事充任之；依照章程第十七条，推荐校友会名誉会长和法律顾问，报予大会批准。各理事（包括名誉会长、法律顾问）的任期为两年，可连选连任。

理事会委任德育股、智育股、体育股、群育股、美育股、妇女组和娱乐厅的正副主任负责各股的事务。其中，德育股办理校友会会员的福利事宜，如职业介绍以及其他各种福利事项等；智育股办理校友会的文化事宜，如教育、图书设备、文艺研究、刊物出版、主办研究会及讨论会等；体育股办理校友会体育事宜；群育股办理会员的集体活动，如交谊会、联欢会等；美育股办理校友会有关艺术事宜，如美术、音乐、戏剧等。各股由7人组成，各股会议必须有4人以上出席才能召开。①

马来西亚华校教师会总会第五十一至五十二届（2002—2004年）常务理事组成：②

1. 永久会务顾问；
2. 主席；
3. 副主席（6名）；
4. 总务；
5. 副总务；
6. 财政；
7. 副财政；
8. 秘书；
9. 副秘书；
10. 研究；
11. 副研究；
12. 福利；
13. 副福利；
14. 查账（2名）；
15. 委任常委（5名）。

① 《太平华联校友会章程》，《马来西亚霹雳州太平华联校友会30周年纪念特刊（1961—1991）》，太平华联校友会，第89～104页。

② 参见《马来西亚华校教师会总会2002年工作报告书》，吉隆坡：马来西亚华校教师会总会，2002年，第4页。

马六甲精武体育会职员组成如下：①

1. 名誉会长；
2. 正会长；
3. 副会长；
4. 总务；
5. 副总务；
6. 财政；
7. 文书；
8. 查账；
9. 体育主任；
10. 副体育主任；
11. 国术主任；
12. 副国术主任；
13. 游艺主任；
14. 副游艺主任；
15. 智育主任；
16. 副智育主任；
17. 妇女部主任；
18. 副妇女部主任。

马来西亚佛教青年总会第十四届（1996—1998 年）理事会成员：②

1. 总会长；
2. 署理总会长；
3. 副会长（6 名）；
4. 义务总秘书；
5. 署理总秘书；
6. 副秘书；
7. 义务总财政；
8. 副财政；
9. 理事（23 名）。

① 《雪兰莪精武体育会 60 周年钻禧纪念特刊（1921—1981）》，雪兰莪精武体育会，第 571 页。

② 参见《马来西亚佛教青年总会》，马来西亚华团简史编委会：《马来西亚华团简史》，吉隆坡：马来西亚中华大会堂总会，1999 年，第 71 页。

吉打德教会济阳阁第三十九届（1998 年度）职董成员：①

1. 实权顾问（4 名）；
2. 永远顾问；
3. 官方顾问（3 名）；
4. 行政咨询（2 名）；
5. 法律咨询；
6. 阁长；
7. 副阁长（5 名）；
8. 总务；
9. 副总务（2 名）；
10. 财政；
11. 副财政；
12. 福利主任；
13. 副福利主任（3 名）；
14. 宣教主任；
15. 副宣教主任（2 名）；
16. 联络主任；
17. 副联络主任（2 名）；
18. 教育主任；
19. 副教育主任；
20. 中文书；
21. 副中文书；
22. 国文书；
23. 副国文书；
24. 查账；
25. 副查账；
26. 资料编辑顾问；
27. 资料编辑主任；
28. 副资料编辑主任（2 名）；
29. 职掌；
30. 乩务主任；

① 参见《吉打德教会济阳阁》，马来西亚华团简史编委会：《马来西亚华团简史》，吉隆坡：马来西亚中华大会堂总会，1999 年，第 100 页。

31. 副乩务主任（2 名）；
32. 园丘冢原主任；
33. 副园丘冢原主任（2 名）；
34. 康乐主任；
35. 副康乐主任（2 名）；
36. 德青团顾问（2 名）；
37. 德青团团长；
38. 副德青团团长（3 名）；
39. 妇女组顾问（3 名）；
40. 妇女组主任；
41. 副妇女组主任（4 名）；
42. 董事（9 名）。

马六甲德教会紫昌阁第四十三至四十四届（1997—1998 年）董职成员：①

1. 阁长；
2. 署理阁长；
3. 副阁长（3 名）；
4. 总务；
5. 副总务；
6. 财政；
7. 副财政；
8. 联络；
9. 副联络；
10. 福利；
11. 副福利；
12. 宣教；
13. 副宣教；
14. 医药；
15. 副医药；
16. 教育；
17. 副教育；
18. 中文书；

① 参见《马六甲德教会紫昌阁》，马来西亚华团简史编委会：《马来西亚华团简史》，吉隆坡：马来西亚中华大会堂总会，1999 年，第 272 页。

19. 副中文书；
20. 英文书；
21. 副英文书；
22. 稽核；
23. 副稽核；
24. 董事（10名）。

彭亨文冬两广义山管理委员会1995—1997年度职员组成：①

1. 主席；
2. 副主席；
3. 财政；
4. 总务；
5. 副总务；
6. 文书；
7. 董事（19名）。

中马中医药师公会中华施诊所的最高权力机关是中马中医药师公会，公会每届理事会投票选举21人组成中华施诊所委员会，其成员包括：

1. 主任；
2. 副主任；
3. 总务；
4. 副总务；
5. 财政；
6. 副财政；
7. 文书（2名）；
8. 医药组（4名）；
9. 交际（2名）；
10. 稽核（2名）；
11. 委员（5名）。

中华施诊所委员会为中华施诊所的最高执行机关，执行有关该所的决议案以及办理一切所务。②

华人公众寺庙中，几乎每座都有一个执行委员会，或有一个信托人委员会，

① 《彭亨文冬两广义山管理委员会》，马来西亚华团简史编委会：《马来西亚华团简史》，吉隆坡：马来西亚中华大会堂总会，1999年，第343页。

② 《中华施诊所章程》，《中华施诊所银禧纪念特刊》，中华施诊所，第49~50页。

并雇用一个法定的寺庙看护人。大多数的普通宗教寺庙中，信托人董事会包括炉主和头家。炉主或庙主是寺庙信托人董事会的主席。寺庙管理委员会总计包括7人，私人寺庙中，其所有者有时也包括在内。理论上，典型模式的寺庙管理董事会由下列人员组成：①

1. 宫主或庙主（只出现在私人寺庙中）；
2. 正炉主；
3. 副炉主；
4. 财政；
5. 查账；
6. 中文书；
7. 英文书。

此外，一些广东人的寺庙中利用炉主—头家制度，它们的组织和其他类型社团的一样。其董事会的组织模式是：②

1. 主席；
2. 副主席；
3. 总务；
4. 副总务；
5. 查账；
6. 副查账；
7. 文书；
8. 副文书；
9. 执委。

一些新兴的民间教派的组织，它们的内部机构设置也各有特色。如一贯道是组织性很强的民间教派，它之所以能够较快传播，得益于其健全有效的机构设置。

而注重清修、行事低调的净宗学会，它们的内部机构设置较为简单。马来西亚净宗学会设置会长、副会长、秘书、副秘书、财政、副财政、弘法主任、副弘法主任等职位；加影阿弥陀净宗学会也只设有会长、秘书、副秘书、财政、理事几个职位；吉打清凉净宗学会机构设置更简单，只有主持、护法、法器3个职位。

---

① 参见 Moese, Reinknecht and Schmitz-Seisser, *Chinese Regionalism in West - Malaysia and Singapore*, 1979, p. 353.

② 参见 Moese, Reinknecht and Schmitz-Seisser, *Chinese Regionalism in West - Malaysia and Singapore*, 1979, P. 355.

通过以上材料，我们可以了解马来西亚华人社团的机构设置情况。不过，对于华人社团本身的持续发展甚为重要的青年组织、妇女组织、奖助贷学金等，我们还需要作进一步的了解。

第三节　青年组织

“二战”战后以来，随着马来西亚华人社会的发展变化，当地传统类型的华人社团的作用在不可逆转地日益衰萎，它们在年轻华人心目中的地位更是日渐微弱。在此情形下，华人社团出现了一种对其自身发展很不利的现象，即年轻人入会者日渐稀少，社团成员断层，领导群后继乏人，后进之才寥寥无几。为振兴组织，发展自身，许多传统类型的社团（如地缘会馆和姓氏宗亲会）想方设法，改革会务，积极采取新举措，以期吸引年轻力量加盟。多年来，马来西亚华人社团做了许多积极工作，更新自身，想方设法输入新鲜血液。大约从20世纪50年代开始，很多地缘性、血缘性社团纷纷成立青年团；70年代以后，更多的华人传统社团创设青年组织；80年代后各类型社团又纷纷成立妇女组。这两个组织经常开展球类、舞蹈、书画、音乐、武术、文艺、研讨、旅游等各种类型的活动，吸引青年和妇女参加，使社团充满活力。总体来看，马来西亚华人社团为解决后继者问题，主要采取两种举措：一是设立会员子弟奖、贷学金，扩大社团在年轻人心目中的影响和声誉；二是设立互助部、福利部、音乐部、妇女部、青年团等，吸引青年人参加社团活动。其中，青年组织的创设往往被视为解决问题的关键。

“二战”后，马来西亚华团后继乏人，因而纷纷创设青年组织等，源于以下几点：

首先，中国移民的减少甚或断绝。早在1929—1933年世界经济危机爆发时，当时统治马来亚的英国殖民政府颁布实行《限制移民法令》（*Immigration Restriction Ordinance*），限制中国男性移民入境，大批华侨移入当地的势头被遏止。同时，殖民政府还把大量失业的华工遣送回国。由此，马来亚出现了中国人出境多于入境的情况。砂拉越在20世纪30年代初期华侨出境的人数也多于入境的人数。沙巴在1938年开始限制华人移民后，入境人数锐减。1941年底太平洋战争爆发后，日军很快南下占领马来亚，中国移民基本停止进入该地。战后初期，英国殖民政府援引战前的《外侨法令》（*Aliens Ordinance*），严格限制外侨进入马来亚。1953年，殖民政府又通过《移民法令》（*Immigration Ordinance*），规定只有马来亚定居者的亲眷、具有专门技术及对当地工商业发展能作出贡献的人，才能移居马来亚。1957年马来亚联合邦正式独立后，由于受“冷战”格局的影响，并未与中国建交，因此，中国移民很少有移入马来西亚者。在此情况下，传统的华人会馆无法吸收来自中国的移民加入。

其次，马来西亚华人社会本身的发展变化。“二战”期间，马来西亚华人的政治意识开始当地化。日军侵占马来亚后实行的残酷的法西斯统治，唤起了当地华人在政治上的觉醒，“使他们逐步从中国情怀转向与当地人民共存亡及在我国（即马来西亚——作者注）当家做主的政治意识”[①]。战后，根据1948年马来亚联合邦协定规定，到1950年时，大约35万英籍华人、提出公民权申请的15万华侨成为联合邦公民，他们只占当时马来亚华侨华人总人口的1/4。到1957年时，获得公民权的华人已达200万，占当时华人总人口（2 332 936人）近90%。[②] 此时的华人社会可以说已经是真正意义上的华人社会，它从本质上已不同于原来的华侨社会，马来西亚华侨社会正式转变为华人社会。这一转变也使得华侨社团转变为华人社团，它们的宗旨与使命也随即发生转变，新的身份要求华人社团必须面向当地，认同当地，服务于当地华人社会，进而促进马来西亚的发展。同时，由于男女比例趋于平衡以及土生华人人口的持续增长，使得马来西亚华人社会的稳定性增强。下表显示了1911—1971年马来亚华人男女的比例变化：

表3　马来亚华侨男女比例统计表[③]

年份	1911年	1921年	1931年	1933—1938年	1957年	1971年
比例	4 651：1 000	2 819：1 000	2 059：1 000	1 228：1 000	1000：1 000 *	1 013：1 000

注 *：实际为950～1 050：1 000之间。

上表显示，1957年时，马来亚华人社会男女比例基本平衡，这有利于华人社会的稳定。砂拉越和沙巴的情况也大致相同。

华人人口构成的另一显著变化是移民（即新客）与土生华人（也称“侨生”，即巴巴）构成的变化。20世纪30年代殖民地政府实行限制移民法令后，进入马来亚的新客华侨日趋减少直至停止，所以，此后马来西亚华人人数的增长，主要是由于巴巴的增长。1931—1947年间，马来亚华侨的总数增加了910 215人，同时巴巴增加了1 100 127人，而新客由于死亡等原因减少了189 912人。[④] 巴巴在

① 林水檬、何启良等：《马来西亚华人史新编》（第1册），吉隆坡：马来西亚中华大会堂总会，1998年，第xxii页。

② 朱自存：《独立前西马华人政治演变》，《马来西亚华人史新编》（第2册），吉隆坡：马来西亚中华大会堂总会，1998年，第61页。

③ 资料来源：钟临杰：《西马华族人口变迁》，《马来西亚华人史新编》（第1册），吉隆坡：马来西亚中华大会堂总会，1998年，第217页。

④ De Tufo, *Malaya: A Report on the 1947 Census of Population*, London, 1949, p. 84.

马来亚华侨总人口中的比例日益上升，1931 年时为 31.2%，1947 年时增至 62.5%，上升了近一倍。下表反映了马来亚各地侨生人口的增长：

表 4　马来亚侨生人口简表（1921—1947）①

州名＼年份	1921 年	1931 年	1947 年	州名＼年份	1921 年	1931 年	1947 年
槟榔屿	52 041 (38.47%)	76 854 (43.54%)	173 261 (70.03%)	柔佛	11 416 (11.74%)	39 971 (18.58%)	206 934 (58.33%)
马六甲	13 130 (28.69%)	22 494 (34.51%)	63 028 (65.56%)	吉打	11 224 (18.89)	25 076 (31.98)	75 406 (65.05)
霹雳	44 735 (19.92%)	99 865 (30.68%)	291 148 (65.50%)	吉兰丹	6 173 (48.40%)	8 727 (49.55%)	16 368 (71.36%)
雪兰莪	28 032 (16.42%)	76 753 (31.80%)	235 522 (64.93%)	丁加奴	1 632 (22.52%)	2 637 (19.90%)	8 920 (56.23%)
森美兰	6 020 (9.24%)	18 345 (19.86%)	65 643 (57.37%)	玻璃市	911 (25.29%)	2 183 (33.58%)	7 373 (62.55%)
彭亨	3 139 (9.20%)	10 267 (19.63%)	52 172 (53.60%)	新加坡	79 686 (25.10%)	150 033 (35.57%)	437 243 (62.14%)

表中显示，战后初期，马来亚土生华人人口已占各地华人总人口的大半以上，在槟榔屿和吉兰丹，土生华人人口的比例甚至已占到了华人总人口的 70% 以上。大量土生华人的出生使战后马来西亚华人社会呈现人口年龄年轻化的重要特征。土生华人于当地长大，深受当地文化的熏陶和影响，与老移民相比，他们在思想观念和价值观念上与前者相去甚远。他们较少受到中国传统文化的影响，对中国和祖籍地观念淡薄，因而他们也对华人社会传统的社团组织认识不足甚至毫无兴趣。而身份已发生本质性转变的华人社团又迫切需要他们加入，以延续自身，发展自身，更好地为华人社会服务。

为社团自身以及华人社会的发展考虑，马来西亚华人社团很重视青年组织的建立工作。诗巫福州公会的章程中明确规定，其宗旨之一是“设立青年团”。② 1962 年，马来亚潮州公会联合会呼吁各属会组建青年部和妇女部，罗致男女青年人才，为会馆吸收新鲜血液，增强会馆力量。③ 1968 年，马来西亚永春联合会

① 资料来源：《南洋年鉴》，南洋商报社，1951 年，第 58 页。

② 《马来西亚砂拉越诗巫福州公会 50 周年纪念刊》，诗巫福州公会，1997 年，第 177 页。

③ 潘醒农：《马潮联会经办会务纪要》，《马来亚潮州公会联合会第 29 周年纪念特刊》，新加坡潮州八邑会馆，1964 年，第 39 页。

常年会员代表大会通过决议，促请各属会增设青年组："辅助青年活动，养成其服务社会人群之精神，俾可吸收新血，使其成为接班人。"① 1974年8月17日，马来西亚潮州公会联合会在丁家奴潮州会馆举行第三十五届代表大会。会议通过雪兰莪潮州八邑会馆关于成立马来西亚潮州公会联合会青年组联合委员会的提案，以推动各地属会成立青年组，来培养潮州籍青年人才。

在各会馆、宗亲会的努力下，20世纪七八十年代以后，许多华人传统社团创立了青年组织。一般来说，它们的名称为"青年团"或"青年部"，有的也称为"青年组"或"青年科"等。

马来西亚华团青年组织中实行民主的选举制。诗巫福州公会青年团细则中明确规定，作为青年团办事机构的执行委员会，其组成人员先由每两年举行一次的会员大会以投票方式选举产生团委25名，两星期后，召开复选会议，以秘密投票方式互选出团长等25名职员。诗巫福州公会青年团执委会组成人员包括：团长、署理团长、副团长、正副秘书、正副总务、正副财政、正副交际、正副文教、正副康乐、正副体育、正副福利及委员（6名）等。下面是诗巫福州公会青年团的组织构成表：②

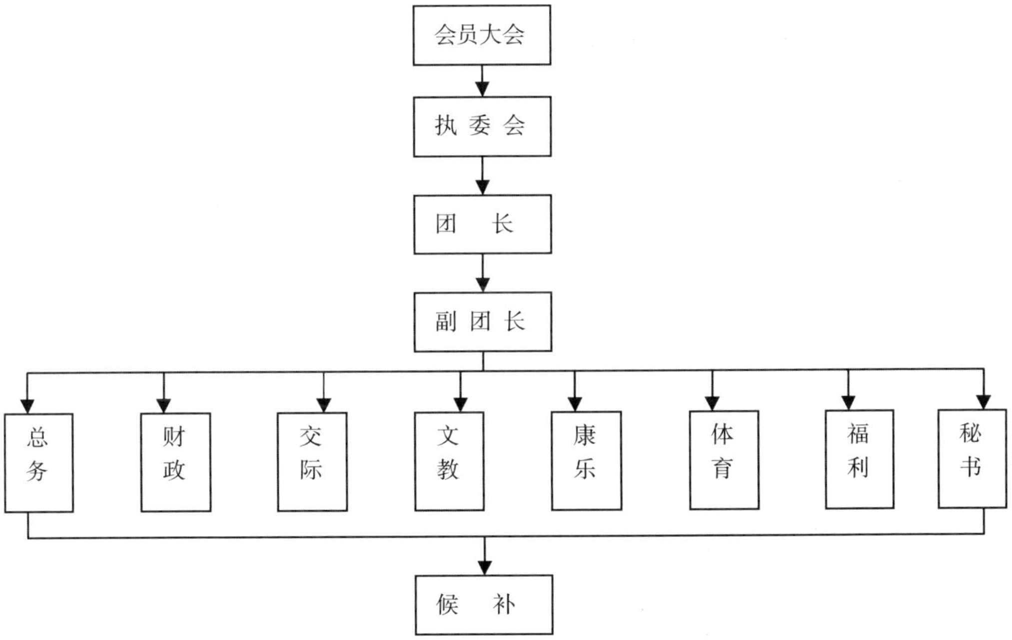

① 黄茂桐：《马来西亚永春联合会历年大事记》，《马来西亚永春联合会银禧纪念特刊（1957—1982）》，马来西亚永春联合会，1984年，第122页。

② 本表为作者自制，资料来源：《马来西亚砂拉越诗巫福州公会50周年纪念刊》，诗巫福州公会，1997年，第185～188页。

总体来看，华人社团青年组织中，一般都设有处理各种事务的属下机构，如秘书、财政、查账、交际（联络）、文娱（康乐）、体育、福利、妇女等小组，各小组按章程规定，专司其职。下面是雪隆安溪会馆青年团的组织结构：①

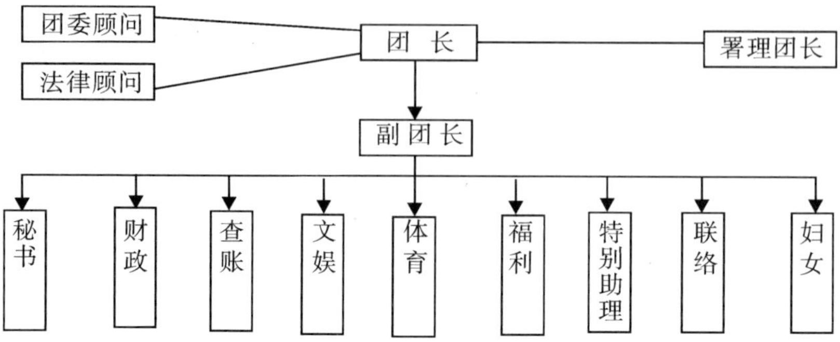

从雪隆安溪会馆青年团组织机构设置看，它不仅设有处理各项事务的小组，同时，还设有团委顾问、法律顾问、署理团长等职位，以使青年团处于良好的运作状态下。事实上，很多较大型传统社团为更好地处理青年事务，发挥青年组织的作用，其组织机构设置往往较为复杂。从下面20世纪80年代马六甲永春会馆青年团的组织构成可以看出这一特点：②

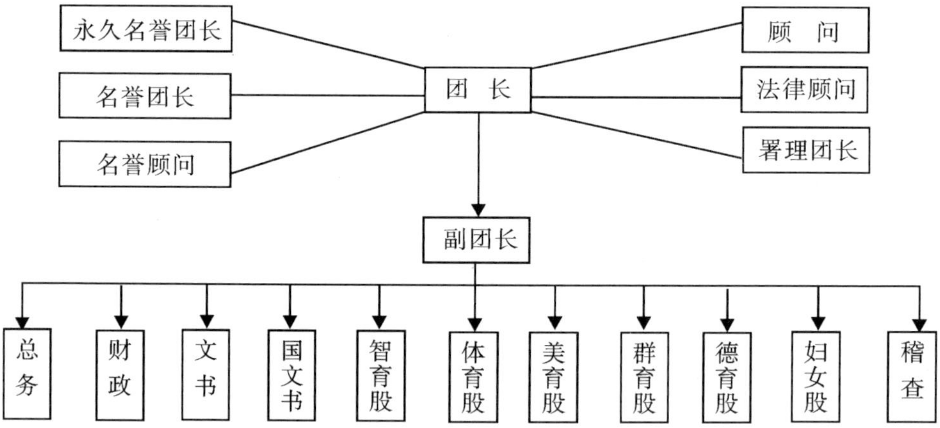

① 本表为作者自制，资料来源：《雪隆安溪会馆》，马来西亚华团简史编委会：《马来西亚华团简史》，吉隆坡：马来西亚中华大会堂总会，1999年，第196页。

② 本表为作者自制，资料来源：《马六甲永春会馆史略》，《马来西亚永春联合会银禧纪念特刊》，马来西亚永春联合会，1984年，第144页。

上表显示，马六甲永春会馆青年团中，不仅设有一般社团青年组织常设的机构，同时，它还设有永久名誉顾问、名誉团长、名誉顾问等职位，以对青年团的工作提供咨询、协助。而有些处理具体事务的机构，设置也较为复杂，如文书设文书和国文书（国文指马来文）、文娱机构则包括智育、体育、美育、群育、德育等股。

华人社团也注重包括青年组织在内的自身机构运作的民主化。2005 年 3 月初，麻坡永春会馆召开会员大会，通过了相关决议，规定会馆的会长、青年团团长以及妇女组主席 3 个职位，一律不能连任超过三届 6 年。① 这对保持会馆本身的良性发展肯定是有利的。

为了提高青年团活动的社会效果，扩大其影响力，各华团通过各种方式加强青年团的组织建设。诗巫福州公会章程中明确规定，公会执行委员会中，第四副主席由青年团团长担任，第五副主席由妇女组主席担任，青年组正副主任也是执委会组成人员。② 1976 年 9 月 5 日，马来西亚嘉属会馆联合会青年团（简称“嘉联青”）成立。嘉联青成立初期，设立常务委员会，实行各属会青年组织两年轮值制。后修改章程，规定每个属会青年团派出不超过 4 名代表为候选人，参加嘉联青 17 人最高执行理事会选举。这样就避免受到任何州属会馆的支配，而由嘉联青直接管辖，并由全国嘉青代表以集体方式开展活动，群策群力推动会务发展。

有了明确的机构设置，会馆青年团便积极开展工作。事实上，传统的华人社团对其青年组织的职责和活动宗旨都有明确规定。作为全马来西亚华人社团最高领导机构的马来西亚中华大会堂总会规定其青年团的职责是：“推展有益身心之青年活动，培养青年领袖素质，为华社和华团储备人才，促进国内团体交流，协助母会推展活动。”③ 雪兰莪惠安公会章程中对青年部的职责规定为：“引导青年会员从事有益国家社会、文艺及健身之活动，以防止误入歧途。”④ 槟州华人大会堂青年团主要活动目的是：促进青年互助互爱，培养青年领袖及协助推动教育、文化、体育与福利活动。活动包括青年团嘉年华会、全国华乐节、诗歌朗诵造型比赛、政治动向座谈会、象棋比赛。⑤

华团青年组织遵循母会工作章程的规定，开展活动。雪兰莪中华大会堂（简

① 《麻坡永春会馆大会通过限制 3 职位任期》，《南洋商报》，2005 年 3 月 8 日。

② 《马来西亚砂拉越诗巫福州公会 50 周年纪念刊》，诗巫福州公会，1997 年，第 179 页。

③ 资料来源：马来西亚华团简史编委会：《马来西亚华团简史》，吉隆坡：马来西亚中华大会堂总会，1999 年，第 xix 页。

④ 《雪兰莪惠安公会 50 周年纪念刊》，惠安公会，1985 年，第 A32 页。

⑤ 《槟州华人大会堂》，马来西亚华团简史编委会：《马来西亚华团简史》，吉隆坡：马来西亚中华大会堂总会，1999 年，第 8 页。

称“雪华堂”）于1985年9月8日成立青年团工作委员会。雪华堂青年团成立后，其开展的活动包括：举办讲座或座谈会、青年领袖训练营、节日联欢会，对外交流，出版书籍，放映中国影片等。①

雪华堂青年团举办的讲座或座谈会内容涉及政治、经济、政策法律、文化、教育、社会、国际时势等多方面。其中，政治方面的讲座和座谈会有：“华团宣言与民权研讨会”（1986年7月）、“谈我国妇女组的政治意识”（1989年1月初，与妇女组联合举办）、“华团与政党政治”（1989年8月10日）、“青年团对政党的期望”（1989年11月）、“执政党华裔代表的减少会削弱华裔权益的争取”（1990年6月）、“华团人士参政面面观”（1990年8月）、“在朝在野对两线制的看法”（1990年10月）、“当代大马华人政治辩思”（1992年2月）、“从国会民主到社团议会”（1992年3月）、“大马民主政治面面观”（1994年4月8日）、“百家争鸣——中国哲学思想论坛”（1989年4月初，与嘉联青、星洲日报联合举办）、“五四运动”专题（1989年5月4日，同时出版《五四运动资料辑》）、“五四新观念”系列活动（1991年）、“华社的内伤”讨论会（1989年1月）、“1990新经济政策的走向”（1989年2月初）、“第五个大马计划中期检讨”（1989年7月底）等。这些讲座或座谈会促进了会员对马来西亚社会、华人社会各方面的认识，从而使他们更好地为当地社会以及华人社会服务。

雪华堂青年团还基本上在每年的12月，举行“人权月”系列活动。

雪华堂青年团也积极开展对外交流，加强对外交往。如，拜访万津中华校友会（1987年4月），主办雪隆华青团体交流会（1989年4月20日），主办全国大会堂青年团交流会（1989年12月），主办全国华青联席会议（1990年1月），与森美兰中华大会堂青年团（简称“森华青”）进行交流（1991年7月），与马来西亚理工大学华文学会户外考察团交流意见（1991年12月初），主办全国华青团交流会（1991年12月），与马来西亚旅台同学会访问团交流（1992年2月），接待马来西亚旅台同学会来访代表（1994年2月初），与马来西亚理工大学华文学会访问团进行主题为“青年组织及华团的发展方向”的交流（1994年5月上旬），等等。

雪华堂青年团还时常放映中国影片，以加强会员对中国文化的了解。如1989年5月22日，放映中国影片《红高粱》；1990年9月，举办电影《五朵金花》观赏会；1991年4月，举办电影《黑太阳731》观赏会；1991年11月，举办电影《菊豆》观赏会，等等。

---

① 参见《雪兰莪中华大会堂72周年纪念特刊（1923—1995）》，雪兰莪中华大会堂，1995年，第166～228页。

为培养青年人才的领袖素质，雪华堂青年团也经常举办青年领袖训练营。另外，作为一个活跃的组织，雪华堂青年团还在春节、中秋、元宵、元旦等节日举办庆祝联欢会、晚会。

雪华堂青年团还把自己服务的目标投向社会。1994 年 12 月，它把举办“千人宴”所得 5 000 元盈余全部作为人权经费，用于出版人权书籍、举办人权教育工作营、赞助人权工作者出席国际人权会议以及支援马来西亚国内人权事件的受害者。像雪华堂青年团一样，许多的华团青年组织也把其活动的目标与方向投向社会。森华青是第一个成立辅导中心的华青组织。1996 年 4 月，森华青辅导中心开始为需要协助的社会大众提供心理辅导服务。

青年组织的社会活动产生了积极的社会影响，其中很重要的一点是，在会馆的努力下，通过各种社会活动，青年组织中培养了许多才能卓著的社团领导人。如雪隆嘉应会馆于 1977 年成立青年部时，由吴德芳担任首任青年部长；到 1994 年，吴德芳当选堂联第二任会长，并被选为雪兰莪中华大会堂的会长；2002 年 12 月，他又以马来西亚客家公会联合会署理会长的身份参加了在中国广东省广州市举办的第二届世界广东同乡联谊大会。

维护和发扬华人文化也是青年组织的重要活动内容之一。这方面，许多乡团总会的青年团起到了很好的带头作用。2004 年 11 月，马来西亚潮州公会联合会青年团（简称“马潮联青”）实行“长征一号”行动计划。“长征一号”行动预定在 47 天内访问马来西亚潮州公会联合会（简称“马潮联会”）在各地的 40 家属会，该行动的主要内容包括：与各属会合作举办潮州文化厅网上导览、潮州风情图片投影站、新“潮”讲座交流会、各地潮州籍华人社团交流会、各地潮州籍青年领袖交流会、马潮联青“e 化”讲座，拜访各地潮州籍华人名流等。其中，新“潮”讲座交流会是“长征一号”行动的重点，包括四个方面的内容：推广及发扬潮州文化精髓，落实潮州籍华人资源整合的目标，带动资讯科技于潮州籍华人社会的发展以及凝聚潮州籍青年力量来开拓新局面，探讨 21 世纪潮州籍华人所需要关注的问题。①

到 2004 年 12 月初，“长征一号”行动设立了 18 个发展小组：潮州菜、潮州音乐、潮州籍华人社团管理、潮剧、政府事务、促销策略、策略研究、书法、商道、品牌、管理学、包装印刷、糕饼、潮州籍商人联络网、潮州相声、潮州礼仪、潮州文化习俗和文化商品小组。

至 2005 年 1 月 2 日，马潮联青“长征一号”行动完成了在西马地区 40 站的

---

① 《南洋商报》，2004 年 12 月 1 日。

行程，用时约 50 天。2 月 28 日，“长征一号”继续到东马开展 13 站的巡回活动。①

“长征一号”行动有助于传承和发扬潮州文化。更重要的是，对马来西亚华人社团而言，马潮联青的“长征一号”行动，具有首创意义。“长征一号”行动对华人社团尤其是传统的华人社团，在信息时代保护、发展华人文化，产生了积极的带动、推进作用。

很多华人社团的青年组织也积极参与发扬华人文化的活动。2005 年 2 月 10 日（农历大年初二），蔴坡广肇会馆青年团粤曲班演出粤剧折子戏；同年 2 月 12 日（农历大年初四），马来西亚杜氏公会青年团与妇女组联会主办新春团拜活动，该会青年团团长杜振顺表示，通过举办这项活动，可以加强年轻人对中华文化的认识，能让他们对华族文化传承产生使命感。②

其他华团青年组织在继承、发扬华人文化方面也不落后。2004 年 11 月底，柔佛州新文龙广东会馆青年团与妇女组联合主办“全柔宿将华语卡拉 OK 歌唱赛”，引起当地华人社会热烈反响；2005 年 1 月 12 日，柔佛州安溪会馆青年团和妇女组联合举办“己酉年金鸡喜迎春挥春及设计贺年卡比赛”；2005 年 2 月 20 日，东甲海南会馆青年团和妇女组联办“己酉年挥春比赛”。在喜庆节日，举办挥春比赛是马来西亚华人社团（尤其是由青年组织主办）颇具特色的一项文化活动。挥春意为在春光明媚时节挥毫泼墨，书写书法作品，它是马来西亚华人具有独创性的时节艺术。“挥春基于对先辈们文化的怀念。新春时节挥毫泼墨不但可以怀念先辈们在原居地（指中国）的类似气氛，保留该传统，更为马来西亚华人创造了富有南洋特色的‘中国艺术文化’，不失为一项创举。”③

马来西亚华团中的青年组织也积极参与国家政治事务。

马来西亚华团的参政活动在“二战”后即已逐渐兴起，20 世纪 80 年代中期达到高潮。华人社团参政的兴起与不断发展，是 20 世纪 70—80 年代后纷纷成立的青年组织投身政治活动的大背景、大前提。

1978 年，在属下组织古晋潮州会馆青年团、槟榔屿潮州会馆青年团的提议下，马潮联青通过提案，呼吁政府尽快批准当时华人社会创办独立大学（实行华文教育的院校）的申请。1979 年，马潮联青又通过多项提案，包括：促请政府重视华人公意，在实行新经济政策（该政策偏袒当地土著民族马来人的利益）时，平等对待各民族的权益；呼吁当时的马来西亚首相将华人文化正式列为马来

① 《南洋商报》，2005 年 1 月 3 日。

② 《杜氏公会青团妇女组团拜》，《南洋商报》，2005 年 2 月 14 日。

③ 李灵窗：《马来西亚华人延伸、独有及融合的中华文化》，福州：海峡文艺出版社，2004 年，第 95 页。

西亚国家文化的一部分；呼吁马来西亚政府教育部不要委派不谙华文者在华文学校担任校长或书记等职位；要求教育部在华人聚居地区增建华文小学，并尽快批准华文小学增开班级的申请，以便更多的学生能在华文小学就读。①

2005年1月初，华总青年团、马华公会青年团以及其他青年团体向政府有关部门建议修改2003年青年社团法令修正草案，让附属母体组织的青年团能被列入“青年社团名册”内，并享有马来西亚政府青年及体育部的拨款及支援。② 2月19日，“八大华青”总会举办2005年新春团拜会。会上，总会有关负责人表示，在新的一年里，“八大华青”总会将更注重应用政府的资源来举办更有意义的活动，包括与国家领袖、政府部门举行对话，以传达青年对国家建设的建议。此外，“八大华青”总会计划举办全国华青领袖交流营，群策群力，策划行动纲领，推动华人青年社团组织和国家建设运动。③“八大华青”是由在政府注册的、以华人为基础的八大全马性青年社团组织联合组成的合作联盟，包括马来西亚宗乡青联合会总会、青运总会、青团运总会、马佛青总、大专青总、青创会、基督青总、青商会总会。

3月12日，针对此前民众指责州政府滥用公款耗费巨资修建豪华别墅一事，雪华堂青年团发表文告，认为雪兰莪州大臣没有对此作出令人满意的解释。雪华堂青年团的文告得到了雪隆海南会馆青年团、雪隆南安会馆青年团、隆雪陈氏书院青年组、万挠广东会馆青年团、雪隆兴安会馆青年团、雪兰莪福州会馆青年团、瓜拉冷岳福建会馆青年团、雪隆潮州会馆青年团、隆雪惠安泉港会馆青年团、雪隆广东会馆青年团、马来西亚南安刘氏公会青年组共11个属下青年组织的联名支持。雪华堂青年团负责人指出，应该马上制止雪州政府的奢侈浪费行为，确保公款不会乱花在州政府高官身上。

同在3月中旬，马来西亚乡青总团联谊会（简称“乡团总会”）要求政府公平对待各民族的学校。3月18日，马来西亚首相的政治秘书出面澄清，首相本人并未说过增建华文小学将会不利于国家国民团结。乡团总会对此感到很欣慰，同时希望首相在提到华文小学时能表示认同非土著接受母语教育的权利。乡青总团主席戴炳基说，多年来华人社会不断要求政府增建华文小学，是合情合理的。④ 乡团总会是马来西亚华人地缘性社团青年组织的联合组织，于1999年成立，其15个成员分别是下列具有广泛代表性的华人地缘性社团总会的青年组织：

---

① 《马来西亚潮州公会联合会青年组联合委员会特辑（1975—1979）》，马来西亚潮州公会联合会，第76～80页。

② 《南洋商报》，2005年1月5日。

③ 《八大华青将善用资源举办更多有意义活动》，《南洋商报》，2005年2月20日。

④ 《南洋商报》，2005年3月20日。

马来西亚福建社团联合会、马来西亚广东会馆联合会、马来西亚客家公会联合会、马来西亚潮州公会联合会、马来西亚海南会馆联合会、马来西亚广西总会、马来西亚福州社团联合会、马来西亚河婆同乡联合会、马来西亚永春联合会、马来西亚兴安会馆总会、马来西亚泉港社团联合会、马来西亚南安社团联合会、马来西亚安溪总会、马来西亚高州总会、马来西亚晋江社团联合会。

一些颇具影响力的华人社团，它们的青年组织更为关注华人政治问题。如，1992 年 2 月 23 日，雪兰莪中华大会堂青年团主办了主题为“当代大马华人政治辩思”的学术研讨会；同年 8 月 23 日，由另一家活跃的华人社团总会组织新山中华公会主办，其华青团承办了一场名为“当代大马华人政治省思全日研讨会”的学术会议。在这些学术会议上，一些重要的华人学者提交了很有见地的论文。

马来西亚华团青年组织还将关注的目光投向更为广阔的国际舞台。2005 年 3 月下旬，为了配合马来西亚和平联盟即将举办的“巴勒斯坦和平国际研讨会”，“八大华青”齐力宣传热爱和平的观念，积极推广“巴勒斯坦和平”活动。

在 21 世纪，传统的华人社团仍旧面临吸纳年轻人参加、培养合格接班人的重要课题。而华团中的青年组织又是担当此重任的重要力量。

由于成长环境和所受教育与老一代华人不太相同或迥然相异，很多年轻华人对中华传统文化知之甚少，甚或一无所知，这使年轻华人和老一代华人之间存在“文化沟”。年轻人对乡团组织认识不足，缺乏认同感，甚至毫无概念。为了消除年轻人与老一代之间存在的“文化沟”，吸引年轻人参加到会馆、宗亲会等中，首先要加强对年轻人的中华传统文化的教育，使他们对中华传统文化逐渐了解，不断加深理解，认同中华传统文化，最终达致年轻华人与老一代华人之间“文化沟”的消除。这样，年轻人才会主动加入到社团中来，并积极从事相关事务。

吸引年轻人入会，最终目的在于培养他们成为社团的接班人。因此，应注意不断培养青年人的领袖才能，利用各种机会，逐步提高年轻人的组织能力、表达能力以及思维能力。一般来说，传统社团中都成立了青年团、青年部、青年组等，它们是培养青年人的重要组织。因此，会馆、宗亲会等应提高青年组织在社团中的地位，让青年组织积极推展各种活动，给年轻人锻炼、提高的机会。传统社团中的老一代领导人应做到“知人善任”，给年轻人提供参加各种社会活动的机会，在实践中逐渐提高他们的工作能力，进而为会馆培养更多合格的年轻干部。①

今天的华人社团呈现观念现代化、行政专业化、组织年轻化、活动多元化以及体系制度化的“五化”特征，会馆领导人必须以实际行动做到管理现代化、

---

① 饶尚东：《21 世纪的新会馆》（未刊稿），2004 年 3 月在暨南大学华侨华人研究所的讲稿，第 8 页。

组织民主化，让年轻的领导人有施展才华的机会。只有这样，会馆才能留住年轻会员和年轻领导人。①

青年是社会群体中的中坚力量，是充满活力的重要社会力量。马来西亚华团又重视将其青年组织推向前台，锻炼它们，培养社团后继人才。马来西亚华团中的青年组织，参与社会活动是积极活跃的。在实行偏袒马来人种族主义政策的马来西亚，它们在维护华人社会政治、文化、教育等诸多领域的权益方面是一股不可忽视的力量。华团青年组织积极踊跃的社会参与，也对促进马来西亚国家政治体制的民主与平等、防止过分的种族主义政策不无积极意义。而青年组织在传承、发扬华人文化方面，更是发挥着重要的作用。在举办社会公益活动方面，青年组织也是重要的社会力量之一。

传承和发扬华人文化是马来西亚华人社团尤其是传统的“三缘”性社团的重要职责和使命，也是它们保持自身生命力，在华人社会乃至马来西亚社会发挥积极影响的重要基础。青年组织应该成为华团传承和发扬华人文化的一支主力军。这样一方面可以锻炼青年组织自身，另一方面也可以促进华人年轻一代对华人文化的了解，进而吸引更多的青年人投身社团工作，维护和发展华人文化，并能服务于社会。

妇女组织也是马来西亚华人社团中的重要力量。但是，由于华人妇女在马来西亚国家政治生活和华人政治生活中的边缘地位，华人妇女政治一向呈现边缘化的特点。② 妇女组织的社会参与活动因而更具有社会性，政治性的色彩很淡。青年组织则不同，它们的社会参与活动，在政治方面是积极踊跃的，社会参与的政治性色彩浓厚。

马来西亚华人社团一向有积极参与国家政治事务的优良传统。作为华团中的重要力量，青年组织在积极参与事关维护自身及华人社会利益的国家政治事务的同时，还应该积极推动母会的政治参与活动，以更好地维护华人社会的权益，促进国家政治的民主与平等，而这也有利于保持和提高青年组织乃至华人社团在华人社会中的地位和影响。

华团青年组织的活动还应注重走向国际化，与世界各地的青年组织开展交流、合作，在国际大舞台上锻炼自己，提高自己，以利于自身的发展。

马来西亚华人社会不断走向成熟，中马两国友好关系在稳步加强，在这种良性状态下，只要传统华人社团不懈努力，更多的年轻华人就会加入到会馆，很多

① 刘崇汉：《马来西亚的五邑华人社团》（未刊稿），广东江门学术研讨会，2002 年。

② 参见何启良：《双重边缘内外——大马华裔妇女政治参与初探》，何启良：《政治动员与官僚参与·大马华人政治述论》，吉隆坡：华社资料研究中心，1995 年，第 111 ~ 130 页。

的可塑之才就会被培养成为会馆未来事业的接班人，会馆也因而能够在华人社会中发挥更大的作用。

表5　马来西亚华团青年组织成立简表①

华团名称	创建时间	首任领导	华团名称	创建时间	首任领导
霹雳海南会馆	1950年		宜力广西会馆	1978年	张振溪
槟城海南会馆	1957年		巴生滨海福州十邑会馆	1978年5月	
蔴坡海南会馆	1957年		而连突广西会馆	1978年9月	
蔴坡客属公会	1957年		马来西亚广西总会	1978年12月31日	李德才
霹雳河婆同乡会	1959年		霹雳广东会馆	1979年	
马六甲应和会馆	1959年	黄渭南	太平福建会馆	1979年	
巴生海南会馆	1959年		吉打德教会济阳阁	1979年	陈雅谊
关丹海南会馆	1959年		槟榔屿南安会馆	1979年	
野新琼州会馆	1959年		瓜雪暨沙白福建会馆	1979年	
巴株巴辖海南会馆	1960年	王福经	拉央广西同乡会	1979年	
太平琼州会馆	1961年		太平福州会馆	1979年4月	
雪隆潮州会馆	1962年	陈亚发	巴株巴辖福莆仙会馆	1979年6月	
甘马仕海南会馆	1962年		而连突福建会馆	1979年6	
波德申琼州会馆	1963年4月		吉隆坡永春会馆	1979年6月24日	林维和
蔴坡潮州会馆	1964年		霹雳广西会馆	1979年9	
马六甲潮州会馆	1964年		新文龙永春会馆	1979年9月14日	曾劲龙
蔴坡永春会馆	1964年		槟榔屿晋江会馆	1979年10月	

① 资料来源：马来西亚华团简史编委会：《马来西亚华团简史》，吉隆坡：马来西亚中华大会堂总会，1999年；谢成佳：《华侨华人百科全书・政党社团卷》，北京：中国华侨出版社，1999年；《雪兰莪中华大会堂庆祝54周年纪念特刊（1977年）》，雪兰莪中华大会堂文教委员会，1977年；《马来西亚潮州公会联合会青年组联合委员会特辑（1975—1979）》，马来西亚潮州公会联合会青年组联合委员会，1980年；《马来西亚永春联合会银禧纪念特刊（1957—1982）》，马来西亚永春联合会，1984年；《雪兰莪惠安公会50周年纪念刊》，惠安公会，1985年；《马来西亚雪兰莪吉隆坡陈氏书院宗亲会80周年纪念特刊（1906—1986）》，隆雪陈氏书院宗亲会；《雪隆李氏宗亲会金禧纪念》，雪隆李氏宗亲会，1999年；等等。

（续上表）

华团名称	创建时间	首任领导	华团名称	创建时间	首任领导
令金海南会馆	1965 年		安顺广东会馆	1979 年 11 月 4 日	岑泽文
马六甲同安金厦会馆	1966 年		雪隆兴安会馆	1979 年 12 月	
雪隆海南会馆	1966 年 12 月 16 日	吴慕光	瓜拉庇拉广东会馆	1980 年 3 月	
巴生滨海南安会馆	1967 年		金宝福建公会	1980 年	赵爱华
雪兰莪永春会馆	1967 年		下霹雳韩江公会	1980 年年	
昔加挽永春会馆	1968 年初		双溪古月福建公会	1980 年 4 月 5 日	
马来西亚海南会馆联合会	1968 年	王禄海	马口广西同乡会	1980 年 6 月	
蔴坡永春公所	1968 年		古晋大埔同乡会	1980 年 10 月	杨镜南
庇拉琼崖公会	1968 年		北马永定同乡会	1980 年 10 月 19 日	
昔加末海南会馆	1968 年 8 月		乌鲁音巴鲁福建公所	20 世纪 80 年代初	
瓜拉庇拉永春公所	1969 年	张进全	巴生福建会馆	1981 年 3 月	
槟城惠北同乡会	1969 年		安顺晋江会馆	1981 年 3 月	王建文
新山琼州会馆	1969 年	邢诒焕	古晋福建公会	1981 年	
北海南仁社	1970 年 9 月		古晋福州公会	1981 年	谢智华
马六甲永春公所	1971 年	林源瑞	槟城惠州会馆	1981 年	
淡边海南会馆	1971 年		巴都牙也广东会馆	1981 年 7 月 28 日	
龙运海南会馆	1971 年 7 月	刘昌安	马来西亚广东会馆联合会	1981 年 9 月 5 日	柔佛广青
林明琼州会馆	1971 年 8 月 15 日		丹绒马林福建会馆	1981 年 11 月	
柔佛永德会馆	1971 年 10 月 5 日		古晋嘉应五属同乡会	1981 年 12 月 27 日	黄锦就
吉兰丹潮州会馆	1972 年 2 月 4 日	陈子儒	达岛潮州公会	1982 年	

（续上表）

华团名称	创建时间	首任领导	华团名称	创建时间	首任领导
槟城三江公会	1972 年		乌鲁地南海南会馆	1982 年	
雪兰莪金门会馆	1972 年	李天福	砂拉越陇西公会	1982 年 4 月 19 日	李志贤
麻属巴冬永春会馆	1972 年	林礼道	马来西亚大埔（茶阳）社团联合总会	1982 年 8 月 1 日	廖德顺
居銮永春公会	1972 年	吴圣义	哥打丁宜琼州会馆	1982 年 8 月	
马六甲兴安会馆	1972 年		新山福建会馆	1983 年 *	
野新福建会馆	1972 年	吴哲全	瓜拉冷岳福建会馆	1983 年	林渐文
永平海南会馆	1972 年		劳勿福建会馆	1983 年	刘光利
马口福建会馆	1973 年		浮罗交怡海南会馆	1983 年 5 月 19 日	
柔佛安溪公会	1973 年		诗巫漳泉公会	约 1983 年	
雪兰莪暨吉隆坡广西会馆	1974 年 2 月		沙巴亚庇福州公会	约 1984 年	
马来西亚福建社团联合会	1974 年		笨珍林氏公会	1984 年	
雪兰莪广东会馆	1974 年		槟城南海会馆	1984 年	
雪兰莪南安会馆	1974 年		槟城孙氏公会	1984 年	
霹雳韩江公会	1974 年		哥打丁宜福建会馆	1984 年	
新山客属同源社	1974 年		麻坡江夏黄氏公会	1984 年	
森美兰潮州会馆	1974 年		金宝琼州会馆	1984 年 5 月	
甘马挽潮州会馆	1974 年 8 月		安顺应和会馆	1984 年 8 月 2 日	
麻坡巴冬潮州会馆	1975 年		马六甲海南会馆	1984 年 9 月 9 日	
马来西亚潮州公会联合会	1975 年	杨应锦	丹绒马林琼州会馆	1984 年 10 月 28 日	
马来西亚永春联合会	1975 年 8 月 17 日	林源瑞	槟榔屿广东暨汀州会馆	1984 年 12 月	
马六甲晋江会馆	1976 年 2 月		华都牙也福建公会	1985 年 1 月 15 日	胡浪禄

（续上表）

华团名称	创建时间	首任领导	华团名称	创建时间	首任领导
柔佛嘉应会馆	1976年	谢锦龚	吉玻江夏堂黄氏宗祠	1985年4月9日	黄振炎
马六甲安溪会馆	1976年	李文定	马六甲李氏宗祠	1985年	李荣昌
沙巴福建社团联合会	1976年		永平广东会馆	1985年	
巴株巴辖永春会馆	1976年		淡边福建会馆	1985年	
笨珍潮州会馆	1976年		马来西亚林氏宗亲会联合会	1985年	林书甫
丁加奴潮州会馆	1976年		吉打福建公会	1985年	
柔佛东甲潮州会馆	1976年		吉胆海南会馆	1985年	
森美兰茶阳会馆	1976年		柔佛南安会馆	1985年	
吉隆坡河婆同乡会	1976年6月27日	张子贞	居銮大埔同乡会	1986年	
柔佛潮州八邑会馆	1976年7月10日	林应通	隆雪陈氏书院宗亲会	1986年	
大山脚韩江公会	1976年8月4日	陈振盛	雪隆安溪会馆	1986年5月20日	苏继业
马来西亚嘉应会馆联合会	1976年9月5日		瓜拉冷岳海南会馆	1986年6月22日	陈季川
马来西亚广东会馆联合会	1977年		砂拉越张氏公会	1987年5月25日	张统文
森美兰广东会馆	1977年		古来福建公会	1987年	
诗巫福州公会	1977年	吴庆发	诗巫广肇公会	1987年	
霹雳永定同乡会	1977年		巴株巴辖惠安公会	1988年	骆英杰
雪隆嘉应会馆	1977年	吴德芳	槟城东安会馆	1988年	
槟城北马永春会馆	1977年		纳闵安溪会馆	1988年	
东甲永春会馆	1977年		拿笃海南会馆	1988年7月16日	符琨干
古晋兴安会馆	1977年		马来西亚黄氏联合总会	1988年7月30日	
吉玻嘉应会馆	1977年		彭亨立卑福建公会	1989年	

（续上表）

华团名称	创建时间	首任领导	华团名称	创建时间	首任领导
吉南韩江公会	1977 年		马来西亚北海洪氏宗祠敦煌堂	1989 年	
乌鲁冷岳客属公会	1977 年		吉玻惠安公会	1989 年 8 月	
马六甲西河堂林氏大宗祠	1977 年 5 月 10 日	林源瑞	马来西亚安溪总会	1989 年 11 月 26 日	林梧桐
美里海南会馆	1977 年 6 月 23 日		巴株巴辖福建会馆	80 年代	
霹雳永春公所	1977 年 8 月 15 日	陈友声	美罗福建公会	90 年代初	
美里诏安会馆	1978 年		雪兰莪惠安公会	1990 年 10 月	
马来西亚福州社团联合会	1978 年		槟城同安金厦公会	1991 年	
丹绒马林永春公会	1978 年		叻思暨巴冬加里福建公会	1991 年	黄健发
太平仁和公所	1978 年		居銮中华公会	1991 年 7 月 15 日	黄金来
成邦江福州公会	1978 年	王启香	吉兰丹福建会馆	1993 年	黄贞炮
关丹兴安会馆	1978 年		槟城惠南联乡会	1993 年	
笨珍福建会馆	1978 年	林金定	巴罗福建会馆	1993 年 6 月 29 日	
霹雳大埔同乡会	1978 年		巴株巴辖云诏东会馆	1994 年 1 月 18 日	
霹雳永春公会	1978 年		彭亨华人社团联合会	1994 年 6 月 12 日	刘永世
双文丹福建会馆	1978 年		马来西亚乡联青总会	1994 年 6 月 28 日	
万挠福善公会	1978 年		诗巫闽清同乡会	约 1995 年	黄礼南
			柔中保赤宫陈氏宗祠	2004 年 12 月 23 日	陈惠国

注*：新山福建会馆原来由陈培贤博士成立青年团，但不久停顿。后在杨斯钦、郑志葆及李善明等人推动下于 1983 年重新成立。

第四节　妇女组织[①]

马来西亚华人妇女社团组织的产生与发展有其深刻的社会背景。逐步趋于稳定、成熟的华人社会以及在此基础上的华人妇女社会地位的提升，是华人妇女社团组织能够创建并逐步发展的必要的社会基础。

早期中国移民中，男性占绝大多数，女性移民极少，男女比例相差悬殊。1860 年的新加坡，华侨男女性别比例为 14.4：1；在马来联邦，华侨男女性别比率更为悬殊，即使到 1901 年，仍为 10：1。[②] 20 世纪以后，中国妇女移入马来亚日益增多，女性华侨的增长速度快于男性，马来联邦到 1911 年时，1 000 名男性华侨对女性的比例为 1 000：247，1921 年时下降至 1 000：384。[③] 1929—1933 年世界经济危机使英国殖民政府限制华人移民。《1933 年外侨法令》限制男性中国人移入，但并不限制女性和儿童入境，这一法令实施至 1938 年。它使马来亚华侨男女比例的差别进一步缩小，1931 年每千名男性华侨对女性的比例为 1 000：513，1947 年下降为 1 000：833。“二战”战后初期，马来西亚华侨人口增长较快，主要原因是当地华侨出生人口的增加。而当地出生的华侨人数的快速增长，则主要源于马来西亚华人社会男女比例的接近与平衡。

在多种积极因素的推动下，华人妇女的社会地位也在不断改善、提高。早在 19 世纪末，中国国内兴起的改革运动促使马来西亚华人社会对妇女的传统观念和态度发生极大变化，马来西亚华人妇女的社会地位随即也发生了巨变。维新派的主将之一梁启超在新马地区公开鼓动与提倡创建女子学校，实行妇女教育。受社会先进潮流的驱动，1908 年，坤成女子学校在马来半岛创办，它是当地第一所华人女子学校，由吴雪华女士等人创办，吉隆坡著名华侨富商张郁才向该校提供经济资助。[④] 20 世纪初，吉打广州暨汀州会馆创办南华女校。中华民国的成立、五四运动的发生以及 20 世纪 20 年代女权运动的开展，都对马来西亚的华人社会产生许多积极影响，同时也极大促进了当地华人妇女教育的进一步发展。从 20 世纪初直至“二战”前，新马地区华人社会创办了许多女校（请看下表）。这

① 本节为了突出研究马来西亚华人妇女社会地位的提升，以及华人妇女社会影响的加强，其中也涉及了华人妇女社团的发展。

② Victor Purcell, *The Chinese In Malaya*, London: Oxford University Press, 1948, p. 174。

③ 林芳声：《马来亚》，北京：世界知识出版社，1956 年，第 6 页；郁树琨：《南洋年鉴》，新加坡：南洋报社有限公司，1951 年，第 71 页。

④ ［澳］颜清湟：《华人历史变革（1403—1941）》，《马来西亚华人史新编》（第 1 册），吉隆坡：马来西亚中华大会堂总会，1998 年，第 55 页。

些都有助于提高华人女性的素质，进而提升她们的社会地位。

表 6 “二战”前新马地区华人社会创办女校简表①

女校名称	创办时间	女校名称	创办时间
雪兰莪坤成学校	1908 年	巴株巴辖爱群女校	1923 年 4 月 27 日
新加坡中华女校	1911 年	槟城南洋女子工商学校	1923 年
霹雳公立女校	1911 年	新加坡坤成女校	1924 年
槟城璧如女校	1912 年	槟城坤德女校	1924 年
槟城务内女校	1915 年	亚庇明德女校	20 世纪 20 年代初
新加坡崇本女学校	1916 年 1 月	吉隆坡中华女校	1925 年
槟城中华女校	1916 年	新加坡群英女校	1926 年
新加坡崇福女学校	1916 年 4 月	马六甲谦光女校	1926 年 4 月
新加坡南洋女校	1916 年 8 月	居銮中华女校	1926 年
新加坡侨英女校	1916 年	新加坡街余女校	1927 年
霹雳怡保勤业女校	1916 年	新加坡静方女学校	1928 年
马六甲培德女校	1917 年 5 月	新加坡志钊女校	1928 年
新加坡南华女学校	1917 年 6 月	新加坡圣尼古拉女校	1928 年
芙蓉坤华女校	1917 年	槟城协和学校	1928 年
槟城毓南女校	1918 年	山打根中华女校	20 年代
霹雳女子中学	1918 年	陈西祥槟城女校	1931 年前
霹雳保修女校	1918 年	槟城辅友女学校	1931 年
蔴坡化南女校	1918 年	新加坡圣婴女校	1933 年
巴生中华女校	1918 年	霹雳女子学校	1933 年
槟城福建女校	1920 年	新加坡辅女学校	1934 年
金保公立女校	20 世纪 20 年代前	吉隆坡精武女校	1936 年
槟城慕真女校	1921 年前	新加坡义安女校	1940 年
槟城华侨女校	1921 年	雪兰莪坤维女校	不详
雪兰莪培德女校	1922 年	马六甲四维女校	不详
槟城坤仪女校	1922 年	吉打中华女校	不详
新加坡娘环女校	1922 年	槟城南洋女子公学	不详
新加坡大德女校	1923 年		

① 本表为作者自制，资料来源：郑良树：《马来西亚华文教育发展史》（第一分册），马来西亚华校教师会总会，1998 年；郑良树：《马来西亚华文教育发展史》（第二分册），马来西亚华校教师会总会，1999 年。

20 世纪 30 年代到 40 年代初，马来西亚地区华人社会对女性的观念和看法已经有了很大变化，华人妇女的社会地位进一步提高，表现为学校中女生人数的增加，初级和中级女性教育的推广，工作行业中女性的增多，还有报章中对传统妇女观念的公开讨论及批判等。女性社会地位的提高在当地华人社团发展中得到了明显体现。

表 7　1947 年马来亚华侨行业人数简表①

行业类别	男	女	比率	行业类别	男	女	比率
自由职业	8 716	4 059	31.8%	印刷业及照相业	1 872	59	3.1%
娱乐业	1 507	670	30.8%	建筑业	5 302	133	2.4%
农业	245 911	87 062	26.0%	贵金属物及电镀业	5 603	95	1.6%
矿业	23 603	7 221	23.4%	五金业	19 371	251	1.3%
纺织品服装制造业	9 183	1 765	16.0%	油漆及装饰业	1 582	18	1.1%
纸制业及书籍装订业	244	42	14.7%	交通运输业（雇员）	23 593	266	1.1%
食品饮料及烟草制造业	10 299	1 685	14.1%	钟表眼镜业	1 072	10	0.9%
砖、陶器及玻璃制造业	1 224	117	8.7%	电器业	1 918	18	0.9%
商业及金融业	95 618	7 787	7.6%	渔业	17 491	155	0.9%
皮革制造业	177	7	3.8%				

根据不同行业中女性的分布人数及女性占各行业人数的比例，可以看出，女性在自由职业、娱乐业、农业、矿业、纺织品服装制造业、纸制业及书籍装订业、食品饮料及烟草制造业等行业中占较高比率。这些行业大多也是女性从业人数较多的行业。此外，纺织工人、俱乐部旅馆等杂务人员、其他制造业工人等从业人员中，女性也占较高比例。上述行业都是一些传统的行业。

马来西亚独立后，华人妇女的社会地位随着马来西亚社会和华人社会的发展进步仍在持续提高。独立初期，华人妇女参与的社会职位涉及巴士售票员、小贩、文秘、打字员等，并在一些（社团）组织中担任一定职位，在社会上开始凸显日益重要的作用。而伴随社会的进一步发展进步，华人妇女突破了传统职业的窠臼，向专业领域进军。20 世纪 80 年代以后，华人社会出现许多很有作为的

① 本表为作者自制，资料来源：《马来亚华侨阶级成分统计表》（1947 年马来亚政府统计），华侨问题研究会：《马来亚华侨问题资料》，北京：联合书店，1950 年，第 21 ~ 32 页。另注：表中“比率”指女性占行业总人数的比率，“交通运输业”中指“雇员”人数。

女性，华人女性在马来西亚各行各业中扮演更为重要的角色。房地产经纪、工厂执行人员、业务主管、专业设计师、医生、律师、企业家等职业，都有华人妇女的身影。[①] 华人女性社会地位的进一步提高，促成更多的华人妇女社团组织的产生和壮大。

“二战”前，在华人社团发展中，女性开始被重视，女性力量在其中开始占有一席之地，不少女性参与社团的组建、建设等工作。这种积极现象是女性力量在当时的马来西亚华人社会逐渐崛起的一种外在体现。

“二战”后，马来西亚华人妇女像其他许多国家的华人妇女一样，在华人社会中更趋活跃，逐渐成为一股非常重要的力量。顺应时势的需要，马来西亚华人社团开始重视华人妇女问题，许多社团积极吸引妇女参加社团；在社团中设立相应的妇女组织，如妇女组、妇女部、妇女委员会等；组织妇女开展各种相关活动。设立妇女组、青年团等，也是传统的华人社团组织力图打破自身已呈现的社会功能衰退现象的举措，它们借此来扩大组织，吸收新鲜血液，加强社团的生机活力。

据现有材料，马来西亚华人妇女的社团组织产生于20世纪20年代初。到20世纪末，已有多家各类型的华人妇女社团。它们依次是：雪兰莪华人女子精武体育会（1921年7月6日成立）、槟城女子精武体育会（1924年2月22日成立）、雪兰莪华人妇女励志会（1947年8月31日成立）、槟城槟华女中校友会（“二战”后成立）、丹南华人妇女会（1994年8月25日成立）、沙巴华人妇女总会（1997年10月17日成立）、亚庇华人妇女会（成立时间不详）、斗湖华人妇女会（成立时间不详），等等。根据马来西亚华人学者刘崇汉先生的统计，到2001年6月，马来西亚共有妇女社团187家，其中华人妇女社团有32家，占全国妇女社团总数的17.11%。[②]

1921年7月6日，雪兰莪华人女子精武体育会正式成立，创建人为谢少铭、吴雪华、谭彩云等，谭彩云被选为首届会长。它应该是首家海外华人女子体育社团。1924年2月22日，槟城女子精武体育会也正式创立，筹建人有郑秀英、梁恩权、梁应权、卢运怀、林传祺、林可材、郑珍金、辜翠屏、戴淑原、吴四支、吴群宣、蔡清烈、陈继祖、周锦泉等女士。

“二战”后，在海外华人社会（包括在东南亚，在马来西亚）中，成立了许多校友会、同学会等以学缘为纽带的社团组织。在马来西亚众多的华人校友会

① 曾松华：《华人社会发展（1957—1990）》，《马来西亚华人史新编》（第1册），吉隆坡：马来西亚中华大会堂总会，1998年，第189页。

② 刘崇汉：《我国社团知多少?》，《2000—2001年全国华团研讨会资料汇编》，第201～208页。

中，也有华文女子学校的校友会，如槟城槟华女中校友会等。槟城槟华女中校友会的母校原为槟城福建女子学校，后改名为槟城槟华女子中学。槟城槟华女中校友会的成员绝大多数为女性。

关于马来西亚各类型华团内部直接设立的妇女组或妇女部的情况，如下表所示：

表 8 马来西亚华团妇女组织成立简表①

华团名称	创建时间	首任领导	华团名称	创建时间	首任领导
槟城顺德会馆	1945 年秋 *		美里福建公会	20 世纪 90 年代初	
马六甲客属公会	1948 年复办		砂拉越美里河婆同乡会	1991 年	
槟城南海会馆	1959 年		劳勿福建会馆	1991 年	
霹雳河婆同乡会	1960 年		美里海南会馆	1991 年筹组	
霹雳客属公会	1965 年		吉玻江夏堂黄氏宗祠	1991 年 8 月 8 日	黄宝龄
吉打德教会济阳阁	1966 年	张赛妹	麻属江夏堂黄氏公会	1992 年	
槟城三江公会	1972 年		沙巴福建社团联合会	1992 年 4 月 6 日	
槟城东安会馆	1974 年		丹绒马林福建公会	1992 年 4 月 19 日	
雪兰莪嘉应会馆	1975 年前		马六甲兴安会馆	1992 年 4 月 21 日	
西马何氏公会	约 1975 年		居銮中华公会	1992 年 4 月 24	钟瑞娣
新山中华公会	1977 年前		古晋福州公会	1992 年 5 月 8	林英昭
吉隆坡河婆同乡会	1977 年 4 月 29 日	刘佑点	新山福建会馆	1992 年母亲节	陈金兰
柔佛州河婆同乡会	1977 年		吉兰丹福建会馆	1992 年 5 月 29 日	颜彩鸿
美里福州公会	1977 年		纳闽福州公会	1992 年 9	
霹雳永春公会	1979 年 12 月	刘雪香	麻坡永春会馆	1993 年 5 月 23 日	
霹雳永定同乡会	1980 年		马来西亚黄氏联合总会	1993 年 8 月 2 日	
柔佛潮州八邑会馆	1980 年		巴株巴辖海南会馆	1993 年	
森美兰茶阳会馆	1980 年		槟榔屿晋江会馆	1993 年 12 月	
马来西亚福州社团联合会	1981 年		隆雪陈氏书院宗亲会	1994 年	

① 本表为作者自制，以说明各类型华团中设立妇女组织的时间，表中“首任领导”指各社团中妇女组织的首任领导，如妇女部的首任部长，妇女组的首届主任等。资料来源：马来西亚华团简史编委会：《马来西亚华团简史》，吉隆坡：马来西亚中华大会堂总会，1999 年；谢成佳：《华侨华人百科全书·社团政党卷》，北京：中国华侨出版社，1999 年；等等。

（续上表）

华团名称	创建时间	首任领导	华团名称	创建时间	首任领导
柔佛安溪公会	1981 年		雪兰莪暨吉隆坡江夏堂黄氏宗祠	1994 年	
太平仁和公所	1982 年		笨珍海南会馆	1994 年	张仪兰
吉兰丹哥打巴鲁客家公会	约 1982 年		吉玻惠安公会	1994 年	黄爱莉
槟城五福堂广州府会馆	1983 年		华都牙也福建公会	1994 年 5 月中旬	张细珍
吉隆坡中华校友会	1983 年		彭亨华人社团联合会	1994 年 6 月 12 日	胡亚莲
沙巴亚庇福州公会	1983 年		吉打福建公会	1995 年	
砂拉越陇西公会	1983 年 1 月 1 日		柔佛州南安会馆	1995 年	李锦秋
太平福建会馆	1985 年		马来西亚福建社团联合会	1995 年 3 月 5	
诗巫福州公会	1985 年		雪兰莪惠安公会	1995 年 3 月	
关丹兴安会馆	1985 年		双文丹福建会馆	1995 年 7 月	
砂拉越晋汉省华人社团总会	1985 年 6 月		太平福州会馆	1995 年 9 月 5 月	
霹雳大埔同乡会	1986 年前		瓜拉冷岳福建会馆	1995 年 10 月 8 日	
槟城新会会馆	1986 年 5 月		雪隆广东会馆	1996 年	
雪兰莪中华大会堂	1986 年		丁加奴甘马挽琼州会馆	1996 年 10 月 8 日	杨彩珍
成邦江福州公会	1986 年	林玉英	吉兰丹中华大会堂	1997 年 4 月 20	林风调
瓜拉庇拉永春公所	1986 年		马来西亚海南会馆联合会	1997 年 6 月 1 日	尤月梅
砂拉越张氏公会	1987 年 7 月	张燕	雪隆安溪会馆	1997 年 6 月	詹丽美
柔佛州嘉应会馆	1988 年	黄煜琴	北霹雳洪氏敦煌堂	1998 年 3 月 1 日	洪礼丝
而连突福建公会	1989 年		马六甲西河堂林氏大宗祠	1998 年 6 月 5 日	林丽娟
彭亨立卑福建公会	1989 年		巴罗福建会馆	1999 年	
古晋福建公会	1989 年		古来柔佛鹤山会馆	2000 年	
立卑福建公会	1989 年		蔴属蔡氏济阳公所	2000 年	
霹雳海南会馆	1989 年 7 月		柔佛泷江公会	2002 年	
雪兰莪永春会馆	1990 年底	郑素芬	利民达福建公会	2004 年 11 月	

（续上表）

华团名称	创建时间	首任领导	华团名称	创建时间	首任领导
吉中德教会立善阁	20 世纪 90 年代初		古来紫霭阁	2004 年	
巴株巴辖福建会馆	20 世纪 90 年代初		东甲金山体育会	2004 年 12 月	

注*：槟城顺德会馆在“二战”后的1945年秋重新组织恢复会馆活动时，已有妇女组的存在。参见谢成佳：《华侨华人百科全书·社团政党卷》，北京：中国华侨出版社，1999年，“槟城顺德会馆”条。

根据上表可知，在总会组织、地缘性社团、血缘性社团、业缘性社团、学缘性社团、宗教文化社团、体育社团、慈善社团等各类型社团中，都倾向于设立妇女组织。不过，业缘性社团中设立妇女组织的相对较少，这可能是由于商界中女性的力量过于弱小所致。

而从设立妇女组织的时间来看，“二战”后的二三十年中，各华人社团中设立的妇女组织仍较少，直到20世纪80年代以后，妇女组织的创立才真正活跃起来。其中原因在于，当时伴随华人社会在政治、经济、文化等各方面的发展、进步，马来西亚华人社团呈现出本土化、现代化、民主化、经济化、国际化等全面发展的态势，华人社团走向稳定成熟时期。妇女组织的纷纷创建正是华人社团成熟发展的一种外在表现。

表8也反映出，从妇女组织的成立时间看，各帮地缘性社团中，广府籍的华人社团最早。早在“二战”前，槟城顺德会馆已经设有妇女组，槟城南海会馆、槟城东安会馆也分别在20世纪50年代和70年代成立妇女组织。为何广府籍，尤其是顺德、南海、东莞、宝安等地籍华人地缘性社团创建妇女组织较早？原因应该是，早年到马来亚的华人妇女移民中，大部分来自广东，尤其是顺德、番禺、南海等较早开放、近代工业发达之地。20世纪20年代的经济衰退，使珠江三角洲许多工厂倒闭破产，包括女工在内的工人大批失业，这是当时广东妇女移居国外的一个决定性因素。20世纪30年代以后，由于英国殖民政府颁布限制男性而不限制女性移民的《外侨法令》，随着日本侵略中国的战争迫在眉睫，中国妇女移入马来亚的速度大大加快。这些妇女中，很多原是珠三角地区的不愿婚嫁的“自梳女”和虽已婚嫁但“不落夫家”者。[①] 她们尤其需要得到扶助。事实上，1953年成立的森美兰中山同乡会，在20世纪70年代初时拥有的200多名会

① 秦云凤著，高伟浓译：《19、20世纪到马来亚的中国女性移民》，《民族译丛》1988年第1期，第1~8页。

员中，女性占80%。①

客家帮华人社团中，马六甲客属公会、霹雳河婆同乡会、霹雳客属公会等社团也较早创建妇女组织。客家华人社团较早成立妇女组织的原因，应该是由于女性在客家人社会生产和生活中的地位较重要（比如客家女性不缠足，使其能在生产生活中发挥作用；关于客家女性的勤劳、能干，有许多专门的论文著述），而20世纪30年代以后，客家女性移居马来亚也很多。

此外，下列许多华人社团也设有妇女组（部），吸引女性加入，为女会员组织各种活动，但由于材料限制，不知其确切设立时间：森美兰中华大会堂、马六甲中华大会堂、柔佛州中华总会、新山琼州会馆、丁加奴中华大会堂、吉中福建会馆、吉打中山公会、霹雳顺德会馆、砂拉越华人社团联合总会、马来西亚三江总会、霹雳广东会馆、雪隆叶氏宗祠、马来西亚陈氏宗亲总会、霹雳嘉应会馆、安顺广东会馆、雪隆福州会馆、吉中明修善社、吉隆坡南益校友会、雪隆惠州会馆、雪隆客家总会、柔佛颍川陈氏公会、雪兰莪番禺会馆、马六甲应和会馆、雪隆潮州会馆、马来西亚兴安会馆总会、雪兰莪琼州会馆、丁加奴海南会馆、古晋海南公会、太平精武体育会、马六甲精武体育会、太平北霹雳陈氏宗祠、霹雳兴安会馆、马来西亚林氏宗亲会、马来西亚马氏宗亲总会、马六甲海南会馆，等等。

另外，在马来西亚潮州公会联合会的属会中，共有26个社团成立了妇女组织。②

概括来看，马来西亚华人妇女社团组织主要包括以下几种类型：

第一，华人女性成立专属妇女的各种社团。女性华人社团组织的纷纷成立是华人妇女在马来西亚华人社会崛起的明显标志。更可喜的是，一些能力颇强的女性进入社团的最高领导层。如，马六甲海南会馆1991—1992年度的主席冯秋苹女士，她还担任过马来西亚琼州会馆联合会（后改名为“马来西亚海南会馆联合会”）的副主席。她是当时全马来西亚华人地缘性社团的首位女性主席。

第二，各类型社团内部直接设立的妇女组或妇女部（见表8）。

第三，许多华人社团在其青年团或青年组中设立妇女股或妇女组，开展妇女工作。如，雪隆潮州会馆青年组中设立妇女股，吉隆坡永春会馆青年团中也设妇女股，马六甲永春公所青年团中则设立妇女组，等等。

第四，华团中不仅设立妇女组织，在其青年团等组织机构中也有女性代表。

① 参见谢成佳：《华侨华人百科全书·社团政党卷》，北京：中国华侨出版社，1999年，“森美兰中山同乡会”条。

② 《张明宣指马部分华人党团偏离创会原义》，《星洲日报》，2002年9月3日；参见《侨务内参》，2002年9月9日。

如，雪隆安溪会馆青年团执委中有妇女代表，同时会馆在 1997 年 6 月专门成立了妇女组。①

第五，作为全马来西亚华人妇女社团组织的最高领导机构的华总妇女部，为组织领导妇女工作，华总设有妇女部；华总的领导机构中央委员会的组成人员中，妇女部主席为其“当然”代表。妇女部的职责是开展各项妇女工作，提高妇女素质，关注及谋求妇女的社会地位和权益。②

对于马来西亚华人妇女社团组织的几种形式，我们可以用下面的层次简表显示：

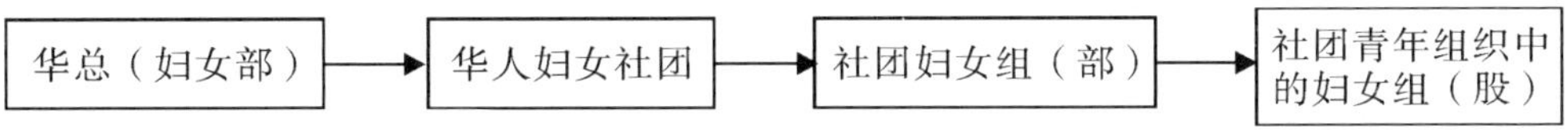

接下来，我们考察马来西亚华人妇女社团组织的内部系统。

首先是华人妇女社团：

表 9　雪兰莪华人妇女励志会的组织系统表

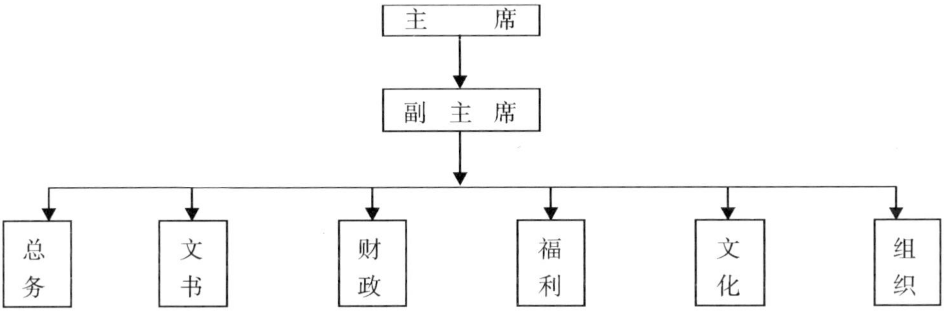

其次是华团中的妇女组织：

① 《雪隆安溪会馆》，马来西亚华团简史编委会：《马来西亚华团简史》，吉隆坡：马来西亚中华大会堂总会，1999 年，第 193 ~ 196 页。

② 马来西亚华团简史编委会：《马来西亚华团简史》，吉隆坡：马来西亚中华大会堂总会，1999 年，第 xviii ~ xix 页。

表 10　吉玻江夏堂黄氏宗祠妇女组组织简表

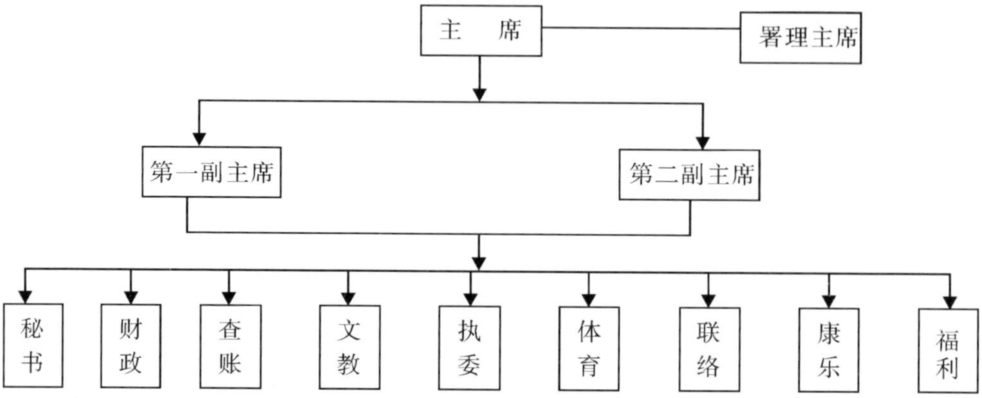

表 11　雪隆安溪会馆妇女组组织简表

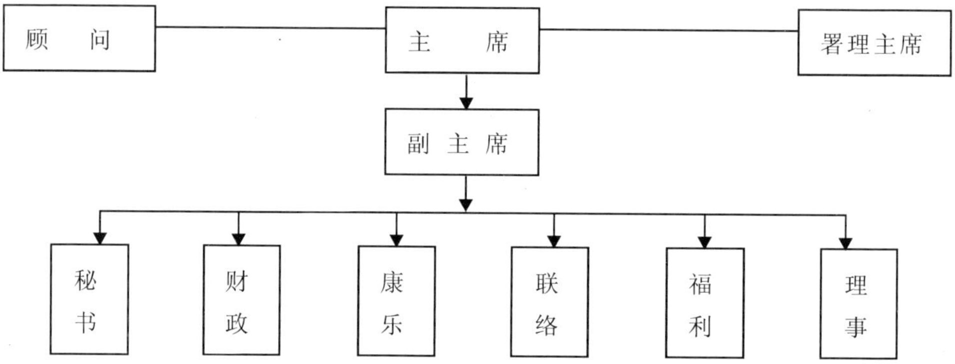

表 12　诗巫福州公会妇女组组织简表

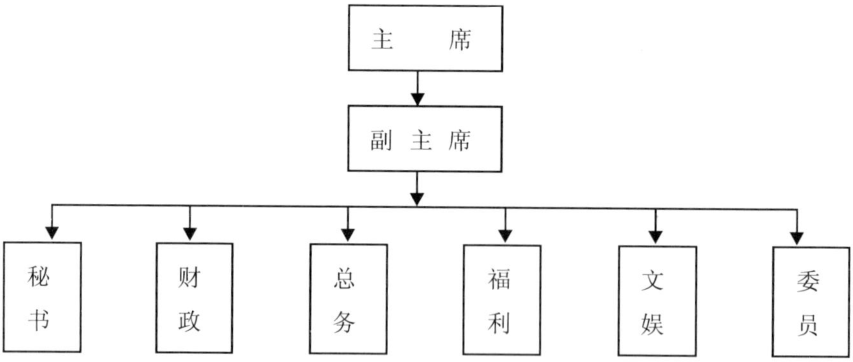

从以上几个组织系统简表可知，马来西亚华人妇女社团组织一般都采取三级管理体制。但相对而言，又有简单和复杂之别。上述 3 个妇女组织中，诗巫福州公会妇女组的内部系统较为简单，虽然也设三级管理体制，但既没有顾问，也不设署理主席，办事机构也较少。吉玻江夏堂黄氏宗祠妇女组机构系统较为复杂，它不仅有顾问，还设有署理主席，副主席也有第一、第二两位，办事机构也较多。雪隆安溪会馆妇女组的机构系统情况介于前两个社团之间。不同华人社团之间组织系统的复杂简单区分，应该是基于会员人数的多寡及会务开展状况。会员人数多，会务复杂多样，组织机构相应复杂；会员人数少，会务简单少量，组织机构设置则趋于简单。

和其他马来西亚华人社团组织一样，华人妇女社团组织中实行民主的选举制，从社团组织的领导者，到各机构的组成人员，都要经过民主选举产生。诗巫福州公会妇女组章程中明确规定，妇女组设有 17 人组成的执行委员会，执委会组成人员由妇女组成员直接选举产生。从被选中的委员中，再选出执委会正副主任各 1 名、正副秘书各 1 名、正副财政各 1 名、正副福利各 1 名、正副文娱各 1 名、正副总务各 1 名、委员 5 名等。[①]

各华人妇女社团和各类型华人社团中的妇女组织一般都是积极活跃的因素，它们都会积极致力于开展各种活动，以服务于社团，服务于华人社会，进而推动马来西亚社会的发展进步。

和各地其他的精武体育会一样，雪兰莪华人女子精武体育会、槟城女子精武体育会两个华人女子体育社团不仅从事武术、体育、文化、艺术活动，它们也关注福利公益活动，更关注马来西亚社会、马来西亚华人社会的总体发展。

槟城槟华女中校友会的主要工作是联络同学感情，促进团结互助，共同维护母校信誉和前途。该校友会举办国语补助班、烹饪班、舞蹈班、太极班、合唱团组等，丰富会员的业余生活。槟城槟华女中校友会还为母校在读同学提供考试费补助金、团体费补贴金以及初级文凭华语科优秀奖奖金等。1978 年，该会集资建成新会所，成为大马首家自行筹建会所的女校校友会。[②]

“二战”后初期，叶婉贞、陈玉华、李超等人创立雪兰莪华侨妇女励志会（后改名为“雪兰莪华人妇女励志会”），该会创立宗旨在于“提倡妇女教育，提升妇女地位，推进儿童教育，敬老慈幼，服务社群”。数十年来，雪兰莪华人妇女励志会积极关注华人妇女问题，争取（华人）妇女权益，并不懈致力于推动公民权申请、儿童教育、敬老活动、华文教育等社会慈善福利工作。1963 年时，雪兰莪华人妇女励志社和马来西亚其他友族妇女组织合作，共同创建“全国妇女

---

① 《马来西亚砂拉越诗巫福州公会 50 周年纪念刊》，诗巫福州公会，1997 年，第 183 页。

② 《槟州华人大会堂团体会员简介》，《槟州华人大会堂庆祝成立 100 周年 · 新厦落成开幕纪念特刊》，槟州华人大会堂，1983 年，第 292 页。

组织理事会”（National Council of Women Orgnization，简称 NCWO），开创了华人妇女与马来西亚其他族群妇女合作之先河。1986 年，雪兰莪华人妇女励志社参与雪兰莪华人大会堂妇女组的创建工作，该会代表钟敏璋还担任副主席。1994 年，雪兰莪华人妇女励志社参加在北京举行的世界妇女大会，为更好地开展自身工作谋求发展方向。①

丹南华人妇女会由热心妇女运动的詹美颜、彭爱梅、谭珍贤、张秀媚、杨燕琼、王彩珍、郑月群等人发起创办，詹美颜女士担任首届会长。它的创立宗旨是：“凝聚和维护华人妇女的力量及权益，通过社会组织以团结华人妇女及提升她们在社会上的地位，参与社会福利、慈善、文化、教育事业的发展与贡献。”成立以来，该妇女会同样积极参与有益于当地社会福利、慈善、文化、教育等各方面的工作。1997 年 10 月沙巴华人妇女总会成立后，丹南华人妇女会很快申请加入，成为团结起来的一股重要的华人妇女力量。②

以上主要是华人妇女社团的社会活动，接下来再来了解华团中妇女组织的社会活动。

槟州华人大会堂妇女组的主要活动有：与友族妇女团体联系，促进交流；举办家庭生活、妇女问题、儿童问题讲座会；设法律援助局，为有需要的人士免费提供法律咨询；设合唱团，每周练习。通过上述活动，促进妇女互助互爱，培养妇女领袖素质及协助推动教育、文化、体育和福利活动。③

1987 年 9 月初，雪兰莪中华大会堂妇女组召开大会并通过决议案：促请马来西亚朝野各政党和华人社团消除分歧，共同捍卫母语教育权益；呼吁政府修订强奸罪犯法，取缔色情文化；对当时马来西亚工艺大学副校长丹斯里关努丁提出的“妇女应退出就业市场的”的谬论提出抗议；呼吁所有华人以实际行动支持 1985 年由马来西亚 15 个华人社团制定、并由代表 5 000 多个华人社团的 27 个领导机构和联合总会签署的《马来西亚全国华团联合宣言》（参见本书第三章第一节）；建议申请加入马来西亚全国妇女联合理事会。④ 同时，成立以来，作为一个活跃机构，雪兰莪中华大会堂妇女组举办了各类型讲座，如“谈我国妇女组的政治意识”、“妇权反思”、“我国经济趋势与股票”、“我们投票去”、“大马经济全貌如

① 《雪兰莪华人妇女励志会》，马来西亚华团简史编委会：《马来西亚华团简史》，吉隆坡：马来西亚中华大会堂总会，1999 年，第 234 ~235 页。

② 《丹南华人妇女会》，马来西亚华团简史编委会：《马来西亚华团简史》，吉隆坡：马来西亚中华大会堂总会，1999 年，第 351 页。

③ 《槟州华人大会堂》，马来西亚华团简史编委会：《马来西亚华团简史》，吉隆坡：马来西亚中华大会堂总会，1999 年，第 8 页。

④ 《雪兰莪中华大会堂 72 周年纪念特刊（1923—1995）》，吉隆坡：雪兰莪中华大会堂，1996 年，第 177 页。

何影响股票市场”、“海阔天空任遨游”、“女性是最好的管理者”、“成功男人背后的女人”、“开拓现代女性的天空”、“美好的人生”、“妇女教育的重要”、“亲子关系”、“消费与教育”、“佛教的妇女观”、“现代女性与生活信仰”、“心灵净化之道”、“养颜保健的秘诀”、“高血压、糖尿病与心脏病的关系”、“认识妇女组织”、“婚姻法律问题”、“夫妇关系”、“两性关系”、“少女问题”等，内容涉及政治、经济、文化、教育、社会、宗教、艺术、家庭、婚姻、心理、健康等各方面，致力于提高华人妇女的整体素质。

1994 年 9 月 11 日，华总妇女部还主办了“马来西亚华裔妇女学术研讨会”。

华人妇女社团组织的各种社会活动，不仅为妇女本身提供了锻炼自己、提升自己的机会和条件，同时为华人社团培养了大量的人才。另外，它们在教育、文化、福利、慈善、体育、对外交往等诸多领域开展的活动，有利于维护（华人）妇女的权益，有益于当地华人社会的发展，进而有利于当地社会的发展。

随着更多华人妇女社团组织的创立，马来西亚华人女性在华人社团、华人社会甚至马来西亚社会中将会发挥更大的积极作用。而华人妇女社团组织本身也将进一步健全完善，给华团培养大批的后继之才。

第五节　奖助贷学金

马来西亚各类型华人社团，尤其是传统的“三缘”性社团中，大多设有奖助贷学金，并建有相关的管理组织。

（一）华人社团奖助贷学金的设立

综合各种资料来看，马来西亚华团中奖助贷学金的设立时间，最早是在 20 世纪 50 年代初，六七十年代为其高潮。① 奖助贷学金的设立及其高潮为什么会在这些年代？原因大致有：①“二战”期间抗击日寇的侵略和占领，使马来亚华人当地意识增强；②20 世纪 50 年代后期，随着大多数华人加入马来亚国籍，成为马来亚公民，原来的华侨社会从本质上转变为华人社会，这就要求他们立足当地，在当地谋求发展；③马来西亚政府实行马来民族特权政策，尤其在政治、教育等领域，明显偏向于马来人，这对华人利益造成威胁和侵害，华人需要发展自身，而作为华人社会一支重要力量的华人社团，担当了一定的责任，它们通过设

① 参见马来西亚华团简史编委会：《马来西亚华团简史》，吉隆坡：马来西亚中华大会堂总会，1999 年；谢成佳：《华侨华人大百科全书·社团政党卷》，北京：中国华侨出版社，1999 年；等等。

立奖助贷学金，来促进华人教育的发展，提高华人子女的素质和竞争力；④为社团培养接班人，由于“文化沟”、“代沟”等原因，华人子女一般对参与社团活动，尤其是传统社团的活动，兴趣不大或全无兴趣，社团尤其是传统的社团面临后继乏人的局面，为此，各社团纷纷采取举措，吸引年轻人参与到社团中来，而设立奖助贷学金，即是办法之一。

设立奖助贷学金的社团组织，普遍是传统的“三缘”性社团；而在这些“三缘”社团中，地缘性和血缘性社团设立奖助贷学金又是较为积极活跃的。当然，像校友会、妇女社团等其他类型的华人社团，也设立奖助贷学金。如槟城南洋大学校友会、槟城菩提中学校友会、雪州太平华联校友会、丹南华人妇女会等。

关于各帮派华人社团奖助贷学金设立的时间，也不尽相同。从相关的资料来看，马来西亚华人社团设立奖助贷学金的时间，最早大约是在20世纪50年代初，即1951年关丹海南会馆设立会员子女奖学金；江沙琼州公会1951年6月设立会员子女学业奖励金，1955年增设清寒会员子女助学金。从早期设立奖助贷学金的华人社团中可以看出，海南帮华人社团设立奖助贷学金的时间较早，如在20世纪50年代，大约有18家海南人的社团设立奖助贷学金，占同期设立相同组织的华人社团总数的近一半。主要原因有：与其他帮派华人相比，海南籍华人相对力量较弱小，财力有限，资本缺乏，在经济领域难与他人争雄，因此，他们把目光投向文化教育，另谋发展出路。另外，马海南联会的带动作用也很重要。1953年，马海南联会大学奖学金委员会正式成立，次年，成立大学奖学金，以“奖励品学兼优青年，为国家社会造就人才”。马海南联会此举“首开星马华人大学奖学金之创举，之后各地华人社团仿而效之，类此仁风义举遂普遍实施流行”①。

另外，同中国的同乡组织如会馆、公所、同乡会等相比，马来西亚华人社团设立奖助贷学金的时间较晚，这是与马来西亚华侨社会转变为华人社会密切相关的。在上海，1909年创建的宁波旅沪同乡会，1934年时因创办四明大学未成而改设四明大学奖学金，抗战期间，扩大规模后改为大中小学贷学金；湖社（浙北湖州旅沪同乡组织，1924年成立）于1937年筹设国内外大学奖学金，与湖州丝业会馆、绉业公所共同举办蚕桑科、染织科奖学金，并设有以个人名义命名的五楼奖学金、英士夫人奖学金；1912年成立的洞庭东山旅沪同乡会，在1942年11月的执委会会议上决议设立小学贷金，1946年又决定改小学贷金为奖学金；绍

① 《琼联会奖贷学金》，《马来西亚琼州会馆联合会50周年纪念特刊》，吉隆坡：马来西亚中华大会堂总会，1984年，第31页。

兴七县旅沪同乡会（1911 年成立）为资助同乡子弟，每学期举办中小学贷学金、大学清寒奖学金，从 1943 年 8 月至 1946 年 2 月的第一届到第六届奖贷学金发放中，有多名同乡子弟获得资助。①

马来西亚华团中，有关奖助贷学金的名称，一般称为“会员子女奖励金”，常见的还有“会员子女奖助学金”、“会员子女学业奖励金”、“会员子女助学金”、“会员子女学业资助学金”、“会员子女学业优异奖励金”、“会员子女学业成绩奖励金”、“会员子女学业优良奖励金”、“会员子女中小学奖励金”、“会员子女中小学品学兼优奖励金”、“大专院校贷学金”、“会员子女教育基金”、“会员子女奖励基金”、“会员子女教育奖励金”、“宗亲子女奖励金”、“文化教育基金”、“教育奖励金”，此外，也有明确称作“中小学奖励金”、“中学生奖励金”、“大学贷学金”、“大专贷学金”的，等等。

由于各类型华人社团的名称不同，奖助贷学金的名称有时也有差异，如地缘性社团一般称“会员子女奖励金”等，但也有地缘社团因其名称而称“部友学业优秀子女奖励金”的，如昔加挽桃源俱乐部；新山客属同源社则称“社友儿女奖励金”。而有些血缘性组织有时会称“宗亲子女奖励金”等，如笨珍林氏公会、笨珍六桂堂等；也有些业缘性社团称“行友子女奖学金”等的，如庇能打金行等。

很多社团还以奖助贷学基金捐助者的个人名义命名奖助贷学金，同时，也有社团为纪念某人而以其个人名义设立的奖助贷学金。槟城东安会馆于 1987—1988 年以永久名誉会长任淦清的捐资设立任淦清教育基金；乌鲁冷岳兴安会馆第二任主席陈春德为纪念父亲，为会馆捐资设立陈章炉大学奖学金；居銮海南会馆设立郭新大学贷学金、邢诒柄大学贷学金；新山永德会馆为纪念黄庆云对会馆的贡献，1974 年将会员子女奖励金改名为黄庆云奖励金。

有些社团不仅颁发会员子女奖励金，还专门对华文教育投以奖助学金，如吉中福建会馆对华文科目成绩优秀者，另给予特别奖品；1975 年，霹雳安顺应和会馆同时设立会员子女奖助学金和独立中学学生助学金；霹雳广东会馆从 1975 年开始，每年颁发霹雳 9 间独中清贫学生助学金；马六甲西河堂林氏大宗祠从 1974 年起，专门提供两名助学金的名额给予在培风独中就读的林氏宗亲子弟；柔佛丹柏校友会于 1980 年设立“独中助学金”；笨珍永春会馆在 1983 年开始颁发华文独中助学金；槟城客属公会为提倡华文，设立华文成绩优良特别奖；从 1986 年开始，雪隆江夏堂每年给雪兰莪和吉隆坡 8 间独中黄氏子弟颁发助学金。

有的社团还设立文凭组奖励金。1968 年，关丹潮州会馆成立会员子女奖学

① 郭绪印：《老上海的同乡团体》，上海：文汇出版社，2003 年，第 338、546、579、660 页。

金小组，其中，分设小学组、中学组和文凭组三组；立卑福建公会于 1965 年设立贫苦会员子女初中肄业之学费金的同时，还设立会员子女优秀文凭奖励金等；乌鲁冷岳兴安会馆也颁发包括高级文凭组在内的多种奖助学金。

有些社团设立的奖励金较为多样，如雪隆安溪会馆 1995 年设立会员子弟大学肄业奖励金，进入大学的会员子女就读期间可申请一次 1 000 元的奖励金。此外，还设立初中、高中、高级文凭和政府会考成绩（包括独中统考）奖励金，每年颁发。

有的社团先设立奖学金，后设立助学金，如 1964 年安顺晋江会馆设立会员子女学业优异奖励金，到 1966 年，又增设会员子女助学金；马来西亚湖北同乡会 1990 年设立会员子女学业奖励金，1992 年 4 月 25 日又成立会员及会员子女大专院校助学金。有些社团先设立奖助学金，后来设立贷学金，如巴生福建会馆先于 1954 年设立中学生奖励金，后于 1959 年增设大学贷学金；1972 年，槟城王氏太原堂开始颁发会员子女助学金，1977 年增设奖学金，1988 年设贷学金。由于财力的原因，许多社团最初先颁发小学奖学金，后来扩大至中学，再延伸至大学，如 1969 年，槟城惠州会馆开始颁发小学奖学金，1982 年开始颁发中学以上奖学金；成邦江福州公会 1970 年开始颁发榕属小学教育奖励金，1978 年开始颁发榕属中学奖励金；槟城台山宁阳会馆于 1953 年设立和开始颁发会员子女奖助学金，1977 年增设大学贷学金；槟榔屿南安会馆于 1970 年设立会员子女奖学金，1984 年增设会员子女大学贷学金；瓜拉冷岳福建会馆于 1968 年开始颁发小学奖学金，1983 年增设中学奖学金，1992 年创设大学助学金。当然，设立不同奖助贷学金的时间，并不一定按照上述顺序。20 世纪 60 年代末，甘马挽潮州会馆成立后即设立会员子女奖学金，但它先设中学奖学金，1974 年增设小学奖学金，并于同年设立奖学基金。

有些社团由于自身财力有限，则联合其他同乡社团共同设立及颁发奖助贷学金，如槟城万宁同乡会联合雪隆（雪兰莪和吉隆坡的简称）、马六甲以及柔佛三州的万宁同乡会组成万宁同乡会总会会员子女大学贷学金。而有些社团则因财力不足，只好中断奖助贷学金的颁发，如玲珑福建公会 1965 年成立奖贷学金小组，次年开始颁发，后因基金不足，停发贷学金。

在马来西亚华人社团中，奖助贷学金的颁发，会安排在具有重要意义的时间，如会庆日、春祭、秋祭、元旦、元宵节、中秋节等。巴都牙也广东会馆在每年春祭时颁发会员子女奖励金；金保广西会馆每年春秋两祭颁发会员子女学业优异奖励金；马口广西同乡会也于每年春秋两祭时颁发会员子女奖励金；而连突广西会馆在每年中国农历九月秋祭时颁发子女奖励金；立卑客属公会每年元旦颁发会员子女贫优助学金；从 1977 年开始，丹绒马林永春公会每年元宵节颁发同乡子女学业奖励金；霹雳蕉岭同乡会每年会庆时颁发会员子女奖学金；雪兰莪厦门公会也在每年会庆日的传统中秋月饼会上颁发会员子女奖励金，等等。

从奖助贷学金的颁发情况看，奖学金金额较少，一般发给中小学中成绩优良的会员子女；贷学金金额较大，一般发给想去或已在高校深造的会员子女。

奖助贷学金的金额随生活水平的提高而提高。马来西亚永春联合会 1957 年设立大学奖学金，奖学金金额原为 2 000 元，后鉴于生活水平提高，奖学金金额相应增加至 3 000 元。

很多社团筹募、设立和正式颁发奖助贷学金的时间并不一样，槟城长林社于 1972 年设立会员子女奖学基金，次年才开始颁发首届奖学金。而有些社团设立和正式颁发奖助贷学金的时间间隔较长，如吉礁南部福建公会 1970 年发起筹募会员子女奖助学基金，1973 年才开始颁发。

（二）奖助贷学金的来源

奖助贷学金的来源也有多种途径，或由业产收益、存款转拨；或由热心人士及事业上有成就的同乡或族人捐助。[①]

华团奖助贷学金筹款的办法和途径是多种多样、多渠道的。马海南联会奖贷学金委员会在执行委员会的监督下，负责奖贷学金委员会的行政工作。其基金来源于会员会费，马海南联会的不动产和投资，各属会、各属会会员和公众人士的捐赠。[②] 发展及充实奖贷学金是马海南联会会务中最重要的工作。1957 年，为给大学奖学金筹集资金，在第十届常务主席朱运兴（时任马来联邦教育部副部长）的倡议、推动下，马海南联会创办琼剧团，进行义演活动。1960 年，又成立“琼剧巡回东海岸义演团”。1962 年，再成立“琼剧巡回西海岸义演团”，积极筹募资金。1959 年，为使更多的琼籍优秀学生有机会进入大学学习深造，马海南联会正式创立大学贷学金。此后，马海南联会先后在会长朱运兴和祝清坤的领导下进行过两次大规模的筹募奖贷学金运动。1959—1974 年，朱运兴领导第一次筹募奖贷学金运动，他“通过琼剧团巡回义演、购买产业生息、推行奖贷学金礼券、呼吁喜丧事节约乐捐及组织筹款访问团等方式”，总共筹集 100 万余（马）元，为奖贷学金奠定了厚实的基础。1975—1989 年，祝清坤领导第二次筹募奖贷学金运动，他于 1975 年开始先后访问南马、中马、北马，总共获同乡认捐奖贷学金基金 25 万余元；1978 年，为加强联系东马西马之间的琼侨乡情和筹募大

① 李禄祥：《华人社团活动的方向》，《雪兰莪中华大会堂庆祝 54 周年纪念特刊》，雪兰莪中华大会堂文教委员会，1977 年，第 580 页。

② 《马来西亚琼州会馆联合会章程》，《马来西亚琼州会馆联合会 50 周年纪念特刊》，吉隆坡：马来西亚琼州会馆联合会，1984 年，第 438 ~445 页。

学奖贷学金，马海南联会组织访问团飞往东马访问，总共筹得6万余元。自1990年9月开始到1995年5月间，在总会长郭全强率领下，马海南联会筹募奖贷学金访问团又先后访问所有属会，所到之处，得到各属会理事的热诚接待。此次，共筹集650 000多元。[①]

巴株巴辖永春会馆1975年设立会员子女学业资助学金，次年开始颁发。该会馆拥有一块油棕园、八座四层商业大厦、一间双层店屋。除用作会所外，绝大部分出租，租金及其他收入除用于会馆行政开支外，其余盈余充实会员子女助学金等。[②] 马六甲海南会馆为筹募更多大学贷学基金，1991年6月、1992年6月两次邀请中国海南省海口市琼剧团和海南省琼剧二团到马六甲义演；1968—1992年，华都牙也福建公会举办10届歌唱比赛，筹募奖励和贷学基金；1985年、1989年举办两届中秋灯谜比赛及提灯大游行，筹募12 000元贷学基金。1993年，吉兰丹福建会馆当时的会长蔡宝炬发动设立会员子女大学贷学基金，时任署理会长的蔡尤明首捐长子结婚时亲友所赠礼券贺仪等50 000多元，马福联会（马来西亚福建社团联合会的简称）会长林玉静乐捐10 000元，当时共筹得基金20万元；1994年会庆时，再次发动筹募大学贷学基金，使其总数突破30万元。

马来西亚嘉属会馆联合会（简称马嘉联会）对其贷学金来源有明确记载：①嘉属会馆常年捐：每一属会每年至少捐助贷学金300元；②嘉属会馆认捐学额捐，每名学额捐为马币4 000元；③以团体或个人名义认捐学额捐：热心乡贤或团体认捐马币4 000元学额捐一名者，由嘉联会颁赠奖状以资表扬和表示感谢；④特别捐：值年常务（后由中央理事代替）到全马各地向同乡募捐。

马来西亚华人社团中的地缘性社团总会组织会积极促进各地属会设立相关的奖助贷学金，而许多地缘性社团也积极支持总会组织的奖助贷学金。马来西亚海南会馆联合会倡导筹募大学奖贷学金，以资助家境贫穷和学业优异的会员子女。浮罗交怡海南会馆积极响应，1966年筹组会员子女学业奖励金。1976年，槟城北马永春会馆捐赠马来西亚永春联合会大专奖助学基金5 000元；槟城海南会馆于1984年捐资10 000元用于充实马广联会奖贷学基金；槟榔屿福建会馆捐资35 000元给马福联会设立大学贷学基金；槟榔屿广东暨汀州会馆协助马广联会筹募百万元大学奖贷学基金；1977年，玻璃市福建会馆捐资20 000元给马福联会大学贷学基金；丁加奴潮州会馆响应马潮联会设立大学助学基金的号召，每年捐资1 000元。

---

① 《马来西亚海南会馆联合会》，世界海南网络中心，http：//www. hainanese. com。

② 《马来西亚永春史料》，马来西亚永春联合会，1991年，第17页。

（三）奖助贷学金的颁发范围

奖助贷学金的颁发范围，一般限定于社团成员及其子女。马来西亚关氏公会的大学贷学金每份4 800元，仅限关氏子女申请；中学奖励金每份100元，限女会员子女申请，如成绩优异者，不分姓氏，亦可申请。[①] 但随着马来西亚华人社会的发展，有些社团往往突破这些限制。1978年，马永联会（马来西亚永春联合会的简称）决定，海外高校中就读的同乡子女亦可申请大学贷学金，次年，大学奖贷学金委员会研究增加海外大学奖贷学金名额；[②] 笨珍永春会馆在1970年破例接受非会员子女申请奖励金；马六甲同安金厦会馆1960年设立同乡子女品学兼优奖学金，1967年扩大范围，凡华人子女，品学兼优者均可申请；砂拉越英吉利里潮州公会1962年底开始颁发会员子女华文源流品学兼优奖励金，1979年扩大颁发范围，凡当地幼稚园、华文小学、各源流中学的会员子女，其学业优良者，皆有奖励；新山福建会馆1969年初设立会员子女奖、助、大学贷学金，它在设立教育基金时向政府申请免税准证，因此，在发放奖助学金及大学贷学金方面，率先突破种族界限；对于安顺福建公会的奖助贷学金，该会馆规定，当地公民不分种族肤色，均可申请。但有些社团颁发奖助贷学金的范围，却随着时间的推移而缩小，如民都鲁广东会馆于1970年设立同乡子女教育奖励金，1989年后改为会员子女教育奖励金，颁发范围由同乡子女缩小至会员子女。而某些社团的某些奖助学金的颁发范围，往往有很大的局限，如浮罗吉胆谢氏公会于1992年增设常年会员子女大学奖励金，奖励金颁发范围限定于常年会员子女。

（四）奖助贷学金的管理

华总中设有教育总基金委员会，负责筹募及管理教育基金，发出各项奖贷学金。很多华人社团，还直接建立相关的奖助贷学金组织，如“会员子女奖学金委员会”、“奖学基金委员会”、“会员子女奖学金小组”、“教育基金委员会”、“宗亲子女奖励基金组”、“同乡子女升学奖励金小组”、“大学奖贷学基金委员会”、“助学金委员会”、“大学贷学金理事会”、“大专学院助学金委员会”等，以对奖助贷学金实行管理。

有的社团在董事会中的教育组（股）、福利部等相应机构中设有贷学金、奖学金、助学金等，如1955年，槟榔屿惠安公会设教育股，资助贫寒子弟完成学

---

① 《雪兰莪中华大会堂庆祝54周年纪念特刊（1977年）》，雪兰莪中华大会堂文教委员会，1977年，第732页。

② 《马来西亚永春联合会银禧纪念特刊（1957—1982）》，马来西亚永春联合会，1984年，第120～130页。

业，到1985年时，颁发同乡子女助学金；瓜拉庇拉应和会馆则在其福利部中设有奖助学金组。而有的社团在其慈善机构的名义下颁发奖学金，如槟榔屿福建会馆于1975年设立慈善基金委员会，用以资助清寒学生等。

1963年，槟城客属公会教育部受槟城嘉应、大埔、惠州、永定、增龙五属会馆的委托，组织客属教育基金保管委员会，代管客属子女教育基金（后因政府社团注册条规变化而解散）。

1973—1987年，马来西亚大埔（茶阳）社团联合总会设立奖贷学委员会，组成人员如下：主任（1名）、副主任（1名）、秘书（1名）、副秘书（1名）、财政（1名）、副财政（1名）、稽核（1名）、委员（5名）。这些人员中，由联合总会常委会之会长、总务和财政自动成为奖贷学金委员会之主任、秘书、财政，另由联合总会会员代表大会选出委员9人，共12人组成奖贷学金委员会。在联合总会大学奖贷学金简章中，明确规定了大学奖贷学金的名称、宗旨、委员会组织及职务、职员职权和任期、选举、会议、奖贷学金的来源及奖励颁发、申请奖贷学金的手续、奖贷学金的偿还、申请人须知事项等。其中，大学奖贷学金委员会的职务是：筹措及保管奖贷学金，审查及决定颁发奖贷学金，给入选的申请人颁发奖贷学金，处理有关奖贷学金的其他事项，在总会常委会要求时，向其提呈报告。委员会职员任期为两年，正主任、正秘书、正财政、稽核不能连任原职，其余可连选连任。①

安顺广东会馆首届教育基金委员会组织结构：主席、副主席、秘书、财政（以上各1名）、委员（5名）。马嘉联会贷学金由该会常年代表大会选定某一州属会馆组成贷学金理事会来负责保管。1997—2001年嘉联会贷学金理事会内部组成：顾问（3名）、主任（1名）、秘书（1名）、财政（1名）、查账（1名）、调查（1名）、理事（1名）。马来西亚三江总会的奖学金委员会组织结构：主任、秘书、财政、委员（8名）。②

马来西亚潮州公会联合会1959年设立大学贷学金（后改为大学助学金），1988年，增设贷学金。1992年，经社团注册局批准，该会助贷学金再次改名为“马来西亚潮州公会联合会大学助/贷学金信托委员会”，信托委员会原有的7名委员增至15名。

雪隆潮州会馆第十七届奖学金委员会组成：主任、副主任、秘书、财政、副财政（以上各1名）、委员（4名）。按章程规定，其组织中教育组的职权为：负

---

① 《马来西亚大埔（茶阳）社团联合总会第八届会员代表大会暨巴株巴辖茶阳会馆成立70周年纪念特刊》，巴株巴辖茶阳会馆，1987年，第61～66页。

② 《马来西亚三江总会》，马来西亚华团简史编委会：《马来西亚华团简史》，吉隆坡：马来西亚中华大会堂总会，1999年，第54页。

责鼓励会馆会员或其子女热心向学，启迪雪州各地同乡子女，促成向上向善之美德，成为社会国家有用之人才；为奖学金委员会的咨询机关。① 雪兰莪惠安公会章程中，对执行委员会文教组的职责作了明确规定，其重要职责之一是：负责办理奖助贷学金事宜，以奖励会员子女求取学业之进步；资助贫寒之会员或同乡子女购买书籍学习用品，解决会员子女天资聪颖、品学兼优却家境贫寒之升学问题：给予奖学或贷学之经费。②

1961 年，马来西亚广东会馆联合会设立同乡子女奖贷学基金。1984 年 8 月，奖贷学基金委员会设立教育审查委员会，专门审查奖贷学金事务。霹雳永定同乡会 1993 年成立教育基金委员会，统一管理奖助贷学基金。

华人社团不仅通过设立相应机构，同时，它们还以制定相关的章程、规则、规定等，来保障奖助贷学金的顺利颁发，加强对奖助贷学金的管理。马来西亚永春联合会 1958 年通过大学奖学金办法及细则；翌年，通过大学贷学金条例，设甲种贷学金每年 1 500 元，乙种贷学金每年 1 000 元。马来西亚嘉属会馆联合会从 1991 年开始，每名新的大学受贷生，每年贷款额为马币 3 000 元；从 1995 年起，每名新的大学受贷生每年贷款额为马币 2 000 元。贷款为免息，受贷人毕业后参加工作，有入息时，应将其受理事会资助之贷学金，依约还清。如贷款一年者，在一年内还清；其他以此类推。

华人社团设立并颁发奖助贷学金，其目的一般在于为国家、社会培养人才。这一点，各社团有关章程中都有明确规定。马来西亚大埔（茶阳）社团联合总会大学奖贷金的宗旨为：协助家境清贫及品学兼优的各属会会员，有志于进入国内外大专学院深造，俾成专才，为国家服务；嘉联会贷学金的宗旨为：资助家境不富裕之嘉属会馆会员或其子女接受高等教育，造就有用人才，为国家社会服务；马来西亚中医师公会 1985 年设立会员子女奖励金，其宗旨为：鼓励会员子女努力求学，注重学业，将来为社会作出贡献。③

（五）奖助贷学金的社会效应

马来西亚华人社团设立并颁发奖助贷学金，产生了非常积极的社会效应。它们不仅扩大了华人社团本身在国家和社会中的积极影响，同时，也为国家和社会培养了大批有用之才，起到了非常重要的、积极的推动作用。下列数字能够证实这些积极影响：

---

① 《雪兰莪潮州八邑会馆钻禧纪念特刊》，雪兰莪潮州八邑会馆，1951 年，第 115 页。

② 《雪兰莪惠安公会 50 周年纪念特刊》，惠安公会，1985 年，第 A32 页。

③ 《马来西亚中医师公会》，马来西亚华团简史编委会：《马来西亚华团简史》，吉隆坡：马来西亚中华大会堂总会，1999 年，第 67 页。

柔佛南安会馆1984—1994年，颁发会员子女奖励金近6万元，获奖学生1 562人。

马福联会1976年11月成立大学奖贷学基金执行小组委员会，次年初开始颁发，至1998年时，受惠清寒同乡子女150人，拨出金额100多万元。

砂拉越陇西公会1981年颁发首届会员子女学业成绩优良奖励金；自1994年起，第三任会长李志明捐资设立“李志明教育基金”；1998年会馆增加大学组。自办理奖助学金后至1998年，共颁发会员子女学业成绩优良奖励金42 895元，得奖人数1 554人；颁发助学金16 142元，得奖人数73人。①

诗巫福州公会1957年开始颁发同乡子女学业绩优奖励金，另有个人捐助设立的奖学金、助学金，三项基金合计320 984元，每年以其利息发放会员子女成绩优秀者或清寒者，每届受惠者约200人。②

20世纪70—80年代，马来西亚大埔（茶阳）社团联合总会颁发的大学奖贷学金，其受惠者包括马来亚大学、南洋大学、槟城理科大学、拉曼学院、马来亚农科大学、马来西亚国民大学、新加坡国立大学、台湾成功大学、台湾大学、台湾淡江大学、英联邦大学、英国威尔士大学、加拿大大学、澳大利亚维多利亚大学等多所高校的各类专业的人才。

马嘉联会1958年设立大学贷学基金，至1998年，已资助900多名贫寒同乡子弟完成大专学业。1998年时，基金已由最初的3万元增至200万元。③

诗巫闽清同乡会1958年开始颁发大学贷学金，受惠子女包括：留美电机工程师，留英的律师、电脑博士，留澳的经济学士、测量学士、机械工程师，留学中国台湾的医生、土木工程师、农学士，留学新加坡、加拿大、新西兰者，以及本国大学的各专业大学毕业生。④

1953年4月，马海南联会创设大学奖学金，开新马地区华人社团设立大学贷学金先河。1954年9月，成立大学奖学金委员会，1959年增设大学贷学金，两者统称大学奖贷学金，正式建立大学奖贷学基金。至1998年，共资助培养700多名会员子女大学毕业，拨出200余万元。该会把发展及充实奖贷学金作为会务中最重要的工作。该会曾发起过两次筹募奖贷学金运动。⑤ 从1954年至2001年近50年的时间内，奖贷学金委员会共拨出200余万元作为大学奖学金和大学贷

① 《雪隆李氏宗亲会54周年金禧纪念特刊》，雪隆李氏宗亲会，1999年，第133页。

② 《马来西亚砂拉越诗巫福州公会50周年纪念刊》，诗巫福州公会，1997年，第32页。

③ 《马来西亚嘉属会馆联合会》，马来西亚华团简史编委会：《马来西亚华团简史》，吉隆坡：马来西亚中华大会堂总会，1999年，第59页。

④ 《诗巫福州垦场90周年纪念刊》，诗巫福州垦场，1992年，第241页。

⑤ 《马来西亚海南会馆联合会》，马来西亚华团简史编委会：《马来西亚华团简史》，吉隆坡：马来西亚中华大会堂总会，1999年，第49～51页。

学金，为马来西亚和当地华人社会培养了700余名优秀人才。①

1982年3月，雪隆潮州会馆奖学金委员会决定，初中奖学金从每名150元提高为200元；高中奖学金从200元提高为250元；大学奖学金名额由3人增加为4人，奖金从1 500元增加为2 000元；大学贷学金名额也增加1名而至4人，奖金由每名每年2 000元增加到3 000元；大专学院文凭班名额也从3人增加为4人，奖金从750元增至1 000元。从20世纪70年代至90年代初以来，雪隆潮州会馆学业优秀奖历年得奖人数如下：144人（1972年），158人（1973年），133人（1974年），144人（1975年），111人（1977年），122人（1978年），128人（1979年），127人（1980年），127人（1982年），150人（1983年），203人（1984年），236人（1985年），284人（1986年），274人（1987年），304人（1988年），355人（1989年），350人（1990年），329人（1991年）。②

雪隆福州公会1974年开始颁发奖励金，至2002年总计颁发29届，共给2 018人次发出13万马元。详见下表：

表13　雪隆福州公会历年奖励金得奖人数及款额简表

年份	人数	款额（马元）	年份	人数	款额（马元）
1974	11	400	1989		1 795
1975	27	835	1990		2 250
1976	39	1 330	1991	82	3 100
1977	88	3 590	1992		3 685
1978	85	4 005	1993	66	4 470
1979	95	3 985	1994	72	5 490
1980	88	3 890	1995	82	6 080
1981	95	4 140	1996	93	7 020
1982	73	3 995	1997	110	5 490
1983	72	3 990	1998	88	7 220
1984	78	4 200	1999	126	9 840
1985	69	4 030	2000	98	7 920
1986	73	4 345	2001	120	9 550
1987	79	3 150	2002	110	8 720
1988		1 835	总计	2 018	130 410

资料来源：《雪隆福州会馆90周年纪念特刊（1912—2002）》，雪隆福州会馆，2002年，第112页。

① 《马来西亚海南会馆联合会》，世界海南网络中心，http：//www. hainanese. com。
② 《雪隆潮州会馆100周年纪念特刊》，雪隆潮州会馆，1991年，第50～58页。

2004年，马广联会颁发的第四十一届年度奖贷学金，共有89名学生受惠，总额为30.8万令吉。其中，包括16份奖学金，共计1.6万令吉；73份贷学金，共计29.2万令吉。[①] 至2004年，马广联会前后颁发奖贷学金累计金额为446.9万令吉，受惠同乡学子达860名。[②]

表14　马来西亚华团奖助贷学金设立（颁发）时间简表

所属社团名称	设立（颁发）时间	所属社团名称	设立（颁发）时间
关丹海南会馆	1951年	雪隆福州会馆	1971年
江沙琼州公会	1951年	霹雳广东会馆	1971年颁发
诗巫海南会馆	1952年	宜力广西会馆	1971年
马来西亚海南会馆联合会	1953年	新山永德会馆	1971年
槟城台山宁阳会馆	1953年	雪隆清远会馆	1971年
蔴坡永春会馆	1953年	玲珑广东会馆	1971年
太平琼州会馆	1954年	笨珍福建会馆	1972年
巴生福建会馆	1954年	庇能番禺会馆	1972年颁发
霹雳海南会馆	1954年	霹雳河婆同乡会	1972年
槟城惠安公会	1955年	槟城长林社	1972年
淡马鲁属海南会馆	1955年	利民达福建会馆	1972年
诗巫屏南董乡公会	1955年	马来西亚及新加坡中山会馆联合会	1972年
砂拉越古田公会	1955年	槟城王氏太原堂	1972年颁发
威省琼崖同乡会	1956年	吉兰丹中华总商会	1972年
东甲海南会馆	1956年	马来西亚福州社团联合总会	1973年
蔴坡海南会馆	1956年	马六甲西河堂林氏大宗祠	1973年
雪兰莪会宁公会	1956年	丁加奴福建会馆	1973年
马六甲海南会馆	1957年	马口福建会馆	1973年
新山琼州会馆	1957年	雪森彭隆钟灵校友会	1973年
居銮海南会馆	1957年	文冬广东会馆	1973年
槟城海南会馆	1957年	雪兰莪金门会馆	1973年
雪隆海南会馆	1957年	砂拉越诗巫客属公会	1973年

① 《南洋商报》，2004年11月15日。
② 《南洋商报》，2004年12月7日。

（续上表）

所属社团名称	设立（颁发）时间	所属社团名称	设立（颁发）时间
蔴坡客属公会	1957 年	马来西亚关氏公会	1973 年
太平茶阳会馆	1957 年	蔴坡惠安公会	1973 年
马来西亚永春联合会	1957 年	安顺南霹雳福州公会	1974 年颁发
亚庇潮州公会	1957 年	邦咯岛福建公会	1974 年
诗巫福州公会	1957 年颁发	马六甲雷州会馆	1974 年
马来西亚嘉属会馆联合会	1958 年	笨珍潮州会馆	1974 年
诗巫闽清同乡会	1958 年颁发	马来西亚北海洪氏宗祠敦煌堂	1974 年
吉兰丹潮州会馆	1958 年	古晋嘉应五属同乡会	1974 年
马六甲应和会馆	1958 年	瓜拉庇拉广东会馆	1974 年
庇拉琼崖公会	1959 年	雪兰莪鸡鸭业公会	1974 年
马六甲万宁社	1959 年	柔佛嘉应会馆	1974 年
槟城安溪会馆	1959 年	乌鲁冷岳客属公会	1974 年
甘马挽琼州会馆	1959 年	雪隆龙岩会馆	1974 年
关丹福建会馆	1959 年	雪隆江夏堂	1974 年
马来西亚潮州公会联合会	1959 年	霹雳中华大会堂	1974 年
文冬广西会馆	1959 年	马来西亚大埔（茶阳）社团联合会	1974 年
林明琼州会馆	1960 年	森美兰茶阳会馆	1974 年
巴生大埔同乡会	1960 年	槟榔屿广东暨汀州会馆	1975 年
巴生海南会馆	1960 年	巴株巴辖永春会馆	1975 年
槟城新会会馆	1960 年	霹雳安顺应和会馆	1975 年
马六甲同安金厦会馆	1960 年	蔴坡巴冬潮州会馆	1975 年
笨珍海南会馆	1960 年	槟榔屿福建会馆	1975 年
双文丹福建会馆	1960 年	北加海南会馆	1976 年
关丹兴安会馆	1960 年	马来西亚福建社团联合会	1976 年
双溪大年琼州会馆	1960 年	宜力广东会馆	1976 年
槟城顺德会馆	1960 年	槟城客属公会	1976 年
华都牙也福建公会	1960 年	霹雳兴安会馆	1976 年
槟榔屿潮州会馆	1961 年	霹雳永春公会	1976 年
古来惠州会馆	1961 年	督亚冷福建公会	1976 年颁发
柔佛万宁同乡会	1961 年	乌鲁地南海南会馆	1976 年

（续上表）

所属社团名称	设立（颁发）时间	所属社团名称	设立（颁发）时间
美里诏安会馆	1961 年	雪隆咖啡茶叶公会	1976 年
雪隆潮州会馆	1961 年	双溪古月福建公会	1976 年
马来西亚广东会馆联合会	1961 年	吉兰丹哥打巴鲁客家公会	1976 年
太平福州会馆	1961 年	巴生滨海福州十邑会馆	1977 年颁发
砂拉越英吉利里潮州公会	1962 年颁发	巴株巴辖福莆仙会馆	1977 年
槟城南海会馆	1962 年	巴株巴辖云诏东会馆	1977 年
柔佛潮州八邑会馆	1962 年	马登巴泠美罗韩江公会	1977 年
邦咯韩江公会	1963 年	雪兰莪三水会馆	1977 年
柔佛广西同乡会	1963 年	马来西亚黄氏联合总会	1977 年
沙巴中华商会联合会	1963 年	邦咯岛琼州会馆	1977 年
森美兰潮州会馆	1963 年	玻璃市福建会馆	1977 年
文冬永春会馆	1964 年	雪隆晋江会馆	1977 年
安顺福建公会	1964 年	丹绒马林永春公会	1977 年
安顺晋江会馆	1964 年	哥打丁宜广西同乡会	1977 年
华都牙也海南会馆	1964 年	森美兰南安会馆	1977 年
麻坡潮州会馆	1964 年	瓜雪暨沙白福建会馆	1977 年
太平仁和公所	1964 年	槟城孙氏公会	1978 年
柔佛东甲潮州会馆	1964 年	吉隆坡暨雪兰莪中华百货商公会	1978 年
吉胆海南会馆	1964 年	吉玻潮州会馆	1978 年
瓜拉庇拉永春公所	1965 年	马来西亚三江总会	1978 年
立卑福建公会	1965 年	太平广西会馆	1978 年
玲珑福建公会	1965 年	霹雳广西会馆	1978 年颁发
下霹雳韩江公会	1965 年	马六甲安溪会馆	1978 年
吉打客属公会	1965 年颁发	拉央广西同乡会	1978 年
马六甲兴安会馆	1965 年颁发	北霹雳韩江公会	1979 年颁发
新山客属同源社	1965 年	槟城北马永春会馆	1979 年
昔加末海南会馆	1965 年	槟城厨业联合会	1979 年
安顺惠安公会	1966 年颁发	和丰韩江公会	1979 年
北海潮州会馆	1966 年	砂拉越广东会馆	1979 年
马六甲惠安公会	1966 年颁发	吉玻江夏堂黄氏宗祠	1979 年

（续上表）

所属社团名称	设立（颁发）时间	所属社团名称	设立（颁发）时间
槟城东安会馆	1966 年	诗巫长乐同乡会	1979 年
槟榔屿晋江会馆	1966 年	巴都牙也广东会馆	1980 年
淡边海南会馆	1966 年	丹绒马林福建会馆	1980 年
龙运海南会馆	1966 年	森美兰广东会馆	1980 年
浮罗吉胆海南会馆	1966 年	槟城南洋大学校友会	1981 年颁发
居銮大埔同乡会	1966 年	而连突福建会馆	1981 年
丁加奴潮州会馆	1966 年	务边福建公会	1981 年
吉兰丹广东会馆	1967 年	柔佛德化会馆	1981 年
雪隆兴安会馆	1967 年	砂拉越陇西公会	1981 年颁发
金保梅江公会	1967 年	砂拉越古晋河婆同乡会	1981 年颁发
乌鲁冷岳福建公会	1967 年	吉玻惠安公会	1981 年
马来西亚雪兰莪洪氏公会	1967 年	吉兰丹福建会馆	1981 年
诗巫漳泉公会	1967 年	哥打丁宜琼州会馆	1982 年
马六甲客家公会	1967 年	槟城增龙会馆	1983 年
安顺广东会馆	1968 年颁发	哥打丁宜福建会馆	1983 年颁发
槟城惠州会馆	1968 年	吉隆坡暨雪兰莪中华工商总会	1983 年
波德申琼州会馆	1968 年	砂拉越宝树堂谢氏公会	1983 年颁发
昔加末潮州会馆	1968 年	雪兰莪暨联邦直辖区廖氏公会	1983 年
大山脚陈氏颍川堂	1968 年	吉玻嘉应会馆	1983 年
雪兰莪南安会馆	1968 年	昔加挽桃源俱乐部	1983 年
瓜拉冷岳福建会馆	1968 年颁发	邦咯岛广东会馆	1984 年颁发
实兆远三山同乡会	1968 年颁发	柔佛南安会馆	1984 年
霹雳永定同乡会	1968 年	达岛潮州公会	1984 年
马六甲李氏宗祠	1968 年颁发	淡边桂高泷联谊会	1984 年
霹雳大埔同乡会	1968 年	华都牙也韩江公会	1984 年颁发
关丹潮州会馆	1968 年	居銮家具同业公会	1985 年
太平北霹雳广东会馆	1968 年颁发	马来西亚中医师公会	1985 年
巴生滨海南安会馆	1969 年	马六甲潮州会馆	1985 年
纳闽潮州公会	1969 年	马星咖啡茶叶联合总会	1985 年
昔加挽永春会馆	1969 年	柔属蔴坡谢氏公所	1985 年

（续上表）

所属社团名称	设立（颁发）时间	所属社团名称	设立（颁发）时间
美里海南会馆	1969 年	槟城菩提中学校友会	1986 年
笨珍六桂堂	1969 年	双溪巴路海南会馆	1986 年
柔佛东甲客属公会	1969 年	蔴坡广东会馆	1986 年
立卑琼州公会	1969 年	古晋雷州公会	1986 年
东甲永春会馆	1969 年	乌鲁冷岳兴安会馆	1986 年
威省大山脚福建会馆	1969 年	乌鲁音巴鲁福建公所	1986 年
霹雳韩江公会	1969 年	吉隆坡永春会馆	1987 年颁发
新山福建会馆	1969 年	山打根客属公会	1987 年
沙巴山打根中山公会	1969 年	马来西亚增龙总会	1988 年
庇能打金行	1970 年	太平霹雳郭氏汾阳堂	1988 年
槟榔屿南安会馆	1970 年	丰盛港海南会馆	1989 年
马六甲茶阳会馆	1970 年	拿笃海南会馆	1989 年
成邦江福州公会	1970 年	马来西亚湖北同乡会	1990 年
大山脚韩江公会	1970 年	蔴坡贩商公会	1991 年颁发
万挠福善公会	1970 年	太平北霹雳陈氏宗祠	1992 年颁发
雪兰莪惠安公会	1970 年	太平马氏扶风堂	1992 年
民都鲁广东会馆	1970 年	丹南华人妇女会	1994 年
瓜拉冷岳客属公会	197 0 年	马来西亚成氏宗亲会	1994 年颁发
槟城三江公会	1971 年	威省李氏宗祠	1994 年
北马潮安同乡会	1971 年	雪兰莪永春会馆	1994 年颁发
雪隆万宁同乡会	1971 年	雪隆安溪会馆	1995 年
居銮永春公会	1971 年	马来西亚雪隆客属中原联谊社	1997 年
		北霹雳洪氏敦煌堂	1998 年

注：本表中的奖助贷学金包括各类型华人社团以各种名称筹建、设立或颁发的会员子女奖助学金，也包括大学奖贷学金、教育基金。很多社团资料中并未记载奖助贷学金设立的时间，却明确说明首次颁发的时间，因此，表中有些时间是相关社团首次颁发奖助贷学金的时间，并注明“颁发”两字。此外，由于资料来源的时间局限等因素，本表中反映社团设立奖助贷学金的时间截至 20 世纪末。但实际上，近年来，仍不断有社团设立奖助贷学金。

第三章　华人社团与华人社会

马来西亚华人社团与当地华人社会之间有着非常密切的关系。华团在政治、教育、文化、经济等领域积极开展活动，既提升了自己的地位和影响，也维护了华人社会的利益。

第一节　“二战”后华人社团的政治参与

“二战”后，英国殖民政府和马来（西）亚政府都在政治、经济、文化、教育等领域采取种种政策措施，对华人社会加强统治。诸多的统治政策措施并非都有利于华人社会，统治者推行的许多政策措施对华人既不公正，也不公平，更不合理。为此，马来西亚华人社会积极行动起来，通过各种合理合法的方式和途径，维护、争取自身的合法权益。作为华人社会的一支重要力量，马来西亚华人社团从逐渐直至积极参与政治，投身于维护华人社会和自身权利的活动中。

1946 年 12 月下旬，英国殖民当局公布马来亚政制的蓝皮书。蓝皮书规定，马来联邦改为马来亚联合邦（Federation of Malaya），由英国派出的最高专员取代总督统治马来亚，恢复马来苏丹的传统政治地位，马来人具有特殊地位。蓝皮书对申请马来亚公民权作了严格规定，其中，华侨只有具备如下条件才能有资格申请：①在马来亚联合邦出生，申请前 15 年中最少有 10 年居于马来亚；②非马来亚出生的任何人在申请前 20 年中居于马来亚的时间不少于 15 年；③品行良好；④有足够的马来文或英文知识；⑤宣誓永久居于联合邦，并效忠于联合邦。蓝皮书还对其所建议设立的立法议会的代表人数按不同民族作了明确分配，48 名立法议会议员中，代表非英籍官员的非马来人的席位不到总数的 1/4。[①]

蓝皮书的出台激起了华人社会部分有识之士的愤慨和不满，引起华人社会的震动和哗然。1947 年 1 月 3 日，柔佛中华公会召开会员大会，通过了一项“否议蓝皮书”的议案。2 月初，陈祯禄在马六甲人民宪制事务委员会（Malacca

---

① 朱自存：《独立前西马华人政治演变》，《马来西亚华人史新编》（第 2 册），吉隆坡：马来西亚中华大会堂总会，1998 年，第 42 页。

People's Constitutional Affairs Committee）召开的抗议大会上，指出蓝皮书违反民主自由精神，实行民族不平等政策，他要求联合邦采取平等的公民权政策。同月，马来亚中华总商会联合会在吉隆坡集会，通过了一项呈交英国首相和殖民部大臣等人的建议书。此外，马来亚各地华人的中华总商会也联合当地华人社团召开会议，讨论宪制问题。他们把讨论意见草拟成为备忘录，提交于英国政府。备忘录的主要内容有：新加坡不应与联合邦分离，放宽对公民权资格规定，反对立法议会对非马来人席位不公平的分配办法，英国政府应派遣皇家调查团调查并修正不民主不公平的蓝皮书。1947 年 10 月，马华商联会开会决定，号召全马总休业一天，以表达对不公正、不合理的新宪制的不满。1948 年 1 月，马来亚共产党发表声明，谴责新宪制，号召所有民主党派和群众组织采取和平方式加以抗议。

针对蓝皮书，马来西亚华人社会采取了许多积极行动，以捍卫自身权益。其中，华人社团又是主要的参与者、推动者，这标志着马来西亚华人本地政治意识的萌芽。不过，英国方面对来自各方面的反对力量置之不理，仍旧于 1948 年 2 月宣布正式成立马来亚联合邦。1948 年 6 月，马来亚联合邦和新加坡宣布进入“紧急状态”，许多华人被驱逐出境，更多华人则被迫迁入集中营式的“新村”。这促成了“马华公会”的创立。

1949 年 2 月 27 日，陈祯禄等 16 人在吉隆坡发起成立了“马来亚华人公会”（The Malayan Chinese Association，MCA，简称马华公会）。马华公会的宗旨是：加强华侨社会的团结，促进马来亚各民族之间的了解、和谐；支持政府消灭马来亚共产党，恢复和平与秩序；通过宪法途径，为华人争取政治、经济、社会等合法权益。马华公会的宗旨反映了马来西亚华人本土政治意识的深刻化和广泛化。马华公会的成立对马来西亚华人社会有着积极意义，但成立初期的马华公会未就马来亚当时的主要政治问题提出纲领性的政治主张。正因为如此，成立初期的马华公会不被视为政党，而被视为福利性组织，因为它也主要是协助英国殖民政府安抚华侨社会，通过发行福利彩票筹集经费，以安置“新村”中华侨的生活。

马华公会在其筹建过程中，曾得到当时作为马来西亚华人社会领导团体的各地中华总商会的协助，因而许多商会的领导人成为马华公会成立后的首届重要成员。这些人注重社会工作，甚至过于关注自身的社会地位，其政治觉悟和政治意识并不是很敏感和强烈，不能及时、充分维护华人社会的利益。

根据 1948 年马来亚联合邦协定的规定，到 1950 年时，大约有 35 万英籍华人，以及提出公民权申请的 15 万华侨成为联合邦公民。他们只占当时马来亚华侨华人总人口的 1/4。这除了殖民当局对联合邦公民权资格限制苛刻之外，也与当时华人社团对公民权不够重视相关。甚至到 1954 年时，大多数的华人社团对争取公民权的活动仍漠视不理，只有几家较大的社团组织如中华总商会、中华大会堂等，敦促华人关注并申请公民权。

1952 年 5 月联合邦立法议会通过《1952 年马来亚联合邦公民权修正法令》，对申请公民权的资格有所放宽。从 1954 年下半年开始，华人社会争取公民权的运动逐渐热烈起来。1954 年 9 月 19 日，雪兰莪中华大会堂召开全州华人社团代表大会，商讨促进华人申请公民权问题，从而带动了华人社团参与公民权运动。1955 年以后，马来亚的政治前途渐趋明朗。1956 年初，英国人原则上同意马来亚实现独立。在此背景下，华人社团积极投身公民权运动。1955 年 8 月 28 日，霹雳中华大会堂和中华总商会召开全州华人社团代表大会，提出对华人较为公正合理的公民权申请资格，呼吁马来亚所有中华大会堂和华人最高团体加以支持。1956 年 4 月 11 日，雪兰莪华人行团总会联合雪兰莪中华大会堂、霹雳中华大会堂和联合邦华校教师总会，一起致函各州华人最高领导机构，发动召开华人团体大会，商讨向英国政府派来马来亚的宪制调查团提交修订宪法的意见，争取华人在马来亚的合法权益。雪兰莪行团总会的建议得到其他华人社团的支持，但马华公会反应冷淡。

1956 年 4 月 27 日，454 个马来亚华人注册社团齐聚吉隆坡召开公民权大会，出席会议的代表有 1 000 余人。此次大会通过了 4 项提案：所有马来亚出生之人，均是其当然公民；移居马来亚者，住满 5 年以上即可以申请为其公民，免受语言考试；所有马来亚公民都有同样平等的权利和义务；华语、马来语、印度语均应列为官方语言。马华公会坚决反对华人社团将华语列为官方语言的要求。1957 年 4 月 14 日，马来亚注册社团大会工委会召开会议。大会谴责马华公会不反映华人心声，决定组织一个四人代表团，前往英国谈判，争取 4 项提案能被列入即将独立的马来亚的宪法中。代表团远赴欧洲却无功而返，英国政府不同意其要求。8 月 6 日，工委会再次召开会议，决定全力协助推动申请公民权的运动，为此致函所有华人注册社团，吁请它们尽力协助华人申请公民权，同时，仍提出在适当时机将继续争取 4 项提案。

1957 年 8 月，马来亚宣布独立。同年 11 月 10 日，马华公会召开联合邦华人社团代表大会，参会华人社团约 700 个。这次会议商讨了推动申请公民权运动的问题，并通过组建“推动申请公民权总机构”的决定，总机构成员包括马华公会中央公民权小组委员（5 人）、西马 11 州的马华公会代表和 11 州华人社团代表共 27 人。华人社会的申请公民权运动在马华公会、各地华人商会及其他类型社团的推动下，成效显著。根据 1957 年的调查数据，申请到公民权者共有 1 003 831人，其中华人有 803 064 人，约占 80%。加上此前申请到公民权的华人，当时获得公民权的华人已达 200 万左右，占当时华人总人口（2 332 936 人）近 90%。马来西亚华侨社会正式转变为华人社会。结合当时马来亚国内外的局势来考虑，这一转变对马来亚华人无疑具有重要的积极意义。

1952 年马华公会和巫统（即 UMNO，马来人政党，马来民族统一机构 United Malays National Organization 的简称）结盟。1955 年，马华公会又和巫统、印度人国大党（Malayan Indian Congress，马来西亚印度人政党组织）结成联盟党，并在立法议会选举中获得胜利，马华公会正式成为马来西亚的执政党之一。由此，为了维持和巫统、印度人国大党在联盟中的良好合作关系，马华公会对维护华人社会的立场日渐有别于华人社团，马华公会和华人社团的矛盾和分歧扩大。1956 年华人社团提出应争取把华语列为官方语言之一，马华公会中央工作委员会对此宣布了“国家第一、政党第二、华人利益第三”的政治路线，更引起华人社团的不满和整个华人社会的震动。马华公会和华人社团的分裂对华人社会很不利。

马来西亚华人社会始终没有放弃争取将华语列为官方语言的要求，虽然独立后的联盟政府力图避免这一敏感问题。1965 年，“马来西亚华人注册社团”发起向政府争取将华语列为官方语言的运动。时任马华公会青年团团长、教总主席、全国华人注册社团总会筹备委员会主席的沈慕羽通过发动全国华人社团签名盖章的方式，向马来西亚政府提出要求。但是，马华公会领导层反对态度非常强硬。1966 年 10 月，马华公会召开中央委员会紧急会议，通过了两项决议案，明确表示不能支持将华语列为官方语言，认为马华公会如果这样做将违反马来西亚宪法中关于将马来语作为国语及唯一官方语言的规定，同时宣布从马华公会中开除沈慕羽，因为其立场与马华公会的立场已决裂。华人社团争取将华语作为官方语言的运动严重受挫。此后，华人社会转而寻找其他途经，以维护和发展华文教育，并于 1967 年 12 月提出创办“独立大学”。

但是，以华人社团为主力的华人社会创办独立大学的努力，却最终因为 1969 年发生的“五一三事件”而遭受顿挫。

“五一三事件”后，马来西亚在政治、经济、意识形态等诸多方面发生很大转变。此后，马来西亚政府实行的种种政策措施，如新经济政策、国家原则、国家文化政策等，均偏向于马来民族。1970 年后，马来西亚“专制的、土著主义至上的政治体制，已与独立以来的多元体制的‘谐和民主’作了意识上的决裂”①。华人社会在政治、经济、教育、文化等方面的发展逐渐被迫陷入困境。

商会组织曾在华人社会中长期起着极为重要的作用，总商会或商联会是开展华人社会活动的召集人和主持人，例如反映民意、争取华人权益、维护华文教育、发起华人文化运动、传达官方政策法令、召集华人社团会议、领导华人社会

① 何启良：《独立后西马华人政治演变》，《马来西亚华人史新编》（第 2 册），吉隆坡：马来西亚中华大会堂总会，1998 年，第 84 页。

移风易俗等。[①] 1976 年，马来西亚政府社团注册官致函马来西亚中华工商联合会，要求它遵循“在商言商”的组织原则，不得涉及有关华文和华文教育等敏感问题，否则撤销其注册。马华商联会因而特意致函各州华人商会，请求它们积极领导组织华人大会堂，以继承原属华人商会的领导地位，关注华文及华文教育问题，并在有关方面发挥积极作用。因此后来成立的华人大会堂，代替了商会原在华人社会中的领导地位。

1981 年，马来西亚政府颁布《社团修正法令》。该法令把全国社团明确划分为“政治社团”和“联谊社团”两类，其 17 条法令中，部分规定与华人社团密切相关。如：①社团注册官认为某一社团有违反民主的行动，触犯伊斯兰教或其他宗教，轻视国语（即马来语），质疑马来人和沙巴、砂拉越土著的特权，质疑其他种族的合法权益等，可吊销该社团的注册。被吊销注册的社团可在 30 天内向马来西亚政府内政部提出上诉。内政部的裁决为最后裁决，被吊销注册的社团不能再向任何法院申诉。②凡触犯法律而被判入狱一年以上或罚款 2 000 马元以上者，在 5 年内不得担任社团的任何职位。③任何社团与外国联系时，必须事先获得社团注册官的许可等。这些限制性规定，给华人社团发展带来了法制性困境，因此华人社团纷纷反对《社团修正法令》。时任马华商联会会长的黄文彬代表所属各地商会提出两点批评意见：反对授予社团注册官及内政部长取代司法的权力；认为对“政治团体”的定义过于含糊笼统，希望政府重新考虑。[②] 但在政府的强大压力下，华人社团还是被迫面对现实作了相应调整，采取了适当的应对举措。如各领导性社团组织以雪兰莪中华大会堂、中华总商会和董教总为首，成立“协调委员会”，全力推动华人社团申请成为政治性社团。除少数华人社团（主要是地缘性社团）继续坚持保留其联谊性社团身份外，大部分华人社团纷纷申请成为政治性社团。这样就增强了华人社团参与马来西亚政治的力度。不久，由于遭到诸多反对意见，马来西亚政府撤销了 1981 年的《社团修正法令》。

面对国家政治制度中日益明显的集权主义、种族主义倾向，华人社团作为华人社会的一支重要力量，起而抗争，为华人争取本应属于自己的合法权益。同时，日益增强的政治性色彩也促成了华人社团参政出现高潮。1982 年，马来西亚举行大选，董教总提出“三结合”，即把以华裔为主的执政党、反对党和华人社团三方面结合起来，集合华人社会的力量纠正政府在民族政策上的偏差，捍卫华人权益。大选前夕（3 月 31 日），董教总法律顾问郭洙镇和其他一些华文教育

① 曾松华：《华人社会发展（1957—1990）》，《马来西亚华人史新编》（第 1 册），吉隆坡：马来西亚中华大会堂总会，1998 年，第 184 页。

② 周南京：《华侨华人百科全书·法律条例政策卷》，北京：中国华侨出版社，2000 年，第 252 页。

界人士如王天庆、许子根、江真诚等人加入民政党，参与竞选，他们还发表声明："华教运动的经验一次又一次地告诉我们，作为一个压力集团，通过间接的方式来争取华人文化教育的合法权益，假手于某些政党，就算付出最大的努力，也没法取得理想的效果。""所以，我们一致认为，在现有华教运动不断发展的同时，应该尝试另一个直接争取政治权益的途径。我们决定跨出一步走向政党政治。""在这关键性的时刻，我们决定加入民政党。我们的最终目标是通过民政党这股不断发展的政治力量，努力谋求结合其他华人政党和社团，把政治力量凝聚起来，促进华族趋向更大的团结。"① 在竞选期间，华文教育界的几位领导人也为民政党候选人进行宣传。但郭洙镇在竞选中最终还是败下阵来，董教总也和那些积极参加政党活动、参与竞选的华文教育界人士分道扬镳，因为马来西亚的华人社团和政党之间不存在直接的联系。② 事实证明，"三结合"的方式在马来西亚政治体制中行不通。

1982 年大选之后，华人社团参政走入低潮。到 1985 年，华人社团参与政治再起热潮。当年，马来西亚 15 个华人社团制定"马来西亚全国华团联合宣言"，并由代表 5 000 多个华人社团的 27 个领导机构和联合总会签署，它们分别是：③

雪兰莪中华大会堂
霹雳中华大会堂
吉兰丹中华大会堂
柔佛中华总会
马来西亚华校董事联合会总会
马六甲中华总商会
吉打中华总商会
沙巴州中华商会联合会
马来西亚广东会馆联合会
马来西亚潮州公会联合会
马来西亚嘉属会馆联合会
吉隆坡暨雪兰莪中华工商总会
马来亚南洋大学校友会
槟州华人大会堂
森美兰中华大会堂
丁加奴中华大会堂
砂拉越华人社团总会联合会
马来西亚华校教师联合会总会
彭亨中华总商会
玻璃市中华总商会
马来西亚福建社团联合会
马来西亚广西总会
马来西亚琼州会馆联合会
马来西亚永春联合会
马来西亚留台校友会联合总会
柔佛中华商会联合会

① 《星槟日报》，1982 年 4 月 1 日，转引自袁慧芳：《平等与民主——80 年代的马来西亚华人政治》，暨南大学硕士学位论文，2002 年，第 14 页。

② 何启良：《独立后西马华人政治演变》，《马来西亚华人史新编》（第 2 册），吉隆坡：马来西亚中华大会堂总会，1998 年，第 101 页。

③ 《雪兰莪中华大会堂 72 周年纪念特刊（1923—1995）》，雪兰莪中华大会堂，1996 年，第 263 页。

沙巴州华文独立中学董事联合会总会

《马来西亚全国华团联合宣言》内容分为“前言”、“宣言”、“要求与建议”三部分。[①] 前言说明华人社团发表联合宣言的缘由，指出马来西亚政府的政策“土著利益至上”、“过分偏重马来人”，导致人权被侵犯，其他种族在经济、政治、文化方面受到压制，马来西亚社会产生不公平现象，从而造成种族关系紧张，而当时执政的国阵政府（国阵即国民阵线的简称，它是以巫统为首、由马华公会等10多个政党组成的政党联盟，1974年开始执政）和以华人为基础的政党并未能解决这些问题。因此，华人社团要求争取自己的合法权益。“宣言”中声明，“政府的政策必须符合联邦宪法、国家原则及联合国宣言，以确保基本人权及民主权利不受侵害”，认为“平等的公民权利和政治权利是促进国民团结和国家进步的先决条件，唯有在自由、民主及平等的基础上国民才能团结一致”，要求马来西亚政府尊重人民的基本民主权利，“采取有效的方案，不分种族地消除贫困及提高人民的生活水平”。接下来的“要求与建议”则分政治事项、经济事项、社会事项、文化事项和语文教育事项几部分，分别提出华人社团的具体要求和建议。

《马来西亚全国华团联合宣言》是一份华人的民主、人权宣言，它表明华人社团要以独立的政治身份推动马来西亚政治的民主化，是马来西亚华人社团在政治上的最高行动纲领。它的发表标志着“二战”后马来西亚华人政治的一个重大发展进步，也标志着华人社团参与国家政治达到最高潮。

1985年12月28日，“全国华团民权委员会”成立，它是贯彻华人社团联合宣言的执行机构，主席是邱祥炽，副主席是林晃升。它提出了“贯彻华团联合宣言第一阶段九大目标”：①废除对民族以土著和非土著的划分，反对土著利益至上的经济政策；②严厉取缔非法移民，以维持社会安全；③选区划分必须坚持“一人一票”的公平民主原则，使各选区选民数目大致相同；④文化资产的制定必须承认并接受马来西亚社会的多元性本质；⑤公平对待不同民族源流的学校和各民族语言文字；⑥建立廉洁有效的行政体系，严厉对待贪污；⑦全面发展新村，把新村发展纳入国家发展主流；⑧政府应尽快处理批准符合条件的公民权申请书；⑨重新检讨违反基本人权的法令。[②] 上述内容仍围绕经济、政治、社会和教育等方面提出，核心是维护民权，反映了华人社团对国阵政府偏向马来人政策

① 《雪兰莪中华大会堂72周年纪念特刊（1923—1995）》，雪兰莪中华大会堂，1996年，第257～263页。

② 转引自何启良：《独立后西马华人政治演变》，《马来西亚华人史新编》（第2册），吉隆坡：马来西亚中华大会堂总会，1998年，第101～102页。

的不满。

1986年4月13日，为贯彻联合宣言和九大目标，各州华人社团领导机构高层领袖会议作出决议，授权全国华团民权委员会，采取具体措施，促进马来西亚民主制度更加健全地发展。

在同年举行的大选中，"全国华团民权委员会"为了削弱国阵的势力，在深入研究马来西亚的政治后，推出"两个阵线"的概念。民权委员会期望通过"两线制"打破国阵尤其是巫统在马来西亚政治中的垄断地位。它认为："只有形成两个足以相互取代的阵线时，当权的一方，才会表现得比现在更加民主，更加开朗，人民的意愿才会更加受到尊重。""由此可见，'两个阵线'概念的提出，对我国的政治来说，具有健全我国的民主制度，解救我国严重的经济、社会与政治危机的现实意义。"① "只有产生两个势均力敌、可以相互取代、轮流执政的阵线局面，才有可能促使民事服务机关恢复其中立的性质，有效地消除违反宪法的种族主义政策与措施。"② 民权委员会希望通过建立两线政治体制，促进马来西亚政治制度的进一步民主化。不过，它拒绝支持任何政党，坚持自己在政治上的独立性。"超越政党，但不超越政治"，这是其一贯的原则。为了宣传自己的政治主张，扩大自身的影响，全国华团民权委员会一方面向华人社会宣传、推介"两个阵线"的主张，另一方面还和其他政党进行联系、沟通。

"两线制"本质上仍具有民主政治的基本特征，它和"两党制"是相同的，两者的区别只在于形式上。1986年大选中郭洙镇等人的失利使"两线制"的实践暂时受挫。但"两个阵线"的民主思想得到广泛传播，从而为其进一步发展并走向成熟奠定了重要基础。

20世纪80年代后期，马来西亚国内相继发生一系列事件，尤其是政治领域的争斗事件：巫统的分裂及"四六精神党"的成立、华小高职风波和1987年大逮捕、1988年8月因巫统上诉案最高法院院长被撤职等。它们导致马来西亚社会局势动荡不安。当时国内政治领域的急剧变化使马来西亚人民认识到必须构建稳固牢靠的民主与法制，以对政府的权力进行必要的监督和制约，这为"两线制"再次付诸实践提供了重要的社会条件和基础。

1990年8月，在马来西亚即将进行大选前夕，一些华人社团的领袖如林晃升、李万千等27人加入了主要的反对党——民主行动党，他们希望趁势加强反对党的力量，以实现建立"两线制"的目标。他们在加入的仪式上发表声明：

---

① 林晃升：《两个阵线制度与马来西亚民主》，全国华团联合宣言与民权研讨会讲稿，1986年，转引自袁慧芳：《平等与民主——80年代的马来西亚华人政治》，暨南大学硕士学位论文，2002年5月，第17页。

② 林晃升：《两个阵线制度与马来西亚民主》，全国华团联合宣言与民权研讨会讲稿，1986年，转引自袁慧芳：《平等与民主——80年代的马来西亚华人政治》，暨南大学硕士学位论文，2002年5月，第17页。

“我们决定加入民主行动党及反对党联合阵线，以证明我们对当前国家政治局势的分析无误，及为我们的政治信仰而奋斗。我们相信，在国阵一党长期做大的政治局面下，要恢复我国的民主人权与司法独立，就必须加强反对党与反对党阵线的力量，以达到分权制衡……其实，早在1986年全国华团民权委员会提出为贯彻全国华团联合宣言的九大目标时，我们就已提倡及宣扬两线制。我们今天加入民主行动党，正是为了要达到这个理想。在即将来临的大选，由于四六精神党的出现及反对党阵线雏形的确立，打破国阵在国会内2/3绝大多数席位的可能性已经形成。只有加强反对党的力量，促成两线制，人民的意愿和权利才能得到伸张，我国的民主制度才具有真正意义。”①

同年10月21日，大选结果出来。投票统计数据表明，国阵获得127个国会议席，反对党阵线获得53个。不过，国阵的得票率为51.95%，反对党阵线为45.4%，双方差距不大。反对党中，民主行动党由于赢得70%以上的华人选票，获利最大。但是，反对党阵线没能赢得1990年大选，这使“两线制”的实践再次受挫，但是“两线制”的民主思想还是得到了更为广泛的传播。

20世纪80年代，“三结合”和“两线制”的提出及实践表明了当时华人社团作为一种政治力量在马来西亚的崛起。这是那个时期马来西亚社会、马来西亚华人社会政治发展的重要特征。

虽然华人社团积极致力于促进马来西亚政治的民主化、积极为华人社会谋求权益，但还是不能改变因华人人口的比例不断下降而造成的华人政治地位的日趋衰微。1957年马来西亚独立时，华人人口在马来西亚总人口中的占比为37.2%，1980年降至33.8%，1990年为29.4%，1991年为28.1%，2000年为25.5%，而到2001年更跌至24%。估计到2020年时，马来西亚华人人口占比将降至18.7%，到2100年，华人人口占比将降至5.5%。② 马来西亚房屋及地方政府部部长黄家定指出，人口的多寡，关系到对国家政权的支配、经济的控制和文化的传承。华人人口比率下降，将削弱华人在马来西亚的地位。③ 2001年1月初，华总主席方天兴建议，将华人社团、企业界人士和华人社会联合起来，成立一个资金充足的教育基金，协助华人家庭培养德才兼具的下一代，并且以此解决华人人口比例及增长率不断下降的问题。

20世纪末以来，马来西亚华人社团的政治参与虽然仍旧存在，但已不如昔日，尤其没有了高潮时期的声势。毕竟，社团并非政党。在流行政党政治的马来

① 《星洲日报》，1990年8月19日。

② 饶尚东：《马来西亚华族人口生育率下降之再分析》（未刊稿），2004年3月在暨南大学华侨华人研究所的讲稿。

③ 《星洲日报》，2000年10月10日；《联合早报》，2001年1月9日。

西亚，华人社团作为一种民间力量，它不可能像执政党那样强烈地影响国家政治，甚至左右政局，除非华人社团自身转变为政党，进而执政，才有这样的可能。

1990年，经过多年的申请，全马华人社团的最高领导机构——马来西亚中华大会堂联合会（以下简称堂联）终于被国阵政府批准注册成立。堂联的成立表明华团和政府紧张关系开始缓和、改善，是华团和政府关系发展的转折点。[①]此后，在堂联的领导下，华团对政府秉持协商的态度。“民权委员会”遭到冷落，15个华人社团的领导机构走向解体，《马来西亚全国华团联合宣言》的适时性受到进一步质疑。董教总的领导层也进行了更换，由在教育界保持低调的人士出任主席。此时，华团领导人已经相信“超越政党，但不超越政治”是华团最理智的政治斗争策略。1996年《新教育法令》出台，它的许多条文非常不利于马来西亚华文教育的发展，但起而抗争的只有董教总。不过，董教总的政治影响力已显然衰弱。

1995年马来西亚大选时，马华商联会和堂联先后发表支持国阵政府的宣言，达到了华团“解去政治化的极致”。此次大选的结果是，国政大胜，反对党惨败。局势发展表明，马来西亚“民主理念退潮，两线政治于是沉默无声了”[②]。

马来西亚政府将制定并推出2006—2010年第九个大马计划。为了表达华人社会心声，维护华人社会在政治、经济、文化以及教育等方面的权益，2005年3月中旬，在华团中具有领导地位的马来西亚中华大会堂总会（简称华总）、马来西亚华校董事联合会总会（简称董总）、马来西亚华校教师联合会总会（简称教总）、七大乡团协调委员会、留台联总（马来西亚留台校友联合会总会的简称）、南大校友会（即马来西亚南洋大学校友会）、马来西亚华校校友会联合会总会（简称校友联总）和全国校长职工会八大华团联合签署并向首相署提呈第九个大马计划建议书。建议书内容包括社会、教育、文化以及经济四大领域，要求政府达致以下4个目标：[③]

（1）促进全民团结。

（2）培养学识丰富、勤奋向上及知恩图报的国民。

（3）促进经济发展及提升国家在国际上的竞争力。

（4）继续发扬马来西亚的多元文化。

---

① 何启良：《独立后西马华人政治演变》，《马来西亚华人史新编》（第2册），吉隆坡：马来西亚中华大会堂总会，1998年，第111页。

② 何启良：《独立后西马华人政治演变》，《马来西亚华人史新编》（第2册），吉隆坡：马来西亚中华大会堂总会，1998年，第111页。

③ 《南洋商报》，2005年3月18日，第A10版。

建议书含蓄地表达了华团希望政府实行公平、民主的国家发展政策的愿望。

其他一些华人社团，尤其是那些有重要影响的华团，也准备针对第九个大马计划，提出维护华人社会的备忘录。如，雪兰莪中华大会堂（简称雪华堂）成立了一个专门研究小组，草拟第九个大马计划建议书，以提呈给政府有关部门。

2005 年 7 月下旬，马来人的执政党巫统召开代表大会。期间，其青年团（简称“巫青团”）提出，针对即将出台的第九个大马计划，要求政府恢复实行新经济政策，以继续扶助土著民族经济的发展，使其能控制国家股权达 30%。此议一经发布，立即引起其他民族尤其华人的强烈震惊和深深担忧。华人政党、华人社团、华文媒体等华人社会力量纷纷以各种方式，反对新经济政策的恢复实行，认为那将是逆历史发展潮流而动的行为。

巫青团的动议惊扰了民族间的关系。对此，首相阿都拉·巴达维公开发表谈话，保证政府推行新的国家发展政策时，不会为了扶助某一民族而剥夺其他民族的发展权益，政府将确保各民族人民步伐一致，共同努力落实国家发展目标。

在巫青团动议的促使下，8 月 11 日，华人执政党马华公会联合具有领导地位的 14 家华团（包括华总、商联会、七大乡团及其他华团），成立了“经济咨询委员会”。该会的宗旨是：加强华社对政府的各项决策更深入地了解；促进土著与非土著在经济领域的合作；致力于开拓新的财富及新的资源；密切关注政府的各项政策措施，以确保各民族在国家的经济发展中，获得公平参与权与提高国家的竞争力，使全民受惠等。①

9 月 25 日，华总召开会员代表大会，大会通过了 21 项提案，其中包括坚决反对巫青团提出的政府恢复实行新经济政策，同时，华总呼吁政府明确反映各族在经济领域所拥有的股权情况。

“二战”战后以来，马来西亚华人社团政治参与的兴起与发展，首先与当时马来西亚及华人社会的变化密切相关。随着华侨社会转变为华人社会，华人必须积极参与当地事务，以维护自身权益。而“二战”战后以来，由于殖民者的退出，马来西亚两大主要民族马来人、华人就各种关乎自身命运的权利展开较量，两大民族在国家政治层面上进行力量整合。由于马来西亚传统和现实中较强的马来因素，及殖民者对马来人的偏袒，华人在战后的较量与整合中处于被动。20 世纪 50 年代，马来西亚华人公民权的普遍获得就是以承认马来人的特权为代价的。新经济政策实施后，随着马来人经济地位的增强，马来人中产阶级不断发展壮大，马来人的特权地位也越加稳固。“事实上，土著至上主义在大马政治意识里根深蒂固且广泛蔓延。在政治、文化和经济各领域里，土著社会已出现了一股

---

① 《南洋商报》，2005 年 8 月 12 日，第 A14 版。

生猛凌厉之势。大马的各项政策，显然已把土著和非土著摆在难以调和的地位。"[①] 与此同时，华人在国家政治生活中则日益处于被动、从属的地位。在此背景下，华团在政治领域要谋求华人社会的权益，难以有明显的成就，虽然它们的参政活动仍然是积极活跃的。"大马华人政治的被动性和附庸性是相当明显的"，这就需要华人社会中各方面力量起而抗争，因为"大马华人若要做到完全地认同于大马，随着国内政治的变化而应变是必须的。况且，在一个多元化的政治体制里，这种配合性和应变性毋宁说是一个健康的现象"。[②] 作为华人社会重要力量的华人社团适时地顺应了这种形势。

"二战"后马来西亚华人社团的政治参与又是当时马来西亚华人社会出现的"政党社团化，社团政党化"现象的一种反映。确切来说，战后马来西亚政治较为剧烈地演变，使得华人政党不可能真正维护华人社会的利益，华人政党的政治作用、政治地位也表现出社团化的特点。作为政党，马华公会等华人政党的政治活动是以维护、发展其自身利益——而不可能是华人社会的利益——为根本出发点的，这是政党的本质属性决定的。但是，在马来西亚战后数十年的政治演变中，华人社会的利益必须得到维护。作为华人社会重要力量的华人社团承担了这一重任。通过政治参与，华人社团为维护华人利益发挥了重要作用，而其自身也出现了政党化的趋势。但是，华人社团不可能最终转变为华人政党。因此，20世纪80年代中期以后，华人社团的政治参与逐渐走向低落。不过，由于华人社团的努力，华人社会的权益在一定程度上得到了维护。

代表并维护华人社会的利益是华人社团的根基和使命所在。在当前和未来的马来西亚，华团仍应作为一个政治压力集团而在马来西亚的政治生活中发挥作用。"超越政党，但不超越政治"是华团理智的政治选择，华团应当避开政党政治，不要因为融进政党政治的成分而导致自身的分裂和衰败。简而言之，马来西亚华人社团应该在未来的国家政治领域保持自身的独立自主性，[③] 以整体的团结来更好地维护华人社会的利益。此外，华人社团应与各政党维持良好关系，并能与任何愿意协助争取华人社会权益的朝野政党合作。华人社团还应以民间代表性机构的身份，要求任何以华人为基础的政党争取华人和华人社会的权益。[④]

---

① 何启良：《权威危机和协商困局——为马华公会和民政党定位》，何启良：《政治动员与官僚参与——大马华人政治述论》，吉隆坡：华社资料研究中心，1995年，第22～37页。

② 何启良：《独立后西马华人政治演变》，《马来西亚华人史新编》（第2册），吉隆坡：马来西亚中华大会堂总会，1998年，第113页。

③ 饶尚东：《21世纪的新会馆》（未刊稿），2004年3月在暨南大学华侨华人研究所的讲稿。

④ 刘崇汉：《马来西亚华人社团》，《南洋学报》1998年第53卷，第199页。

第二节　华人社团与华文教育

重视教育是海外华人社会的一个重要传统和特点。早期的新马地区华人社团即已秉承华人社会这一优良传统。不少华人社团亲自为华人子弟创建学校，同时，它们还设立奖助贷学金，资助华人子弟更好地接受教育。

“二战”前，新加坡许多华人地缘性社团创办学校，成果最为显著者是福建会馆，其主办有：道南学校（1906 年）、爱同学校（1912 年）、崇福学校（1915 年）、南侨女中（1947 年）、光华学校（1954 年）。南洋大学创办时，福建会馆赠地 500 英亩作为其校址，受到华人社会广泛赞誉。福州会馆 1919 年创办敦本学校（不久停办），1927 年另办三山学校。潮州帮早在 1906 年即已创办端蒙学校（后发展为端蒙中学），其后又陆续兴办义安女学等。三江会馆创办三江中学。其他许多会馆也为华人子女创建了学校，详情请看下表。

表 1　新加坡华人会馆创办学校简表①

会馆名称	学校名称及创建时间	会馆名称	学校名称及创建时间
应和会馆	应新学校（1905 年）	福州会馆	三山学校（1927 年）
福建会馆	道南学校（1906 年）	冈州会馆	冈州学校（1930 年）
茶阳会馆	启发学校（1906 年）	南顺学校	南顺义学（1931 年）
潮州八邑会馆	端蒙学堂（1906 年）	温州会馆	侨南学校（1936 年）
宁阳会馆	宁阳学校（1906 年）	禾山会馆	禾山公学（1939 年）
琼州会馆	育英学校（1910 年）	三和会馆	三和学校（1946 年）
福建会馆	爱同学校（1912 年）	福建会馆	南侨女中（1947 年）
福建会馆	崇福学校（1915 年）	番禺会馆	番禺学校（1947 年）
福清会馆	培青学校（1918 年）	晋江会馆	晋江学校（1947 年）
福州会馆	敦本学校（1919 年）	漳州会馆	道南学校（1949 年）
义安会馆	宏文学校（1921 年）	福建会馆	光华学校（1954 年）
东安会馆	东安学校（1922 年）	潮州八邑会馆	义安学院（1963 年）
三水会馆	三水义学（1924 年）	潮阳会馆	朝阳小学（不详）
碧山亭公所	碧山亭学校（1926 年）		

---

① 资料来源：吴华：《新加坡华族会馆志》（第 1 册），新加坡：南洋学会，1975 年，第 4 ~ 5 页；郑良树：《马来西亚华文教育发展史》（第一分册），吉隆坡：马来西亚中华大会堂总会，1990 年。

新加坡血缘性组织中也有创办学校的，如1889年陈氏书院创办毓兰书院，“二战”后改称保赤学校。①

马来西亚华人社团中，也有许多创办学校者，参见下表。

表2　马来西亚华团创办学校简表②

社团名称	学校名称	创建时间	社团名称	学校名称	创建时间
古晋甘蜜公会	潮语学塾	1875年	马六甲惠州会馆	惠民学校	1871年
槟城邱氏公司	邱氏新江学校	1906年	槟城林氏公司	林氏两等学校	1906年
霹雳喜州光汉阅书报社	喜州学塾[1]	1907年	霹雳达才书报社	达才学校	1907年
巴生福建会馆	中华学校	1911年	槟城公益阅书报社	崇德学校	1911年
吉打广州暨汀州会馆	南华女校	不详	马六甲琼州会馆	巨镜学校	民国初
马六甲琼州会馆	琼林学校	民国初	马六甲琼州会馆	华南夜校	民国初
新山广肇会馆	宽柔学校	1912年	亚庇中华商会	中华学校	1912年
霹雳琼州会馆	振华学校	1912年	吉打福建公会	福建女校	民国初
霹雳嘉应会馆	明德学校	1913年	古晋福建公会	福建义学	1913年
槟榔屿益智阅书报社	益华学校	1913年	雪隆惠州会馆	循人学校[2]	1913年
霹雳新华阅书报社	新华学校	1913年	霹雳海南会馆	振华国民学校	1914年
槟城阅书报社	钟灵学校	1915年	古晋顺丰公司	民德学校	1916年
槟城颖川堂	颖川学校	1917年	雪隆嘉应会馆	中国学校	1917年
古晋广惠肇公会	益群学校	1917年	雪隆海南会馆	侨南学校	1917年
林明琼州会馆	平民夜校	1918年	古晋嘉应五属同乡会	公民学校	1918年
槟城台山宁阳会馆	台山学校	1918年	柔佛爱群书报社	培智学校	1919年
槟城中华阅书报社	日新学校	1918年	雪隆精武体育会	精武学校	1921年
雪隆潮州会馆	吉隆坡培才学校	1923年春	古晋大埔同乡会	大同学校	1923年
森美兰梅江五属会馆	启华学校	1924年[3]	瓜拉庇拉永春会馆	中华初级小学	1925年
雪兰莪行团总会	华侨学校	1925年	关丹福建会馆	华侨学校	1925年
森美兰柔河永春公所	育才学堂	1926年	雪隆广肇会馆	华文半日学校	1926年
永平福州会馆	平群学校	约1927年	日叻务福建会馆	中华学校	1928年

① 吴华：《新加坡华族会馆志》（第1册），新加坡：南洋学会，1975年，第5页。

② 本表为作者自制，资料来源：郑良树：《马来西亚华文教育发展史》（第一分册），吉隆坡：马来西亚中华大会堂总会，1998年；郑良树：《马来西亚华文教育发展史》（第二分册），吉隆坡：马来西亚中华大会堂总会，1999年；陈铁凡、傅吾康：《马来西亚华文铭刻集萃编》，吉隆坡：马来亚大学出版部，1982年；周南京：《华侨华人百科全书·法律条例政策卷》，北京：中国华侨出版社，2000年；等等。

（续上表）

社 团 名 称	学校名称	创建时间	社 团 名 称	学校名称	创建时间
雪隆精武体育会	精武华小	1929 年	森美兰茶阳会馆	大华学校	1930 年
立卑福建公会	中华学校	1930 年	瓜拉庇拉应和会馆	新民学校	1931 年
槟城福建会馆	三山学校	1930 年代	马六甲永春会馆	育民学校	1931 年
古晋客属公会	大同、公民华校	1934 年	霹雳福州公会	培南学校	1935 年
雪兰莪华人女子精武体育会	精武女校	1936 年	昔加末琼州会馆	南华学校	1937 年
霹雳永春公会	怡保小学	1937 年	雪兰莪会宁公会	力行学校	1938 年
雪兰莪会宁公会	育才学校	稍晚于力行	古来海南会馆	英才中学	“二战”前
古晋琼州公会	崇本学校	“二战”前	双文丹福建会馆	即华学校	“二战”前
安顺广东会馆	粤华小学	1946 年	槟榔屿惠安公会	明德学校	1946 年
霹雳韩江公会	育华学校	1947 年	马来西亚潮州公会联合会	韩江中学	1949 年
雪兰莪精武体育会	精武学校	1950 年	槟榔屿潮州会馆	韩江中学	1951 年
			诗巫福州公会	黄乃裳中学	1967 年

注＊：1 喜州学塾在民国初期改为学校；2 雪隆惠州会馆改私塾为新式学校，名为循人学校；3 启华学校（森美兰梅江五属会馆）创办时间另一说为 1935 年以前，准确时间不详。

华人社团尤其是地缘性的会馆办学，不仅体现了它们传承中华文化的重要功能，也促使华人社会不断整合。会馆以华人社会结构为基础，在社群内部积聚办学力量，促使华文教育发展到新的阶段。会馆办学的成效不仅表现在华校的增多，更表现在办学理念的转变。“会馆办学”其实有其丰富内涵。它在办学力量上以社群为基础，在机制上采用以董事会和教务会为核心的“双轨制”，实现了对华校进行制度化、规范化的管理。①

两次世界大战期间，新马地区的华文教育兴起。由于中华民国政府对海外华文教育的重视，也由于包括华人社团在内的华人社会本身的努力与促进，许多实行华文教育的华侨中学在新马地区纷纷成立。中学教育的推行及扩展对华人社会有着很多积极影响，它不仅使华人子女有机会接受系统的中学教育，而且华人文化在新马地区的华人社会中能够得以传承，这就有效抵挡住了华人社会西化的趋势（新马地区的许多华人曾接受英文教育，尤其是海峡华人），使华人社会保持自身的中华特性。华文教育的兴起和发展有利于马来西亚华人社会形成一个有机

① 汤锋旺：《“二战”前新加坡华人“会馆办学”研究》，《东南亚研究》2012 年第 4 期，第 104 ~ 110 页。

联系的整体。

马来西亚独立以来，其政府相继采取了一系列限制华文教育发展的政策措施。在经济方面，华文独中从 1961 年之后就没再收到政府的津贴，学校办学经费只能靠华人社会的捐助来维持。华文独中的学生生源方面，由于马来西亚政府从 1965 年以后对进入国民或国民型中小学读书的学生实施九年义务免费教育，华文独中的统考文凭得不到马来西亚政府的承认，使华文独中的毕业生在升学、就业方面深受影响。华小的毕业生为将来计，不得不选择进入国民或国民型中学就读，使华文独中生源大受影响。20 世纪 60 年代以来，由于马来西亚政府一系列不利于华文教育发展的政策措施，当时马来西亚华校的处境非常艰难。在此情况下，华人社会积极行动起来，以华人社团为主干力量，回应马来西亚政府，为华文教育争取应有地位和权益。

早在 20 世纪 50 年代初，为了团结华校教师的力量，吉隆坡华校教师会于 1951 年 8 月召开马来亚华校教师代表大会，决定成立马来亚华校教师的联合组织。同年 12 月底，马来亚联合邦华校教师联合会总会正式成立，其宗旨是：①发扬中华文化，维护华人教育；②愿与政府合力共谋华文教育的改进；③保障华校教师在联合邦的平等地位，改善华校教师待遇。1953 年，教总、各州华校董事联合会和马华公会曾联合组成华文教育中央委员会，并委派代表团，与英国驻马来亚高级专员谈判，要求保留华文教育，但遭到拒绝。1954 年 3 月，华文教育中央委员会再次向马来亚政府提交要求保留华文教育的《马来亚联合邦华文教育备忘录》，仍被拒绝。《巴恩报告书》和《1954 年报告书》等教育法令颁布后，1954 年 10 月 18 日，教总发表关于马来亚华侨教育的三大原则：①各族教育待遇平等；②举办免费初级教育；③华文应列为联合邦官方语文之一。同年，教总曾向时任联合国大会主席潘迪特夫人上呈一份备忘录，要求维护马来亚华文教育的权利。

为了配合教总共同争取华文教育及文化的应有平等地位，1954 年 8 月 24 日，马来亚华文学校董事联合会总会成立，其宗旨是：团结华人社会力量，共谋改善及促进华文教育，代表华校董事会与政府商讨有关华校事务。从此，董教总成为促进和改善华文教育的领导者。

1955 年，沙巴政府公布不利于华文学校和华文教育的白皮书后，沙巴华人社会立即起来强烈回应，并由亚庇中华商会和山打根中华商会组织召开全邦华校董、教代表大会，通过反对接管华校和征收教育税的决定，表示必须维护华校传统的校董制。沙巴政府很重视华人这次会议的决定，并制定新的教育政策，如为华人社会开办官立小学、实施小学免费教育、培训师资等。

1957 年马来亚独立后，政府力图通过各种方式、途径，促使华文中学改制为国民型中学，以消灭非马来语教育的学校，这引起华人社会的不满和抵制。1959 年 4 月，马华公会华文教育中央委员会联合董总、教总以及其他华人注册社团、学校代表等共 963 个团体，在吉隆坡召开“马来亚联合邦全国华文教育代表大会”，大会通过宣言和“华人对教育总要求”。宣言明确提出：“华人教育之应成为本邦教育体制中不可分割之一环，乃吾人一致之基本要求。”总要求中提出：各民族教育均以母语教育为主要媒介；各民族学校教育一律平等；政府应设立“华文教育咨询委员会”，由华文教育代表性机构派代表参加，协助政府解决有关华文教育问题；政府应立即增加对华文学校的津贴。但是，由于巫统在政府中地位的日益加强，马来亚政府对华文教育逐渐采取更为强硬的政策措施，以加快同化华文教育的进程。虽然教总、董总、华人社团在 1959 年 4 月及以后多次向马来（西）亚政府提交有关争取华文教育权益的宣言、备忘录等，但未能取得实质性成果。①

1954 年，为了能在次年即将举行的大选中胜出，马华公会和巫统组成政治联盟。此后，为了能与巫统关系协调，马华公会在华文教育问题方面逐渐采取与教总、董总不同的立场。1955 年马来亚第一次大选之前，教总和董总在华文教育中央委员会上要求将华语列为马来亚的官方语言之一，但马华公会不支持这一要求。马华公会的举动引起马来西亚华人社会的不满，华文教育中央委员会的作用日益削弱。大选之后，在马来亚政府中任职的马华公会领导人极力支持马来亚政府的教育政策，反对教总和董总的立场和主张。1961 年，就华文教育权利问题，教总主席林连玉与马来亚政府司法总长梁宇皋展开大论战。结果教总主席败北，林连玉的教师执照被吊销，他的马来亚公民权也被褫夺。由于政治地位不同，马华公会和教总、董总之间在华文教育的立场、主张方面的分歧无法消除，这也使华文教育中央委员会于 1975 年最终解体。

1954 年，教总确定将每年的 11 月 21 日定为“华文教育节”。1985 年 12 月 18 日，原教总主席林连玉逝世。1987 年，马来西亚华人社会为纪念林连玉对发展华文教育作出的功绩，确定每年的 12 月 18 日为华文教育节，并成立林连玉基金会，以奖励对华文教育事业作出贡献的人士。

20 世纪 60 年代，马来西亚华文教育被迫走入低谷。在此情况下，华人社会仍展开不屈不挠的各种抗争运动。1966 年，教总主席沈慕羽号召华人社团开展争取将华语作为官方语言的运动。1973 年，在霹雳州九所华文中学的倡议下，马来西亚各州华人社团掀起了华文独立中学复兴运动，为华校筹募经费，争取华人社会对华文教育的更大支持。华文独立中学复兴运动使一些华文学校的招生人

① 梁英明：《战后东南亚华人社会变化研究》，北京：昆仑出版社，2001 年，第 162 页。

数有所增加，校舍和教学设备也有所改善。

在华人社会和许多热心华文教育的人士的积极努力下，独立中学逐渐走出困境并获得发展，下表是延续并得到发展的华文独立中学及其建立时间。

表3　马来西亚60所华文独立中学简表①

校名	建校时间	创建者	校名	建校时间	创建者
吉隆坡尊孔独立中学	1906年	陆弼臣等	巴生兴华中学	1947年	师生、家长
吉隆坡坤成女子中学	1908年	吴雪华	槟城韩江中学	1950年	林连登
怡保育才独立中学	1908年	胡士春等	新文龙中华中学	1951年	郑振中
亚罗士打吉华独立中学	1911年	陈英坦等	诗巫光民中学	1952年	双溪美禄民众
江沙崇华独立中学	1911年		诗巫开智中学	1952年	罗马安坡屏南兴学公会
麻坡中化中学	1912年		怡保培南独立中学	1955年	福建会馆
金宝培元独立中学	1912年	吴锡爵等	巴生光华独立中学	1956年	郑天祥等
巴生中华独立中学	1912年	吴彩玉等	双溪大年新民独立中学	1957年	
芙蓉中华独立中学	1913年	李俊承等	永平华文中学	1957年	林栋臣等
马六甲培风中学	1913年	陈齐贤等	怡保深斋中学	1958年	胡日皆
新山宽柔中学	1913年	黄义初等	古晋中华第三中学	1958年	古晋15家华人社团
波德申中华中学	1914年	陈事甫等	古晋中华第四中学	1960年	古晋15家华人社团
吉隆坡循人中学	1914年	惠州会馆等	诗巫公教中学	1960年	天主教圣母子昆仲修士会
槟榔屿钟灵独立中学	1917年	陈新政等	诗巫公民中学	1960年	发富港广东芭江仲宵等
居銮中华中学	1918年	章文双等	霹雳班台育青中学	1962年	蔡尤（手令手）

① 资料来源：董教总全国华文独中工委会资讯局：《今日独中》（三册），马来西亚华校董事联合会总会，1991年；柯嘉逊：《马来西亚华教奋斗史》（第二版），雪兰莪中华大会堂，1991年，第198~200页。

（续上表）

校 名	建校时间	创 建 者	校 名	建校时间	创 建 者
大山脚日新独立中学	1918 年	朱步云等	美里（米里）培民中学	1962 年	美里华人社团
吉兰丹中华独立中学	1918 年	黄玉斋等	山打根育源中学	1962 年	魏亚贵
槟华女子独立中学	1920 年		沙巴亚庇建国中学	1963 年	亚庇福建会馆
笨珍培群独立中学	1922 年	余英伟	斗湖巴华中学	1964 年	婆华公会
巴生滨华中学	1923 年	陈北平	沙巴丹南崇正中学	1965 年	丹南客属公会
安顺三民独立中学	1929 年		沙巴崇正中学	1965 年	沙巴客属公会
利丰港培华独立中学	1929 年	蔡敬三	沙巴保佛中学	1965 年	詹尊华
亚罗士打新民独立中学	1935 年	陈登有等	沙巴吧巴中学	1965 年	蔡贞瑞等
实兆远南华独立中学	1936 年		砂拉越石角民立中学	1967 年	石角区群众张君光等
太平华联独立中学	1937 年	杜荣和等	诗巫黄乃裳中学	1967 年	诗巫福州公会刘贤任等
吉隆坡中华独立中学	1939 年	陈仁	美里（米里）廉律中学	1967 年	廉律村村民蔡通宝等
巴株巴辖华仁中学	1940 年	粘东生等	泗里街民立中学	1967 年	
槟城菩提独立中学	1941 年	慈航法师等	砂拉越西连民众中学	1968 年	西连坡众郑和仁等
古晋中华第一中学	1945 年	古晋 15 家华人社团	沙巴拿笃中学	1969 年	涂元贡等
诗巫建兴中学	1946 年	后埔港兴化芭林开臻	古达培正中学	1969 年	杨紫峰

1967 年 11 月 24 日，马来西亚教育部部长宣布，出国深造的学生必须拥有剑

桥文凭，但剑桥文凭是以英语为考试工具的，华文中学的毕业生往往难以通过这种英语考试，这使华文独立中学的毕业生出国留学成为问题。华人社会强烈反对政府的这一决定。而与此同时，马来西亚政府和一些半官方机构把它们所提供的出国奖学金名额绝大部分留予马来族学生，这使那些考试成绩合格的华人学生由于经济困顿，无法出国深造。1980 年，马来西亚全国共有 8 625 个奖学金名额，其中非原住民只有 275 名；1981 年，马来西亚 3 704 个出国名额中，非原住民只有 173 名。1983 年，马来西亚高等院校一年级课程必须用马来语讲授，这再次给华文中学的毕业生升入国内大学增加了困难。一些家境富裕的华人学生只好自费前往欧美国家的高校去深造。1984 年，马来西亚 48 000 名自费出国留学生中，华人学生占 77%，印度族裔学生占 18%。另外，马来西亚政府在其国内高等教育中实行马来族学生名额占大部分、马来族学生优先录取的种族配额制，即“固打制”，使华人学生进入国内大学深造的机会变得日益艰难，华人学生在马来西亚国内各高校学生中所占的比例显著下降。1970 年，华人学生占在校大学生总人数的近一半，而到 1983 年时，下降为 1/4 略强。与此同时，马来族学生的比例由近 40% 上升为 65%。①

为了解决华文独中学生的继续深造问题，同时为了使华文教育能够拥有从小学到中学直至大学的完整的教育体系，1967 年 12 月，教总特别召开大会，通过了创办华文独立大学的决定。这一决定得到华人社团的热烈响应。1968 年 4 月，199 个华人社团的 700 多名代表参加了由马来西亚独立大学发起的、在吉隆坡雪兰莪中华大会堂召开的大会。大会通过了创办独立大学的宗旨和宣言，并成立“独立大学筹备工作委员会”。会后，独立大学的申办和筹款活动在马来西亚华人社会形成热潮。为了推动“独大”的筹备工作，教总首先认捐 10 万马元，华人各界人士捐助 20 余万元。1969 年 5 月 8 日，独立大学有限公司作为一个非营利机构获得政府注册批准。

但是，“五一三”事件发生后，马来西亚政府宣布国家进入紧急状态，“独大”的筹建活动被迫暂时停顿。1971 年，马来西亚政府又通过大专法令，规定所有大学或大专学院必须得到最高元首和国会的批准才可以创办。这使“独大”的创办活动再遭打击。1973 年，独立大学改称独立学院，再次申请，未获政府注册批准。1978 年 1 月，董教总联合马来西亚 4 000 个团体签名盖章，向最高元首送呈申请创办独立大学的请愿书，仍未获批准。此后多次的申请活动都未成功。不过，独立大学有限公司并未放弃创办高等学府的理想，屡遭挫折后，它改而提出并实施建立董教总教育中心的计划，它还提出推动华文教育的举措。另一

① 梁英明：《战后东南亚华人社会变化研究》，北京：昆仑出版社，2001 年，第 164 页。

方面，许多华人“为了维护母校声誉，赞助母校发展，关注母校升学就业”，纷纷组建成立校友会。

1980 年，马来西亚教育部宣布，将在全国各地的华小实行“三 M”（指基础教育中的读、写、算三种基本能力）制度。该制度规定，除了华文科和算术课本为中文外，华文小学的其他科目均以马来文为主。这一制度再次引起华社的极大震动，华人担心政府的做法将使华小变质。董教总和其他华团都提出了强烈抗议。次年，它们向马来西亚教育部提呈了一份包括四项基本要求的备忘录，即：

（1）除了马来文和英文，所有教学与参考资料都必须使用华文书写。

（2）除了马来文和英文，其他科目的授课媒介语与考试都必须使用华文。

（3）道德教育与音乐科目必须反映华人文化特色。

（4）增加英文的授课时间。

面对华社的抗议和要求，当时的马来西亚首相出面向华社保证，政府无意使华小变质，并表示教育部将纠正有关的政策偏差。华社的不满与担心暂时平息。

1982 年，董教总向马来西亚教育部提交一份文化教育备忘录，希望政府在吉隆坡大蓝图计划下，增建华文小学，以解决华人子弟入读人数增加引起的需求。

面对国家文化政策中不利于华社的因素，1983 年，包括董教总在内的全国 15 个华团向马来西亚文化、青年及体育部呈交一份备忘录。[①] 这份备忘录提出了关于华团对华文教育发展的政策要求。

备忘录首先描述了华文教育令人担忧的现状，进而认为：

（1）马来西亚独立后，华文教育由原来从小学至大学的完整的教育体系，变为只有受歧视的华小、不准发展的独中。《1961 年教育法令》中第 21 条第 2 款规定：任何一个时候，当教育部部长认为某一间国民型小学可以转变为国民小学时，他可以直接命令有关学校改制为国民学校，这使华文教育时刻面临被连根拔掉的隐患。这种处境是华社不满的根源之一。

（2）马来西亚实行的语文教育政策具有浓厚的种族主义色彩和语文同化倾向，这是华社深感不安和不能接受的。马来西亚联邦宪法赋予了各民族自由学习、使用和发展自己语文的宪制权利，但是，政府却通过立法与行政权力来限制它的自由使用。

（3）马来西亚政府如果不能正确估计华社对语文教育政策的不满，继续通过立法与行政的力量，强制实行不被华裔公民接受的国家文化政策，将违背华裔

---

① 参见柯嘉逊：《马来西亚华教奋斗史》（第三版），“附录一”，董教总教育中心，1999 年，第 149 ~ 153 页。

公民的民族愿望，也不利于国家的团结。

（4）马来西亚政府应全面检讨国家语文、教育和文化政策，以体现尊重马来西亚多元社会的现实，以及体现政府的开明作风。

备忘录中，最后部分为华团提出的要求与建议：

（1）马来西亚政府应废除《1961年教育法令》中的第21条第2款，确保华文教育的生存不受威胁；保证小学“三M”的实施不会致使华小变质；在拨款、建校、师资培训、设备配置和其他一切方面，平等对待各源流小学。

（2）马来西亚政府应该承认华文独立中学对国民教育作出的贡献及其存在的意义，在经济、师资培训、建校、设备配置等方面扶助独中的发展，准许华文独中建立更多分校或新校，并将国家各大学的门户开放给华文独中毕业生。

（3）马来西亚政府应准许设立民办大学，以缓和国家大学学生名额不足的压力，为国家培养更多的建设人才。

（4）马来西亚政府应将马来亚大学中文系开放给具有同等资格的华文独中毕业生，以增加学生来源；此外，对该系的发展、奖学金的颁发、深造教师半薪假期的批准以及毕业生的出路等问题，应给以公平对待，以体现发扬华族语言文化的诚意。

（5）马来西亚政府应将母语列为学生的必修科目，成为正课，并提供统一的课本、充足的教材和合格的教师。

（6）除了官方用途外，马来西亚政府应在各个领域里尊重各民族人民自由学习、使用和发展其民族语文的宪制权利，不得通过法令或行政权力加以任何限制。

（7）国家各大学招生不应有种族“固打”，而应以学生的成绩和其家庭经济背景作为标准；教职员的聘请升级应以学术成绩、资历和工作表现为准，不应以种族为依据。

除了向政府提交备忘录，1983年，董教总还举办了一次重要的研讨会，检讨及调查独中过去10年来的发展。这次研讨会上提出了独中调查报告，它成为后来发展独中的指导原则和参考。

为了收集国内外有关教学与教育发展的资料，教总设立了“教育研究中心”。同时，全国独中工作委员会也设立了小组委员会，研讨师资培训问题。此外，独立大学有限公司决定设立一个高等教育升学辅导处，为独中毕业生提供升学咨询服务。

1987年9月，马来西亚政府宣布，提拔、调升不谙华文的校长和老师到华小任职从教。这项决定再次引起华社的抗争，学生家长群起反对。9月14日，董教总派代表觐见教育部副部长，提出相关要求。10月1日，马来西亚教育部仍然宣布，那些不谙华文的校长和助理的职位将保留6个月，作为试验期，此举又一次引起华社不满。

但是，10月4日，时任马来西亚教育部部长的安华宣布，政府擢升没有接受华文教育的校长和助理的立场不变，宣布绝不会向“政治压力”低头。同日，董教总联合其他社团，在雪华堂召开大会，作出如下决议：假如有关问题未在14天内解决，教师和家长将开展一项抵制运动。在马来西亚各地，华团和华人政党也召开类似的紧急会议。

10月8日，包括董教总在内的马来西亚全国15华团，以及马华公会等华人政党，在雪华堂紧急组织成立了“联合行动委员会”，准备迅速采取必要的行动，来解决有关问题。

10月11日，所有华团、华校以及华人政党的领袖，在吉隆坡天后宫举行了抗议大集会。在这次会议上，所有华团和华人政党誓言团结一致，宣布如果政府不能在10月14日前彻底解决华小教师擢升问题，有关学校届时将罢课3天。会议还通过了如下决议案：

（1）反对所有企图使华小变质的政策。

（2）支持华团向教育部提呈的备忘录。

（3）呼吁华团和华人政党做好准备，随时响应联合行动委员会全国性抗议行动的号召。

（4）呼吁联合行动委员会密切关注教育部正在进行修改的《1961年教育法令》的动向。

与此同时，马六甲巫统领袖拿督斯里伊都拉欣警告，华小事件将使马来西亚种族两极化更趋恶化，种族情绪呈现紧张化。马来人还通过报章，针对此事大力赞扬教育部部长立场坚定。北海巫统区部的500多名党员举行示威。巫统青年团（简称“巫青团”）计划在10月18日进行针对华社的大规模示威。同月16日，15华团联合发表文告，呼吁巫青团取消大集会，因为华社的抗议行动旨在维护华校不会变质，而绝非侵犯他族权利。18日，巫青团还是举行了大集会，并发表极具煽动性的演说，以及打出写着“五一三事件将重演”、“把剑浸在华人的血液中”等文字的条幅。次日，教育部部长安华·伊卜拉欣发表声明，宣布政府擢升不具华文资格者的决定不会改变，同时警告华小校长和行政人员，如继续罢课，将受到严厉制裁。

10月27日，马哈蒂尔政府援引《内部安全法令》，实行“茅草运动”，将上百名与其意见相左的人士加以拘捕，其中包括华文教育界人士林晃升（董总）、沈慕羽、庄迪君、柯嘉逊（教总），并控以煽动种族情绪及威胁国家安全的罪名。此事使华小高职事件顿时“失去意义”①。华小事件被搁置。

不过，马来西亚政府最终还是同意将华小所有重要职位保留给具有华文资格者。

进入20世纪90年代，马来西亚华文教育仍在曲折中发展。

早在80年代中期，当时的马来西亚教育部部长马哈蒂尔在兼任内阁检讨委员会主席时，曾提呈教育报告书，建议严厉管制和监督私立学校以及由这些学校举办的考试。此后，新的教育法案开始起草，但直至1990年马来西亚大选前夕才拟妥，并准备随时提交国会讨论。由于这份教育法案不利于少数民族母语教育的发展，少数民族大失所望。华人社团方面，董教总针对该教育法案提出抗议，并向当局呈交了一份详尽的备忘录，其中包括针对逐条逐款提出的新建议。是年大选来临之际，该教育法案终被搁置。

1994年5月31日，马来西亚华校校友会联合会正式注册成立，它是一个积极推动华文教育发展的重要社团组织。

1995年马来西亚大选中，国阵联盟获胜。同年，一份新的教育法案提呈国会下院。该法案基本与1990年教育法案相似。12月，七大华团向马来西亚教育部呈上一份关于《1995年教育法案》的备忘录，该备忘录表达了七大华团对《1995年教育法案》的看法和要求，包括下面八部分内容：②

1. 国家教育政策及“最终目标”的问题

源自《1956年拉萨报告书》的马来亚联合邦教育政策的最终目标是：必须将各族儿童集中于一个国家教育制度下，以国语（马来文）为主要教学媒介。这种“最终目标”显然违反了国家教育政策的第二个目的：“维护及保持非马来人族群语文及文化的发展。”而《1995年教育法案》绪论的有关规定强化了“最终目标”，并通过有关条款具体地推行。马来西亚华文教育在过去40年的生存和发展历程，与“最终目标”的提出和落实息息相关，因此，只要“最终目标”存在一天，马来西亚华文教育的前途就一日不得安宁。

2. 教学媒介语的问题

《1995年教育法案》第17条规定：“国语必须成为国家教育制度内所有教育机构的主要教学媒介，除了在第28条下设立的任何国民型学校、或者由部长豁免不受本条款约束的任何其他教育机构。”该条款又使“最终目标”具体化，并表明要求目前所有的国民型学校（即国民型华文小学和淡米尔文小学）都必须

① 柯嘉逊：《马来西亚华教奋斗史》（第三版），“附录一”，董教总教育中心，1999年，第124页。

② 参见柯嘉逊：《马来西亚华教奋斗史》（第三版），“附录二”，董教总教育中心，1999年，第154～168页。

以国语为主要教学媒介语。为确保现有的国民型学校继续生存，“在第 28 条下设立的”字眼必须删除。

华文独中使用母语为教学媒介语是马来西亚宪法赋予的权利，但《1995 年教育法案》立法通过后，独中这项权利将自动丧失。目前独中虽可通过教育部部长的豁免权保住该项权利，但保障不稳定，有随时丧失之虞。

3. 华小董事会的问题

《1961 年教育法令》中曾授权教育部部长可随时废除学校董事部。《1995 年教育法案》虽然没有如此规定的条文，但其精神仍存，并以化整为零的方式暗藏于有关条款。其中，第 56 条规定教育部部长有权委任额外董事以改组或改变现有的学校董事会的人事结构，却未明确规定委任的名额及任期，这使教育部部长可放手改组或控制董事会，以达到既定目标或政策。第 58 条的规定也可使教育部部长能够改组或控制董事会。第 93 条授权教育部总注册官为了马来西亚、公共或任何人的利益，可以撤销学校董事注册，这对华校董事不利。第 125 条规定，如果教育部部长或其下属官员认为有关教育机构的董事或负责管理的人士不遵守本法令的任何条文或条规，他们可以中止或取消政府提供给这些教育机构的任何拨款。这使华小面临经济制裁或财务封锁的隐忧。

4. 独中统考的问题

《1995 年教育法案》没有豁免华文独中的条文，而其第 19 条的实施，将导致独中必须为学生准备政府考试，进而影响独中的办学方针，改变独中的教学媒介语、教学内容和师资结构，从根本上改变华文独中的特质，造成华文中学的第二次改制。

同时，按照《1995 年教育法案》中第 69 条的规定，董教总不可以主办华文独中统考，除非获得了教育部事先的书面批准。

5. 高等教育问题

按照《1995 年教育法案》第 71 条的规定，任何人要设立一家高等教育机构，只能按照有关高等教育的立法去申办，否则将受到严厉制裁。任何与设立或成立高等教育机构有关的活动或行动，如募捐、捐助、捐赠、提供或接受任何款项等，如不遵循有关高等教育立法，将被视为有罪。此外，如不遵循有关高等教育立法，任何人不能主持、管理或维持任何教授及学习高等教育的班级，除非是由一家高等教育机构所主持、管理或维持的。

申办私立高等学府的民间团体，如正在申办新纪元学院的董教总，受到第 71 条的打击和影响既深且巨。

6. 《1995 年教育法令草案》限制文化活动的条文

当一个非教育性的组织、机构或团体，无论在自己的会所或公众场合，习惯性地进行某种训练、益智甚或保健活动时，它们活动的地方，很可能于不知不觉中陷入该法案规定的天罗地网内，而被视为一间“学校”或“私立教育机构”。除非得到教育部部长的豁免，或在该法案本身或其条规下获得豁免，否则将受到该法案内所有条款的约束。

所有教育机构中，国语必须成为主要教学媒介，除非得到教育部部长豁免；任何教育机构必须有一个根据董事会章程（Instrument of Government）而成立的董事会；其操作必须受到该法案条文及教育部有关官员的管制；任何教育机构、董事、雇员、教师以及学生都必须注册。

7. 双联课程的问题

《1995 年教育法案》第 71 条规定：除非获得教育部部长的批准，任何私立教育机构都不可以与马来西亚境内或境外的任何大学、高等教育学府、教育机构或任何团体，以共同、联合、附属、合作或其他方式，来进行任何课程或训练计划等。上述规定使得任何一间华文独中不能与董教总以“共同、联合、附属、合作或其他方式”中的任何一种方式进行任何课程或训练计划，除非得到教育部部长的书面批准。

8. 《1995 年教育法案》不合乎常理的审查过程及处罚

《1995 年教育法案》有关条款给予了教育部部长不寻常的权力，在刑罚方面，它比《1961 年教育法令》更严苛。

备忘录最后是七大华团得出的结论：《1995 年教育法案》依然有许多令人担忧的条文，有些比《1961 年教育法令》的条文更严苛；该法案将使马来西亚华文教育的生存和发展空间受到更大的钳制与威胁；教育部部长对华小和独中所作的保证并未明确列入《1995 年教育法案》内；为了国家长远利益和各民族的意愿，政府应“展延二读”新教育法案，以使人民有更充分的时间对其表达意见及提出建议，政府要制定一个符合各民族意愿及多元种族、文化、语文和国情的教育法令；华社要提高警惕，密切关注新教育法案的最新进展，争取它能符合各民族对母语教育和文化发展的意愿及要求。

在世纪交替之际，马来西亚华文独中着手进行改革，其领导机构董教总倡议实行“素质教育”。

2004 年底，董总主席郭全强先生表示，搞教育可以超越政党，但不能超越政治。因此，在维护和发展华文教育的庞大队伍中，可以有各党派的人士。郭先生还认为：“多元文化、多源流的教育系统是我们的优势，是国家的财富和资产，我们一直以来走的路是对的。”

2005 年 1 月 9 日，董教总全国华文独中工委会公布《马来西亚华文独立中学教育改革纲领》。[1] 针对教育理念和目标，该纲领提出独中教育理念体现在“学生”、“文化”、“民主”和“人力资源”4个方面，分别为：

（1）面向全体学生，学生全面发展。

（2）延续民族文化，丰富世界文化。

（3）提倡教育选择，体现民主精神。

（4）奠定发展基础，储备建国人才。

与此同时，纲领从“自我”、“家庭与群体”、“民族与社会”、“国家与世界”4个领域，推展出15个成人成才的教育目标，朝着实现一个“教师会教、乐教”、“学生会学、爱学”的教育乐园之愿景努力。

华团还在政治领域内谋求维护、发展华人教育尤其是华文教育的权益。这主要体现在以下几个方面：

1. 增建华校问题

在2005年3月八大华团向首相署提呈的第九个大马计划建议书中，提出增建华文小学（简称华小）的建议，希望能够获得政府的重视与接纳。一直以来，华人社团通过各种方式，争取政府能够采取措施，在华人聚居较为集中的地区，增建华小，以利于华人子女就近上学。

2. 反对英语教数理政策以及“2—4—3”方案

2002年，马来西亚政府在各类型学校中推行用英语教数理各科课程的措施。董教总认为这会影响到华小学生对华语华文的学习，最终导致华小变质为非华小。董教总和其他华团一道，呼吁政府取消这一教育政策。但直至2005年4月，马来西亚教育部部长以及副首相纳吉表示，英文教理科课程的政策将不会改变。

2003年，马来西亚政府推行“2—4—3”教学方案。这一教育政策一经实行，立刻引起董教总的反对。按照该方案规定，华文小学中的华文授课时间将有所减少。这不利于华小的华文教学，也不利于华小的发展，最终将导致华小变质，因而以董教总为首的华团，纷纷采取各种方式，反对政府的这一方案。华团一方面积极呼吁政府放弃压制华小发展的政策措施，同时，它们也与华人政党尤其是华人执政党就华小问题展开对话与交流，以图通过政党的力量，争取执政党发挥在政府中的影响，使政府纠正相关的政策偏差。

3. 发展华小

为适应世界范围内华文使用价值日益提高的趋势，2005年4月底，马来西亚首相巴达维宣布，政府将于2006年在国民小学（简称国小，主要实行马来文教学，并受政府财政支持）中逐步正式开设华文课，并作为国小的正课，供学生学

---

① 参见《南洋商报》，2005年1月10日，第A30版。

习。政府的这一举措，将使华小面临国小的竞争压力。

针对政府近年来对华文教育连绵不断的压制措施，董教总于2012年5月11日召开华教救亡运动行动委员会第一次会议，讨论325华小师资严重短缺抗议大会后的局势发展及各种后续行动，包括在全国各地举办集会和汇报会等活动。

早在1990年代，彭亨州华社已提出复办独中的要求，并展开多项工作。2012年5月20日，由董教总、彭亨华校董联会主办的“关丹复办独中和平请愿大集会”在关丹举行。经过华社多年的持续努力，2012年7月底，马来西亚政府正式同意关丹独中复办。

2011年3月，马来西亚政府正式宣布率先单方面承认中国146所大学学士及以上学位文凭，并从2011年4月28日起生效。马方承认的146所中国大学包括中国政府重点发展的“211工程”及“985高校计划”的大学。如果中国和马来西亚两国之间的教育协定能够顺利签署，那么马方也计划承认中国大学的学位，尤其是承认中国820所大学的学位。2012年6月底，董教总发表文告表示欢迎，认为马中互认学位对于马来西亚学生，尤其是对华文独中统考生来说，今后不论在升学还是就业方面，都会有很大的帮助。

华团要维护华文教育的发展，在自身不断努力的同时，还要团结更多的华社力量，一同奋斗。董教总是维护华文教育发展的中坚力量，但它也应注意团结更多的华团，一起行动，方能有更强的社会效应和更大的社会影响。

第三节　“独立”以来的华人社团与华人文化

华人社团是华人文化的一个重要载体、一个重要继承者、一个发扬者。与海外其他国家和地区一样，在马来西亚，华人文化早期的延续和发展，华人社团在其中一直起到非常重要的作用。

马来西亚独立后，其政府实行的国家政策逐渐呈现偏袒马来人的种族主义倾向。

1971年，马来西亚政府制定其文化政策，提出文化政策三原则：①土著文化为国家文化核心；②其他被认为适当及合理的文化要素，可以被接纳为国家文化内容的一部分；③以回教为国家文化的一个重要环节。上述文化原则对非土著，尤其是华人、印度人等力量强大的民族极为不利。

面对国家文化政策中的种族主义色彩，华人社团积极行动起来，维护华人文化的发展权益。

面对华人文化被忽视、限制的困境，以至被同化的危险，1977年，马华公会发起成立了“马来西亚华人文化协会”，其宗旨为：①为马来西亚华人文化以及其他马来西亚民族文化交流提供一项媒介；②设立一个中心，提倡马来西亚华人文化，使之成为马来西亚国家文化的一个重要组成部分。①

马来西亚华人文化协会成立以来，举办了100多项推广华人文化的活动，主要有：成立之初，率先举办全国挥春比赛、书法讲座、文学专题讲座，举办书画及邮票展览、书报展，开设华文书法班等；随后，举办七届文学奖，以及华族文化与社会问题讨论会；此外，出版《文道》月刊，以及系列文学与文化问题讲座会等；近年来，举办儒家思想研讨会，以及采取加强中马两国文化艺术交流的活动等。

1980年6月，在霹雳州太平，热心华人文化事业的马燕图、叶秋华、王昌波等人联名致函太平地区各华人社团，发起筹组“太平华人文化协会”。1983年5月，该会获得注册批准，同年7月正式成立。太平华人文化协会的宗旨是：研究与发扬华人文化，使其成为马来西亚一种重要的国家主流文化；联络各民族文化团体，互相交换研究心得与意见；学习与推动本地的文化艺术及国家舞蹈。② 自成立以来，太平华人文化协会开展了各种文化活动，宣传和发展华人文化。

在东马，华人也成立了砂拉越华族文化协会、沙巴华人文化协会等社团组织，以保护、发展华人文化。

1983—1984年，华人社团和印度人社团分别向马来西亚政府提交《国家文化备忘录》，指出有关文化政策具有明显的同化倾向，这使非土著民族难以接受。③

《国家文化备忘录》④ 由雪兰莪中华大会堂、槟州华人大会堂、霹雳中华大会堂、柔佛中华总商会、丁加奴中华大会堂、吉兰丹中华大会堂、森美兰中华大会堂、砂拉越华人社团联合总会、马来西亚华校教师总会、马来西亚华校董事会联合会、彭亨中华总商会、马六甲中华总商会、吉打中华总商会、玻璃市中华总商会、沙巴中华大会堂等十几家领导性华人社团共同提出。由此可以看出，对华人社会而言，备忘录有着广泛的代表性。

1983年3月30日，《国家文化备忘录》正式提呈给马来西亚文化、青年及体育部，其正文内容包括：①序言；②国家文化的客观基础与特征；③建设国家

---

① 《马来西亚华人文化协会》，马来西亚华团简史编委会：《马来西亚华团简史》，吉隆坡：马来西亚中华大会堂总会，1999年，第76页。

② 《太平华人文化协会》，马来西亚华团简史编委会：《马来西亚华团简史》，吉隆坡：马来西亚中华大会堂总会，1999年，第153页。

③ 《光华日报》，1990年12月20日，转引自曾松华：《华人社会发展（1957—1990）》，《马来西亚华人史新编》（第1册），吉隆坡：马来西亚中华大会堂总会，1998年，第184页。

④ 《雪兰莪中华大会堂72周年纪念特刊》，雪兰莪中华大会堂，1996年，第244~256页。

文化的目标；④我们对当前国家文化政策的反对意见；⑤建设国家文化的基本原则；⑥结论；⑦我们的要求与建议。

在“结论”部分，备忘录认为：①联合国人权宣言、马来西亚联邦宪法、国家原则、各民族平等和民主协商原则是讨论国家文化问题的基础；②各民族文化为国家文化的客观基础，建设国家文化应注重各民族文化相互交流，并吸收外来文化的优秀因素，在塑造国家文化的过程中，不应有太多人为干预；③多元的文化形式、共同的价值观以及本地色彩为国家文化的三个基本特征；④建设国家文化的目标在于培养国民的正确思想与共同意识，促进国民团结，推动国家的生产和建设；⑤当前国家语文教育和文化政策具有强烈的马来民族中心主义思想与强制同化他族的倾向，违背了民族平等、民主协商、联邦宪法和国家原则精神，有损国民团结的目标；⑥马来族中心主义论者否定各族文化平等的原则，助长了政府在文化政策上的种族主义和强制同化他族的倾向。随即，备忘录提出，建设国家文化应遵循以下原则：各民族文化的优秀因素是国家文化的基础；科学、民主、法治精神与爱国主义思想是建立共同文化价值观的指导思想；共同文化价值观应通过多元民族形式来表现；国家文化应该遵循民族平等的原则，并通过民主协商来建设。

备忘录正文最后提出华人社团的要求与建议，主要包括：①政府必须尊重各民族所应享有的保存和发展其民族语文、教育和文化的宪制权利，并协助各民族语文教育与文化的发展。②当局应主动促进国内各民族文化的交流，以促进共同文化价值观的形成。③各种官方或公共机构的典礼仪式，应尊重各民族人民的文化传统、宗教信仰和风俗习惯。④政府倡导的有关国家文化研讨会或文化大会，必须广泛邀请各民族文化及宗教团体的代表出席和发表意见。会议的结论只提供政府或民间参考，而不应试图通过任何意在迫使人民接受或放弃某种文化形式或价值观念的议案。⑤政府从各主要文化团体及从事华文教育者或学者中选出代表当国家文化咨委会、文青和体育部以及各文化领导机构的顾问。

备忘录还在附录部分较为详细地说明了华文教育、华文文学、华族艺术、华人宗教的现状及政府政策给它们发展所造成的困境，进而提出华人社团的相关要求和建议。

《国家文化备忘录》表明了马来西亚华人社团对华人文化在国家政治领域发展权益的关注，它是当时华人社团积极参与国家政治的一次重要行动。

1983 年 8 月 28 日，马来西亚华人社团在吉隆坡发表联合声明，表示坚决反对任何同化政策。1985 年，马来西亚华人社团再次发表《全国华团联合声明》，就政府的三大文化政策，针锋相对提出建设马来西亚文化的四大原则：①国内各族文化的优秀因素都是马来西亚文化的基础；②科学、民主、法治精神和爱国主义思想是建立共同文化价值观的指导思想；③共同文化价值观念应该通过多元民族形式来表现；④国家文化应该遵循民族平等的原则，并通过民主协商来建设。[①] 后来马来西亚政府的文化政策由狭隘民族色彩逐渐走向开放，包括华人社会在内的其他非土著民族的不懈论争是促使这种趋势产生的一个重要因素。

在向政府争取维护华人文化权利的同时，马来西亚华人社团还采取其他举措，保护、发展自身文化。

1983 年 3 月 27 日，马来西亚全国华人社团领导机构在槟州华人大会堂（简称“槟华堂”）召开华人文化大会，与会成员一致决定筹组“全国文化工作委员会”。同年底，“全国华团文化工作委员会”正式成立，工作重点在于设立“华社资料中心”。1985 年 1 月，马来西亚华社资料中心正式成立。后来，该中心在马来西亚华校教师联合会总会、马来西亚华校董事联合会总会和马来西亚中华大会堂总会共同组成的管理委员会的领导下，实行中心主任负责制管理模式，其组织结构如下表：

表 4 “华社资料中心”组织机构表[②]

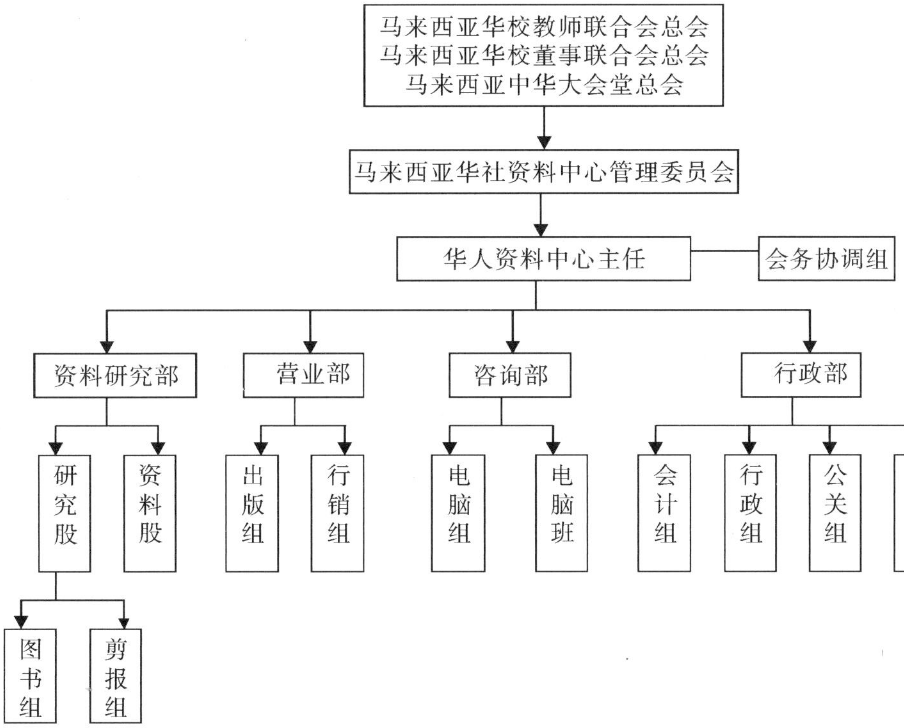

① 《雪兰莪中华大会堂 72 周年纪念特刊（1923—1995）》，雪兰莪中华大会堂，1996 年，第 281 页。
② 李明欢：《当代海外华人社团研究》，厦门：厦门大学出版社，1995 年，第 236 页。

马来西亚华社资料中心是一个非营利性的文化团体，它的工作主要包括：网罗各领域专才，成立各研究组，开展研究工作；广泛搜集剪报、图书、杂志、政府和私人机构出版物，供社会人士使用；举办各类学术研讨会、专题演讲及座谈会；出版学术论著和提供咨询等。由于华社资料中心的正常运转需要庞大的经费开销，它成立之初主要依靠华人社团和华人社区的资助。后来逐渐改为以提供有偿服务解决部分经费，即设立专门的“营业部”，提供有偿资讯服务，办理各类收费的职业培训班，并出售中心编印的各类出版物等。①

此外，许多的华人社团中专门设立“文化组”、“文化科”、“文化部”、“文教组”、“文教委员会”等组织机构，以更有力地保护和发扬华人文化。如雪兰莪中华大会堂设有文教委员会，诗巫福州公会设立文化组，雪兰莪福建会馆设立文化科等。

马来西亚华人社团保护、发展华人文化的另一重要举措是举办“华人文化节”。从 1984 年开始，华人社团每年举行“全国华团文化节”（华总成立后，1993 年改名为“全国华人文化节”）。下表反映了历届文化节简况：

表 5　马来西亚华人文化节简表

届次	时　间	地　点	承办社团	主　　题
第一届	1984 年 4 月	吉隆坡	雪兰莪中华大会堂	通过文化节丰富国家文化
第二届	1985 年 4 月	槟城	槟州华人大会堂	
第三届	1986 年 9 月	怡保	霹雳中华大会堂	
第四届	1987 年 8 月	哥打巴鲁	吉兰丹中华大会堂	
第五届	1988 年 7 月	巴株巴辖	柔佛中华总会	
第六届	1989 年 7 月	马六甲	马六甲中华大会堂	
第七届	1990 年 9 月	芙蓉	森美兰中华大会堂	
第八届	1991 年 9 月	瓜拉丁加奴	丁加奴中华大会堂	
第九届	1992 年 8 月	关丹	彭亨华人社团联合会	继往开来，承先启后
第十届	1993 年 10 月	亚罗士打	吉打华人大会堂	直的传承，横的交流
第十一届	1994 年 9 月	吉隆坡	雪兰莪中华大会堂	丰富国家文化，迈向 21 世纪
第十二届	1995 年 11 月	亚庇	沙巴中华大会堂	提高华人文化内涵， 面对 2020 挑战
第十三届	1996 年 12 月	美里	砂拉越华团联合总会	

① 李明欢：《当代海外华人社团研究》，厦门：厦门大学出版社，1995 年，第 236 ~ 237 页。

（续上表）

届次	时　间	地　点	承办社团	主　　　题
第十四届	1997 年 9 月	槟城	槟州华人大会堂	传承发扬，谅解融洽
第十五届	1998 年 11 月	怡保	霹雳中华大会堂	
第十六届	1999 年 9 月	关丹	彭亨华人社团联合会	跨越世纪末，携手再传承
第十七届	2000 年 9 月	巴株巴辖	柔佛中华总会	回归历史，再造辉煌
第十八届	2001 年 8 月	诗巫	砂拉越华团联合总会	根植文化，面对全球
第十九届	2002 年 8 月	马六甲	马六甲中华大会堂	
第二十届	2003 年 5 月	芙蓉	森美兰中华大会堂	探源植根，放眼世界
第二十一届	2004 年 8 月	加央	玻璃市华人大会堂	薪振族群，华范民风
第二十二届	2005 年 8 月	吉隆坡	雪兰莪中华大会堂	推展多元文化，迈向公民社会
第二十三届	2006 年 8 月	瓜拉丁加奴	丁加奴中华大会堂	根源留存，文化传承
第二十四届	2007 年 8 月	槟城	槟城华人大会堂	
第二十五届	2008 年 8 月	亚罗士打	吉打华人大会堂	
第二十六届	2009 年 8 月	诗巫	砂拉越华人联合会	
第二十七届	2010 年 8 月	新山	新山中华公会	一个大马，万种风华
第二十八届	2011 年 8 月	亚庇	沙巴中华大会堂	一个大马，千娇百媚
第二十九届	2012 年 8 月	马六甲	马六甲中华大会堂	山河传薪火，璀璨耀古今

资料来源：姚新光：《马来西亚华人文化节资料集（1984—2000）》，马来西亚中华大会堂总会，2001 年。

首届文化节的承办者雪华堂郑重邀请各国驻马使节、国会及州议会议员、文化部正副部长、马来及印度两大民族文化团体的代表，共同观赏首场文化演出。首届文化节的主要内容包括：夜光龙、夜光鱼、舞狮、合唱、独唱、华乐演奏、舞蹈、大旗舞、儿童相声、儿童合唱、独幕戏剧等，节目多种多样。为了凸显多元文化交流的宗旨，主办者还在文化节上安排了马来民族和印度民族的舞蹈节目演出。

在柔佛巴株巴辖举行的第五届文化节，突破传统的舞台限制，除了原有的表演艺术外，还增加了龙狮会演、书画篆刻展、文艺讲座、舞蹈相声讲座、象棋比赛等，使节目更显多元化。

第六届文化节在马来西亚文化古城马六甲举行。该届文化节内容广泛，许多节目前所未有，如文学展、马六甲历史资料展、中国名画义卖展、华族乐器展、马六甲州华校史料展、阅读比赛、围棋讲座、文化讲座、美术讲座、相声交流会、华乐交流会、茶艺示范与讲座、地方戏曲大汇演、动地吟现代诗巡回朗诵会、马新台相声大汇演、华乐大汇演、家乡风味食品品尝会等，内容丰富，形式多样。

1992年举行的第九届文化节是成立不久的堂联首次主办的文化节。中秋节是华人非常重要的传统节日，而在每年的中秋节提灯游行中，都有当地友族儿童参加。该届文化节上，在关丹河上举行的龙舟大赛中，有一些友族派来的参赛队伍，如关丹海军队、关丹空军队、关丹议会队、关丹警察队。当地水警部门也派出船只与人员协调赛事。这显示了该届文化节的一个重要特点：三大民族共同参与，同欢共乐。

每届文化节都要举行“升文化旗”典礼。从第六届开始，每年都在马六甲举行“点燃文化节火炬”典礼。选择在马六甲举行的原因是：马来西亚的华人移民最先在马六甲定居，中马两国间的邦交从马六甲王朝开始，马六甲的三保山是郑和舰队数次访问马六甲王朝时驻节的地方。[①] 在第六届文化节上，开始引入富于华人文化色彩的“廿四节令鼓”，并且在第七届文化节前夕，工委会正式成立了“廿四节令鼓”。“廿四节令鼓”是结合鼓艺、书法以及中国农历二十四节气的文化表征而创作出来的。为扩大文化节的影响，加强宣传，在第七届文化节上，承办者还策划了“薪火相传接力火炬义跑”活动，这一活动也被后来的文化节继承。

1983年全国华团文化大会后，为贯彻文化大会的精神与原则，同年底，在雪华堂的积极筹备下，“全国华团文化工委会”成立。在第三届文化节时，各州华团参与的热情呈现明显减退的现象，如当年承办文化节的霹雳中华大会堂（简称“霹雳华堂”）的所在地霹雳州，当地华人社会反应冷淡。鉴于此，为汇聚文化节活动专才，协助各州华堂策划文化节的各项活动，提升文化节水平，1986年，15华团领导机构联席会议接纳雪华堂提呈的《成立全国华团文化节咨询辅导委员会建议书》，授权全国华团工委会成立了“文化节咨询辅导委员会”。全国华社资料中心、文化节咨询辅导委员会以及全国华团文化基金（1988年成立）是全国华团工委会的三个组合。[②] 后来，由于文化节拓展到了更为广阔的活动层面，1989年“文化节咨询辅导委员会”扩大组织后改名为“全国华团文化咨询委员会”（简称“文咨会”）。

华人文化节对华人文化在马来西亚的传承和发展有着积极作用，促进了与国内其他民族的文化交流，同时为马来西亚国家文化的整体发展作出了一定贡献，

① 姚新光：《马来西亚华人文化节资料集（1984—2000）》，吉隆坡：马来西亚中华大会堂总会，2001年，第22~23页。

② 姚新光：《马来西亚华人文化节资料集（1984—2000）》，吉隆坡：马来西亚中华大会堂总会，2001年，第24页。

因而获得社会和政府的认可。

早在 1984 年，首届文化节大会主席、雪华堂会长邱祥炽曾对文化节感言："全国华团文化节逐年在各州轮流举办，不但会使已燃起的文化火炬长期传承下去，更可通过它提高文化活动水平、促进文化交流、丰富国家文化和为全国华团提供互通声气的机会，以加强华团的团结力量等多元效果与目的。"①

2000 年，在第十七届文化节上，当时的华总会长张征雄说："文化节可以不断提醒华社新一代人去关注我们的文化根基，保持和发展我们的种种创造力，使我们永远拥有竞争的条件，这就是我们要年年举办文化节的最大目标。"②

在第十届文化节上，当时的马来西亚首相马哈蒂尔首次主持文化节的开幕圣火点燃仪式，表明华人文化也被接纳为马来西亚的国家主流文化。马哈蒂尔还发表了献辞："通过文化节，各民族介绍各自族群的文化，将使人民深切体会到各族群的高尚情操和优秀传统，进而达到一个互相谅解、尊重、宽容与紧密团结的社会。"③ 在第十二届文化节时，马哈蒂尔再次主持点燃火炬开幕仪式。他在致词中保证，马来西亚政府将会鼓励国内各民族自由地发扬他们的文化，而不会强迫任何民族做他们不愿做的事。国家领导人再次亲临文化节并主持开幕仪式，是对华人文化在马来西亚地位的肯定。④

第二十二届文化节于 2005 年 11 月下旬拉开序幕，其活动持续至当年 12 月。该届华人文化节由华总倡议，雪华堂主办，主题是："推展多元文化，迈向公民社会。"同年 9 月 24 日，由华总倡议、雪华堂主办的"924 文化大汇演"在吉隆坡独立广场举行。这是马来西亚独立以来，政府首次准许华人社团在富有象征意义的独立广场举行文化活动，这表明官方承认华人文化是马来西亚多元文化的组成部分，是主流文化之一。

马来西亚华人社团自开始举办全国华团文化节后，即面临资金匮乏的难题。资金不足不仅使文化节质量难以提升，15 华团要进行其他文化建设事业，也是心有余而力不足。鉴于此，1983 年华团文化大会上曾通过了设立文化基金以推动文化建设工作的议案，但当时未认真落实。在巴株巴辖举行的第五届文化节上，一些心意浓厚的华族文化者，发起"一人一元"捐款运动，提出通过马来

① 姚新光：《马来西亚华人文化节资料集（1984—2000）》，吉隆坡：马来西亚中华大会堂总会，2001 年，第 26 页。

② 姚新光：《马来西亚华人文化节资料集（1984—2000）》，吉隆坡：马来西亚中华大会堂总会，2001 年，第 32 页。

③ 姚新光：《马来西亚华人文化节资料集（1984—2000）》，吉隆坡：马来西亚中华大会堂总会，2001 年，第 139 页。

④ 姚新光：《马来西亚华人文化节资料集（1984—2000）》，吉隆坡：马来西亚中华大会堂总会，2001 年，第 150 页。

西亚全部华人的力量，筹募500万元文化基金，并且，当场募捐款项3 000多元。巴株巴辖的首创活动在华社引起了极大的震动。“华社普遍意识到，有必要群策群力，有计划、有步骤地为文化基金筹款，以实际行动来贯彻文化大会的精神与目标。”①

1992年8月，第九届文化节在关丹举行之际，《星洲日报》发表社论，提出了文化节在将来应发展的三个方向：①文化的生命来自社会与民间，因此，在组织上应更向民间社会求发展；②在工作内容上，应注意文化的多元性，华团应该在华人传统文化遗产中找寻与整理其中的精华，并对外来文化加以消化、融合；③在观念上，发扬华人文化应以全马来西亚为着眼点，而并非仅仅将目光放在解决目前华人社会一些具体问题上。②

另外，为加强对相关文化基金的管理，1988年12月，15华团联席会议上，一致通过了由雪华堂提交的《全国华团文化基金细则》，并推举雪华堂成立了“全国华团文化基金管理委员会”。华总成立后，全国华团文化基金管理委员会归其管辖。华团文化基金管理委员会的宗旨是：筹募基金，充裕实力，为各民族人士提供文化交流服务；拨出基金以协助提升和发扬华族文化活动，推定文化学术研究及促进各族文化交流之研究工作和活动。该委员会每两年举行一次会议，负责华团文化基金的管理与行政工作，职员包括主席（1名）、副主席（2名）、秘书（1名）、财政（1名）以及若干名委员。其执行委员会由主席、副主席、秘书、财政组成。华团文化基金赞助个人或团体出版有益于马来西亚华族文化领域问题的专论研究著作，有益于马来西亚华族的文化研究工作。其赞助活动还有：协助全国华人文化节，协助由华团主办的全国性文化活动，协助有利于促进各族文化交流的活动。③

经过多次讨论后，全国华团文化咨询委员会决定以后来被称为“精英文化义演”的文化义演方式，在马来西亚巡回演出，为文化基金筹款。下表显示精英文化义演活动在马来西亚各地的主办者以及所筹款项的总额。

---

① 《“华团文化基金”成立的缘起管理细则》，姚新光：《马来西亚华人文化节资料集（1984—2000）》，吉隆坡：马来西亚中华大会堂总会，2001年，第207页。

② 转引自许振礼、方雄普：《海外侨团寻踪》(1)，北京：中国华侨出版社，1995年，第172~173页。

③ 《华团文化基金管理委员会管理细则》，姚新光：《马来西亚华人文化节资料集（1984—2000）》，吉隆坡：马来西亚中华大会堂总会，2001年，第208~210页。

表6　精英文化义演活动筹款分布表①

主办者	款额（元）	主办者	款额（元）
吉打华人大会堂	1 320 000.00	玻璃市中华工商总会	46 648.60
霹雳华校董事会	89 670.00	南华独中董事部	25 040.00
槟州华人大会堂	178 557.00	吉兰丹中华大会堂	95 000.00
太平华联独中董事部	50 000.00	丁加奴中华大会堂	51 190.00
安顺中华公会、下霹雳中华总商会	84 480.00	加影育华中学董事部	360 000.00
大港新民小学	260 000.00	万津中华校友会	100 000.00
雪华堂、中医师公会、尊孔独中等	1 400 000.00	森美兰中华大会堂	100 380.00
雪华堂巴生区联络委员会	255 644.00	昔加挽中华公会	75 000.00
马六甲中华大会堂	2 100 000.00	蔴坡中华校友会、中华公会	66 519.90
巴株巴辖中华公会	84 900.00	新山中华公会	1 151 621.89
居銮华团联络委员会	204 097.00	总金额	8 098 747.79

上表显示，在为期一年的文化巡回义演所筹得的800余万元中，有90多万元拨给全国华团文化基金，其余700余万元归为华文教育基金。这对华人文化的保护和发展提供了有力的经济基础。

一些历史悠久、组织规模较大、实力雄厚的华人会馆也意识到了保护华人文化的重要性。吉隆坡潮州八邑会馆率先设立了“学术文艺出版基金”，每年拨出4 000元作为奖金，奖励有志于发展华人文化的人们。福建会馆联合会、雪兰莪福建公会也组织建立了专门的评审委员会，奖励优秀的创作者，为他们出版书籍。②

1986年，为改革华人社会的陈规陋习，以及在华人社会发起移风易俗运动，雪兰莪中华大会堂和马来西亚各地华人社团组成“华人礼俗革新工委会”，并制定达61项之多的《华人礼仪范例》，对有关华人社会的婚丧嫁娶、节日集会等提

① 本表为作者自制，资料来源：姚新光：《马来西亚华人文化节资料集（1984—2000）》，吉隆坡：马来西亚中华大会堂总会，2001年，第218页。

② 阿湄：《会馆可曾扮演过带动华社的角色》，《文道》第45期，第32～40页。

出了改革建议，以求发扬华人优良的礼仪传统，来更好地适应现代社会生活。①

从20世纪80年代后期开始，华人文化受到马来西亚政府的重视，一些华人传统文化活动被政府允许列入国庆大典和一些官方仪式。

但是，马来西亚华团仍坚持不懈地采取行动，积极争取华人文化的发展权益。

1997年10月12日，华总会议通过了《全国华团文化工作总纲领——建设马华文化》（以下简称“总纲领”）。总纲领分为以下7部分：②

（1）前言：迈向21世纪的马华文化。

（2）理论纲领（一）：人类文化成长的路向。

（3）理论纲领（二）：建设国家文化的路向。

（4）理论纲领（三）：建设马华文化的路向。

（5）行动纲领（一）：对政府的建议。

（6）行动纲领（二）：对华团的建议。

（7）结论：对马华文化的创新与成长的期待。

在前言中，“总纲领”简要分析了其产生的背景及主客观形势的变化，指出在1994年雪华堂在承办第十一届文化节期间，特别召开了主题为“前路的探索”的“迈向21世纪的马来西亚华人文化研讨会”。雪华堂根据此次会议的成果，草拟了一份《全国华团文化工作总纲领建议》，并于次年11月提呈华总。华总将建议书公诸报端，并分寄各州属会、董总、教总、七大乡团联合会、全国性的文化团体、学缘性社团以及宗教组织，广泛征求各方面意见。同时还成立专门小组，参照各方面意见，修订、整理成为《全国华团文化总纲领》。1996年11月，华总在第二次全国华团文化大会上，接纳了这份文件，并邀请签署《全国华团联合宣言》的27个华团参加扩大小组，对文件进行修订，以作为新形势下华团开展文化活动的理论依据和行动纲领。

在理论纲领的第一部分中，界定了“文化”的定义，简释了文化的活力、成长、建设，并分析了文化发展的大趋势，同时指出：文化不是相互隔绝的，不同的文化可以相互吸收、渗透、借鉴，并互相融合；多元文化的国家必须以文化容忍、文化交流以及各族群的团结为建国的基础。

在理论纲领的第二部分，首先提出了建设国家文化的精神，即民主平等与民主协商。而建设国家文化的基础，则是以《马来西亚联合邦宪法》、《国家原则》

① 曾松华：《华人社会发展（1957—1990）》，《马来西亚华人史新编》（第1册），吉隆坡：马来西亚中华大会堂总会，1998年，第192页。

② 姚新光：《马来西亚华人文化节资料集（1984—2000）》，吉隆坡：马来西亚中华大会堂总会，2001年，第248～260页。

和《联合国人权宣言》为重要的法理依据。建设国家文化的原则，仍是由《华团国家文化备忘录》中提出、《全国华团联合宣言》加以重申的“四大原则”。国家文化建设的目标，则是指建设绚丽多彩、统一而又多元化的文化。

在理论纲领的第三部分中，先阐释了马来西亚华人文化（简称“马华文化”）的定义：中华文化传播到马来西亚本土后扎根在当地，并在马来西亚的客观环境和生活条件下经历调整与涵化历程之后发展起来的华族文化。因此，马华文化是属于马来西亚华裔公民的文化，它是当地华裔公民在中华文化的基础上，为适应马来西亚的环境，在长期的生活实践中，经过继承、扬弃、改造的历程之后产生的精神与物质成果。而马华文化的定位，应是作为马来西亚国家文化的一个重要组成部分，它有着广阔的发展空间。至于马华文化生存和发展的根基，必然是有600万人口的华人社会赖以生息繁衍的马来西亚，以及华人社会建构的传承华人文化的社会基层组织。它们包括：1 000多所华文小学、60所华文独中以及南方学院等高等学府，教导华文的上百所改制国中与普通国中、马来亚大学中文系，华文报章杂志，5 000多个华人社团，数以万计的留华（包括留台）大专校友，华资中小型企业、商业机构等。

在行动纲领的第一部分中，在文化基金、文化传播、文化活动、文化研究、语文与教育、文学与艺术、宗教信仰等几个问题上，提出对政府在促进各族群文化间交流方面应采取的或增设、或激励、或资助、或协助、或放宽、或取消的举措及方式。

在行动纲领的第二部分中指出：华团应根据1983年的全国华团《文化大会宣言》、《华团国家文化备忘录》以及1985年的《全国华团联合宣言》的精神与原则，通过举办全国华人文化节、设立华团文化总基金、创办华社研究中心、革新华团组织、培养人文及社会科学人才、成立马华书院、设立华人文物院、企业赞助文化教育等，并在教育、宗教、公共传媒、文学、哲学、历史、文化艺术、民俗、礼俗、中医药等诸多方面，继续推进和深化马华文化的建设。

最后，在结论部分，总纲领强调：马华文化扎根并生长于马来西亚；马华文化的建设工作仍将由在全国居于领导地位的华团负责策划与推动；华团必须自觉提升文化建设的层次；华文教育的发展是马华文化能够成长繁盛的必要条件，华团要有系统地规划华文教育在21世纪的发展；华团应采取积极有效的步骤，制订多项活动方案，有计划地落实总纲领的各项建议等。

《全国华团文化工作总纲领——建设马华文化》是马来西亚华人社团在政治领域积极争取华人文化发展权益的行动纲领和指南，也是华人社团要求在民主、平等环境下发展华人文化的政治宣言。它对以后华人社团保护、发扬华人文化具有重要的指导意义。

一些历史悠久的传统华人社团组织，如乡会组织（即地缘性社团），也通过各种途径和方式，保护、发展华人文化。2004 年 11 月，马来西亚潮州公会联合会青年团实行“长征一号”行动计划。对马来西亚华人社团而言，“长征一号”行动具有首创意义。

2004 年 12 月初，古来鹤山会馆妇女组在其成立四周年之际，筹组以女性为主的醒狮团。该会馆此举措不仅让妇女得以强身健体、展示才华，更重要的是让中华传统文化得以发扬。①

在 2005 年华人农历新年即将来临之际，马来西亚各地一些重要的华人社团纷纷组织团拜活动，既为庆祝华人自己的节日，也为继承、发扬华人传统文化。下表是各主要华人社团的新年团拜活动简表。

表 7　2005 年新春团拜华团举办农历新年团拜活动简表②

日期	华团	日期	华团
2 月 8 日—3 月 6 日	马来西亚佛光山	2 月 9 日	雪兰莪中华大会堂
2 月 12 日	森美兰中华大会堂	2 月 13 日	马来西亚南洋大学校友会
2 月 13 日	凤凰友好联谊会	2 月 19 日	马来西亚肖蛇联谊总会
2 月 20 日	马来西亚留台联总	2 月 20 日	马来西亚罗氏公会
2 月 20 日	文化、艺术及文物部	2 月 20 日	马来西亚高氏公会
2 月 20 日	马来西亚留台淡江校友会	2 月 20 日	瓜拉冷岳五大华团
2 月 25 日	雪华堂妇女组	2 月 26 日	隆雪客家 18 个团体
2 月 26 日	马来西亚广肇联合总会	2 月 27 日	马来西亚南安社团联合会
2 月 27 日	马来西亚华人行业社团总会		

注：表中日期为公历时间。2 月 9 日为农历大年初一。

在华人聚居的重要地区之一的柔佛州蔴坡，当地华人社团举办的新春庆祝活动尤其有声有色。

① 《南洋商报》，2004 年 12 月 2 日。

② 资料来源：《南洋商报》，2005 年 2 月 7 日，第 A6 版。

表 8　蔴坡 15 个华团与《南洋商报》联合举办的 2005 年新春团拜系列节目简表①

日 期	地 点	节　　目	联 办 单 位
2005 年 1 月 25 日	海南会馆	儿童图画填色比赛	海南会馆妇女组
2005 年 1 月 29 日	海南会馆	现场红包手艺制作比赛	海南会馆青年团
2005 年 1 月 30 日	中化二小	海啸赈灾款移交仪式	蔴坡 15 华团
2005 年 1 月 30 日	中化二小	“百人挥春迎乙酉”挥春大会	蔴坡书艺协会
2005 年 1 月 30 日	中化中学	“闻鸡起舞共新春”现场作文比赛	蔴坡教士公会、南马文艺
2005 年 2 月 9 日—2 月 16 日	南洋商报	逢周三：童诗、古诗、新诗	南洋商报
2005 年 2 月 9 日—2 月 23 日		“闻鸡起舞共新春”亲子摄影比赛	蔴坡书艺协会
2005 年 2 月 17 日	粤东古庙	元宵花灯制作比赛	粤东古庙、潮州会馆
2005 年 2 月 19 日	中化二小	“佳肴美食献给您”烹调比赛	蔴坡贩商公会
2005 年 2 月 19 日	中化二小	新春儿童卡拉 OK 比赛	茶阳会馆青年团
2005 年 2 月 20 日	中化二小	猜灯谜	粤东古庙、潮州会馆
2005 年 2 月 20 日	广东会馆	美食街	蔴坡贩商公会
2005 年 2 月 20 日	中化二小	“闻鸡起舞共新春”团拜晚会	

此次蔴坡 15 个华团与《南洋商报》联合举办的 2005 年新春团拜系列活动，得到了当地 42 个华团协办、58 个华团联办。这不仅显示华人社会凝聚力的加强，也显示了维护、发扬华人传统文化的阵营更为壮大。

一些华团也注意通过设立相关研究机构，来传承、发扬本民族文化。如 2005 年 4 月底，马来西亚客家公会联合会（简称“马客联会”）正式成立“马来西亚客家学研究会”，以研究马来西亚和整个东南亚地区的客家人。马客联会同时成立了客家学研究会理事会及学术委员会，学术委员会聘请香港中文大学的郑赤琰为主席，其成员还包括来自中国大陆和台湾、加拿大、韩国以及马来西亚各大学的学者。2005 年 6 月 26 日，马来西亚陈氏宗亲总会正式成立“舜帝学术研究组”。成立该研究组的目的是研究舜帝的学术思想，以及延续 4 000 多年的舜帝文化。②

① 原表见《南洋商报》，2005 年 1 月 22 日，第 B12 版，略有改动。
② 《南洋商报》，2005 年 6 月 26 日，第 A7 版。

此外，许多华团专门设立“文化组”、“文化科”、“文化部”、“文教组”、“文教委员会”等组织机构，以更有力地保护和发扬华人文化。

2004 年，马客联会发起举办“客家文化节”，继承和发扬客家华人文化。该文化节由各州客家公会轮值承办。2005 年 8 月 15 日—9 月 8 日，柔佛州 13 家客家公会和 16 家客属团体联合主办了“第二届客家文化节”，主题为“扎根传统客家心，发扬现代客家情”。

马来西亚独立后，在不利的政治环境中，当地华人社团对华人文化的发展起到了举足轻重的主导甚至领导作用。虽然马来西亚政府在政策措施中偏袒马来民族，同时马来民族在国家政治生活中也占据主导地位，而华人处于从属、被动境地，但是，在华人社团的主导下，华人社会采取的包括维护华人文化在内的民族发展权益的种种政治活动甚至抗争，也使马来西亚政府不得不重视华人的要求与呼声，在政策措施中不能（有时不敢）过分压制华人，间或也作出适当的调整与妥协。这对马来西亚政治体制保持民主、平等色彩具有一定意义。

然而，我们必须看到，华人社团向国家上层建筑领域争取维护华人文化发展权益的政治诉求活动，其社会效果是有限的、微弱的。这是由马来西亚政治体制中专制集权的一面以及国家政治生活中马来人特权日益坚固的因素所决定的。但我们并不能因此否定华团政治诉求活动的重要性和不可或缺性，反而更应“刮目相看”。从属、被动困境中的抗争更能彰显华族的可贵民族精神，这不管对华族本身迈向未来的发展，还是对马来西亚多元民族的现实状况而言，都有积极含义。

在民间层面上，华人社团发展华人文化的举措，却是有着明显的、积极的社会效应。设立相关社团组织、举办华人文化节、举办精英文化义演、推行“长征一号”行动计划等，它们的社会反响更让我们关注到了华团民间层面活动的积极效果。

随着华人人口在马来西亚全国总人口中所占比例的不断下降，华族在马来西亚国内的政治地位也将会日益被动和低落，在此情况下，马来西亚华人社团更应领导和推动华人社会积极争取关乎本身生存发展的华文教育的发展权益，积极维护华人文化发展的有利政治空间。同时，华人文化的发展应立足本国，立足于让华人在马来西亚更有利地生存和发展。

马来西亚华人社团还应促进和加强华人与国内友族在文化方面的交流，不断吸收马来人、印度人等其他民族的优良文化因子，丰富和扩大华人文化的内涵。同时，马来西亚华人社团还应在本国华人与世界上其他民族在文化方面的交流中，发挥积极的促进作用甚至主导作用，在吸纳世界其他民族先进文化的基础上，使马来西亚的华人文化日益显示生机和活力。

海外华人文化的核心是中华文化，因此，马来西亚华人社团也应悉心维护和发扬以中华文化为本质的本国华人文化。从语言（包括方言）、文字、习俗、节庆、宗教信仰、历史遗迹、史料、饮食等诸多方面着手，华人社团既要精心维护华人文化中的优良成分，又要对它们不断推陈出新、发扬光大。此外，要继承发扬以中华文化为本质的华人文化，华人社团还应主动积极加强与中国在文化方面的联系与交流，如邀请中国有关的文化团体、文化机构、文化组织等到华人社会中展示、推广中华文化，也可邀请中国的专家学者为华人社团和华人社会做关于中华文化的学术讲座，以利于华人对中华文化的了解和吸收。

第四章　马来西亚华人社团名录

本章按照不同的社团类型，分别对马来西亚华人的地缘性社团、血缘性社团、业缘性社团、文（学）缘性社团、宗教社团、总会组织、其他类型社团等进行了简要记载。其中，记载内容主要包括创建、成立时间，注册时间，发起人，创建人，名称变更等。

第一节　地缘性社团

一、1800—1889 年马来西亚华人地缘性社团

以相同或相似的方言为基础，马来西亚华人地缘性社团组织至 19 世纪末基本形成福建、广东、客家、潮州和海南五大帮派，并最终形成了福建、广东、客家、潮州、海南、三江六大帮派。为了叙述的方便，下文概述马来西亚的华人社团组织时将分为上述五大帮派或六大帮派。三江帮主要指源自江西、江苏、浙江三省籍的华侨华人社团，涵盖范围显得狭窄。为了力求更准确，下文将以“其他各省籍华侨华人社团”来称谓除福建、广东、客家、潮州、海南五帮之外的华侨华人社团。

1. 1800—1889 年福建帮地缘性社团

（1）槟城广东暨汀州会馆，成立于 1795 年（或认为成立于 1801 年），原名“广东义冢”，由“广东省暨汀州府诏安县公司”创立（该公司于 1927 年改名）。

（2）槟榔屿联合福建公冢，1805 年前创建，它和 1800 年创立的广福宫一起，成为槟城福建帮华侨社会的两大主流。[①]

（3）新加坡福建会馆，前身是建立于 1839 年的天福宫（妈祖宫），1860 年正式创建，创建人为陈金钟等。该会馆早期领导人有不少是厦门籍华侨。民国十八年（1929 年），陈嘉庚出任该馆主席后，接办道南、爱同、崇福 3 所学校，并

① 张少宽：《槟榔屿龙山堂邱公司》（下），《文道》第 47 期，第 14 ~ 19 页。

资助新加坡闽侨所办的其他学校。陈六使接任之后，建树亦多。

（4）马六甲福建会馆，确切的成立时间已不可考，但其馆内天福宫楹联撰写之年代可追溯至1843年（清道光癸卯二十三年），因而有学者将其创建时间定于1843年以前。历届总理（主席）有：杨朝宗、薛祈安、曾江水、张长才、姚金水、颜鸿祜、吴仲坦、陈可补等。

（5）新加坡长泰会馆，1849年建立。

（6）太平福建会馆，建立于1859年，前身为凤山寺。1911年，由黄务美、林三及等发起，正式成立福建会馆。1979年成立青年团。1985年设立妇女组。历届会长（总理）有：黄务美、林三及、白仰峰、蔡天赐等。

（7）新加坡永春会馆，创建于1867年，创馆负责人为李清渊、陈若锦。

（8）古晋福建公会，建立于1871年，原名为“福建公司”，创建人是王友海等，会员以漳泉一带的闽人为主。1942年改名为“福建公会”，属下包括诏安会馆、兴化公会、福州公会、梅山公所。1981年成立青年团，1996年有团员400名左右。1989年成立妇女组，组员约有100名。1996年公会会员人数达2 381名。历届总理（主席）有：王友海、王长水（两位任职时间共达60年）、黄庆昌（连任15年）、王观兴（连任11年）、王其辉（连任12年）、陈水皎（连任5年）、黄文彬（连任17年）等。

（9）马六甲永春会馆，1875年已重修会馆，可知其建立时间很早，但确切年份不可考。首任馆长李桂林，曾创办育民学校，设于会馆内。1971年成立青年团，林源瑞任团长，连任4届。1990年代中期，会员有1 213个。“二战”前该会馆馆主有：李桂林、李庆烈、姚金水等。1936年改馆主制为主席制，陈思忠任主席。“二战”后历任主席有：郑奕略、刘两、陈清水等。

（10）新加坡金门会馆，前身是建立于1876年的“浯江孚济庙”（浯江为金门的别称），由李连排、黄良川、黄英伟、吴仲钟、杨振都、陈清泰、洪文聪、黄超和等倡组。

（11）吉礁福建公会，该会馆位处较偏远的吉打州，其创建时间久远。吉礁福建公会建立的确切时间亦不可考，按照吴华《马来西亚华族会馆史略》中所说其会龄大概有百年以上，可推测，吉礁福建公会建立时间最晚在1880年以前。创立人有庄清建、林耀煌、周永盛、谢启训、钟神佑、林自有、陈文章、柯珍东等百余人。但据20世纪80年代吉礁福建公会自己所出的纪念特刊可知，它的前身是建立于1901年的福寿宫。民国初年，福寿宫改名为福建会馆。1963年，吉礁福建会馆正式改名为吉礁福建公会。①

① 《吉礁福建公会庆祝80周年纪念特刊》，吉礁福建公会，1980年，第5页。

（12）新加坡浯江公会，前身是“金浯江”，创建于1880年以前，“二战”后由谢振坤、陈汇川、黄启树、李启谋、陈清华等人改组成立“浯江公会”，1953年1月获准注册，同年10月25日正式成立，首任主席为陈连科。

（13）太平仁和公所，初名为“仁和公司”，建立于1883年，创建人为蔡树英等。成立初期会员只有数十人。1956年修改章程，主席改为会长，董事由17人增至21人。历任主席（会长）有：蔡树廉、蔡尤安（蝉联5届）、蔡长榜（蝉联8届）、郭奕炉、蔡尤河等。

（14）雪兰莪福建会馆，1885年以前建立，初时名为“福建公司”，1904年扩建会所后改名为“福建公所”，1926年再次改名为“雪兰莪福建会馆”。历届会长有：王有选、陈日墙、侯金陵、洪启读、黄重吉、刘西蝶、刘景成等。

（15）槟城平章会馆，前身为“广福宫”，建立于1800年，1886年正式创立。它是槟榔屿闽籍和粤籍华侨共同的地缘社团组织，1974年改名为“槟城华人大会堂”。

早期的福建帮华侨创建的会馆大多被称为“福建会馆”，此外是那些明显由闽南籍华侨创建的地缘性会馆。事实上，尽管看来其是囊括全省籍华侨的“福建会馆”，其成员主要还是或者全是闽南人。闽南人在闽籍华侨中较早到达马来西亚以及其他国家和地区。

2. 1800—1889年广东帮地缘性社团

（1）槟城广东暨汀州会馆，创立于1795年或1801年。

（2）槟城中山会馆，前身为创立于1805年前后的“香邑馆”。

（3）槟城番禺会馆，原名为“番禺公司”，创立于1819年以前。

（4）槟城五福堂（广州会馆），约建立于1819年，它由广州府南海、番禺、顺德、东莞、从化、新宁、增城、三水、香山、新会、新安和花县12县籍华侨创建。

（5）槟榔屿从清会馆，创建于1821年，由从化、清远两县籍华侨共建。

（6）新加坡宁阳会馆，1822年由曹亚志组建，当时名为“宁阳公司”。道光二十八年（1848年）重修后改名为“宁阳馆”，光绪二十年（1894年）再次重修后定名为“宁阳会馆”。新加坡宁阳会馆是新加坡最早的一家华侨会馆。

（7）槟城南海会馆，创立于1828年。

（8）马六甲宁阳会馆，1828年创建。

（9）槟城（台山）宁阳会馆，创立于1831年，当时名为“宁阳馆”、“宁邑馆”。倡建人为阮亚就、陈佑尊、伍荣建等，曾购地兴建会所及附属关圣武帝庙。

（10）新加坡中山会馆，1838年成立，创建人为梁亚胜，最初名为“香公司”，不久改名为“香邑公司”，道光二十五年（1845年）时改名为“香邑馆”，光绪二十五年（1899 年）又改名为“香山会馆”，1937 年再改名为“中山会馆”。

（11）槟城顺德会馆，成立于 1838 年。1885 年，陈文泰捐款 2 000 元装修馆所，安奉关圣帝君神像，并创立醒狮组武术团和音乐组。

（12）新加坡南顺会馆，1839 年创建，最初名为“南顺陈宅”，后改名为“南顺公司”，1889 年获海峡殖民地政府注册后，更名为“南顺会馆”，是南海和顺德两地华侨的地缘性社团。

（13）新加坡冈州会馆，创建于 1843 年。

（14）吉打广东暨汀州会馆，前身是成立于 1850 年的“吉打广东大公司”，1871 年，甲必丹刘任昌、周灶润、赵仕坚、张亚连、陈文光等负责集资购置吉打广东暨汀州会馆馆所。

（15）槟城东安会馆，前身为 19 世纪中期创立的“东安长生会”，为广东东莞与宝安两邑华侨的组织，1934 年正式易名为“槟城东安会馆”。1974 年成立妇女部，1988 年成立青年组。

（16）古晋广惠肇公会，建立于 1853 年。它是砂拉越地区最早的华族会馆，由广州府、惠州府、肇庆府三府籍华侨共建。

（17）槟城肇庆会馆，最早出现于 1860 年，前身为肇庆馆。

（18）槟城新会会馆，创立于 1873 年（或认为成立于 1859 年），初时名为“新会公司”，1880 年重建会所，并改名为“新会绵远堂”，当时向政府申请注册时，定名为“新会会馆”。

（19）新加坡东安会馆，成立于 1876 年，由东莞、宝安两县籍华侨共建。

（20）新山广肇会馆，由黄亚福、黄广林、黄燊南等人创立于 1878 年，它是柔佛州第一家华族会馆，首任总理为黄亚福。

（21）新加坡番禺会馆，建立于光绪五年（1879 年），创办人有胡璇泽、谭合兴、胡金好、李松泰、黄纪亭等。

（22）新加坡肇庆会馆，成立于光绪五年（1879 年），由司徒长、黄硕、汤五、何显达等人创办。

（23）玻州广东公会，前身为广东新会人梁亚龙于 19 世纪下半叶创立的“三合会”（即关帝庙）。1931 年，由黄九连、胡子纯、张弼臣等人倡议改名为“广东公会”。

（24）新加坡丰永大公司，前身为“毓山亭”，建于光绪八年（1882 年）。

（25）太平古冈州会馆，出现于 1881 年。

（26）雪兰莪东安会馆，1882 年成立。

（27）槟城三水会馆，前身为 1885 年创立的“三水公司总坟”，由炉主和协理负责管理。1947 年 8 月 31 日正式成立。

（28）雪隆广肇会馆，创建于 1887 年，创建人为赵煜、王春临等。会馆于 1888 年建成，当年即在馆内供奉关帝。①

（29）槟城平章会馆，1886 年创立，它是槟榔屿粤籍和闽籍华侨共同创建的地缘社团组织，1974 年改名为“槟城华人大会堂”。

（30）太平（北霹雳）广东会馆，成立于 1887 年，创建人为郑景贵、陈亚炎等。“二战”后由总理制改为理监事制。1990 年代初拥有会员 2 000 多人，有岭南古庙等 3 间产业。历任会长为：罗陶容、黄景高、罗木森、黄少和、张白良、黄湘文、罗超生等。

（31）新加坡三水会馆，1887 年成立，创办人为谢均、岑璋、邓寿平、何三兴、何心田等。

（32）槟城会宁会馆，1889 年成立，当时约有会员 700 人。② 槟城会宁会馆可能是全马广东四会、广宁两县籍华侨最早的地缘性会馆。2011 年，会长为林国强。槟城会宁会馆正式成立之前名为“会宁佛爷庙”，早期庙内供奉阮公圣佛和梁公圣佛的牌位。③ 目前，该会馆内设有神龛，专门供奉阮公圣佛、梁公圣佛和文氏贞仙三尊神像。会馆也经常举办庆祝阮梁公圣佛宝诞的活动。

早期的马来西亚华侨广东帮，其成员原籍主要分布于珠三角，即主要分布于原清朝时的广州府、肇庆府辖境。珠三角许多县籍的华侨在早期就已建立了各自的地缘性会馆。

3. 1800—1889 年客家帮地缘性社团

（1）槟城嘉应会馆，创建于清朝嘉庆六年（1801 年），傅上璋、黄文添、李采瑜三人“可能是本馆创办人之一部”④。

（2）槟城增龙会馆，始创于 1802 年，1849 年建成馆所。它是马来西亚历史

---

① 《雪隆广肇会馆 120 周年暨义学 80 周年纪念特刊》，雪隆广肇会馆，2007 年，第 153 页。

② 《槟城会宁会馆——扮演联络团结乡亲角色》，谢诗坚：《槟城华人两百年：写下海外华人历史第一页》，槟城：韩江学院、韩江华人文化馆，2012 年，第 267 ~ 268 页。

秦始皇三十三年（公元前 214 年），在平定岭南后，秦朝设置桂林、南海、象郡，同时，置四会、番禺、博罗、龙川县，其中四会隶属桂林郡。据考证，当时四会县境包括今天的四会、高要、广宁、怀集，以及三水、台山、新会、斗门等地的部分或全部。四会县不仅历史非常悠久，早期辖区面积也很广阔。到了明朝嘉靖三十八年（1559 年），从四会县割出太平、橄榄、大圃、永义四都地带，设置广宁县。广宁县历史很晚，而且其辖境原来也一直属于四会县。

四会人与相邻县的广宁人一起，建立了不少会宁会馆。在马来西亚，相对而言，四会人的数量明显要多于广宁人。因此，两县籍人士联合建立的会馆也以“会”字开头的“会宁会馆”命名。

③ 《槟城会宁会馆——扮演联络团结乡亲角色》，谢诗坚：《槟城华人两百年：写下海外华人历史第一页》，槟城：韩江学院、韩江华人文化馆，2012 年，第 267 ~ 268 页。

④ 刘果因：《槟诚嘉应会馆史》，《马来西亚嘉属会馆联合会银禧纪念特刊》，马来西亚嘉属会馆联合会银禧纪念特刊出版委员会、编辑委员会，1976 年，第 101 页。

最久远的增城、龙门籍华侨的会馆，创办人为郑景贵、冯丁贵、郑兴发、钟亚三、廖亚五等。

（3）马六甲惠州会馆，原名为“海山会馆”，成立于清朝嘉庆十年（1805年），由李振兴等人倡议建立，它是马六甲最早的华侨地缘性社团组织。1844年改名为“鹅城馆”，不久改称“鹅城会馆”，又称“惠州会馆”。会馆内设互助部、留医处、中小学奖学金委员会、大学贷学金委员会、青年团等。历任会长（总理）为：李振发、黄喜发、邓伍、叶水、钟妖、许华、戴士衡等。

（4）马六甲茶阳会馆，清朝嘉庆十年（1805年）创建，为马来西亚大埔籍华侨最早创立的地缘性社团，原名为“茶阳公司”，后改名为“茶阳会馆”。[①] 1917年附设茶阳医社，1961年停办。1936年购买义山，建茶阳义山祠。“二战”后曾设立“大华夜学”（1948年停办）。1970年设会员子女资助学金。会馆还设有青年团。

（5）马六甲应和会馆，前身为成立于清朝道光元年（1821年）的“梅州众记公司”，由郑泰嵩、朱亚辛、赵亚彬、李炳观等人组建，1852年重建馆所时改名为“应和公司”，不久又改称为“应和会馆”。民国二十四年（1935年），以董事会代替此前的炉主制度。

（6）槟城惠州会馆，成立于清朝道光二年（1822年），由李亚兴倡议组建。

（7）新加坡应和会馆，清朝道光三年（1823年）5月5日由刘润德等创立。

（8）太平增龙会馆，成立于清朝咸丰年间（1851—1861年），1978年时该会举行庆祝成立100周年活动。

（9）新加坡茶阳会馆，成立于清朝咸丰戊午年（1858年），当时由钟曾康任经理。

（10）森美兰梅江五属会馆，创建于1859年，原名为“亚沙梅城会馆”，1933年9月30日正式改名为“森美兰梅江五属会馆”。1935年所属启华学校迁入会所，经扩建改称“芙蓉启华标准型小学校”，招收学生2 000余人，教员80余名。1945年12月复办。该会馆附设有同乡福利组、中小学奖助学金委员会及办事处。复办后历任会长为李鸿裕、钟挺生、魏松等。

（11）马六甲增龙会馆，创建于19世纪60年代。

（12）雪隆惠州会馆，前身为创立于1864年的“惠州公司”，由叶亚来领导创设，继任者叶致将其更名为“惠州会馆”。1884年在公司内附设私塾，教育同乡子弟。1913年改私塾为新式学校，取名为“循人学校”（惠州境内有循江，惠

① 《马来西亚大埔（茶阳）社团联合总会第八届会员代表大会暨巴株巴辖茶阳会馆成立70周年纪念特刊》，巴株巴辖茶阳会馆，1987年，第36页。

州在中国古代曾属于循州管辖)。1958 年设立中学奖学金和福利部，增设大学贷学金。1975 年召开会员大会，出席同乡达 1 000 多人。

(13) 马来西亚海陆会馆，前身为 1865 年成立的“亚沙海陆公司”，发起人为汤成进、汤福寿、叶房等。1895 年改名为“森美兰海陆会馆”，1986 年 2 月 12 日注册时改名为“马来西亚海陆会馆”。①

(14) 森美兰惠州会馆，1871 年创立。创办初期曾有“鹅城会馆”与“惠州会馆”两个名称，注册时弃用“鹅城会馆”。1957 年创办循民学校，1968 年因经济困境停办。1968 年开始颁发奖励金。历任会长为汤福寿、黄瑞庭、林子高等。

(15) 新加坡惠州会馆，成立于 19 世纪 70 年代初，1889 年获准注册。

(16) 安顺应和会馆，由古尚毕、高运昌等人于清朝同治十一年 (1872 年) 创办，是霹雳州最早的嘉应州籍客家人社团。平时馆务由炉主管理，现存记录的历届炉主 (总理) 为罗伯三、朱裕增、陈接兴等。1949 年重新注册复办。1975 年开始设立会员子女奖助学金及独立中学学生助学金。1984 年 8 月 2 日成立青年部。复办后历任会长有：朱裕增、陈接兴、卜麟芳、程海泉、李仁郎、张国锋、彭志源等。

(17) 新加坡丰顺会馆，成立于清朝同治十二年 (1873 年)，原名为“丰顺公司”，创建人为谢顺邻、朱诗合、谭东合等。

(18) 古晋嘉应五属同乡会，原为创建于 1874 年的“应和馆”，由夏杰儒倡议建立，1928 年在杨朋修、梁其钟的倡议下改名。1918 年，夏维汉和梁竹君等在会馆内创办公民学校。

(19) 太平惠州会馆，成立于 1877 年，初期设址于太平甘文丁旧新港路。2000 年会员约有 500 人。

(20) 安顺惠州会馆，于 1878 年成立。

(21) 雪隆茶阳会馆，前身为创建于清朝光绪四年 (1878 年) 的“茶阳公司”，曾易名为“雪兰莪暨联邦直辖区茶阳会馆”。该会馆设立福利委员会、大学贷学金委员会等。历任会长 (总理) 为王聚秀、郭德修、郭育齐等。

(22) 芙蓉海陆会馆，创建于 19 世纪 80 年代之前，它是马来西亚唯一一家海丰和陆丰两县华侨的社团组织。

(23) 森美兰日叻务嘉应会馆，1880 年前成立，创建者有林星南、吴星海、黄胜郎、姚德胜等人。

(24) 新加坡 (高廉桂) 三和会馆，创建于 1883 年，该会馆草创初期名为

---

① 第 118 届执委会:《雪隆惠州会馆馆史》，雪隆惠州会馆，第 331 页。

“五合公司”，因为它最早是由当时广东省高州府之石城（今属廉江市）、水东（今属电白县）、梅绿（今属吴川市）三县，以及广东省廉州府之合浦县和广西壮族自治区之博白县共五县籍的华侨组建，“五合”为五县联合之义，具体创建者为庞敦武、揭志松、许爱廷、张祈福、廖二合等，首届总理为庞敦武。随着三地其他县籍人士加入，“五合”之义日显狭隘，于是改名为“三和公司”，希冀高州府、廉州府、广西壮族自治区三地华侨和衷共济、和睦团结，以达和气生财。1891年6月8日，根据当时殖民政府注册法令，三和公司正式获准注册，并改名为“三和会馆”。1970年，为更彰显三和会馆之名，会馆名称前冠以“高廉桂”三字，全名为“新加坡（高廉桂）三和会馆”。[①] 现已改名为“广西暨高州会馆”。

（25）吉隆坡赤溪公馆，1885年创立，创建人为叶观盛。

（26）山打根客属公会（沙巴州客属总会山打根分会），前身为“鹅城会馆”，由欧世珠、吴德声等人于1886年发起创立，1896年改名为“山打根人和会馆”，1965年再改名为“山打根客属公会”。历任会长（总理）为欧世珠、林文澄、魏贵、李三友等。

早期客家人的方言会馆，既有嘉应府籍华侨所创建的，也有惠州、广州、高州、廉州、钦州等地客家人创建的；既有全府籍华侨建立的会馆，也有以县籍为单位成立的以及以府籍客家华侨联合组建的会馆。

4. 1800—1889年潮州帮地缘性社团

（1）马六甲潮州会馆，最早的潮籍华侨社团，其前身“潮州公司”在1822年已存在。1882年建成会所并正式定名为“马六甲韩江会馆”，1936年会馆改总理制为主席制，约1937年改为现名。[②] 历届总理（主席）有：郭正益、陈承恩、林大典、黄仕元、郑则士、陈通临、林茂辉等。

（2）新加坡义安公司，创立于1845年，早在1830年，由佘有进联络澄海和海阳两县华侨中的陈、林、蔡、黄、郭、张、吴、沈、杨、曾、刘、王12姓潮籍人士筹组“义安公司”。新加坡义安公司是新加坡潮籍华侨最早的社团组织。

（3）槟城潮州会馆，成立于清朝同治三年（1864年），当时名为“韩江家庙”，由王武昌、许栳合、洪声挂、黄遇冬等人发起创建，1934年改名。1933年时倡组“马潮联会”。

（4）古晋潮州公会，前身是“顺丰公司”，创建于1864年。此前当地潮侨已建有玄天上帝庙，该庙于1884年毁于古晋第二次大火。1933年，顺丰公司改

① 黄溢华：《三和会馆100周年纪念特刊》，大水牛出版机构，1985年，第129~132页。
② 谢育德：《马潮联会金禧纪念特刊》，马潮联会，1984年，第138页。

名为“潮侨公会”，四年后，又改名为“潮州公会”。

（5）山打根潮州公会，其前身“义安郡”于1889年成立，1923年改名为“潮侨公会”，会员以潮属商号为单位，分设理事会和监事会，首届会长为荣顺行的刘潮合，监事委员会主席为曾少恭。1959年，再次改会名为“山打根潮州公会”，废止监事会，保留理事会。“二战”后历届理事长有：张济勋、林进华、丘锡洲、刘枚臣、陈应烈、陈自树等。

（6）吉南韩江公会，前身为1889年创立的“吉南韩江家庙”，1963年改名为“吉南韩江公会”。

早期潮州帮华侨创建的地缘性会馆较少，而且一般称为“潮州会馆”或“潮州公会”。潮州帮华侨在早期的马来西亚华侨各帮派中人数不占优势，当时他们的地缘性会馆也较少。

5. 1800—1889年海南帮地缘性社团

（1）新加坡琼州会馆，前身是由韩旺彝（亚三）、王志德创立于1857年的“琼籍同乡会”。它是新加坡八家历史最长久的华侨社团之一。

（2）马六甲海南会馆，原名为“琼州会馆”，成立于清朝同治八年（1869年），创建人为黄仕进（或认为是龙家传）。

（3）太平琼州会馆，雏形神庙始自1869年，1881年由邢尚义、陈道山、邢凤仙、林天胜、苏家昌、陈继炳、陈振昌、林树杰、陈振祥、卢奂若、高士达等人筹建会所，1925年后采用总理制。

（4）槟城海南会馆，成立于1870年，前身为“天后宫”，1925年更名为“琼州会馆”。“二战”时期会务停顿，战后复办，首届会长为王家纪。1949年，依照法令呈文注册。1951年，改会长制为主席制。

（5）古晋海南公会，前身为创建于光绪乙酉年（1885年）的“天后庙”，由李可章、吴义传、陈治明、李开清、周道宏等发起创立。1930年易名为“琼侨公所”，天后庙改名为“琼侨公所天后庙回春堂”，表明社团、庙宇、福利院三位一体。私塾也改名为琼侨学校，后改名为崇本学校，1946年再改名为“琼侨公会”，1992年3月29日改为现名。

（6）陈厝港海南会馆，1882年创建，原名为“琼州会馆”，与天后圣君庙“合二为一”。会馆最初建在地不佬河畔。“二战”时期会馆停止活动，战后由黄志民等人复办。1978年重修天后宫，1981年成立福利组、青年团和教育组。1982年获得注册批准。1970年代，会馆有会员70余名，2003年减少至58名。

（7）蔴坡海南会馆，原名“琼崖会馆”，1882年5月21日成立，1991年9月更名。1956年设立助学金，1957年设立奖学金，同年成立青年部，1958年和1967年先后成立铜乐队和军乐队。1937年有会员1 930名，1993年有会员854

名，1995 年有会员 820 余名。

（8）新山海南会馆，可能成立于 1881 年（另一说法为 1883 年），原名为“新山琼州会馆”，发起人为黄德仁、谢士轩等。1922 年获得注册批准。1937 年有会员 238 名，1971 年为 667 名，1981 年为 760 名，1983 年为 821 名，1993 年增至 1 120 名。1995 年 1 月 1 日正式改名。1957 年设立奖学金，1964 年设立铜乐队，1969 年成立青年团。“二战”后历任会长有林熙轩（1946—1951 年，1953—1960 年）、何基业（1961—1984 年）、张文强（1985—　）等。

（9）关丹海南会馆，1895 年创立，创建人为潘昌桂、王三职、史锦璋等。1959 年成立青年部。1977 年设大学贷学金。

（10）雪隆海南会馆，1889 年由叶勇（或称叶荣）等人创立，初时名为“琼府会馆”，附设天后宫，1918 年时改名为“雪兰莪琼州会馆”，1991 年改为现名。

早期的海南华侨主要来自于海南岛沿海，但他们组建的地缘性会馆大多称为“琼州会馆”或“琼州公会”，后来许多会馆才改称为“海南会馆”等。

二、1890 年至“二战”结束前马来西亚华人地缘性社团

1890 年至第二次世界大战结束前，这一时期是马来西亚华侨社团组织，尤其是地缘性社团组织的大发展时期。单从当时成立的各帮华侨地缘性社团的数量来看，也是非常可观的。

1. 1890 年至“二战”结束前福建帮地缘性社团

（1）日叻务福建会馆，原名为“福建公司”，何时易名为“福建会馆”无从查考。该会馆至少有 100 年历史，倡建人为曾银来、蔡其源、林进实等。早期曾创办中华学校。1970 年代初至 1980 年代初，再次修改章程，增设福利局和康乐组，吸收不分种族和籍贯的附属会员，加强康乐组的活动；设立会员子女奖励金。历届会长有：薛象山、林金茂、李信义、张介民、洪明阳等。该会有永久会员 300 余人。

（2）雪兰莪永春会馆，原名为“永春公司”，兼祀张公圣君，成立于 1892 年，1912 年曾改名为“雪兰莪永春公所”，1992 年改为现名。首任会长是李文槟。1928 年，改总理制为委员制，受华民政务司看重，被委任处理同乡之间的纠纷。1976 年，创立青年团、教育组、福利组等，1986 年成立外丹功班。1992 年改会名为“雪兰莪永春会馆”，主席改称会长，增设署理会长、副财政及妇女组，并设舞蹈班。

（3）槟榔屿州南安会馆，创立于 1894 年。1970 年设立会员子女奖学金，

1984年增设会员子女大学贷学金。1979年成立青年团，首届团长为陈明吉，1986年成立妇女组。2000年成立医药福利慈善基金，这在槟州华人会馆中属于首创。①

（4）蔴坡永春会馆，成立于1894年，创建人为李庆烈等。1905年，会馆组织采用总理制。1927年，由刘贝秀、郑文炳等发起组织桃源俱乐部。1993年5月23日，成立妇女组。“二战”后历届常务主席有：刘庆礼、洪典清、范玉辉、刘益、黄起云、郑孝洁等。

（5）森美兰永春会馆，成立于1890年，由于芙蓉市区扩大，当地永春乡亲的张公圣君庙需要拆迁，由李祚、李光慎、李俊恩等推动筹募建筑基金，于1895年建成森美兰永春会馆馆所，后座供奉张公圣君。

（6）霹雳福建会馆，1893年开始筹建，1897年时有了会馆。成立之初会员仅限于怡保地区，后扩大至霹雳全州。历届主席（总理、会长）有：刘生财、郑螺生、胡子春、周文煌、李用谋等。

（7）芙蓉福建会馆，成立于清朝光绪年间，1936年改名为“森美兰福建会馆”。

（8）江沙福建会馆，前身是“福建公司”，清朝光绪二十三年（1897年）创立，陈允平任福建家长。1920年时“福建公司”改名为“福建会馆”。历任正、副总理或主席有：邱能言、许炳南、苏孙彬、蔡世鼎、蔡长水、蔡荣石、骆谋生、蔡尤埔、颜建成等。

（9）霹雳太平兴安会馆，清朝光绪二十五年（1899年）成立，由颜绍、李立、郑美、黄注、黄容创建。原名为“福兴仙馆”，1947年改为现名。

（10）麻属巴冬永春会馆，创立于19世纪末。1972年成立青年团，首任团长为林礼道。1977年修改章程，改为会长制。20世纪80年代，设立会员子女奖励金，每年颁发一次。

（11）双文丹福建会馆，前身为创立于19世纪与20世纪之交的双文丹福建公司。1978年成立青年团，1992年设立福灵宫教育基金。1990年代中期时共有会员300多人。“二战”后历届会长有：何荣水、陈慎骥、翁文曾、林铺、刘江发、吴金木、陈正财等。

（12）诗巫福州公会，前身为于1902年成立的“诗巫福州会馆”，1909年改组为“诗巫光远社”。1947年1月5日“诗巫福建公会”成立，以代替“诗巫光远社”。

---

① 《马来西亚南安社团联合会、马来西亚南安社团联合会青年团、马来西亚南安社团联合会妇女组会讯》，马来西亚南安社团联合会青年团，2005年，第48页。

（13）巴生福建会馆，前身是由叶金鸡、李鸿伯等人于1885年创建的“崇圣宫”，1904年扩建为“福建公所”，1918年停办，1921年再次注册成立，并改名为“闽南公所”。“二战”时期，会务停顿，1947年会务恢复，改名为“福建会馆”。从闽南公所时代起历届会长（总理）有：孙流水、叶玉鲜、陈庚辛、叶汉水、杨璇石、林笃水、李荣德、徐福隆、杨裕川、林荔清等。

（14）劳勿福建会馆，成立于20世纪初期。早期的领导者有：苏成、陈永泮、陈瑞等。历届会长有：陈永泮、陈天塔、吴春炳、颜金志、何建全、陈流通、龙忠明、陈宗意、辜荣树、林振辉等。

（15）吉打州福州会馆，成立于1907年，原名“三山公所”，当时发起人有杨辉如、魏善德、施长发、金振鉴、陈惠迪、王祖仁、金可达等，后改名为“三山公会”。“二战”后，再次改名为“吉打州福建会馆”。

（16）新加坡福州会馆，1909年成立，发起人为孙子善、徐季钧、林乾增、陈文清等，首届总理为孙子善。

（17）新加坡古宁同乡会，前身为“古宁头”（古宁头在金门县），创建于1901年前，“二战”后扩大组织，发起人为李炎涯、李火炎、李革命、李丽水、李炎钞等。1951年7月25日正式获准注册，成立“古宁同乡会”，首任会长为李锡工。

（18）新加坡福清会馆，成立于清朝宣统二年（1910年），创办人有：何来俤、李春、庄端、杨克贡、王万高、郭本李、郭本为、郭本郁、郭本接、郑八十、郭子鼐、郭可春、庄景耀、陈振香、郭可升、陈顺祈、周福、郭本权、王美、杨支海、庄锦发等。

（19）蔴属巴冬桃源俱乐部，成立于1910年。

（20）瓜拉庇拉永春公所，1910年创立，创建人为陈章溜、李克甘、李戴等。“二战”时期，会所被日军占领，战后复办，此后历任主席有：李玉泰、颜金水、林俊传、林金石、林国仲、郑顺智等。

（21）马六甲南安会馆，前身为筹组于1910年的“南邑公司”，发起人有：梁炳辉、邱仰峰、雷永潭、许伯浅、蔡世谙、陈从愿、雷文赞、侯图调等，1927年9月10日举行开幕仪式。1998年成立妇女组，首任主席为黄怀乐，副主席为蔡链珠。

（22）森美兰福建会馆，前身是创建于1912年的“芙蓉福建会馆”，1936年改为现名。

（23）雪隆福州会馆，成立于1912年，当时名为“雪兰莪福州十邑同乡会”，发起人有康师琦、黄鹤汀、郑金宇、程贤霖、陈耀如、郑永升、薛宗朗、李士彦、王元利、王青松、刘友村等，1916年改名为“雪兰莪福州十邑会馆”，

1989 年获准改名为“雪隆福州会馆”。

（24）槟榔屿惠安公会，原名为“惠侨联合会”，于 1914 年 2 月 6 日获准注册，同年 3 月 1 日正式成立，创建人为许生理、林呈祥、庄达德、王妈安等。

（25）柔佛州南安会馆，原名为“巴株南安公馆”，成立于 1915 年，发起人有黄怡根、林清云、雷绵超、苏永憨、张德延、苏用源、苏和友、黄和沙等，1926 年时改名为“巴株巴辖南安会馆”，1957 年再改名为“柔佛州南安会馆”。1984—1994 年间，颁发会员子女奖励金共近 6 万元，获奖学生有 1 562 人。1995 年成立妇女组。

（26）槟榔屿南安会馆，成立于 1917 年。

（27）诗巫屏南董乡公会，发起人为黄联登、黄联岁、黄新冬、黄廷英、黄裔就等，1917 年创建，原名为“屏南董乡学园”，1930 年改名为“屏南董乡学公会”，1985 年获准改名为“诗巫屏南董乡公会”。

（28）新加坡晋江会馆，成立于 1918 年左右，创办人为赖金奎、萧志来、洪宝植、庄丕唐等。

（29）槟城安溪会馆，创建人为林文虎、施求来、林辉煌、李敬堂、林清源等，1919 年元旦成立。首届正会长为林文虎，副会长为施求来。

（30）巴株巴辖永春会馆，1919 年创立，创建人为陈云有、李振平、郑玉圈、陈奕真、余令礼等，1922 年获准注册，首任总理为李振平，副总理为陈云有。1938 年设立桃源俱乐部和互助部。历任会长有：陈云有、李振平、刘君章、陈礽唐、郑振中、郑振经、陈招扬、陈联科、潘天降、李龙标、范国诏、周文阔等。

（31）槟城晋江会馆，成立于 1919 年，创建人有：苏孙千、黄文章、吴裕再、郭燕声、张贻谋、谢朝锡、王德清、刘惟明、叶搴云、陈清江、苏宗绵、倪祖泽、伍泽聚、魏狮姑、欧阳秀珍、欧阳炳煌、黄乃武等。

（32）新加坡兴安会馆，1920 年成立，创办人为陈耀如、林志诚、林鸿宾等。

（33）关丹福建会馆，1921 年成立，创建人有：杨清彦、曾志成、苏守厅、陈泗司、陈德和、李文宰、吴大宏、李乃文、辜绳兰、王锦贤、唐齐、蔡垂、周文滂、郑盘、杨承兔等。1925 年创办华侨学校。1959 年设立会员子女奖学金。历届主席（总理）有：杨清彦、曾志成、苏守厅、李乃文、陈德和、林荣、郑清活、黄奕琴、李达、黄则贵、林振辉、陈坤山等。1990 年代中期有会员 1 400 多人。

（34）马六甲桃源俱乐部，成立于 1921 年，首任主席为姚金水。

（35）哥打丁宜福建会馆，20 世纪 20 年代初期成立，发起人为康司光、陈嘉庚、李淘沙等。1941 年日军南侵时会所毁于战火。战后 30 多年未复兴会务。1975 年，黄则友、张高理等人再度发起创立福建会馆，1980 年 9 月 2 日获准注册。

（36）新加坡禾山公会，1929 年正式成立，首任总理为陈文烈，副总理为石焕章。后该会注册为非经营性有限公司，陈启算长期任会长（后改为主席）。

（37）森州柔河永春公所，1922 年创立，创建人为颜声泗、刘奕尚、陈云宝、吴肇初、陈开树等，首届会长为颜荣矿。

（38）丹绒马林永春会馆，成立于 1922 年。

（39）巴株巴辖晋江会馆，成立于 1922 年，由邱荣九、黄笃、黄玉成等发起，是当时唯一的闽籍会馆。战后历任会长有：王清潭、蔡言标（两人均连任多届）、刘健民等。

（40）新加坡安溪会馆，1923 年初成立，发起人有：施明德、张培恭、高水仙、胡绪省、白圻引、高铭壬、林本道、李华春、傅添福等，首届总理为施明德。

（41）槟城同安金厦公会，前身为成立于 1923 年的“槟城南洋同安会馆”，发起人为吕毓甫、陈义潭、林文牍、柯文寡等。“二战”后易名为“同安金厦公会”，将会员资格范围扩大至祖籍金门的华人。

（42）新加坡惠安公会，1923 年成立，倡建人为苏妈英、谢荣西、许洁成等 21 人，首任会长为苏妈英。

（43）马六甲晋江会馆，1924 年 7 月 1 日成立，发起人为沈鸿柏、邱仰峰、陈祈来等，首任总理为沈鸿柏。1976 年 2 月成立青年部。历届主席还有：王德义、杨洲阔、吴金溢、王晓春、沈慕卿、蔡天寿等。

（44）槟城福州会馆，成立于 1924 年，由林其潮、杨鸿斌、刘伯轩、孙崇瑜、陈紫棠、刘一忠、马树藩、潘光通、刘祯祥、朱桂波、江其銮、曾福森、王秀岩、林芳、陈来古、陈铤藩、胡祖宸、魏子鎏、陈英陆、郑云亭、陈由树、张聿财、甘思谋、蔡鸿年、郑清藩、张文美、陈怀中、叶文清、张恭钏、陈细肯、游至光、金可悌、吴轩人、赵仕合、陈伯钟、林伸铭、柳锡南、萧亚明、张聿森、郭荫午、倪桂卿、万渭臣、王则恭等 43 人发起。

（45）雪隆永春会馆，成立于 1924 年，创建人有陈彭相、颜滂佑、陈日墙、黄重吉、洪进聪、陈仁堙、林邦玲、黄振秀、林世吟、郑卿显、杨廉溪、张喜琴等。首届会长为陈日墙。

（46）东甲永春会馆，成立于 1925 年，创建人为潘烈等。1927 年建成馆所，1938 年筹资创办育英学校（“二战”时停办）。

（47）宜力福建公会，前身为祠堂和凤山寺，约 1925 年成立，发起人为李德祥、陈玉引，1960年9月30日正式获准注册。

（48）霹雳永春会馆，成立于1925年，发起人为尤钞、郭家茂、方夏国、郑奕定、颜源受等，首任会长为尤钞。1990年代中期拥有会员830人。“二战”后历届会长有：洪禄宽、郑世美、郑兴宗、杨火星、郑兴鉴等。

（49）实兆远三山同乡会，1925年10月9日正式成立，发起人为陈承芳、陈承恩、刘萱友等，原名为“三山俱乐部”，以福州闽侯县内的屏山、乌石山及于山三座山名来命名。1986年6月2日改为现名。历任会长有：陈承芳、林奇郎、董发旺、周明钦等。

（50）柔佛文律德化会馆，1926年成立，倡建人为施冬荣、陈节侯、陈伯义等。1981年设立奖励金小组。

（51）新加坡南安会馆，1926年2月28日正式成立，创建人为王加禄、侯西反、洪光胜、梁少山、赵文烟、张金荣、林志伊、董泰和、梁文沃、雷亮荣等，首届会长为王加禄。

（52）诗巫加拿逸福州公会，前身为成立于1927年的“榕侨公所”，创建人为刘伯举、李安生、黄道忠等，1952年更名为“福州公会”。

（53）威省大山脚福建会馆，1927年获准注册，同年3月4日正式成立，发起人有：黄坚固、许志水、郑文傅、林利水、刘再成、洪维发、何再成、沈照星、杨永春、黄文蚌、叶再来、黄水来、游谦燕、黄新发、叶明普、黄庆奕、沈永蔗、王文遇、黄和奕、叶洒溜、许连聚、张天宠等。历届理事长（会长）有：黄坚固、陈清美、黄成国、叶万尚、叶建南等。

（54）柔佛（新山）福建会馆，1927年成立，发起人有：卓合、吴文赞、黄菊、徐文治、史联对、卓锦汉、庄漱生、李宁回、傅养记、张福寿、黄培、郭钦鉴、郭钦端、林大麦、黄福祥、苏明渊、叶绮文、邱鼻、郑浪、庄新培、陈庇、吴潮、张作等。1967年成立华忠拳术班，1990年设立图书馆，1992年5月8日成立妇女组。历届会长有：史联对、徐文治、陈友明、郭钦鉴、郭鹤青、郭鹤尧等。

（55）柔佛永平福州会馆，成立于1927年4月，发起人有：程则乾、黄福乾、刘意光、程顺妹、钱长超、陈家增、丁明和、江义文、张斯年、陈宝泉等。曾创办平群学校。历届主席有：黄芳奎、程则乾、林依五、李华光、余祖南等。

（56）蔴坡桃源俱乐部，1927年7月1日成立，创建人为刘贝秀、郑文炳、颜经闻、郭东海、林振水等，首届总理为刘贝秀。

（57）新加兰桃源俱乐部，1928年获准成立，创建人为颜声初、黄典礼、陈云命、刘缨相、林庶招等。

（58）淡马鲁福建会馆，1928年成立。

（59）吉隆坡永春公会，1928 年 12 月 2 日正式成立，发起人为陈日墙、陈澎相等，首届会长为陈日墙，总理为陈澎相。

（60）安顺惠安公会，前身为成立于 1928 年的“安顺惠侨公会”，由骆泽荃、陈秋贵、陈仕南等发起。1949 年改会名为“安顺惠安公会”。

（61）砂拉越古田公会，原名为“诗巫古田公会”，1928 年创建，创建人为陈赞汤、陈怡俊、李丽川、林子明、丁明鉴等，1931 年 4 月 13 日获准注册，首届主席为丁明鉴。

（62）马六甲惠安会馆，成立于 1929 年，倡建人为许祺水、曾堆金、陈祺来等。1955 年成立互助部。历届主席有：许祺水、林祖荫、陈祺来、许应白、许秀水、陈源发、陈连金、出水土、陈为程、许泉成等。

（63）新加坡禾山公会，1929 年正式成立，首任总理为陈文烈，副总理为石焕章。该公会后来注册为非经营性有限公司。

（64）淡边福建会馆，前身为 1929 年创立的淡边闽南商会，发起人为闽籍商人王振淙、姚继等。

（65）新加坡漳州总会，1929 年 12 月 1 日成立，发起人有：颜长贵、邱国瓦、李振殿、林秉懋、薛中华、邱菽园、王水斗、陈秀印、邱国珍、谢子仪、杨六使、谢龙门、方自然、邱扬阵、杨开榜、蔡昭田、蔡木豆、谢季铭、柯白石、吴志渊、孙壬癸、游雨生、谢宝祥、林谦逊、郑厚根、郑锦旗、吴肇礼、林顺贤、谢有祥、甘石蛋、蔡开亨、吴大朝、谢赞读、蔡和利、苏双泮、程振源、黄琼瑶、潘渭滨、庄大兴、游侨生、游子信、陈阶五、卢清保、林长清、黄亚九、蔡乌番、蔡如开、卢建章、蔡牙箸、蔡克谐、蔡英茂、陈顺印、谢火珠、王梅亭、张木水、张家安、陈金华、林华奇、陈戆、柳蔚光、陈添花、廖南星、汤升木、朱隆昌、张崇松、张庆林、童成雄等，首届总理为颜长贵。

（66）雪隆安溪会馆，1929 年秋成立，原名为“雪兰莪安溪会馆”，创建人有：陈文晟、刘良颜、许志雄、温绍耕、官国森、胡天来、傅候专、陈朝发、李剑平、许三多、叶玉琳、叶简、许金水、白锡烈、姚捷兴、叶光励、林其慎、苏金揣、杨建寅、李榜、翁瓒卿、温洁矩、陈金水、林向青、张石渠、叶江水、林诸侯、高铭芳、梁其宇、林韭菜、林金龙、林清荣、林向有、谢文鹄、许玉兰、许波浪、陈仲鱼、黄则守、郑别等，首届会长为傅候专，总理为许志雄。1990 年代中期拥有会员近 2 000 人。

（67）蕉赖区福建公会，1929 年成立。

（68）诗巫加帛福州公会，1929 年由张文晃等创建。

（69）古晋福州公会，前身为“闽北华侨总会”，发起人为丁尊三、宋阿四、李家春等，1930 年农历正月初一成立，1938 年改名为“古晋福州公会”。历任主席有：朵而（火良）、丁尊三、王钟元、丁明怀、赖振勋、杨仁根、龚招泰等。

（70）邦咯岛福建公会，1930 年成立，创建人为梁荣华、吕荣叙、杨达理、林玉麟等，首任会长为梁荣华（任期 1941—1953 年）。历届会长有：梁荣华、任安裕、林荣文、许煌辉、陈金铸、杜瑞隆、陈世钦、白祐福等。

（71）彭亨文冬永春会馆，正式成立于 1930 年 8 月 15 日，创建人为陈煅相、陈云轻、陈科相、郑水、林有财、陈坐等。历任会长有：陈煅相、黄铅、陈科相、陈枢、陈仁清、郑英宣、周启明、陈荣年、郑瑞成、陈金钩等。

（72）新加坡同安会馆，1931 年 5 月 31 日正式成立，由陈延谦、林金殿、蒋骥甫、张扶来、胡先愿、洪镜湖、柯鸿渐、颜世芳等数十人发起创建，首任主席为陈延谦。1946 年，该会馆开始在家乡筹办医院，至 1952 年，同安同民医院总院及马巷、灌口分诊所纷纷成立。1966 年，成立同安会馆互助部。历任主席有：陈延谦、林金殿、颜世芳、陈文确、孙炳炎等。

（73）马六甲同安金厦会馆，前身为创立于 1931 年的“马六甲同安会馆”。为扩大团结范围，联合金门、厦门二属邑人，其改组为“马六甲同安金厦会馆”。设有大鼓吹乐组暨南音锦曲组、评剧组和闽剧组。1960 年成立中小学奖学金管理委员会，1978 年又成立大专院校贷学金委员会。1990 年代，该会馆设有音乐、体育、交际、仲裁和青年 5 个部，会务活动丰富多彩。

（74）槟城兴安会馆，原名“兴化会馆”，1932 年由郭文英、吴同和、王亚洲等人创建，1937 年改名为“兴安会馆”。

（75）诗巫木胶福州公会，成立于 1932 年。

（76）居銮属永春公会，约于 1932 年成立，当时为桃源俱乐部，1938 年组建永春公会。该会设有奖助学金、永青团、国卫团舞狮队，还创办了永春幼稚园，有会员 900 多名。

（77）槟城北马永春会馆，1932 年创建。初设办事处于同乡药铺，作为联络站。

（78）金宝福建公会，1933 年 5 月 6 日成立，首任会长为郑显达。

（79）万挠福善公会，1934 年 4 月 5 日成立。发起人有：林角、林绒、王察理、林诗农、林玉笔、王龙、陈全、吴鹤年、白春魁、林鼓彦、陈连、林新建、林仁、林熟等，是当地福建同乡为善后而组建的公会组织。首任会长为林角。1974 年开始颁发会员子女奖学金，截至 2001 年共发出 10 万多马元。1978 年 8 月 13 日成立青年团，1996 年成立妇女组。此外还设有锣鼓队、醒狮团、华乐队、象棋组等。

（80）诗巫漳泉公会，前身是“六合公司”，创办人为杜瑞珠、林汉水、黄雍忍、江惟明、陈纯驰、蔡其川，1937 年这六人进而成立“漳泉别墅”，主席为杜瑞珠，1952 年改名为“漳泉公会”。

（81）霹雳天定爱大华闽江联欢社，1934 年成立，由张济川、方宗德、阮尾弟、陆永财、郑成春、郑泽官、陈永乾、刘传桂、郑建侯、郑道希、黄连朝、李昌平等人发起创建。

（82）新山福州十邑会馆，原名为“新山闽侨俱乐部”，1935 年 1 月 23 日创立，发起人有：洪茂栋、程道銮、郑荣官、陈忽杨、洪细俤、宋荣波、赵文才、王义兴、张钿泰、王秀岩、郑衡、吴在涛、张伯棠、余木桃、陈泽荣、陈秉宜、潘旺旺、石金留、林朝官、陈扶齐、郭鹤尧、程天国、王作焕、陈春惠、林毓堂、徐荣达、程兰官、洪鼎炯、邱友光等。

（83）雪隆兴安会馆，成立于 1935 年，由杨兆琰、姚金榜、王元勤、黄文祺、关龙金、童敏、彭珍等创建。历届会长有：杨兆琰（1935—1945 年）、姚瑞汉（1946—1947 年）、王元勋（1948—1956 年）、卢绍（1957—1966 年）、王堂镕（1967—1969 年）、童玉锦（1970—1975 年）、杨锦福（1976—1979 年）、关光明（1980—1985 年）、张德麟（1986—1989 年）、龚承烈（1990—1993 年）、黄金禄（1994—1995 年）、黄玉添（1996—1997 年）、庄玉霖（1998—2001 年）、陈春德（2002—2005 年）、翁清玉（2006—2010 年）、林为鹤（2011—　）。

（84）新加坡福州关峰同乡会，1935 年成立。会员由祖籍闽侯县关峰镇华侨、华人组成。初期有会员 200 余人。设有会员子女助学金。

（85）玲珑福建公会，1925 年创立，发起人为章存据、吕敦泽、洪降等。1990 年代初拥有会员 302 名。

（86）巴株巴辖云诏东会馆，前身为成立于 1935 年的巴株巴辖诏安全馆，创建人为陈焕新、林仪云、江贵喜等。太平洋战争时期会务停顿。1958 年 5 月，江贵喜、吴拔钟、林胜全、何金成等人发起组织云霄、诏安、东山三县华侨的联合社团。1959 年 4 月 7 日获准注册，同年 7 月 5 日正式成立。首届主席为江贵喜。1977 年，成立教育基金委员会，制定会员子女学业奖励金及助学金办法。1994 年 1 月 18 日，成立青年团。

（87）巴株巴辖福建会馆，1936 年成立，发起人为粘东生、林有谅、陈祁唐等，首届会长为陈端和。历届会长有：林有谅、陈祁唐、李焕彬、骆英杰、沈玉璧、张景章、林家仪等。

（88）新加坡福州瀛洲同乡会，1936 年成立，发起人为程天香、程瑞华、程道榕、洪仲枝、洪鼎荣等。下设互助部、奖学基金会。1978 年设立会员子女奖学金。

（89）民那丹榕侨农商俱乐部，1936 年 3 月 1 日成立，由林政图、林明乐、林初友、杨良藩、刘友桂、张宗奇、柳宗吉、黄家连等发起组建。

（90）蔴坡惠安公会，1936 年 9 月 7 日成立，倡建人为何益谦、陈连枝、陈铁、邱来德等。1995 年共有会员 276 人。

（91）新加坡东山励志社，前身为成立于 1936 年 9 月 25 日的“东益社”，1937 年改名为“东山励志社”，筹建人为彭雨三、刘达溪、许岳东、许文通、曾庆、许梅生、许永盛、陈成泰、邱应春、林玉山、黄友柏、方隆九、陈文庵等 13 人。

（92）雪兰莪惠安公会，发起人为赵朝宗、林建成、刘金殿、林摇古、刘水生等，1936 年 10 月 10 日成立，[1] 原名为“雪兰莪惠安华侨公会”。1993 年设立大学奖励金并于同年首次颁发，1990 年 10 月成立青年团，1995 年 3 月成立妇女组。历届主席有：郑丹水、庄冬进、张燕清、林金海、林玉唐等。

（93）槟城北马惠北同乡会，1936 年正式成立，由陈文务、郑文东、刘招进等发起。历届主席有：郑毓才、陈金宝、萧水德等。

（94）马六甲福州十属会馆，1936 年成立，创建人为马胜祺、张怀民、张祇修、柳福星。

（95）古晋诏安会馆，1936 年创建。

（96）瓜拉冷岳福建会馆，1937 年成立，创建人为林沼耀、林也甘、李招山、叶登科、张文德等。1983 年成立青年团，首任团长为林渐文。“二战”后历任主席有：陈向墁、罗沿火、林友国、王清溪、郑友名、颜东炳、张明理等。

（97）双溪毛糯福建同乡会，前身为 1937—1943 年开展活动的双溪毛糯麻风病院内的福建老人会。1951 年初，蔡俊源、林通、王伯龙等筹组福建同乡会，1952 年 2 月 20 日正式成立，首届主席为黄志诚。

（98）新加坡同美社，1937 年创建，它是福建省安溪县同美乡籍华人的社团组织。

（99）新加坡厦门公会，1938 年成立，发起人有陈菊农、沈雅南、张再来、黄克谱、叶西闽、李天虚、沈士民、刘德仁、王谷云、陈美川、陈寿全、周琛瑶、黄石头、杨天培、胡志斌等，首任常务主席为吴清诰。“二战”后该公会组织京剧研究组，设立中医施诊室等。1983 年设立助学奖金，1985 年成立奖助学金管理委员会，并于 1987 年获政府批准为公众慈善机构。1986 年特设“准会员制”，规定不同籍贯乃至不同种族的人均可参加该会活动。历任主席有：吴清诰、蔡水湖、陈瑞清、叶龙团、黄笃修、石炳丰、吴庆云等。

（100）新山永德会馆，正式成立于 1938 年 7 月 31 日，创建人为黄结佳、刘冷侯、刘荆伦、黄贻丹、郑荆召等，黄结佳任首届会长，它是福建永春、德化两

---

① 《雪兰莪惠安公会史略》，《雪兰莪惠安公会 50 周年纪念刊》，第 A27 页。

地籍华人的社团组织。

（101）东甲德化会馆，1938 年成立，前身是 1920 年创办的“东甲桃源俱乐部”，1950 年重新注册后改名。

（102）诗巫兴化莆仙公会，1938 年 5 月 4 日获准成立，初时名为“兴化公会”，1947 年改名为“莆仙公会”，1957 年时再次更名为“兴化莆仙公会”，首届主席是林关臻。

（103）南洋东山会馆，1938 年 4 月 24 日正式成立，由林财金、朱鹿其、林大祥、唐仁政、林献珍创建，首届总理是孙贵三。

（104）巴株巴辖惠安公会，成立于 1939 年，发起人为骆清铎、骆英杰、骆洽昆、骆瑞伍，1939 年正式成立，首届会长是骆英杰。

（105）雪隆南安会馆，1937 年筹建，1939 年获得注册批准正式成立，原名为“雪兰莪南安会馆”，由刘西蝶、侯西林、黄和先、刘志和、刘西琛、叶贻正、叶加增、刘甫秀等创建。1968 年成立奖助贷学金基金委员会，1974 年开始颁发会员子女学业成绩奖励金，至 2005 年 6 月，共发出 17.042 万马元。1973 年开始发出大专院校贷学金，至 2005 年 6 月，共发出 70.25 万马元。从 1986 年开始，每年给吉隆坡中华独中 10 名清寒学生颁发助学金，初高中各 5 名，初中生每人 300 马元，高中生每人 500 马元。南安籍的华人子弟优先考虑。[①] 2002 年修改章程，会名改为“雪兰莪暨吉隆坡南安会馆”，简称“雪隆南安会馆”。1974 年成立青年团，首届团长为刘桂明。2002 年 6 月 23 日成立妇女组，首届主任为黄凤英，副主任为黄于凤。

（106）文冬兴安会馆，1930 年代已经创立，当时名为“兴安公所”。1975 年以“文冬兴安会馆”名义重新注册并正式成立。2006 年时庆祝成立 30 周年。[②] 颁发会员子女优良成绩奖励金。其大厦顶楼为妈祖宫。

（107）吉打福州会馆，前身为成立于 20 世纪 30 年代的“三山公所”，后改名为“三山公会”，1945 年改为今名。

（108）笨珍诏安会馆，1941 年元旦成立，由陈兆清、林王、张顺庆等发起。

（109）吉兰丹福建会馆，成立于 1941 年，创建人为陈明进、黄玉斋、叶宝衔、李正岩等，首届会长是黄玉斋。“二战”时会务停顿，“二战”后复办，于 1967 年 5 月 10 日获准注册，1968 年选举复兴后首届董事会。1981 年设立会员子女奖助学基金，1992 年 5 月 29 日成立妇女组。战后历届会长有：黄昆福、柯金

---

① 《马来西亚南安社团联合会、马来西亚南安社团联合会青年团、马来西亚南安社团联合会妇女组会讯》，马来西亚南安社团联合会青年团，2005 年，第 39 页。

② 《马来西亚兴安会馆总会会讯》，马来西亚兴安会馆总会，2006 年，第 209 页。

炎、蔡尤时等。

（110）文冬福建会馆，成立于1941年。设有青年团和妇女组。历届主席有：周启明、陈日昭、陈枢君、黄清云、陈金沟等。

（111）新文龙永春会馆，前身为文律永春会馆，成立于1941年，创建人为张燕、黄起瑜、陈有紫、曾玉登、刘汉全等。

（112）民都鲁福州公会，1945年创建。

1890年以来，福建帮华人社团中，不仅有闽南籍华侨创建的社团，还有许多福州华侨创立的社团，连莆仙籍的华侨也组建了自己的社团组织。另外，福建帮华人社团中，出现了以原籍“乡”为单位而组建的会馆，如诗巫屏南董乡公会等。

2. 1890年至“二战”结束前广东帮地缘性社团

（1）北根广肇会馆，成立于1890年。

（2）马六甲宁阳会馆，创建于1890年。

（3）新加坡雷州会馆，1892年5月28日注册成立。

（4）吉隆坡广东义山，1895年创建。

（5）森美兰东安会馆，成立于1896年。

（6）民都鲁广东公会，前身为1897年建立的广东公司。1971年易名为“广东会馆”。1970年设立同乡子女教育奖励金，1989年起改为会员子女教育奖励金。1995年时会员有591名。创办了“彬彬幼儿园”，向各方言群华人学生开放。

（7）马六甲五邑会馆，成立于清朝光绪戊戌年（1898年），创建人有：梁连灏、黄石芝、姚振生、萧咏槐、黎瑞桂等，它是广东南海、番禺、顺德、中山、东莞五地籍华人社团组织。

（8）关丹广肇会馆，成立于光绪二十五年（1899年）。筹建人为冯子祯、李其洪、周八叔、温生、黄桂芳。1958年创设会员子女奖励金，每年皆颁发中、小学奖励金及在春祭日颁发政府考试成绩优异奖励金。1969年设立中、小学贷学金，1975年创立大学贷学金。1981年成立青年团、妇女组。

（9）马六甲雷州会馆，1899年5月正式成立，发起人为黄立庆、庄思洲、冯廷春、黄天甫、林吉云等。

（10）彭亨文冬两广义山管理委员会，1904年创建。

（11）宜力广东会馆，1906年创立，发起人为黄子聪、谢华等6人。1976年设立会员子女优秀成绩教育奖励金。

（12）蔴坡广肇会馆，成立于1907年。

（13）沙巴山打根中山公会，成立时间大约在1910年，最初名为“香侨公会”或者“铁城会馆”，1925 年时改称为“中山公会”。1962 年初，成立复会筹委会，重新申请注册获准，同年战后首届理事会成员就职。1969 年设立同乡子女奖学金。截至 1970 年初有会员 500 多人。

（14）南洋新兴会馆，创立于 1911 年。

（15）吡叻江沙广东会馆，前身为广东公司（1912 年正式成立）树胶园，后改名为“广东会馆”，并于 1962 年 7 月 21 日正式成立。

（16）柔佛雷州会馆，1914 年成立。

（17）巴株巴辖广东会馆，前身为“粤东公司”，即“广东义山亭”，由广属广肇、茶阳、潮州、琼州四会馆各派 6 名董事组成，1915 年 4 月 14 日创立。1929 年改组为巴株巴辖广东会馆。

（18）霹雳顺德会馆，约于 1916 年成立，设有互助部、妇女部和音乐部等，每年颁发会员子女学业奖励金。1995 年 10 月 15 日，派代表参加在中国广东省顺德市举行的世界顺德联谊总会成立大会，该会会长梁宗藩当选总会副会长。

（19）麻坡广东会馆，1918 年 4 月 1 日成立，是由潮籍人士发起，包括广府、客家、琼籍、雷州籍、高州籍华侨在内的所有粤籍华侨的地缘性社团。1980 年代末共有会员 520 人，其中潮州帮 171 人、广肇帮 115 人、琼帮 91 人、雷州帮 60 人、客家帮 52 人、嘉应帮 27 人、高州帮 4 人。“二战”后历任主席有：林照英、林然英、陈时试、蔡敬三、蔡松林、林缵初、蔡金豹等。

（20）诗巫广惠肇公会，前身最早可追溯至 1918 年创办的“广惠肇三府人士清明祭扫委员会”，当时主要处理义山事宜及为贫病者提供住所，后演变为“广惠肇公会”。1955 年 12 月 25 日获准正式成立，发起人为江仲宵、梁庆金、潘乐生、陈池水，首任主席是邱炳农。1959 年组织狮团队，1987 年成立青年团。历任主席有：邱炳衣、赵庚尧、梁保强、江先汉等。

（21）森美兰泷江会馆，创立于 1923 年 10 月 10 日，前身是“马来西亚芙蓉泷江同善社”，后改称为“马来西亚森美兰泷江同善社”。2001 年 8 月 5 日，经政府批准改为现会馆名称。1978 年 12 月 10 日成立泷江企业有限公司，公开准予同乡认股。1981 年 3 月 15 日，加入马来西亚广肇联合总会。2006 年时有会员 1 200人。泷江流经罗定、云浮、郁南，以祖籍地的母亲河“泷江”命名的马来西亚森美兰泷江会馆，是上述三地籍华人在国外成立时间最早的同乡会之一。

（22）安顺古冈州会馆，创建于 1923 年，创建人有：胡采林、胡子明、施直臣、陈发、黄宣亨、阮林、雷占祥、吴华进、梁励余、谢百濯、张文秀、黄永祥等。

（23）霹雳古冈州会馆，1924 年创建，当时名为“怡保古冈州会馆”，发起人有：林六经、陆文祝、陈锡、冯玲、冯祯、黄有女、梁康、李朗、张泮、卢心存、黄星南、甄蔼民、李瑞荣、冯嘉猷、叶梓昌、陈天耀等，“二战”后改名为“霹雳古冈州会馆”。

（24）雪隆会宁公会，1924 年 11 月 1 日成立，原名“会宁公所”，1969 年改名，首届会长为彭带君，它是广东四会、广宁两县籍华侨的地缘性会馆。1938 年创办力行华文小学（孟沙路），其后于文良港四会村创办育才华文小学。1956 年后设立小学奖励金、中学奖励金。1989 年 5 月成立青年团，首任团长为李汉雄，1973 年有会员 1 200 多名。[①] 1995 年更名为“雪隆会宁公会”。1999 年 9 月，妇女组正式成立，2002 年成立妇女组合唱团。

（25）新加坡清远会馆，1925 年 1 月正式成立，创建人为李汝桐、朱世棠、杨显才、唐彬容、李辉等，首任总理是李汝桐。

（26）新加坡四会会馆，1925 年创立，创建人有：吴炽昌、谭乾生、林德、李二九、谭泗、严友、彭九、吴德、谭竹明、林星岐、龚湛轩、龚桐圃、严华、周木等。次年，“四会会馆”改名为“会宁会馆”，“二战”时会馆停办。战后，四会、广宁两籍华人再次创建“新加坡会宁同乡会”。

（27）雪兰莪三水会馆，创建于 1926 年。1977 年 6 月 5 日举行成立 51 周年纪念庆典，同时颁发第一届会员子女奖励金。

（28）霹雳三水会馆，1926 年成立，发起人为钱义等，首届会长是钱义。

（29）森美兰高州会馆，1926 年 11 月成立，发起人为黄思爵、李郁周、李周廷、何经余、郭炳燊、黄仁山等，首任会长是黄思爵。

（30）劳勿广肇同乡会，成立于 1927 年，由宁全记、钟秀华、郑荣志、吴肇甫、张冠英、谢江秋、曾寿三、潘连等创建，首届会长是宁全记。

（31）北根广肇会馆，成立于 1927 年。

（32）丁加奴广东会馆，1927 年成立，发起人有：刘天裕、苏纪发、刘芝海、陈湘霖、龚良仕、李美结、蔡子乔、胡灼予、胡炯和、陈德金、黄名标、王华、朱树沛、欧德聪、刘劲垣、李群等，他们多为当地广东义山人。

（33）雪兰莪番禺会馆，1927 年 12 月 18 日正式成立，发起人为李旺记、陈泰阶、黄益堂、许业燊、钟深志、莫文柏等。

（34）上霹雳玲珑广东会馆，前身为汤连于 1928 年创建的“广东公司”，1934 年改名为“广东会馆”。

（35）山打根四邑公会，1928 年正式成立，创建人为吴云生、陈赞、梁有齐、钟满等。

---

① 雪兰莪会宁公会青年团编委会：《雪兰莪会宁公会会讯》（创刊号），雪兰莪会宁公会，1993 年，第 59 ~ 62 页。

（36）雪隆中山同乡会，1929 年 2 月 23 日成立，创建人为杨思齐、叶宝清、郑志南、陈干涛、陈君葆、黄志卿、唐德衍等，原名为“雪兰莪中山同乡会”。

（37）森美兰中山同乡会，前身为“中山总坟”，由李汝旺、谭义、蔡有等创立于 1929 年。1952 年 12 月获准注册，1953 年 1 月 1 日正式成立。

（38）永平广东会馆，前身为于 1929 年 7 月 7 日创立的粤属会馆。1976 年 10 月获准注册并正式成立永平广东会馆，首届主席是曾美洲。

（39）金宝古冈州会馆，前身为陈达初、陆佑之、陆炳、李焯赓、陆松恩等人于 1929 年创建的“金宝古冈州留医院”，1934 年 8 月 1 日改名。

（40）雪兰莪新古毛高州会馆，前身为成立于 1932 年的“高州春秋祭会”。

（41）霹雳番禺会馆，1935 年成立，发起人为曹建成、钱若愚、岑茂、陈南、何仕潜、刘炜珊、黄易、林映辉等。

（42）甲属万里望雷州会馆，发起人为张义容、何乃辉、陈德璋、黄光泰、朱时泰等，1936 年 5 月成立，首届总理是张义容。

（43）文冬古冈州同乐社，成立于 1936 年 6 月 6 日，发起人为茹保照、茹瑞堂、茹广裕等。

（44）劳勿高州会馆，创建于 1936 年。

（45）新加坡高明同乡会，1936 年 10 月 10 日正式成立，前身为成立于 1920 年的“高明同乡互助会”，1935 年由张岳华、吴道生、邓永康等人改组为“高明同乡会”。

（46）槟城番禺会馆，1936 年 12 月 24 日正式成立，倡建人为苏焕芝等。

（47）新加坡广东会馆，创立于 1937 年，创建人为李伟南、杨缵文、林文田、曾纪辰、陈开国、符致逢、李德初、魏森泰等，首届会长是李伟南。

（48）马六甲广东会馆，1937 年 5 月 15 日成立，首任主席是郭巨川。“二战”后历任会长有：郑则士、陈通临、吴运科、郑果涵等。

（49）砂拉越会宁同乡会，发起人为梁庆金、江璧垣、江事贞、刘礼庭等，1938 年成立，首任会长是梁庆金。1987 年成立青年团。1990 年代初成立妇女组。

（50）霹雳广东会馆，前身是始创于 1868 年的“坝罗广东义冢”，1938 年霹雳广东会馆开始创建，1939 年 1 月 3 日正式成立，首任会长为刘伯群。

（51）新加坡鹤山会馆，1939 年 9 月 23 日成立，创办人为张子方、任兆林、源冠曹、温茂芝等，首届主席是张子方。

（52）雪隆广东会馆，1940 年 4 月获准注册，同年 6 月 2 日正式由李孝式、张昆灵、陈济谋、辛厚慈、李耀聪、刘其武创建。

（53）森美兰广东会馆，1940 年由朱戟门、许瑞甫、黄益堂等人创建。

（54）新加坡天河同乡会，创立于 1940 年，创建人有谭心如、黄理瑞、李永耀、谭顺洪、谭俊文、谭广瑞、谭永邦、谭国健、邝锡鸿、谭永珍、梁华、谭恒甫、谭荣思、谭棣生等，首届总理是萧华石，它是新会县天河乡籍华侨地缘性会馆。

（55）柔佛居銮高州会馆，前身为正式成立于1940年10月10日的“居銮高侨公会”，由罗志成、曾启明、徐秀记、关益生、李伯乔、黎爵廷等发起创建。

（56）古晋雷州公会，原名“砂拉越雷阳会馆”，成立于1941年8月15日，1989年改名，创建人为陈昌秀、洪应生、彭家平、陈永丰等，首任会馆主席是陈昌秀。

（57）柔佛彼咯高州会馆，正式成立于1941年11月6日，发起人有：罗镜堂、雷贵华、赖学来、潘明初、李敬初、黄达志、黄益廷、李成文、江肖豪、叶瑞祥、刘兆丰、梁源来、江德甫、赖富安、薛业兴、张配，首届会长是雷贵华。

（58）新加坡高要会馆，1941年成立，创建人有：谢颂彭、陈荣初、赵汝成、王铁山、莫卓恒、钟福廷、文泽、左培根、李茂容、岑振陆、冼丽初、梁伟谦、刘溥天、梁铿祥、陈冠然、廖开等。

（59）新加坡潮荷同乡会，1941年成立。发起人为胡悦聪、陈炽南、卢可树、陈耀权、区伯元等15人。该组织由来自广东新会县潮莲乡与荷塘乡人士组成。会所最初设在冈州会馆2楼，1954年自购会所。

1890年至“二战”结束前，广东帮创建的社团数量很可观。不单单是原籍珠三角的华侨创立了很多地缘性会馆，雷州等非珠三角籍的华侨也组建成了一些地缘性组织。

3. 1890年至“二战”结束前客家帮地缘性社团

（1）瓜拉立卑客属公会，前身为“客社会馆”，创立于1892年，创建人为朱汉章、杨辉合、林凤鸣、曾俊波、杨穆如等，1939年改名为“客属公会”。

（2）雪隆嘉应会馆，1898年成立，原名为“雪兰莪嘉应会馆”，由姚德胜、郑安寿、李桐生创建。

（3）槟榔屿客家五属公所，创建于1899年。

（4）霹雳嘉应会馆，1900年成立，创建人为姚德胜、姚俊修、李桐生、郑吉楼等。1911年倡办明德学校。历任会长有：姚德胜、李荔波、梁恩权等。

（5）新加坡增龙会馆，前身为“增邑慈善堂”，由李泽记、马车衍、莫洋、邱成等创设于1911年，1947年7月13日正式改组为“增城同乡会”，1953年5月24日后正式扩大成立“新加坡增龙会馆”。

（6）令金鄞江公会，约1908年创立。鄞江，即汀江，为“客家母亲河”。

（7）霹雳太平茶阳会馆，1914年成立，倡建人为余振福、蓝亮轩、戴尊三、戴子丹、廖卓齐等，首任总理是余振福。

（8）瓜拉庇拉应和会馆，1915 年由邓保、李石、卜善达等数十人倡组，1931 年创办新民学校（50 年代并入中华学校）。“二战”期间会务停顿。1956 年 7 月 20 日获准注册，同年 9 月 1 日举行复兴典礼。会馆福利部下设奖助学金组、帛金组、喜庆组、调解组等。历任会长（总理）有：李顺清、张耀泗、巫悦昌、张湖庆等。

（9）霹雳司马南嘉应会馆，1915 年创建，发起人为朱孟忻、沈三和、张维兴、卢焕柜。1960 年以前，仅一间会所，会员不多、会务单纯。1961 年，由司马南同乡大会议决，归太平嘉应会馆直接管理，改称为“霹雳太平嘉应会馆司马南办事处”，又称为“霹雳司马南嘉应会馆”。

（10）砂拉越古晋大埔同乡会，前身为创立于 1916 年的“埔邑公所”，创建人为黄荣谦、杨子葵、杨子琪、杨捧章、蓝如晏、杨可达、萧春生、吴子昭、罗诚之、杨应章等，1951 年改为现名。1923 年，创办大同学校，由公所董事兼任校董。1936 年，该校与古晋客属公会所办的公民学校合并，组成越光中小学校。历任主席（总理）有：蓝如晏、杨子琪、杨捧章、萧春生、罗飞仙、陈汉光、蓝俊人、谢隆志、罗仲勋、何伦赞、杨镜南等。

（11）巴株巴辖茶阳会馆，1917 年成立，倡建人为陈世武、张崇昌、饶少庚、吴平轩、谢用六、何信云、陈杰贤、陈贵长、孙良策、陈子和、陈旭初等，第一任会长为吴平轩。

（12）新加坡永定会馆，1922 年 12 月 7 日举行开幕仪式，创建人为胡化山、胡秀容、胡星阶、张滋楼、赖恺香等，首届总理是胡必育。

（13）蔴坡茶阳会馆，成立于 1925 年，由罗美东、刘孟云、杨史臣、李玉衡、袁舜琴等创立，1974 年举行庆祝成立 50 周年金禧纪念大会。

（14）森美兰茶阳会馆，1924 年成立，倡建人为黄正兴、吴恩瑞、林永德、张叠芳、萧佛德、杨俊卿、何吉士、曾居、邓贡贤、饶艺农、何楚衡、田谷初、管绍南。1930 年创办大华学校。1961 年创设会员子女资助学金。1976 年设立青年部，内设文娱、华乐、体育 3 组。1980 年成立妇女部。

（15）巴生大埔同乡会，前身为成立于 1925 年的“茶阳音乐社”，由杨明德、杨剑秋、杨荣华、黄国松、张敬修、陈国梁等创办，次年改名为“大埔俱乐部”，1938 年再改名为“大埔同乡会”。《马来西亚大埔（茶阳）社团联合总会第八届会员代表大会暨巴株巴辖茶阳会馆成立 70 周年纪念特刊》中则记载，巴生大埔同乡会创设于 1935 年，由茶阳音乐社、大埔俱乐部扩大组织而成。[①] 1960

① 《马来西亚大埔（茶阳）社团联合总会第八届会员代表大会暨巴株巴辖茶阳会馆成立 70 周年纪念特刊》，巴株巴辖茶阳会馆，1987 年，第 33 页。

年设立奖学基金委员会。1991 年有会员 700 名。历任会长有：杨良成、萧春三、蓝徽如、黄国松、池镜泉、林海珊、杨强、杨国诰、董宝华等。

（16）槟榔屿永定同乡会，前身是创建于 1926 年的“永安记”公司，1947 年 10 月 10 日正式成立。

（17）新山客家公会，1927 年 1 月 1 日正式成立，原名为“新山同源俱乐部”，发起人为潘成容、胡锦开、钱炳喜、邬惠堂、邬寿菴、黄德辅、刘登鼎、李兴唐、曾学三、刘玉坡、李芹初、廖秦馨、陈彼得、邬玉澄、李习亭、甘玉修、田亚对。“二战”后以“新山同源社”之名注册复办，1992 年改名为“新山客家公会”。首任总理为邬惠堂、财务为胡锦开、总务（座办）为邬玉澄。同源俱乐部成立一年后，会员增至 100 余人。历任会长有：刘伟民、邬有祥、何子裘、邓康诸等。

（18）南洋客属总会，1929 年 8 月 23 日正式成立，创建人为汤湘霖、何仲英、梁谷励、陈翼扶、蓝禹甸、赖思升、谭清源、陈镜秋、梁燊南、叶隆兴、林英辉等，并得到胡文虎、胡文豹兄弟经济上的资助。第一届会长为胡文虎，副会长由汤湘霖、蓝禹甸担任。

（19）槟榔屿龙客会馆，1929 年 11 月 11 日成立，前身为“苍岩清明福建公司”。

（20）东甲惠州公会，1933 年成立，原名为“东甲惠州同乡通讯处”。1958 年，由黎应波、张和、张发、戴超鹏、缪子筹等发起，正式建立了“东甲惠州公会”。首任主席是黄新吉。1973 年设立会员子女奖学金。

（21）古晋客属公会，成立于 1934 年，发起人为杨棒章、宋子明、罗飞仙、赖济可、梁其钟、杨自省、萧伯先等。原名为“砂拉越客属总会”，后因各地成立客属公会，乃改名。

（22）霹雳万里望嘉应五属公会，1935 年成立，发起人为林成彬、谢质君、林德三、叶含芳、叶海芳、李智寿、李坤文、钟成财、陈汉庭、程英五等。

（23）霹雳怡保惠州会馆，1935 年成立，发起人为张凤、郑纯生、林东胜、杨金水、彭维纲等。历任主席有：郑纯生、徐杜、钟九、钟福田、廖伟等。

（24）蔴坡雷州会馆，1935 年成立。

（25）吉南客属公会，1935 年应南洋客属总会的号召而创建，首任主席是黄文山。

（26）昔加末客属公会，成立于 1936 年，创办人有：吴柏棠、官徽吉、张泗柱、彭寿伍、邹松、黄霖、罗民生、黄热诚、黄寿华、何裕扬、黄忠兴、叶炳华等。历任会长有：罗民生、彭德芝、何裕梯、罗谷生等。

（27）柔佛惠州会馆，1936 年成立，发起人为戴子良、魏瑞南、黄适安、陈望青、彭瑞麟、陈肇昆等。原名为“惠桥公所”，附属于新加坡惠州会馆，首任主席是高森。“二战”后重建，1954 年获得注册批准，改名为“柔佛惠州会馆”，历届主席有戴光（1964—1981 年）、陈裕（1982—1991 年）、彭文烈（1992—　）等。1968 年设立奖学金委员会，1979 年设立“鹅城大众股份企业有限公司”，1996 年成立妇女组。首届主任是罗烽瑂，署理主席是郑慧莹。会址在柔佛居銮。

（28）霹雳惠州会馆，发起人为郑纯生、林东胜、林容、杨金水、彭维网、刘纪仁、林清、林明泰等，1936 年 12 月 12 日正式成立。首届主席是徐杜。1957 年成立青年部，1958 年设立清寒子弟奖学金。

（29）槟榔屿大埔同乡会，1936 年 12 月 12 日正式成立，由戴芷汀、戴淑原、何如群、杨芷芗、蓝渭桥、钟乐臣等创建。1960 年设立会员子女奖学金，1978 年设立会员子女大学贷学金，1981 年成立青年团，2009 年有团员 100 余人。该会馆 2009 年共有会员 800 余人。

（30）关丹客属公会，1937 年 1 月正式成立，由叶亨文、张永元、郭贵福、张仪初、许梅发、姚达三等人应胡文虎的号召而发起组织成立。首任会长是叶亨文。成立不久即吸收会员 300 人。1972 年设福利互助股，同时设立奖学金、成立青年文娱组。历任会长有：叶亨文、周甲、朱华联、黄志仁、曾思通、叶运兴。

（31）彭亨惠州会馆，筹建人为李观洪、黄玉华、曾梅、李胜、刘谭等，1937 年成立。首届主席是李观洪。

（32）武吉班让客属公会，1937 年 4 月 16 日创办，发起人为彭学龄、陈荣华、陈兆义、吴书香、陈永香等。

（33）古来客属公会，1937 年成立，首任会长是戴子良。

（34）瓜拉庇拉客属公会，1937 年成立，发起人为萧尚武、张耀泗、李顺清、吴火荣、萧士华、谢炳、杨奕喜、叶鸿宾、谢振、庄衍链、余双、廖苟、叶根、黎冠平等，首届会长是萧尚武。

（35）新加坡嘉侨同乡会，中国抗日战争爆发后成立，始名“嘉侨救乡会”，不久改名为“梅江俱乐部”，日军南侵后会务停顿，1946 年再次筹组嘉侨同乡会，1947 年 9 月获准注册，并改称现名。会员 300 余人。下设互助部、国术部、金狮队、奖学金委员会等。

（36）文律客属公会，1937—1938 年间成立。

（37）霹雳蕉岭同乡会，1938 年成立，该组织发起时选举徐炳堂、郭湘贤、赖达岐、曾亦鲁、赖甲贵、汤德卿、林世香、李桓清、汤兆祥、曾汉彬、陈瑞安等人组成“促进委员会”。

（38）新加坡龙岩会馆，1938 年成立，首届总理是林国仁。

（39）令金客属公会，创立于 1938 年 10 月 10 日，发起人有谢统生、吴芳谷、官云峰、吴乃富、何心保、童礼乾等。历任会长有：谢统生、吴乃富、谢世绢等。

（40）彭亨林明客属公会，创立于1938年10月12日，发起人为古汉光、张鼎新、叶玉梅、邱全、许梅发、温蔚萼、谭子奎、曹世杰等，首任会长是古汉光。成立不久即招收会员700多人，积极参加南洋筹赈祖国难民总会的活动。太平洋战争期间会务停顿，“二战”后，由张鼎新、黄木生、叶立生等人复办。

（41）淡边客属公会，创立于1938年，发起人为卢能新、陈少枢、李基政、史中杰、卢国瑞、饶见陆等，首任会长是卢能新。

（42）彭亨大埔同乡会，1938年创立。

（43）吉打客属公会，1939年1月1日成立，由谢笑候、曹作臣、廖俊宸、陈聘之、郭怡庭、李富初、罗普仁、李访南、胡耀源、廖文秀、陈树奇等人应星洲南洋客属总会的号召而创建，首届会长是谢笑候。

（44）劳勿大埔同乡会，1939年创建。

（45）槟城客属公会，成立于1939年，创办人为戴淑原、胡让芳、孙容光、何如群、古国耀等。

（46）居銮惠州会馆，1939年成立。

（47）劳勿客属公会，1939年成立，发起人为张谭保、陈昌喜、陈仁生、张冠英、黄锦华、郑裕存、江裕堂、杨逢喜、温立等。

（48）金马士客属公会，成立于1939年，由徐乐山、叶灿、何子尧、叶茂芳等倡建。亚逸、昆宁、八登、马六甲、利济、月乐等地客属人士加入该社团，会员有200余人。1958年后历任会长有：黄炳英、赖奎、黄官胜、吴海光等。

（49）东甲客属公会，由黄少明、杨永新、何镜波、熊文磷、陈开筹、郭寿朋、张发记、张国平、罗伟康、和东当、丘义、罗潭、张常权、黄熙业等创建，1939年11月20日举行成立典礼，首任会长是黄少明。1958年设立善后互助部。1969年设立会员子女中小学奖励金，逢新年颁发。历任会长还有：黄熙业、赖君棣、罗焕养、罗金水等。

（50）野新客属公会，1939年11月20日正式成立，由吴礼庭、罗少聪等应南洋客属总会号召而创建，首任会长是吴礼庭。设有福利组，并成立会员子女学业优良奖励金小组。该社团是马六甲州拥有会员最多的华人社团之一。

（51）笨珍客属公会，1939年12月17日正式成立。历任会长有：林勉之、黄仁若、韩仿源、张国祥、陈启壬、林锦昌、丘自发、曾祥铿等。

（52）怡保客属公会，1930年代建立。

（53）金宝客属公会，1930年代建立。

（54）玻璃市客属公会，1930年代建立。

（55）砂拉越客属公会，1930 年代建立。

（56）边佳兰客属公会，1930 年代建立，据说曾邀请胡文虎主持开幕礼。早期移入边佳兰的华人多为丰顺籍的客家人。“二战”时，边佳兰客属公会停办，“二战”后未能复办。

（57）丰盛港客属公会，1930 年代建立。

（58）巴株巴辖客属公会，1930 年代建立。

（59）蔴坡客属公会，1940 年 1 月 1 日成立，发起人为罗美东、杨史臣、张慕周、袁舜琴、钟寿山、陈少仪等。历届会长有：张慕周、黄道文、陈以芳等。

（60）马六甲客属公会，成立于 1940 年 6 月 1 日，发起人为刘汉屏、熊志苍、杨兆满等，首届会长是刘汉屏。1951 年成立义务夜学。1964 年体育部成立足球队。后增设青年团及颁发资助学金等。

（61）彭亨文冬客属公会，正式成立于 1940 年 10 月 10 日，创建人为陈开登、曾联芳、彭梅等，首任会长是陈开登。

（62）乌鲁冷岳区（加影）客属公会，1940 年成立，发起人为李耀忠、丘冠鸿、贺南兴、黄春华等。初期会员 400 人。1977 年成立青年组，组织华乐队。

（63）居銮客属公会，成立于 1940 年。

（64）峇南客属公会，1939 年发起筹建，1940 年成立。首任主席是赖金奎。原名为“侨民公所”，1951 年改名。原会址在丹容里旺镇，后迁至马鲁帝。

（65）霹雳蕉岭同乡会，1941 年 6 月 5 日正式成立，筹建人为徐炳堂、郭湘贤等，首任会长是曾容祥。设有会员子女助学金。

（66）亚庇客属公会，1940 年 8 月获准注册，12 月 15 日正式成立，发起人为钟月樵等。原名为北婆罗洲西海岸客属公会，1956 年改称北婆罗洲客属公会，1964 年沙巴客属总会成立后，又称亚庇公会或亚庇客属公会。历任会长有：李渥新、卓秀云、李道生、彭德聪等。

（67）江沙客属公会，1941 年 8 月间成立，倡建人为陈一锷、黄崇新、李启新、刘英、何淑彦、刘奕超、卢万春、陈清能等。历任会长有：陈一锷、何淑彦、刘奕超、卢万春、李启新、李芝海、刘介明、张壮乐。

（68）霹雳客属公会，成立于 1941 年 9 月，发起人为胡重益、潘敬亭、刘伯群等。首任会长是刘伯群。1979 年 7 月，马客联会在怡保举行成立大会，霹雳客属公会会长胡万铎被选为马客联会首届理事长。1983 年该会被委命为“助理婚姻注册局”。

（69）南洋上杭同乡会，1941 年 10 月 10 日正式成立，创建人为游杏南、林定基、华亮明、邱吉豪、游子炫等，首届会长是游杏南。

（70）瓜拉吉赖客属公会，1941 年成立，创建人为张泰、何敷朗、刘岳等。

（71）古来客属公会，成立于1941年，创建人为丘菊甫、罗济基、黄国政、彭瑞磷、黄子松、戴顺、李锡光等。历任会长有：戴顺、黄子松、李亚景、蔡武胜等。

（72）古来鹤山同乡会，1941年成立，以客家人为主。发起人为冯敬堂、包远槐、黄合等。首届主席是包远槐，副主席是谢贤。成立后会员很快达2 000多人。

（73）吉兰丹吉赖客属公会，正式成立于1941年。

（74）诗巫客属公会，1939年开始筹建，创建人为罗志平、赖汉儒、江仲宵等，1944年12月8日正式成立。

（75）吉兰丹哥打巴鲁客属公会，创办于“二战”前，创建人为胡云锦等。

1929年8月，在新马地区各帮派华人的地缘性组织中，最早囊括整个南洋地区的客家人社团的总会性质的是南洋客属总会，它由客家华侨创建，可以作为客家人富于团结合作精神的见证。

4. 1890年至“二战”结束前潮州帮地缘性社团

（1）雪隆潮州会馆，创建于清朝光绪十七年（1891年），当时名为“雪兰莪潮州八邑公所”，1929年改名为“雪兰莪潮州八邑会馆”，并改会馆总理为会长，1985年再改名为“雪隆潮州会馆”，首届总理是佘来标。

（2）吉南韩江公会，清朝光绪十八年（1892年）创建于居林（吉礁州南部首府），原名为“吉南韩江家庙”，1962年12月改名。另一说法为创立于1889年。①

（3）纳闽潮州公会，前身为“纳闽义安郡公司”，约在1900年已形成正式社团，倡建人为王光辉。1967年联合广惠肇会馆和琼州会馆成立广东义山委员会，拥有26英亩墓地。1969年，义安郡公司正式改为现名，并扩大会务，组织福利和康乐组，设立奖学金。“二战”后历届主席有：陈基茂、林耀祥、陈宗钦、蔡炳生等。

（4）斗湖潮州公会，其前身“义安郡”创立于1901年。当时从原籍迎来列圣香炉灰和圣像，供奉于列圣庙，由当地几家潮属商店轮流任理事。1922年创办新华学校。1962年4月15日，注册为合法社团，改会名为“斗湖潮州公会”，首届理事长是刘玉波。

（5）霹雳韩江公会，1916年秋获得注册批准并成立，创建人为黄大荣、吴治光、马元廷、戴欣然、马兰馨、郭清溪、陈璧珊、陈子周、蔡炳坤、张丹史、杨钧、黄裕源，首届总理是马兰馨。“二战”后改总理制为会长制，董事任期由

① 谢育德：《马潮联会金禧纪念特刊》，马潮联会，1984年，第151页。

一年改为两年。1947 年创办育华学校，附设在会馆内。1969 年春设立助学金，1974 年成立青年组。1978 年会员人数达 1 048 名。历届会长（总理）有：马兰馨、戴澍霖、蔡炳坤、陈锦盛等。

（6）巴生滨海潮州八邑会馆，原名为“巴生潮州公所”，成立于 1921 年 10 月 10 日，1947 年重组会馆后改名为“巴生滨海潮州八邑会馆”。

（7）新加坡潮阳会馆，1925 年 9 月 10 日正式成立，创建人有：陈源泉、何乐如、林雨岩、郑则士、李金赐、李冠五、李明初、李庆元、陈仕天、陈再兴、翁捷合、李庆盛、郑鹄伯、郑学得、林步青、陈永林、郑宗义、朱少屏、郑廷杰、林振毓、赵克仁等。

（8）大山脚韩江公会，成立于 1926 年，发起人为陈家怡、郑六如、黄芝芳、郑石山、陈仁樵、陈海澄、陈六弟等。

（9）新加坡潮州八邑会馆，1929 年成立，发起人有：林义顺、黄蔚廷、刘正兴、廖正兴、郭廷通、陈敬堂、李伟南、张永福、林雨岩、吴扬青、刘成权、陈耕之、杨缵文、吴竹村、吴扬屏、杨书典、李伟卿、林忠邦、陈秋槎、李金赐、杨杞岩、郭斯高、陈源泉、陈锡光、林树森、谢顺琴、吴扬芳、陈芷青、洪仁寿、陈肯构、洪开榜、黄芹生、林忠国、李星岩、杨瑞璜、刘继藩、吴焕岩、李岳生、陈乳江、刘炳忠等，首届总理是林义顺。

（10）柔佛潮州八邑会馆，1933 年 4 月 24 日获得注册批准，1934 年 2 月 1 日正式成立，创建人为姚逸斋、黄泰有、佘南寿、陈全奎、陈合吉、陈树典、蔡汉初等。历届会长（总理、主席）有：佘南寿、陈合吉、黄振杰、卓维祺、黄作秋、李瑞祥等。

（11）马来西亚潮州公会联合会，1934 年 8 月 17 日正式成立，创建人林连登、李伟南、杨缵文、郑则民等，首届主席为槟城潮州会馆的林连登，它是全马潮州帮社团的总机构。

（12）邦咯韩江公会，前身为成立于 1935 年的“潮乐社”。1946 年，马开粒、马爱党、郑耿坤等以韩江公会名义向霹雳州政府申请注册，并附设互助部。1958 年时改名为“韩江公会”。

（13）蔴坡潮州公会，1936 年初成立，倡建人为许坤炎、蔡寿钦、陈茂楠、黄道生、黄振元、陈秋庭、吴受章、沈连城、杜崇忠、蔡歧生等。另一说为创立于 1937 年春。[1] 1938 年成立互助部，筹得万余元，用于赈济潮州家乡灾民。

（14）新加坡潮安联谊社，1937 年 7 月 3 日正式成立，创建人有：林璧臣、谢泽臣、李再全、陈永清、陆璧臣、林绣堂、李笠农、张庆洲、黄耀堂、李筱

① 谢育德：《马潮联会金禧纪念特刊》，马潮联会，1984 年，第 165 页。

石、黄学良、邢伯勋、邹浩然、吴桂芝、林应标、谢玉堂、张平书、王槐庭等，首届主席是黄耀堂。1950 年联合潮安第三区同乡会、安龙同乡会发动组织潮安会馆。1964 年设立奖学金。

（15）诗巫潮州公会，原名为“潮侨俱乐部”，成立于 1937 年，“二战”后改名为“潮州公会”。“二战”后历届主席有：张永庆、郑河进、黄岳坤、徐光泰、郑福进、林楚廷、蔡锡深、陈宏升、陈景益等。

（16）新加坡普宁会馆，1938 年成立，创办人为张伯贤、李子白、陈容清、陈梓亭、苏成兴、杜式文、方志松、杨元渠等，首届会长是张伯贤。

（17）昔加末潮州会馆，由刘东升、黄鹤生、吴锡高、陈卓汉、陈鹤龄、黄卓侬、陈长汉、邱向荣、陈镇河、杨潮昌、张清照、杨梅臣、林中发、蔡敬先、蔡隆昌、陈赞绪等于 1940 年筹建，当时名为“潮州公会”，1962 年改名为“潮州会馆”。1968 年设立中小学奖励金组织。历任会长（主席）有：刘东升、杨梅臣、杨耀坤、杨西宏等。

（18）巴株巴辖潮州会馆，1940 年正式成立，创建人为柯璧臣、赵丽生、赵平阶等。“二战”时会务停顿。1945 年 8 月，会馆重建，会员达 600 余人。后会馆设立会员子女奖励金、会员福利组及青年组等，会员人数增至 1 000 人左右。

（19）新加坡揭阳会馆，成立于 1941 年，发起人有：李魁士、方静堂、姚国华、林达、郑鼎新、洪万成、集合隆、陈一中、林献瑾、纪明良、姚愈文、杨贻广、陈君敏、史振先、吴道统、杨翔宝、黄子喜、沈联章、唐史青等。

（20）关丹潮州会馆，1944 年创立，另一说为 1945 年创立，① 首任主席是陈家俊。

1890 年以来，潮州帮的地缘社团数量仍旧很少，但包括整个马来西亚潮州帮华侨社团的“马来亚潮州公会联合会”于 1934 年 8 月正式成立了。可见，潮州帮华侨团结合作的精神较强。

5. 1890 年至“二战”结束前海南帮地缘性社团

（1）纳闽海南会馆，创建于 1890 年，发起人为林熙杰、林廷松。1960 年代，先后设立学生奖励金、敬老金等，青年团则开展各种活动。1990 年举行成立 100 周年庆典，并出版特刊。历届会长（主席）有：韩仍丰、符气桂、孔昭铣、韩补元、韩月辉、韩雄丰、符杰清等。

（2）吉玻海南会馆，成立于 1892 年，原名为“吉礁琼州会馆”，创建人为曾桂、云大裕、何敦福、郑大丰、彭兴基等。1972 年“吉礁琼州会馆”改名为“吉玻琼州会馆”，成为吉打、玻璃市两州华人地缘性社团。1991 年 9 月 5 日改

① 谢育德：《马潮联会金禧纪念特刊》，马潮联会，1984 年，第 170 页。

名为“吉玻海南会馆”。历任主席有：黄可观、覃国炳、马维新、钱有吾、左廷进、符气恒、王声展、王茀儒、陈泽新、莫斯存、符朝安等。

（3）巴生海南会馆，原名为“巴生琼州会馆”，1894年成立，倡建人为陈德万、陈文秀、龙道仁等。历任总理有：陈德熹、林猷东、龙学和、张道经、陈启东、曾纪孔、王永福等。1943年以来历任会长有：陈建寅、王永祉、王德新、王大美、黄守瑗、陈大俊、陈毓仕、冯裕华等。

（4）关丹海南会馆，创建人为潘昌桂、卢鸿儒、王三职、史锦璋、史坝璋等，于1895年创立。1959年成立青年部，组织各种球队和中西乐队。

（5）安顺海南会馆，光绪乙未年（1895年）创立，创建人为李其仁、苏志东、云逢创。早期馆内供奉天后、水尾圣娘诸神，会务采用炉主制。

（6）丁加奴海南会馆，1896年创立，创建人为何启藩、严崇义、陈声进、冼世昌、黄振明等，早期为“水尾圣娘庙”，也曾名为“丁加奴琼州会馆”，1928年始订立章程，次年首届董事部成立，首届总理是翁方昌。[①]

（7）古晋琼州公会，前身为“天后庙”，其先后改名为“琼侨公所”、“琼州公会”，创立于1898年。

（8）永平海南会馆，原名为“琼州会馆”，成立于1902年（另一说为1900年），创建人为陈书汉。1920年代改名琼州会馆，1926年获得注册批准。1972年成立青年科。1975年有会员47名，1982年增至76名。

（9）宜力海南会馆，约1900年成立，创建人为吴广欣。

（10）淡边柔佛琼州会馆，成立于1902年，创建人为郭巨川、林义甫、林鸿先、苏成德、符鸿光、何达天、王进琛、符鸿潘、林鸿轸、郭盛芳、陈维美等。

（11）山打根海南会馆，成立于1902年，倡建人为林德文、贾宏美、林道三、谢源华、陈宝琚、徐开泽、贾宏谟、黎成柳、王运光等。1992年11月，举行90周年会庆典礼暨轮值主办第八届沙巴“海南之夜”文娱晚会。每年颁发会员子女学业奖励金。

（12）古来琼州会馆，1902年陈学凤、符文章先后南下古来，他们将所携带的天后、水尾圣娘、冼太夫人神像供奉于一小庙宇，此为古来琼州会馆前身。1923—1924年间建立了天后宫和会馆。1931年创办英才学校。历任主席有：符文章、陈学凤、符月波、汤振波、符气生、莫定子、杨朝川、林猷美等。

（13）森美兰海南会馆，1903年创立，由陈序机、吴昌贤、林天玉等人发起创立。最初为奉祀天后圣母等诸神的神庙。

① 《登嘉楼海南会馆》，马来西亚华团简史编委会：《马来西亚华团简史》，吉隆坡：马来西亚中华大会堂总会，1999年，第311页。

（14）浮罗交怡海南会馆，约1905年成立。1958年8月成立福利组，1966年筹设会员子女学业奖励金，1983年5月19日设立青年团，1999年6月11日成立妇女组。

（15）甘马仕海南会馆，原名为“琼州会馆”，成立于清朝光绪三十二年（1906年），由符朝炳、冯振义等人创建。“二战”前主持会馆会务的有吕先传、符气华、林鸿兴、林廷谢等人。

（16）吉兰丹海南会馆，曾被称为“吉兰丹琼州会馆”，1906年成立，创建人为符和泰、龙有源、张廷兰等，1992年获准改名。

（17）吉胆岛海南会馆，原为创建于1872年的“昭应庙”，供奉108兄弟公等。1908年，由潘先美、陈学贵等发起组织海南联谊会。1932年获准注册，改名为吉胆琼州会馆，实行主席制，潘正深任主席。1964年设会员子女奖学金委员会。历任主席有：潘正深、陈学钧、陈时爵、符传波等。

（18）巴株巴辖海南会馆，原名为“琼州会馆”，1910年成立，发起人为龙逢时、龙其昌、王大纪、翁容兰等。1917年获得注册批准。1937年时有会员299名，1946年时有666名。1947年设立互助部、国乐组，1961年开始颁发会员子女奖学金，1992年设立青年团，1993年成立妇女组。会馆历任正、副主席有：邢渊平、周怀斌、莫若时、卢英民、陈治蔚、冯增光、曾昭炳、曾昭才、罗继炎等。

（19）林明海南会馆，原名为“琼州会馆”，1910年成立，创建人为王三积、吴称珍、王成庄、俞学卿、何国炯、林尤森、陈明初等。1918年创办平民夜校。“二战”后历任正、副主席有：潘先桐、潘光玉、何国升、王世昌、冯秀东、潘正良、何亚水、张昌达等。

（20）北加海南会馆，1910年创立，前身为“辅农庙”，筹建人为王德鸾、黄宗星、尤邵能等。1925年，符福裕、翁德盛、黄宗星等组建成立“北加琼州会馆”。1978年首次颁发奖学金。历届主席有：黄百津、陈时耀、何和悦、黄必能、周德森、符传晨、符国保、何启昌、黄孟昭等。

（21）高乌仁丹海南会馆，1910年建立。馆址原在仁丹，后迁至高乌。

（22）双溪大年海南会馆，1911年成立，前身为“天后宫”。创建人为王谟仁、周中琪、何敦保、张宋文、梁居悦、梁居梓等。

（23）丰盛港海南会馆，由韩居丰创建于1912年。首任主席是韩居丰。1937年有会员101名，1960年代增至386名。1964年设立青年部，1965年成立铜乐队，1998年成立妇女组，首届主任是杨英英。

（24）雪邦海南会馆，1912年成立。早期创建华侨华文学校，1971年成立青年团，1972年成立奖励金委员会。

（25）霹雳海南会馆，1912 年成立，原名为“霹雳琼州公会”，发起人为符福泰、符斯焕、林灏熙、朱儒林、洪照初、陈献义、林英才、林天俊、詹开松、吴子英、洪文穆、洪赞虞、何璋莪、石钟凤等，首任会长是符国泰。成立之初会员有五六百人。1914 年创立振华学校，并设立夜学班。1950 年成立青年团，1954 年创设会员子女奖励金，1987 年成立醒狮团和武术班，1989 年设立妇女组。

（26）令金海南会馆，由丁学贷等人于 1912 年创建。“二战”后历任主席有：龙鹏镒、庄运轩、符鸿春、龙程达、朱运珊、李碧绿等。1965 年成立青年组，1998 年成立妇女组。

（27）柔河海南会馆，1912 年创立。筹建人为郭巨川、符鸿宽、林鸿轸、林义甫、郭盛芳等。

（28）玉射海南会馆，1915 年成立。创办人为黄宜成、杨维忠、王及贤、王国英等。首任主席是吴景位。1980 年代申请注册，当时会员有七八十名。

（29）笨珍海南会馆，成立于 1916 年，由林子蕃、周永礼、洪绍昌等创建，原名为“琼州会馆”，后改名为“笨珍海南会馆”。1919 年获得注册批准。1937 年有会员 391 名，1971 年为 434 名，1993 年为 593 名，2004 年为 610 名。1947 年林龙双等发起组织音乐部。1960 年广征同乡入会，并设中小学奖励金。1962 年，音乐部成立铜管乐队。1982 年成立青年部。1989 年成立教育基金置业委员会。历任主席有：林召怀、罗肇传、林熙镇、何敦瑚、冯桂东、卢甸邦、邝世清等。

（30）东甲海南会馆，1919 年创立，前身应为“海南公司厝”。1924 年 5 月 21 日获准注册，主席为黄家雄，副主席为黄守仁。1937 年有会员 194 名。1957 年设立铜乐队，1965 年成立青年组。

（31）新文龙海南会馆，1919 年成立，创建人为陈升熙、蒋业卿、林鸿新、林明仕等。原名为“宋加兰琼州会馆”（宋加兰即新加兰的另一叫法），“二战”后改名为“新文龙琼州会馆”。1924 年注册获得批准。1937 年有会员 207 名，1971 年只有 79 名，1993 年有 84 名，2004 年有 104 名。1990 年成立青年团，1998 年成立妇女组。历任主席有陈元典、陈闻明、严崇标、王川洲等。新文龙为柔佛州新加兰、文律、龙引三地的合称。

（32）巴登马六甲海南会馆，1920 年创立，创建人为王廷藩、庄迪丰、庄海山、王家孔、陈世贤等。原名为“琼州会馆兄弟公庙”，1997 年正式改名为“巴登马六甲海南会馆”。

（33）美里海南会馆，前身为 1924 年底创立的“琼侨公所”，1956 年改名为“美里琼州公会”。由林明甫等人发起创立，林明甫担任首届正总理，副总理为欧名琦。1969 年设立会员子女奖励金以及年迈会员敬老金。青年团于 1977 年 6

月23日成立。1991年1月1日，改名为“美里海南会馆”。

（34）淡马鲁属海南会馆，1924年创立，发起人为卢修新、陈继章、何钦新、安贤泮、陈宝声、王家炳、安贤祯、陈序璠等。原名为“琼州会馆”，其也供奉天后圣母等诸神。首任主席是李祥瑞。

（35）巴株巴辖张厝港琼州会馆，1925年获得注册批准，会员有90名，主席是卢业华，副主席是符用明。

（36）马六甲万宁社，1926年创立，发起人为陈经谟、翁明吉、钟其致等。2002年有会员近千人。历任主席有：陈经谟、廖燕藩、翁明吉等。

（37）亚庇海南会馆，创建人为林廷藻、黎成凤、梁生潮、黎光奕等，1927年创建。最早名为“协和社”，1991年8月改名为“海南会馆”，1992年4月25日举行正名大典。

（38）斗湖海南会馆，1927年创立。

（39）天定海南会馆（曼绒海南会馆），创建于1929年，倡建人为周成训、周成名、凌豫章、冯鸿枝、翁明锴、陈家珍、颜垂德、韩自强等。

（40）三合港海南会馆，1929年创立，创建人为黎克甫、李有才、黎济荣、杨明拔、莫若时等。前身为“琼州天后宫”，1981年注册为“琼州会馆”。首任主席为朱文斐。2006年有会员95名。

（41）哥打丁宜海南会馆，1931年成立，原名为“琼州会馆”，不过该会馆在1924年已获得柔佛州政府的注册批准，因此，它可能早于1924年创办，注册时总理是冯学庆，副总理是符福坤[①]。1937年有会员215名，1980年代有会员300余名。1982年成立奖励金小组、青年部。

（42）马来西亚海南会馆联合会，1933年成立，初时名为“南洋琼州总会”，获准注册后正式定名为“南洋英属琼州会馆联合会”，1950年易名为“马来亚琼州会馆联合会”，1964年再改名为“马来西亚琼州会馆联合会”，1990年6月改为现名，为全马琼籍华人社团的总机构。

（43）甘马挽海南会馆，1934年创立。

（44）诗巫海南会馆，前身是1935年成立的“琼侨俱乐部”，倡组人为陈升全、陈治岱、曾毓椿、曾衍、崔家云、王升清等，首任主席是陈升全。曾改名为“琼州会馆”，1945年改名为“琼侨公会”，1952年再次改名为“琼州公会”，并设立会员子女奖励金。

（45）新加坡琼崖沙港同乡会，1936年8月24日成立，当时名为“永兴公

① 安焕然、吴华：《远观沧海阔——海南历史综述（海南·马来西亚·柔佛）》，柔佛：南方学院出版社，2009年，第509页。

所”，1938 年 4 月改名为“琼崖沙港同乡会”，发起人有：钱运开、颜承运、袁有泽、林克谐、陈明猷、黄守万、董长波、史俊章、史可悦、陈明卿、陈明森、袁必轩、陈明荫、黄华程、陆祥凤、董庆樵、袁有登、黄完瀛、白昌业、史可蕃、江昌宗、黄守波、黄守濂、董衍辉、袁有材、史恒章、袁大英、黄守傅、黄振瑞、黄守江、黄宗耀、黄守琳、陈治民、钱有端、白昌洪、蔡兴宝、王运吉、白此星、董庆永、钱开琼、袁必云、史可岑、黄世光。

（46）居銮海南会馆，前身是成立于 1936 年的“琼侨公所”，创建人为郭新、林汉波、符瑞农、赵泰东、周选卿、龙学尧等，1941 年改名为“琼州会馆”。1937 年有会员 57 名。1939 年郭开基当选总理，会务兴盛，会员增至 600 多人。1957 年设立会员子女奖学金，1997 年成立妇女组。

（47）昔加末海南会馆，原名为“琼州会馆”，1936 年底正式成立，创建人为郭开基、云逢扬、林猷存等。1941 年创办南华学校。1965 年开始颁发会员子女奖励金，1969 年设立青年部，1980 年设立铜乐队，1998 年设立妇女组，首任主任是林美凤。

（48）金宝海南会馆，原名为“琼州公会”，1936 年首创，1938 年 5 月 12 日正式成立，倡建人为王先楫、莫克铨、杨开伦、潘先桐、王启家、符气通、王先桢、王志纯、何和瑞、李运大、潘正源、冯启麟、符大钰、朱仁吾、王干民、王先德等。首任会长是王先楫。

（49）龙运海南会馆，成立于 1936 年。筹建人为王永登、王守如、王国才、尤愈能、吴琼春、黄守义、尤能洲、符国良等。历任主席有：王永登、冯延、黄宗义、吴德俊、符气雄、翁崎杰、钱开丰、谢晋虎等。

（50）新加坡泰家南旅同乡会，1937 年成立，筹建者为梁安钦、云逢锴、陈宝洲、黄善位、王禄达、梁安武、董衍炳、陈敬轩。

（51）边佳兰琼州会馆，约于 1937 年创立。创办人为赵天尧、邢毂英、邢毂兴、邢诒华等，初期会员有 140 多人。1939 年 6 月 14 日获准注册。“二战”后复办，会员只有四五十人。首任主席是李茂光。1960 年代左右因会员稀少解散。

（52）野新琼州会馆，1938 年成立，创建人为林猷辉、吉名昌、韦奇昌、詹所炳、冯振炳、杨旭初等。1959 年成立青年部，组织小型乐队、国术团和球队。也设有会员子女奖励金。

（53）新加坡孟里南旅同乡会，1939 年成立，创建人为王国蕃、王书运、王家陶、冯振洲、王国炳等。

（54）马六甲万里茂琼州会馆，20 世纪 40 年代前已创立。“日据时期”会馆关闭，战后会馆未复办。但每年的春祭，当地海南乡亲均有聚会。1975 年，由张运英、吴乾纬等发起筹建，并于 1976 年正式成立马六甲万里茂琼州会馆，有会员 128 人。

（55）瓜拉庇拉海南会馆，1940 年 11 月 11 日正式成立。原名为“琼崖公会”，筹建人为蔡其深、龙祥光、冯尔富等。首任理事长是蔡其深。

（56）江沙琼州公会，成立于 1941 年，创建人为何世治、李仪亭、王弗和、洪昌健、朱汉廷、邢诒渊等。首任会长是周国泰，副会长是李仪亭。

（57）保佛海南会馆，原名为“琼侨公会”，1941 年 3 月 15 日成立。发起人为符拔英、邢诒丰、詹行道、吴朝铃、何敦深、吴朝玉、詹尊华等，1997 年 1 月 9 日改名。

（58）新加坡琼崖存信同乡会，1941 年成立，原名为“琼崖存信南旅同乡会”。

在各帮华人数量中只占少数的海南帮华侨，他们创建的地缘会馆却并不少。他们还以原籍“乡”为单位，组建了不少地缘性社团，如新加坡孟里南旅同乡会、新加坡泰家南旅同乡会、新加坡琼崖沙港同乡会等。海南帮社团的总机构——马来西亚海南会馆联合会成立时间较早。

6. 1890 年至“二战”结束前其他各省籍地缘性社团

（1）槟榔屿三江公会，创立于 1897 年，创建人为黄南岗、张阿余等，它是江苏、浙江、江西三省华侨的地缘性社团组织，首任会长是黄南岗。

（2）新加坡三江会馆，1908 年正式成立，当时称“三江公所”，创建人为潘云卿、曹裕昌、傅竺贤、黄智慧。

（3）文冬广西会馆，1910 年获准注册并正式成立，发起人有：蒲其生、蒲旺亨、陈瑞林、周业棠、李利、陈有、周德馨、凌贤、马贵山、罗生、梁英华、赵福记、李昌庭，首届会长是蒲旺亨。1983 年有会员 1 098 名。1959 年设会员子女奖励金。1951 年后历任会长有：周涤州（先后达 17 年）、周涤奴、李善、陈声新、陈赞全、李振强等。

（4）端洛广西善心社，筹建于 1917 年，筹建人为黄绍荣、潘绍等。该组织一切史料皆毁于日军炮火。

（5）新加坡温州会馆，原为 1923 年成立的“温州同乡会”，发起人有：金天放、陈岳书、谢安华、陈礼颜、何志庭、周岩弟、张顺福、吴仁和、杜阿宝、柯锡周、池南金、蔡永昌、林岩星、周庆庚、黄日修、郑银楷、林福传、余寿春、郑朝来、金益明、黄金福、余何鹤、林文波、林亚岩、李真有、董知芳、黄庆芳、万鹏程、曾泮福、管龙明、吴锡元、陈文连、陈亚标、夏岩元、邓昌顺、谷亚金、李振丰等，1937 年改称为“温州会馆”。

（6）雪兰莪暨吉隆坡广西会馆，其最早前身义山之创建申请是在 1898 年 7 月 20 日，1922 年正式倡议创建会馆，1923 年 4 月 21 日“广西公所”正式开幕，至1927年8月16日，“雪兰莪广西会馆”正式创立，创建人为朱显文、陈富中、罗伟南等，首届总理是邓七记。会员有972名，其中永久会员有62名，普通会员有851名，附属会员有59名。1953年7月28日获准注册。会馆下设奖学金委员会和福利组。1974年2月20日成立青年团，下设乒乓球队、康乐组和福利组等。1979年，举办马来西亚全国广西同乡乒乓球和书法比赛。

（7）金宝广西会馆，创建人为陆安、李桂、封心一、陈新亚、徐之等11人，1929年成立，首任会馆主席是张茂初。1961年有会员300多人。

（8）玲珑广西会馆，原名为“广西公所”，1929年8月29日开幕，创建人为陆水查、庞四记、覃昌盛、黄锦益、覃锡葵等，首任会长是陆水查。1930年同乡捐资建“益桂堂”，专为照顾贫老无依的同乡做栖宿之所，附设互助会，当时拥有会员400余人。1940年获准注册为“广西会馆”。1956年6月，建成广西义山总坟。会馆还设会员子女奖学金和同乡优秀子女大中学贷学金，青年团附设有图书馆、男子篮球队、乒乓球队和救护队等。

（9）新加坡江西会馆，发起人为刘光祺、熊龙、曾鸣曦、赖涉隐、李龙贵等，1935年获准注册。

（10）南洋华北同乡会，1936年成立，发起人为李铁岑、魏元峰、黎兆彭、孙锡亭等。

（11）新加坡宁波同乡会，1937年创建。

（12）古来广西同乡会，成立于1937年，创建人为温辉廷、范应如、黄鸿胜、吴觉非、陈荃华等。会员多以务农为业。1968年设会员子女奖励金。1961年时会员有280名，1995年会员有500多人。

（13）霹雳广西会馆，创建人为黎世平、秦致祥、刘坤、覃如松、覃汉南等，1938年10月23日正式成立，首任会长是梁淮兴。1961年时有会员近300名。会馆下设青年团、文教组和福利组，青年团设体育组、康乐组、组织组、宣传组、福利组和学术组。历任主席有：梁淮兴、梁侃贤、张珍、黄锦文、浦火生、陈懋森等。

（14）柔佛广西同乡总会，1938年9月9日成立，创建人为温辉廷、范应如、黄鸿胜、吴觉非、陈荃华等。总会下辖古来、拉央、令金、哥打丁宜、居銮、彼咯、昔加挽、三合港、巴株巴辖、蔴坡和任罗宏共11个同乡会或会馆。1956年9月7日获准注册。从1975年起，每次发放奖学金超4 000元，获奖学生约300名。1981年8月9日，在巴株巴辖广西同乡会成立柔佛广西同乡总会青年团，它由柔佛各乡会青年团联合组成。

（15）居銮广西同乡会，1939年成立，创建人为马振荣、谢郁、罗治、卢志、甘国良、梁广华、陈广基等，首任会长是谢郁。1961年有会员约160人。从

1975 年起颁发奖励金，1979 年 2 月 26 日成立青年团。历任会长有：谢郁、陈贵南、莫叙、周景章、陈文华等。

（16）三合港广西同乡会，成立于 1940 年，创始人为罗英、叶震民、杜廷宽等。1961 年约有会员 120 名。

（17）彼咯广西同乡会，创建人为彭荣彬、谢业周、姚础动、何桂芳、李新等，成立于 1940 年 10 月 10 日，1956 年获准注册。1960 年代有会员 100 多名。每年颁发会员子女奖励金。

（18）哥打丁宜广西同乡会，1941 年创立，发起人为陈和、陈光、吕南、李汉南、蔡朝天、吴善财等。1961 年有会员 160 名。

（19）巴株巴辖广西会馆，前身为“广西义山筹委会”，筹建人为张福廷、林波、崔林、农发、丁伍、林瑞生等，1941 年 11 月 6 日，同乡会正式成立。1961 年有会员 120 人。1981 年 8 月 9 日，成立青年团。

（20）任罗宏广西会馆，筹备于 1941 年，创办人为梁作和刘崇等。“二战”时会务停顿。1956 年 9 月 23 日重新开幕。1961 年有会员 260 多名。

（21）昔加末广西同乡会，发起人为韦石、赖善、严三、谢启群、庞秀、王树、劳盛初等，1942 年 1 月 1 日成立。1961 年有会员 300 多人、橡胶园 10 多公顷。

（22）淡马鲁广西会馆，1944 年成立。

（23）文德甲广西会馆，创建于 1944 年 11 月 11 日，创办人为卢瑞吉、苏汉波和孔美全等。1961 年有会员 100 多名、胶园 200 多公顷。

1890 年至“二战”结束前，其他省籍华人也创建了许多地缘性社团组织，但它们主要是由桂籍华侨创建。桂籍华侨人数在马来西亚各帮派华人数量中占有一定比例。

三、“二战”后马来西亚华人地缘性社团

“二战”后至 20 世纪 60—70 年代，各帮派地缘性社团创建的数量都非常可观。各帮派华人都建立了自己社团的总会或联合会，即使是某一原籍地区的华人，他们的地缘性社团也建立了总会或联合会。

1.“二战”后福建帮地缘性社团

（1）丁加奴福建会馆，筹组于 1941 年，因“二战”而停顿，马来亚光复后，在郑为仁等人组织领导下，于 1946 年正式成立。

（2）巴生惠安公会，前身为 1945 年 9 月 3 日成立的巴生惠安别墅，1946 年改名为“巴生惠安同乡会”，1952 年改为现名。由郑丹水、庄冬进、庄美发等创

立，首任会长为郑再兴，历届会长有：郑再兴（蝉联会长23年）、郑丹水、庄文进、黄顺发、萧玉兴、庄荣发、马丽水、林再兴、黄福美等。

（3）马六甲兴安会馆，成立于1945年10月10日，创建人为陈干侯、关奇雄、黄克荣、柯定光、王德荣。设有大学贷学基金、兴安青年总团等。1992年4月21日成立妇女组。至1990年代初，拥有会员539名。会馆四楼附设天后宫，供奉天后、三一教主、卓真人。

（4）霹雳兴安会馆，1946年3月成立，发起人为陈干侯、黄克荣等。1975年8月，举行新会所开幕暨天后宫开光仪式。历任会长有：陈云、黄文渊、陈金发、陈兰、王先智等。

（5）民都鲁福州公会，1945年筹组，1946年成立。1995年有会员1 170名。

（6）太平福州会馆，发起人为林其振、程由东、程依妹、金可会、金可贯等，1946年1月成立。历届主席有：林其振、程依妹、张国梁等。

（7）古晋兴安会馆，1946年1月1日成立。创立初期有会员200多人，2006年有会员1 500多名。设有青年团、妇女组、大专贷学基金委员会等，颁发会员子女学业成绩优良奖励金。

（8）槟城惠南联合会，1946年8月18日成立，发起人为汪文、骆万兴、骆神恩等。1968年设立康乐组，成立南音锦曲组。1993年成立青年团。至1984年有男女会员共594人。历届主席有：陈大却、骆万兴、陈宇宙、王春生、黄土恩、郭银城、曾仁彬、郭家成等。惠南为惠安县南部，语言属闽南语系，带晋江音，有别于惠北的兴化腔。

（9）诗巫长乐同乡会，于1946年9月10日获准注册并正式成立，创建人为陈天官、魏忠仁、陈怡山、陈义敏、陈刘利等。

（10）霹雳永定同乡会，1946年10月10日正式成立，创建人为胡锡皆、曾昭周、曾少锋等，胡锡皆担任首届会馆主席。1977年成立青年团，1980年成立妇女组。

（11）雪兰莪金门会馆，1946年12月20日成立，创建人为李朝秋、杨诚财、李增意、李豆是、陈维长等，会馆设在巴生。1972年成立青年团，首任团长是李天福。随后成立华乐队和合唱团。1973年，倡办中小学奖学金，每年发出的奖学金有五六千元。1977年创立咨询委员会。2000年成立妇女组筹委会，由李佩云担任主任。历届主席（会长）有：陈维长、杨海沧、叶振兴、李朝第、杨诚财、王豪杰等。

（12）山打根福建会馆，创建于1946年。

（13）峇南福州公会，由池孝伦、池家钟、张开凑、许伟如、黄大荆等人筹组，1947年7月17日正式成立。首任主席是黄仁辉，副主席是林道焜。1977年成立妇女组和青年团。1994 年有会员 1 032 名。[①]

（14）巴生五条巷同安联谊社，1947 年成立，发起人为黄天福、王文泉等。1983 年成立社员子女学业奖励金小组。历届主席有：王文泉、黄天福、王水年等。五条巷是巴生港外的一个渔村，岛上 90% 居民祖籍为同安。

（15）蔴属兴安会馆，创建人为陈子宏、甘光荣、王文水、邓文龙、林文丹等，1948 年获准注册并成立。

（16）龙邦福建会馆，1948 年成立。

（17）巴生滨海南安会馆，发起人为黄廷芳、尤永福、黄则长、柯文玉、陈振研等，1949 年筹组并很快成立，首届主席是黄廷芳。1967 年成立青年团，首任团长是林再成。1969 年成立会员子女奖励金委员会。1998 年 12 月 26 日成立妇女组，叶桂英担任首任主席。2005 年 1 月 1 日，共有会员 1 474 名；截至 2008 年 12 月 31 日，共有会员 1 670 名，其中 1 375 名是永久会员，295 名是普通会员；截至 2010 年 12 月 31 日，共有会员 1 719 名，其中 1 436 名是永久会员，283 名是普通会员。历届正、副主席有：黄廷芳、洪宣帛、方金辉、王建德、刘玉昌、叶燕栋、林必达、郭炳煌、林持端、黄丙丁、林鹏飞、林联权、李源和、陈鼎鄂等。

（18）美里福州公会，1949 年获准注册，1951 年 3 月成立，由黄聿初、刘昌仁、刘为端、杨秋观、谢兆连等创建，黄聿初为首任主席。前身为“二战”前已存在的榕侨公所。1970 年组织华乐组，1977 年成立妇女组，随后又成立青年团，较早即已颁发会员子女学业奖励金。1990 年代中期，拥有会员 712 名。历届主席有：黄聿初、郑灼新、陈振藩、林光裕等。

（19）美里福州公会，1949 年注册成立，筹建人为黄聿初、杨秋观、黄仁传、黄聿台，首任主席是黄聿初。

（20）美里诏安会馆，1949 年 10 月 23 日正式成立，首届主席是沈清溪，筹建人为沈清溪、黄大寿、沈如水、吴济宽、何特关等。1950 年成立中乐队，1961 年组建西乐队。1978 年成立青年团并设立会员子女奖励金。1990 年代初有会员 1 100 多人。

（21）文冬福建会馆，1951 年创建。

（22）吉兰丹兴安会馆，创建人为李如龙、李大度、林尧、朱振录、陈亚丹、翁金荣等，1951 年成立。

（23）太平霹雳南安会馆，发起人为黄则南、尤芳撰、傅孙龙、尤传泰、刘国罕等 14 人，1951 年 11 月 4 日成立筹委会，1953 年获得注册批准，即成立首

① 《美里省华人社团联合会会员资料汇编》，美里省华人社团联合会，1994 年，第 348 ~ 350 页。

届理事会。第一任主席为黄则南，副主席为王台永。1959 年设立会员子女学业奖励金。

（24）督亚冷福建公会，成立于 20 世纪 50 年代初。1968 年举行卜选炉主，处理会务。1976 年开始颁发会员子女学业优异奖励金。

（25）玻璃市福建会馆，1952 年 5 月成立，发起人为陈冬荷、柯春桃、陈榜追、吴标。

（26）安顺福建公会，1952 年正式成立，由李厚树、龚文岩、郑朝建等人（含商号）发起。会所曾借用安顺福顺宫的店屋长达 30 多年。1964 年设立会员子女资助学金。1990 年获准设立教育基金，凡当地公民不分种族肤色均可申请。1992 年增设大专贷学金。历届会长有：陈玉匣、李厚树、林有清、马培新、蔡尤、关宋嵘、王亚美、陈康益等。

（27）昔加挽永春会馆，1953 年 6 月获准注册成立，发起人为陈松年、彭江海、陈利那、郑开杉、李尚三等，首届会长是陈松年。前身为昔加挽（昔加末）桃源俱乐部。1969 年设立会员子女学业优良奖励金。

（28）柔佛州安溪公会，创建人为章士庆、唐安港、林祖荣、黄丕屯、黄益等，1953 年获准成立，原名为“居銮属安溪公会”，1954 年改名。历届会长有：章士庆、王介民、黄丕屯、廖兴汉、章仕怡等。

（29）森美兰福州会馆，创建人为叶荫吾、郑元增等，1954 年 1 月 1 日成立。

（30）曼绒古田会馆，1954 年 2 月 10 日成立，发起人为李庆和、聂朝乾、李森兴等，首任会长是聂朝乾，继任会长是李庆和。初称为“爱大华古田会馆”，1956 年，天定州改名为曼绒县，该会遂易名为“曼绒古田会馆”。1986 年先后成立青年团和妇女组。

（31）森美兰兴安会馆，创建人为关风声、林奕、金宣、黄亚虹、刘德佑等，1954 年成立。

（32）雪兰莪厦门公会，创建人为陈耀三、黄耀志、林美、陈云汉等，1954 年 3 月获准注册后成立，首任会长是林美。

（33）砂拉越美里省呇南福建公会，1954 年 4 月 25 日成立。发起人为庄廷生、蔡水文、林侨山、沈淘金、蒋永清等 20 人，首届主席是林侨山，副主席是蔡水文。1972 年设立会员子女奖励金。

（34）关丹兴安会馆，发起人为李达、刘贤、傅兰、林荣、李文裕等，1954 年 5 月 29 日成立。1978 年成立青年团，1985 年增设福利组、文化组、妇女组。历届主席有：李文裕、黄元文、林玉保等。

（35）利民达福建会馆，发起人为林仲魁、林彩连、李金坡、陈世江等，

1954年10月3日成立，原名为“利民达福建公会”。

（36）成邦江福州公会，前身为“福州垦殖公会”，1954年11月29日成立，1960年改名，发起人为江友松、刘作台、陈和珍、许良官、刘友珠等，首届主席是江友松。

（37）沙巴州亚庇福建会馆，创建于1955年。

（38）巴生滨海福州十邑同乡会，1956年1月获准注册，同年3月25日成立，筹建人为韩来炎、程传隆、官启可等。成立初期会员达100余人。

（39）安顺霹雳晋江会馆，1955年筹建，发起人为史金榜、王文福、许鼎新、蔡联降、陈东来等，1956年1月13日获准注册并正式成立。首届主席是史金榜，副主席是王金粒。1964年设立会员子女学业优异奖励金，1966年设立会员子女助学金。1967年设立安顺晋江俱乐部。1981年3月8日成立青年团，首任团长是王建义。1992年8月29日成立妇女组，首届主任是吴月香。会馆成立初期会员只有67人，2006年会员有308人。

（40）巴生雪兰莪桃源俱乐部，1956年春末成立，创建人为颜泽祐、郑天祥、陈佐炮、邱敬修、郑遂文等。

（41）霹雳和丰福建会馆，1956年5月获准注册并成立，创建人为陈世和、陈世邦、杨宇地、郑奕茂、郑兴宗等，首届会馆主席是施坤林。

（42）巴生滨海兴安会馆，1957年4月27日成立，创建人为童文伍、杨清兰、徐福隆、刘永美、林文英等。初期借用巴生宗孔堂为会址。

（43）马来西亚福建社团联合会，1957年6月24日获准注册并正式成立，首届主席是吴桂庭，它是马来西亚闽籍华人地缘性社团的总机构。

（44）天定州古田会馆，1957年成立。

（45）马六甲野新福建公会，1957年成立。

（46）泗里街同乐社，1957年7月1日成立，由徐光华、林光耀、吴仕统、詹仁禄、刘家凤等创建。

（47）马来西亚永春联合会，获准成立于1957年4月7日，首任主席是李延年，是永春籍华人社团总机构。

（48）诗巫闽清同乡会，1958年成立，创建人为黄信铿、刘贤任、林文聪、刘忠明、刘恭乐等。1993年时拥有会员1 000多人。

（49）野新福建会馆，1958年正式成立，发起人为颜金年等。1981年9月7日召开会员大会，修改章程，规定凡该国公民，不分种族和宗教信仰，均可申请为附属会员。1990年代初会员人数有300多人。历届主席有：颜金年、颜敌受、颜亨赐等。

（50）华都牙也福建公会，筹建人为黄衍荣、许乌毛等20多位，1958年注册并正式成立，首届会长是黄衍荣。1985 年 1 月 15 日成立青年团，首任团长是胡浪禄。1994 年 5 月中旬成立妇女组，首任主任是张细珍。历届会长有：黄衍荣、雷绵棉、黄卿行、黄卿座等。

（51）沙巴州纳闽坡安溪会馆，发起人为杨锦七、杨贻留、陈炳耀、陈文浩、白江河、苏兴炎等，1958 年 5 月获准注册并正式成立，首届会长是林殿骥。1988 年成立青年团。

（52）武吉班让福建公会，1958 年 6 月获准注册，成立于 1958 年 12 月 14 日，创办人为梁光南、王可味、陈炳成、曾彬、梁后宙等。

（53）吉中福建会馆，成立于 1959 年，创建人为梁武烈、梁渊聘、李辉来、黄章仟等。

（54）柔佛州永春总会，筹建人为郑振中、余金鉴等，1959 年正式成立，历届会长有：郑振中、张子宗、余金鉴、刘金钟、王成宗等。

（55）霹雳福州十邑会馆，创建人为黄玉成、郑松波、黄培成等，1959 年 11 月 1 日在怡保成立。

（56）丰盛港福建会馆，1960 年 4 月 12 日获准注册并正式成立，筹建人为郭鹤瑞、陈水木、陈志久等，为当地福顺庙理事会成员。历届主席有：郭鹤瑞、傅瑞彩、傅文泰、陈水木、沈谦泰、林义正、黄世忠等。

（57）林梦福州公会，1960 年获准注册并正式成立，创建人为杨文彬、蒋绍唐、苏友任、邱成禹等。

（58）槟城福建会馆，原名为“福建联合会”，1961 年获准注册，1967 年修改会馆章程时改名。发起人为槟州闽籍 14 个乡团的负责人苏承球、庄汉良、骆清泉等。

（59）乌鲁冷岳福建公会，1961 年获准注册，次年 8 月成立，发起人为刘起华、李孝友等。历任主席有：李孝友、刘雁飞、陈伯仲、刘起华等。

（60）江沙仁和公所，发起人为蔡世撩、颜贻铜、蔡志辉、蔡尤埔、陈清溪，1962 年 9 月 18 日获准注册并成立，首届主席是蔡世撩。

（61）实兆远福清公会，1962 年成立，发起人为杨武明、阮爱华、高季福、魏以忠等。

（62）而连突福建会馆，1962 年 5 月注册获准并成立，发起人为林耀绵和黄朝俊等。

（63）彭亨立卑福建公会，1963 年 9 月 13 日获准注册，次年 2 月成立，创建人为郑荣华、王松成、陈存川、郑苑才、高吉义等。1964 年 11 月设立会员互助部，1965 年设立贫苦会员子女助学金，并颁发会员子女学业优秀奖励金等。1989 年成立青年团和妇女组。历届会长（主席）有：郑荣华、王松成、庄奇德等。

（64）沙巴斗湖福建会馆，1964年成立，成员以福州十邑籍为主。

（65）马登巴冷福建会馆，1964年4月20日获准注册并正式成立，发起人为林清泉、雷绵埔、陈金泉等。

（66）笨珍福建会馆，发起人为李柱、陈兆祥、张国祥，1965年4月获准注册并正式成立。1966年5月，有会员500多人。1971年12月5日，建成新会馆。1972年，成立教育基金委员会，每年颁发会员子女奖励金。1978年成立青年团，首任团长是林金定。历届会长有：李柱、庄为璟、林君衢、蔡江钦、刘文福、黄士芬、丁瑞来、苏瑞川等。

（67）东甲桃源俱乐部，创建人为张金木、郑元村、林振玉、王为读、王芳咏等，于1964年获准注册，首届主席是张金木。

（68）马口福建会馆，1965年5月15日正式成立，创建人为颜世坦、林子华、林江水、林国仲、蔡贵等。首届会长是颜世坦，任职数月后不幸逝世，由林国仲接任。1990年代中期有会员913人。

（69）吉兰丹永春会馆，1965年3月获准注册，1965年4月23日成立于哥打巴鲁，创建人为宋炳兰、王超章、周贻吉、方有亭等，首届主席是宋炳兰。每年颁发会员子女奖学金。

（70）马六甲安溪会馆，1965年获准注册成立，创建人为李荣金、陈冬贵、刘东桂、李仕出、柯明佃等。首届正主席是李荣金，副主席是陈冬贵。成立福利组、青年部、会员子女教育基金小组，并拨款捐助培风中学清寒子弟助学金。历任会长还有：陈忠盛（1967—1970年）、柯火贵（1971—1990年）等。

（71）笨珍永春会馆，1966年10月获准注册并正式成立，创建人为李柱、颜泽枝、郑章东、陈金锯、曾近树等。历届会长有：李柱、颜崇图、李福忠、陈金锯、周日清等。

（72）美里福建公会，1966年3月8日获准注册并正式成立。1966年4月10日召开首届会员大会。会馆颁发会员子女学业优异奖励金。历届会长有：周田秀、郭水池、颜金泰等。

（73）昔属福莆仙公会，1966年成立，发起人为张如、薛亚财、陈但毛、郭有春、陈文荣、卓明瑞等。设有青年团、妇女组、会员子女学业优良奖励金。2001年10月建成天后宫，附设于公会会所顶楼。

（74）马来西亚福州社团联合总会，1966年12月17日成立，它是马来西亚福州籍华人地缘性社团的总机构。

（75）雪兰莪三山别墅，1967年3月14日正式成立，发起人为刘友茂、林美弟、林文朗、许宝乐、程聪生、刘雄官等25人。与雪隆福州会馆有渊源关系。

2002 年有 130 名会员。会址在吉隆坡。①

（76）乌鲁音峇鲁福建公所，1967 年成立，发起人为林火炉，1969 年获准注册。1980 年代初成立青年团，并设立醒狮团等。

（77）柔佛福州会馆，1968 年 2 月 3 日正式成立，由程道銮、赵文才、洪细弟、林朝官、郑荣官等人创建，首届理事长是郑荣官。②

（78）双溪古月福建公会，1968 年 6 月 16 日正式成立，筹建人为林鱼沉、李建成、林三吉等。1974 年成立互助会。

（79）丁加奴兴安会馆，创建人为黄杨贤、黄九必、陈元珍、蔡文中、陈天泉等，1968 年 7 月成立。

（80）森美兰南安会馆，发起人为傅梓库、黄雅佑、叶志洋等 28 人，1968 年 8 月 6 日获准注册，并于同年 12 月正式成立。首任会长是黄雅佑，副会长是戴良希。1977 年开始，每年会庆时颁发会员子女学业奖励金。历届会长还有：戴良希、叶希孟、李协丰等。

（81）务边福建公会，1968 年正式成立，发起人为周才能、陈一沙等。历届会长有：林春埔、陈买发、李泽成等。

（82）安顺南霹雳福州公会，1969 年 1 月 1 日正式成立，由马培斯、李伟农等人创建，首届主席是马培斯。

（83）雪隆晋江会馆，原名为雪兰莪晋江会馆，由黄银汉、赖聪民等发起，于 1969 年 11 月 19 日成立。1977 年颁发会员子女中小学奖励金，并设有青年团、妇女组等。历任会长有：黄银汉、郭德发、赖聪民、周亚泉等。

（84）马来西亚兴安会馆总会，1970 年成立，它是福建莆田、兴化和仙游籍华人社团总机构。

（85）巴株巴辖福莆仙会馆，发起人为姚金柏、郭国祥、陈镜和、王永大、林金凤等，1970 年 3 月 22 日正式成立，首届会长是姚金柏。会馆成立前，以当地自由车商会为福莆仙同乡联络中心。1979 年 6 月 16 日成立青年团。

（86）巴生滨海福莆仙同乡会，1970 年 8 月 31 日成立。

（87）雪兰莪诏安东山会馆，倡建人为陈寿坤、林德根等，1970 年 11 月 6 日获准注册并正式成立。首届主席是陈寿坤。

（88）蔴属巴冬桃源俱乐部，1971 年 1 月创建。

（89）关丹永春会馆，1971 年 2 月获准注册，同年 7 月 25 日正式成立，创建人为曾瑞埔、曾福星、方金定、周宣读、郑萃梓等。首任主席是曾瑞埔，第十

① 《雪隆福州会馆 90 周年纪念特刊 1912—2002》，雪隆福州会馆，2002 年，第 119 ~ 120 页。

② 吴华：《柔佛新山华族会馆志》，新加坡：东南亚研究所，1977 年，第 23 ~ 24 页。

三届（1995—1996 年）理事会会长是方天兴。

（90）古来福建公会，1971 年 4 月 27 日获准注册。

（91）民都鲁福建公会，1971 年建立，1995 年有会员 105 名。

（92）沙巴福建社团联合会，1974 年 9 月 16 日获准注册，次年 2 月 23 日正式成立。成立时有 7 个团体会员，到 1995 年增至 17 个。历届主席有：郑志雄、陈德能、许春成、张彩成、陈友仁等。

（93）巴都尼亚福州公会，1974 年秋成立，筹建人为彭道生等。

（94）叻思暨巴冬加里福建公会，1974 年成立，筹建人为陈金福、陈通、林荣生等，原为“义山理事会”。1991 年成立青年团，首任团长是黄健发。

（95）曼绒兴安会馆，约于 1975 年成立。

（96）居銮福莆仙公会，1973 年由陈谷蒲、陈添锦、陈华芳等发起，1975 年正式成立。会所曾设于居銮三一教主珠光书院。

（97）马来西亚惠安社团联合会，于 1976 年在马六甲成立，2002 年 12 月正式获准改名为“马来西亚泉港社团联合会”，它原是马来西亚福建惠安籍华人的社团总机构。

（98）彭亨金马仑兴安会馆，1976 年创立。发起人为蔡玉荣、傅金财、蔡明山、蔡水、蔡玉喜等。1980 年代中期成立青年团。

（99）马来西亚晋江社团联合会，是马来西亚晋江籍华人社团总机构，1977 年成立，首届会长是雪兰莪晋江会馆的郭德发。

（100）新山福清会馆，1977 年 3 月 8 日获准注册，筹建人为林宝华等，首任会长是王玉民。

（101）瓜雪暨沙白福建会馆，1977 年成立。

（102）彭亨福州十邑会馆，1977 年 1 月 7 日获准注册，同年 2 月 10 日正式成立。创建人为贺道天、王则草、雷贤国等，首任主席是陈玉康，署理主席是贺道天。

（103）丹绒马林福建会馆，1976 年 12 月 14 日获准注册，1977 年 4 月 10 日正式成立，由黄丙昆、陈成基、叶玉华等人发起。初创时暂借真空教桂南道堂为办事处。1979 年建成会所。

（104）瓜拉庇拉福莆仙公会，1978 年获准注册成立。发起人为王金福、李锦泰、王祖铸、黄华兴、王金凤等 10 多人。首任会长是黄金荣。

（105）丁加奴晋江会馆，1978 年 1 月获准注册，同年 6 月成立。

（106）吉玻晋江会馆，发起人为蔡世球、蔡崇重、萧前瑶、萧前重、蔡长发等，1978 年 3 月 14 日获准注册并成立，首届主席是蔡崇重。

（107）柔南兴安会馆，1978 年 7 月获准注册，筹建人为郑华全、林明刚、陈金声、陈木荣、郑文喜、林亚福、陈光荣等。

（108）吉兰丹晋江会馆，创建人为蔡世汀、何澄清、李明俊、蔡尤明、李国声等，1978 年获准注册。

（109）怡保晋江会馆，1976 年 10 月怡保市晋江人士陈高升等发起成立怡保晋江会馆筹委会，1978 年正式成立。首届会长是陈高升。

（110）吉玻惠安公会，1978 年 9 月 28 日获准注册，成立于 1979 年 2 月 12 日，创建人为黄水晃、黄巧福、骆国金、郭立保、孙玉昆等，首届主席是黄水晃。1989 年 8 月成立青年团，该会还颁发会员子女奖励金。

（111）安邦区福建联谊社，1977 年由卓进宝、陈国顺、王德全、洪玉智等人发起，于 1979 年 7 月 1 日获准注册并正式成立。首届主席是王德全，成立初期有会员 100 人。

（112）美里兴安会馆，1979 年 1 月 23 日获准注册，同年 8 月 26 日正式成立。发起人为当地自由车商公会的成员：李光木、刘文贤、陈亚丕、马明华、刘荣选、陈庆荣等。首届会长是陈佬珍，副会长是李旭同。1980 年开始颁发会员子女学业优良奖励金。1981 年 1 月 17 日成立青年团。1986 年成立瑞狮团。1988 年成立妇女组，首任组长是关春花。1994 年有会员约 300 人。[①]

（113）石山福州公会，由彭道生发起，于 1979 年 9 月获准注册并正式成立，首任主席是彭道生（蝉联至 1991 年）。

（114）柔佛州麻属南安会馆，发起人为施德守、黄衍礼、吕祥和、吕友来、黄衍财等 20 余人。1980 年 1 月 10 日获得注册批准并成立。1984 年 7 月 3 日成立青年团，1996 年 3 月 10 日成立妇女组，1997 年设立会员子女学业优异奖励金。

（115）叻思暨冬加里福建公会，1980 年成立。

（116）雪兰莪同安会馆，发起人为林贤裕、李保安、许琼瑶等，1980 年 3 月 23 日获准注册，并于同年 8 月 24 日正式成立，首任会长是许琼瑶。

（117）双溪热力福建会馆，1981 年获准注册并正式成立，发起人为陈章江、林照外、郑秀苗等，首届主席是陈章江。

（118）甲洞福建会馆，1981 年 11 月 5 日获准注册，同年同月 15 日成立，创建人为李俊锋、温全忠、林正结、黄东海、叶贻明等。

（119）马来西亚龙岩会馆总会，1981 年成立，是龙岩籍华人社团总机构。

（120）马来西亚南安社团联合会，1982 年成立，是南安籍华人社团领导机构。

（121）淡马鲁属兴安会馆，1982 年创建。

---

① 《美里省华人社团联合会会员资料汇编》，美里省华人社团联合会，1994 年，第 279 ~ 280 页。

（122）纳闽福州公会，1992 年 9 月初成立。首届理事会由 18 人组成，同时成立青年团和妇女组。会长是黄能盛，署理会长是陈绍厚。

（123）泗里街漳泉公会，创建人为周柳额、林淑铭、蔡金兴、陈俊鹏、张成川等，1982 年 8 月 6 日获准注册，1982 年 10 月 20 日正式成立，首任主席是周柳额。

（124）沙巴亚庇福州公会，创建人为吴高善、汪长庚、江克森等，1983 年 1 月 20 日获准注册并成立，首任主席是吴高善。

（125）上霹雳永春公会，创建人为李金水、陈孔九、郑耀初、陈泗锦、陈章侯等，1983 年 2 月 10 日获准注册，首届主席是李金水。公会成立青年团、妇女组、音乐队，并组建乒乓球、羽毛球等球队，文化学术组则倡议设立会员子女学业奖励金。

（126）吉玻南安会馆，筹建人为刘畅华、黄华源、张礼义、李斯仁、刘隆树等约 40 人。1984 年 11 月 19 日获准注册，1985 年 5 月 15 日召开首届会员大会。1995 年设立奖励金小组，并于次年开始给会员子女颁发奖励金。1999 年成立青年团，首任团长是尤炳斐，署理团长是黄毗中。2003 年成立妇女组，首任主席是李清华，署理主席是洪宝珠。2005 年时有会员 500 名。

（127）三合港福建会馆，前身为 1984 年 11 月 25 日成立的“三合港福联互助社”，发起人为陈金水、陈德保、林庸熙等，首任社长是陈金水。1993 年 5 月 19 日正式申请注册并易名为“三合港福建会馆”，1995 年 4 月 26 日获准注册。

（128）关丹南安会馆，1983 年 9 月成立会馆筹委会，筹建人为黄世美、洪存美、吴金福、黄奕在等。1985 年 11 月 15 日获得注册批准，1986 年 1 月 20 日召开成立大会。首任主席是黄荣丰。

（129）民都鲁兴化公会，1986 年 5 月 6 日建立，1995 年有会员 113 名。

（130）马来西亚安溪总会，1986 年成立，是安溪籍华人社团领导机构。

（131）乌鲁冷岳兴安会馆，1986 年成立。创办人为龚承烈等，首任会长是龚承烈。

（132）乌鲁地南福建会馆，1986 年 8 月 3 日成立。

（133）巴罗福建会馆，1987 年由黄光衔等发起，1989 年 10 月 9 日获准注册并正式成立。首届主席是吴铭富。初期有会员 254 名。

（134）砂拉越屏南公会，发起人为范培尧、徐立泰、徐与群、柳承彬、林世铭等，1990 年 8 月 12 日获准成立，首任会长是杨炳槐。

（135）南霹雳安溪会馆，1991 年 3 月 19 日获准注册，同年 5 月 12 日召开首届会员大会，首届主席是陈清德。长期赞助安顺三民独中经费。后加入马来西亚安溪总会和安顺福建公会，成为属下团体会员。1994 年拥有会员 330 名。新加坡安溪会馆是其发起者之一。

（136）诗巫闽侯同乡会，1994 年 4 月 19 日获准注册成立。

（137）万挠兴安会馆，1998 年 12 月 8 日获得注册批准成立。会员来自万挠、双文丹、根登。万挠兴安籍华人祖籍大多为莆田华亭、灵川及梧塘。

（138）巴株巴辖安溪公会，1999 年底创立，首任会长是林子开。

（139）乌雪区安溪会馆，2000 年成立。

（140）沙巴南安会馆，发起人为李福荣等，东马第一间南安会馆，2001 年 5 月 24 日获得批准注册。

（141）柔南德化会馆，2003 年成立。

（142）马来西亚同安金厦总会，2010 年成立。

福建帮的地缘性社团总会——“马来西亚福建会馆联合会”成立也是比较早的。永春籍、福州籍、莆仙籍、惠安籍、晋江籍、龙岩籍、南安籍、安溪籍等地华人地缘性会馆的总会、联合会也相继成立。

2. “二战”后广东帮地缘性社团

（1）雪兰莪根登高州会馆，1946 年 12 月 28 日成立，发起人为李耀南、李荣华、李惠斌、黄精华、李品三等。

（2）马来西亚广东会馆联合会，1947 年 2 月 22 日成立。

（3）居銮台山会馆，原名为“马来亚台山会馆联合会柔佛州居銮通讯处”，1947 年 2 月 22 日成立。

（4）安顺广东会馆，创建人为何森、叶廷佳、黄钟鸣、许泽光、区涵圃等，1947 年 3 月 9 日正式成立。成立初期会员达 1 557 人。1947 年间成立互助部。1987 年 10 月 17 日，该会馆百万元教育基金豁免所得税的申请获批准。历届主席有：叶延佳、胡锡康、蔡伯康、华景裕、吴锦波、陈富京、韩必炉、黎万成等。

（5）霹雳宋溪高州同乡会，1947 年 3 月 10 日正式成立，创建人为陈毓南等。

（6）马来西亚霹雳新兴云浮会馆，1947 年 3 月正式成立，它是马来西亚霹雳州新兴、云浮籍华人的地缘性会馆。

（7）雪隆台山会馆，1947 年 6 月获准注册并成立，原名为“雪兰莪台山会馆”。

（8）林明广肇会馆，1947 年创立。

（9）马来西亚台山会馆联合会，1947 年 8 月成立，是台山籍华人社团领导机构。

（10）昔加末台山会馆，1947 年 9 月 1 日成立，首届理事长是谢棒沛。

（11）吉打中山公会，1947 年秋天成立，创建人为张鸿日、周桃党、周亚买、李炳耀、赵嘉茂等，首届会长是张鸿日。

（12）丹绒马林乌鲁安南高州会馆，1947 年 11 月成立，同年 12 月获准注册，首届总理是叶俊周。

（13）霹雳美罗高州会馆，1947 年 11 月 12 日成立，创建人为张芳、宁耀成、邓权文、阮海三、曾元、吕楚等。

（14）吉打居林高州会馆，成立于 1947 年，发起人为陈家成、黄泽全、余冠平、罗柏荣、陈松源等。

（15）吡叻和丰高州会馆，1947 年成立，创建人为戴兰、陈家谋、潘亨、容振洲、张猷显等。

（16）蔴坡台山会馆，创建于 1947 年。

（17）森美兰台山会馆，成立于 1947 年。

（18）新山台山会馆，1947 年成立，首届会馆主席是黄义初。①

（19）万挠高州会馆，1947 年 10 月 5 日正式成立。筹建人为李荣华、丘传甫、吕丽、叶宇楷、谭茂泉、邓立生、谭明辉、邓庆等。首任会长是刘达。1976 年成立青年团。

（20）吉玻台山会馆，原名是“吉打宁阳会馆”，成立于 1947 年左右。

（21）沙巴州西海岸亚庇市四邑公会，1948 年 6 月 5 日成立，创建人为陈象高、甄海廷、黄礼益、陈荫大、苏锐敏等。

（22）丹绒马林古冈州公会，1948 年 8 月成立，创建人为关百祥、谢金如、陈胜、李伟、颜成等。

（23）雪兰莪万挠高州会馆，1948 年 10 月成立，创建人为刘达、吴耀东、邓立生、邱传甫、叶宇楷等，首届会长是刘达。

（24）雪兰莪顺德会馆，1949 年 1 月 15 日成立。1972 年设立教育福利基金。1975 年参与组建马来西亚顺德联合总会。

（25）马来西亚高州总会，1949 年成立，1951 年 12 月 22 日获准注册，首届会长是李孝式。该会是高州籍华人社团总机构。

（26）马来西亚三水会馆联合总会，成立于 1949 年，是三水籍华人社团总机构。

（27）霹雳金贵高州会馆，1949 年 5 月正式成立，发起人为何鼎臣、黎福来等。

（28）霹雳太平高州会馆，1950 年正式成立，创建人为陆彩南、胡永初等。

（29）槟城开平会馆，1950 年 9 月正式成立，创建人为黄仕庆、关仕坤、关

---

① 该会馆早已停止活动，见吴华：《马来西亚华族会馆史略》，新加坡：东南亚研究所，1980 年，第 97 页。

业、胡锡培、谭海等。

（30）巴生广东会馆，1951 年 8 月成立，创建人为陈尧阶、曾炳梅、卢耀仙、陈振猷、王大钦等。

（31）霹雳端洛古冈州公会，1951 年成立。

（32）雪隆冈州会馆，成立于 1952 年元旦（另一说为成立于 1949 年），原名为“雪兰莪冈州会馆”，创建人为张郁才、梁长龄、曹尧辉、梁志翔、冯慕贤等，1987 年改名。

（33）甘马挽广东会馆，1953 年 2 月 27 日成立。

（34）马来西亚番禺会馆联合会，成立于 1953 年 3 月 1 日，首届理事长是林海天。该会是番禺籍华人社团总机构。

（35）雪隆清远会馆，1953 年成立，原名为“雪兰莪清远会馆”，1995 年改名，创建人为龙约、陈东、杜尧、黄昌权、甘玉修。

（36）美里广惠肇公会，1953 年创办，筹建人为梁福、朱醒民、邓享成、陈养九、黄惠勤等。1978 年 6 月 18 日青年团正式成立，1986 年 10 月 19 日妇女组正式成立。该会成立初期会员达 1 000 余名。

（37）马来西亚中山会馆联合会，成立于 1954 年，是中山籍华人社团总机构。

（38）马来西亚古冈州六邑联合会，发起人为张郁才、蔡尧辉等，1954 年 11 月 12 日获准注册，1955 年 2 月 7 日正式成立，是台山、开平、新会、恩平、鹤山、赤溪六县籍华人社团总会。

（39）雪隆高要会馆，1956 年 1 月 19 日获准注册，原名为“雪兰莪高要会馆”。1974 年 2 月 1 日，改为现名。

（40）金宝会宁同乡会，约于 1956 年成立。2012 年 8 月举行庆祝成立 56 周年会庆。

（41）马来西亚马口泷江同乡会，1958 年 1 月 5 日成立，它是森美兰州马口地区罗定、云浮、郁南三县籍华人的地缘性社团组织。2006 年有会员 1 000 多人。

（42）马来西亚柔佛泷江公会，成立于 1959 年 8 月，会长是黄金水。2006 年有会员 1 100 人。

（43）峇南广东公会，发起并成立于 1950 年代。发起人为丁德喜、梁安均、吴国举、郭燕彬、赖连顺、袁圣集、梁持开等。

（44）古来广肇会馆，1959 年 12 月 28 日获准注册，筹建人为陆华、张秀、区守持、黎石、梁和、曾毅民等，首任主席是邓汉隆。

（45）马来西亚南海会馆联合会，1960 年成立，是南海籍华人社团总机构。

（46）吉兰丹广东会馆，1961 年 9 月 15 日成立，次年 7 月获准注册，首任会长是黄有为。会馆成立青年团、音乐组、太极健身班和少林班等，1967 年设立会员子女奖学金。

（47）文冬高州会馆，创建于 1962 年。

（48）柔佛广东会馆，发起人有：黄树芬、黄振杰、黄子松、黄广才、张和茂、何基业、汤振波、陈锦泉、陈宝锦、陈佩良、陈俊士、陈宣、张文强、邓汉隆、卓维祺、徐名杞、邢诒焕、赵梦华等，1966 年 7 月 1 日正式成立，首届会长是黄树芬。

（49）万挠广东会馆，1968 年成立筹委会，主席是任成，副主席是叶寿、刘善豪。1969 年 7 月 25 日，获得批准注册后正式成立。

（50）瓜拉庇拉广东会馆，倡建人为冯所冶、吴双发、伍朝安等，筹委会中客家帮、海南帮、广东帮、潮州帮等五个帮各派 4 人参加，与会的 49 位乡亲和 7 个商号为发起人。1969 年 12 月 7 日正式成立，首届会长是张湖庆。

（51）实兆远广东会馆，1969 年 9 月 14 日获准注册并正式成立，发起人为何祥华、邝宗兴等，首任会长是何祥华。

（52）文冬广东会馆，筹建人为何炽祥、沙秋霖、黄敦洋等，1969 年 12 月获准注册，1970 年 7 月 10 日正式成立，首届主席是周成栋。1971 年成立福利组。1973 年 10 月 16 日成立教育基金委员会。历届主席有：周成栋、梁灿坚、胡国梁等。

（53）乌鲁音巴鲁广东会馆，前身为成立于 1960 年代的“广东义山委员会”，于 1980 年 10 月 23 日获准注册并正式成立，首届总理是叶用华。

（54）关丹广东会馆，1970 年代初，关丹潮州会馆主席蔡南坚邀请关丹广属四乡会（其余三家为客家公会、琼州会馆、广肇会馆）各派 4 名代表举行联席会议，筹组关丹广东会馆。1971 年获准注册，并召开会员大会，选举首届董事会，会长为黄权大。1974 年设立会员子女奖学金，还设有青年组。2005 年有会员 373 人，其中永久会员 210 名，普通会员 163 名。历届董事会会长有：黄权大、潘正良、吴多龄、郭拱鄞、吴三美等。

（55）雪隆龙岩会馆，1972 年获准注册，同年 11 月 18 日正式成立，原名为“雪兰莪龙岩会馆”。

（56）马来西亚会宁总会，成立于 1973 年，是四会、广宁两县籍华人社团总机构，原名为“马星会宁总会”。首届理事长是邓达三（新加坡），副理事长是陈慕平（新加坡）。1973 年马星会宁总会解散，马来西亚会宁总会重组并成功注册。1993 年时有属会 12 家：雪隆会宁公会、霹雳会宁公会、金宝会宁同乡会、槟城会宁会馆、太平会宁会馆、务边会宁同乡会、万里望会宁善后社、文冬会宁同乡会、文德甲会宁会馆、森美兰会宁会馆、砂拉越诗巫会宁同乡会、砂拉越美里会宁同乡会。目前有属会15家：雪兰莪会宁公会、霹雳会宁公会、金宝会宁同乡会、槟城会宁会馆、太平会宁会馆、务边会宁同乡会、万里望会宁同乡会、文冬会宁同乡会、文德甲会宁会馆、森美兰会宁会馆、砂拉越美里会宁同乡会、古晋会宁同乡会、民都鲁会宁同乡会、巴占会宁同乡会、马登巴冷会宁同乡会。总会办事处一直附设于雪隆会宁公会。1993年与广东四会侨联在四会主办第一届世界会宁联谊会。2010年10月，妇女组成立，首届主任为申约然女士（兼任总会副会长，雪隆会宁公会妇女组主席，2012年8月13日不幸去世）。也设有青年团，首任团长是谢水仁。

（57）砂拉越广东会馆，成立于1974年。1979年设立会员子女奖励金委员会。

（58）霹雳新兴云浮会馆，创立于1974年3月30日，原名吡叻新兴会馆。1978年2月28日，获得霹雳州社团注册局正式批准，吸收云浮籍华人为会员，改名为"霹雳新兴云浮会馆"。

（59）乌鲁冷岳广东会馆，倡建人为张先林（加影广东义山公会主席），1978年4月4日获准注册，并于同年10月8日正式成立。成立初期有会员200多人，并先后成立福利组、青年组、奖学金组等。

（60）昔加末广肇会馆，成立于1977年5月9日。

（61）关丹高州会馆，成立于1977年。筹建人为许宗生、廖金水、邱永芳、甘洲、谢启明、叶景生等。首任主席为廖金水，副主席是邱永芳。

（62）马来西亚顺德联合总会，1979年成立，首届主席为梁汝彬，该会是顺德籍华人社团总机构。

（63）巴都牙也广东会馆，创建人为郑兰彬等，1978年1月23日获准注册，1979年6月3日正式成立。每年春祭时颁发会员子女奖励金。1990年代中期有会员968人。

（64）马来西亚广肇联合会总会，1980年成立，是广州府、肇庆府两府籍华人社团总机构。

（65）邦咯岛广东会馆，1980年10月27日获准注册，并于同年12月21日正式成立，发起人为梁日新、吴长安、陈三民等。初期有会员300多人。1984年开始颁发会员子女奖励金。

（66）而连突广东会馆，1982年获准注册，同年2月28日召开首届会员大会。筹建人为何作强等13人，首届会长是何作强。

（67）马来西亚东安会馆联合会，1983年成立，是东莞、宝安两县籍华人社团总会。

（68）美里省会宁同乡会，1985 年成立，首任会长是江金轮。1993 年成立青年团，首任团长是邓裕强。

（69）达岛广蕙肇公会，1989 年 1 月 23 日建立，1995 年有会员 76 名。

（70）古晋会宁同乡会，约于 2001 年成立，首任会长是江泽强。2011 年庆祝成立 10 周年。

“二战”后初，广东帮地缘会馆的总会组织成立。台山籍、三水籍、高州籍、五邑籍、番禺籍、中山籍、南海籍、（四）会（广）宁籍、顺德籍、东（莞）（宝）安籍等地籍华人的地缘性会馆总会或联合会也相继创建。

3. “二战”后客家帮地缘性社团

（1）令金客属公会，创建于 1945 年。

（2）砂拉越美里坡大埔同乡会，1945 年组织成立，创建人为谢紫臣、钟练霖、陈智民、张子良、杨克尼等。每年 12 月 25 日为会庆纪念日。

（3）吉中客属公会，1946 年成立，创建人为李伯勋、曾道坤、黄腾骠、邓海楼、贺进章等，首任会长是李伯勋。1950 年修改章程，职员任期为两年一届，实行理监事制。

（4）古来惠州会馆，筹建人为戴子良、黎保真、林凤才等，1946 年成立，首届主席是戴子良。[①] 1950 年代，先后成立奖学金、铜乐队、福利组等。2000 年有会员逾千人。历任主席有：黎保真、戴顺、戴万、戴让、丘送、丘福、蔡观基等。

（5）诗巫客属公会，1946 年 12 月 8 日正式成立，发起人为吴德良、江东生、江仲育、吴奕明、刘玉德等。1990 年有会员 1 000 余名。

（6）南洋五华同乡总会，倡建人有：钟儒珍、李惠南、钟远明、李志君、周汉燊、钟尚枢、李福兴、曾岳、钟浪成、黄来、钟伯胜、周益伯、卢运、周富有、蓝运新等，1947 年 6 月 17 日获准注册，初为“同乡会”，后获准改名为“南洋五华同乡总会”。

（7）北马永定同乡会，1947 年 10 月 15 日成立，首任会长是曾昭敬。1980 年 3 月 9 日，定名为“北马永定同乡会”，并于同年 7 月 31 日获准注册。1980 年 10 月 19 日，成立青年团。

（8）下霹雳客属公会，发起人为李长达、张志光、韩必炉、蔡百康、张利华等，成立于 1950 年，首任会长是张志光，副会长是韩必炉、蔡百康。

（9）丹绒马林客属公会，成立于 1950 年 3 月 1 日，1953 年获准注册，发起人为萧谭、曾旺、林世联、吴玉杰、余奕昌、黄品等，侯毓紫任首届会长。

① 《新山中华公会 75 周年纪念史料特辑》，新山中华公会，2000 年，第 452 页。

（10）霹雳金宝梅江公会，创建于1950年，发起人为陈仞千、陈善辉、陈善湘、徐雄洲、丘福生、丘裕源、古国璇、利天保、林集辉、曾繁亮、刘亦群、彭韩梅等，首任会长是陈仞千。1990年代有会员800人。

（11）美里龙川同乡会，1950年获得注册批准并成立。成立初期只有会员10余人。发起人为叶彬、李子传、刘松、杨子定、罗钦等，筹建人为刘松、罗钦、杨仁、黄石华、李子梅等。

（12）马来西亚嘉属会馆联合会，是嘉应府（包括梅县、蕉岭县、平远县、兴宁县、五华县）籍华人社团总机构，成立于1950年12月31日。1958年设立大学贷学基金，至1996年，已帮助800多名家境贫穷的同乡子女完成大专学业。1976年，成立马来西亚嘉属会馆联合会青年团，简称“嘉联青”，至1990年代初，该联合会已有槟城嘉应会馆、雪隆嘉应会馆、马六甲应和会馆、砂拉越嘉应同乡会、马来西亚兴宁同乡会、森美兰梅江五属会馆等24个团体会员。

（13）马来西亚雪隆客属中原联谊社，1951年成立，1957年获准注册，原名为“雪兰莪中原联谊社”，1990年改名为“雪兰莪暨联邦直辖区客属中原联谊社”。

（14）太平嘉应五属会馆，1951年8月20日获准注册并正式成立，发起人为罗陶容、巫德光和谢心盛等，首届主席是罗陶容。

（15）霹雳巴都牙也嘉应会馆，1952年初获准注册成立，创建人为陈立祥等。

（16）雪隆鹤山会馆，1953年4月26日正式成立，创建人为李岳南、李远虹、吕波、谢炳、林焯南、梁传益等，首届会长是冯顺成。成立初期有会员300多名，截至1956年2月，会员增至700多人。

（17）美里大埔同乡会，1950年由陈智明、钟少海、谢紫臣、钟练霖、朱应鳌、张子良、谢晋新、杨克尼、杨交环、何浩泉等人发起筹建，1953年11月1日建成会所并落成开幕。1978年3月12日，成立青年团。1979年2月18日，成立妇女组与乐龄会。1980年6月15日，筹办幼稚园，并于1982年1月4日正式上课。1984年2月26日，成立大专学院助学金委员会。①

（18）东甲惠潮公会，1953年创建。②

（19）砂拉越美里嘉应五属同乡会，1954年6月获得注册批准，1955年7月27日正式成立。发起人为傅宝树、彭汉光、梁茂发、古育恩、邓启新等。1992

---

① 《美里省华人社团联合会会员资料汇编》，美里省华人社团联合会，1994年，第117～118页。

② 安焕然：《马来西亚柔佛客家人的移植及其族群认同探析》，《台湾东南亚学刊》2009年第6卷第1期，第81～108页。

年7月14日成立妇女组。历届主席有：梁茂发、傅宝树、彭汉光和李德福等。

（20）美里客家公会，1956年1月成立筹委会，主席是谢晋新，副主席是李仕谦。1961年建成会所。会馆内附设互助股，1979年成立青年团，1981年成立妇女组。创会初期有会员近1 000人，1990年有会员800余人，1994年会员超过1 000名。

（21）马来西亚雪兰莪丰湖联谊社，创办人为李南燕、黄杜残、骆伯瑾、叶亚夫、李有、曾荣隆等，1956年成立，首任社长是李南燕。1955年，雪兰莪惠州会馆内部发生人事纠纷，于是李南燕等人另立门户，创建“丰湖联谊社”。“丰湖”名称源于惠州西湖的丰湖书院，它是广东四大书院之一。1993年，改名为“惠州大学”。

（22）柔佛州嘉应会馆，1956年3月31日正式成立，创建人为刘厚成、卓泗、林冠荣、丘应松、王福、刘秉渊等，首届会长是卓泗。会址设在居銮。1974年设立会员子女奖励金，1975年成立青年团，1981年福利组设立敬老会。历任会长有：卓泗、朱文益、熊嘉宾、田德源等。

（23）柔佛居銮大埔同乡会，成立于1957年，创建人为姚永芳、罗朋、萧娘顺、罗恩元、李锡光、陈介眉、刘方萍、蔡玉铭、张捷生等。

（24）新加坡嘉应五属公会，1957年6月1日成立，同年12月19日获准注册，发起人为邓世坤、林水松、王海如、夏国光、邓顺发、罗祥、刘添，1968年产生首届职员，会长为张福寿。

（25）新加坡兴宁同乡会，于1957年8月26日获准注册并正式成立。

（26）巴登马六甲客属公会，成立于1957年，由罗九、钟城、赖庆、罗毅夫、钟进等发起创办，首任会长是罗九。设有福利组、青年组、会员子女学业优良奖金组，有会员700余人。它为马来西亚客属公会联合会团体会员之一。

（27）美罗惠州会馆，1957年8月成立筹募委员会，主席是钟成安，副主席是吕谭平。1958年4月23日获准注册。1975年8月，会馆成立教育基金会，奖励品学兼优的会员子女，同时成立太极班。历任主席有：曾仁彬、刘润霖、叶义友、林观南等。

（28）三合港客属公会，1956年获准注册，成立于1958年冬，发起人为曾子庭、余卓元、沈金松等。先后成立青年团、军鼓乐队、醒狮团和福利义务工作队等，并每年颁发会员子女奖学金。

（29）霹雳河婆同乡会，筹建人为张国林、张南华、张重光、蔡作仁等，1958年成立，同年8月获准注册，张国林为首任会长。

（30）巴登马六甲客属公会，发起人为罗九、钟城、李允海、杨娘禄、张永进等，1959年3月31日获准注册并成立，首任会长是罗九。

（31）东甲惠州公会，前身为东甲惠州同乡通讯处，1933 年黎应波、张和、张发等乡贤创办。1958 年 9 月间，东甲惠州公会正式诞生。1967 年设立福利组，1973 年设立会员子女奖学金。2000 年有会员 200 多名。

（32）霹雳马登巴冷嘉应五属公会，1960 年春成立，发起人为黄荣、余评梅等。

（33）霹雳赤溪会馆，1961 年 12 月 25 日成立，创建人为吴华炎、唐宜贵、黄耀棠等。

（34）马来西亚半岛惠州属团体联合会，成立于 1963 年，是惠州籍客家人社团总会。

（35）沙巴州客属总会，1964 年 3 月 7 日成立，创建人为张福田、罗志宏、魏德来、丘保、张学正等，首任会长是张福田。

（36）威省客属公会，创建人为温毓堂、郭权、温贤泰、林帝成、邹文开等，于 1964 年 8 月成立，[①] 首任会长是温毓堂。

（37）沙巴客属总会吧巴分会，1964 年 9 月 4 日成立。

（38）霹雳大埔同乡会，1964 年 3 月创立，发起人为刘连、朱晋岗、田济昌等，首任会长是刘连。1968 年成立贷助学金委员会，1972 年成立慈善福利救济基金，1978 年成立青年部。历任会长有：刘连、何其谋、朱晋韶、何华绪、朱胜生、杨展全等。

（39）沙巴丹南客属公会，由邬天仁等人创建，成立于 1964 年 12 月 20 日，首届会长是邬天仁。

（40）沙巴保佛客属公会，1964 年 12 月 21 日成立，创建人为张福田、李桂陶、何天麟等，首届主席是何彦求。

（41）马来西亚兴宁同乡会，成立于 1965 年，创建人为罗铁笔、郭钧霖、陈志光等。

（42）瓜拉冷岳客属公会，发起人为池龙（女）、童中华、张惜开、黄培英、杨如珍、池始明等，于 1965 年秋成立，首任主席是童中华。1970 年设立会员子女小学奖励金，1977 年设立会员子女中学奖励金。

（43）柔佛丰顺会馆，1965 年 9 月 27 日获准注册。

（44）蔴坡嘉应会馆，1968 年 12 月 4 日获准注册，1969 年 2 月 27 日正式成立，创建人为黄道文、钟寿山、钟先福等。

（45）吉隆坡河婆同乡会，创建人为张纬添、黄汝约、刘英明、蔡美全、张青钱等，1969 年 12 月 28 日正式成立，首届会长是黄纪达（连任至 1991 年）。

---

① 吴华：《马来西亚华族会馆史略》，新加坡：东南亚研究所，1980 年，第 124 页。

1976 年 6 月 27 日成立青年部，首届主席是张子贞。1986 年与 1987 年之交，青年部与妇女部联办先河学会，附属于青年部文教组。

（46）沙巴州大埔同乡会，1970 年创立，筹建人为张惠民、张特许、赖南棠等。该会曾发起成立沙巴州亚庇华人同乡会馆联合会。历任会长有：张惠民（蝉联 7 届）、赖君煌等。

（47）森美兰淡边嘉应会馆，1971 年获准注册，1971 年 1 月正式成立，创建人为陈森祥、杨祝萍、李光兴、陈淼荫、罗官洪、吴文桂等。

（48）巴生客属公会，1972 年 10 月 30 日成立，创建人为童中华、张志民、郑金福、朱月胜、古南昌等。

（49）马来西亚大埔（茶阳）社团联合会，1973 年 9 月 9 日成立，是大埔籍华人社团总会。

（50）北马鹤山会馆，筹建人为冯亦孚、欧仁光、何柏勇、胡卓钦等，1973 年 8 月 30 日获准注册并正式成立，1991 年颁发第一届会员子女奖学金。

（51）乌鲁雪兰莪惠州会馆，1974 年获得注册批准。1983 年设立教育基金，1985 年开始颁发同乡子女学业优良奖励金。

（52）砂拉越诗巫大埔同乡会，1974 年创建。1983 年成立青年团与醒狮队。

（53）吉玻嘉应会馆，1974 年获准注册，同年 10 月 4 日正式成立，创建人为卢鑫昌、何志明、吴梅发、陈恩元、温定昌。1977 年成立青年团。历届主席有：李树林、李幼南、林新荣等。

（54）柔佛河婆同乡会，1977 年 1 月 1 日正式成立。设有总务、财政、文书、福利、文青等部门，其中妇女组最为活跃。

（55）沙巴古晋河婆同乡会，成立于 1977 年。1981 年 9 月 6 日，开始颁发会员子女学业优异奖励金。

（56）乌鲁地南客属公会，1978 年 4 月 16 日成立。

（57）哥打丁宜客家公会，1978 年成立。

（58）砂拉越美里河婆同乡会，创建人为张纬清、温南振、蔡美泉、杨惠修、张文彬等，1978 年 10 月 13 日获准注册，同年 12 月 31 日成立。

（59）马来西亚增龙总会，成立于 1979 年元旦，是增城、龙门两县籍华人社团总机构。

（60）马来西亚客属公会联合会，1979 年 7 月 21 日在怡保正式成立，是全马客家华人社团总机构。霹雳州客属公会为首届理事长。1988 年拥有团体会员 49 个。

（61）吉隆坡沙叻秀惠州会馆，前身为“雪隆惠州会馆沙叻秀联络会”，由叶观生、黄观发、温石松、李志光等发起，于 1980 年 3 月 16 日正式成立。后以

“吉隆坡沙叻秀惠州会馆”的名称注册并于1989年末获得批准。

（62）中马丰顺会馆，1980年11月18日获准注册，1981年6月28日正式成立，发起人为蔡义拾、谭家淮等，首任主席是谭镇江。

（63）而连突客属公会，1983年创建。

（64）乌鲁地南鹤山同乡会，1983年建立，1984年获得正式批准。筹建人为钟扬钦、赖森记、赖留生、马帝水、马日新、田均、黄燕、周生、吕稻、邓喜、钟石、黄华带及吕木星等。成立初期，共有会员100余名。

（65）吉玻惠州会馆，1986年2月19日获得注册批准成立，首届理事长是张吉昌，由早已成立的亚罗士打惠州同乡会与吉打惠州同乡会合并而成。

（66）马来西亚河婆同乡会联合总会，1978年召开第一届全国河婆同乡会联合大会。1986年4月1日正式获得注册批准，简称“河联”。1998年8月31日，易名为“马来西亚河婆同乡会联合总会”，简称“河婆总会”。

（67）新山（大马花园）客家公会，1989年成立。

（68）雪隆客家总会，约于1991年初获准注册，同年4月成立，创建人为吴德芳、刘英明、巫杏、黄文良、管良兴等，首届会长是吴德芳。

（69）丰盛港客家公会，1997年成立。

（70）关丹惠州会馆，2004年建立。刘岩来为首任会长。

（71）巴株巴辖客家公会，2006年成立。

客家人地缘性社团的总会组织——南洋客属总会，在20世纪20年代即已成立，它代表的区域非常广泛，不仅仅代表马来西亚客家人地缘性会馆。真正代表全马来西亚客家人地缘会馆的总会组织在1979年成立。嘉应籍、惠州籍、大埔籍、河婆籍、增（城）龙（门）籍的客家人也组建了各自地缘会馆总机构。

4. “二战”后潮州帮地缘性社团

（1）关丹潮州会馆，1945年10月10日成立，创建人为郭两坤、林安雄、廖声其、蔡南坚、曾和龙等，首届主席是陈家俊。1968年成立会员子女奖学金小组，分设小学组、中学组和文凭组3个奖项。同时设立青年团。2001年7月成立妇女组，首任主任是余碧音。会馆历届主席有：陈家俊、廖声其、蔡南坚、蔡成锦、陈声华、陈廷河、陈家湘、黄声从、廖榜勤、杨志良等。

（2）新加坡潮安第三区同乡会，创立于1945年。1946年成立福利股，并于每年农历十二月举办敬老会。1976年开始颁发会员子女勤学奖励金。

（3）新加坡宏安旅外同乡会，1946年创建，是潮安县宏安乡华人的地缘性会馆。

（4）新加坡澄海港口同乡会，1946年成立，创建人为陈训仁、陈韵琴、刘益吾、陈训深、蔡朝声等。

（5）新加坡澄海第三区海外同乡会，1946 年成立，创建人为罗煌如、高尚德、宋章烈、潘忠存等。

（6）柔佛南亚潮州八邑会馆，成立于 1948 年 3 月 28 日，创建人为黄面、潘允昌、韦之敬、黄炎岳、陈瑞恭。

（7）槟榔屿惠来同乡会，1948 年成立，创建人为方世荣、林连登等。

（8）雪兰莪潮安联谊社，1949 年创立，发起人为吴再锋、黄桂荣、翁文田、李芸岩、萧永全等。

（9）柔佛潮安同乡会，前身为“新加坡潮安联谊社柔佛办事处”，1949 年正式成立，发起人为黄振杰、黄继祥、黄应雄、陈振声、陈世珍等，首届理事长是黄振杰。①

（10）槟榔屿潮安同乡会，1949 年成立，发起人为潘应祥、杨倬云、林柏青、陈慕龙、沈明经等。

（11）巴株巴辖潮州会馆，1951 年创建。

（12）沐胶潮州公会，1951 年成立，发起人为沈两雨等。该公会联合当地华人社团，创办了崇文华校，组织成立了沐胶中华总商会。

（13）下霹雳韩江公会，前身“韩江互助社”早在“二战”前已存在，1953 年 6 月初获准注册，同年 6 月 2 日正式成立，筹建人为杨少翰、黄大海、韩必炉、张志光、陈锦洲、杨少三、谢如秀、陈云河、郑上林、郑加谟、郑翔骏等。1980 年成立青年组。

（14）美里大埔同乡会，成立于 1953 年，筹建人为陈智明、钟少海、谢晋新、朱应鳌、杨克尼等。会内设互助部、青年团、妇女组、乐龄会、大专学院助学金委员会、幼稚园委员会等。1982 年，该会创办的大埔幼稚园正式开课。

（15）森美兰潮州会馆，1954 年获准注册并成立，发起人为李秀裕等。1963 年设立会员子女奖励金，1974 年成立青年组。历届会长有：李秀裕、沈合坤、杜书荣、沈东炎、罗伟创等。

（16）丁加奴潮州会馆，成立于 1954 年 2 月 16 日，1955 年改名为“登吉潮州会馆”，会员招收范围扩大至吉兰丹的潮籍华人。1958 年 3 月 7 日吉兰丹潮州会馆成立后，又改名为“丁加奴潮州会馆”。创建人为许德明、杨国荣、陈贞舜、吴子英等。

（17）北根潮州会馆，1953 年由陈两富、陈香圆、陈行简、陈名秋、黄盛伟、许应瑞、何成珑、郑森成、钟洽孝、陈深锐等发起创建潮侨互助社，1954 年获准成立，首任主席是陈两富，1968 年改名为“北根潮州会馆”，1969 年加入

---

① 吴华：《柔佛新山华族会馆志》，新加坡：东南亚研究所，1977 年，第 19 ~ 20 页。

马潮联会。

（18）亚庇潮州公会，1954 年 9 月 25 日正式成立，此前已获政府注册批准，发起人为黄应发、谢育德、谢根盛、蔡长潮、郭雨明、纪美声、潘益昌、张伟杰、陈锡奎、郭明修、林朝荣、谢松钿、陈自克、陈启祥、郭绪耐等，原名为“亚庇潮侨联谊社”，1959 年 12 月 13 日改名为“亚庇潮州联谊社”，1969 年 12 月改为现名。

（19）砂拉越达岛潮州公会，1955 年建立，1995 年有会员 59 名。

（20）柔佛州东甲潮州会馆，1956 年 1 月 13 日获得注册批准，同年 3 月 18 日举行首届董职就职典礼，发起人为吴令勤、温子森等。1980 年举行成立 25 周年暨青年团成立 4 周年庆典。

（21）吉兰丹潮州会馆，1958 年 3 月 7 日获准注册并成立。1958 年设置奖助学金。1972 年 2 月 4 日成立青年团，团长为陈子儒。历任主席有：蔡南峰、辛祖民、陈荣昌、陈子儒等。

（22）居銮潮州会馆，1958 年 3 月 7 日获准注册，次年成立，创建人为陈树槐、许统仁、黄炎、陈荣甲、李速河、许清坤、陈宏梅、林友梅等，首届主席是王绍楚。

（23）达岛潮州公会，1959 年 1 月 15 日成立，筹建人有：林钦顺、林钦源、林木合等，首任主席是林钦顺。①

（24）北霹雳韩江公会，创立于 1959 年，倡建人为黄璧林、罗木森、马奕亮、李水德、杜林辉、宋金春、陈清龙、彭君星、郑兰祺、马贞秀等。1984 年有永久会员 240 名，普通会员 450 多名，合计近 700 名会员。

（25）和丰韩江公会，1959 年底获准注册并成立，创建人为赖崇声、张重光、黄友如、秦银来、郑成招等，首届会长是黄友如。1979 年设会员子女成绩优良奖励基金等。1984 年有会员 250 人。

（26）砂拉越英吉利里潮州公会，1961 年 7 月 17 日获得注册批准，同年 9 月 24 日成立，筹建人为卓声焕、郑再銮、郑万秋、郑定桂、柯声端等，首任主席是卓声焕（连任主席达 30 多年）。1962 年成立慈善组。

（27）马登巴冷韩江公会，1964 年 4 月获得注册批准并成立，筹建人有：韩必炉、黎营祥、陈坤江、蔡联兴、张敬北、张其琛、蔡高画、刘天佑、李杜、陈以金、蔡怡和、陈秋泉、蔡树霖、陈亚乾、陈宜坤、蔡店、林炳勋、陈两顺、傅玉专、刘初典、李满、黄琛等，每年 9 月 29 日为公会成立纪念日。

（28）新加坡潮安会馆，创建人为杨缵文、林应标等，其于 1964 年 3 月 15

---

① 谢育德：《马潮联会金禧纪念特刊》，马潮联会，1984 年，第 184 页。

日正式成立，首届主席是杨缵文。

（29）淡马鲁属潮州会馆，1964 年 5 月 24 日成立，发起人及首任会长为陈拱旭。1960 年代初至 1980 年代初，先后成立会员福利组、青年组和会员子女学业奖励金组等。历任会长还有：陈绵泉、吴文雄、陈朝富等。

（30）新加坡东张镇同乡会，发起人为倪克凌、庄春妹、黄诗雅、陈木水、王其义等，1964 年 12 月 24 日获准注册，并于次年 6 月 13 日正式成立，首届会长是陈木水。

（31）笨珍潮州会馆，1966 年正式成立，发起人为蔡木火，有会员 300 多人。

（32）甘马挽潮州会馆，1967 年 3 月获准注册，同年冬正式成立。倡建人为陈德寿、曾镇坤、陈昭勇、谢惠通、许正光，首任会长是陈昭勇。

（33）吉玻潮州会馆，创建人为许得春、洪林德、陈坤桂、朱锡荣、谢金源、杨益盛、林世谊、王舜荣等，其于 1970 年 5 月获得批准注册。1981 年开始颁发助学金。

（34）江沙潮州会馆，发起人为许崇光、陈镇殿、方松源、许粮明、黄亚辉、黄乌殿、郑双发，1972 年获得注册批准并正式成立。

（35）华都牙也韩江公会，约于 1972 年获准注册并成立，[①] 筹建人为周立生、罗美德、周学史、郑伟同等。1984 年 5 月 27 日，新会所举行开幕典礼，并首次颁发会员子女学业优秀奖励金。

（36）蔴坡巴冬潮州会馆，1974 年 3 月 7 日获得注册批准，次年 4 月 21 日成立，发起人为李木锦、李细五、郭国基、钟喜庆、陈逸士、郑添发、李良淡、黄俊祥、陈来捞、陈疏弟、傅亚六、张财潮、林克文、陈扬松等。1975 年设立会员子女中小学奖励会，并成立青年部。

（37）适耕庄潮州会馆，1977 年由潮籍华人陈海隆、谢俊炎、谢财茂、蔡来存、谢孝炎、谢汉章等发起成立，首任主席为谢维昌。会员除适耕庄同乡外，还包括直古鲁、文丁哥镇等地潮州同乡。设有互助部，协助料理同乡身后事。

（38）美里潮州公会，1954 年由潮侨蔡琴榜、林介全、陈捷河、佘娘振、邱南崑、许来夫等发起筹建，不久因反响寥寥而停办。1980 年初，周礼忠、陈振河、沈松青、潘再添、辜浩祥等人再次筹建，约于同年 3 月底再次成立。

（39）美里潮州公会，筹建人为邱祖根、沈松青、陈龙才、庄隐侠、张荣镇等，1980 年 7 月 4 日获得注册批准，同年 11 月 16 日正式成立，当时有会员约 80 多人。首任主席是邱祖根。1983 年先后成立青年团与瑞狮团。

---

① 谢育德：《马潮联会金禧纪念特刊》，马潮联会，1984 年，第 207 页。

（40）哥打丁宜潮州会馆，1983 年 4 月 7 日成立。首任会长是陈华文。1984 年拥有会员 231 人。

（41）森美兰马口潮州会馆，1982 年 8 月 10 日获得注册批准，次年 9 月 18 日成立，筹建人为唐贤钦、邱景泉、刘汉贵、郑海钦、唐培林、郑清泉、唐仁济等，首届会长是唐贤钦。

（42）金马仑潮州会馆，创建于 1985 年。

（43）古来潮州会馆，1996 年成立，原名为“古来潮州同乡会”，2000 年改名。

潮州帮、海南帮在“二战”后创建的地缘性会馆相较于其他帮而言，其数量仍然比较少。

5. “二战”后海南帮地缘性社团

（1）北海海南会馆，原为组建于 1946 年的“北海琼侨互助社”，创建人为吴德森、林日熊、陈德清、李盈大、吴卓如等，首任主席是吴德森。1957 年改称“琼侨社”，次年改名为“琼海公会”，1984 年 2 月 6 日改名为“北海琼州会馆”，1991 年 9 月 30 日改名为“北海海南会馆”。

（2）大山脚海南会馆（威省海南会馆），1947 年 4 月 6 日正式成立，发起人为陈时吉、陈文宗、陈文充、王家森、石钟仁等，首届主席是张德盛，副主席是陈时吉。1956 年设立会员子女奖学金、青年科。原名为“威省琼崖同乡会”，1990 年改为现名。

（3）雪隆万宁同乡会，1947 年 5 月 4 日成立，筹建人为朱祯华、王大悦、朱齐良、黄中侨、殷开裕等，首任主席是朱祯华。1950 年代后期有会员约 200 名，1960 年代增至六七百名，2002 年 12 月有会员 486 名。1964 年成立青年部，下设歌咏队、戏剧组等。1971 年开始颁发会员子女学业优良奖励金。历任主席有：朱祯华、黄斯义、陈训才、林明贵、黄桂春等。

（4）槟榔屿万宁同乡会，发起人为文怀郎、纪继蕃、李明华、林开芳、陈庆瑛等 30 余人，1949 年 1 月 1 日成立，首届主席是文怀郎。1950 年有会员 800 多人，2003 年有会员 700 余名。历任主席还有：纪继蕃、李明华、许启明、冯业新、祝清坤等。

（5）淡边海南会馆，1953 年 2 月 21 日正式成立。筹建人为符树銮、龙兆光、李运椿、周开仕、吴坤松、林峰等。历任主席有：符树銮、李运椿、吴坤松、冯所礼、韩熊畴、邝世玖等。

（6）霹雳琼乐会馆，发起人为李居燊、陈昭藩、陈绍英、陈绍忠、李昌炳等，1953 年 12 月 18 日获得注册批准，1954 年 5 月 5 日正式成立。原名为“琼乐联谊社”，1958 年改为现名。

（7）波德申海南会馆，1955 年组建，创建人为王汉瑞、莫泰山、郑兰芳、莫泰耀等。首届主席是莫泰山，副主席是郑兰芳。原名为“波德申琼州公会”，1993 年 10 月 21 日改名。1963 年 4 月 28 日成立青年部。1968 年设立会员子女学业奖励金。同年 6 月 14 日成立琼剧团。1998 年 3 月 21 日成立妇女组，首任主席是冯国瑛。

（8）邦咯岛海南会馆，1955 年 11 月 19 日获得注册批准，并于 1956 年 7 月 26 日正式成立，发起人为何如松、许世宠、官上瑞等。首届会长是邢子明。原名为“邦咯岛琼州公会”。

（9）华都牙也海南会馆，1958 年 7 月 24 日获得注册批准并正式成立。发起人为陈明融、王世德、邢崇东、吴坤昌、黎日宗、陈昌华等，首任主席是陈明融。原名为“华都牙也琼崖同乡会”，1992 年 4 月 1 日获得政府社团注册官的批准后改名。1985 年成立青年团。1988 年设立会员子女大学贷学金，每年一名，可得免息贷学金 2 000 元。

（10）柔佛州万宁同乡会，1959 年秋在巴株巴辖成立，发起人为曾昭经、陈明义、曾昭炳、王开怀、蔡明发等。1961 年设立中小学奖励基金。2002 年有会员 260 名。历任主席有：曾昭经、陈明文、吴鸿杰、曾鸿杰、曾昭炳等。

（11）吉南琼崖同乡会，1959 年 11 月 1 日正式成立，创建人为刘善旌、杨善调、冯文轩、李之芳、陈维光等，首届主席是陈维光。初期有会员 30 余人。

（12）立卑琼州公会，1959 年 2 月 15 日成立，发起人为詹道鸣、詹专梓、詹专发、詹道仕、詹道林等，首届主席是陈明瑞。1969 年设立会员子女学业奖励金。

（13）东陵琼崖同乡会，1960 年 7 月 2 日正式成立，发起人为王先强、林尤轮、符和荫、符树柳、林道贵等，王先强担任首届主席。

（14）武吉智马琼崖联谊会，创建人为冯锦川、许宇轩、李苑芳、何世茂、陈修英等，1958 年获准注册，1960 年 10 月 31 日正式成立，首届主席是林树璋。

（15）文冬海南会馆，原名为“琼州会馆”，1961 年 12 月 6 日获得注册批准并成立。创建人为翁家耀、黄敦泮、许之汾、莫泽焕、符绍典、詹所茂等。首届主席是何子祥，副主席是莫泽焕。初期约有会员 70 名。1968 年设立会员子女奖励金。历任主席还有莫泽焕、黄敦泮等。

（16）马六甲双溪巴路（马日丹那）海南会馆，原名为“琼州公会”，成立于 1963 年，次年获得注册批准。首届主席是吴乾玉，筹建人为吴乾玉、陈玉就、陈达椿、李新源、周德三等。1986 年设立会员子女奖励金。

（17）雪邦海南会馆，1963 年 8 月获准注册。1966 年申请加入马来西亚海南联会。

（18）蔴坡琼崖东路同乡会，1965年3月18日正式成立，由万宁县、安定县、琼海市的琼籍华人组成，1967年有会员347名。历任主席有：谢书香、王昌益、林缵初、吴乾益、王贻安、郭输才、王日俊等。

（19）金马仑海南会馆，原名为“琼州公会”，1966年7月获得注册批准，1967年7月15日举行成立大典。创建人为王禄海、林鸿芹、林猷清、林鸿发、邢福临等。

（20）丹绒马林海南会馆，发起人为翁德琼、邢华孙、吴运瑄、郭远栋、黄学五等，1967年9月成立。1984年10月28日成立青年科。2005年依法解散。①

（21）马来西亚万宁同乡会总会，筹建人为陈大标、林国华、朱祯华、朱清坤、曾昭经等。1971年12月14日获得注册批准，1972年正月二十三成立。首届主席是陈训才。

（22）乌鲁地南海南会馆，1974年成立，次年获得注册批准，筹建人为陈乐亭、陈运伍、陈超武、孙洪、李树卿、谢维坤、陈仕善、王任旅、游亚兴、符章平、林鸿森等，当时名为“琼崖联谊会”。1975年设立会员子女品学优秀奖，1982年成立青年部，1994年成立妇女组。

（23）雪隆琼海同乡会，筹建人为王书俊、吴运海、李家杰、黎德周、刘应铭等，1980年9月30日获得注册批准，首任主席是王书俊。

（24）沙巴州古达海南会馆，发起人为许浮萍、黎克秋、陈华民等，1981年8月12日成立。首届主任是许浮萍。1984年设立青年团，1986年设立妇女组。

（25）北马琼乐同乡会，筹建人为符大荣、黄益民、莫追栋、马大锐、李蕃耀等。

（26）瓜拉冷岳海南会馆，1982年成立，原名为“琼崖同乡会”，筹建人为吴国华、陈序剖、黄机洲等。首任主席是谢晋豪。1986年成立青年团。

（27）马登巴冷海南会馆，筹建人为符洪华、黎竞生、龙田伦、洪以祝、黎日佳等，1984年4月1日获得注册批准并成立。首任会长是黎竞生。原名为“琼州同乡会”。1989年9月28日开始颁发会员子女奖励金，2005年1月5日成立青年团，2007年1月15日成立妇女组。

（28）马来西亚琼乐会馆联合会，1988年1月27日注册获得批准，同年9月17日正式成立。首任主席是王国荣（霹雳）。

（29）隆雪海南文昌同乡会，2006年8月14日获得注册批准，发起人为金国权、杨应涛、陈敦川、陈声评、龙月梅等。

（30）拿笃海南会馆，原名为“拿笃琼州会馆”，1986年3月5日成立筹委

① 黄宏荫：《马来西亚海南族群史料汇编》（上、下），马来西亚海南会馆联合会，2011年，第874页。

会，创建人为黄景济、陈文修、曾昭学、吴铁汉、徐清柏等，1988 年 3 月 16 日获准注册成立。历届主席有：李青霖、陈贻俊、曾昭学、吴铁汉。会员有 50 余位。

（31）仁保海南会馆，发起人为何子浩、冯明东、王礼新、陈华镇、张钧，1987 年 6 月 30 日获得注册批准，同年 8 月 20 日召开首届会员大会。成立之时有会员 137 名。1987 年 10 月 2 日成立青年团。1988 年 3 月，正式加入马口华人注册社团联合会及马来西亚琼州会馆。1989 年开始颁发会员子女学业优良奖励金。原名为“琼崖公会”，1991 年 8 月 8 日改名。

（32）根地咬海南会馆，筹建人为符昌明、黎国川、吴仲秋、梁安光、符月花、谭基吉、吴玉莲、郑玉梅、林廷发、林日光、陈时武、范云娇、梁桂春、陈玉莲、孔繁敏、陈贻全、吴玉鸾。2006 年获得注册批准。

6. “二战”后其他各省籍华人地缘性社团

（1）槟城温州会馆，1946 年成立。“二战”后，槟城约有温州人 100 多名。

（2）马六甲广西会馆，1946 年底成立，创建人为陈学周、陈瑞初、廖础材、黄少良、李用才、吕启耀、廖开权等。1961 年有会员约 130 人。

（3）拉央广西同乡会，成立于 1946 年 9 月 26 日，发起人为张其、梁基荣和余仁。1961 年有会员约 100 人。1978 年，成立会员子女奖励金委员会，同年 12 月 17 日成立青年团。同乡会还成立 40 多人的舞狮团和国术组。

（4）马口广西同乡会，1946 年 12 月 22 日成立，发起人为卢懋轩、梁兴武、韩生财、李启基、梁汉、覃乾祯等，首任主席是卢懋轩。初期由于会员不多、经费不足，会务活动只限于联络乡情。1971 年成立歌咏队、舞蹈队、篮球队和乒乓球队。1980 年 6 月 29 日成立青年团。

（5）而连突广西会馆，1946 年创建同乡会，倡建人为黄坤田、李超、邓彬、刘初、黄运等，1956 年获准注册，并改名为“广西会馆”。1961 年有会员 650 名。附设义祭会，有会员 500 名。1966 年成立会员子女奖励金，到 1985 年已有 900 多名会员子女受奖。1977 年成立青年团。

（6）隆雪三江公会总会，成立于 1946 年。其会员主要以江苏、江西及浙江籍人士为主。

（7）哥打丁宜广西同乡会，筹备于 1941 年，1947 年 7 月 7 日正式成立，创建人为陈和、陈光等。“二战”后，由陈得初、陈富佳等领导会务，会员多散居于各地矿场、木材厂、胶园。1979 年有会员 160 名，会长是刘亚德。

（8）林明广西会馆，1948 年 5 月 20 日正式成立，创建人为黄辉、黄达、陈益、黎生、黎光等。1961 年有会员 100 多名。

（9）令金广西同乡会，1950 年获准注册并成立，有会员 140 人，多以务农为业。1979 年 8 月 26 日，成立青年团，团员有 40 人。1981 年成立乒乓球队和醒狮队。

（10）居林广西会馆，发起人为陆强、陈寿荣、吴济轩、刘英才等，成立于 1952 年 1 月 1 日。会员曾超过 300 名，也曾购置会所和树胶园。

（11）马来西亚广西总会，是广西籍华人社团总机构，筹建人为陈生、陈荃华、梁淮兴、潘柏荃等，1952 年 7 月 10 日正式获准注册并成立，原名为“马来亚桂侨联合会”，1957 年 5 月改称为“马来亚广西总会”，1975 年 4 月改称为现名。1952 年，第一届主席为文冬广西会馆负责人，副主席为雪兰莪及吡叻广西会馆负责人。从 1978 年起实行集体领导，轮流举行常年大会和庆祝周年纪念会等。总会设会长 1 人，副会长 2 人。下设总务、财政、交际、调查、理事员和查数若干人。并设有醒狮团和奖学金委员会。1978 年 12 月 31 日成立总会青年团。历任会长有：陈生、梁致卿、赖福来、江文昌、李德才、陈茂森等。

（12）森美兰广西会馆，发起人为覃均、黎授选、陈德保、何剑潇，1951 年 3 月 19 日获准注册，1953 年 1 月 22 日举行开幕典礼，有会员 450 多名。首届主席是覃均，历任主席还有：陈德保、陈拾等。设有青年组、康乐组、奖学组等。

（13）关丹广西会馆，1954 年成立，创始人为卢瑞吉、苏汉波和孔美全等。1980 年修改会馆旧章程，并于次年 3 月 22 日获政府社团注册官批准。1981 年 12 月成立青年团，1983 年有团员 140 名。1995 年成立妇女组。从 1968 年至 1980 年代，卢水木一直蝉联主席。2005 年有会员 600 余人。

（14）太平广西会馆，1953 年获准注册，1955 年 1 月 12 日成立，创建人为潘柏荃、韦志和、覃业周、胡汇东、杨光缘等。1961 年有会员约 300 名。1978 年设立教育基金，奖励中小学成绩优良的会员子女。

（15）南洋湖北天门会馆，成立于 1957 年。湖北人最早来到南洋是在 1930 年代，大部分落脚于吉兰丹道北。

（16）柔佛广西同乡总会，1956 年 9 月 7 日获当局批准注册。1963 年筹集基金购置胶园近 30 英亩，设立子女奖学金，自 1975 年开始，每年获奖者约 300 名。

（17）劳勿广西会馆，创建于 1958 年，创办人为侯初和侯桂，1961 年获准注册。1966 年有会员 600 多名。1970 年代开始颁发会员子女奖学金。

（18）三合港广西同乡会，创办人为罗英、叶震民、杜廷宪、廖贵、罗美泉等。筹备于 1940 年，并于 1960 年 8 月 31 日开幕。1961 年有会员约 120 名。

（19）宜力广西会馆，创建人为黄文华、陈华等，1951 年 4 月 5 日获准注册，1961 年 11 月 30 日正式成立。1971 年 3 月设立会员子女学业奖励金。

（20）江沙广西会馆，1966 年 12 月 4 日成立，发起人为刘汉、梁碧生、莫崇等，首任会馆主席是刘汉。1974 年有会员 541 名。下设青年组、文教组、醒狮团和奖学金委员会，从 1974 年起对品学兼优的学生发放奖学金。会馆青年团于 1979 年 9 月 23 日成立“江新月会”，学习卫生和急救知识，为同乡服务。

（21）淡边桂高泷联谊会，会员多为广西人，还有广东高州人和罗定人，由杨十六、张耀隆等人发起，1970 年 5 月获准注册，1975 年 12 月正式成立。1984 年 6 月，成立会员子女奖励金小组，1985 年 6 月起每年颁发奖励金一次。

（22）槟城北马广西会馆，1977 年成立。

（23）马来西亚三江总会，1978 年 2 月 26 日成立，首届主席是虞福祥，是除粤、闽、桂等省外，其他省籍华人社团的总机构，创立之初由五个州（雪兰莪、霹雳、槟城、砂拉越、沙巴）的三江公会联合组成。1978 年该会设立大专奖学基金。

（24）和丰广西同乡会，1986 年 8 月 21 日获准注册，首任主席是黄振明，副主席是李汗就。该组织筹备于 1940 年，筹备人是梁基，其前身为“和丰广西会馆办事处”，又名“众屋”，后改为“和丰广西会馆筹委会”。主持会务者初为梁基、曹行、李福林、李仕宗、赵贵、黄振明等。1977 年设和丰广西总坟。

（25）丰盛港广西会馆，1986 年 11 月 13 日成立，创办人为吴振南、高耀富等，有会员 75 名。每年颁发会员子女奖学金。

（26）马来西亚湖北同乡会，1989 年 11 月 12 日成立。新马两地华人曾共同创建“南洋湖北天门会馆”，新马分治后，马来西亚华人失去会员资格，所以又建立“马来西亚湖北同乡会”，首任会长是黄四海。该同乡会会员大多数为天门人。2010 年有会员 6 000 多人。

“二战”后，桂籍华人创建了不少地缘性会馆，桂籍华人地缘性社团的总机构——“马来西亚广西总会”也在战后初期成立。其他各省籍华人则联合组建了一个地缘性社团总机构——“马来西亚三江总会”。

第二节　血缘性社团

一、1800—1889 年马来西亚华人血缘性社团

（1）新加坡曹家馆，1819 年（或 1820 年）由广东台山人曹亚志创立，为新加坡最早的华族血缘性社团。初时称“曹府大公司”。1849 年由曹亚志之弟曹符成领取英女王维多利亚赐给的土地地契，于 1853 年兴建馆所。馆内中央神台写

有“谯国堂”三字，传说为曹操灵位。该组织早期只招收广东台山人入会，1971年起允许其他籍贯人士入会，会员一度达300多人。

（2）新加坡司徒氏教伦堂，原名为“司徒家塾”，由司徒淳槐创建，据传创建时间与曹家馆和宁阳公司相同。

（3）槟榔屿谢家石塘福侯公司（谢氏石塘世德堂），前身二位福侯公司于清朝嘉庆二十五年（1820年）成立，它是集血缘、地缘于一体的华人社团组织。“石塘”指福建省漳州府海澄县石塘社，“福侯”指唐朝时抗击安史之乱的忠勇之将张巡、许远。

（4）马六甲江夏堂黄氏宗祠，1825年成立，成员以福建籍为主。

（5）槟城江夏堂，成立于1828年，成员以福建籍为主。

（6）槟榔屿龙山堂邱公司，前身“诒谷堂”创建于清朝道光乙未年（1835年）。咸丰辛亥年（1851年）龙山堂建立，它由福建省海澄县三都新江社籍华侨创建，其中央正殿“正顺宫”主祀王孙大使（即东晋谢安及其侄），陪祀有观音、保生大帝、山西夫子、天上圣母等。龙山堂不仅是槟城龙山邱氏华侨祭祀的场所，它也是迎神赛会、冠婚庆典、共敦族谊及序长幼、敦敬让、修和睦的所在。①

（7）槟榔屿杨氏霞阳植德堂，1842年成立，由海澄县三都霞阳社杨姓华侨创建。

（8）槟城梅氏宗祠，也称“梅家庙”，1842年由台山县梅姓华侨创建。

（9）新加坡四邑陈氏会馆，1848年创立，最初为台山县陈氏族人组织，由台山籍人士陈文获发起，名为“颍川堂陈氏会馆”。1890年获准为豁免注册团体。1927年扩大组织，吸收新会、开平、恩平族人参加，改称为“四邑陈氏会馆”，成为广东台山、新会、开平和恩平四邑籍陈氏华侨的血缘性社团。

（10）槟榔屿许氏高阳堂，1849年创建。

（11）新加坡台山黄家馆，创立于清朝咸丰四年（1854年）。

（12）槟榔屿李氏陇西堂，1854年成立。

（13）槟榔屿颍川堂陈公司，成立于1854年。

（14）槟榔屿宝树堂谢公司，1954年成立。

（15）新加坡林氏大宗祠九龙堂，1857年创立，原名为“福建九龙堂”。

（16）新加坡濂溪别墅周家祠，创立于1861年，创办人为周活，属于广东广州和肇庆两籍周姓华侨的血缘性社团。“濂溪”之名源出宋代大儒濂溪公周元。

（17）槟榔屿林氏敦本堂，1863年创建，是海澄县鳌冠社林姓华侨的血缘性

① 张少宽：《槟榔屿龙山堂邱公司》（上），《文道》第46期，第24～28页。

社团。

（18）槟榔屿林氏勉述堂，成立于1863年，是海澄县鳌冠社林姓华侨的血缘性社团。

（19）槟州胡氏安定堂，成立于1863年，由胡子春等发起组织。因在正厅安奉宋肇基世祖八郎胡府君等神主以纪念先祖功德，又称为“胡氏宗祠”。

（20）新加坡凤廓汾阳公司，1865年创办，创建人为郭修敬、郭克恭、郭庆仪、郭其仁等，它是广东潮安县凤廓乡大龙坑和溜龙籍郭姓华侨的血缘性社团。

（21）新加坡潮州江夏堂，创建于清朝同治六年（1867年），创建人为黄再全、黄坤炎等。

（22）槟榔屿九龙堂林公司，1866年成立，名字可能起源于海澄县的九龙山。

（23）新加坡闽王祠，1872年由王求和、王宗周创建，是福建同安籍华侨的宗亲会馆。

（24）新加坡广惠肇李氏书室，创建于1874年。

（25）马六甲西河堂林氏大宗祠，创建于清朝同治十四年（1875年），原名为“九龙堂公司”，1927年改为现名。

（26）马六甲陈氏颍川堂，1875年创建。

（27）新加坡古城会馆，原名为“四姓馆”，后改名为“四姓公司”，1924年后再改名为“古城馆”、“古城会馆”，1946年时定名为“刘关张赵古城会馆”，正式成立于清朝同治十三年（1874年），获准注册时间是1890年8月5日。

（28）新加坡保赤宫陈氏宗祠，清朝光绪四年（1878年）成立，创建人为陈金钟、陈明水。

（29）新加坡潮州西河公司，1879年创建，原名为“西河公司”，“二战”后改名为“潮州西河公司”。

（30）新加坡梅汝南堂，1880年成立，发起人为梅渐耀、梅百福、梅南乐等。1983年有会员400人。

（31）新加坡符氏社，1887年创立，创建人为符愈贵、符运政、符福基、符昌文等。

血缘性社团最早创建的时间稍迟于地缘性社团，而且，早期的血缘性社团主要为曹、林、邱、陈、李、黄、谢、周等姓氏华侨所在地影响较大，或由实力较强的姓氏华侨创立。

二、1890 年至“二战”结束前马来西亚华人血缘性社团

（1）新加坡潮州陇西公会，1890 年创立，原名为“李厝公司”，1947 年改名为“星洲潮侨陇西互助社”，1965 年再次改名为“新加坡潮州陇西公会”。

（2）雪隆叶氏宗祠，成立于 1892 年 1 月，倡建人为叶观盛。历任总理有叶馥记、叶观华等。

（3）马六甲王氏植槐堂，1896 年成立。

（4）新加坡韩氏祠，1900 年创立。

（5）槟城王氏太原堂，清朝光绪二十六年（1900 年）建成，由王汉鼎、王汉宗等兄弟倡建。

（6）槟城长林社，前身为“琼林舍”，因纪念始祖林坚诞生于长林而易名为“长林社”。具体创立时间不详，有 100 多年历史。属于海南籍林氏宗亲组织。

（7）新加坡龙氏公会，前身为“琼崖龙氏祠”，成立于清朝光绪二十九年（1903 年），“二战”后改名为“龙氏公会”。

（8）隆雪陈氏书院（宗亲会），筹建人为陈秀连、陈春、陈新禧等，1906 年成立。①

（9）新加坡陇西李氏总会，前身是“李氏陇西公所”，于 1907 年 12 月 12 日正式注册成立。1951 年“李氏陇西公所”改名为“陇西李氏总会”。

（10）新加坡平阳汪氏公会，原名为“平阳堂”，1908 年创立，1939 年改名为“平阳汪氏公会”，1940 年 5 月 2 日获准注册。

（11）新加坡广东吴氏书室，清朝宣统二年（1910 年）创立，创建人为吴胜鹏、吴铭汉、吴合全等。

（12）新加坡福建杨氏公会，前身“四知堂”成立于清朝宣统二年（1910 年），1920 年改称为“福建杨氏弘农公所”，1957 年 5 月 7 日正式易名为“福建杨氏公会”。

（13）新加坡琼崖黄氏公会，1910 年创立。

（14）巴株巴辖林氏宗祠，约于 1913 年成立。2005 年 5 月庆祝创会 92 周年。

（15）新加坡谭氏宗社，1915 年组建，1919 年 12 月 1 日获准注册。

（16）槟城许氏高阳堂，创立于 1916 年，由许如磋、许文造、许荣鹤等发起。1994 年主席为许平。

---

① 《马来西亚雪兰莪吉隆坡陈氏书院宗亲会 80 周年纪念特刊（1906—1986）》，隆雪陈氏书院宗亲会，第 6 页。

（17）新加坡荥阳堂郑氏公会，1921 年创立，原名为“荥阳堂”，发起人有：郑天足、郑荣俊、郑木火、郑邦国、郑亚米、郑振声、郑则慎、郑明润、郑己炮、郑耀秋、郑昌臣、郑天源、郑新荣、郑春振、郑金德、郑银力、郑古意、郑水龙、郑昌爱、郑文山、郑永隆、郑古悦、郑奕锦、郑菊君、郑文彬、郑文川、郑景元、郑梨君、郑广员、郑其乐、郑万志、郑焕章、郑东声等。

（18）南洋江夏堂，1924 年 4 月 7 日成立，首届总理是黄济周，1951 年扩大改组成立“南洋黄氏总会”。

（19）新加坡琼州梁氏公会，成立于 1924 年，创建人为梁安琨、梁生贵、梁安坤、梁定昌、梁居运等。

（20）笨珍六桂堂，原名为“敦煌公司”，由洪宝植等人发起并于 1924 年创建。

（21）马六甲李氏宗祠，1924 年成立，创建人为李元美、李俊万、李畴九、李有宣、李章海等（马六甲李氏总坟创建于 1830 年）。

（22）槟城海南陈氏宗祠，1924 年创立，发起人为陈传统、陈继崇等。陈传统为首届族长。1969 年设立祠员子女奖学金。

（23）槟城李氏宗祠，创立于 1925 年，创建人为李先进、李振和、李敬堂、李士缔、李顺添、李长景、李添寿等。

（24）太平北霹雳陈氏宗祠，1925 年成立。

（25）雪隆杨氏公会，原名为“雪兰莪杨氏公会”，创建于 1925 年，筹建人为杨诚财、杨昭宗、杨国诰、杨从算、杨燃青等。

（26）雪兰莪暨吉隆坡江夏堂，发起人为黄云帆、黄益堂、黄畅南、黄宝之、黄介微等，1925 年秋获准注册，1926 年元旦成立。

（27）新加坡琼崖王氏祠，原名为“琼侨王氏祠”，1926 年创立，创建人有：王绍经、王应文、王业序、王昌蔚、王昌万、王其蛟、王会敏、王子钦、王裕余、王吉卿、王景、王经位、王介嵩、王锡祥、王席卿、王君普、王永祯、王大显、王昌茂、王家纪、王永福、王选卿、王经链、王来宾、王生运、王谟仁、王声章、王绥鸾、王声益、王国权、王英谟、王先华、王国魁、王先藩等。

（28）新加坡琼崖朱氏社，1926 年创立，创建人为朱儒焕、朱和卿、朱儒兴等。

（29）新加坡延陵联合会，1928 年创立，发起人有：吴清诰、吴文汉、吴重绵、吴志渊、吴记述、吴敏芳、吴绪撰、吴甫记、吴先荣、吴良标、吴清标、吴文孝、吴润生、吴记鼻、吴文禄、吴光貌、吴文乞、吴文赛、吴寿田、吴在潭、吴文秀、吴声梓、吴壬癸、吴大锭、吴大朝、吴文汝、吴庆南、吴添敏、吴记瓦、吴见能、吴序报、吴声春、吴应满、吴玉禄、吴次生、吴金炉、吴建成、吴朝安、吴序提、吴幼祺、吴添福、吴维韬、吴德美、吴瑞玲、吴继盛、吴溪生、吴康凉、吴广培、吴水钞、吴瑞银、吴永水、吴振舵、吴声炎、吴在朝、吴文銮、吴妈温、吴少楼、吴克俭、吴晋三、吴记沃、吴海涂、吴绥之、吴序印、吴金水、吴文升、吴水吉、吴金春、吴士基、吴文册、吴阳、吴锦堂、吴忠泉、吴奇男、吴士顺、吴德臣、吴卉秧、吴启杯、吴文宝、吴记立、吴沈同等。

（30）南洋谢氏总会，前身“宝树联合会”成立于1929年，创建人为谢荣西、谢荔圃、谢伟源、谢成裕、谢瑞德等，“二战”后扩大改组并改名为“南洋谢氏总会”。

（31）新加坡苏氏公会，原名为“芦山公所”，成立于1929年3月1日，发起人为苏文溪、苏扬赤、苏耀卿、苏明治、苏根文、苏双畔、苏炳安、苏圻庆、苏湖直、苏妈意、苏明渊等。1945年改为现名。1963年设立互助会，1966年增设福利股及中学助学金。

（32）美里江夏黄氏公会，前身为成立于1929年8月15日的“美里江夏祖公坟”。1983年1月30日正式成立。

（33）新加坡刘氏总会，前身为成立于1930年的“彭城公会”，1935年“彭城公会”改名“刘氏公会”，1951年“刘氏公会”改名“刘氏总会”，“刘氏总会”正式注册于1939年6月15日。发起人为刘木荣、刘发盛、刘先奇、刘乌获、刘诸杞、刘卧龙、刘华敲、刘祖品、刘志我、刘焕光、刘一鸣等。

（34）新加坡南舜同宗会，前身是创立于1932年的“南舜别墅”，是姚、虞、陈、胡、田、袁、孙、陆八姓华人血缘性社团，1973年改名。

（35）南洋赖氏公会，1933年正式成立，发起人为赖大章、赖汉初、赖金奎、赖滚先等。

（36）新加坡琼崖陈氏公会，1935年创立，发起人为陈行琼、陈有经、陈昌连、陈达儒、陈镜如等。

（37）新加坡广肇邓氏家塾，由邓焯生、邓道楫、邓天衢、邓成就等创建于1935年，新加坡光复后改组扩大为“新加坡邓氏总会”。

（38）南洋方氏总会，创立于1935年，发起人为方松柏、方诗联、方振雄、方立传、方志松、方展经等。

（39）马来西亚黄氏登进家族会，1935年正式成立，最初名为“雪兰莪黄氏登进堂”，1949年9月25日改名为“永春卿员黄氏登进旅马家族会”，1956年12月23日又更名为“马来亚永春卿员乡黄氏登进家族会”，1985年10月13日再次改名为“马来西亚黄氏登进家族会”。

（40）新加坡琼崖许氏公会，1936年创立，创建人为许文华、许乐珊、许书纪、许书周、许福随、许书应、许声鸾、许声江、许万霖、许声标、许声旭、许声辉等。

（41）新加坡琼州吴氏公会，1936年成立，创建人为吴升春、吴澄沂、吴淑凤、吴御之、吴邦銮、吴家炳、吴兰庭等。

（42）新加坡琼崖郑氏公会，1936年8月1日成立，发起人有：郑尊五、郑兰新、郑馨爵、郑庭辉、郑心光、郑尧卿、郑兰元、郑心循、郑受东、郑心峥、郑心焕、郑兰佩、郑家植、郑民徵、郑心明、郑庭刚、郑庭保、郑心禄、郑庭畅、郑心惟、郑会棠、郑庭芬、郑兰炳、郑南玲、郑心富、郑庭钟、郑心祺、郑继南、郑南炳等。

（43）蔴坡陶唐公所，1937年建立。

（44）新加坡西河别墅，1937年创建，发起人为林太意、林亚炳、林水发、林棋泉。

（45）新加坡太原王氏公会，1937年成立，发起人有：王溪水、王水九、王松美、王有土、王传世、王中秋、王夫士、王明德、王振全、王长生、王宝荣、王钦钿、王振清、王明煌、王成书、王鼎盛、王斗、王鸿赛、王衍在、王钦、王可铁、王盛治、王奕美、王锦滩、王振齐、王振洋、王宋文、王基金、王文科、王朝元、王鼎治、王祥等，1952年改名为“南洋太原王氏总会”。

（46）新加坡琼崖林氏公会，1937年成立，发起人为林献瑞、林锦春、林琼熙、林笃周、林传统、林克谐、林廷尊、林殷鉴、林祝熙、林绍生等，首届会长是林少章。

（47）新加坡颍川公所，1937年11月16日成立，为陈、胡、姚、虞、袁、田六姓华侨血缘性社团，创建人为陈诗宗、陈溢庆、陈水泉、陈追等。

（48）柔佛颍川陈氏公会，1937年成立，创建人为陈炳清、陈戒三、陈炳合、陈焕初、陈荣乾等，首届会长为陈全奎。

（49）新加坡琼崖翁氏公会，原名“翁氏社”，1938年创立。

（50）新加坡洪氏总会，原名“洪氏公会”，1938年创立，发起人为洪宝植、洪泽世、洪福看、洪孝录、洪水益、洪镜波、洪开榜、洪加泽等。

（51）新加坡琼侨邢氏公会，前身为创立于民国初年的“邢氏社”，1939年扩大成立为“琼侨邢氏公会”，倡议扩大组织的人员有：邢天安、邢艺文、邢福熊、邢诒明、邢诒南、邢诒祥等。

（52）新加坡张氏总会，1939年正式成立，前身是成立于1930年的“金鉴堂”，后扩大成立“张氏家族自治会”，发起扩大组织的人员有：张家平、张家安、张琼琳、张再来、张玛登、张文晃、张金荣、张嗣云、张成业、张进之、张云卿、张旭新、张怡胜、张三品、张顺助、张建金、张竹圃、张永安、张喜顺、张棋楠、张天扶、张昌泉、张炎、张逸凡、张进发、张河清、张天悌、张水目、张德运、张再兴、张麒麟、张德味、张汉琦、张水惯、张调任、张克彩、张绍英、张隐之、张双连、张淑源、张文流、张八指、张述、张天玉等。

（53）北马六桂堂，由汪桐来、洪惟发、方教来等发起，约于1939年成立。

（54）槟城尤氏卿田堂，成立时间不详，1940年创立卿田公立学校。由来自福建南安的尤姓族人创建。

（55）雪兰莪符氏公会，1940年成立。发起人为符和民、符振煌、符和南、符国昌、符致瑞等。首任总理是符和民。初期有会员150名。

（56）新加坡南安罗溪公所，1940年成立，由南安县小罗溪乡黄姓族人组成。其前身是“芦川公所”，创立于20世纪20年代，但没有正式注册。由于受到1928—1933年世界经济危机的影响，公所无形解散。1946年会务重新恢复，改名为“罗溪公所”。

（57）新加坡琼崖李氏公会，1940年正式成立，发起人为李大枋、李清泉、李学勤、李嘉和、李异钦、李承和、李多麟等。

（58）槟城孙氏公会，由孙荣光、孙耀宗、孙桂馨、孙妈兴等人于1940年组建成立，原名为“孙氏家族自治会”。

（59）柔佛颍川陈氏公会，1940年8月10日举行开幕仪式，当时名为“柔佛陈氏公会”，筹建人为陈合吉、陈全奎、陈二表等，首任会长是陈全奎，1980年代改为现名。1991年9月举行庆祝成立50周年典礼。

（60）新加坡卓氏公会，1940年10月10日成立，创建人为卓添丁、卓清波、卓金树、卓万并、卓复成、卓青云、卓志艺、卓云山、卓江河、卓江树、卓文发、卓金成等。

（61）南洋沈氏公会，1940年成立，发起人为沈镇荆、沈赛光、沈添国、沈华菊、沈大炳、沈波顺等。

（62）新加坡琼崖杨氏公会，1941年3月15日正式成立，前身为“杨氏社”，由杨培佳等创建。

（63）新加坡潮州弘农杨氏公会，1941年4月24日正式成立，创建人为杨荣德、杨启穆、杨茂、杨美兴、杨起良、杨泽如、杨元林等，首届主席是杨荣德。

（64）新加坡客属邓氏公会，1941年由邓文光、邓颂如、邓导光、邓照南等人创建。

（65）新加坡汾阳公会，1941年10月成立，发起人为郭朝梯、郭可济、郭文炳、郭迪集、郭璨祥、郭嘉树、郭京、郭舜卿等。

（66）新加坡开闽王氏总会，原名为“闽王祠总会”，1945年农历二月十二正式成立，首届主席是王经叨，创建人为王子斌、王盛治、王可术、王端甫、王明水、王海池等。

（67）新加坡云氏公会，原名为“云氏社”，“二战”前创立。

1890年之前，在新马地区创建的血缘性的社团并不是很多。1890年之后，这种状况发生了较大变化，许多姓氏的华人都组建了本姓氏的社团。这跟当时华人人口迅速增长密切相关。

三、“二战”后马来西亚华人血缘性社团

（1）新加坡庐江何氏总会，1945年成立，由何成法、何建章、何穆基等发起成立，原名为“庐江公所”。1954年，庐江公所正式改名为“新加坡庐江何氏公会”。1970年代，新加坡各籍贯何氏宗亲会共有5个，经会员大会通过后，庐江何氏公会正式改名为“新加坡庐江何氏总会”。

（2）新加坡邓氏总会，成立于1945年，前身为广肇邓氏家塾，由邓辉堂、邓奇舟、邓焯生、邓道楫等发起成立。曾创立南阳社，出版《南阳半年刊》。下设互助会等。

（3）新加坡卓歧王氏同乡会，为福建省海澄县（今属龙海市）卓歧乡籍邓氏华人的血缘性组织，1946年2月15日正式成立，创建人为王质文、王金和等数十人，首届主席是王金和。

（4）新加坡萧氏总会，1946年9月1日正式成立，创建人为萧憬我、萧锦楠、萧汝信、萧增添、萧子元等，首届会长是萧憬我。

（5）新加坡陆氏宗祠，1946年创立，次年5月28日获准注册，创建人为陆溢屏、陆处安、陆文汉、陆志尧、陆扩贤等，首届主席是陆运财。

（6）新加坡冯氏总会，1946年由冯翘锐等人倡议成立。初名为“始平冯氏公会”，1951年注册时定为现名。该会规定凡新加坡冯氏宗人，不分籍贯均可入会。初期会员有10多人，1982年增至500多人。其中广府籍会员最多，其次是琼籍，其他各籍较少。附属组织有互助会、奖学基金会。

（7）新加坡曾邱公会，1947年6月23日获准注册，创建人为曾发达、曾顺德、曾和生，首任主席是曾和生。

（8）新加坡朱氏公会，1947年成立，发起人为朱水兰、朱成春、朱蕴瑜、朱保生、朱绍明等，1966年10月11日获准注册，首届主席是朱睦顺。

（9）北马符氏宗祠，筹建人为符大源、符儒锦、符福民、符树登、符世智等。1947年6月28日正式成立。

（10）南洋詹氏公会，发起人为詹所习、詹行舜、詹所楷、詹所谟、詹尊华等，1947年12月31日成立，首届会长是詹所习。

（11）新加坡广惠肇许氏公会，创建人为许菊坡、许自光、许仲章、许景行、许宪礼等，原名为“旅星广惠肇许氏互助会”，1947 年 7 月 8 日获准注册成立。

（12）柔佛士乃江夏堂互助会，约于 1947 年成立，创始人为黄子松、黄经文、黄献祥、黄万迪、黄纪秉、黄联友、黄昌记、黄惠源、黄汉廷、黄国英、黄顺延、黄景明等。属于客家人的血缘性组织。

（13）南洋卢氏总会，1948 年农历正月初一成立，首任会长是卢宁。

（14）笨珍陇西李氏公所，创建人为李菁圃、李强初、李朝庆、李魁惠、李文卿等，1948 年元旦成立，李菁圃为首届主席。

（15）新加坡杨氏公会，创建人为杨珠英、杨德燊、杨钦海、杨如陵、杨国秀等，1947 年 6 月 26 日获准注册，1948 年 10 月 10 日正式成立，首任会长是杨珠英。

（16）新加坡琼崖何氏公会，发起人为何海光、何伯儒、何敦鉴、何春台、何世琼等，1948 年成立。

（17）雪隆李氏宗亲会，1948 年 11 月成立，发起人为李孝式、李旺记、李廷年、李润添等，首届会长是李孝式（任期 1948—1958 年）。

（18）新加坡罗豫章堂，1949 年 2 月 21 日获准注册。

（19）新加坡湖峰社，创建人为杨天堂、杨允泡、杨岐山、杨金贵、杨天耻等，1948 年 5 月 20 日获准注册，1949 年 2 月 22 日成立，它是金门湖峰社杨姓华人的宗亲组织。

（20）新加坡蓝氏总会，1949 年 4 月成立，创建人为蓝森堂、蓝伟烈、蓝允藏、蓝和祥、蓝有义等，蓝允藏任首届会长。

（21）马来西亚南安刘氏公会，创建人为刘甫秀、刘西蝶、刘桂廷等，1949 年获准注册，同年 8 月 27 日正式成立，首届理事长是刘桂廷。初名为“南安刘氏旅马同乡会”，1957 年更名。会员原籍为南安的刘林、侯安、古山头及格林，2005 年 3 月 30 日时有会员 850 人。① 1959 年 6 月 12 日成立青年团，1966 年开始颁发奖贷学金，1999 年 8 月 27 日成立妇女组。

（22）新加坡黎氏联宗总会，1949 年 12 月 28 日获准注册，1950 年 1 月 15 日正式成立，创建人为黎民锋、黎炽标、黎云布、黎耀芳、黎金明等，首任主席是黎民锋。

（23）雪兰莪州刘关张赵古城会，1950 年 6 月获准注册并成立，发起人为张

---

① 《马来西亚南安社团联合会、马来西亚南安社团联合会青年团、马来西亚南安社团联合会妇女组会讯》，马来西亚南安社团联合会青年团，2005 年，第 113 页。

敬文。首届理事长是张敬文。

（24）新加坡杨氏总会，创建人为杨惺华、杨瑞洪、杨耀基、杨绍和、杨荣德等，1950年1月20日获政府豁免注册，同年6月18日正式成立，杨惺华担任首届主席。

（25）新加坡佘氏公会，创建人为佘安成、佘炳泉、佘立诚、佘应佐、佘美声等，1950年4月21日获准注册成立，首任主席是佘惠杰。

（26）星洲梁氏总会，1950年9月9日正式成立，创建人为梁燊南、梁金发、梁子均、梁象仪、梁建南等。

（27）雪兰莪长林别墅，筹建人为林翼民、林日熙、林熙鸿、林猷昌、林熙佐等，1950年4月16日正式成立，首届主席是林翼民。1956年设立会员子女奖学金及会员福利金。是海南籍林氏宗亲组织。

（28）新加坡纪氏公会，成立于1951年，首届会长为纪高强。

（29）南洋黄氏总会，1951年成立，前身“南洋江夏堂”创建于1924年。

（30）麻坡潮州颍川公会，约于1953年成立，2005年3月2日庆祝公会成立52周年。

（31）南洋范氏总会，1952年12月15日正式成立，发起人为范运晒、范建平、范文琪、范子英、范基让等，首任主席是范子英。

（32）南洋周氏总会，1954年成立，前身“星洲周氏公会”创建于“二战”前，首任会长是周献瑞。

（33）新加坡颍川鳌头旧家同乡会，1954年8月14日获准注册。

（34）新加坡彭氏总会，1954年成立，创建人为彭慰农、彭文政、彭万明、彭翼云、彭子平等，首届主席是彭维清。

（35）雪兰莪及联邦直辖区彭氏联宗会，创建人为彭明远、彭泉成、彭威伍、彭锡坤、彭发等，1955年1月20日获准注册，同年5月8日成立，首届主席是彭祝升，原名为“雪兰莪彭氏联宗会”。

（36）南洋唐氏总会，发起人为唐安梧、唐科镇、唐祖基、唐孚中、唐木添等，1954年7月5日获准注册，1955年2月20日正式成立，首届主席是唐木添。

（37）南洋柯氏公会，发起人为柯和尚、柯贤树、柯世英、柯燕山、柯隆美等，成立于1955年，柯进来任首届主席。

（38）新加坡潮州沈氏公会，1955年9月9日成立，创建人为沈时润、沈清源、沈观国。

（39）新加坡清河张氏公会，创建人为张诚义、张有才、张东成、张福兴、张岳富等，1955年12月30日获准注册。

（40）马六甲注礼堂戴氏宗族会，创建人为戴晋梅、戴娘贵、戴郁文、戴经坤、戴如在等，1957 年 5 月成立，首任主席是戴晋梅。

（41）彭亨黎氏联宗会，1956 年创立。

（42）新加坡琼崖潘氏社，创建人为潘冀州、潘先佩、潘玉卿、潘先裕、潘正江等，1956 年 1 月 9 日获准注册，同年 5 月 6 日正式成立，首任主席是潘冀州。

（43）新加坡姚氏公会，发起人为姚克家、姚恒泗、姚宝丹、姚明忠、姚亚仁等，1956 年 4 月 2 日获准注册，同年 7 月 8 日正式成立，首任会长是姚克家。

（44）南洋赵氏总会，1956 年成立，发起人为赵玉山、赵克都、赵德杂、赵开华、赵文好等，首届会长是赵玉山。

（45）南洋魏氏公会，创建人为魏祖森、魏大乾、魏木发等，1956 年 12 月 2 日成立，首任主席是魏大乾。

（46）马来西亚北海洪氏宗祠敦煌堂，由北海地区实业家洪成喁等多人发起，1956 年冬至正式成立，洪成喁献地建祠。1989 年成立青年团。

（47）彭亨古城堂，1957 年创建。

（48）南洋客属宝树同宗社，1957 年 1 月 9 日于新加坡注册成立，发起人为谢龙源、谢学修、谢俊珊、谢天才、谢带生等。

（49）彭亨黄氏江夏堂，创建于 1957 年。

（50）马六甲六桂堂，由洪宗海、汪鹤鸣、洪贵章等发起，1957 年 2 月成立，首任族长是洪宗海。成立初期只有 50 名会员，1990 年代后期会员有 100 余人，以老年人为主。

（51）南洋徐氏公会，创建人为徐奕鸿、徐建善、徐标史、徐玉堂、徐晋盛等，1957 年 3 月 15 日获准注册成立，首届会长是徐奕鸿。

（52）新加坡潮州谢氏公会，创建人为谢抱德、谢正添、谢永潮、谢春汉等，1957 年 10 月 1 日正式成立，次日获准注册，首届会长是谢俊士。

（53）槟州黄氏坊前诗峰社，1957 年注册申请获得批准，同年农历十二月初三成立。是南安籍华人的血缘性社团。

（54）新加坡福州洪氏公会，发起人为洪时添、洪正波、洪正注、洪正喜、洪增增等，1956 年 4 月获准注册，1958 年 4 月 20 日正式成立，首任主席是洪祥生。

（55）砂拉越高阳（许氏）公会，由许祝文、许耀奎等发起和筹备，1958 年 5 月 4 日正式成立，同年 10 月 10 日增设慈善互助组。

（56）马来西亚永春湖洋彭城公会，约于 1958 年成立，2005 年 3 月初举行庆祝公会成立 47 周年纪念联欢会。

（57）砂拉越陇西公会，筹建人为李声森、李维荣、李泽成、李宗丽、李春德等，1958 年 11 月 12 日成立于古晋。

（58）新加坡嘉应张氏公会，创建人为张戴莽、张洋莽、张添星等，1959 年 1 月 8 日获准注册，张戴莽为首任会长。

（59）彭亨梁氏联宗会，1959 年创立。

（60）新加坡云峰协进社，是华人血缘社团，由福建南安二十八都象运乡卓姓人士组成，1959 年成立。初期有会员 78 名，1983 年有 288 名。1982 年设立子女奖学金、互助会。

（61）马来西亚海南林氏公会，原名为“马来亚联合邦琼崖林氏公会”，发起人为林翼民、林熙鸿、林猷昌、林英秉、林璧川等。1960 年 4 月 16 日正式成立。1998 年 11 月 16 日改为现名。2005 年 12 月 31 日正式解散雪隆长林别墅。

（62）柔属蔴坡谢氏公所，1960 年 7 月 29 日成立，创建人为谢白云、谢仁墙、谢源德、谢炳林、谢文瑞等。

（63）森美兰石氏联宗会，1960 年在芦骨成立，会员数千人。芦骨一带大约有石姓华人 5 000 人，在当地颇有名望和影响力。

（64）彭亨李氏联宗会，发起人为李满枝等，1961 年 5 月 1 日获准注册并正式成立。

（65）马六甲符氏宗祠，筹建人为符紫封、符玉堂、符功略、符名庚、符和春等。1961 年 8 月 13 日召开首届会员大会，当时有会员 340 多名。1962 年 6 月 30 日获得注册批准。

（66）彭亨陈氏联宗会，1961 年创建。

（67）森美兰知知港萧氏联宗会，1961 年成立。1965 年设立会员子女奖励金。1971 年有会员 200 余人。为惠州籍客家华人宗亲组织。

（68）槟城宗盟社陈氏宗祠，正式成立于 1962 年，前身为“槟城宗盟社”，由陈向美、陈求生、陈其独等发起筹建。

（69）南洋薛氏总会，原为成立于 1962 年 7 月 29 日的“薛氏互助会”，创建人为薛连满、薛振坤、薛章怡、薛若泉、薛细福等，首任主席是薛锐杰，1965 年 1 月 24 日后正式改为现名。

（70）吉玻江夏堂黄氏宗祠，成立于 1963 年 1 月 16 日，创建人为黄礼叩、黄亚九、黄朝基、黄朝汉、黄永晃等，首届主席是黄礼叩。

（71）彭亨何韩联宗会，1963 年创立。

（72）槟城胡氏安定堂，成立于 1963 年，由胡子春等人发起组织。

（73）新山区蔡氏济阳堂，1963 年获准注册，筹建人为蔡武胜、蔡振波、蔡新宪、蔡万清、蔡美行、蔡景行等，首任主席是蔡武胜。为客家人的血缘性组织。

（74）槟城北马沙堤赵氏公会，1963 年正式成立，发起人为赵仁镜、赵松祺、赵不吐、赵德风、赵海官等。

（75）新加坡庄严宗亲会，1963 年 11 月 27 日成立，发起人为严鉴千、庄迪能、庄迪精、庄祖锦、严克海等，首任会长是严世农。

（76）笨珍林氏公会，由林奕雪、林亚水、林君衢、林天赐、林奕雪、林志明、林锦昌等发起成立，1964 年 5 月 31 日首届理事会就职，主席为林君衢。1984 年成立青年团，每年颁发宗亲子女奖励金。1993 年举行成立 30 周年会庆。

（77）槟城北马六桥林氏公会，1964 年成立，创建人为林斌官等。

（78）霹雳州李氏宗祠，发起人为李福祥、李树人等，1964 年成立于怡保市，首届主席是李坤文。

（79）彭亨杨氏联宗会，创建于 1964 年。

（80）美里沈氏公会，1964 年成立，发起人为沈炳霖、沈汉津、沈保武等。

（81）新加坡茶阳何氏公会，创建人为何启荣、何启湘、何俊峰、何虎群、何吉昌等，1963 年 10 月 24 日获准注册，1964 年 3 月 14 日正式成立，何启荣任首届会长。

（82）南洋程氏总会，由程奕桐首倡，1964 年获准注册并正式成立，程奕桐担任首届主席。

（83）新加坡揭阳桂林刘氏公会，前身是“桂林公所”，于 1964 年改名为“揭阳桂林刘氏公会”，同年 9 月 29 日获准注册，首任主席是刘才宝。

（84）蔴属江夏黄氏公会，成立于 1965 年。

（85）太平霹雳郭氏汾阳堂，创建人为郭奕炉、郭盛森、郭奕登、郭冠宇、郭玉锥等，1965 年 12 月 24 日获准注册，并于次日成立，首任主席是郭奕炉。

（86）太平北霹雳李氏公会，创建人为李亚柏、李垂阁、李怡金、李德水、李顺贵等，1965 年获准注册，首届会长是李金声。

（87）巴株巴辖同安郭氏公会，发起组织于 1966 年，原名为“拱安宫同安郭氏宗亲会”，1987 年改为现名。

（88）柔佛刘氏公会，1966 年成立，是客家人的血缘性组织。

（89）大山脚陈氏颍川堂，1967 年 1 月 18 日正式成立，由陈荣江、陈祝三、陈禄初等发起组建。

（90）彭亨李氏联宗会，1967 年创建。

（91）马来西亚李氏总会，1967 年 4 月 9 日于吉隆坡成立，首任会长是李谭来（雪隆李氏宗亲会）。

（92）柔佛刘关张赵古城会，1967 年以“柔佛古城会”之名获准注册，1978 年改名，张汉庭当选首届主席，是客家人的血缘性组织。1994 年 4 月举行常年会员大会，修改章程，规定主席职位可以连任，但不得超过三届。设有青年团等组织。

（93）柔佛中区保赤宫陈氏宗祠，约于1968年成立。

（94）南洋荼阳赵氏公会，发起人为赵从滚、赵翰华、赵捷麟、赵鼎彝、赵紫华等，1968年10月15日获准注册并成立。

（95）彭亨州颜氏宗祠，1968年11月12日成立，1972年12月6日获准注册，创建人为颜中贤、颜世质、颜国重、颜金珍等。

（96）彭亨邓氏联宗会，1969年创建。

（97）马来西亚关氏公会，1969年9月23日获准注册并正式成立。

（98）马来西亚福州徐氏公会，1969年成立，1971年获得注册批准。发起人为徐文生、徐本雪、徐本根、徐烟弟、徐亚官、徐本霖，首任主席是徐荣基。2002年有会员76人。最早为祖籍闽侯荆溪徐家村的华侨倡建。会址在吉隆坡李孝式路。

（99）雪隆麦氏公会，大约于1971年成立，2011年8月庆祝成立40周年。设有会员子女学业奖励金。

（100）柔佛荥阳堂郑氏公会，1972年10月7日正式成立，创建人为郑华全、郑衡、郑定华、郑金辉、郑鸿泰，首届主席是郑华全。

（101）西马何氏公会，发起人为何公英、何亚强、何彬赞、何达明、何福熊等，1973年8月22日获准注册，同年9月30日于吉隆坡成立，首届会长是何英才。

（102）柔南黄氏公会，柔佛江夏堂互助会在1973年后其活动仅限于士乃村，鉴于此，黄子松领导倡设黄氏公会，1974年获准注册，次年成立，是客家人的血缘性组织。

（103）柔佛庄氏公会，1974年成立，是客家人的血缘性组织。

（104）砂拉越蔡氏公会，1974年成立。

（105）新山林氏宗亲会，1976年获准注册，次年正式成立，倡建人为林应通、林锐锋、林俊钦、林亚家、林亚九、林家存、林成场、林俊民、林西满、林益强、林宝华、林和桐、林秋贞、林亚福、林应让、林枝财、林福裕、林仰海、林安强等。

（106）雪兰莪浮罗吉胆谢氏公会，1975年3月成立，前身为“公益兴公司”，创建人为谢瑞锦、谢名锡、谢惠昌、谢耀清、谢大传等。

（107）威省李氏宗祠，创建人为李伟杰、李玉麟、李亚平、李国祯、李焕炎等，1976年获准成立。

（108）柔佛士乃曾氏宗亲联谊会，1976年成立。

（109）关丹龙冈亲义会，1976 年 11 月 19 日获得注册批准，随即成立理事会。

（110）美里杨氏宗亲会，1977 年 2 月 2 日获得注册批准，发起人为杨克邦、杨传京、杨书扣、杨慈向、杨东内等。首任主席是杨伟志，副主席是杨寿喜、杨维桐、杨杏平。

（111）峇南方氏公会，1977 年成立。发起人为方孝香、方永举、方孝锦、方胜传、方永进等，首届主席是方孝香。

（112）柔佛州南安东房张氏公会，发起人为张景章、张文准、张和来、张章兴、张瑞祯等，1978 年 9 月 27 日获得注册批准并成立。首任会长是张景章。1985 年开始颁发会员子女奖学金。1989 年成立青年团，首任团长是张友忠。

（113）马来西亚黄氏联合总会，成立于 1977 年 8 月 31 日，创建人为黄田彬、黄云生、黄和标、黄崇禧、黄迪等。

（114）马来西亚杜氏公会，1977 年成立。该会由蔴属杜氏公会扩大为全国性的马来西亚杜氏公会。1987 年成立青年团，团长杜丕周被委任为助理婚姻注册官。该会还设有华乐团、奖励金小组及义山组。1994 年会员约有 500 人。

（115）彭亨卢氏联宗会，1978 年创立。

（116）吉隆坡永春美山林氏家族会，由林玉静、林招奎、林纲陆等发起组建，1979 年正式成立。

（117）雪兰莪暨联邦直辖区廖氏公会，1979 年 5 月 20 日成立，创建人为廖海水、廖克华、廖德水、廖和顺、廖开平等。

（118）美里林氏宗亲会，1978 年 11 月底获得注册批准，1980 年 9 月 14 日正式成立，发起人为林光裕、林礼钦、林志贤、林高希、林明华、林佳远、林安再等。

（119）砂拉越宝树堂谢氏公会，创建人为谢仰平、谢必就、谢积建、谢丰开、谢兆仙等，1980 年 11 月 19 日获准注册，1982 年 1 月 31 日正式成立。

（120）美里吴氏宗亲会，1982 年初获准注册，同年 3 月成立。发起人为吴锦吉、吴英文、吴永万、吴清渊。

（121）马来西亚林氏宗亲会联合会，1982 年 4 月 18 日正式成立于巴株巴辖林氏宗祠，发起人为林成寿、林坤泉等，当时由 19 个林氏宗亲会组成。1985 年成立青年团，简称“林联青”，团长为林书甫。

（122）美里蔡氏公会，1982 年正式成立，发起人为蔡美泉、蔡可木、蔡惠宏等，首任主席是蔡高船。

（123）马来西亚福建永春埔头霞陵林氏家族会，1983 年 4 月 12 日获准注册并正式成立，首届理事会主席是林国仲。至 1990 年代初，会员达 205 名，遍布全马各地，且多数为永久会员。

（124）古来李氏公会，1983 年成立，是客家人的血缘性组织。

（125）彭亨林氏联宗会，1984 年创建。

（126）柔南李氏公会，创建人为李修群、李善明、李双全、李观进、李玉旋、李文明、李文才、李荣连、李惠锦、李波广，1984 年 6 月 9 日获准注册，同年 12 月 21 日成立，首届会长是李修群。

（127）砂拉越张氏公会，创建人为张晓卿、张宗清、张守钦、张昌资、张宗开等，创立于 1986 年，原名为“砂拉越第三、六、七省张氏公会”，首届会长是张晓卿。

（128）马来西亚钟氏总会，1987 年成立，当时由北马钟氏公会、吉隆坡钟氏宗祠、霹雳钟氏公会等 5 个宗亲社团组成。

（129）马来西亚陈氏宗亲总会，成立于 1988 年，由吉隆坡陈氏书院宗亲会总理陈来金发起。1993 年有 27 个属会，后增至 29 个。设立助学、奖学、贷学基金，推动各项健康文娱活动。1992 年 10 月 15—17 日，主办了“世界舜裔宗亲联谊会第九届国际大会”。

（130）马来西亚成氏宗亲会，1988 年 7 月 31 日成立，由成立超、成立文、成海林、成海树、成育芳等创建，首届主席是成立超。

（131）北霹雳洪氏敦煌堂，1988 年 5 月 23 日获准注册，同年 11 月成立，创建人为洪秀土、洪森华、洪雄官、洪林水等。

（132）美里省刘氏公会，1988 年获得注册批准成立。

（133）泛马（马来西亚）谢氏总会，1989 年初获准成为合法社团。为响应 1978 年成立的世界谢氏宗亲总会的号召，在马来西亚谢氏联宗会、森美兰谢氏联宗会、吉玻谢氏公会、北马谢氏宗祠、古晋谢氏公会等 10 个谢氏宗亲社团的筹建下成立。

（134）柔佛赖氏公会，1989 年申请注册并获批准后成立，首任会长是赖成隆。

（135）隆雪海南颍川（陈）宗亲会，1989 年 6 月获准注册并成立，发起人为陈敦川、陈学珍、陈德裕、陈毓仕等。

（136）美里王氏公会，1989 年 12 月获得注册批准，1990 年 6 月 9 日正式成立，发起人为王新发、王启西、王淑容、王爱娇、王胜槐、王启庄，首任主席是王启亮。

（137）槟城王氏太原堂，1990 年成立。

（138）砂拉越民都鲁省林氏宗亲会，1990 年 9 月 21 日建立，1995 年有会员 128 名。

（139）太平马氏扶风堂，创建人为马利民、马天德、马钦池、马雅利、马永定等，1991 年 2 月 6 获准注册，同年 5 月成立，首届会长是马燕图。

（140）柔南士乃曾氏宗亲联谊会，1991 年获准注册并正式成立，发起人为曾品端、曾玉光、曾国华、曾敬量、曾强华、曾和胜等，首任主席是曾品端。

（141）雪兰莪州余徐涂佘同宗会，1991 年成立，2011 年 8 月举办庆祝成立 20 周年联欢会。2009 年成立青年团。颁发会员子女奖学金及大学助学金。

（142）马来西亚符氏总会，由雪兰莪符氏公会、马六甲符氏祖祠、槟城符氏社共同发起，1991 年 1 月 23 日获得社团注册官正式批准，1991 年 9 月 21 日成立。为海南籍符氏华人的宗亲总会组织。

（143）美里田氏公会，筹建人为田四伦、田义隆、田振义、田庆顺等。1991 年 4 月 23 日获准注册，同年 5 月 19 日正式成立。

（144）美里高阳许氏公会，1992 年 2 月 18 日获得注册批准，同年 11 月 14 日正式成立。筹建人为许展文、许汉卿、许如仿、许子美、许闻明等。首任主席是许展文，署理主席是许汉卿。

（145）马来西亚马氏宗亲总会，1993 年 4 月 18 日成立，由马瑞福、马光志、马耀章等筹建，下设工商联络、青年团、妇女组等办事机构和组织，首届总会长是马珪福，署理总会长是马振兴。

（146）马来西亚王氏宗亲总会，1994 年 7 月成立，当时有 9 个属会，首届总会长是王富金。

（147）马来西亚济阳辛柯蔡宗亲总会，1994 年 6 月 17 日在吉隆坡成立，首任会长是蔡崇伟。1995 年 10 月 28 日，联合雪隆辛柯蔡济阳公会、吉胆蔡氏济阳公会和直辖区柯氏公会，主办“世界柯蔡宗亲总会第八届第二次会员大会”。

（148）柔佛戴氏公会，1995 年成立，为客家人的血缘性组织。

（149）柔南彭氏宗亲会，1995 年开始筹建，筹建人有：彭燧意、彭依留、彭康龙、彭仕权、彭贵味、彭本曼、彭彭城、彭悦万、彭清泉、彭瑞南、彭永发、彭永彪、彭任议、彭让、彭本舟，1996—1997 年间申请注册未获批准，因而附属于昔加末母会并开展活动。

（150）柔南曾氏宗亲会，1996 年成立，是客家人的血缘性组织。

（151）柔南张氏公会，1996 年成立，是客家人的血缘性组织。

（152）马来西亚薛氏公会，1999 年 10 月获得政府注册批准，2001 年成立。[1]

（153）马来西亚赖罗傅联谊会，2004 年 8 月 8 日成立。

---

① 《南洋商报》，2004 年 12 月 19 日。

“二战”后，更多的华人组建了属于所在地各自姓氏的血缘性社团组织，而许多的姓氏则在原有血缘性组织的基础上，联合成立了全国性的血缘性总会组织。

第三节　业缘性社团

一、1800—1889 年马来西亚华人业缘性社团

（1）庇能鲁班行，1803 年创建。

（2）新加坡庆德会，1831 年成立，创始人为杨金水、徐钦元等 36 人。又称“庆德公司”，为新加坡早期福建籍商人互助团体。会员结拜为兄弟，选举会主一人及谋事、参议等职员。入会时每人需缴 100 元作为救济基金。如遇某一会员逝世，其他会员须援助其家属，直至其子女成年自立。会员仅限于创始人的后裔。1962 年注册为社团。

（3）胡靖古庙—庇能打金行，成立于 1832 年。

（4）槟城万锦商会，创立于 19 世纪中叶。1890 年英殖民政府颁布社团注册法令时，该商会被列为豁免注册社团。“二战”后主席为庄江福。

（5）新加坡梨园堂，创立于 1857 年，它是新加坡最早的华侨业缘性社团组织。1890 年，“梨园堂”改名为“八和会馆”。其是早期粤剧艺人组织，由广州八和会馆相传而来，内部组织以艺人扮演角色分为兆和堂、庆和堂、福和堂、新和堂、永和堂、德和堂、慎和堂、普和堂等八和堂。会员曾遍布南洋各地华侨社会，其宗旨是团结粤剧艺人，传播粤剧艺术，谋求艺人福利。“二战”前历届负责人有：杨穆、何大慎、莫镜秋、李植成等。日本占领期间，会务停办。

（6）新加坡甘蜜胡椒公局，创立于 1867 年。

（7）新加坡硕莪贩卖商行会，是新加坡出现较早的华侨业缘性团体，具体创建时间不详。

（8）新加坡北城行，创立于清朝同治七年（1868 年），创办人为有叶百活、叶百岁、赵集喜、赵根成、余阿添、陈石连、冯阿祥、龚阿悦。北城行本名为“北城行公司”，是从事建筑行业的华侨业缘性团体。由于它供奉有鲁班神位，所以又被称为“鲁班庙”。吴华先生认为，北城行是现存最早的新加坡业缘性社

团组织。[1]

（9）槟城姑苏广存堂，1875 年 8 月 1 日成立。

（10）新加坡姑苏行，是“姑苏慎敬堂”的简称，也被称为“姑苏酒楼行”，成立于 1876 年，是新加坡酒楼行业劳资双方的联合团体。

（11）新加坡轩辕洋服商行，成立于 1880 年，初时名为“轩辕馆”，创办人有陈元安、张阿进、陈阿国、谭阿楼等。1966 年更名为“轩辕洋服商会”。

（12）槟城鲁艺行，1889 年成立，创办人为廖克文、蔡德明、卓明光、王正修、何国明、周琼道等，是海南籍华人的业缘性组织。1963 年设立行友子女奖学金。

（13）新加坡中华为基利俱乐部，1889 年成立，1894 年获准为豁免注册社团。创建人为李俊源，主要成员有李俊源、胡文虎、宋旺相、余东璇、林文庆、陈祯禄、李光前及邵仁枚兄弟等，胡文虎当选主席。是新加坡华人富商联谊团体。1960 年后逐渐吸收讲华语的商人入会，并确定现华文名称。1980 年代初有会员约 150 人。

传统的三缘会馆中，业缘性社团创建的时间最晚。此外，1890 年之前的马来西亚华人业缘性社团所涉及的行业也较少。

二、1890 年至“二战”结束前马来西亚华人业缘性社团

（1）新加坡鲁北行，成立于 1890 年，为从事建筑行业的华侨业缘性团体。

（2）雪隆姑苏慎忠行餐饮业公会，1893 年成立，原名为“雪兰莪姑苏慎忠行茶酒楼熟食公会”，由冯润乡、陈玉斯等筹建。

（3）吉隆坡姑苏行，1895 年成立。

（4）槟州中华总商会，创立于 1903 年，是目前马来西亚最活跃的商团之一，并于 2003 年 12 月获得国家社团注册局颁发的卓越社团奖状。该组织有逾千名会员，包括个人会员、公司会员及商团会员。

（5）关丹中华工商会，筹建人为詹经、杨清彦、余卓和、陈奇、许惠芝等。光绪二十九年（1903 年）建立。首任会长是陈奇。

（6）雪兰莪中华总商会，成立于 1904 年 3 月 27 日，1915 年改名为“中华商务局”，1917 年联合新加坡、霹雳、槟城、马六甲、芙蓉等华人商会共同组建。1947 年定名为“马来亚中华商会联合会”。

（7）新加坡中华总商会，成立于 1906 年，它是新加坡华侨商业社团的总

---

① 吴华：《新加坡华族会馆志》（第 3 册），新加坡：南洋学会，1975 年，第 1 ~ 2 页。

机构。

（8）槟华兴和打金职工会，1907 年成立。

（9）霹雳中华总商会，1907 年成立于怡保。

（10）新加坡布行商务局，创建于 1908 年，同年 2 月 25 日在华民政务局署登记时定名为“潮州布行商务局”，创办人是陈德润、王邦杰、沈蔼塘、黄瑞科等。首届总理是陈德润。1923 年改为现名，并扩大组织，广招会员，1982 年有会员 100 多名。

（11）新加坡杂货行，成立于 1908 年，创建人为苏步洪、潘玲、陈祖灿、王博泉等，是粮食什货社团中历史最长的一家。[①] 历届总理（主席）有：黄裕荣、罗承杰、区锦泉、梁德润、陈荆山、郭钜龙、莫炳炎、谢叔文、黄文友、罗喜生、蔡啸红、梁兆华、刘赞良、李钟铭、源则俭、冯家驹等。

（12）乌鲁冷岳加影商矿公会，1910 年 6 月 12 日正式成立，创建人为简扬正、朱锦等，原名为“加影（乌鲁冷岳）商矿公馆”。

（13）劳勿中华商会，1911 年 4 月 21 日成立，由王寸丹等人发起。首任总理是庄杨锦。“日据时期”会务停顿。1946 年复会，会长为陈耀基。1960 年 5 月 14 日，召开全体会员紧急大会，同年 9 月 17 日，召开会员特别大会，决定继续会务活动和改选董事会，李有华当选为会长。1960 年 10 月 8 日，获社团注册官批准复办。

（14）亚庇中华商会，创立于 1911 年 8 月，首任会长为陈三才。历任会长有：郑奕庄、李永福、吴清如、李道生等。

（15）新加坡华商货市公所，1911 年创立。

（16）槟城福庆革履行，1911 年成立。

（17）新加坡福州木帮公会，也被称为“福州细木行”，1912 年成立。

（18）吉兰丹中华总商会，1912 年成立于哥打巴鲁，原名为“华侨商会”，1918 年改称“中华商会”。“二战”后复办，成立吉兰丹商业联合会，1947 年改为现名。战前历任总理有：叶元逊、符亚泰等；战后历届主席有：黄浦珍、符兹美、黄昆福等。

（19）甘梦中华商会，1912 年成立，前身为“矿植公会”，筹建人为徐广泽、冯觉芸、温秀、江娇等。曾创办培英小学。“二战”后改为现名。

（20）槟城亚奇商会，1913 年成立。职能是协调和促进槟城与亚齐（印度尼西亚苏门答腊岛北部）之间的贸易。宗旨是联络同业感情，谋求共同福利，促进两地间的贸易。

---

① 吴华：《新加坡华族会馆志》（第 3 册），新加坡：南洋学会，1975 年，第 19 页。

（21）马六甲中华总商会，成立于1915年。

（22）槟城亚齐商公会，1915年9月1日成立。

（23）丁加奴光民俱乐部，1916年成立，由闽籍商人杨必应、黄绍全、黄经烈等人发起，宗旨是：联络感情，促进商务，发展教育，共谋福利。首届会长为黄绍全。

（24）槟城金银商业公会，成立于1918年7月20日。

（25）雪兰莪建造行，成立于1918年。

（26）槟城椰肉贸易公所，1919年成立，创建人为黄志清、邱仁德、谢聚会、林春华等。

（27）槟城树胶公会，成立于1919年，创建人为许有经、连裕祥等。

（28）新加坡华侨树胶公所，1919年成立，发起人为陈延谦、侯西反、周献瑞等。主要目的是同控制橡胶贸易的新加坡欧洲人橡胶商会竞争。首届总理为侯西反。1930年改为主席制。“二战”后改称为“新加坡树胶公会”（Rubber Trade Association of Singapore）。80%的会员为福建籍商会。

（29）新加坡当商公会，成立于1920年9月12日。创始人和首届职员有：陈启明、何子信、何联卿、何心余等19人。

（30）彭亨淡马鲁中华商会，1921年成立，首任会长是颜弥祜。历任会长有：颜弥祜、颜品祜、林捷坤、陈拱馥等。

（31）新加坡福州咖啡酒餐商公会，前身是创建于1921年的“福州咖啡公所”。福州咖啡公所会务曾一度陷于停顿，1928年由李家炳、裘田善等人重建组织，成立后定名为“福州咖啡酒餐商公会”。

（32）新加坡海屿郊公所，由蔡汉水、张崇崧、杨德顺、黄俊昌、刘朝岱等人创建，正式成立于1922年1月10日。

（33）槟城米商公会，1923年马来亚英殖民政府撤销专营米业的仓米局，白米进口改由各华商商号经营，由此，万兴利、吉成利等9家华商发起成立“万仓公所”。1928年，会员商号增至13家，易会名为“米商公会”，首任主席是为吉成利商号的邱朝宗。

（34）新加坡叙南商务局，前身是创建于1924年的“叙南俱乐部”，创建人为林清藩等，首任会长是曾启宏，1937年改组扩充后名为“叙南商务局”。

（35）槟城屠业公所，创建于1925年。

（36）新加坡琼侨汇总公会，1925年开始创办，1929年获准注册并正式成立。发起人为杨杞岩。会员以商号为单位，成立时计有万益成信局等19家商号。

（37）美里中华商会，前身为1925年创立的“美里华侨商会”。首届会长为华人甲必丹庄友成。1930年改名为“美里华侨商会”，杨厚初出任理事长，继任者有梁经文、谢紫臣等。“二战”后再次易名为美里中华商会。

（38）霹雳车商公会，1925年成立，原名为“霹雳自由车商会”。“二战”后历任会长有：王声发、王嘉美、张松茂、王声奋、王光地、王祖武、王光智、陈金发等。

（39）槟城广商公所，1926年创建，创建人为林在田、梁日鎏、方文娴等。

（40）槟城建造行，创建于1927年。

（41）峇南中华商会，1927年成立，发起人为林清杰、李懿绳、蔡四望等。日本占领期间会所遭破坏。1958年间，由郭燕彬等人倡议复办，郭燕彬被推选为首届理事长。1964年建成会所。

（42）美里华人机器公会，1927年前已经存在，当时名为“美里机器研究所”。“二战”后改名为“美里罗东华人机器公会”，后再改为现名。

（43）新加坡欧美什货食品商务局，成立于1928年，1929年11月28日获准注册。创建者有：李庆丰、元茂、泰泉成、太兴、振华兴、同记、广安、福安、永安、潮昌、邝南生、泰德成、陈源源、广寿昌、和美等共20个个人和商号。首届主席是李庆盛（李庆丰号代表）。

（44）新加坡柴炭商行公局，1928年3月1日成立，发起人为曾瑞发、曾扬合、陈顺丰、陈永林、黄大立等，首届总理是曾扬合。

（45）北马酒商公会，1928年6月2日成立，创建人为冯辑臣、何敦锦、方香史、蔡照清、黄德岩等，原名为“北马酒商公所”。

（46）槟城中医中药联合会，1928年成立。

（47）槟城福州咖啡公会，1928年成立，创建人为林柯柯、金祥英、郑森金、林其潮、陈可东。

（48）新加坡华侨茶叶出入口商公会，1928年6月23日获准注册成立，原名为“星洲茶商公会”，1938年改名为“新加坡华侨茶商公会”，1948年再改为现名，首届商会总理是林本良。

（49）槟城米商公会，1928年8月5日成立，创建人为叶祖意、邱朝宗、余泗钿、杨星来、邱仁田。

（50）新加坡络索铁器漆料公局，1928年9月14日获准注册成立，由叶玉堆等人创建。

（51）新加坡汽油商公会，前身“新加坡汽车品业公会”创建于1928年，1959年改为现名。

（52）新加坡华人机器工会，原名为“星洲机器行”，1929年3月12日获准注册。

（53）雪隆咖啡茶业公会，创建人为李士彦、李旺记、安良梅、赵如南等，

1929 年 3 月 27 日正式成立，首任主席是李旺记。1976 年设立会员子女奖学金。1980 年代末有会员 300 余名。

（54）槟榔屿福州咖啡公会，成立于 1929 年 5 月 11 日，创建人为有孙文驹、曾福森、李贞祥、林菊村、张为院、林柯柯、林其潮、林仲铭、江其銮、陈可东等，第一届会长是金祥英。

（55）槟城咖啡茶商公会，1929 年建立，发起人为李泽臣、潘宜桂、莫履荣、林家涛、胡坤助等。原名为“槟城咖啡茶商公所”，1933 年改名为“槟城茶商公所”，会员仅限出资方。1956 年改名为“槟城咖啡茶商公会”。1968 年设立会员子女奖学金委员会。

（56）新加坡中医中药联合会，1929 年由梁少山、曾有源、黄福庵、张裕如、王梅亭、黎伯概、陈芷馨等人倡建。

（57）新加坡钟表业公会，1929 年创建。是一家以华人为主的业缘社团。雇主和雇员均可入会。公司还可加入公司会员，公司会员分零售商会员与出入口商会员。

（58）关丹鲁班行，约于 1929 年成立。

（59）雪兰莪陶然俱乐部，1930 年成立，发起人为张昆灵、陈济谋、廖雨棠、杨万秋、黎元贵等。它是经营矿业的客家人社团组织，宗旨为交换知识、联络感情、共谋实业发展及开展娱乐活动。

（60）新加坡福州商业公会，1930 年 8 月 30 日获准成立。

（61）蔴坡咖啡商公会，1930 年建立，筹建人为林春浓、林永芳、王序秀和吴状荣等。原名为“茶商公会”，“二战”后改名。1958 年有会员 200 余名。

（62）诗巫中华总商会，1931 年 8 月 12 日获准成立，会名为“诗鹅坡（诗巫）商务总会”。首任主席是张宗罗，会址设在诗巫中华学校。1932 年改会名为“诗巫中华商会”，蔡荣昌任主席。该商会为回国华侨签发的证明书，可通行全中国。1957 年周玉麟接任主席。1965 年 2 月 17 日，诗巫总商会获得注册批准，同年 4 月 24 日举行成立大会，首任会长是钱惠光。1967 年 2 月 17 日，诗巫商务总会与诗巫中华商会合并为诗巫中华总商会。1976 年 11 月，主导召开诗巫市华人注册社团联席会议，讨论筹组第三省华人社团联合会，获各华人社团支持。

（63）槟城车商公会，成立于 1931 年 10 月 10 日，创办人为邱思仁、邱思义。

（64）新加坡车商公会，1932 年获准注册并正式成立，由张淑源等人创建，原名为“新加坡自由车商会”，首任主席是张淑源。“二战”后重组，并改会名为“新加坡车业公会”，后又改会名为“新加坡自由车商会”，不久，再次易会名为现名。历届主席有：张淑源、陈耀如、唐文理、朱睦顺、王福祥、陈慎余、王友纪、王声邦等。

（65）槟城潮商公所，1933 年 5 月 1 日成立，创建人为周植南、沈柏南、苏永晓、林为良、徐合运等。

（66）笨珍中华商会，1933 年 6 月 15 日正式成立，首届总理是钟柳士。

（67）槟威咖啡茶商公会，1933 年 4 月 15 日成立，创建人为李泽臣、潘宜桂、王业森、莫履荣、林家湾等。

（68）新加坡琼侨咖啡酒餐商公会，前身是成立于 1934 年的“琼侨咖啡公会”，由黄才源、梁定仁、吴可仕等人创建。

（69）吉打中华总商会，1935 年 6 月 14 日正式成立，发起人为任铎、陈荣澍、邓世禄等，始称“吉打中华商会”，首任会长是陈荣澍，座办是任铎。历任会长有：吴春生、左廷进、林朝宗等。

（70）新加坡五金机械公会，成立于 1935 年，简称“五金公会”，创建人为柯进来、柯贤树、蔡烈柳、张棋楠、柯秋水、柯大初、林义仁等。

（71）新加坡全国裁缝职工联合会，原名为“新加坡洋服同业行”，1935 年创设，1946 年时易名为“新加坡华人洋服工会”，1967 年时再改名为“全国裁缝职工联合会”，首届总理是邓枝。

（72）新山司机公会，原名为“新山华人司机公会”，成立于 1936 年，1976 年改名，创建人为傅玉山、纪采堂、邱友光等，首届会长是傅玉山。

（73）诗巫福州人商业娱乐俱乐部，1936 年成立。

（74）吉打中华总商会，成立于 1936 年 6 月 14 日，会址设在亚罗士打，原名为“吉打中华总会”，1937 年改为现名。

（75）槟城潮商公所，1936 年成立。

（76）新加坡孵卵公会，由郑葵英、郑光清、郑守中等人创建，1937 年 2 月 6 日获准注册。

（77）新山树胶商会，1937 年 4 月 4 日成立，原名为“新山华侨树胶商会”，创建人为徐文治、史联对、黄树芬、郭东昇、黄庆云、陈赐曲、黄祝、黄金瑛、林采为、张锡元、张和茂等，首任会长是徐文治。

（78）新加坡印务同业公会，正式成立于 1937 年 8 月 27 日，创办人为萧百馨、任兆林、梁伟谦等 32 人，由 36 家华人印书馆联合组建而成。首任会长是萧百馨。“二战”期间会务停止，战后复会。1968 年 3 月 24 日常年大会决定修改章程，开放门户广纳各民族印刷业商户为会员。初期会员为 32 个单位，至 1984 年会员达 93 个。战后历届会长有：曾梦如、黄天佐、黄銮光、梁伟谦、张棣湖、蔡扶持、许次荣、梁觉新、李锦兴、朱永贤、颜复昌、张根发、莫天马、谭启和等。

（79）新加坡家私商公会，前身为成立于 1937 年的“新加坡华人家私商公局”，战后改名。

（80）北马硕莪同业公会，1937 年成立。

（81）槟城杂货行，1937 年成立。

（82）居銮咖啡商公会，1937 年建立。

（83）马星咖啡茶业联合总会，1938 年由吉隆坡李旺记、槟城李泽臣、芙蓉李江亭、麻坡林春浓、新加坡黄才源、马六甲陈升章等人发起成立。1947 年 4 月 4 日，正式通过章程，定会名为“马来亚咖啡茶商公会联合会”，主席是赵如南，属下有 21 个分会。1968 年改为现名。1985 年设立总会大学奖贷学金。至 1990 年代初，该总会拥有属会 44 个，会员逾万名。历任主席有：赵如南、林秀山、林猷昌（蝉联主席达 34 年）、林缵初等。

（84）槟华商业联合会，1938 年 3 月 3 日成立，创建人为梁大九、梁水河、郭绪团、黄礼胆等 30 人。

（85）槟华建筑公会，1938 年农历 8 月 15 日成立，创办人为梁深友、吕子焕、康聪海、刘基发、蔡仕水等。

（86）美里店员互助社，1938 年成立。1989 年设立社员子女学业成绩优异奖励金。

（87）槟城杂货行，成立于 1939 年，创建人为卢有祥、方锡洲、钟敏泽。

（88）槟城福商公会，1939 年 5 月 5 日成立，创建人为曾万育。

（89）新加坡金银商公会，1939 年 5 月 7 日成立。

（90）新加坡华人铜铁同业行，1939 年 7 月 21 日成立。

（91）新加坡上海西式女服同业会，由徐金生等 60 人发起，1939 年获准注册成为正式合法团体，会员绝大多数是江浙人士，拜祭轩辕黄帝。

（92）居銮中医药业公会，前身为 1939 年成立的“居銮中药公会”。

（93）新加坡华洋百货公会，前身是成立于 1940 年 11 月 17 日的“新加坡南洋百货新衣公会”，由赖滚先、钟桥才、郑业崇、赖德松、张英苏、谢玉堂等人发起组建而成。1947 年 11 月 1 日改为现名。1973 年起创设会员子女勤学奖励金。“二战”后历届正、副会长有：钟桥才、蔡鲁琛、林道荣、蓝天、庄炳顺、林柏生等。

（94）新加坡派报同业公会，成立于 1940 年 6 月 13 日，由李青波、邓延桢、陈安、梁贯新、杨再锦、黄仲业、潘七、何志慰、梁煜奇、谢淡如等创建。初期会员只有五六十名，1975 年达 230 名。历届会长有：李青波、黎国华、邱渭水、梁亚九、张耀棠、张和忠、洪庆麟、林亚历等。

（95）槟城茶酒楼公会，1940 年 8 月 1 日成立，创建人为刘锦成、吴耀棠、程亨甫、蒋志华、林葵等。

（96）新加坡华人饭商公会，由陈庆恭、李庆昌、陈祖纪、李再兴、陈木泉等创建，1940 年 9 月 6 日成立，首届总理是陈庆恭。

（97）槟城厨业联合会，发起人为全运文、王克信、冯增秀、吴先郁、陈元伦等 35 位琼籍华人，1940 年获准注册，1941 年 7 月 1 日举行开幕礼。首届主席是全运文。日军南侵导致会务中辍，“二战”后恢复活动，并吸收其他籍贯同业加入，会务扩大。1956 建立“槟城厨业联合会总坟”，1969 年设立会员子女奖学金委员会。

（98）马来西亚茶业出入口商公会，1941 年成立，会址在槟城。

（99）笨珍咖啡商公会，1941 年获准注册并建立，原名为“笨珍华侨茶商会”，首任主席是陈序炳。

（100）新加坡中药出入口商公会，成立于 1941 年，当时定名为“新加坡中药入口商公局”，发起者有周兰记、信义、永福安、联盛祥、谢霖记、万春和等商号。

（101）隆雪中华百货商会，1942 年下半年成立，曾名为“雪兰莪中华百货商公会”，创建人为梁震欧、张雨棠、罗业初、黄玉汾、余竞良等，1984 年改为现名。

业缘性社团最早创建时间较晚，1890 年以前其数量也较少。但 1890 年以后，业缘性社团创建的数量增长很快，涉及的行业也很多样化，这和当时华人经济的发展有着密切关系。此外，业缘性社团最早突破行业、地缘、血缘等局限，出现联合现象。

三、“二战”后马来西亚华人业缘性社团

（1）雪兰莪福州咖啡酒餐商公会，1945 年 9 月 21 日成立，1947 年获准注册，发起人为陈传培、刘友茂、徐文生、程寿龄、许宝鉴、郑进宝等，1947 年初名为“雪兰莪福州咖啡酒餐商业公会”，1968 年改为现名。首任主席是张钊山，副主席是徐文生。①

（2）森美兰中华总商会，1945 年 11 月，由邱廉耕、朱戟门等人及商号代表共同发起筹建，1946 年 1 月 15 日成立于芙蓉。首届会长是李秀裕。

（3）新山中华工商总会，1945 年底成立，发起人为郭鹤青、郭铁军和李金权等，原名为“新山中华商会”，1992 年获准改名，首任会长是郭鹤青。

① 《雪隆福州会馆 90 周年纪念特刊（1912—2002）》，雪隆福州会馆，2002 年，第 121 ~ 122 页。

（4）槟城进出口商公会，成立于1946年4月21日，创建人为冯慰吾、陈宗时、谢世龙、方世荣、曾锦兴等。1978年会员达200余家商号。

（5）甘孟中华商会，1946年5月5日，成立发起人为陈传贵、徐广厦、简洲等。该会取代“二战”前的“矿植公会”，曾是当地唯一的华人社团。历任会长有：陈传贵、李锦玻、简洲、徐广厦、梁金荣等。

（6）柔佛州理发总会，1946年5月12日成立，发起人为林松筠、钟英、陈春辉、詹福春、王锦镶等，首任主席是林松筠。

（7）新加坡鞋业商会，1946年成立，发起人为吴云昭、姚曾荣、叶伟南、钟毓瑾、刘惜群等。

（8）威省建造行，1946年7月11日成立。

（9）新山咖啡酒餐商公会，原名为“新山咖啡公会”，发起人为林熙轩、洪茂栋、陈玉堂、刘克民、陆宇聪、郭远声、郭泽兴、叶必山、符国金、翁书养等13人，成立于1946年秋，首任主席是陆宇聪（琼籍），副主席是洪茂栋（榕籍）。其他历任主席中，郭远声、林熙轩、汤振波、邢诒侪、卢业松、邢诒初、陈贻亿为琼籍，洪细俤、张久文为榕籍。该公会成立时有84家咖啡商会员，主要由海南人（48家）和福州人（24家）经营。

（10）巴株巴辖咖啡商公会，1946年建立。

（11）诗巫咖啡商公会，1946年7月26日成立，创办人为黄孔霖、姚玉铭、唐振华等。历任主席有：姚玉铭、黄孔霖、姚玉泉、卢景山、卢启瑞、黄念松等。

（12）诗巫京果商公会，1946年成立，首届主席是汪常光，第二届主席是许清江。成立后，积极维护同业权益，注重支持华文教育。

（13）新加坡酱园金果香汕三郊联合会，1946年成立，由“潮州酱园公局”（1904年5月18日获准注册）、“潮州金业行公局”（1907年11月2日获准注册）和“香汕郊公局”（1932年8月获准注册）联合组成，首届主席是李仰光。

（14）星州华侨干洗公会，创立于1946年。

（15）居銮杂货商酒商公会，为杂货商公会与酒商公会的合称。杂货商公会成立于1946年，酒商公会成立于1961年。1994年6月26日，举行两公会成立48周年、33周年会庆暨自置会所开幕典礼。

（16）中国绸布杂货入口商联会，1946年12月14日正式成立，创建人为陈作新、陈炎林、吴兆骧、邝永汉、邝永标等。

（17）丰盛港中华商会，约于1946年成立，创建人为梁元浩、梁安统、郭鹤璟等。

（18）彭亨州华人总商会，1946年成立，首任会长是陈耀基，由劳勿、立卑、文冬等地中华商会组成，并依章程由各区轮值主席。1971 年，派出李有华等 6 位代表与彭亨州马来人总商会商议筹组彭亨州华巫（马来人）经济咨询委员会。

（19）雪彭树胶公会，20 世纪初，雪兰莪与彭亨两州华人橡胶商就有组织公会的计划，并提出注册申请，华人橡胶商成立商余别墅，借以团结华人橡胶商。李成枫于 1946 年发起成立雪彭树胶公会，并任首届会长。

（20）马来西亚中华工商联合会，成立于 1947 年 2 月 23 日，是全马华人业缘性社团总机构。

（21）马新咖啡茶业联合总会，1947 年成立，是马新两国咖啡茶业组织的最高机构，2010 年有属会 45 家。首任会长是李如南（雪兰莪咖啡茶业公会主席）。1985 年设立总会大学贷学金基金。

（22）昔加末咖啡餐商公会，1947 年 11 月建立，发起人为云大晃、云逢兴等。原名为“昔属咖啡商公会”，1979 年改为现名。

（23）柔佛德士出税车暨无线电德士公会，1947 年成立，发起人为邱有光、周金先、钟佛儒等，首任会长是钟佛儒。

（24）柔佛州中华商会联合会，发起人为“新山中华商会”会长黄振杰、“巴株巴辖中华商会”会长粘东生、“麻坡中华总商会”会长黄吉甫等。1947 年 8 月 1 日获准注册并正式成立。“巴株巴辖中华商会”会长赵平阶任首届主席。历届主席还有：黄吉甫、卓泗、余金鉴、黄树芬、刘南辉等。

（25）仙本那中华商会，前身为 1947 年由王民、许大倍等人发起成立的商会。1959 年 6 月 14 日正式成立“仙本那中华商会”，首届理事长是李步达。

（26）斗亚兰中华商会，原为亚庇中华商会于 1947 年设立的斗亚兰分会，何俊贤任主席。经赵良辉、林日赢、李茂祥等人筹划，1956 年 4 月 22 日，“斗亚兰中华商会”宣告成立。历任理事长有：赵良辉、陈仁清、江上谱、林日赢、杨志川、宋乃敏等。

（27）实务的中华商会，1947 年 6 月获得注册批准，同年 9 月正式成立。首任理事长是沈庆淙。

（28）新加坡书业公会，“二战”后成立，首届主席是陈岳峰。

（29）北马华商洋货布匹公会，1947 年成立，创建人为郭权、何克柔、李毅修等。

（30）新加坡面包西果商公会，原名为“星洲面包商公会”，由张惠清、韩秀元、林鸿仪、林树旭、何敦余等人于 1947 年创建，1968 年 7 月 6 日改为现名，首届主席是张惠清。

（31）新加坡华人巴士车主公会，创建人为苏仪福、郑树颙、郭声英、郭成隆、庄为麟等，1947 年创立。

（32）哥打丁宜中华商会，1947 年 10 月 10 日宣告成立，发起人为许日通、陈木乾、林松昌等。

（33）古来中华商会，1948 年成立。

（34）新山京果商公会，1948 年 8 月成立，1950 年 3 月 21 日获准注册，创建人为黄振杰、陈合兴、郑至川、谢楚秉、余云伦等，首任会长是黄振杰。

（35）新山公市渔业商会，创建人为陈俊士、陈志云等，1950 年 1 月 7 日成立，首届会长是纪木乾。

（36）柔佛州士乃中华商会，1950 年获准注册，筹建人为黄子松、蔡月初、林名秀等。

（37）新加坡瓷商公会，1951 年元旦成立，历届主席有：吴春成（吴慎之）、余毓麟、陈诗算、刘振光、纪高强、郭昭宜等。

（38）诗巫布匹洋货入口商公会，1951 年成立，原名为“诗巫布匹入口商公会”，发起人为黄鼎福、陈尊钦、刘颜梅、许楚勋、黄坚梅、陈耀丰、巴达查耶等。1972 年 2 月修改章程，扩大组织，并改为现名。

（39）新山公市商业总会，成立于 1952 年，创建人为纪信昶、沈瑞龙、林亚家、孙承高、陈来泉等，首任会长是纪信昶。

（40）诗巫店屋租户联合会，1952 年 4 月成立，发起人为郭已福、陈天官、廖文琦等。1974 年加入砂拉越店屋租户联合总会，成为团体会员。

（41）第三、六、七省建筑商公会，前身“诗巫建筑商联合会”于 1952 年 5 月成立，发起人为丁明庆、陈扬厚、林双喜、郑云年、郑友登等。首届主席是丁明庆。诗巫建筑商联合会原是 1947 年 9 月从诗巫土木公会中分立出来，代表建筑承包商。1963 年，该会修改章程后改名为“诗巫建筑商公会”。1974 年 8 月 5 日，领导筹组建立了“砂拉越建筑商联总会”，后改为现名。

（42）槟城小贩商业公会，成立于 1952 年 10 月 21 日，创建人为李有林、蒋华、冯辉、王耀辉、张柳泽等。

（43）新加坡自由车商会，发起人为主要有方文水、佘秋金、佘文贤、李锦祥、李金荣等，1952 年成立，首届主席是黄文祥。

（44）新加坡汽车胶轮商会，1952 年成立，创建人为陈镜清、吴开模、王金发、杨亚丕、郑振杰等，首届主席是苏志宜。

（45）吉隆坡中马洋货布匹入口商公会，1953 年 3 月获准注册后成立，创建人为吴逊三、饶见陆、张凤继、杨鸿耀、杨锻青等，首任主席是吴逊三。

（46）槟城理发电发商公会，1953 年创建。

（47）蔴坡贩商公会，成立于 1953 年。前身为善后会，以服务会员善后福利为宗旨。1957—1958 年，易名为“麻坡小贩商业公会”。1991 年 6 月 22 日，改组机构，统一为贩商公会。1991 年颁发会员子女学业奖励金。

（48）新加坡布业联谊会，1952 年 11 月 15 日获准注册，1953 年 3 月 15 日正式成立，创建人为张城记、陈振宗、戴夏雨、陈仁矿、潘叙镇等，首届主席是张城记。

（49）雪隆茶楼酒家熟食公会，1953 年成立。

（50）槟城磁商公会，1953 年成立。

（51）诗巫药商公会，1953 年成立，发起人为张公伦、廖文琦等。原名为“诗巫中药商公会”。首任主席是张公伦。1955 年加入吉隆坡马华医药总会，成为团体会员。2009 年 4 月举行创会 54 周年纪念庆典。

（52）马来西亚华人医药总会，前身为“马来亚华人医药总会”，1955 年 1 月正式成立。先后创办马华医药学院、槟城中医学院等 7 所中医药、针灸学院，大力培养和训练中医药人才。马来西亚联邦成立后改为现名。

（53）沙巴州中华商会联合会，成立于 1955 年 2 月 5 日，属会包括：山打根中华商会、古达中华商会、亚庇中华商会、拿笃中华商会、吧巴中华商会、保佛中华商会、丹南中华商会、斗湖中华商会、根地咬中华商会、计亚艺中华商会、仙本那中华商会、纳闽中华商会等。

（54）柔佛华人建筑商公会，筹建人为苏添龙、李炳金、李春成、陈忽扬、庄志巩、林章钰、郑海源、郑忠栋、叶受祯、石金留、李兴、张钿泰、林镇华，1954 年 11 月 12 日获准注册，1955 年 9 月 8 日成立，首任会长是郑忠栋。

（55）柔南米粮批发商公会，1955 年 11 月 16 日获准注册并正式成立，首届会长是许日通，1982 年 1 月 11 日获准成为政治性社团。

（56）吉兰丹吧西吗中华商会，由陈春树、周春渊和洪顺标等于 1946 年发起组织，是吉兰丹州中华总商会的分会。由于会务活动少，该商会长期处于冬眠状态。1956 年 8 月获准注册后正式成立。首任会长是黄连光。

（57）柔南金饰商公会，发起人为高汉光、陈绵芝、简昌烈、郑焕炯、陈宣、何世怀、张胜海、许映瑞、张巨表、朱国旋、叶迎章，1956 年 4 月 27 日获准注册，同年 12 月 15 日正式成立，历任主席有：高汉光、广兴、高永益、华丽等。

（58）北马树胶厂暨装配公会，1956 年 12 月 13 日成立，当时名为“北马树胶厂公会”，1965 年 10 月 20 日改名，创建人有：李引豪、周宽世、陈春来、骆荣萱、钟文贤等。

（59）新山小商公会，发起人为郭昌盛、霍有裕、陈作和、郑金昌、陈益进等，1957 年 3 月 5 日获准注册，同年 10 月 27 日成立，首届会长是郭昌盛。

（60）吉隆坡暨雪兰莪家具同业公会，1957 年 5 月获准注册，原名为“隆雪家具同业公会”，1993 年获准改名，其成员包括家私制造厂、出口及贸易商。

（61）巴株巴辖中药公会，1957 年成立，1973 年与柔佛州中医公会、柔佛州中医药业公会等 4 个同业团体组成柔佛州五属中医药公会。

（62）柔佛州火锯厂商公会，1958 年创建，首任主席是郑锦标。

（63）第三、六、七省自由车商公会，原为 1958 年成立的“第三省自由车商公会”，发起人为陈文德、吴仁爱、黄文辉、邱灼华、吴天恩、陈培华、刘荣美、邱国成、李金崇、刘文云等。1973 年改为现名。

（64）新加坡米糖京果批发商联合会，1958 年 4 月成立，同年 5 月 23 日获准注册。

（65）槟威酱园同业公会，成立于 1958 年 8 月 8 日，创建人为曾新、卢有祥、罗昌鹏、冯炳光、梁文栋等。

（66）槟城旅业公会，1958 年 8 月 24 日成立。

（67）泗里街咖啡酒餐商公会，1958 年创立，历届主席有：徐真礼、林子兴、黄家添、李孟新、刘仁纯（任职 30 多年）等。设有会员子女学优奖励金。

（68）槟城联商公会，成立于 1959 年 3 月 28 日。

（69）吉隆坡药业出入口商公会，成立于 1959 年，提倡中医中药、扩展宣传和维护中医中药地位的工作。

（70）槟威无线电商公会，1960 年 5 月 31 日成立，创办人为陈建兴、张荣和、游环球、陈朝武、云昌任等。

（71）威省米较公会，1962 年 1 月 29 日成立，创建人为许亚水、林有凤、黄聚奎、杨镇洲、梁金树等。

（72）登州建造行，创建人为刘希康、伍育源、黄尧、蔡世忠、朱福联等，1960 年获准注册，1962 年成立。

（73）诗巫五金入口商公会，1962 年成立，由戴承聚、黄声铿、谢正团等发起筹备，戴承聚为首任主席。

（74）柔南酒商公会，发起人为王永麟、杨修武、陈秉河、陈鸿昌、宋子廉、黄福基、谭宝元、潘寿鉴、邢谷灿、林池塘、张通、陈文龙、黄登仕等。1962 年 10 月 8 日获准注册，同年 11 月 4 日正式成立，首任会长是黄福基。1982 年 1 月 18 日注册为政治性社团。

（75）马来西亚茶叶出入口商公会，1963 年 7 月 6 日成立，创建人为李华春、李敬堂、李义镇、李家书、朱清坤等。

（76）蔴坡中华商会，1964 年成立。该商会采用委员制，设执行委员 35 人、监察委员 9 人、执委会设主席 1 人、副主席 6 人。

（77）新加坡艺人公会，1964 年成立，发起人为上官流云、王沙、白言、何人、吴瑞庭等，首任主席是符舒云。

（78）新山公市菜叶商会，发起人为有沈拱茂、沈乌弟、林永美、洪遵海、马任行、陈荣基等 39 人，1964 年 7 月 27 日获准注册，同年 12 月 6 日成立，首任会长是郑汉强。

（79）新加坡铜铁行公会，发起人为冼卓、张荣光、张星、黄东成、陆少伟等，1965 年 1 月 6 日获准注册，原名为“新加坡铜铁行”，1967 年 8 月改为现名，首任会长是冼卓。

（80）柔南学生车公会，发起人为林应强、刘瑞良、郑维钿、黄乐群、梁志强、仄哈山（马来人）、仄拉沙（马来人），傅然陛为首届主席，1965 年宣布成立。

（81）砂拉越中华商会联合会，1965 年 4 月 10 日在古晋成立。其团体会员有古晋和诗巫的中华总商会，以及美里、实务的、木胶、成邦江、叻老、林梦等地的中华商会。历届主席（会长）有：陈作猷、黄佛德、钱惠光、丁明惠、黄文彬等。

（82）柔佛州黄梨及棕油小园主公会，前身为 1965 年成立的“柔佛州黄梨小园主公会”。1980 年代因黄梨业陷于低谷，部分黄梨小园主改种棕油，随后该会易名为“柔佛州黄梨及棕油小园主公会”。

（83）北霹雳中华总商会，1956 年 3 月 21 日在太平市召开成立商会发起人大会，一致决定成立商会，定名为“北霹雳中华总商会”。1966 年 6 月 15 日，获得社团注册官批准并正式成立。

（84）星马印（百货）出入口商公会，发起人为何绍光、杨秀生、叶大虎、林清桂、张汝鳌等，1966 年 7 月 2 日正式成立，原名为“星砂沙汶出入口商公会”，当时为新加坡、砂拉越、沙巴和文莱等地的同业商会，1972 年改为现名。

（85）柔佛州禽畜业公会，原名为“柔佛州禽业协会”，发起人为何绍宜、何汉盛、郑林营、金木励、亚武巴加、郑孝洲等，1966 年 10 月 25 日获准注册，次年成立，首届主席是亚武巴加。1974 年改为现名。

（86）美里舯船公会，1966 年成立。

（87）关丹建造行，1967 年成立，首任主席是刘希康。

（88）关丹咖啡旅餐公会，筹建人为陈亲华、蔡广兆、詹开财、黄昌策、马琼秀等，1967 年 1 月 8 日正式成立。原名为“关丹咖啡公会”，1975 年易名。1970 年 8 月 20 日设立会员子女奖励金小组。

（89）诗巫金业公会，1967 年 3 月成立，发起人为詹仁禄、陈鹏飞、米西满、徐启兴等。历任主席有：詹仁禄、陈鹏飞、陈仕藩等。

（90）雪兰莪注册社团雇员公会，1967 年获准注册，同年 9 月召开第一次会员大会，首任主席是为黄桂炳。历任主席有黄桂炳、郭五峰、彭谷明等。

（91）第三、六、七省与民都鲁火炬业公会，1967 年成立，原名为“第三省及民都鲁火炬业公会”，第三省划分为三个省份后，照章改名。

（92）彭亨关丹中医中药联合会，1967 年 11 月 28 日注册获得批准并成立。发起人为黄绍株、许绍钦、叶国文、邬于传、邬艳传等。黄绍株担任首届会长。1976 年设立会员子女学业奖励金。

（93）槟城学生车公会，1967 年 12 月 28 日成立，创办人为张锦权、谢振玉、刘锦国、林炳华、吕良安等。

（94）槟城印务纸商同业公会，成立于 1968 年 1 月 1 日，创建人为周炳培、陈正直。

（95）西彭中医中药联合会，1968 年创建。

（96）马来亚汽车银业公会，1968 年 9 月 24 日获准注册，同年 11 月 19 日正式成立。

（97）关丹小贩商业公会，筹建人为黄志仁、黄荣丰、张番磅、王明新、林文富等，1969 年 6 月注册获得批准，同年底成立，黄志仁为首任主席，黄荣丰为副主席。

（98）砂拉越木材出口商公会，1968 年 12 月成立。

（99）第三、六、七省洋服商公会，1969 年成立，发起人为黄福荣、钟燕山、林耀荣、余庶忠、何仕崧、何仕强、赵庚尧等。

（100）关丹渔业公会，1969 年成立。首任主席是杨其仁。1973 年开始颁发会员子女奖励金。

（101）马六甲派报同业公会，1970 年获得注册批准成立，筹建人为陈天赐、陈良瑞、李保险、郑广动等。

（102）吉隆坡蔬菜批发商公会，1970 年获准注册，同年 8 月 12 日正式成立，首任会长是叶国恩。

（103）美里养牲公会，1970 年发起筹建，后获准注册。

（104）柔佛州汽车银业公会，1971 年成立，发起人为林廷俊、王玉民、陈稳精、郑廷州、李修群等，首任会长是陈稳庄。

（105）雪兰莪鸡鸭业公会，筹建人为何尚武、林修成等，约于 1971 年成立。1974 年设立会员子女奖励金。

（106）马来西亚半岛玻璃镜业公会，前身为创立于 1956 年 1 月 1 日的“雪兰莪玻璃镜业公会”。1970 年，在雪兰莪玻璃镜业公会领导下成立马来西亚半岛玻璃镜业公会筹委会。1972 年获得社团注册局批准并成立。

（107）新山百货布匹商公会，1972 年 5 月 7 日成立，创建人为辜汉初、黄拔祥，首届会长是辜汉初。

（108）柔佛州摄影商公会，发起人为曾海山、吴坤明、王昌鸿、林道栋、吴亚涛等，1971 年 9 月 7 日获准注册，1972 年 5 月 25 日正式成立，首任会长是林树璋。

（109）柔南汽油商公会，1972 年 1 月 18 日获准注册，（柔南包括新山、古来、笨珍和哥打丁宜），首任会长是新星公司汽油服务站。

（110）柔佛州摄影商总会新山分会，1972 年 5 月 26 日成立，发起人为陈首都、林树璋、史立茂、邢诒椿、陈修烈、黄燕朋、王昌鸿等，首任主席是林树璋。

（111）诗巫禽畜业公会，1972 年 12 月成立，发起人为有魏忠仁、周宗武及吴志诚等。首任主席是魏忠仁。该会加入诗巫华人社团联合会、诗巫中华总商会以及马来西亚禽畜业总会，成为团体会员。

（112）柔佛州缝业总会，1973 年 3 月 4 日正式成立，有麻坡、巴株、居銮、昔加末、新山 5 个分会。

（113）雪兰莪鸡鸭业公会，创建人为林修成、李兆来、李云彬、何尚武等，1973 年 4 月 10 日获准注册，同年 5 月 18 日正式成立，首任主席是林修成。

（114）柔佛缝业总会新山分会，创建人为刘清池、陈荣章、戴洪泉、吴奕光、何炳坤等，1973 年 6 月 18 日成立，首届主席是陈荣章。该公会管辖地区包括新山市、笨珍、古来、哥打丁宜、马西、丰盛港、兴楼等。

（115）森美兰禽畜业公会，创建人为陈镇城、黄连胜、李润发、黄思奇、廖富林等，1973 年 6 月获准注册，同年 7 月成立，首任主席是陈镇城。

（116）北马饼业厂商公会，成立于 1973 年 7 月 8 日，创办人为陈亚操。

（117）雪兰莪文具书业公会，1973 年 8 月 22 日获准注册，同年 11 月 11 日正式成立。首届会长为永隆文具有限公司的刘经文。

（118）柔南煤油商公会，1973 年 10 月获准注册，同年 12 月 25 日正式成立。首任会长是为发成兴商号的陈木乾局绅。

（119）诗巫零售商公会，原为诗巫京果商公会团体会员，1973 年单独组会，首届主席是余贤举。

（120）槟城家具同业商会，1974 年 3 月 22 日在林焕培倡导下成立。

（121）东海岸树桐业公会，1974 年 5 月 24 日成立，首任会长是陈子江。

（122）诗巫米入口商公会，原为诗巫京果商公会属下米商组会员，1973 年单独立会，发起人为有刘贤英、杨永发等，1974 年正式成立，首届主席是杨永发。

（123）柔佛机械及车辆零件商公会，原为柔佛州汽车机件商公会，1974 年 6 月 1 日成立，1977 年 10 月 18 日获准注册，创办人为王如棠、陈庆星、林文龙、曾德发、苏水担、薛远众、曾英杰、王培源、郭国祥等，曾改名“柔佛州车商公会”，20 世纪 90 年代左右再次改名。

（124）新山派报同业公会，发起人为苏昌茂、李冰生、陈世镰、陈炎川、陈长明等，1974 年 6 月 20 日获准注册，同年 11 月 10 日成立，首届主席是苏昌茂。

（125）新山世纪花园商业公会，创建人为林亚九、莫哈末诺、林俊民、方逸光、何基荫、林应通、廖声兴等，1974 年获准注册，同年 12 月 11 日成立，首任主席是林亚九。

（126）柔南中医药业公会，1973 年 5 月 8 日获准注册，1974 年 12 月 15 日成立。

（127）柔佛州轮胎商公会，1973 年获得注册并成立，发起人为何金华、庄坤兴、郑金辉、郑文廉、林瑞宝等，首届会长是郑金辉。

（128）民都鲁中华商会，1974 年成立，1995 年时有 212 名会员。

（129）柔南屠业公会，1974 年 12 月 4 日获得注册批准并成立。

（130）美里省建筑商公会，1974 年 10 月 4 日获得注册批准，同年 12 月 14 日召开首届会员大会。

（131）柔南机器厂商公会，1975 年获准注册，发起人为刘水生、梁荣兴、黄克胜、李生等，首任会长是黄安。

（132）关丹县学生巴士车公会，1973 年 12 月 21 日成立筹委会。发起人为郑秋乐、萧靖和、林亚弟、梁有益、吴开金、张番涛等。1975 年 5 月 25 日正式成立。1979 年设立福利组。1980 年设立会员子女奖励金。

（133）马来西亚机器厂商总会，成立于 1977 年 1 月 7 日，为代表全国各州机器与铸造及有关行业团体之唯一组织。目前共有 10 个州属会和 4 个县属会分布全国，全国各州及县属机商公会会员逾 2 000 名。

（134）马来西亚神料商公会，成立于 1977 年，首任会长是刘锡鑫。

（135）诗巫进出口批发商公会，1977 年 9 月成立，首届会长是陈仕藩。

（136）乌鲁地南中华工商会，1977 年正式成立，创建人为傅来福、苏钦德、林成场、刘新星等，首任会长是傅来福。

（137）柔佛州机械暨车辆零件商会，由王如棠、陈庆星、林文龙等人共同发起，1977 年 10 月 18 日获准注册，同年 12 月 11 日正式成立。

（138）柔佛新山电业公会，1978 年 4 月 4 日成立，前身为“新山电气贸易与承包商公会”，后改名。该公会附属于马来西亚电业公会。

（139）新山家具同业公会，1978 年 6 月 22 日获准注册，发起人有：

Md. Daud Bin Hj. Husin、黄锡藩、陈玦齐、李保錝、王国良、李炳荣、陈森基、黄冠雄、黄春财、沈准贵、叶名琳、纪再家、江经纬、张振森、李接来、吴惠明。

（140）关丹工商俱乐部，1978 年获准注册并成立，首任会长是区永棠。

（141）诗巫书业文具公会，1978 年成立，首届主席为广发有限公司，该公会为诗巫中华总商会团体会员。

（142）民都鲁小贩联合会，1979 年成立，1995 年有会员 135 名。

（143）民都鲁德士公会，1979 年 9 月 18 日成立，1995 年有会员 110 名。

（144）丰盛港咖啡商公会，1979 年建立。

（145）马来西亚派报总会，1980 年组建。

（146）关丹屠业肉商公会，1980 年成立，原名为“关丹屠业公会”。林柏海为创办人及首任主席。

（147）石山中华商会，1980 年 6 月中旬获准注册。筹建人为邓子来、杨国良等。

（148）八打灵咖啡酒餐商公会，1980 年 6 月成立，首任会长是唐敏儒。

（149）柔佛州木业加工商会，1980 年 11 月 19 日获得注册并成立，筹建人为林振和、周赢秋、曾瑞强、吴玉明、陈二庆、谢国雄、黄宗昌、温木，林振和当选首任会长。

（150）马来西亚全国派报同业总会，1980 年 4 月 30 日正式注册，并于同年 12 月 25 日在怡保举行正式成立典礼。设有车祸伤亡基金、会员子女大学奖励金及保管基金委员小组等。

（151）居銮家具同业公会，1981 年 10 月 5 日获准注册，翌年 2 月 1 日正式成立。发起人为沈观福、朱德、王成等。历任会长有：沈观福、罗金庆、张良荀等。

（152）森美兰汽车银业公会，1981 年 11 月 6 日获准注册。

（153）新山五金机械建材商公会，1982 年 9 月 24 日获准注册，筹建人有：邬有祥、陈壮亮、黄云明、吴源其、邓志达、廖番根、顾耀兴、张保华、植汉明、许建华、佘琼瑞，原名为“新山五金机械商公会”，1984 年 3 月 22 日获准改名。

（154）美罗小商公会，1982 年 2 月获准注册，首任主席是颜金泰。

（155）槟州鸡鸭同业公会，1982 年底获准注册并正式成立，筹建人为庄生发、李士生、郑亚广等。

（156）柔南区日夜流动小商公会，1983 年 3 月 23 日成立，发起人为彭汉明、罗亚华、温亚霖、何俊华、吴家祥等。

（157）民都鲁面业公会，1985 年 8 月 10 日成立，1995 年有会员 30 名。

（158）柔南华文报从业员俱乐部，1983 年 8 月 29 日获准注册，1984 年 1 月 1 日正式成立，筹建人为熊柔波、黄建成、林亚兴、吴海瑚、陈昭云、黄禁江、颜金屈、纪南才，首任主席是彭质雯。

（159）柔佛丹杯什货零售商公会，1984 年 9 月 21 日获准注册，发起人为唐嘉发、李国强、翁振华、谢松南、苏明来。

（160）雪隆家庭电器商公会，1985 年 10 月 25 日正式成立，创建人为庄贞修、黄永霞、彭少华、陈佩云、洪敦安等。

（161）关丹禽畜业公会，1986 年 8 月获得注册批准，同年 9 月成立，首任主席是曾再明。

（162）民都鲁罗立业联合会，1986 年成立，1995 年有会员 134 名。

（163）马来西亚印刷商公会柔佛州分会，1986 年 9 月 3 日获准注册，同年 9 月 28 日成立。

（164）柔佛新山电单车商公会，1986 年获准注册。

（165）柔佛厨业联谊会，1987 年 8 月 21 日获准注册，发起人为许树生、柯荣源、谭林生、姚志明、蔡永志、罗德强、冯福生、谢清棠、程道振、戴光荣。

（166）马来西亚塑胶厂商公会柔佛分会，1989 年 2 月 24 日正式成立，骆义成当选为首任主席，筹建人为周邦福、骆义成、洪建国、吴照光、李振发、钟盛爱、刘一其等。

（167）马来西亚中国经济贸易总商会，简称“马中经贸总商会”，前身为 1990 年 6 月 25 日获准注册成立的“马来西亚中国商品进出口商公会”。首任会长是陈凯希。1993 年 10 月修改章程，改为现名，意在扩大组织，更广泛地吸引各行业商家积极入会。

（168）民都鲁省咖啡酒餐商公会，1989 年 7 月 24 日成立，1995 年有会员82 名。

（169）柔佛中医师公会，1990 年正式注册，同年 5 月 1 日举行首届理事会就职典礼，筹建人为萧文辉、陈期发、陈赛容、陈金荣、林惠明、黄振坤、黄金有、黄东园、林文贤。

（170）吉兰丹家具同业工商会，成立于 1990 年，创建人为林江平、郑光庆、黄忠庸、曾光新、符铭礼等，首届会长是林江平。

（171）民都鲁药商公会，1990 年 1 月 23 日成立，1995 年有会员 15 名。

（172）民都鲁车辆修理同业公会，1990 年 3 月 21 日成立，1995 年有会员54 名。

（173）民都鲁联合快艇公会，1990 年 3 月 26 日成立。1995 年有会员 18 名。

（174）柔佛州广告同业公会，1991 年 7 月获准注册，1992 年 3 月 22 日成立，首任主席是郑伐荧。

（175）马来西亚华人旅游业公会，1992 年 9 月 14 日在吉隆坡成立，宗旨是：团结与旅游业有关的各行业商家和团体，谋求旅游同业福利，促进马来西亚旅游业的发展。该公会是马来西亚旅游同业协会会员。

（176）笨珍公市商业公会，1995 年 1 月上旬成立，首届理事会主席是陈坤成。

（177）柔佛州通讯器材商公会，1995 年 1 月 21 日在新山市成立，首届主席是陈业荣（伟灵汽车装饰有限公司）。

（178）新山建筑工友公会，1996 年 3 月 26 日获准注册，同年 5 月 5 日成立，发起人为梁虎、吴秋发、林玉升、郑成发，首任会长是郑永成。

（179）关丹姑苏厨业餐饮公会，筹建人为张棋荃、潘金初、林道鸿、余铭伟、林国隆等。原名为“关丹厨业联谊会”。1998 年 11 月 3 日获得注册批准。为泛马姑苏厨业茶酒楼联合总会会员。

（180）柔佛州吊秤车同业公会，2003 年成立，2005 年 2 月 20 日举办成立 2 周年纪念晚宴。

（181）马来西亚家具同业联合总会，2003 年成立。

（182）哥打丁宜华人小商贩公会，2004 年 11 月 21 日成立，首届主席是邓祖光。

（183）玻璃市家具同业商会，2005 年 2 月 26 日正式成立，首任会长是林南宏。

和“二战”前相比，“二战”后创建的业缘性组织，所涉及的行业更为广泛。马来西亚华人业缘性社团的总机构——“马来西亚中华工商联合会”，在战后初期就成立了。

第四节　文（学）缘性社团

一、1890 年至“二战”结束前马来西亚华人文（学）缘性社团

（1）槟城以文阁俱乐部，成立于 1900 年，发起人为陈兴源、李运刚、黄人贵、潘正昌、潘孝森、吕成伦、王家谟、郑南宁等。“以文阁”意为以文会友、以阁合群。会员包括工商、文教、公务等各行业人士。是海南籍华人的联谊互助

组织。2000 年左右有会员 200 多名。

（2）新加坡吾庐俱乐部，1907 年（或 1909 年）成立，原名“古寄乐”，意为吾爱吾庐。成员约 250 人。历任总理有：陈卓然、邱国互、胡先愿、冯清缘、陈延谦、蔡水湖、王金链、陈六使、高德根、黄桂楠、唐裕等。

（3）新加坡广东吴氏书室，1910 年成立，由吴胜鹏、吴铭汉、吴合会等人创办。以联络广东吴族感情、弘扬中华文化为宗旨。1960 年成立互助部。

（4）新加坡余娱儒乐社，1912 年成立，发起人为陈子栗、郭廷通、杨添文、林再乾、洪六等。历任社长有：郭木松、陈愈楠、刘炳思、郭佳发、张良材、林振德、陈善良、陈炎华、吴国富、姚恒泗、傅宝树等。

（5）新加坡南卢校友会，创建于 1918 年 8 月。

（6）雪隆精武体育会，1921 年 4 月创立，同年 9 月获准注册，原名为“雪兰莪精武体育会”，创建人为曹尧辉、陈泰阶、梁隆福、邓景尧、何国光等，首任会长是张郁才。

（7）雪兰莪女子精武体育会，1921 年 7 月 6 日正式成立，谭彩云（女）被选为首届会长。原名为“雪兰莪华侨女子体育会”，1924 年改为现名。历届会长还有：林翠兰、曾哲梅、陆素立、曹仙竹等。

（8）雪兰莪男子精武体育会，1921 年创立。

（9）金宝精武体育会，1921 年成立。

（10）森美兰精武体育会，1922 年 3 月创立，筹建人有：罗克已（雪兰莪精武体育会总干事）、黄亚强（上海中央精武特派员）等。1982 年庆祝成立 60 周年钻禧纪念，并主办“第五届马来西亚全国精武嘉年华会”，除书法、图画、乒乓球、羽毛球等比赛外，还有各地友会 45 个项目的武术表演。“二战”后历任会长有：阮思敬、李子良、莫琛、郭开东、符以观等。

（11）新加坡精武体育会，1922 年 8 月 9 日获准注册并正式成立。①

（12）新加坡端蒙校友会，创立于 1923 年。

（13）怡保精武体育会，1924 年创立。

（14）槟城男子精武体育会，1924 年成立。

（15）槟城女子精武体育会，1924 年 2 月 22 日正式成立，筹建人有：郑秀英、梁恩权、梁应权、卢运怀、林传祺、林可材、郑珍金、辜翠屏、戴淑原、吴四支、吴群宣、蔡清烈、陈继祖、周锦泉等女士。

（16）雪兰莪华人体育会，1924 年成立，侧重于开展足球运动，培养足球运动员。历任会长有罗光炎、杨旭龄等。

---

① 《雪兰莪精武体育会 60 周年钻禧纪念特刊（1921—1981）》，雪兰莪精武体育会，第 572 页。

（17）丁加奴中华音乐体育会，创建人为黄经贤、黄绍全、黄鸿绵、张厥章、林芳佳等19人，1924年春成立，原名为“中侨音乐体育会”，后易名为“中华音乐体育会”。宗旨是：团结闽籍青年，联络感情，开展有益身心健康的活动，传播中华文化。

（18）新加坡爱同校友会。

（19）新加坡崇正校友会，成立于1926年。

（20）雪兰莪联胜国术团，1926年由文旺、尹沾、黄佐荣、文祺、甘恩等创建，原名为“群胜堂”，后改名为“古冈州联胜堂”，1931年再易名为“雪兰莪联胜国术团”。

（21）马六甲晨钟励志社，创建人为曾江水、沈鸿柏、何葆仁等，1928年成立，宗旨在于推动青年文娱活动，提倡德智体群美五育。

（22）新加坡集美校友会，1928年创立。

（23）太平精武体育会，1929年成立，首任会长是林三及。在中国上海中央精武体育总会的推动帮助下建立。下设国术组、太极拳组、乒乓球组、羽毛球组、象棋组、书法组、福利组、妇女组等组织。

（24）新加坡工商校友会，1929年成立。

（25）槟城同善校友会。

（26）槟城中山校友会。

（27）槟城陈氏校友会。

（28）槟城丘民校友会。

（29）槟城时中校友会。

（30）槟城台校校友会。

（31）槟城三民校友会。

（32）实吊远精武体育会，1925年前成立。

（33）和丰精武体育会，1925年前成立。

（34）巴生琼侨俱乐部，1929年3月9日创立，为联谊娱乐组织。历任主席有：龙永琴、朱儒春、符气云、朱兴万、龙联锷、龙田绵。

（35）新加坡六一儒乐社，1929年成立。发起人为张来喜、廖绍堂、朱锦鸿、林美喜等20余人。社名取“乐为六艺之一”之义。首届总理为张来喜。

（36）新加坡适可俱乐部，1929年成立，创始人为吴焕岩、蔡善顺、林锦成、卢浩川等。成立之初成员仅有10余人，1990年代初期达55人。

（37）蔴坡精武体育会，1930年代成立。

（38）芙蓉中华校友会，1930年创立。

（39）槟城钟灵校友会，1930年12月8日创立。

（40）新加坡陶融儒乐社，创立于 1931 年 8 月，发起人为为陈基础、黄汉民、余树良、潘俊芳等 18 人。旨在借丝竹管弦，以陶冶身心，精诚团结，融洽情感，故定名为“陶融儒乐社”。

（41）马六甲精武体育会，创立于 1932 年春，筹建人为曹尧辉、黄亚强、邝建章等，首任会长是邝建章。

（42）安顺精武体育会。

（43）诗巫诗华俱乐部，1932 年成立。

（44）诗巫华侨体育俱乐部，1932 年成立。

（45）诗巫光华校友会，1934 年成立于沙滴。

（46）昔加末中华体育会，成立于 1935 年。

（47）诗巫光南校友会，1936 年成立。

（48）新加坡养正校友会，1937 年创立。

（49）马登巴冷华校教师公会，1937 年创办。

（50）槟城益群俱乐部，1937 年创建，发起人为李泽臣、莫同藻、周德国、周士棠、何达棋、陈绍松等。宗旨为联络感情，交换知识，遵守当地法律及互助。是琼籍华人的联谊互助组织。

（51）槟城中华校友会。

（52）槟城芙华校友会。

（53）槟城圣事济校友会。

（54）日新校友会，1938 年 1 月 1 日成立，母校为大山脚日新独立中学。

（55）柔佛醒华慈善剧社，1938 年 5 月 11 日获准注册，发起人有：王绍光、陈志雄、林保元、黄郁南、董洪、何世怀、罗松增、陈月波、陈卓南、王汉修、袁沛佳、刘耀炳、潘于天、陈国耀、赵孟华、林桂婵、黄荣恩、尤伟良、谭梓林、陈成乾。

（56）新加坡厦门同文校友会，1938 年成立。

（57）槟城大芙义学校友会。

（58）新加坡同民校友会，1938 年成立。

（59）新加坡育英校友会，1938 年成立。

（60）砂拉越霏霏歌剧慈善社，1938 年秋成立于古晋市，是砂拉越华侨抗日文化社团。宗旨是宣传抗日，筹款救济中国难民，支持中国的抗日战争。社长为蔡博爱。社员多数为古晋的学生、教员和店员。

（61）诗巫敦化校友会，1939 年成立。

（62）蔴坡华校教师公会，1939 年创办。

（63）新加坡湘灵音乐社，前身为 1939 年成立的“云庐音乐社”，因积极参加支援中国抗日战争，被英国殖民当局取缔，于是改组为“湘灵音乐社”。湘灵音乐社以提倡南音和梨园戏而著称，主张革新南音，在保留南音传统特色的同时，注重吸收现代音乐。

（64）新加坡平社，1940 年成立，创办人为林庆年、林谋盛、卓经端、李泽仑等。目的是为京剧爱好者提供研究切磋的场所。历任社长有：林庆年、卓经端、李泽仑、蔡普中、王福顺等。其是新加坡唯一研究京剧的艺术团体。

（65）槟城华校教师公会，1940 年创办。

（66）马六甲华校教师公会，1940 年创办。

（67）诗巫华校教师公会，1940 年创办。

（68）泗里街华校教师公会，1940 年创办。

（69）槟城槟华校友会，成立于 1940 年，母校是槟城槟华女子独立中学。

（70）新山宽柔校友会，“二战”前已成立，紧急法令时被迫停止活动。1980 年 6 月 10 日重建，发起人为梁德海、萧光麟、刘元同、何基琨、符传曙、吴海瑚、曾盛干、林道澳、丘永安、许孙华。

（71）槟城慕义校友会。

注：上述社团中，由于资料来源问题，有些社团排名并非按成立时间的先后顺序。

1890 年以后，文（学）缘性的社团纷纷创建、成立。它们不局限于帮派、地缘、血缘、业缘等，是当时华人社会进步发展的一个重要表现。不过，至“二战”结束前，文（学）缘性社团仍以校友会、精武会等类型组织居多。

二、“二战”后马来西亚华人文（学）缘性社团

（1）曼绒（天定）华校教师公会，1945 年创办。

（2）马拉瑞县华校教师公会，1945 年创办。

（3）砂拉越古晋中华第一、三、四中校董会，前身“古晋中华学校校董会”成立于 1946 年 1 月，当时管理 5 间华文小学及 1 间华文中学。到 1960 年，该校董会已管理 4 间华文中学及 5 间华文小学。1964 年，依照联合邦教育部规定，各学校及校董会应分别注册，此后，古晋中华学校校董会分别注册为古晋中华第一、二、三、四、五小学校董会 5 个团体，以及古晋中华第一、三、四中学校董会 3 个团体。古晋中华第一、三、四中校董会由当地重要的 15 家华人社团各委派两名代表组成。它们分别是：古晋中华总商会、福建公会、客属公会、潮州公会、广惠肇公会、江西会馆、琼州公会、兴安会馆、诏安会馆、福州公会、大埔同乡会、京果同业公会、雷阳会馆、嘉应同乡会、联商公局。

（4）北霹雳华校教师公会，1946 年创办。

（5）森美兰华校教师公会，1946 年创办。

（6）怡保市华校教师公会，1946 年创办。

（7）华怡乡区华校教师公会，1946 年创办。

（8）雪兰莪华人妇女励志社，成立于 1947 年，创建人为叶婉贞、陈玉华、李超、邓志诚、邝少智等。

（9）霹雳州华校教师联合会，1947 年创办。

（10）下霹雳华校教师公会，1947 年创办。

（11）巴生兴华中小学校友会，1947 年 12 月成立。

（12）马来西亚中医师公会，原名为“中马中医师公会”，成立于 1948 年元旦，1989 年 1 月 30 日改名。

（13）昔属华校教师公会，1948 年创办。

（14）关丹和声音乐协会，发起人为周尊三、区文庄、周发森、张能、陈灼桃等，1948 年 10 月 10 日正式成立。首任社长是文华椿。

（15）吉隆坡华校教师公会，发起人为陈毓群、沙渊如、林连玉、盛崇、林敏如、房新民等 17 人，1949 年 10 月 16 日正式成立。

（16）柔佛州华校董事会联合会，1949 年 6 月 6 日正式成立，发起人为黄树芬、王秀岩、陈宝锦、周清泉、赵平阶、林绿野、孙一尘、龚铸山、马少骥、黄绍楠、陈人浩、洪肇闪、黄伟强等，首任主席是黄树芬。

（17）新加坡中国学会，成立于 1949 年 1 月 22 日。发起人为李绍茂、王梅痴、郑惠明、张杰生、吴佛吉、叶平玉、王盛治等。首任会长是林文庆。经费来源于会员的会捐及新加坡李氏基金会。1949 年创办《中国学会年刊》，以华语、英语双语出版，在协助非华文源流人士了解中华文化与本地华人社会和事物方面发挥了一定作用。1953 年设立图书馆，收藏有关中华文化的中外书籍，供会员参阅。1994 年有会员 109 名。

（18）吉北华校教师公会，1949 年创办。

（19）金宝华校教师公会，1949 年创办。

（20）关丹融商俱乐部，1949 年成立。创办人为林锦芳、梁照、谭鸿、黎景麟、李如有等。

（21）吉中华校教师公会，1950 年创办。

（22）吉南华校教师公会，1950 年创办。

（23）霹雳育才校友会，1950 年 4 月 9 日成立。

（24）劳勿华校教师公会，1950 年创办。

（25）古晋中华中学校友会（古晋中中校友会），成立于 1950 年，由前古晋中华中学、一中、三中、四中校友组成。

（26）巴生爱群剧社，1951 年成立于巴生港口的过港村，发起人为洪世光、陈在复、陈行端、符致信、陈学海等。原名为“琼侨雅乐剧社”。原是研究琼剧的组织，后扩展为福利互助团体，设有中小学社友子女学业优异奖励金。20 世纪末有 200 余名社友。

（27）玻璃市华校教师公会，1951 年创办。

（28）马来西亚华校教师联合会总会，简称“教总”，是由马来西亚全国各地华校教师公会和各州华校教师会联合会组成的联合体，成立于 1951 年 12 月 25 日。

（29）居銮区华校教师公会，1952 年创办。

（30）柔南华校教师公会，1952 年创办，首任主席是王秀岩。

（31）霹雳华校董事会联合会，1952 年 11 月 11 日成立，首届主席是王振相，1953 年 8 月 28 日获得注册批准。历届主席有：王振相、种森、张国林、胡万铎等。

（32）槟威华校董事联合会，1952 年 11 月 26 日正式成立，筹建人为王景成、骆清泉、伍瑞琴、姚非丹、王清源、胡顺源、梁应龙、张见初、郑彦谨，首届主席是王景成。

（33）东彭华校教师公会，1953 年成立。

（34）马来西亚精武体育会总会，1953 年创建于新加坡，原名为“南洋马来亚精武体育会”，1984 年复办。

（35）雪兰莪华校董事联合会，1953 年 2 月 2 日正式成立，1954 年 6 月 8 日获准注册，创建人为陈济谋、梁长龄、张昆灵、曹尧辉、李孝式等，首届主席是郑则民。1985 年改名为“雪兰莪及吉隆坡联邦直辖区华校董事联合会”。

（36）吉兰丹华校董教联合会，1953 年 6 月正式通过章程，并选出首届理事组成人员，同年 7 月 17 日召开理事复选会选出首届职员，理事长是李增泰。

（37）雪兰莪华校教师公会，1953 年创办。

（38）劳勿区华校教师公会，创建于 1954 年。

（39）森美兰华校董事会联合会，1952 年秋开始筹建，次年 4 月 11 日，首届理事就职。1954 年 2 月 10 日，获得注册批准并正式成立。历届执委会主席有：陈世荣（连任 9 届）、邱克遗（连任 2 届）、苏林邦等。

（40）马来西亚华校董事会联合会总会，1954 年 8 月 22 日成立。

（41）瓜拉立卑中华学校校友会，成立于 1954 年。

（42）马六甲州华人教育协会，1955 年 7 月 15 日获准注册成立。首届主席是吴仲坦。历届主席还有：李引卜、杨柳青、林源瑞、杨朝长等。

（43）淡属华校教师公会，创建于 1955 年。

（44）丁加奴华校教师公会，1955 年创办。

（45）美里篮球总会，约成立于 1956 年。发起人有：梁志胜、陈庆潘、潘先琚、许美雄、林安再和江柏林等。

（46）马六甲华人教育协会，1953 年开始筹建，1955 年 7 月 15 日获得联合邦注册官批准，首届理事于同年 10 月 22 日就职，第一届主席是吴仲坦。

（47）怡保培南校友会，成立于 1957 年 8 月 11 日。

（48）立卑华校教师公会，1957 年创办。

（49）文冬华人体育会，1957 年创立。

（50）波德申中华校友会，1957 年成立，母校为波德申中华中学。

（51）石山业余音乐体育会，1958 年 8 月获准注册并成立。发起人为彭道生、黄庚申、杨卫强、饶练光等。首届主席是陈得秋。

（52）吉兰丹中华校友会，1959 年 1 月 16 日成立。

（53）雪兰莪茶阳励志社，创设于 1959 年。

（54）马六甲培风校友会，1959 年 4 月 12 日成立。

（55）霹雳江沙崇华校友会，成立于 1959 年。

（56）吉打州亚罗士打吉华校友会，1960 年 2 月 19 日获准成立，创建人为伍铨英等。

（57）曼绒南华校友会，1960 年 8 月 11 日成立。

（58）槟榔屿韩江校友会，1960 年成立。

（59）马来西亚青年运动，前身“马来西亚青年职工运动”成立于 1960 年，1972 年改名，简称“青运”，创办人为萧隆兴。

（60）吉兰丹中正校友会，创建人为罗锡山、胡群生、林金瑞等，1960 年 9 月 26 日获准注册并成立。

（61）吉兰丹仁和音乐社，成立于 1960 年。为团结华人、广纳人才，社员资格不分籍贯，但历届领导层多数为晋江人。设有音乐组、戏剧组、康乐组、文化组、福利组。有会员 400 多名。

（62）亚罗士打吉华校友会，由伍铨英等筹建，1960 年 2 月获准成立。

（63）霹雳州太平华联校友会，1960 年 5 月获准注册，1961 年 1 月 14 日成立，创建人为罗陶容、黄炳裕、林载福、蔡尤安、黎泽波等，历届会长有：罗陶容、黄炳裕、黄文福、黄文赏、游文正等。1981 年 11 月 10 日获准成为政治团体。

（64）巴生光华中学校友会，1961 年成立。

（65）笨珍华校教师公会，1961 年创办。

（66）关丹业余篮球公会，发起人为潘正良、林振辉、林振礼、李达、王德荣等，1961 年初获得注册批准并成立。林振辉担任首届会长。

（67）马来亚大学华文学会，1962 年成立，隶属于马来亚大学学生会。各族学生均可参加，但实际上其成员多为华族学生。

（68）雪森彭隆钟灵校友会，1962 年 7 月 15 日正式成立。

（69）雪兰莪华校师资训练班毕业同学会，1962 年 9 月 13 日获准注册，1963 年 1 月 5 日成立，创建人为叶秋生、刘荣桑、李鸿飞、叶祥麟、卢伟彬等，首届主席是赵国涛。

（70）柔中区华校教师公会，1962 年创办。

（71）吉隆坡剧艺研究会，1963 年 5 月 25 日创建。1977 年，会长为马天英，署理会长为梁志成。

（72）新加坡南华儒乐社，1963 年成立，旨在发扬潮州剧艺术，为社会服务。1959 年在黄炽昌的倡议下，组成潮州戏研究组，并演出著名潮州戏《薛丁山会母》、《苏六娘》等剧目。1963 年改组为今社。领导人有黄宜彬、黄潮亮、陈扶鹏等。

（73）八打灵查也公教中学校友会，创建人为吴酋俊，1963 年 11 月 6 日获准注册，首任会长是陈宝春。

（74）金宝培元中小学校友会，创建于 1963 年 12 月 20 日。

（75）太平仁爱音乐社，发起人为蔡尤河、蔡世葵、骆宝发等，1964 年元旦成立，是晋江籍华人娱乐组织。

（76）砂拉越精武会，1964 年 4 月在古晋正式成立，原名为“砂拉越精武体育会”，1972 年改为现名。

（77）柔佛摄影学会，1964 年 4 月获准注册并正式成立，发起人为苏木坤、叶合春、陈木聪、陈锦发、王昌鸿、黎文才、张志远、吕就章，首任会长是陈鸿昌。

（78）槟榔屿南洋大学校友会，1963 年申请注册，1964 年初获准注册并正式成立。由槟城南大校友陈泰山、陈尔奕、陈照荣等人发起筹备。历任会长有：陈泰山、陈尔奕、李福来、黄金吉、洪惠飘、骆润德、陈国平、吴庆发、苏立斌、许有利等。是全球最早成立的南洋大学校友会。

（79）文冬公教中学校友会，成立于 1965 年。

（80）美里留台同学会，1965 年 2 月成立。发起人为李根炎、林金海、戴镜星、谢衍发等，首任主席是谢衍发，副主席是李根炎。

（81）马来亚南洋大学校友会，简称“南大校友会”，1966 年 2 月 25 日获准注册，同年 3 月 4 日选举首届理事会。发起人为陈期岳等，历任主席有：甘枝满、李春松、傅孙中、刘锡通、孙勇南、林忠强、刘锡通等。

（82）美里太极拳学会，1966 年创立。首任主席是梁志云。

（83）吉隆坡循人校友会，1967 年成立。

（84）新山华忠武术体育会，前身“新山华忠拳术健身学院”于 1967 年成立，1988 年 7 月 11 日以“新山华忠武术体育会”之名获准注册。

（85）居銮留台同学会，1967 年 11 月成立。

（86）霹雳南洋大学校友会，筹建人为江超平等，1967 年 11 月 2 日获准注册成立，1968 年 2 月 11 日选出首届理事会。设立会员子女奖励金和推荐校友任职的职业小组。历届会长有：江超平、谢荣珍、梁鸿基等。

（87）雪兰莪注册社团雇员公会，1967 年获准注册，同年 9 月创立，首届主席是黄桂炳。

（88）吉兰丹华校教师公会，1968 年创办。

（89）关丹丹那布爹/中华中学校友会，1968 年成立。发起人为林振礼等，原名为“关丹中华中学校友会”，2000 年改为现名。

（90）雪州华人象棋公会，1968 年获准注册，创建人为吕基烈、颜阳明、潘华忠、邓炳伦、柯子玉等，首任会长是柯子玉。历任会长还有颜阳明、陈观等。20 世纪 30 年代，雪兰莪州吉隆坡和巴生等地已有象棋公开赛。

（91）关丹积善堂，1968 年创立，发起人为林荣之、蔡南坚、许维撰、徐广夏、方金定等。首任董事长是周甲。

（92）都鲁省篮球总会，1968 年建立，1995 年有会员 35 名。

（93）新山白鹤体育会，1969 年获准注册，发起人为陈俊士、陈亚钿、洪遵海、黄秉榔等，首任会长是陈俊士。

（94）居銮琼联社，约于 1969 年成立。首届主席是陈其川，副主席是王泉陶。颁发社员子女奖学金。

（95）关丹中华中学校友会，成立于 1969 年。

（96）柔佛州华校教师联合会，创办于 1969 年。

（97）山打根育源中学校友会，1969 年 9 月 16 日成立。

（98）南马文艺研究会，1969 年 9 月 30 日成立。

（99）雪兰莪安邦新村学校校友会，1969 年 11 月 15 日成立，发起人为谢青毅、朱志明、李国民、邱海雄等，首届主席是曾木生。

（100）吉隆坡南益校友会，倡建人为张国成、姚福财、李锦榜、李成才等，1969 年底获准注册并正式成立，首届主席是张国成。

（101）彭亨甘孟华小校友会，1970 年成立。

（102）美里国术健身院，1970 年成立。

（103）暨南大学马来西亚校友会，1970 年 11 月 28 日成立。

（104）吉隆坡商庐俱乐部，发起人为叶金枝、傅宪章、刘景成、林楼、陈百桑等，1971 年 3 月 10 日获准注册，叶金枝为首届主席。

（105）槟城菩提校友会，1971 年获准注册，首届主席是邱宏静。菩提学校包括菩提学院、菩提中学和菩提小学三校，曾是马来西亚唯一的佛教学校，创办于 1945 年，校友遍布马来西亚各地。

（106）吉隆坡中华校友会，1971 年 12 月 14 日成立，原名为“雪兰莪中华学校校友会”，1980 年获准改名。

（107）马来西亚留台成功大学校友会，成立于 1972 年 6 月 25 日，同年 8 月 17 日获准注册。

（108）利丰港培华校友会，1972 年成立。

（109）民都鲁社交俱乐部，1972 年建立，1995 年有会员 55 名。

（110）砂拉越南大校友会古晋分会，1972 年 11 月 23 日成立。

（111）蔴坡中化校友会，1972 年 8 月 26 日成立。

（112）居銮中华学校校友会，成立于 1973 年 2 月 19 日。

（113）砂拉越南大校友会，1973 年 6 月 25 日获准注册并正式成立。属下有古晋、诗巫与美里 3 个分会。历任会长有：沈桂馥、张伟党、黄志渊、钟月珠、陈斐荣、黄双全等。

（114）雪州太平华联校友会，筹建人为谢景鸿等，1973 年正式成立。历任主席（会长）为谢景鸿、何启兴、黄国生等。

（115）美里音乐社，前身为“闽江音乐社”，1973 年 8 月 6 日获准注册成立。筹建人为许子坤、刘邦坚、蒋春达、黄聿台等。原是福州籍华人的音乐爱好者团体，受到美里福州公会的大力支持。

（116）峇南象棋公会，1973 年 8 月 6 日获准注册成立。首届主席是邹蒲城。

（117）民都鲁省篮球总会，1973 年建立，1995 年有会员 25 名。

（118）民都鲁乒乓总会，1973 年建立，1995 年有会员 45 名。

（119）柔佛丹柏校友会，1973 年 3 月 23 日获准注册，同年 7 月 8 日成立，发起人为陈瑞东、刘自修、王可洲、黄仕山、陈桂源、黄少缚、傅亚莲等，首任主席是曾振强。

（120）柔佛州象棋总会，1974 年创立。

（121）笨珍培群校友会，1974 年成立。

（122）新文龙中华中学校友会，成立于 1974 年。

（123）诗巫公教中学校友会，1974 年成立。

（124）美里气功健身协会，1974 年成立。首任会长是张义友。

（125）新山耶耶亚哇洪仙大帝舞龙队，1974 年 4 月 13 日成立。

（126）砂拉越南大校友会美里分会，1974 年 4 月 24 日成立。

（127）新山南洋大学校友会，1974 年 4 月 29 日获准注册，同年 5 月 25 日成立，首任主席是许述庆，筹建人为许述庆、卢业伯、张文强、李顺成、黄鸿渭、李奎平、萧怀锦、沈美华、丁善豹、陈妙兰等。历任会长有：许述庆、丁善豹、萧怀锦、邓远桂、沈观铭等。

（128）马来西亚留台校友会联合总会，简称“留台联总”，由赖观福和张景良发起，于 1974 年 7 月 11 日成立，首任会长是赖观福。由初期的 18 个团体会员发展至 1990 年代初的 35 个团体会员，附设合唱团、舞蹈团和戏剧组，开办马来语班和英语班。1992 年 8 月 29 日在吉隆坡主办首届“亚洲留台校友会联谊会”，并在此次联谊会期间成立“亚洲留台校友会”。

（129）砂拉越南大校友会诗巫分会，1974 年 7 月 10 日成立。

（130）美里长虹文娱社，发起人为江运福、沈耀成、沈全盛、石英、潘慕娟等。1974 年 7 月 12 日获准注册成立。首任团长是江运福。

（131）民都鲁象棋公会，1974 年建立，1995 年有会员 25 名。

（132）砂拉越公教中学校友会，由陈家忠、刘世南、梁朝旺等人发起和推动，1974 年 7 月 31 日获准注册并正式成立，旨在团结校友，促进与母校的联系，发展华文教育，发扬民族传统文化，为会员谋福利。历届主席有：梁朝旺、陈为文、江克兴、陈秀福、陈家忠等。

（133）巴株巴辖华仁学校校友会，1974 年 12 月 15 日成立。1994 年 11 月建成新会所。历任主席为李儒森、庄通锐、苏立丰等。

（134）霹雳深斋校友会，1974 年 12 月成立。

（135）加影育华校友会，创建人为陈启文、曾容光、杨德明、郑惠明、何金凤等，1975 年 4 月 16 日获准注册，首任主席是陈启文。

（136）文冬华校教师公会，1975 年成立。

（137）黄氏太极学会文德甲分会，创建于 1975 年。

（138）新山善南寺，1975 年创立。

（139）新山象棋公会，1975 年 7 月 15 日获准注册，1976 年正月十六成立，首任会长是郑裕钦。

（140）雪州及联邦直辖区狮团总会，1976 年 6 月获准注册并成立。

（141）新山留学台湾同学会，1976 年成立。

（142）雪兰莪暨联邦直辖区狮团总会，1976 年 6 月获准注册，同年 7 月正式成立。首届主席是联胜国术团。

（143）马来西亚华人文化协会，简称“文化协会”，由马华公会于 1977 年 3

月5日发起成立。会所设在吉隆坡。宗旨是：为华人和其他民族文化的交流提供媒介，研究及提倡华人文化，使之成为国家文化的组成部分，开展各类文化活动。成立文化中心，设有语文与文学组、视觉听觉艺术组、综合艺术组、教育组等8个工作小组。

（144）文冬启文学校校友会，1977年创立。

（145）斗湖巴华中学校友会，1977年成立。

（146）关丹玉佛山醒狮学院，1978年成立。

（147）马来西亚华文作家协会，成立于1978年，至1990年代有会员270人。1990年11月开始出版1990年代马华文学丛书。1988年以来的历任主席有：孟沙、云里风、吴岸等。

（148）美里廉律中学校友会，成立于1978年6月4日。

（149）诗巫光民中学校友会，1978年12月3日成立。

（150）彭亨州华校教师会联合会，成立于1979年。

（151）亚庇建国中学校友会，1979年成立。

（152）亚罗士打新民校友会，1979年成立。

（153）关丹象棋公会，发起人为罗森南、潘正湖、杜日强、杨善侨、陈清水等。1979年7月10日获得注册批准，10月4日正式成立。首届主席是罗森南，副主席是陈清水。

（154）沙巴华文独立中学董事会联合会，1979年3月成立，章程于1978年7月21日获得批准，首任主席是方德源，简称“沙巴独中董总”。历届主席为方德源、杨紫峰、张观辉等。

（155）雪隆宽柔校友会，1979年成立。

（156）砂拉越石角民立中学校友会，成立于1979年7月29日。

（157）砂拉越第三省华文独中董联会，约于1980年成立，筹建人为钱惠光、陈立训、黄志渊、林世铭、邢文泉、邓国成、江仲宵等，首任主席是刘会干。

（158）吧巴中学校友会，成立于1980年1月1日。

（159）廉律中学校友会，1980年1月13日成立，筹建人为何锦腾等，首任主席是蔡展谋。

（160）诗巫黄乃裳中学校友会，1980年2月10日成立。

（161）泗里街民立中学校友会，成立于1980年4月6日。

（162）钟灵中学（柔佛）校友会，1980年成立，首届会长是黄长利。

（163）金马仑华校教师公会，1980年创办。

（164）民都鲁音乐社，1980年建立，1995年有会员180名。

（165）砂拉越留台同学会民都鲁分会，1980年10月11日建立，1995年有会员 54 名。

（166）黄氏太极学会文冬分会，1980 年创立。

（167）沙巴崇正中学校友会，成立于 1981 年 1 月 4 日。

（168）柔佛州华校校友会联合会，1981 年 4 月 16 日获准注册并正式成立。首届会长为蔴坡中化校友会的吴芳俊。

（169）巴生中华校友会，1982 年 8 月 8 日成立，母校为巴生中华独立中学。

（170）彭亨郑子太极拳社，筹建人为黄志仁、杨天成、陈宝良，1983 年 1 月 12 日注册获得批准。首任会长是黄志仁。

（171）太平华人文化协会，创建人为马燕图、王昌波、叶秋华、沈力菲、卢开明等，1983 年 5 月 16 日获准注册并成立。

（172）马来西亚龙狮总会，1983 年由叶炳、苏木发、梁连密等 6 人发起成立。首任主席是叶炳，第二任主席为林华龙。

（173）古达培正中学校友会，成立于 1983 年。

（174）诗巫与加帛省津贴华文小学董事联合会，创建人为陈文德、林容均、吴庆发、钱惠光、刘邦光等，1983 年 6 月获准注册，同年 9 月成立，首届主席是陈文德。

（175）沙巴拿笃中学校友会，1984 年成立。

（176）实务的（又名峇甘奴）音乐与体育协会，1984 年 2 月 14 日获准注册成立。首届会长是官声发。

（177）马来西亚书艺协会，1984 年成立。旨在团结全马华文书法家和书法爱好者，交流和提高书法艺术水平，推动华文书法活动，为会员谋福利。1990 年代中期拥有会员 700 多人，在各州设立 8 个联络委员会，其中东马 3 个，西马 5 个。

（178）马来西亚中华内外丹功学会，成立于 1984 年 11 月 11 日，筹建人为朱镇泉等 12 人。

（179）而连突华校教师公会，1984 年创办。

（180）霹雳华校校友会联合会，1985 年 1 月获准成立，首任主席是骆国荣。

（181）柔佛州太极健身总会新山分会，1985 年 4 月 13 日正式成立。

（182）永平中学校友会，1986 年 1 月 23 日成立。

（183）马来西亚翻译与创作协会，简称“大马创译会”，前身为 1983 年成立的语文出版局（Dewan Bahasadan Pustaka，DBP）翻译咨询委员会华文组。该委员会的目的是通过文化交流，促进国家团结。下设华语、马来语、印度（泰米尔）语、英语 4 个小组。因语文出版局忽略在马来西亚文坛中也占一席之地的马华文艺创作，1986 年该委员会华文组改组为马来西亚翻译与创作协会，并于同年1月29日获准注册成立，首任主席是吴天才，副主席是张发、陈育青。

（184）美里培民中学校友会，成立于1986年2月1日。

（185）马来西亚中华内外丹功学会新山区会，1987年成立，首届理事长是黄循积。

（186）马来西亚海南大专人士联谊会，是海南籍华人知识分子联谊社团，附属于目前的马来西亚海南会馆联合会。1987年9月20日正式成立，简称“琼联大专人士联谊会”。首届主席是邢诒钦。

（187）居銮中学亚逸依淡同学会，1988年1月25日成立。1994年拥有会员117人。

（188）关丹精武体育会，1988年6月17日获得注册批准创立。发起人为陈美成、苏良荣、叶松南、黄佰鸣、何汉菁等。首任会长是陈美成。1993年12月，大会修改章程，将原名“关丹中国精武体育会”改为“关丹精武体育会”，同时成立妇女组及青年团。

（189）丹南崇正中学校友会，筹委会组建于1988年。

（190）诗巫开智中学校友会，成立于1988年10月18日。

（191）马六甲南洋大学校友会，筹建人为刘佳境等，1988年8月5日获准注册，同年12月10日正式成立，首届会长是刘佳境，第二届会长是刘佳境。

（192）马大华文学会，1989年1月1日获准注册。

（193）美里荣利武术体育社，1989年3月16日获准注册并正式成立。

（194）古晋中华一中校友会，成立于1989年12月11日。

（195）砂拉越华族文化协会，1990年2月23日获准注册成立。首届会长是张晓卿。

（196）保佛中学校友会，成立于1990年3月11日。

（197）马来西亚易经学会，1991年8月7日获准成立。

（198）民都鲁长虹文娱社，1991年11月23日建立，1995年有会员145名。

（199）槟城陈氏太极拳协会，1991年12月19日获准注册，1992年1月1日正式成立，创建人为李文剑、源子玲、林庆耀、黄种兴，首届会长是李文剑。

（200）拉美士飞云洞醒狮团，1993年成立。

（201）永平狮子会，1993年成立。

（202）马来西亚华校校友会联合会，1994年5月31日正式注册。

（203）柔佛金石书画协会，1994年正式成立，发起人为黄田方、余克光等，

（204）柔佛南方学院校友会，1994年11月11日获准注册并正式成立。

（205）马来西亚南方学院校友会，1994年11月获准注册成立。1995年3月19日召开首届会员大会。

（206）江沙县华校教师公会，1995 年创办。

（207）蔴坡公主国际狮子会，1995 年成立，是蔴坡狮子会属下 6 个狮子会中唯一的女性组织。

（208）新山华语演讲会，1995 年 8 月 21 日成立，由黄文明等发起，并得到新加坡各华语讲演会的支持。经美国国际讲演会总部和马来西亚社团注册官批准注册。首任会长为林亚历。

（209）马来西亚陈氏太极拳总会，1996 年 5 月 18 日获准注册，同年 6 月 10 日正式成立，首届会长是李文剑。

（210）晋汉省华校教师公会，1997 年创办。

（211）永平女狮会，1997 年成立。

（212）关丹盆栽协会，1998 年 10 月 6 日成立。发起人为梁海坚、叶卓庆、叶国庆、陈福源、温廷云等。

（213）美里省华校教师公会，2001 年创办。

（214）马来西亚书艺协会居銮联委会，2001 年成立。

（215）彭亨太极气功十八式总会，2001 年 7 月 31 日获得注册批准。

（216）马来西亚中国鹤翔桩混元气功联合总会，2003 年成立。

（217）士乃狮子会，2003 年成立。

（218）古来龙艺武术龙狮体育会，2004 年 12 月 17 日成立。

（219）柔佛培风校友会，2004 年 12 月成立。

（220）新邦令金女狮子会，2005 年 3 月 28 日成立，首届会长是姚慧馨。

“二战”后，不仅仅是校友会、精武体育会等，更多形式的华人文（学）缘性社团纷纷创立，一些文（学）缘性社团还创建了自身的总会组织。

第五节　宗教社团

一、1889 年前马来西亚华人宗教社团

（1）吉兰丹话望生布赖水月宫，至少有 400 多年历史。供奉主神为天后。

（2）马六甲青云亭，学界一般公认其建立于清朝康熙癸丑年（1673 年），由华人甲必丹郑芳扬和李为经筹建。《敬修青云亭序》记载：“粤稽我亭，自明季间，郑李二公南行，悬车于斯。德尊望重，为世所钦，上人推为民牧。于飞龙癸

丑岁，始建此亭，香花鼎盛，冠于别州。”① “飞龙癸丑”，学界一般公认的看法是指清朝康熙癸丑年（1673 年）。为何修建青云亭，又何以“青云”二字命名这座寺庙？刻立于 1801 年的《重兴青云亭碑记》对此有明确解释：“青云亭何为而作也？盖自吾侪行货为商，不惮逾河蹈海来游此邦，争希陶猗，其志可谓高矣。而所赖清晏呈祥，得占大川利涉者，莫非神佛有默佑焉，此亭之兴所由来矣。且夫亭之兴，以表佛之灵；而亭之名，以励人之志。吾想夫通货积财，应自始有，而臻富有莫大之崇高，有凌霄直上之势，如青云之得路焉，获利固无慊于得名也。故额斯亭曰青云亭。”② 1894 年刻立的《重修青云亭碑》亦云：“亭以青云名，意有在也。想其青眼旷达，随在寻声救苦，慈云远被，到处拯厄扶危，而因以取之乎。”③ 祈求神佛保佑致富，这是修建青云亭的原因。“臻富”、“有凌霄直上之势”、“如青云之得路焉”，这是建亭者，也是早期所有南来华人的理想。初建时期的青云亭是马六甲华人的宗教活动中心。作为一座寺庙，青云亭里供奉的主神是观音，配祠神是妈祖（天后圣母）和关帝，同时还供奉有许多华人祖先的牌位。历经长期的历史演变后，青云亭的组织系统已比较严密、齐全，成为维系马六甲华人社会有力的组织机构。青云亭的权力结构的模式是：亭主—副亭主—四大理事—里长—炉主。17 世纪下半叶至 20 世纪初，青云亭是马六甲华人社会的权力中心，也保存和传播了中华传统文化，加强了华人之间的团结。

（3）吉兰丹万捷（Bachok）天后庙，据考证，1727 年一艘来自闽南的华人移民船只在海上遭遇飓风后，漂到吉兰丹万捷，漳州人林伯显登陆后建庙奉祀随身带来的天后神像，该庙是后来圣春宫的前身。后附近唐人坡原祭拜该庙天后的华侨甚觉往来奔波不便，于是在唐人坡另建庙宇，称为“镇兴宫”。

（4）马六甲宝山亭，1795 年由漳州籍华侨蔡士章倡建，作为青云亭的补充，它用作祀坛。青云亭早建有总坟，“于是乎先贤故老，有祭冢之举，迄今六十余载”。但青云亭“少立祀坛”使“逐年致祭，常为风雨所阻，不能表尽寸诚，可为美矣未尽善也”。④ 刻立于嘉庆六年（1801 年）的《蔡士章奉献市厝碑》也说明了蔡士章倡建宝山亭之缘：“宝山亭之建，所以奠幽冥而重祭祀者也。余故开扩丕基，缔造颇备，以视向之冒历风雨，寸诚难表者，较然殊矣。”⑤

（5）槟城海珠屿大伯公庙，清朝嘉庆四年（1799 年）创建，由惠州、嘉应、大埔、永定和增城五籍华侨共同创办，供奉张、丘、马三姓南来的先祖。刻立于

---

① 陈铁凡、傅吾康：《马来西亚华文铭刻萃编》，吉隆坡：马来亚大学出版部，1985 年，第 245 页。
② 陈铁凡、傅吾康：《马来西亚华文铭刻萃编》，吉隆坡：马来亚大学出版部，1985 年，第 238 页。
③ 陈铁凡、傅吾康：《马来西亚华文铭刻萃编》，吉隆坡：马来亚大学出版部，1985 年，第 259 页。
④ 陈铁凡、傅吾康：《马来西亚华文铭刻萃编》，吉隆坡：马来亚大学出版部，1985 年，第 271 页。
⑤ 陈铁凡、傅吾康：《马来西亚华文铭刻萃编》，吉隆坡：马来亚大学出版部，1985 年，第 273 页。

1958 年的《海珠屿大伯公庙重修碑记》详细记载槟城海珠屿大伯公庙修建来历："海珠屿大伯公，吾客族先贤张、丘、马三公也，张公居长，丘公居次，马公年最少。三公于前清乾隆十八世纪中叶，南来槟榔屿，或为教读，或业铁匠，或营炭窑。而契合金兰，义同兄弟。居常，聚则论道励志，出则讲信修睦，厚德高风，群伦共仰。一夕，张公忽坐化石岩中，即今庙址也。丘马二公因葬张公于岩石之侧，碑曰：'开山地主张公。'丘公殁，马公葬丘公于张公坟之旁，碑书：'大埔清兆进丘公墓。'嗣后，英人赖特少校经营是邦。移居之民渐众，感受张、丘二公流风遗泽之化者亦日广。嘉庆四年己未，公元 1799 年，胡靖公以张公羽化之岩起为庙……嘉庆十四年，马公殁。吾族人士复葬马公于张、丘二公坟下，碑书：'永定福春马府君之墓。'居民感念三公之德之义，俱以神祀之，并尊为大伯公。"[①]《重修海珠屿大伯公庙捐册序》（刻立于 1921 年）亦曾述及建庙缘起："大伯公为槟海开山之初祖，生以为英，没（殁）以为神。"海珠屿因而有大伯公墓，"墓侧立为庙，乃我惠州、嘉应、大埔、永定、增龙五属之侨槟者所建，以崇德报功者也。五属人之侨于槟，身其康强，子孙逢吉，莫不奉牲奉盛奉酒醴以告曰：大伯公之默佑也。富埒陶白，赀巨程罗，又莫不奉牲奉盛奉酒醴以告曰：大伯公之庇荫也。五属之侨民有所获，不自以为功而归功于大伯公之灵。……南洋言神，群颂大伯公。墓碑一张一丘一马，姓而不名，统尊之曰大伯公而已"。[②]

（6）槟城广福宫，嘉庆五年（1800 年）由华人甲必丹胡始明等广东、福建两省籍华侨创建，也称为"观音亭"。实际上，成立初期的槟城广福宫，其成员主要为嘉应州客家人及漳州泉州人。刻立于道光四年（1824 年）的《重建广福宫碑记》记载道："槟榔屿之麓，有广福宫者，闽粤人贩商到此，建祀观音佛祖者也，以故宫名广福。"[③] 广福宫主祀观音菩萨，但其殿内供奉的神明很庞杂，"掌管读书的有文昌（帝君），掌管医药的有保生大帝，掌管生死的有南北斗，求寿有南极，掌管驱邪的有吕祖，管财运的有财帛（财神），掌管生育的有注生娘娘，协助一个人一年运程转变的有太岁、虎爷，帆海安宁也有妈祖照料。整个广福宫的神明……最终则几乎每一个神明有责满足了信徒的各种各样现实功利要求"。[④] 早期的广福宫不仅是槟榔屿华人社会的宗教生活和信仰中心，也曾长期作为其领导机构。刻立于同治元年（1862—1863 年）的《重建广福宫碑记》则

① 陈铁凡、傅吾康：《马来西亚华文铭刻萃编》，吉隆坡：马来亚大学出版部，1985 年，第 524 页。

② 陈铁凡、傅吾康：《马来西亚华文铭刻萃编》，吉隆坡：马来亚大学出版部，1985 年，第 521 页。

③ 陈铁凡、傅吾康：《马来西亚华文铭刻萃编》，吉隆坡：马来亚大学出版部，1985 年，第 532 页。

④ 王琛发：《广福宫：历史与传奇》，槟城州政府华人宗教（社会事务）理事会、广福宫，1999 年，第 42 页。

有更深入的说法："槟屿之有广福宫者，故两省都人士所建，于以宁旅人而供香火也……是宫既成，商民乐业。居常则祈福延禧，共遂家庭之乐，有事则解纷排难，同消雀角之争，将见忠信笃敬，可行于蛮貊。睦贤任恤，旋睹于他邦。其所系者，又岂止宁旅人而供香火也。"① 1881年，平章会馆成立后，它取代了广福宫在当地华人社会的领导机构的地位。不过，广福宫仍是当地华人的信仰中心。②

（7）古晋寿山亭大伯公庙，约于1800年建立。该庙最早的一张庙地地契，是统治砂拉越的布洛克王朝第二任拉者查尔斯于1871年8月29日签发的。③

（8）丁加奴和安宫，约建于1801年。在厦门，有一座常被称为"祖婆庙"的和安宫。

（9）瓜拉丁加奴甘榜诺来郑和三保公庙，历史最早可追溯到1810年。当时华人以日朗河边的大树头为三保公神位敬拜，1942年间正式建成庙宇。④

（10）新加坡金兰庙，道光十年（1830年）创立，它原是早期新加坡闽籍华侨的一个秘密会社，是一个以74位创始人为核心的结义兄弟会。取义"金兰"，表明参加者情同手足，友谊深厚。该庙供奉主神为"清水祖师"，俗称"祖师公"，所以该庙又称"祖师公会"。金兰庙中还供奉有包公及注生娘娘神位。金兰庙初期并不向外人开放，约在19世纪70年代后，该庙开始发生本质性转变。1893年2月，掌管金兰庙的章芳琳订立庙规，规定在庙内设庙祝及一名助理以负责庙内事务。禁止在庙内聚赌、吸食鸦片及从事非法活动等。从此，金兰庙正式转变为一个宗教性团体。⑤

（11）新加坡广福宫，1838年由当地粤、闽籍华侨帮派领袖创建，主要供奉妈祖（天后），此外，还供奉观音与关帝。

（12）槟城水美宫，1839年建立，创建人为来自福建省海澄县三都钟山社的蔡姓人士，供奉池府王爷。立于清朝同治壬戌年（1862年）的《水美宫碑记》云："槟屿之域有王府之庙，乃中华福漳之澄邑于钟山社之水美宫所自始也。溯自前人经商抵此，供带灵光香火，默佑无疆。故尔诞其宇，崇奉王府神灵……"⑥

（13）马六甲清华宫，约于清朝道光二十七年（1847年）建立。

---

① 陈铁凡、傅吾康：《马来西亚华文铭刻萃编》，吉隆坡：马来亚大学出版部，1985年，第537页。

② 王琛发：《广福宫：历史与传奇》，槟城州政府华人宗教（社会事务）理事会、广福宫，1999年，第18~19页。

③ 蔡宗贤：《砂拉越大伯公庙资料汇编》，诗巫永安亭大伯公庙，2010年，第38页。

④ 《星洲日报》（东海岸版），2000年9月1日。

⑤ 林孝胜：《金兰庙的沧桑》，林孝胜、吴华等：《石叻古迹》，新加坡：南洋学会，1975年，第67~70页。

⑥ 陈铁凡、傅吾康：《马来西亚华文铭刻集萃编》，吉隆坡：马来亚大学出版部，1985年，第555页。

（14）新加坡淡滨尼顺兴港洪仙宫，早在咸丰元年（1851 年）之前，村民就建立茅草屋安奉洪仙大帝。咸丰元年，来自广东饶平县的陈恒丰为答谢洪仙大帝神恩，敬献匾牌，上书“洪仙大帝”四字，时常祭拜。光绪九年（1883 年），由于淡滨尼一带村民皆来自福建诏安顺兴，所以村民遂将这个乡村取名为顺兴港。1924 年，洪仙大帝庙重建，并命名“顺兴古庙”。1987 年，顺兴古庙易地重建，搬迁至淡滨尼新镇第二十一街的淡滨尼联合宫临时庙。1991 年淡滨尼联合宫正式落成，并庆祝洪仙大帝晋宫升座。

（15）沙巴纳闽广福宫，19 世纪中期建立，1852 年重修扩建。

（16）马六甲三多庙，亦即福德祠或大伯公庙，清朝咸丰七年（1857 年）前已建立，“三多”指多福、多寿、多男子。

（17）砂拉越古晋凤山寺，1857 年建立，供奉广泽尊王。

（18）峇都福石亭，1858 年前建立，1926 年重建。主殿“玉真宫”供奉大圣公、二圣公、三圣公，殿中也供奉大伯公。峇都村民称福石亭为“大伯公庙”。

（19）槟城凤山寺，约于 1860 年由来自泉州的华侨建立，敬拜广泽尊王。

（20）芙蓉千古庙，修建于 1861 年。

（21）砂拉越古晋上帝庙，清朝同治二年（1863 年）由潮州华侨建立。另一说法是约建于 1844 年，供奉玄天上帝，为当地潮州顺丰公司前身。[①]

（22）马六甲玉虚宫，1863—1864 年建立。

（23）吉隆坡仙四师爷庙，1864 年由叶亚来创建，早期主要纪念对开发吉隆坡贡献较大的盛明利和叶四，他们是叶亚来的上司或挚友。

（24）芙蓉天师爷庙，1864 年建立，主祀张天师，开山祖师为客籍华人钟善坤道长。

（25）槟榔屿开山王庙，1864 年建立，开山王也称开山大伯。

（26）槟榔屿高渊（Nibong Tebal）福德祠，清朝同治五年（1866 年）建立，也称“高兴宫”、“广福宫”。

（27）古晋林华山福善堂，同治六年（1867 年）首建，为当地观音堂的前身，原为男斋堂，是目前有准确年代的首座先天道斋堂。[②]

（28）哥打巴鲁唐人坡镇兴宫，约于 1868 年或更早时建立，供奉妈祖。

（29）怡保南天洞，约创建于 1868 年。主祀太上老君、紫微帝君、玉皇大帝等。由客籍华人道长龚成德创办。

① 苏庆华：《独立前华人宗教》，《马来西亚华人史新编》（第 3 册），吉隆坡：马来西亚中华大会堂总会，1998 年，第 429 页。

② 苏庆华：《独立前华人宗教》，《马来西亚华人史新编》（第 3 册），吉隆坡：马来西亚中华大会堂总会，1998 年，第 435 页。

（30）芙蓉仙四师爷庙，1869 年创立。

（31）万挠仙四师爷宫，1869 年创立。

（32）柔佛古庙，1860 年代建立。

（33）实文然炭山福德善公堂，建于 1870 年，供奉大伯公。

（34）诗巫永安亭大伯公庙，前身为创建于 1871 年的一座奉祀大伯公的小庙，1897 年 8 月由诗巫华裔正式建成“诗巫永安亭大伯公庙”。当时的永安亭前殿供奉大伯公，后殿称为云湖庵，供奉观音。云湖庵也曾做过私塾，“中华民国”成立后，改名为明德学校，即现在的诗巫中华小学的前身。目前，永安亭正殿供奉福德正神、玄天上帝、哪吒三太子、托塔天王李靖、武判官、文判官等，后殿供奉观音菩萨、关帝、韦陀等。

（35）吉胆岛昭应庙，1872 年创立，供奉 108 兄弟公。

（36）槟城大生佛堂，是由客家华侨于 1875 年创建的男斋堂。

（37）砂拉越武梭福德庙，建于 1876 年正月二十九。创建人为曾状。

（38）巴冬海口翠美古庙，2004 年 12 月 17 日，举行庆祝清水祖师圣诞千秋及建庙 128 周年纪念平安晚宴。①

（39）槟榔屿福寿宫，清朝光绪三年（1877 年）建成。

（40）吉隆坡暗邦南天宫，约于 1877 年建立，奉祀九皇爷。

（41）木胶泰山亭，1879 年建立。

（42）砂拉越乌也三安宫，可能于 1880 年前建立。主祀大伯公，也供奉妈祖（左）、关帝（右）。三安宫中的签诗来自诗巫永安亭，说明两者之间关系很密切。

（43）槟榔屿清观寺，初名“朝元庙”或“朝元洞”，1880 年建立。

（44）士毛月仙四师爷宫，1880 年建立。

（45）太平古武庙斗母宫，约于 1880 年建立，是马来西亚第一间九皇大帝庙。由开庙主持王奕鱼从泰国普吉内抒斗母宫请来九皇大帝香火。

（46）槟城朝元庙，俗称“千二层”，1880 年左右建成，主祀九皇大帝、斗姆元君等。

（47）吉隆坡南天宫（斗母宫），清朝光绪壬午年（1882 年）建立。

（48）太平粤东古庙，也称“三王殿”，1882—1883 年建立，除了供奉三王，还供奉保生大帝，由粤闽两省华侨共同经营。②

（49）槟榔屿大圆佛堂，1883 年由潮州华侨建立。

---

① 《南洋商报》，2004 年 12 月 19 日。

② 陈铁凡、傅吾康：《马来西亚华文铭刻萃编》，吉隆坡：马来亚大学出版部，1985 年，第 1015 页。

（50）老越大佬山福德宫，约于1883年建立。建庙人为廖玉成、卢益璋、蔡苍梓、沈木广、刘进佳、戈水罐、庄清瑞，他们大多为安溪籍。

（51）安顺福顺宫，供奉观音佛祖和广泽尊王，1883年由福建人创建，属南安、安溪人的寺庙，最初供奉广泽尊王（俗称圣公）和圣母，香火来自福建闽南。创建人为邱树华、邱长成、黄敬忠、刘文禁、林年生和高瓜檀等。1928年，由若庸大师发起重建福顺宫。①

（52）马六甲天德宫，约于清朝光绪十年（1884年）建立。

（53）太平凤山寺，约建立于1885年，敬拜广泽尊王。

（54）大山脚福德正神玄天庙，约于1885年创建。

（55）伦乐云山亭，建于1886年，供奉武财神赵公明、注生娘娘、普庵祖师。

（56）林梦福德祠，创建于1887年，当时为一座简陋的亚答屋。1978年重建。供奉神明包括福德正神、观音、关帝等。

（57）山打根三圣宫，1887年建立，供奉刘备、关羽、张飞。

（58）瓜拉雪兰莪天福宫，约建于1888年，敬拜法主公和惠泽尊王，主要由永春籍华人创建。②

（59）槟榔屿清龙宫，建于清朝光绪十四年（1888年）或更早，敬拜神农大帝、保生大帝以及清水祖师。

（60）太平大善佛堂，1889年建立。

（61）安顺广东古庙，建于1889年或更早。

（62）槟榔屿天后宫，由琼籍华侨建立，是南洋华侨最早的天后庙，确切的创建时间已不可考。

早期的马来西亚华人宗教社团，或者是由华人把原属中国本土的神祇移植域外而创建，或者是华人再加入一些新创的神，与中国社会的神一起，共同信仰，因而创建庙宇。

二、1890年至“二战”结束前马来西亚华人宗教社团

（1）牙屹十四碑煤炭山，1890年创立。

（2）马六甲广福庙和胜宫，1890年创立。

---

① 史金泰：《霹雳晋江会馆庆祝成立50周年金禧纪念特刊（1956—2006）》，霹雳晋江会馆，2006年，第135页。

② 陈铁凡、傅吾康：《马来西亚华文铭刻萃编》，吉隆坡：马来亚大学出版部，1985年，第1125～1126页。

（3）槟城顶日落洞网寮山海宫，约建于1890年，是妈祖庙。

（4）马鲁帝寿山亭，1891年建成，筹建者为厦门籍华侨。它曾是峇南中华商会的前身，也曾作为华侨商会的会址，更是马鲁帝中华学校的旧址。1917年重建。

（5）槟城白鹤山极乐寺，1891年开建，1904年建成，创建人为来自闽省鼓山涌泉寺的方丈妙莲禅师以及得如、善庆、本忠等禅师。[①]

（6）槟榔屿孔教会，前身为“槟榔屿孔圣庙”，1922年注册成功，正式成为社团组织，发起人为林成辉、曾旭园、许晓山、黎健行、许如琢等。

（7）霹雳马丹（Matang）绥靖伯庙，1893年前建立。在原广东省广州府顺德县陈村旧墟也有一座同样名字的庙宇，因此，马丹绥靖伯庙应是顺德华侨所建。[②]

（8）霹雳巴眼色海圣古庙，1893年建立，由潮州籍华侨经营。

（9）古晋兴安天后宫，约于1893年建立，供奉天后、福德正神、大爷和二爷，为古晋兴安会馆前身。

（10）吉打州华玲白云岩观音庙，1894年创立。

（11）怡保龙头岩，又名“龙窟”，1894年创建。主祀玉皇大帝、太上老君等。属于道教动画师海云派。客籍华人钟善坤道长为其开山祖师。

（12）雪兰莪新古毛（Kuala Kubu Bahru）岳山古庙，创建于1895年，也称“师爷庙”，供奉仙师爷、四师爷、三王爷。

（13）蔴坡新观音堂，1895年建立。

（14）砂拉越拉叻福寿宫，1895年建立。供奉福德正神（中）、观音（右）、关帝（左）。

（15）砂拉越民都鲁天恩亭，1870—1896年间建立，具体年份不详。供奉福德正神、天后圣母、广泽尊王。

（16）砂拉越短廊福德祠，1896年建立。供奉谭公仙圣和大伯公。

（17）吉隆坡沙叻秀谭公庙，1897年创立。1911年7月25日创办大同学校，类似私塾，以客家话（惠州客家话）教学。1962年创办幼儿园。1994年注册为合法社团，首届主席是陈雅佑，副主席为李佛添。2001年重建时开办了“大同历史文物馆”。谭公庙积存的资金除了资助大同学校的办学和建设外，从1970年代开始，每年还拨出助学金给大同学校的清寒子弟及在籍校友。[③]

---

① 陈铁凡、傅吾康：《马来西亚华文铭刻萃编》，吉隆坡：马来亚大学出版部，1985年，第658页。

② 陈铁凡、傅吾康：《马来西亚华文铭刻萃编》，吉隆坡：马来亚大学出版部，1985年，第1002页。

③ 《沙叻秀谭公庙111周年纪念特刊（1897—2008）》，沙叻秀谭公庙，第32~47页。

（18）东甲茧云宫，约创建于1897年，2005年3月初举办庆祝成立108年及其供奉主神金阙大夫千秋宝诞平安宴会。

（19）石角八港路福德宫，1897年建立。建庙人为河婆客家人赖托。

（20）加帛福隆亭，建于1898年。供奉大伯公。

（21）双文丹仙四师爷宫，1898年创立。

（22）新加坡双林寺，1898年由福建南靖籍华侨修建。

（23）加影师爷宫，迁自芦骨，1898年建立。纪念战死于1860年的华侨领袖盛明利。

（24）玻璃市加央保安宫，建立于19世纪末，供奉广泽尊王。

（25）巴生观音亭，19世纪末建立。

（26）立卑天后宫，19世纪末建立。

（27）瓜拉雪兰莪凤山寺，19世纪末建立。

（28）太平福德祠，1899年前建立。

（29）石隆门太平桥水口伯公庙，1900年前建立，具体时间不详。

（30）柔佛蔴坡利丰港天后宫，约于1900年建立。

（31）北海海南昭应庙，是有百年历史的古庙，由万宁籍华人创建，供奉南天圣娘及万州圣王。

（32）关丹天后宫，又称“琼州（公）庙”，约建立于1900年，由潘昌桂、王三职创建。

（33）瓜拉庇拉三圣宫，1900—1901年建立，祭拜谭公（T’an-kung）、关帝（Kuan-ti or Wu-ti）和仙师爷（Hsien Shih-yeh）。①

（34）文冬广福宫，1902年建立，主要由客家人经管。

（35）龙邦古庙仙四师爷宫，1902年创立。

（36）砂拉越麻拉地巴（海口）（Muala Tebas）青山岩，1902年建立，属于当地的福建会馆，供奉包括天上圣母在内的多个佛神。②

（37）诗巫基督教卫理公会，创立于1902年，当时名为“诗巫基督教美以美会”，“二战”后改名为“诗巫基督教卫理公会”。

（38）实文然福德公庙，1902年建立。

（39）砂拉越浮刹浮龙庙，1904年建立。供奉大伯公。

（40）太平和善堂，1904年建立。

---

① 陈铁凡、傅吾康：《马来西亚华文铭刻萃编》，吉隆坡：马来亚大学出版部，1985年，第465～466页。

② 陈铁凡、傅吾康：《马来西亚华文铭刻萃编》，吉隆坡：马来亚大学出版部，1985年，第1344页。

（41）蔴属玉射北帝庙，约于1904年创建，2005年4月庆祝天元上帝圣诞及建庙101周年纪念。

（42）怡保真空祖师道堂，1906年设立，为马来西亚首间道堂。

（43）吉隆坡暗邦弥陀岩，清朝光绪丙午年（1906年）由莆田来吉隆坡的通章法师创建。

（44）甘马仕天后宫，1906年由海南籍华人符朝炳和冯振义创建，他们同时还建立了琼州会馆。①

（45）芙蓉紫竹（竺）亭，1907年由性实禅师建立。

（46）吉隆坡登彼岸斋堂，1907年建立。

（47）吉隆坡雷王庙，1909年建立，属斋堂。

（48）劳勿观音堂，1910年初建，创建人为黄召南，堂中除敬拜观音外，还有谭公及仙四师爷（Hsien ssu shih-yeh）。②

（49）砂拉越达岛天恩庙，清朝末年已经存在，1980年代重建。供奉大伯公。

（50）芙蓉天公五老庙，也称"青山观"，1912年建于龙头岩，是紫云洞天公观的分支，祭拜天公玉帝、三清道祖、五老诸神。③

（51）吉隆坡增江南区崇真堂，约于民国初年建立，原在吉隆坡武吉免登。创建人为李大镒。1961年在增江南区建成新庙，供奉昊圣妙道真人、多河中水侯王及梅仙大帝。

（52）诗巫兴化教会，1912年成立。

（53）哥打丁宜小哥打陈圣大王公庙，1913年建立。

（54）美里大伯公庙，1913年建成，1972年重修，供奉大伯公、南海观音（左）、注生娘娘（右）。

（55）江沙昭惠庙，1914年由吴成春发起建立。

（56）槟城霹雳律洪福寺，1914年建立。

（57）丹那各福山亭，1917年建立。创建人为戴亚悦、郭启明、何天才、郭乌光。供奉主神大伯公。

（58）巴生宗孔堂，1918年由郭和君创建，属三一教庙堂。

（59）吉隆坡真空祖师坛，1918年设立，为当地首间道堂。

（60）吉隆坡（蕉赖）大觉华寺，据说是由四川来吉隆坡的会因禅师于1919

---

① 陈铁凡、傅吾康：《马来西亚华文铭刻萃编》，吉隆坡：马来亚大学出版部，1985年，第1182页。

② 陈铁凡、傅吾康：《马来西亚华文铭刻萃编》，吉隆坡：马来亚大学出版部，1985年，第511页。

③ 陈铁凡、傅吾康：《马来西亚华文铭刻萃编》，吉隆坡：马来亚大学出版部，1985年，第449～450页。

年创建。

（61）古晋十哩（巴达旺）福德庙，建于1919年。

（62）砂拉越尼亚寿南亭，1920年建立。

（63）槟城观音寺，由极乐寺第二任方丈本忠禅师于1922年建立。

（64）山都望西洋庙，1923年前建立。

（65）巴株巴辖普陀寺，1924年建立。

（66）芙蓉天公五老观，1927年建成，创建人为邓德华道长。

（67）星洲金榜山亭天后会，1929年成立，1953年正式注册，发起人为罗和溢。1962年成立互助会。初期有会员80名，1982年有364名。

（68）昔加末西隆坡海龙宫，1930年代由闽籍华侨陈甫从新加坡请来神祇创建，宫中供奉德化县地方神陈公祖师。“二战”后宫庙被毁，20世纪80年代开始重修。

（69）宁木龙山亭，约于1930年建立。供奉大伯公、玄天上帝。

（70）吉隆坡七宫仙女庙，建于1931年，属姐妹斋堂。

（71）吉隆坡七姐庙（西楼），建于1934年，属姐妹斋堂。

（72）槟榔屿慈航阁，1935年建立，为香严寺的前身。

（73）吉隆坡楞伽山千佛寺，约于1935—1936年间由来吉隆坡的闽僧明妙倡建。

（74）哥打丁宜南亚峒主侯王庙，约于1935—1936年间由海南人创建，创建人为谢式碌、谢式香、谢式祥三兄弟。

（75）吉打斗母宫，由洪亚福创建于1937年，供奉九皇大帝。

（76）柔佛镇安古庙，1937年建立，供奉主神赵元帅。

（77）槟榔屿宝誉堂，1938年建立，由杨丘素誉捐金修建。

（78）诗巫同乐社探花府，1938年由黄贤梅、陈怡山等人创建，供奉观音菩萨及探花府元帅爷。

（79）蔴坡巴里温那南亭寺，1938年创办，发起人为许天平（原籍闽省诏安）、沈青蟳、陈顺孝、蔡永顺、沈耀光等。

（80）昔加末武吉仕钵排海庙，1939年由海南人创建，供奉主神水尾圣娘、冼太夫人，此外还供奉冯公元帅、108兄弟、玉皇大帝等。

（81）槟榔屿妙香林，1940年创立。

（82）昔加末慈光亭，约于1940年建立。

（83）吉隆坡观音堂，建于1940年，属姐妹斋堂。

（84）砂拉越儒慕间安会亭，1941年农历四月十五建立。创建人为罗春光、叶寄云、罗云生。供奉大伯公、观音娘娘与三山国王。

（85）吉隆坡飞霞精舍，建于1942年，属姐妹斋堂。

（86）吉隆坡广福寺，1942年建立。

（87）吉隆坡鹤鸣禅寺，1942年建立。

（88）吉隆坡圆通寺，建于1942年。

（89）古晋卅五哩（打叻鹿湖）水口伯公庙，建于1942年。建庙人为钟汝光等。

（90）关丹地母庙，1943年创立。首位主持为潘月楼菜姑。1994年注册批准后成立理事会，首任主席是王天长。设有福利组及会员子女奖励金。

1890年后，马来西亚华人创建的宗教社团所涉及的宗教派别也更多样了，不仅有一般华人所信仰的佛教、儒教等，还有了基督教等西方宗教派别。

三、“二战”后马来西亚华人宗教社团

（1）槟榔屿华岩寺，1945年创立。

（2）北海地藏庵，1945年后建成。

（3）吉隆坡美德堂，建于1945年，属姐妹斋堂。

（4）吉隆坡冼都玉封探花府，1946年9月成立，从中国福建福州原籍请来三田都元帅香火供奉。发起人为为石朝全、程贤福、徐文生、林元茂、林星光、杨其章等19人。2002年有会员75人。

（5）吉中明修善社，“二战”后创立，首任社长是马友仁。

（6）吉隆坡七姐庙（北楼），建于1948年，属姐妹斋堂。

（7）瓜拉庇拉觉华寺，1948年农历八月十一由自宝法师开创。1981年2月15日，成立瓜拉庇拉觉华寺正信念佛会。1990年，建成图书馆。1997年7月17日，成立瓜拉庇拉觉华寺赠医施药基金会。首任主持为自宝法师，第二届主持为妙开法师。

（8）西连泰山亭，1949年建立。供奉山头伯公、水口伯公等。

（9）槟榔屿香山寺，1950年创立。

（10）拉美士飞云洞，约于1951年创建，供奉法祖公（张公圣君）。

（11）砂拉越蜘蛛山福德宫，1951年建立。供奉主神水口伯公，以及五方五土龙神、唐番地主财神和天地父母神。

（12）新加坡德教紫新阁，1952年成立。

（13）巴株巴辖诚敬善堂，1952年成立。

（14）怡保德教济德阁，1952年设立，为首所济系德教会阁，崇祀济公。

（15）霹雳济德阁，1952年成立。

（16）柔佛诚敬善堂，约于 1953 年成立。2004 年 12 月庆祝宋大峰祖师圣诞及该堂成立 51 周年纪念。

（17）新加坡德教济云阁，1953 年设立。

（18）蔴坡德教济新阁，1954 年农历五月初五设立。

（19）马六甲德教会紫昌阁，1954 年成立，次年 1 月 25 日获准注册。

（20）巴株巴辖德教紫英阁，1954 年设立。

（21）槟城德教紫云阁，1954 年创设。

（22）怡保德教紫明阁，1954 年设立。

（23）东甲金禾园包龙堂，1954 年建立。

（24）吉隆坡聚星堂，1954 年建立，供奉关帝、广泽尊王等。首任主持是普默大师。

（25）槟城佛学院青年团，1955 年成立，是马来西亚第一个佛教青年组织。

（26）雪兰莪德教紫芳阁，1955 年设立。

（27）安顺德教紫蓬阁，1955 年设立。

（28）雪兰莪德教济仙阁，1955 年设立。

（29）南洋德教总会，1956 年成立，为新马地区德教紫系教会总会。

（30）霹雳十八丁德教济雄阁，约于 1956 年设立，1961 年获准注册。

（31）蔴坡利丰港德教紫光阁，1956 年创设。

（32）槟榔屿大山脚德教会赞化阁，1957 年设立。

（33）柔佛德教会紫书阁，1957 年 6 月 10 日成立。

（34）关丹西云殿，1957 年创立。发起人为黄荣丰、刘丰厚、陈坤山、许维撰等。1967 年获得注册批准。首任主席是许维撰。1982 年设立会员子女奖励金。

（35）槟城丹绒武雅琼谊社南天宫，筹建人为陈明光、严崇礼、符福仁、陈庆瑛、符福壁等，1957 年成立。崇祀主神水尾圣娘。虽然同处一个会址，但琼谊社与南天宫原是两个不同团体。1985 年两者合并，称为“琼谊社南天宫”。1985 年代获得注册批准。设有会员子女奖励金。

（36）昔加末琼侨伯公庙，1957 年创建，创办人为云大晃、卢鸿湖、丁善鋈、陈达芬、卢家远、丁积隆等。供奉大伯公、水尾圣娘、拿督公、108 兄弟及五虎将。

（37）马来西亚德教联合总会，约成立于 1958 年，1987 年改为现名，简称“马德联总会”。

（38）吉打德教会济阳阁，1959 年农历五月初九成立，发起人为钟佐福、陈登逢、陈登有、陈炳光、刘渭澄等。

（39）霹雳太平德德社济诚阁，1958 年 5 月 9 日获准注册，同年 6 月 29 日正式成立，首届阁长是陈集钦。

（40）森美兰德教会济清阁，1958年成立。

（41）砂拉越峇都港福德义庙，建于1958年。

（42）马来西亚佛教总会，简称“佛总”。1959年4月19日于槟城极乐寺正式成立，竺摩法师为首届主席。

（43）古晋廿四哩（大富村）水口伯公庙，建于1959年。

（44）吉中德教会立善阁，创立于1960年3月，创建人为苏宗本、陈炳辉、许峥嵘、黄农林、陈乙堂等，首届阁长是苏宗本。

（45）砂拉越德教会紫霞阁，1961年成立。

（46）威省北海德教会紫威阁，1961年成立。

（47）霹雳天定州德教会紫邦阁，1961年成立。

（48）森美兰德教会紫森阁，1961年成立。

（49）蔴坡报德善堂，1962年成立。

（50）槟榔屿威省爪夷紫仪阁，1962年成立。

（51）哥打丁宜紫登阁，1962年成立。

（52）吉打双溪大年立善阁，1962年成立。

（53）玻璃市州德教会紫阳阁，1963年成立。

（54）太平德教会紫平阁，1964年成立。

（55）巴生德教会紫生阁，1964年成立。

（56）丁加奴德教会紫孚阁，1964年成立。

（57）柔佛新山洪仙宫，1964年创立。筹建人为洪志俤、罗联、陈东民、许金海等。1972年获得注册批准，并正式成立首届理事会，成为公庙。该庙还设有青年团、龙狮队以及高跷队等。

（58）蔴属武吉巴西忠圣宫，1964年建立。

（59）吉南德教会紫翰阁，1964年设立。

（60）蔴属红桥复兴宫，1964年创立，供奉正神为太保舍人爷公。

（61）吉打浮罗交怡德教会紫文阁，1965年成立。

（62）吉打德教会紫华阁，1965年成立。

（63）吉打西岭德教会紫峰阁，1965年成立。

（64）蔴坡真空教有缘道堂，1966年建立。

（65）彭亨佛教会，1966年成立，1967年获得注册批准。1999年建成万佛殿，殿中供奉世界最大的汉白玉佛像，以产自中国四川宝兴的整块纯洁白玉雕刻而成。1996 年成立洗肾中心。①

（66）关丹斗母宫，始创于 1966 年，发起人为萧富洪、郭观胜、傅自佳、陈国生、洪松茂等。1967 年 12 月 5 日获得注册批准。1981 年开始颁发会员子女学业奖励金。

（67）吉中莪仑德教会紫津阁，1966 年成立。

（68）槟城浮罗山背德教会紫滨阁，1966 年成立。

（69）砂拉越三巴叻福德寿亭，1966 年建立。创建人为陈安儿、王福祥、陈番网和陈华贵等。

（70）霹雳瓜拉古楼德教会振义阁，1966—1967 年间成立。

（71）吉打巴东色海紫天阁，1967 年成立。

（72）德教联谊会，1967 年成立，当时由德教赞化系 11 家会阁联合创设。

（73）老越福德祠，前身为“二战”前已经建成的神坛，“二战”时神坛毁于日军战火。1968 年正式建成福德祠，供奉黄二大使、福德正神和玄天上帝。

（74）麻坡华光庙，1976 年建成，创坛人为黄泰和道士。该庙是海南人创建的神庙，而且有全马唯一的海南道士班。

（75）麻北双溪申落古灵殿，1969 年建立，信奉杨府真人、四府真人、七位大巡等神祇。

（76）槟榔屿打西汝咯平安村德教会振阳阁，1969 年成立。

（77）怡保云仙洞德教会紫宵阁，1969 年成立。

（78）马来西亚佛教青年总会，简称“马佛青总”，1970 年 7 月 29 日成立，同年 12 月 28 日获准注册。

（79）马来西亚德教联合会，简称“德联”，成立于 20 世纪 70 年代初，原来是德教紫系会阁的总会组织，后属会扩大至济系、振系、赞化系等其他派系会阁。

（80）霹雳红毛丹德教会振光阁，1970 年成立。

（81）霹雳角头慈善社振安阁，1970 年成立。

（82）霹雳慈悲社乐善堂，1971 年成立。

（83）槟城创价学会，1971 年 7 月 30 日获得注册批准，首任主席是柯廷龙。

（84）文德甲德教会紫亨阁，创建于 1972 年。

（85）波德申德教会紫德阁，1972 年成立。

（86）居銮德教会紫銮阁，1972 年成立。

（87）大山脚德教会紫济阁，1972 年创设。

---

① 《关丹华团联合会 30 周年纪念特刊》，关丹华团联合会，第 150 ~ 151 页。

（88）美里市莲花山三清殿，最早可追溯到 1972 年，当时被称为“三清玉皇殿”。2005 年 5 月，三清殿更名为“三清观”，并设立道教全真玄都律坛，隆重举行“乙酉全真传戒大法会”。

（89）霹雳天定州振亮阁，1972 年获准注册。

（90）吉兰丹德教会紫灵阁，1973 年成立。

（91）霹雳巴里文打紫竹林振文阁，1973 年成立，1975 年获准注册。

（92）吉隆坡创价学会，1973 年 12 月 13 日获得注册批准，首任主席是施金海。

（93）关丹青龙宫，1974 年前已创立。1983 年获得注册批准。

（94）丰盛港德教会紫林阁，1974 年成立。

（95）关丹仙法师公亲善庙，1974 年建立。1994 年搬迁，并于同年 10 月 11 日获得注册批准。2001 年设立会员子女奖励金。

（96）砂拉越沙南坡南山洞，1974 年建立，主要供奉齐天大圣孙悟空。

（97）砂拉越实务的加拉卑村大伯公祠，1874 年建成。

（98）霹雳角头振云阁，1974 年成立。

（99）砂拉越美里德教会紫星阁，1975 年成立。

（100）实兆远德教会振兴阁，1975 年成立。

（101）霹雳创价学会，1975 年 4 月 1 日获得注册批准，首任主席是麦联庆。

（102）砂拉越圣发堂慈善社，1975 年初创立，发起人为窦宝山、蔡汉发、朱任光、沈明牛、吴健平等，供奉主神大圣佛祖，此外还奉祀长春佛祖、梨山老母、观音佛祖和吕山法祖等。①

（103）民丹莪民安亭，1975 年 7 月 27 日（农历乙卯年六月十九）正式建立。发起人为谢兆汉、刘贤豪、刘功榆、陈庚新、郑本垂、陈为贵、谢兆亨、林洋隆等。

（104）吉兰丹斗母宫，由洪鸿明从吉打传入，初址在浮罗真隆（Pulai Condong），后迁至惹兰咸沙，1976 年农历五月初三开光。

（105）沙巴斗湖德教会紫辰阁，1976 年成立。

（106）吉打创价学会，1976 年 4 月 13 日获得注册批准，首任主席是陈亚河。

（107）砂拉越桑坡康宁亭，1976 年 3 月 14 日（农历丙辰年二月十四）建成。

（108）砂拉越马当红桥仁福宫，建于 1976 年。

---

① 《砂拉越圣发堂慈善社新会所落成纪念特刊》，砂拉越圣发堂慈善社，2003 年，第 46 ~ 47 页。

（109）新山淡杯天后宫，1976 年创建，当时为一间简陋的庙宇。此后，从古来天后宫请来香火，并从台湾订购妈祖金身，恭请新加坡道长主持开光仪式。1977 年，第二次扩建后，安奉二妈祖冼太夫人、三妈祖水尾圣娘及其他神祇（包括二郎神、三太子、关帝、齐天大圣、感天大帝、千里眼、华光大帝、济公活佛、五营兵马司令、一百零八将军、拿督公、城隍爷、大二伯爷、太岁爷及虎爷）。1981 年，庙宇获得社团注册批准，陈兆璋担任理事会首任会长。①

（110）马来西亚孔孟圣道院，1977 年成功注册，为天道兴毅组创立的道堂。

（111）威省北海德教会紫道阁，1977 年成立。

（112）霹雳悟禅德教会紫缘阁，1977 年成立。

（113）沙巴山打根德教会紫善阁，1978 年成立。

（114）森美兰淡边德教会紫祥阁，1978 年成立。

（115）槟州中元联合会，1979 年 6 月正式成立，是由民间发起成立的、在每年中国农历七月十五举办中元节祭祀活动的组织。中元节源于佛教徒为追荐祖先而举行的“盂兰盆会”，潮州人俗称中元节为“鬼节”、“七月半”、“施孤”。

（116）霹雳班台德教会振台阁，1979 年成立。

（117）八打灵育化圣母宫，1979 年建立，为天道常州组的总堂。

（118）沙令三清玉皇大帝庙，1979 年建立。

（119）雪兰莪创价学会，1979 年 3 月 5 日获得注册批准，首任主席是庄成宝。

（120）砂拉越吻龙福德公庙，建于 1979 年。供奉如意大伯公。

（121）加拿逸福安亭，1979 年 4 月 14 日正式建成。正殿供奉大伯公，其左供奉广泽尊王、玄天上帝，其右供奉关帝，后殿供奉观音。发起人为林存维、张明煌、江火金、陈如尧、林弘宽、欧东贤等。

（122）巴株巴辖天关佛堂，1980 年建立，为天道宝光组“天”字号本堂。

（123）霹雳怡保振和阁，1980 年成立。

（124）砂拉越丹绒亚榜福德宫，1980 年建立。主神为谭公天圣、大伯公。

（125）沙巴亚庇德教会紫瑞阁，1981 年成立。

（126）柔佛创价学会，1982 年 3 月 14 日获得注册批准，首任主席是方亚隆。

（127）砂拉越亚沙再也福德宫，建于 1982 年。建庙人为赖送来、陈发祥等。

（128）霹雳金宝德教会振辰阁，1983 年成立。

（129）彭亨创价学会，1983 年 4 月 27 日获得注册批准，首任主席是李

① 《建宫历史》，http：//tianhowkown－tampoi. com/page1. html。

荣照。

（130）马来西亚日莲正宗，1984 年 6 月 15 日获得注册批准，首任理事长是柯腾芳。1991 年 8 月 30 日改名为“马来西亚创价学会”。

（131）巴株巴辖班底福德坛四海龙王大伯公庙，1985 年前创立。[1]

（132）马来西亚佛教青年训练中心，1985 年于霹雳太平成立。

（133）无极圣母马来西亚总会，1985 年正式成立，为天道宝光组的总堂。

（134）新山柔佛佛学会，1985 年 5 月获准注册。

（135）砂拉越瑞意港福德义宫，1985 年建立。

（136）民丹莪平安亭，1985 年 10 月 26 日正式建成。正殿供奉福德正神、玉封车山府、玉封探花府，后殿供奉观音、广泽尊王和关帝。

（137）砂拉越老越文那卜文新福德宫，1985 年建立。

（138）永平大马路天保宫，约于 1986 年创立，2005 年 3 月庆祝成立 20 周年以及济公活佛暨众神圣诞千秋。

（139）柔佛新山华光大帝奉祀委员会，1986 年 7 月 8 日获准注册。

（140）关丹达士花园玄天宫，1986 年成立首届理事会，首任主席为潘珍銮。1990 年获得注册批准。

（141）雪隆莪蒲种坤元法院，1986 年创立，主持是何法明。

（142）蔴坡双溪巴浪吉舌红蛇山万灵寺，约于 1988 年创立。

（143）吉隆坡天上佛堂，1988 年建立，为天道宝光组“天”字号本堂。

（144）砂拉越实务的峇根奴大伯公庙，1980 年开始筹建。1989 年完成建庙工程。供奉两尊大伯公神像。

（145）马来西亚中华道教学研究理事会，1989 年 12 月 6 日在蔴坡成立，宗旨是：发扬道教的传统，与友族和平共处，促进经济发展、社会繁荣，建立一个安乐、稳定、强盛的马来西亚。首届理事会主席是黄国华，副主席是辜天祥。

（146）马来西亚道教会，1990 年由正一派道士成立于吉隆坡。主席是林德成道士。

（147）东甲秀丽花园黄老仙师慈信堂，约于 1991 年成立，2005 年 4 月 2 日庆祝成立 15 周年纪念。

（148）古晋廿一哩（来拓村）福德庙，1991 年建立。筹建人为邓日晴、杨思恒等。

（149）马来西亚佛光总会，1992 年获准注册并正式成立。为台湾星云法师传入和创办。截至 1996 年共有会员约 2 万人。1996 年总会会长为慧海法师。

---

① 《南洋商报》，2005 年 3 月 8 日。

（150）森美兰州回归伊斯兰协会，1992 年成立，2012 年有会员 260 多人。

（151）芙蓉天宫佛堂，1992 年建立，为天道宝光组“天”字号本堂。

（152）吉隆坡崇德文教馆，1993 年建立，为天道发一组的道堂。

（153）亚罗士打崇德道院，1993 年建立，为天道发一组的道堂。

（154）马六甲天理佛堂，1994 年建立，为天道宝光组“天”字号本堂。

（155）柔佛新山儒家会阁，1987 年由新山慈规堂的灵明空师发起倡导，1995 年 5 月获准注册，同年 5 月 8 日举行成立暨开幕典礼。提倡尊师，以慈、忠、信、义、礼、伦、节、孝、廉、德为宗旨，并以儒教的中庸之道来迎合现代人的行为思想，达致修身、敬老尊贤、知书达理，使各民族与众生互相尊重，和谐共处，共建繁荣的国家。首任阁长是灵明空师，主席是彭棋源。

（156）蔴坡天宣佛堂，1995 年建立，为天道宝光组“天”字号本堂。

（157）怡保新民佛堂，由发一菩提联社于 1995 年建立，为天道发一组的总堂。

（158）古晋十七哩（新生村）福德宫，建于 1995 年。

（159）马来西亚道教教义公会，1995 年 8 月成立，会所设于吉隆坡太平村茅山教总坛内。

（160）槟城天威佛堂，1996 年建立，为天道宝光组“天”字号本堂。

（161）马来西亚道教总会，1997 年 8 月成立。

（162）彭亨关丹德教会紫关阁，1997 年创立。

（163）柔佛永平德教会紫安阁，约于 1999 年成立。

（164）砂拉越砂拉卓正福宫，2002 年建立。筹建人为田福顺、黄童仙、陈修兴、蔡六棋、黄远晶等。主祀大伯公。

（165）永平佛教圆满萨迦中心，2004 年创立。

（166）马来西亚沙巴州道教联合总会，2006 年 10 月成立。筹建人为张荣华、符昌明、苏诗登等。

（167）马来西亚三清道教总会，简称“大马三清道总会”，2009 年 11 月成立，地址在雪兰莪沙登第五区。总会长为李炎辉，原是雪隆三清道教会会长。

（168）马来西亚华人穆斯林协会森美兰州分会，成立于 2011 年 4 月，现有华人会员 100 多人。

“二战”后，华人宗教社团组织中，佛教、德教、道教等华人宗教组织都有了较大发展，不仅成立的数量很多，各种宗教组织还建立了各自的总会组织。

第六节 总会组织

一、1890 年至“二战”结束前马来西亚各地华人总会

（1）彭亨文冬华人大会堂，1912 年成立。

（2）居銮中华公会，20 世纪 20 年代初开始活动，当时名为“居銮华侨公所”，创建人为黄文双、江福成、刘厚成、黄弈岸等，1930 年改名为“居銮华侨公会”，“二战”后改名为“居銮中华公会”。

（3）柔佛新山中华公会，1922 年 4 月 22 日正式成立，原名为“柔佛华侨公所”，1946 年 6 月 12 日改名，发起人为林进和、陈清江、郭钦端、纪力豪、黄羲初等。首任总理是林进和。柔佛华侨公所成立之前，义兴公司是新山华人社会的最高领导机构。

（4）雪兰莪中华大会堂，1923 年成立。后改名为“吉隆坡暨雪兰莪中华大会堂”。

（5）蔴坡中华公会，1925 年成立，是蔴坡地区华人的最高领导机构。

（6）瓜拉立卑华侨俱乐部，创建于 1928 年。

（7）霹雳实兆远中华公会，1934 年由实兆远原有的华人青年会、益群社、华人种植会三会（会长分别为陈良知、林持纲、戴保珍）合并而成，首任会长是方肇融。“二战”后历任会长有：张启明、王挺生等。

（8）昔加挽中华公会，1940 年创建，首任主席是陈松年。

1890 年至“二战”结束前，当时创建的总会性质的华人社团，涵盖范围基本都限于某一州或某一地区，尤其是那些经济较为发达、交通便利、华人集中的州或地区。

二、“二战”后马来西亚各地华人总会

（1）柔佛州中华总会，1946 年 1 月 16 日成立，发起人为李国华，原名为“柔佛华侨总会”，1946 年 9 月 18 日改名，首届会长是黄树芬。

（2）龙引中华公会，成立于 1946 年 1 月。为复兴当地华文小学，在消除“二战”前存在的华人帮派、团结华人社会的形势下，龙引的华侨俱乐部、民声俱乐部和中华体育会合并为龙引中华公会。首任会长是郑振中。

（3）霹雳安顺中华公会，成立于 1946 年。它是安顺区下霹雳华人的最高机构。

（4）巴株巴辖中华公会，约于 1946 年 7 月创立。

（5）巴株巴力拉惹（Parit Raja）公会，创建于“二战”后初期。发起人有：曾伯元、奚达展、卓成简、陈文学、黄荣生、黄机和、曾大年、张谈书、周先登、张怡柱、蔡渊源、奚明馨、李开财、徐安、莫炳昌、黄衍茂、李本来、周金香、卓清爽、卓仕牛、林准眉等。

（6）蔴属巴冬中华公会，1946 年底成立，发起人是张南星。

（7）民都鲁中华公会，1947 年 4 月 1 日建立，1995 年有会员 433 名。

（8）直凉华夏大会堂，1947 年成立，源于华侨义山，1962 年改名为“直凉华人义山理事会”，1974 年获准再改名为“直凉华夏慈善社”，1993 年易为现名。

（9）雪兰莪华人行团总会，1954 年 8 月 15 日创立，创建人为梁志翔等。

（10）亚依淡中华公会，约于 1958 年成立，首任会长是张慎初。

（11）森美兰州宴斗华人公会，1965 年 8 月 29 日成立，首届会长是李俊辉。

（12）槟州华人大会堂，前身是创建于 1883 年的“平章会馆”，1974 年在林苍佑的倡议下改名。

（13）关丹华人社团联合会，创建人为林振辉、蔡南坚、郑萃梓、朱华联等，1975 年 8 月 26 日获准注册，同年 10 月 5 日成立，首届主席是关丹中华商会代表朱介华。

（14）丁加奴中华大会堂，发起人为杜水森等，1976 年获准注册，首届会长是杜水森。

（15）亚庇市华人同乡联合会，1975 年 1 月 19 日筹备组建，1977 年正式获准注册。

（16）诗巫第三省华人社团联合会，创建人为钱惠光等，1977 年 11 月 8 日获准注册并成立，首届会长是钱惠光。

（17）吉兰丹中华大会堂，创建人为黄昆福、蔡长彬、黄连光、蔡崇汉、陈宝川等，1981 年 5 月 6 日获准注册，同年 11 月 20 日成立。

（18）森美兰中华大会堂，1982 年 1 月获准注册，1983 年元旦正式成立。

（19）砂拉越华人社团联合会，1983 年 7 月 17 日成立。

（20）砂拉越民都鲁华人社团联合会，1984 年 12 月 29 日获得注册批准。原名为“民都鲁华人社团联合馆”，1987 年 3 月改名为“民都鲁省华人社团联合会”，同年 7 月 14 日召开首届理事会，首届会长是叶绍辉。1990 年 5 月成立青年团，团长是谢向义。1992 年 3 月成立妇女组，主任是陈亚兰。

（21）马来西亚乡联青，前身为1985年4月19日成立的“乡联青联络工委会”。1994年6月28日马来西亚乡联青总会获准注册，同年12月18日正式成立。参与团体有：嘉联青、福联青、榕联青、琼联青、埔联青、广联青、高联青、潮联青、兴联青、龙岗青等。包括22个血缘性、地缘性的乡青总团，以及超过50个乡团青年团，并成立了34个县会及6个州分会。

（22）吉打华人大会堂，创建人为植廉贵、蔡文庆、马利伟、张吉昌、余兆铮等，1985年6月5日获准注册，首届会长是植廉贵。

（23）彭亨华人社团联合会，创建人为朱仁华、蔡汉钦、洪存美、陈玉康等，1985年10月31日获准注册，1986年3月30日成立。

（24）彭亨淡马鲁属华人社团联合会，1987年创立。

（25）马六甲中华大会堂，1988年1月9日获准注册并成立。

（26）玻璃市华人大会堂，1989年获准注册，首届会长是庄坤平。

（27）马来西亚中华大会堂联合会，1991年10月17日获准成立，建成“堂联”，1997年改名为“马来西亚中华大会堂总会”，简称“华总”。它是马来西亚所有华人社团的总机构。

（28）沙巴中华大会堂，1994年2月22日获准注册。

（29）丹南华人妇女会，1994年8月25日成立，创建人为詹美颜、彭爱梅、谭珍贤、张秀媚、杨燕琼等，首届会长是詹美颜。

（30）沙巴华人妇女总会，1997年10月17日成立。

（31）民都鲁八大乡团联谊会，2011年11月23日正式成立。8个注册乡属公会包括：民都鲁福建公会、民都鲁广东公会、民都鲁福州公会、民都鲁兴化公会、民都鲁会宁同乡会、民都鲁潮州公会、民都鲁客家公会、民都鲁广惠肇公会。第一届理事会会长为贝建安，署理会长为叶绍良，副会长为叶镇南、吴芳融、赵国祯、翁荣华、黄凤扬、谢水仁。

截至20世纪90年代，各州华人社团的总会组织都已经成立了。各州华人社团总会的组建，也是“堂联”在1991年最终创立的基础和条件。

第七节　其他类型社团

（1）雪兰莪暨联邦直辖区茶阳回春馆，原称“茶阳公司”，创建于1878年。

（2）雪兰莪同善医院，1881年由叶观盛所创，原名为“培善堂”。

（3）诗巫光远社，前身为创建于1902年的“福州会馆”。1908年由许逸夫改名为“光远社”，宗旨在于“联络所有华侨鼓吹革命，推翻清朝政府”。1925

年再改名为“光远慈善社”，宗旨是“收留贫病者并施赠粮食、棺木及埋葬费”。

（4）新加坡振武善社，又称“禁吸鸦片协会”（Anti-Opium Society），1906年成立。有社员500多人。1933年后改称“新加坡拒毒会”。

（5）槟榔屿禁烟协会，1906年11月成立，创办人为著名的伍连德医生。

（6）诗巫漳泉寄宿舍，1910年由张烟发等人发起创建，当时俗称“公司厝”。

（7）新加坡仁和联谊社，前身为“东兴社”，1910年代由原籍晋江县东石镇及附近乡村的华人蔡尤琛、蔡长淡、蔡尤监和蔡德武等10多人创设。1920年代，社名改为“仁和轩”。1977年注册后改名为“新加坡仁和联谊社”。

（8）巴株巴辖广东义山，1915年建立。

（9）广东慈善社，前身为创建于1915年的“广东寄宿舍”，当时也俗称“公司厝”，后曾改名为“广东互助社”，1975年正式改名为“广东慈善社”。

（10）诗巫客属慈善社，前身为1920年创办的“客社公司”。

（11）新加坡镇南俱乐部，由海南籍海员组成，1920年成立。发起人为王家义、王亚泰、李拔吉等。

（12）马六甲琼崖息鸿亭，1920年在Malim建立，1953年迁于晋港，改名为“琼崖义山”。

（13）北海同侨社，前身为广府人于1935年创立的“积善社”。宗旨为联络乡亲感情，为乡亲谋福利。设有私塾性质的启智学校，以《三字经》为教材。日军占领期间会务停顿，战后复会，并改会名为“北海同侨社”。1970年9月，成立青年团，设立德、智、体、群、美各股。后来该组织修改章程，吸收其他籍贯乡亲参加。

（14）新加坡顺兴社，1938年成立，为华人福利社团。设有音乐队、社友子女奖学金、互助部、醒狮团、音乐组等。

（15）吉兰丹琼侨俱乐部，20世纪三四十年代成立。

（16）新加坡好友互助社，“二战”前成立，1947年正式注册，创办人为梁亚九、吴申、吴星等，是华人福利社团。下设互助会、奖励学金委员会。1979年成立社员子女奖励学金。社员中酒楼员工及熟食小贩占多数。1982年有会员三四百人。1983年社长为何智然。

（17）诗巫慈善社，1945年10月诗巫光复后由徐叔超创建，当时为“超越民族性之救济组织”，1980年后成为专门的疗养院。

（18）新加坡西河互助社，1947年成立。发起人为林荣源、林木清、林金鸡、林老古等。初期会员只有80名。成立后开展各种慈善活动。

（19）新山扶轮社，1952年6月27日正式成立。

（20）新加坡融侨俱乐部，1952 年成立。由福清籍工商界人士郭可济、谢振光、翁亚茶等创立。初期会员有 32 名，到 1983 年有会员 266 名。

（21）新加坡克友互助社，社名取意于“克兰芝村民友爱互助”。创始人为林振国、张锡藩、许建清、陈亚文等。1954 年 12 正式获准注册并成立。下设有鼓乐队、互助会等。

（22）芙蓉华济公会，1954 年 11 月 1 日获准注册，公会宗旨为：维持经营芙蓉华人公冢，维持公会的神庙屋宇及其他产业，举办或支持文化教育、宗教、慈善和福利事业。

（23）新加坡善志社，1955 年成立，发起人为符德椿、詹所习、祝捷卿、马琼浩等。是新加坡华人福利社团。下设互助会、奖助学金委员会等。初期有会员 35 名，1983 年有会员 1 128 名。

（24）文冬华人积善堂，创建于 1961 年。

（25）砂拉越盲人协会第三省分会，1962 年由周国聘等人发起创建，次年获准注册，周国聘为首任会长。

（26）昔加末甘榜亚罗拉春秋慈善社，约于 1971 年成立。

（27）吉隆坡商庐俱乐部，1971 年 3 月 10 日获准注册，发起人为叶金枝、傅宪章、刘景成等，首届主席是叶金枝。该俱乐部热心公益慈善事业，捐款给慈善机构和社会贫困人士。

（28）笨珍扶轮社，1982 年 11 月 30 日成立。

（29）新山乐龄人士协会，约于 1989 年成立。2005 年 3 月 12 日举行宴庆，纪念创会 16 周年。

附录　马来西亚中英文地名对照表

（一）西马

Johore	**柔佛**
Api Api	亚庇
Ayer Baloi	亚逸巴赖
Ayer Hitam	亚逸依淡
Ayer Masin	亚逸马申
Bakok	巴咯
Bagan	巴眼
Bandar	万达
Batu Anam	巴都安南
Batu Pahat	巴株巴辖
Benut	文律
Bukit Kepong	武吉甲洞
Bukit Gambir	武吉甘蜜
Bukit Serampang	雪南邦
Buloh Kasap	巫罗加什
Chaah	三合港
Chamek	佳美
Endau	兴楼
Gelang Patah	振林山
Gemas	金马士
Gemerah	金美腊
Gerisek	玉射
Jabi	耶庇
Jalan Bakri	巴吉里
Jemaluang	任罗宏（三板头）
Jementah	利民达
Jeram Batu	利兰巴都
Johore Bahru	新山
Johore Lama	柔佛南马
Jorak	柔拉
Kahang	加亨
Kambau	甘茂
Kampong Sungei Rengit	四湾岛
Kayu Ara Pasong	水池路
Kesang	吉盛
Kluang	居銮
Kota Tinggi	哥打丁宜
Kukup	龟咯
Kulai	古来
Kundang	昆丹
Labis	拉美士
Layaug Layang	拉央拉央
Lenga	龙加
Lenggor	玲莪
Linau	令鲁
Lubok	奴卜
Masai	马西
Machap	马什
Mersing	丰盛港
Minyak Beku	明耶比古
Muar	蔴坡

Niyor	梁站
Padang Endau	巴冬兴楼
Paloh	巴罗
Pantai Timor	班底帝汶
Parit Bunga	巴力文莪
Parit Bakar.	巴力巴甲
Parit Jawa	巴力爪哇
Pasir Gudang	巴西古当
Pekan Nanas	北干那那
Pengerang	边佳兰
Pengkalan Raja	邦加兰拉惹
Penyabong	槟牙榜
Peserai	比雪莱
Plentong	岭东
Pogoh	波莪
Pontian	笨珍
Pontian Besar	大笨珍
Pontian Kechil	小笨疹
Pulai	普莱
Pulau Aur	澳岛
Pulau Babi	巴比岛
Pulau Kukup	龟咯岛
Pulau Pemanggil	拍蔓宜岛
Pulau Sibu	诗巫岛
Pulau Tinggi	丁宜岛
RambaTerjum	南巴直绒
Rengam	令金
Rengit	龙引
Sedenak	士年纳
Sedili Besar	大实地利
Sedili Kechil	小实地利
Segamat	昔加末
Senai	士乃
Senggarang	新加兰
Serkat	西葛
Sermin	西敏
Serom	实廊
Simpang Kanan	新邦加甫
Simpang Kiri	新邦吉里
Skudai	士古来
Sri Gadang	实理牙丹
Sri Medan	铁山
Sri Menanti	孟兰底
Sungei Balang	双溪巴冷
Sungei Karang	双溪加冷
Sungei Kluang	双溪居銮
Sungei Mati	利丰港
Sungei Pineggan	双溪槟干
Suugei Punggor	双溪班莪
Sungei Raya	双溪拉耶
Sungei Segamat	双溪昔加末
Sungei Tiram	双溪地南
Sungei Trap	双溪直拉
Tangkak	东甲
Tanjong Kupang	丹绒古邦
Tanjong Sembrong	丹绒申隆
Tanjong Surat	丹绒落拉
Tebrau	地不佬
Tenglu	登鲁
Terang	直冷
Trenggaroh	丁牙罗
Ulu Benut	乌鲁文律
Ulu Tiram	乌鲁地南
Yong Peng	永平

Kedah	**吉打**
Ah	亚坡
A1or Janggus	甘光暹

A1or Malai	亚罗马来
Alor Merah	亚罗马拉
Alor Star	亚罗士打
Anak Bukit	安南武吉
Ayer Hanga1	亚逸汉牙
Ayer Puteh	亚逸布爹
Began Samak	巴眼沙马
Bagan Sena	巴眼申拿
Bakai	巴开
Baling	华玲
Bandar Rahru	万拉巴鲁
Batang Tunggang	丹干
Kanan	加南
Batang Tunggang Kiri	丹干吉里
Betong	美农
Binjal	民惹
Blimbing Kanan	勿林民加南
Blimbing Kiri	勿林民吉里
Bohor	保和
Bongor	望莪
Bujang	巫央
Bukit Kayu Hitam	黑木山
Bukit Lada	武吉拉达
Bukit Meriam	武吉米林
Bukit Pinang	武吉槟榔
Bukit Raya	武吉拉耶
Bukit Selambau	武吉士南卯
Bukit Tinggi	武吉丁宜
Changlun	樟仑
Derang	德兰
Derga	德牙
Dulang	流隆
Gajah Mati	牙耶马底
Gelong	宜郎
Gua Kepayang	瓜吉巴央
Gunong	牛伦
Gurun	莪仑
Gurung Jerai	日莱峰
Haji Kudong	哈利古冬
Husba	哈士巴
Hutan Kampong	乌丹监光
Jabi	惹比
Jeneri	占叻里
Jeniang	仁岭
Jeram	日南
Jitra	日得拉
Jungong	央贡
Kangkong	江光
Karangan	加拉岸
Kedawang	吉大湾
Kejai	基锐
Keladi	吉叻底
Kelang Lama	老火较
Keplu	吉拍路
Kodiang	高岭
Kota	哥打
Kota Star	哥打士打
Kuala	瓜捞
Kuala Kedah	吉打港
Kuala Ketil	瓜拉吉底
Kuala Muda	瓜拉姆达
Kuala Pegang	瓜拉不干
Kuala Selama	司南马
Kubang Pasu	古邦巴素
Kubang Rotan	古邦罗丹
Kulim	居林
Kupang	居邦
Kurong Hitam	古隆怡淡

Labu Besar	拉武勿刹	Pelubang	比鲁万
Langgar	笼呀	Pendang	笨同
Langkawi	浪佳威	Pengkalan Kundor	槟加兰昆都
	（浮罗交怡）	Pering	比岭
Lembah Bujang	布秧谷	Pinang Tunggal	槟南洞葛
Lengkuas	玲瓜士	Pulai	布莱
Lepai	叻巴怡	Pumpong	班榜
Lesong	叻宋	Putat	布达
Limbong	林望	Rantau Panjang	兰斗班影
Lubuk Buntar	吕蒙文打	Rambai	南巴怡
Lunas	鲁乃	Relau	利鲁
Mahang	麻坑	Sala Besar	大沙叻
Malau	玛佬	Sala Kechil	小沙叻
Matang Pasir	马冬巴丝	Sanglang	宋溪冷
Merbok	茂木	Semeling	新文英
Mergong	茂贡	Serdang	西岭
Naka	纳卡	Sidam	西淡
Nami	那米	Sidam Kanan	西淡加南
Padang Hang	巴冬汉	Sidam Kiri	西初吉里
Padang Kerbau	巴冬吉茂	Sik	锡坡
Padang Lembu	巴冬伦武	Simpang Empat	十字路
Padang Meiha	巴冬梅哈	Simpor	新埔
Padang Peliang	巴冬比冷	Singkir	新基
Padang Perahu	比拉湖	Sintok	新笃
Padang Pusing	巴冬布先	Siong	上旺
Padang Lalang	巴冬叻冷	Soh	丝乌
Padang Serai	巴东色海	Sungei Baru	双溪巴鲁
Padang Sira	巴冬昔拉	Sungei Batu	双溪巴都
Padang Temak	巴冬直马	Sungei Daun	双溪端
Padang Terap	巴冬得腊	Sungei Kob	双溪谷
Padang Terap Kanam	直纳加南	Sungei Laka	双溪拉甲
Padang Terap Kiri	直纳吉里	Sungei Lalang	双溪拉兰
Pedu	比杜	Sungei Pasir	双溪巴丝
Pekula	比古捞	Sungei Petani	双溪大年

Sungei Punti	双溪文池
Sungei Seluang	双溪士弄
Sungei Ular	双溪乌拉
Tajar	大惹
Tawar	打划
Tebengan	直明岸
Tekai	直开
Telaga Mas	直拉牙马士
Teloi Kanan	直内加南
Teloi Kiri	直内吉里
Telok Chengai	直落青艾
Telok Kecbai	直落吉仔
Termin	蒂岷
Tikam Batu	知甘峇都
Titi Gajah	知知牙惹
Tobiar	都比拉
Tokai	多皆
Tolak	都拉
Tualang	督亚冷
Tunjang	端影
Ulu Malaka	乌鲁麻拉加
Veng	牛英镇
Wang Tepus	万直埔
Yan	铅埠

Kelantan　吉兰丹

Alor Pasir	亚罗巴丝
Bachok	峇卓
Badang	巴丹
Banggu	万固
Batu Mengkebang	明吉万
Batu Sebutir	实巫底
Beklam	美吉南
Belimbing	美林明
Beta	美大
Bukit Abal	武吉阿巴
Bukit Awang	武吉阿万
Bukit Jawa	武吉爪哇
Bunut Susu	文纳苏苏
Chetok	企督
Dabong	达逢
Galas	牙叻士
Gong Datok	贡拉督
Gual Periok	瓜比诺
Gua Musang	话望生
Gunong	丘隆
Jedok	日督
Jeli	日里
Jeram	日兰
Jerawat	支拉哇
Kadok	加督
Kampong Bertam Bharu	柏丹
Kampong Pengkalan Kubur	彭加兰古堡村
Kangkong	甘港
Kebakat	吉巴葛
Kemumin	吉文敏
Kota	哥打
Kota Bahru	哥打巴汝
Kuala Balah	瓜拉巴拉
Kuala Krai	瓜拉吉赖
Kuala Lemal	瓜拉里马
Kubang Gadong	古邦牙冬
Kubang Sepat	古邦丝拔
Kusial	古丝亚
Labok	叻埔
Limbat	林巴
Lundang	龙旦

Machang	马樟
Manek Urai	马尼乌来
Mentuan	孟端
Nenggiri	冷吉里
Olak Jerarn	乌拉日南
Pangkal Kalong	邦牙加隆
Panji	班利
Panyit	班邑
Pasir Mas	巴丝马士
Pasir Puteh	巴西富地
Pendek	槟直
Peringat	比冷吉
Perupok	比鲁坡
Pulai Chondong	浮罗真隆
Rantau Panjang	兰斗班央
Repek	雷比吉
Salor	沙罗
Semerak	森麦叻
Selising	士里新
Stong	实东
Sungei Pinang	双溪槟榔
Tanah Merah	丹那美拉
Tanjong Pauh	丹绒布
Telong	直弄
Temangan	直挽岸
Terbok	斗坡
Tumpat	道北
Ulu Kelantan	乌鲁吉兰丹
Ulu Kusial	乌鲁古丝亚
Ulu Lebir	乌鲁里比
Ulu Sat	乌鲁赛
Wakat Baharu	华加巴汝

Malacca	**马六甲**
Alor Gajah	亚罗牙也
Ayer Keroh	爱极乐
Ayer Molek	亚逸摩立
Ayer Panas	亚逸班那
Bachang	巴青
Balai Panjang	巴莱班央
Batang Malaka	巴登马六甲
Batu Berendam	巴都勿兰淡
Bemban	望万
Bertam	勿淡
Blimbing	勿林明
Bringin	勿令金
Brisu	柏力苏
Bukit Asahan	武吉亚沙汗
Bukit Baru	武吉巴鲁
Bukit Cina	三保山
Bukit Katil	武吉加智
Bukit Lintang	武吉林丹
Bukit Rambai	武吉南眉
Bukit Senggeh	武吉辛格
Chabau	查茂
Chin Chin	真真
Chohong	佐丰
Durian Tunggal	榴莲洞葛
Duyoug	流洋
Gadek	牙直
Jasin	野新
Jelutong	日落洞
Jus	捷士
Kandang	干浪
Kemuning	吉文岭
Kesang	吉生
Klebang Besar	大吉里万

Klebang Kechil	小吉里万
Klemak	吉里马
Krubong	吉鲁望
Kuala Linggii	瓜拉令宜
Kuala Sungei Baru	双溪巴汝
Lendu	龙都
Lubok China	罗木支那
Machap	麻集
Malaka Pindah	马六甲槟达
Masjid Tanah	马日丹纳
Melekek	米里吉
Merlimau	万里望
Nyalas	岭叻
Padang Sebang	巴冬西万
Padang Semabok	巴冬司马木
Padang Temu	巴冬直巫
Parit Melana	巴力米兰拿
Paya Rumput	巴耶南佛
Pegoh	卑莪
Pengkalan Rama	邦加兰拿马
Pernu	柏奴
Pringgit	百合吉
Pulau Sebang	普罗士邦
Rembia	文庙
Rim	里昔
Sebatu	实容株
Selandar	士兰道
Semabok	司马木
Sempang	先班
Sempang Bekoh	新邦木阁
Sempang Kerayong	新邦各拉荣
Semujoh	森巫佐
Serkam	赛甘
Simpang Apat	新邦安拔
Sungei Baru Ilir	巴汝怡里
Sungei Baru Tengah	巴汝登加
Sungei Baru Ulu	巴汝乌鲁
Sungei Petai	双溪比泰
Sungei Rambai	双溪南眉
Sungei Siput	双溪丝拔
Sungei Udang	双溪乌旦
Taboh Naning	达莫南冷
Tangga Batu	冬牙巴株
Tanjong Kling	丹绒吉宁
Tanjong Minyak	丹绒明牙
Tanjong Rimau	丹绒里毛
Tebong	直望
Tedong	直洞
Telok Mas	直落马士
Ujong Pasir	乌绒巴丝
Umbai	旺梨

Negri Sembilan　**森美兰**

Ampangan	安邦岸
Ampang Tinggi	安邦丁宜
Ayer Kunning	亚逸昆冷
Ayer Mawang	亚逸马旺
Bahau	马口
Batu Hampar	巴都咸巴
Bongek	望吉
Chembong	占望
Chengkau	青沟
Dangi	冷宜
Gadong	嘉洞
Gemencheh	利民济
Glami Lemi	林密
Jelai	日莱
Jelebu	日叻务

Jimah	占马
Johol	柔河
Juasseh	流亚色
Kuala Jempol	瓜拉仁保
Kuala Klawang	瓜拉克拉旺
Kuala Pilah	瓜拉庇拉
Kenaboi	根拿保
Kepis	吉比士
Keru	吉鲁
Kota	高岛
Kundor	康都
Labu	拉务
Langkap	冷甲
Lenggeng	龙眼
Legong Ilir	利贡怡里
Legong UIu	利贡乌鲁
Linggi	冷宜
Lukut	芦骨
Miku	美古
Nerasau	尼拉苏
Nilai	汝来
Pajam	巴音
Palong	巴弄
Pantai	班底
Parit Tinggi	巴里丁宜
Pasir Panjang	巴西班让（老港）
Pedas	不叻士
Pengkalan Kempas	船头
Peradong	伯拉冬
Pertang	葫芦顶
Pilah	庇拉
Pilin	卑冷
Port Dickson	波德申
Rantau	宴斗
Rasah	叻沙
Rembau	林茂
Repah	雷巴
Rompin	弄边
Selemak	实里马
Semerbok	森茂木
Seremban	芙蓉
Serting Ilir	沙丁宜里
Serting Ulu	沙丁乌鲁
Setul	实杜
Siliau	西廖
Si Rusa	丝鲁沙
Spri	士比里
Sri Menanti	实理岷南底
Sungei Gadut	双溪加笃
Sungei Lui	双溪镭
Tampin	淡边
Tampin Tengah	淡边丁加
Tanjong Ipoh	丹绒怡保
Tanjong Kling	丹绒吉冷
Tebong	地榜
Teluk Kemang	直落甘望
Terachi	直拉芝
Titi	知知港
Titian Bintangor	岷丹莪
Triang Ilir	凉宜宜里
Ulu Jempol	乌鲁占波
Ulu Klawang	乌鲁吉老湾
Ulu Muar	乌鲁麻
Ulu Triang	乌鲁直凉

Pahang　彭亨

Bandar Baru Rompin	云冰新镇

Bandar Tun Abdul Razak	敦拉萨镇
Bangau	万莪
Batu Talam	巴都打南
Batu Yon	巴都央
Bebar	美巴
Benta	文打
Berinchang	碧兰嶂
Bentong	文冬
Bera	美叻
Beserah	米昔拉
Budu	巫汝
Bukit Fraser's	福隆港
Bukit Genting	云顶高原
Bukit Iban	武吉依班
Bukit Segumpal	实甘巴
Burau	巫洛
Cameron Highlands	金马仑
Cenur	珍诺
Cheka	智甲
Endau	兴罗
Gali	加利
Gambang	甘孟
Ganchong	岸冲
Gua	瓜亚
Jenderak	仁斗拉
Jengka	增卡
Jerautut	而连突
Karak	加叻
Kechau	吉蕉
Kelola	吉罗叻
Kemayan	金马扬
Keratong	吉拉冬
Kerdau	加流
Kertau	吉斗
Kuala Bera	瓜拉百乐
Kuala Kerau	瓜拉吉桡
Kuala Kuantan	关丹港
Kuala Lipis	瓜拉立卑
Kuala Pahang	瓜拉彭亨
Kuala Pontian	瓜拉坤甸
Kuala Rompin	瓜拉云冰
Kuala Tembeling	瓜拉淡比灵
Kuantan	关丹
Lancang	兰增
Langgar	冷牙
Lebak	里吧
Lembing	林明
Lepar	里巴
Lipat Kajang	里巴加影
Lipis	立卑
Luit	鲁依
Mancis	文积
Maran	马兰
Mengkarak	明加叻
Mengkuang	明光
Mentakab	文德甲
Nenasi	那示
Padang Tengku	巴登冬古
Pahang Tua	彭亨大
Pancing	班津
Pedah	比打
Pekan	北根
Pelangai	北兰艾
Penjom	班绒
Pontian	笨甸
Pulau Manis	普鲁马尼
Pulau Rusa	普鲁罗沙

Pulau Tawar	普鲁斗哇
Pulau Tioman	刁曼岛
Raub	劳勿
Ringlet	冷力
Rompin	朗槟
Sabai	沙排
Sanggang	申岸
Sega	实加
Semantan	西挽丹
Semantan Ulu	西挽丹乌鲁
Songsang	宋生
Sungei Karang	双溪加弄
Sungei Lembing	林明
Tanah Rata	丹那拉达
Tanjong Besar	大丹绒
Tanjong Lumpur	丹绒弄波
Tebing Tinggi	直民丁宜
Telang	直朗
Telemung	地里望
Temai	直迈
Tembeling	淡麦岭
Temerloh	淡马鲁
Teras	杜赖新村
Triang	直凉
Ulu Cheka	乌鲁乞加
Ulu Dong	乌鲁东
Ulu Jelai	乌鲁日莱
Ulu Kuantan	乌鲁关丹
Ulu Lepar	乌鲁里巴
Ulu Telom	乌鲁直伦
Ulu Tembeling	乌鲁淡麦岭

Penang　　槟榔屿，槟城

Air Hitam	亚逸依淡
Bagan Ajam	峇眼亚占
Balik Pulau	巴汝浮罗
Batu Ferringgi	峇都丁宜
Batu Kawan	峇都加湾
Batu Uban	峇都乌蛮
Bayan Lepas	峇六拜
Berapit	武拉必
Bukit Bendera	升旗山
Bukit Jambul	武吉占姆
Bukit Mertajam	大山脚
Bukit Tambun	武吉淡汶
Bukit Tengah	武吉丁雅
Butterworth	北海
Cangkat	樟角
Gelugur	牛汝莪
George Town	乔治市
Gurney Drive	新关仔角
Jelutung	日落洞
Juru	柔府
Kampong Bagan Jambul	甘榜峇眼惹玛
Kampong Bagan Dalam	峇眼达南
Kampong Batu Maung	峇都茅
Kampong Bukit Minyak	油山
Kampong Jawi	爪夷村
Kampong Macang Bubuk	马章武莫村
Kek Lok Si Temple	极乐寺
Kepala Batas	甲抛巴底
Nibong Tebal	高渊
Padang Kota Lama	旧关仔角
Pekan Genting	文丁
Penang Hill	升旗山
Penanti	本南地
Perai	新路头

Permatang Pauh	峇东埔
Pulau Tikus	浮罗池滑
Seberang Jaya	诗布朗再也
Sungei Bakap	双溪峇甲
Sungei Dua	双溪赖
Tanjong Bunga	丹绒武雅
Tanjong Tokong	丹绒道光（本头公屿）
Teluk Bahang	直落巴巷
Val D'or	华都
Wellesley	威利斯省

Perak　霹雳

Asam Kumbang	亚森古邦
Ayer Kala	阿育加拉
Ayer Kuning	亚亦君令
Ayer Tawar	爱大华
Badang Gerus	巴登古鲁
Bahrang	美冷
Bagan Datoh	巴眼拿督
Bagan Serai	巴眼色海
Bagan Tiang	巴眼甸
Bandar	万达
Batang Padang	巴东巴冬
Batu Gajah	华都牙也
Batu Kurau	巴都古劳
Belom	勿隆
Bercham	巴占
Bidor	美罗
Blanja	勿兰惹
Blukar Semang	丝挽
Bota	波打
Beruas	木歪
Briah	勿里亚
Bukit Gantang	武吉干冬
Bukit Merah	红泥山
Changkat Jering	新路口
Chegar Galah	乞加牙纳
Chemor	朱毛
Chendering	积莪营
Damar Laut	南马劳勿
Dindings	天定
Durian Pipit	流连比比
Durian Sebatang	流连西巴丹
Gopeng	务边
Grik	宜力
Gunong Semanggol	西挽莪
Hutan Melintang	半港
Ipoh	怡保
Jebong	日望
Kampar	金宝
Kampong Baharu Batu Dua	峇都鲁亚新村
Kampong Baharu	新甘光
Kampong Kor	甘文阁
Kampong Kota Tampan	哥打淡板新村
Kampong Gajah	监光牙耶
Kampong Pasir Puteh	大和园
Kampong Simee	狮美新村
Kamunting	新港门（甘文丁）
Kenering	吉尼冷
Kerian	吉辇
Kota Lama Kanan	拉马干南
Kota Lama Kiri	拉马吉里
Kota Stia	哥打实兆
Krian	吉辇
Kroh	高乌

Krunei	古鲁乃
Kuala Gula	瓜拉牛拉
Kuala Kangsar	江沙
Kuala Kurau	瓜拉古楼
Kuala Rui	瓜拉雷
Kuala Sepetang	瓜拉十八丁
Labu Kubong	拉务古望
Lahat	拿乞
Laiang Laiang	赖安
Lambor	南茂
Langkap	冷甲
Lekir	里基
Lenggong	玲珑
Lintang	连登
Lubok Merbau	麦茂
Lumut	红土坎
Manjung	曼绒
Manong	万浓
Matang	马当
Menglembu	万里望
Pantai Remis	班台
Parit Buntai	巴力文打
Pasir Panjang Ulu	巴丝班央乌鲁
Pasir Pinji	兵如港
Pasir Salak	巴西沙叻
Pengkalan Aor	邦加兰乌
Pengkalan Bahru	邦加兰巴鲁
Pulau Kamiri	普鲁甘米里
Pulau Pangkok	邦咯岛
Pulau Tiga	普鲁知甲
Pusing	布先
Rantau Panjang	那督班影
Rungkup	冷甲
Saiong	四旺
Selama	司南马
Selekoh	十里阁
Selinsing	西泠盛
Senggang	先岸
Simpang	新板
Simpang Pulai	新邦波赖
Sitiawan	实兆远
Slim	仕林
Sungei Bayor	双溪百约
Sungei Durian	双溪流连
Sungei Gedong	双溪义东
Sungei Malik	双溪马力
Sungei Limau	双溪里毛
Sungei Raja	双溪拉惹
Sungei Siput	和丰
Sungei Tinggi	双溪丁宜
Sungei Trap	双溪直纳
Sungkai	宋溪
Taiping	太平
Tambun	淡汶
Tanjong Malim	丹绒马林
Tanjong Piandang	角头
Tanjong Rambutan	红毛丹
Tanjong Tualang	丹绒督阿冷
Tapah	打霸
Tapah Road	打霸律
Tasek	打昔
Teja	直牙
Telok Anson	安顺
Telok Bahru	直落巴鲁
Telok Intan	安顺
Temelong	淡美隆
Temengor	地梦莪
Terolak	地罗力

Terung	直弄
Teronoh	端洛
Tupai	杜巴怡
Ulu Bernam	乌鲁勿南
Ulu Ijol	乌鲁依郁
Ulu Kinta	乌鲁近打
Ulu Selama	乌鲁司马南
Utan Melintang	半落

Perlis　玻璃市

Abi	阿比
Arau	阿罗
Beseri	柏斯里
Jejawa	日爪威
Kaki Bukit	加基武吉
Kampong Abi	阿比
Kampong Chuping	朱宾
Kampong Sena	仙那
Kampong Seriap	色利压
Kampong Titi Tinggi	知知丁宜
Kampong Wang Kelian	旺吉连州
Kangar	加央
Kayang	加洋
Kechor	吉初
Kuala Perlis	玻璃市港
Kurong Anai	古朗安乃
Kurong Batang	古朗巴东
Matang Ayer	马打亚逸
Oran	岛兰
Padang Besar	巴冬勿刹
Padang Pauh	巴冬布
Padang Siding	巴冬实定
Pauh	新路
Paya	巴耶
Sanglang	宋冷
Simpang	十字港
Sungei Adam	双溪阿淡
Titi Tinggi	知知丁宜
Utan A1i	乌丹阿里
Wang Bintong	万明东

Selangor　雪兰莪

Ampang	安邦（暗邦）
Ampang Pechah	安邦比查
Api Api	阿比阿比
Bandar	万达
Bangi	万宜
Banting	万津
Batang Berjuntai	八丁燕带
Batang Kali	巴东加里
Batu	巴都
Batu Arang	煤炭山
Batu Caves	石山脚
Beranang	峇玲珑
Beroga	武来岸
Bukit Raja	王家山
Buloh Telor	巫罗直洛
Cheras	蕉赖
Damansara	白沙罗
Hulu Yam Baharu	乌鲁音巴鲁
Ijok	依郁
Jenjarom	仁嘉隆
Jeram	而揽
Jugra	裕吉叻
Kajang	加影
Kalumpang	龙邦
Kanchong Laut	甘宗劳勿
Kapar	加埔

Kapong Asam Jawa	亚三爪哇
Kapong Dengkil	龙溪
Kepong	甲洞
Kerling	吉辚
Klanang	吉兰南
Klang	巴生
Kuala Kubu	古毛
Kuala Kubu Bahru	新古毛
Kuala Langat	瓜拉冷岳
Kuala Lumpur	吉隆坡
Kuala Selangor	雪兰莪港口
Kuang	轰埠
Kundang	根登
Labu	纳务
Mantin	万登
Manting	万珍
Meru	中路
Morib	摩立
Pajam	巴音
Pasangan	巴先岸
Peretak	卑里达
Petaling	八打灵
Puchong	蒲种
Pudu	半山芭
Pulau Ketam	吉胆岛
Putra Nilai	汝莱新镇
Rasa	叻思
Rawang	万挠
Sabak	沙白
Sabak Bernam	沙白安南
Salak Selatan	沙叻秀
Salak Tinggi	沙叻丁宜
Segamut	泗岩抹
Sekinchan	适耕庄
Semenyih	士毛月
Sepang	雪邦
Serdang	沙登
Serendah	双文丹
Setapak	文良港
Shah Alam	沙阿兰
Sungei Besi	新街场
Sungei Besar	大港
Sungei Buloh	双溪毛芦
Sungei Chua	锡米山
Sungei Gumut	双溪牛毛
Sungei Panjang	双溪班央
Sungei Pelek	双溪比力
Sungei Tinggi	双溪丁宜
Subang Jaya	苏邦再也
Tanjong Duables	赖勿叻士
Tanjong Karang	丹绒加弄
Tanjong Sepat	丹绒士拔
Telok Datok	直落拿督
Telok Panglima Garang	卡南
Ulu Bernam	乌鲁勿南
Ulu Langat	乌鲁冷岳
Ulu Selangor	乌鲁雪兰莪
Ulu Tinggi	乌鲁丁宜
Ulu Yam	乌鲁音
Ujong Permatang	巴东新村

Singapore	**新加坡**
Bedok	米洛
Bukit Panjang	武吉班让
Bukit Timah	武吉智马
Changi	樟宜
Christmas Island	圣诞岛
Chuachukang	蔡厝港

Cocos – Keeling Islands	可可群岛
Geylang	牙笼
Jurong	裕廊
Katong	加东
Paya Lebar	后港
Pasir Panjang	巴西班让
Port Canning	升旗山
Pulau Saigon	普罗西贡
Pulau Tekong	普罗泽光
Pulau Ubin	普罗乌敏
Seletar	实理打
Tanglin	东陵
Tanjong Pagar	丹绒巴葛
Panjong Rhu	丹绒禺
Tengah	登嘉
Tiong Bahru	中巴鲁
Toa Payoh	大巴窑
Yeochukang	杨厝港

Trengganu　丁加奴

Abang	亚万
Alor Limbal	亚罗林巴
Atas Tol	亚罗士多
Bandi	万底
Banggol	万莪
Batu Burok	巴都巫洛
Batu Rakit	巴都拉吉
Belara	米拉捞
Besol	美梭
Besut	美雪
Binjai	岷耶
Bukit Besi	铁山
Bukit Besar	武吉比沙
Bukit Kenak	武吉金叻
Bukit Payong	武吉巴扬
Bukit Petri	武吉毕里
Chabang Tiga	三叉路
Chalok	查洛
Chenering	青泥岭
Chukai	朱盖
Dungun	龙运
Gelugor Kedai	吉路莪基台
Gelugor Raja	吉路莪拉惹
Guntong	干东
Jabi	耶比
Jenagor	日拿莪
Jengal	真嘉
Jerangan	日兰戈
Jerong	利朗
Jertih	日底
Kampong Air Jernih	亚逸仁耐村
Kampong Langkap	冷甲村
Kampong Raja	甘榜拉嘉
Keluang	居銮
Kemaman	甘马挽
Kemasik	甘马仕
Kepong	吉榜
Kerandang	吉兰淡
Kertih	吉利地
Kijal	基耶
Kuala Besut	瓜拉勿述
Kuala Brang	瓜拉勿兰
Kuala Dungun	瓜拉龙运
Kuala Kemaman	瓜拉甘马挽
Kuala Ibai	瓜拉依沛
Kuala Nerus	瓜拉尼鲁
Kuala Paka	瓜拉巴加
Kuala Telemong	瓜拉直里望

Kuala Trengganu	瓜拉丁加奴	Pulau Redang	热浪岛
Kubang Bemban	古班岷万	Rantau Abang	兰道阿邦
Kubang Parit	古班巴力	Rasau	叻苏
Kumpal	甘巴	Rengar	令牙
Losong	罗霜	Serada	雪拉达
Lubok Kawah	鲁波加哇	Sura	苏拿
Manir	挽尼	Tanjong Jara	丹绒佳拉
Marang	马江	Tanggao	登戈
Merang	墨浪	Tasek	大锡
Merchang	麦昌	Tebak	知巴
Paka	北加	Telok Kalong	直落加朗
Paloh	巴罗	Tembila	淡美拉
Pantai	班台	Tenang	直南
Pasir Akar	巴西亚加	Tersat	斗沙
Pasir Raja	巴西拉惹	Ulu Besut	乌鲁美雪
Pasir Semut	巴西申宋	Ulu Brang	乌鲁勿兰
Pelagat	比叻吉	Ulu Chukai	乌鲁朱开
Pengkalan Buloh	邦加兰巫罗	Ulu Jabor	乌鲁耶普
Pengkalan Nangka	邦加兰南加	Ulu Nerus	乌鲁尼鲁
Permaisuri	柏麦苏里	Ulu Paka	乌鲁巴加
Pulau Perhentian	停泊岛	Ulu Sotiu	乌鲁雪兆
Pulau Pulau	普罗普罗	Ulu Telemong	乌鲁里望

（二）东马

Sarawak	**砂拉越**	Belaga	布拉加
Asajaya	亚沙再也	Beliong	吻龙
Baki	巴基（古晋卅二哩）	Beratok	来拓村（古晋十一哩）
Balingian	万年烟	Betong	木中
Batu Gong	峇都港	Bintangor	民丹莪
Batu Kawa	石角	Bintulu	民都鲁
Batu Niah	石山	Buntal	文丹
Bau	石隆门	Buso	武梭
Bekenu	峇甘奴	Dalat	拉叻

Daro	达罗
Debak	宁木
Engkilili	英吉利利
Jemukan	儒慕间
Kabong	甲望
Kanowit	加拿逸
Kapit	加帛
Kota Padawan	巴达旺（古晋十哩）
Kota Samarahan	三马拉汉
Kuala Baram	瓜拉巴兰
Kuching	古晋
Lawas	老越
Limbang	林梦
Lingga	龙牙
Long Akah	弄亚甲
Long Lama	弄拉玛
Lubok Antu	鲁勃安都
Lundu	伦乐
Marudi	马鲁帝
Matang	马当
Matu	峇都
Merapok	文那卜
Miri	美里
Mukah	木胶
Niah	尼亚
Oya	务也
Pantu	板督
Penakub	丹那各
Perigi	玻璃基
Pusa	浮刹
Rajang	拉让
Rajang River	拉让江
Roban	荷万
Sadong River	沙唐江
Salampo	沙兰坡
Samarahan	三马拉汉
Sampun Gerunggang	瑞意港
Santubong	山都望
Saratok	砂拉卓
Saribas	沙里巴士
Sarikei	泗里街
Sejijak	西里益
Selarat	砂拉叻
Selangau	实兰沟
Semera	三巴叻
Serayan	砂拉央
Serian	西连
Sibu	诗巫
Sibuti	实务的
Simunjan	实文然
Sindumin	新都敏
Siniawan	新尧湾
Song	桑坡
Spaoh	实巴荷
Sri Aman	斯里阿曼（成邦江）
Tambirat	端必叻
Tanjung Embang	丹绒亚榜
Tapah	大富村（古晋廿四哩）
Tarat	打叻（古晋卅五哩）
Tatau	达岛
Tebakang	打马庚
Tembaga	打马加
Tepedu	打必禄
Trusan	大佬山
Tulusan	蜘蛛山
Tundong	短廊

Sabah	**沙巴**	Membakut	孟巴古
Beaufort	保佛	Paper	吧巴
Beluran	柏鲁兰	Pensiangan	冰霜岸
Benoni	比奴尼	Ranau	兰瑙
Bongawan	王家湾	Sandakan	山打根
Inanam	下南南	Sapulut	西普洛
Jambongan	詹文安	Semporna	仙本那
Jesselton	亚庇	Senaja	塞那吉
Keningau	根地咬	Sipitang	实必丹
Kimanis	金马力士	Tambisan	担比山
Kinabatangan	金拿巴打岸	Tambunan	坦布南
Kinarut	金拿律	Tanjung Aru	丹绒亚路
Kota Belud	哥打毛律	Tawau	斗湖
Kota Marudu	哥打马鲁都	Telipok	打里扑
Kota Kinabalu	哥打基纳巴鲁(即亚庇)	Tenom	丹南
Kuala Penyu	瓜拉班佑	Terusan	屈罗山
Kudat	古达	Tuaran	斗亚兰
Labuan	纳闽	Tungku	冬古
Lahad Datu	拿笃（拉哈达图）	Weston	委士珍
Langkon	冷港		

资料来源：《马来亚中英文地名对照表》，原表见华侨问题研究会编：《马来亚华侨问题资料》，北京：联会书店，1950 年，第 271～282 页；《新编马来西亚地图集》，World Express Mapping Sdn. Bhd（马来西亚：国际运通图书有限公司），出版时间不详。

参考文献

一、中文著作

（一）中国大陆学者著作或译著

1. 陈达：《南洋华侨与闽粤社会》，上海：商务印书馆，1938 年。

2. 华侨问题研究会：《马来亚华侨问题资料》，北京：联合书店，1950 年。

3. 华侨问题研究会：《华侨人口参考资料》（内部资料），1956 年。

4. 朱杰勤：《东南亚华侨史》，北京：高等教育出版社，1990 年。

5. 赵和曼：《广西籍华侨华人资料选编》，南宁：广西人民出版社，1990 年。

6. 林远辉、张应龙：《新加坡马来西亚华侨史》，广州：广东高等教育出版社，1991 年。

7. ［澳］颜清湟著，粟明鲜等译：《新马华人社会史》，北京：中国华侨出版社，1991 年。

8. 福建省地方志编纂委员会：《福建省志・华侨志》，福州：福建人民出版社，1992 年。

9. 《台山县华侨志》，台山侨务办公室，1992 年。

10. 林国平、彭文宇：《福建民间信仰》，福州：福建人民出版社，1993 年。

11. 陈克振：《安溪华侨志》，厦门：厦门大学出版社，1994 年。

12. 吴凤斌：《东南亚华侨通史》，福州：福建人民出版社，1994 年。

13. 周聿峨：《东南亚华文教育》，广州：暨南大学出版社，1995 年。

14. 李明欢：《当代海外华人社团研究》，厦门：厦门大学出版社，1995 年。

15. 许振礼、方雄普：《海外侨团寻踪》，北京：中国华侨出版社，1995 年。

16. 姚楠：《东南亚历史辞典》，上海：上海辞书出版社，1995 年。

17. 周昭京：《潮州会馆史话》，上海：上海古籍出版社，1995 年。

18. 广东省地方志编纂委员会：《广东省地方志・华侨志》，广州：广东人民出版社，1996 年。

19. 泉州史华侨志编纂委员会：《泉州市华侨志》，北京：中国社会出版社，

1996 年。

20. 广州市地方史志编纂委员会：《广州市志》（卷 18），广州：广州出版社，1996 年。

21. 庄炎林、武杰：《华侨华人侨务大词典》，济南：山东友谊出版社，1997 年。

22. 黄绮文、宋佩华：《潮人同乡社团遍全球》，汕头：汕头大学出版社，1997 年。

23. 庄国土：《世纪之交的海外华人》（上册），福州：福建人民出版社，1998 年。

24. 《惠州华侨志》编纂委员会：《惠州华侨志》，惠州：惠州市侨联，1998 年。

25. 庄为玑：《泉州谱牒华侨史料与研究》（上、下），北京：中国华侨出版社，1998 年。

26. 郝丽：《马华商联会：马来西亚华人社团个案研究》，暨南大学硕士学位论文，1998 年。

27. 梁志明：《殖民主义史·东南亚卷》，北京：北京大学出版社，1999 年。

28. 冷东：《东南亚海外潮人研究》，北京：中国华侨出版社，1999 年。

29. 薛君度、曹云华：《战后东南亚华人社会变迁》，北京：中国华侨出版社，1999 年。

30. 黄露夏：《马来西亚的华人》，福州：福建人民出版社，1999 年。

31. 周南京：《华侨华人百科全书》，北京：中国华侨出版社，2000 年。

32. 陈晓律等：《马来西亚——多元文化中的民主与权威》，成都：四川人民出版社，2000 年。

33. 庄国土：《华侨华人与中国的关系》，广州：广东高等教育出版社，2001 年。

34. 梁英明：《战后东南亚华人社会变化研究》，北京：昆仑出版社，2001 年。

35. 韩方明：《华人与马来西亚现代化进程》，北京：商务印书馆，2002 年。

36. 廖小健：《世纪之交的马来西亚》，北京：世界知识出版社，2002 年。

37. 庄国土等：《“二战”以后华族社会地位的变化》，厦门：厦门大学出版社，2003 年。

38. 邱格屏：《世外无桃源——东南亚华人秘密会党》，北京：生活·读书·新知三联书店，2003 年。

39. 曾玲：《越洋重建家园——新加坡华人社会文化研究》，南昌：江西高校出版社，2003 年。

40. 郭绪印：《老上海的同乡团体》，上海：文汇出版社，2003 年。

41. 吕伟雄：《海外华人社会新观察》，广州：岭南美术出版社，2004 年。

42. 马西沙、韩秉方：《中国民间宗教史》，北京：中国社会科学出版社，2004 年。

43. 曹云华、许梅、邓仕超：《东南亚华人的政治参与》，北京：中国华侨出版社，2004 年。

44. 曾少聪：《漂泊与根植：当代东南亚华人族群关系研究》，北京：中国社会科学出版社，2004 年。

45. 陈衍德：《对抗、适应与融合——东南亚的民族主义与族际关系》，长沙：岳麓书社，2004 年。

46. 范若兰：《移民、性别与华人社会：马来亚华人妇女研究（1929—1941）》，北京：中国华侨出版社，2005 年。

47. 白玉国：《马来西亚华人佛教信仰研究》，成都：四川出版集团、巴蜀书社，2008 年。

48. 陈进国：《隔岸观火：泛台海区域的信仰生活》，厦门：厦门大学出版社，2008 年。

49. 陈景熙、张禹东：《学者观德教》，北京：社会科学文献出版社，2011 年。

50. 何善蒙：《三一教研究》，杭州：浙江大学出版社，2011 年。

51. 路遥：《中国民间信仰研究述评》，上海：上海人民出版社，2012 年。

52. 廖小健：《战后马来西亚族群关系：华人与马来人关系研究》，广州：暨南大学出版社，2012 年。

（二）马新两国及海外其他地区学者著作

1. 刘征明：《南洋华侨问题》，金门出版社，1944 年。

2. 黄麟书：《考察南洋华侨教育意见书》，天津：天成印字馆，1935 年。

3. 书蠹编，顾因明、王旦华译：《槟榔屿开辟史》，上海：商务印书馆，1936 年。

4. 张礼千：《马六甲史》，上海：商务印书馆，1941 年。

5. 华侨志编纂委员会：《华侨志》（总志），海外出版社，1946 年。

6. 南洋华侨筹赈祖国难民总会：《大战与南侨・马来亚之部》，新加坡：南洋出版社，1947 年。

7. Victor Purcell 著，刘千度译：《马来亚华侨史》，槟城：光华日报有限公司，1950 年。

8. 潘醒农：《马来亚潮侨通鉴》，新加坡：南岛出版社，1950 年。

9. 《南洋年鉴》（第 4 ~ 10 篇），新加坡：南洋报社有限公司，1951 年。

10. 华侨志编纂委员会：《华侨志》，1953 年。

11. 中国侨教学会：《今日侨情》（2、3、4），海外出版社，1956 年。

12. 华侨志编纂委员会：《马来亚华侨志》，1959 年。

13. 张礼千：《槟榔屿志略》，香港：明鉴出版社，1959 年。

14. 唐志尧：《新加坡华侨志》，华侨文化出版社，1960 年。

15. 罗香林：《西婆罗洲罗芳伯等所建共和国考》，香港：中国学社，1961 年。

16. 罗香林：《流行于赣闽粤及马来亚之真空教》，香港：中国学社，1962 年。

17. 华侨志编纂委员会：《婆罗洲、婆罗乃、砂拉越华侨志》，1963 年。

18. 罗香林：《客家史料汇编》，香港：中国学社，1965 年。

19. 黄存燊著，张清江译：《华人甲必丹》，新加坡：国家语文局，1965 年。

20. 黄尧：《星马华人志》，香港：明鉴出版社，1967 年。

21. 廖经才：《东南亚真空教道堂图刊》，香港：真空纪念堂出版社，1968 年。

22. 陈育崧、陈荆和：《新加坡华文碑铭集录》，香港：香港中文大学，1970 年。

23. 《星马通鉴》，新加坡：世界书局有限公司，1959 年。

24. 黄枝连：《马华社会史导论》，新加坡：万里企业有限公司，1971 年。

25. 柯木林、吴振强：《新加坡华族史论集》，南洋大学毕业生协会，1972 年。

26. 宋哲美：《星马人物志》（一、二、三、四），新加坡：东南亚研究所，1972 年。

27. 黄枝连：《马华历史调查研究绪论》，新加坡：万里文化企业公司，1972 年。

28. 张文蔚：《华人社会与东南亚诸国之政治发展》，台北：台湾商务印书馆，1972 年。

29. 麦留芳：《方言群认同——早期星马华人的分类法则》，台北："中央研究院"民族研究所，1973 年。

30. ［英］巴素著，郭湘章译：《东南亚之华侨》，台北："国立"编译局，1974 年。

31. ［日］今崛城二著，刘果因译：《马来亚华人社会》，槟城嘉应会馆扩建委员会，1974 年。

32. 《马华商联会史》，马中华工商联合会出版社，1974 年。

33. 郑良树、魏维贤：《马来西亚、新加坡华文中学特别提要（附校史）》，吉隆坡：马来亚大学中文系，1975 年。

34. 吴华：《新加坡华族会馆志》（第 1、2、3 册），新加坡：南洋学会，1975 年。

35. 林孝胜、吴华等：《石叻古迹》，新加坡：南洋学会，1975 年。

36. 崔贵强：《吉兰丹的华人》，新加坡：南洋大学研究院人文与社会科学研究所，1976 年。

37. 杨进发：《战前星华社会结构与领导层初探》，新加坡：南洋学会，1977 年。

38. 田农：《砂捞越华族社会结构与形态》，联合文学出版社，1977 年。

39. 廖经才：《真空教历代系统谱表》，香港：香港真空纪念堂，1977 年。

40. 刘伯奎：《砂拉越之真空教》，黄畲山道堂，1977 年。

41. 刘子政：《黄乃裳与新福州》，新加坡：南洋学会，1979 年。

42. 《马来西亚华人社团辞典》，吉隆坡：一钱研究机构，1980 年。

43. 吴华：《马来西亚华族会馆史略》，新加坡：东南亚研究所，1980 年。

44. 吴华：《柔佛新山华族会馆志》，新加坡：东南亚研究所，1977 年。

45. 罗香林：《客家研究导论》，上海：古亭书屋，1981 年。

46. 华侨革命史编纂委员会：《华侨革命史》，台北：正中书局，1981 年。

47. ［澳］颜清湟著，李恩涵译：《星马华人与辛亥革命》，台北：联经出版事业公司，1982 年。

48. 张奕善：《东南亚洲史》，台北：台湾编译馆，1982 年。

49. Victor Purcell 著，张奕善译注：《近代马来亚华人》，台北：商务印书馆，1982 年。

50. 杨建成：《马来西亚华人的困境》，台北：文史哲出版社，1982 年。

51. 梁渭民：《华裔大马公民之路》，1982 年。

52. 郑良树：《马来西亚、新加坡华人文化论丛》（卷一），新加坡：南洋学会，1982 年。

53. 彭松涛：《新加坡全国社团大观（1982—1983）》，新加坡：文献出版社，1983 年。

54. 陈烈甫：《东南亚洲的华侨、华人与华裔》，台北：正中书局，1983 年。

55. 《30 年代南洋华侨领袖调查报告书》，台北：中华学术院南洋研究所，1983 年。

56. 《30 年代南洋华侨领袖调查报告书》（续编），台北：中华学术院南洋研究所，1983 年。

57. 《雪兰莪中华大会堂（与你）活动汇报》，雪兰莪中华大会堂，1983 年。

58. 《华教人士与政党政治》，铁山泥出版社，1983 年。

59. 郑良树：《新马华族史料文献汇目》，新加坡：南洋学会，1984 年。

60. 谢诗坚：《马来西亚华人政治思潮演变》，友达企业有限公司，1984 年。

61. 古鸿廷：《东南亚华侨的认同问题（马来亚篇）》，台北：联经出版事业公司，1994 年。

62. 叶观仕：《马来西亚名人录（1984—1985）》，（马来西亚）正文有限公司，1984 年。

63. 杨建成：《华侨之研究》，台北：中华学术院南洋研究所，1984 年。

64. 许云樵、蔡史君：《新马华人抗日史料 1937—1945》，新加坡：文史出版私人有限公司，1984 年。

65. 邱新民：《东南亚文化交通史》，新加坡：亚洲研究学会、文学书屋，1984 年。

66. 林水檺、骆静山：《马来西亚华人史》，马来西亚留台校友会联合总会，1984 年。

67. 杨建成：《30 年代南洋华侨团体调查报告书》，台北：中华学术院南洋研究所，1984 年。

68. 陈铁凡、傅吾康：《马来西亚华文铭刻萃编》（一、二、三），吉隆坡：马来亚大学出版部，1985 年。

69. 李亦园、郭振羽：《砂拉越华人史》，台北：正中书局，1985 年。

70. 麦留芳：《方言群认可——早期星马华人的分类法则》，台北："中央研究院"民族学研究所，1985 年。

71. 麦留芳著，张清江译述：《星马华人私会党的研究》，台北：正中书局，1985 年。

72. 李亦园等：《东南亚华人社会研究》（上、下），台北：正中书局，1985 年。

73. ［英］查里斯·弗里德曼著，郭振羽、罗伊菲译述：《新加坡华人的家庭与婚姻》，台北：正中书局，1985 年。

74. 郑良树：《马来西亚、新加坡华人文化史论丛》（2），新加坡：南洋学会，1986 年。

75. 庄钦永：《新加坡华人史论丛》，新加坡：南洋学会，1986 年。

76. 新加坡华人会馆沿革史编辑委员会、新加坡宗乡会馆联合总会、国家档案馆、口述历史馆：《新加坡华人会馆沿革史》，新加坡：新闻与出版有限公司，1986 年。

77. 柯木林、林孝胜：《新马历史与人物研究》，新加坡：南洋学会，1986 年。

78. ［澳］王赓武著，姚楠译：《东南亚与华人——王赓武教授论文集》，北京：中国友谊出版公司，1987 年。

79. 华社资料研究中心：《马来西亚种族两极化之根源》，吉隆坡：马来西亚雪兰莪中华大会堂，1987 年。

80. 陈烈甫：《华侨学与华人学总论》，台北：台湾商务印书馆，1987 年。

81. 温故知：《仙师爷与师爷庙》，吉隆坡：辉煌出版社，1988 年。

82. ［澳］王赓武著，姚楠译：《南海贸易与南洋华人》，香港：中华书局，1988 年。

83. 崔贵强：《新马华人国家认同的转向 1945—1959》，新加坡：南洋学会，1989 年。

84. 教总秘书处：《林连玉公民权案》，林连玉基金委员会，1989 年。

85. 华社资料研究中心：《历史的足音——三保山资料选辑》，1989 年。

86. 刘伯奎：《19 世纪砂捞越华工公司兴亡史》，1990 年。

87. 谢佐芝：《世界客属人物大全》，新加坡：崇文出版社，1990 年。

88. 华社资料研究中心：《论华团人士参政》，吉隆坡：马来西亚雪兰莪中华大会堂，1990 年。

89. 田英成：《砂捞越华族社会结构与形态》，吉隆坡：华社资料研究中心出版部，1991 年。

90. 柯嘉逊：《马来西亚华教奋斗史》，吉隆坡：华社资料研究中心出版部，1991 年。

91. 马来西亚永春联合会编委会：《马来西亚永春史料》，1991 年。

92. 董教总全国华文独中工委会资讯局：《今日独中》（三册），马来西亚华校董事联合会总会，1991 年。

93. 陈国霖：《帮会与华人次文化》，台北：商务印书馆，1992 年。

94. 黄枝连：《东南亚华族社会发展论——探索走向 21 世纪的中国和东南亚的关系》，上海：上海社会科学院出版社，1992 年。

95. 饶尚东、田英成：《砂拉越华族研究论文集》，砂拉越华族文化协会，1992 年。

96. 马来亚华校董事联合会总会：《马来西亚的华文教育》，1992 年。

97. 刘崇汉：《彭亨华族史资料汇编》，彭亨华团联合会，1992 年。

98. 华社资料研究中心：《马来西亚砂拉越诗巫华族史料集》，砂拉越华族文化协会，1992 年。

99. 郭仁德：《揭开私会党真面目》，马来西亚华人文化协会，1992 年。

100. 许光道：《豺狼当道——雪华堂风波论争文集》，吉隆坡：综合咨询顾问公司，1992 年。

101. 《马来西亚福建人兴学办教史料集》，马来西亚福建社团联合会，1993 年。

102. 刘伯奎：《砂拉越河畔的华人神庙》，砂拉越华族文化协会，1993 年。

103. 房年胜：《从诗巫永安亭碑记追溯诗巫大伯公庙历史》，砂拉越华族文化协会，1993 年。

104. 黄建淳：《晚清新马华侨对国家认同之研究——以赈灾、投资、封爵为例》，台北：海外华人研究会，1993 年。

105. 潘醒农：《华侨溯源集》，纽约：八方文化企业公司，1993 年。

106. 东方编辑·制作群：《雪华堂会长竞选论争集》，吉隆坡：东方企业有限公司，1994 年。

107. ［澳］王赓武著，天津编译中心译：《中国与海外华人》，香港：香港商务印书馆，1994 年。

108. 崔贵强：《新加坡华人——从开埠到建国》，新加坡：宗乡会馆联合会总会、教育出版私营有限公司联合出版，1994 年。

109. 何启良：《当代大马华人政治省思》，吉隆坡：华社资料研究中心，1994 年。

110. 《马来西亚客家乡贤录》，雪兰莪暨吉隆坡客家总会，1994 年。

111. 何启良：《政治动员与官僚参与——大马华人政治述论》，吉隆坡：华社资料研究中心，1995 年。

112. 柯木林：《新华历史人物列传》，新加坡：教育出版私营有限公司，1995 年。

113. 林孝胜：《新加坡华社与华裔》，新加坡：亚洲研究学会，1995 年。

114. 庄钦永：《石呖哦嘈五虎祠义士新义》，新加坡：南洋学会，1996 年。

115. 张大年：《五邑华侨文献选编》，饮水书室，1996 年。

116. 刘磐石等：《马来西亚华人思想兴革论文集》，吉隆坡：马来西亚中华大会堂总会，1996 年。

117. 游若金：《马来西亚华人研究学刊》（创刊号），华人研究中心，1997 年。

118. 吴华：《柔佛古庙专辑》，新山中华公会，1997 年。

119. 李业霖：《吉隆坡开拓者的足迹——甲必丹叶亚来的一生》，吉隆坡：

华社研究中心出版部，1997 年。

120. 丘光耀：《第三条道路——马来西亚华人政治选择批判》，马来西亚地球村网络有限公司，1997 年。

121. 潘翎主编，崔贵强编译：《海外华人百科全书》，香港：三联书店有限公司，1998 年。

122. 刘磐石、赖观福、吕仗义：《马来西亚华人思想兴革大会论文集》，吉隆坡：马来西亚中华大会堂总会，1998 年。

123. 陈春德、傅孙中：《马来西亚华人创业传》，吉隆坡：马来西亚中华大会堂总会，1998 年。

124. 杨庆南：《马来西亚、文莱华侨概况》，台北：正中书局，1989 年。

125. 郑良树：《马来西亚华文教育发展史》，吉隆坡：马来西亚华校教师联合会总会，1998 年。

126. 林水檺、何启良等：《马来西亚华人史新编》（一、二、三），吉隆坡：马来西亚中华大会堂总会，1998 年。

127. 王琛发：《槟城客家两百年：槟榔屿客属公会 60 周年纪念文集》，槟榔屿客属公会，1998 年。

128. 柯木林：《总会 3 年》，新加坡宗乡会馆联合会总会，1989 年。

129. 蔡增聪：《历史与乡土》，砂拉越留台同学会诗巫省分会，1998 年。

130. 郑良树：《马来西亚华文教育发展史》，吉隆坡：马来西亚华校教师联合会总会，1999 年。

131. 柯嘉逊：《马来西亚华教奋斗史》，吉隆坡：董教总教育中心，1999 年。

132. 《新加坡中华总商会第五十届董事名册》，新加坡工商总会，1999 年。

133. 何凤娇：《东南亚华侨资料汇编》（一），台北：国史馆，1999 年。

134. 马来西亚华团简史编委会：《马来西亚华团简史》，吉隆坡：马来西亚中华大会堂总会，1999 年。

135. 林开忠：《建构中的“华人文化”：族群属性、国家与华教运动》，吉隆坡：华社资料研究中心，1999 年。

136. 符家燊：《百年乡情——15 间超过百年历史的海南会馆》，吉隆坡：马来西亚海南会馆联合会，1999 年。

137. 赖益盛、叶夏贵：《新山中华公会 75 周年纪念史料专辑》，新山：新山中华公会，2000 年。

138. 李威宜：《新加坡华人游移变异的我群观：语群、国家社群与族群》，台北：唐山出版社，1999 年。

139. 孔远志：《印度尼西亚马来西亚文化探析》，香港：南岛出版社，

2000 年。

140. 华侨协会总会华侨大辞典编辑委员会：《华侨大辞典》，台北：华侨协会总会，2000 年。

141. 横眉（李雄之）：《烟雨华团》，2000 年。

142. 姚新光：《马来西亚华人文化节资料集（1984—2000）》，华总——全国华团文化咨询委员会，2001 年。

143. 郑良树：《马来西亚华文教育发展史》，马来西亚华校教师会总会，2001 年。

144. 郑文辉：《新加坡私会党 e 时代走向何方?》，新加坡：蓝点图书私人有限公司，2001 年。

145. 《苟利社稷全力以赴——雪华堂与华社风雨同舟 80 载》，雪华堂联络委员会，2002 年。

146. 吴华：《柔佛州华族组织概述》，陶德书香楼、东南亚华文资料中心，2002 年。

147. 李亦园：《李亦园自选集》，上海：上海教育出版社，2002 年。

148. 苏庆华、濮文起：《普世价值的实践：马来西亚创价学会的和平、文化与教育运动》，天津：天津社会科学院出版社，2003 年。

149. 饶宗颐：《饶宗颐二十世纪学术文集》（第十册卷七），台北：新文丰出版公司，2003 年。

150. 陈嵩杰：《森美兰州华人史话》，森美兰中华大会堂、大将出版社，2003 年。

151. 郑良树：《柔佛州潮人拓殖与发展史稿》，新山：南方学院出版社，2004 年。

152. 黄招发：《砂拉越华教百年坎坷路》，美里：刘友发，2004 年。

153. 李灵窗：《马来西亚华人延伸、独有及融合的中华文化》，福州：海峡文艺出版社，2004 年。

154. 陈秋平：《移民与佛教——英殖民时代的槟城佛教》，柔佛：南方学院出版社，2004 年。

155. 廖文辉：《华校教总及其人物》，马来西亚华校教师联合会总会，2006 年。

156. 横眉（李雄之）：《烟雨华团》（二），2006 年。

157. 陈亚才：《与叶亚来相遇吉隆坡》，吉隆坡：广东义山管理委员会，2006 年。

158. 李永球：《日本手：太平日据三年八个月》，策略资讯研究中心，

2006 年。

159. 安焕然、刘莉晶：《柔佛客家人的移植与拓垦》，新山：南方学院出版社、新山客家公会，2007 年。

160. 杨进发：《新马华族领导层的探索》，新加坡青年书局，2007 年。

161. 祝家华、潘永强：《马来西亚国家与社会的再造》，新纪元学院、南方学院、吉隆坡暨雪兰莪中华大会堂，2007 年。

162. 廖文辉：《华教历史与人物论集》，巴打灵：策略资讯研究中心，2007 年。

163. 江柏炜：《海外金门会馆调查实录》（马来西亚篇），金门县文化局，2007 年。

164. 《新加坡民俗导览第二本·庙宇文化》，焦点出版有限公司，2007 年。

165. 苏庆华、刘崇汉：《马来西亚天后宫大观》（第一辑），雪隆海南会馆（天后宫）、妈祖文化研究中心，2007 年。

166. 苏庆华、刘崇汉：《马来西亚天后宫大观》（第二辑），雪隆海南会馆（天后宫）、妈祖文化研究中心，2008 年。

167. 蔡增聪：《四月乡土——砂华文协田野调查记事本》，砂拉越华族文化协会，2008 年。

168. 郑文泉、傅向红：《粘合与张力：当代马来西亚华人族群内关系》，新纪元学院马来西亚族群研究中心，2009 年。

169. 吴华：《近看乡情浓——柔佛州海南族群资料专辑》，柔佛州十六间海南会馆，2009 年。

170. 安焕然、吴华：《远观沧海阔——海南历史综述（海南·马来西亚·柔佛）》，新山：南方学院出版社，2009 年。

171. 吴华：《新加坡海南族群组织》，新加坡武吉知马琼崖联谊会、海南作家作品研究室，2009 年。

172. 吴华：《世界海南组织资料汇编》，马来西亚海南会馆联合会，2009 年。

173. 苏庆华：《马新华人研究——苏庆华论文选集》（第二卷），雪兰莪：联营出版（马）有限公司，2010 年。

174. 祝家华、胡兴荣：《火与炭》，南方学院、南方媒体中心，2010 年。

175. 何启良：《历史慕羽：沈慕羽研究论文集》，林连玉基金，2011 年。

176. 黄宏荫：《马来西亚海南族群史料汇编》（上、下），吉隆坡：马来西亚海南会馆联合会，2011 年。

177. 曾衍盛：《青云亭个案研究》，2011 年。

178. 横眉（李雄之）：《烟雨华团》（三），雪隆李氏宗亲会，2011 年。

179. 吴华：《喏呀坡新旧事》，新山：陶德书香楼，2011 年。

180. 江柏炜：《星洲浯民：新加坡金门人的宗乡会馆》（第二版），金门县文化局，2012 年。

（三）纪念特刊、会讯等

1. 《新加坡厦门公会 10 周年纪念特刊》。

2. 《槟城龙岩会馆 22 周年暨新厦落成纪念刊》。

3. 《柔华商联会成立 43 周年纪念暨主办马华工商联合会第 44 届常年代表大会双庆纪念特刊》。

4. 《客属年刊银禧纪念号》，南洋客属总会，1956 年。

5. 《南洋客属总会第 35、36 周年纪念刊》。

6. 《马星潮联会成立 25 周年纪念暨新会所落成 31 层代表大会》。

7. 《雪兰莪潮州八邑会馆钻禧纪念特刊》，雪兰莪潮州八邑会馆。

8. 《柔佛州中华总会 40 周年纪念特刊》，柔佛州中华总会。

9. 陈立健、靳应时：《南洋德教总会第四、五、六届特刊》，南洋德教总会，1963 年。

10. 《马来亚潮州公会联合会第 29 周年纪念特刊》，新加坡潮州八邑会馆，1964 年。

11. 陈立健：《南洋德教总会第 9 届特刊》，南洋德教总会，1965 年。

12. 《大山脚韩江公会 37 周年纪念特刊》，大山脚韩江公会，1965 年。

13.《吉礁德教会济阳阁特刊》，吉打德教会济阳阁宣教部，1965 年。

14. 罗子葳：《新加坡中华总商会庆祝钻禧纪念特刊》，新加坡：商友出版公司。

15. 《霹雳济德阁新阁开幕暨 17 周年纪念双庆特刊》，霹雳济德阁，1969 年。

16. 《新加坡潮州八邑会馆 40 周年纪念暨庆祝新加坡开埠 150 周年特刊》，新加坡：潮州八邑会馆，1969 年。

17. 《关丹潮州会馆成立 25 周年纪念》，关丹潮州会馆。

18. 《槟城广东暨汀州会馆 170 周年纪念特刊》，槟城广东暨汀州会馆，1971 年。

19. 《新加坡安溪会馆金禧纪念特刊（1922—1972）》。

20. 《砂拉越诗巫兴化莆仙公会庆祝垦荒 60 周年纪念刊（1912—1972）》。

21. 杨文彦：《马新中山会馆联合会第 18 周年纪念特刊》，1973 年。

22. 《雪兰莪暨联邦直辖区文具书业公会新会所开幕典礼暨成立 10 周年纪念

特刊》，雪兰莪暨联邦直辖区文具书业公会，1973 年。

23. 彭松涛：《新加坡安溪会馆金禧纪念特刊》，新加坡安溪会馆，1973 年。

24. 《雪兰莪浮罗吉胆谢氏公会新厦落成开幕特刊》。

25. 《哥打丁宜德教会紫登阁庆祝 12 周年纪念特刊》，哥打丁宜德教会紫登阁，1975 年。

26. 《霹雳德教会紫明阁赠医施药 19 周年纪念特刊》，霹雳德教会紫明阁，1976 年。

27. 《砂拉越德教会紫霞阁成立 15 周年纪念特刊》，砂拉越美里德教会紫霞阁，1976 年。

28. 南洋客属总会编委会：《南洋客属总会第 35、36 周年纪念刊》，新加坡宗乡会馆联合总会，1976 年。

29. 《马来西亚嘉属会馆联合会银禧纪念特刊》，马来西亚嘉属会馆联合会，1976 年。

30. 《霹雳留台同学会 10 周年纪念特刊》，霹雳留台同学会，1976 年。

31. 徐文安：《星洲真空教联合会成立 22 周年纪念特刊》，新加坡：星洲真空教联合会，1976 年。

32. 《森美兰高州会馆大厦落成暨金禧纪念特刊》，森美兰高州会馆。

33. 《雪兰莪华人总商会会讯合订本（1976、1977）》。

34. 《客属刘氏公会银禧特刊（1951—1976）》。

35. 《雪兰莪中华大会堂庆祝 54 周年纪念特刊（1977 年）》，雪兰莪中华大会堂文教委员会，1977 年。

36. 《太平德德社济诚阁庆祝银禧纪念特刊》，太平德德社济诚阁，1977 年。

37. 廖经才：《真空教主降世 150 周年特刊》，香港：真空纪念堂出版社，1977 年。

38. 《槟州中华总商会钻禧纪念特刊》，槟州中华总商会，1978 年。

39. 《马来西亚沙巴州西海岸四邑公会 30 周年纪念特刊》，沙巴州西海岸四邑公会。

40. 《新加坡晋江会馆金禧纪念特刊（1918—1978）》，新加坡：晋江会馆特刊出版委员会，1978 年。

41. 《星洲南洋东山会馆 40 周年纪念特刊》，星洲南洋东山会馆，1979 年。

42. 《中华施诊所银禧纪念特刊》，中华施诊所。

43. 《马来西亚潮州公会联合会青年组联合委员会特辑（1975—1979）》，马来西亚潮州公会联合会青年组联合委员会，1980 年。

44. 《雪兰莪德教会紫芳阁 25 周年银禧阁庆暨施药部成立 24 周年纪念专刊

(1957—1981)》。

45.《雪兰莪精武体育会60周年钻禧纪念特刊(1921—1981)》，雪兰莪精武体育会。

46.《砂拉越广东会馆20周年纪念特刊》。

47.《新加坡安溪会馆钻禧纪念特刊(1922—1982)》。

48.《新加坡温州会馆60周年纪念特刊(1923—1983)》，新加坡温州会馆。

49.《新加坡福州会馆庆祝70周年纪念特刊》，1983年。

50.《新加坡白氏公会50周年纪念特刊(1933—1983)》。

51.《雪兰莪中华总商会会讯合订本(1978—1983)》。

52.《吉隆坡暨雪兰莪中华工商总会1983常年报告书》。

53.《吉礁福建公会庆祝80周年纪念特刊》，吉礁福建公会，1980年。

54.《马来西亚永春联合会银禧纪念特刊(1957—1982)》，马来西亚永春联合会，1984年。

55.《新加坡同安会馆庆祝53周年纪念特刊(1931—1984)》。

56. 谢育德:《马潮联会金禧纪念特刊》，马潮联会，1984年。

57.《新加坡惠安公会60周年纪念特刊(1923—1984)》，新加坡惠安公会。

58.《森美兰潮州会馆成立30周年纪念特刊》，1984年。

59.《怡保中国精武体育会60周年钻禧纪念特刊》，怡保中国精武体育会，1984年。

60.《明修善社银禧纪念特刊(1959—1984)》，吉打双溪大年明修善社，1984年。

61.《森美兰济清阁银禧开幕暨第3届济阙联欢三庆特刊1959—1984年》，森美兰济清阁，1984年。

62. 洪善政、陈田汉:《马来西亚霹雳州怡保云仙洞德教会紫霄阁庆祝12周年纪念特刊(1972—1984)》，马来西亚霹雳州怡保云仙洞德教会紫霄阁，1984年。

63.《马来西亚兴安会馆总会15周年纪念特刊》，马来西亚兴安会馆总会，1984年。

64.《新加坡安溪会馆钻禧纪念特刊(1922 1982)》，新加坡安溪会馆，1984年。

65.《雪兰莪惠安公会50周年纪念刊》，1985年。

66. 黄溢华:《三和会馆100周年纪念特刊》，大水牛出版机构，1985年。

67. 黄溢华:《怡和轩90周年纪念特刊(1895—1985)》，大水牛出版机构，1985年。

68. 《马来西亚太平仁和公所庆祝成立 100 周年纪念特刊》，马来西亚太平仁和公所，1985 年。

69. 《马来西亚琼州会馆联合会 50 周年纪念特刊》，1985 年。

70. 陈秉宏：《兴化文献新编・马来西亚太平兴安会馆新会所落成纪念特刊》（第四辑），太平兴安会馆，1985 年。

71.《明修善社银禧纪念特刊（1959—1984）》，吉打双溪大年明修善社。

72. 《修德善堂养心社 70 周年纪念特刊》（附兴建新堂征信录），修德善堂养心社，1985 年。

73. 《马来西亚雪兰莪吉隆坡陈氏书院宗亲会 80 周年纪念特刊（1906—1986）》，隆雪陈氏书院宗亲会。

74. 《雪兰莪福建会馆 100 周年纪念特刊（1885—1985）》，雪兰莪福建会馆，1986 年。

75. 《首届真空教道务研讨会暨诵经观摩赛纪念特刊》，真空教登义山道堂，1986 年。

76. 钟城若：《光华日报 75 周年纪念刊（1910 – 1985）》，光华日报有限公司。

77. 《吉中德教会立善阁银禧纪念特刊（1960—1985）》，双溪大年德教会立善阁。

78. 《教总 33 年》，马来西亚华校教师总会，1987 年。

79. 董总出版组：《董总 33 年》，马来西亚华校董事联合会总会，1987 年。

80. 《马来西亚大埔（茶阳）社团联合总会第八届会员代表大会暨巴株巴辖茶阳会馆成立 70 周年纪念特刊》，巴株巴辖茶阳会馆，1987 年。

81. 《诗巫漳泉公会金禧纪念特刊（1937—1987）》，诗巫漳泉公会。

82. 《新加坡南安会馆 60 周年纪念特刊》，1987 年。

83. 《吡叻太平十八丁德德社济雄阁庆祝新阁开幕 30 周年纪念暨第 5 届济阙联欢三庆特刊（1957—1986）》，霹雳太平十八丁德德社济雄阁，1987 年。

84. 《石隆门黄老仙师新宫落成庆典纪念特刊》，石隆门黄老仙师庙，1987 年。

85. 纪仁芳：《柔佛德教会紫书阁庆祝成立 30 周年暨轮值马来西亚德教联合会 29 周年双庆纪念特刊》，柔佛德教会紫书阁。

86. 《新加坡永春会馆联合会庆祝成立 120 周年暨互助会 25 周年纪念特刊（1867—1987）》。

87. 《古晋谢氏公会成立典礼纪念特刊》，1988 年。

88. 《新加坡广惠肇碧山亭庆祝第 118 周年纪念特刊》，1988 年。

89. 《新加坡厦门公会金禧纪念特刊》，新加坡厦门公会，1988 年。

90. 《1988 年度马来西亚留台校友会联合总会全国文华之夜》，沙巴留台同学会，1988 年，

91. 《玻州德教会紫阳阁银禧纪念特刊（1963—1988）》，玻州德教会紫阳阁特刊编辑股，1988 年。

92. 《柔佛哥打丁宜德教会紫登阁庆祝银禧纪念特刊（1963—1988）》，柔佛州哥打丁宜德教会紫登阁，1988 年。

93. 《新加坡潮州八邑会馆成立 60 周年纪念特刊》，新加坡潮州八邑会馆，1989 年。

94. 《南洋谢氏总会庆祝钻禧暨互助部 37 周年纪念特刊（1929—1989）》，1989 年。

95. 《砂拉越同心善堂成立 21 周年纪念特刊（1968—1989）》，砂拉越同心善堂，1989 年。

96. 《雪兰莪安溪会馆成立 60 周年纪念暨大厦落成开幕典礼特刊》，雪兰莪安溪会馆。

97. 《新加坡琼州会馆庆祝 130 周年纪念（1854—1989）》，新加坡琼州会馆。

98. 陈陶顺：《马来西亚德教联合总会庆祝成立 31 周年暨第 32 届会员代表大会纪念特刊》，马来西亚德教联合总会，1989 年。

99. 《德教会振台阁创阁 10 周年纪念特刊》，霹雳州班台德教会振台阁，1989 年。

100. 《吉南居林德教会紫翰阁庆祝银禧纪念特刊（1964—1989）》，吉南居林德教会紫翰阁，1989 年。

101. 《吉隆坡仙四师爷庙庆祝 125 周年纪念特刊（1864—1989）》，立成印务有限公司，1989 年。

102. 《砂拉越古晋福州公会庆祝 60 周年纪念》，1990 年。

103. 《诗巫永安亭大伯公庙庆祝观音宝塔落成典礼特刊》，诗巫永安亭大伯公庙，1990 年。

104. 《马来西亚巴生客属公会第十八周年会庆特刊》，马来西亚巴生客属公会，1990 年。

105. 《霹雳吉辇巴眼色海明月善社创立根源与发展史略》，霹雳吉辇巴眼色海明月善社，1990 年。

106. 《霹雳太平紫平阁银禧纪念特刊》，霹雳太平德教会紫平阁，1990 年。

107. 《第二届真空教道务研讨会暨诵经观摩赛纪念特刊》，马来西亚真空教

总会，1990 年。

108. 《森美兰州瓜拉比劳公立真和道堂重建道堂落成志庆》，森美兰州瓜拉庇拉公立真和道堂，1990 年。

109. 《泛马谢氏总会成立典礼暨世界谢氏宗亲第七届恳亲大会纪念特刊》，1991 年。

110. 《雪兰莪广东会馆金禧纪念特刊》，雪兰莪广东会馆，1991 年。

111. 《马来西亚德教联合总会庆祝成立 32 周年暨第三十三届会员代表大会纪念特刊》，马来西亚德教联合总会，1991 年。

112. 《马来西亚霹雳州太平华联校友会 30 周年纪念特刊（1961—1991）》，太平华联校友会。

113. 《雪隆潮州会馆 100 周年纪念特刊（1891—1991）》，雪隆潮州会馆。

114. 《新加坡揭阳会馆金禧纪念特刊》，新加坡揭阳会馆，1991 年。

115. 《吉隆坡暨雪兰莪中华工商总会会讯合订本（1985—1991）》。

116. 《新加坡金门会馆大厦落成暨成立 116 周年纪念特刊》，1992 年。

117. 《霹雳留学台湾同学会 25 周年纪念特刊》，霹雳留台同学会，1992 年。

118. 许斯誉：《德教联谊会庆祝 25 周年银禧纪念特辑》，马来西亚德教联谊会，1992 年。

119. 谢佐德：《新加坡真空教联合会暨本元山道堂新厦落成开幕纪念册》，新加坡真空教联合会，1992 年。

120. 《雪兰莪永春公所 100 周年纪念特刊》，雪兰莪永春公所。

121. 《马来西亚柔佛居銮大埔同乡会庆祝成立 34 周年纪念　马来西亚大埔（茶阳）　社团联合总会第十四届会员代表大会双庆纪念特刊》，马来西亚柔佛居銮大埔同乡会。

122. 《诗巫福州垦场 90 周年纪念会刊》。

123. 《马来西亚沙巴州山打根海南会馆庆祝创馆 90 周年纪念暨主办第八届沙巴“海南之夜”文娱晚会纪念特刊（1902—1992）》，马来西亚沙巴州山打根海南会馆、天后宫小组。

124. 《雪森彭隆钟灵校友会 30 周年特刊（1962—1992）》。

125. 《北马潮安同乡会成立 40 周年纪念特刊（1952—1992）》，北马潮安同乡会。

126. 《新加坡南安会馆 70 周年纪念特刊（1923—1993）》。

127. 雪兰莪会宁公会青年团编委会：《雪兰莪会宁公会会讯》（创刊号），雪兰莪会宁公会，1993 年。

128. 马来西亚大埔（茶阳）社团联合总会：《埔联会讯》1993 年第 3 期。

129. 《雪兰莪叶氏宗祠成立 100 周年纪念特刊》，雪兰莪叶氏宗祠，1993 年。

130. 彭霖贵：《新加坡彭氏总会成立 40 周年纪念特刊》，新加坡彭氏总会，1993 年。

131. 《宋恩阁庆祝八大仙师游盛会圣日暨创阁 5 周年纪念特刊》，雪兰莪士拉央再也宋恩阁，1993 年。

132. 《巴生黄老祖师慈义庙银禧纪念暨黄老祖师六月初六得道圣诞特刊》，巴生黄老祖师慈义庙，1993 年。

133. 谢佐芝：《新加坡惠州会馆主办首届世界惠州会馆同乡恳亲大会特辑》，新加坡惠州会馆，1994 年。

134. 《新加坡安溪会馆成立 70 周年暨第一届世界安溪乡亲联谊会纪念特刊》，新加坡安溪会馆，1994 年。

135. 《吉隆坡河婆同乡会 25 周年银禧纪念特刊》，吉隆坡河婆同乡会。

136. 《美里省华人社团联合会会员资料汇编》，美里省华人社团联合会，1994 年。

137. 《雪兰莪万挠广东会馆银禧纪念特刊（1969—1994）》，雪兰莪万挠广东会馆。

138. 《民都鲁省华人社团联合会 10 周年纪念特刊》，民都鲁省华人社团联合会。

139. 《柔佛州南安会馆成立 80 周年纪念特刊》，柔佛州巴株巴辖南安会馆。

140. 《马来西亚黄氏宗祠雪隆江夏堂会讯》，马来西亚黄氏宗祠雪隆江夏堂，1994 年。

141. 《雪隆潮州会馆暨奖学金委员会常年会员大会会务报告书》，雪隆潮州会馆，1994 年。

142. 《紫如阁创阁缘起》，柔佛丰盛港德教会紫林阁，1994 年。

143. 《马来西亚雪兰莪州双溪比力空中教还本原落成开幕纪念特刊》，双溪比力空中教还本原道堂，1994 年。

144. 《柔佛州居銮真空教道堂廖恒心道长纪念特辑》，居銮真空教道堂庆委会，1994 年。

145. 《居銮福莆仙公会庆祝成立廿周年暨新会所开幕双庆纪念特刊》，马来西亚柔佛居銮福莆仙公会，1994 年。

146. 黄粲辉、林文丹：《总会 10 年纪念特刊》，新加坡宗乡会馆联合总会，1995 年。

147. 《砂拉越留台同学会创会 30 周年纪念特刊》，砂拉越留台同学会，

1995 年。

148. 《美里德教会紫理阁庆祝 12 周年暨特鸾会柳特刊》，美里德教会紫理阁，1995 年。

149. 《柔佛州居銮真空教道堂热烈庆祝教主真空祖师升空晋封 101 周年暨新堂重建落成举行开幕典礼纪念册》，居銮真空教道堂，1995 年。

150. 《马来西亚真空教总会联合各道堂庆祝教主真空祖师降世 168 周年暨总会成立 30 周年纪念盛典特刊》，马来西亚真空教总会，1995 年。

151. 《新加坡鹤山会馆三庆特刊》，新加坡鹤山会馆，1996 年。

152. 《雪兰莪中华大会堂 72 周年纪念特刊》，雪兰莪中华大会堂，1996 年。

153. 《马来西亚雪隆惠州会馆会讯》1996 年第 1 期（创刊号）、1996 年第 2 期。

154. 《晋汉省华青团 13 周年纪念特刊》，1997 年。

155. 杨德炼：《新加坡茶阳大埔会馆 140 周年纪念刊》，新加坡茶阳大埔会馆。

156. 《广东会馆庆祝 60 周年纪念特刊》，新加坡广东会馆，1997 年。

157. 《第十届全国华人文化节特辑》，吉打州华人大会堂，1997 年。

158. 许世韬：《诗巫福州公会 50 周年纪念刊》，诗巫福州公会，1997 年。

159. 第 118 届执委会：《雪隆惠州会馆馆史》，雪隆惠州会馆。

160. 廖标煜：《彭亨州文德甲德教会紫亨阁银禧纪念特刊（1972—1997）》，彭亨州文德甲德教会紫亨阁。

161. 《第三届世界彭氏宗亲会联谊大会特刊》，柔南彭氏宗亲会，1998 年。

162. 《马来西亚中华大会堂总会 6 周年纪念特刊》，吉隆坡：马来西亚中华大会堂总会，1998 年。

163. 谢诗坚：《槟榔屿潮州会馆庆祝成立 134 周年纪念特刊（1864—1998）》，槟榔屿潮州会馆董事会，1998 年。

164. 《雪兰莪暨吉隆坡精武体育会 75 周年钻禧纪念特刊》，雪隆精武体育会，1998 年。

165. 《德教会紫因阁创阁纪念特刊》，民都鲁德教会紫因阁，1998 年。

166. 《德教会紫悟阁创阁纪念特刊》，砂拉越老越德教会紫悟阁，1998 年。

167. 《柔佛丰盛港德教会紫林阁银禧纪念特刊（1973—1998 年）》，柔佛丰盛港德教会紫林阁，1998 年。

168. 《太平真空教真和道堂“三大庆典耀太平”特辑》，太平真空教真和道堂，1998 年。

169. 《马来西亚德教联合总会庆祝成立 39 周年及第四十届会员代表大会暨

轮值单位紫孚阁第35周年阁庆纪念特刊》，丁加奴德教会紫孚阁，1999年。

170.《雪隆李氏宗亲会50周年金禧纪念》，雪隆李氏宗亲会，1999年。

171.《99韩江校友世界嘉华年会（第七届）纪念特刊》，雪隆韩江校友会，1999年。

172.《马来西亚留台校友会联合总会成立25周年纪念特刊：直的承传，横的交流（1974—1999）》，马来西亚留台校友会联合总会，1999年。

173.《雪兰莪万津和一道坛新会所落成开幕庆典纪念特刊》，雪兰莪万津和一道坛，1999年。

174.《马来西亚德教联合总会2000年度会务报告书》，马来西亚德教联合总会，2000年。

175.《霹雳济德阁主办千禧年第十九届星马济阙圆融暨第三届宣教研习营（2000年7月23—25日）》，霹雳济德阁，2000年。

176.《吉隆坡怡保律水塘路真空教天灵道堂庆祝新堂落成开幕典礼纪念特辑》，吉隆坡怡保律真空教天灵道堂，2000年。

177.《吉隆坡广东义山千禧特刊》，吉隆坡广东义山，2001年。

178.《万挠广福义山成立100年纪念特刊》，万挠广福义山，2001年。

179.《东甲真空教复本堂热烈庆祝教主真空祖师降世174周年圣诞暨本道堂重修2周年纪念盛况特辑》，星马真空教诵经团，2001年。

180.《图说佛光山》，佛光山宗务委员会，2001年。

181.《马来西亚华校教师会总会2001年工作报告书》，吉隆坡：马来西亚华校教师会总会，2001年。

182.《马来西亚华校教师会总会2002年工作报告书》，吉隆坡：马来西亚华校教师会总会，2002年。

183.《发一崇德吉隆坡道场2000年刊·迈向2002年标准道场》。

184.《德教会振光阁创阁32周年纪念特刊》，德教会振光阁。

185.《雪隆福州会馆90周年纪念特刊（1912—2002）》，雪隆福州会馆，2002年。

186.《雪隆精武体育会80周年纪念特刊》，雪隆精武体育会，2002年。

187.《星洲德教会紫新阁成立50周年金禧纪念特刊》，星洲德教会紫新阁，2002年。

188.《沙登真空教道堂热烈庆祝教主真空祖师生辰宝诞暨道堂重建开幕典礼晚宴》，雪兰莪州沙登区真空教道堂，2002年。

189.《世界万人读经大会考暨万人爱心园游会特刊》，马来西亚一贯道总会，2002年。

190. 《登嘉楼海南会馆主办马来西亚海南会馆联合会第三十三届会员代表大会暨庆祝本馆扩建新厦开幕典礼·本馆成立108周年·青年团36周年及妇女团10周年纪念特刊》，丁加奴海南会馆。

191. 《吉兰丹潮州会馆庆祝成立45周年纪念·马潮联会69周年纪念暨第六十四届代表大会·马潮联青第二十九届代表大会·马潮联妇第三届代表大会纪念特刊》，吉兰丹潮州会馆，2003年。

192. 《砂拉越圣发堂慈善社新会所落成纪念特刊》，砂拉越圣发堂慈善社，2003年。

193. 《北海德教会紫道阁庆祝主坛师尊白云道长圣诞千秋　阁所扩建落成暨创阁25周年银禧纪念特刊》，北海德教会紫道阁，2003年。

194. 《霹雳德教会洗肾中心新厦开幕暨创立8周年纪念志庆特刊》，霹雳德教会洗肾中心基金会，2003年。

195. 《古晋德教会紫谦阁安炉立鼎纪念特辑》，古晋石角德教会紫谦阁，2003年。

196. 王诗龙、郑明坤：《吉隆坡德教会紫嘉阁创阁20周年暨赠医施药部成立17周年纪念特刊》，吉隆坡德教会紫嘉阁，2003年。

197. 《芙蓉真光道堂信徒会庆祝60周年纪念暨教主真空祖师降世176周年及行政楼落成开幕典礼纪念特刊》，芙蓉真光道堂，2003年。

198. 《马来西亚一贯道总会成立大会特刊》，马来西亚一贯道总会，2003年。

199. 《双溪大年明修青年团成立20周年纪念特刊》，吉打双溪大年明修善社，2003年。

200. 钟伟前：《董总50年》，吉隆坡：马来西亚华校董事联合会总会，2004年。

201. 《马来西亚兴安会馆总会会讯》，马来西亚兴安会馆总会，2006年。

202. 《马来西亚晋江社团联合会会讯》2004年第4期。

203. 《麻坡德教济新阁50周年金禧暨第二十三届济阙圆融大会纪念特刊》，麻坡德教济新阁，2004年。

204. 《霹雳德教会紫明阁50周年金禧纪念特刊》，霹雳德教会紫明阁，2004年。

205. 《吉礁济阳阁庆祝道济天尊圣诞及创阁金禧特刊》，吉礁德教会济阳阁，2004年。

206. 《导善社振济阁三喜庆典兼筹募医药基金特刊》，吉隆坡联邦直辖区国都花园导善社振济阁，2004年。

207. 《新加坡安溪会馆庆祝成立80周年大庆及互助部成立53周年纪念　第五届世界安溪乡亲联谊大会》，新加坡安溪会馆，2004年。

208. 《马来西亚留台校友会联合总会成立30周年纪念特刊》，马来西亚留台校友会联合总会，2004年。

209. 《砂拉越留台同学会39周年纪念特刊暨泗里奎省分会30周年》，砂拉越留台同学会，2004年。

210. 《关丹华团联合会30周年纪念特刊》，关丹华团联合会。

211. 《霹雳怡保晋江会馆庆祝25周年银禧纪念特刊1980—2005》，霹雳怡保晋江会馆。

212. 《巴生福建会馆100周年纪念特刊》，巴生福建会馆。

213. 《砂拉越诗巫省华文独中董联会创会25周年暨大厦落成双庆大典纪念特刊》，砂拉越诗巫省华文独中董联会。

214. 《马来西亚南安社团联合会、马来西亚南安社团联合会青年团、马来西亚南安社团联合会妇女组会讯》，马来西亚南安社团联合会青年团，2005年。

215. 《马来西亚仙法师公古庙总会　十年风雨长征　古庙近百年历史大全》，马来西亚仙法师公古庙总会。

216. 《槟城德教会紫云阁金禧50周年纪念特刊》，槟城德教会紫云阁，2005年。

217. 《霹雳巴眼色海导善社振善阁创阁50周年金禧纪念特刊》，霹雳巴眼色海导善社振善阁，2005年。

218. 仁和佛院文书组：《一代贤哲真修大仙成道45周年纪念》，发一德化道务中心，2005年。

219. 《雪州丹绒加弄平安宫（拿督克拉挽）新庙落成庆典特辑（2004年7月2日—2004年11月9日）》，雪州丹绒加弄平安宫，2005年。

220. 《马来西亚兴安会馆总会会讯》，马来西亚兴安会馆总会，2006年。

221. 《霹雳晋江会馆庆祝成立50周年金禧纪念特刊（1956—2006）》，霹雳晋江会馆，2006年。

222. 《马来西亚雪隆惠州会馆142周年会庆暨筹募叶亚来故居华侨博物馆基金纪念特刊》，雪隆惠州会馆，2006年。

223. 《南洋德教总会金禧纪念特刊》，南洋德教总会，2006年。

224. 《雪隆德教会紫芳阁50周年金禧纪念特刊》，雪隆德教会紫芳阁，2006年。

225. 《雪隆广肇会馆120周年暨义学80周年纪念特刊》，雪隆广肇会馆，2007年。

226.《新加坡德教会紫经阁银禧大典暨自购阁宇落成纪念特刊（1981—2006）》，新加坡德教会紫经阁，2006 年。

227.《热烈庆祝教主真空祖师降世 179 周年圣诞千秋道堂重建 12 周年暨中国真空教南传东南亚 100 周年纪念盛典》，柔佛居銮真空教道堂，2006 年。

228.《蕉赖九支真空教天福坛庆祝真空祖师降世 179 周年圣诞暨礼堂落成开幕特刊》，蕉赖九支真空教天福坛，2006 年。

229. 刘树宗：《斗湖德教会紫辰阁创阁 30 周年纪念特刊（1976—2006）》，斗湖德教会紫辰阁。

230.《柔佛德教会紫书阁庆祝金禧纪念特刊》，柔佛德教会紫书阁，2007 年。

231.《吉打双溪拉兰明立善阁新阁落成 3 周年纪念暨阁庆联欢会特刊》，2007 年。

232.《砂拉越沐胶德教会紫沐阁安炉立鼎缘子手册》，砂拉越沐胶德教会紫沐阁，2007 年。

233.《马来西亚德教联合总会召开 2007 度全国会员代表大会第四十八届理事会常年会务报告书（2006 年 3 月—2007 年 3 月）》，马来西亚德教联合总会，2007 年。

234.《柔佛德教会济贤善社创社，20 周年精装纪念特刊》，柔佛德教会济贤善社。

235.《马来西亚福建社团联合会 50 周年纪念特刊》，马来西亚福建社团联合会，2008 年。

236.《雪兰莪暨吉隆坡广西会馆 80 周年纪念特刊（1927—2007）》，雪兰莪暨吉隆坡广西会馆，2008 年。

237.《马来西亚兴安会馆总会会讯》，马来西亚兴安会馆总会，2008 年。

238.《紫玄 16 周年纪念特刊》，新加坡德教会紫玄阁，2008 年。

239.《浮罗交怡德教会紫文阁庆祝道济天尊圣诞千秋、创阁 43 周年、新阁宇落成 21 周年、妇女组成立 3 周年暨应缘承命主办全国紫系大会鸾五大庆典纪念特刊》，浮罗交怡德教会紫文阁，2008 年。

240.《马来西亚德教联合总会召开 2008 年度全国会员代表大会第四十九届理事会常年会务报告书（2007 年 3 月—2008 年 3 月）》，马来西亚德教联合总会，2008 年。

241.《太平德德社济诚阁庆金禧暨主办第二十六届马星济阙圆融纪念特刊》，太平德德社济诚阁，2008 年。

242.《槟城头条路斗母宫九皇大帝庆祝成立 105 年暨理事会 50 周年金禧纪

念特刊》，槟城头条路斗母宫，2008 年。

243.《国际佛光会马来西亚协会第六届 2008 年第三次全国常年代表大会手册》，国际佛光会马来西亚协会，2008 年。

244.《第十六届全国精武嘉年华会特刊》，雪隆精武体育会，2009 年。

245.《马来西亚留台校友联合总会创会 35 周年纪念特刊：教育领航，作育英才（1974—2009）》，马来西亚留台校友会联合总会，2009 年。

246.《沙巴州山打根德教会紫善阁庆祝 30 周年阁庆纪念特刊》，沙巴州山打根德教会紫善阁，2009 年。

247.《马西德教会紫慈阁创阁 9 周年特刊》，柔佛马西德教会紫慈阁，2009 年。

248.《大山脚德教会赞化阁 50 周年金禧纪念特刊（1957—2007）》，槟城威省大山脚德教会赞化阁，2009 年。

249.《吉中德教会立善阁庆祝道祖师尊圣诞千秋暨创阁安炉 49 周年 · 新阁落成 43 周年 · 施医赠药部成立 41 周年纪念》，吉中德教会立善阁，2009 年。

250.《明修善社金禧 50 周年纪念特刊》，吉打双溪大年明修善社，2009 年。

251.《吉打双溪拉兰明立善阁新阁落成 5 周年纪念暨阁庆联欢晚会》（常年特刊第五集），2009 年。

252. 马秋明：《天定州德教会紫邦阁庆祝创阁 49 周年暨施医赠药 42 周年 · 妇女组成立 15 周年 · 德青团成立 10 周年 共贺德友荣膺勋衔暨筹募赠医施药基金剪彩六大庆典》，天定州德教会紫邦阁，2009 年。

253.《马来西亚德教联合总会召开 2009 年度全国会员代表大会第五十届理事会（2008 年 4 月—2009 年 3 月）常年会务报告书》，马来西亚德教联合总会，2009 年。

254.《马来西亚一贯道总会活动盛况（2003—2008）》，马来西亚一贯道总会。

255.《发一崇德吉隆坡道场 30 周年暨不休息菩萨成道周年感恩纪念特刊》，发一崇德吉隆坡道场，2009 年。

256.《发一崇德亚罗士打道场 30 周年庆感恩纪念专刊》，发一崇德亚罗士打道场，2009 年。

257.《不休息菩萨开创新加坡道场 20 周年感恩特刊》，发一崇德新加坡道场，2009 年。

258.《不休息菩萨慈示训》，台湾南投：发一崇德道务中心，2009 年。

259.《不休息菩萨慈示训》，台湾南投：发一崇德道务中心，2009 年。

260.《国际佛光会世界总会第四届第五次理事会议纪念特刊》，国际佛光会新加坡协会，2009 年。

261. 如言法师：《2009 年国际佛光会世界总会特刊》，国际佛光会世界总会，2009 年。

262. 陈云绅：《马来西亚真佛宗密教总会 10 周年纪念专辑 · 光辉十载回顾特刊》，马来西亚真佛宗密教总会，2009 年。

263. 《马来西亚雪隆嘉应会馆 2009 年报告书 · 2010 年会员大会》，马来西亚雪隆嘉应会馆。

264. 《沙叻秀谭公庙 111 周年纪念特刊（1897—2008）》，沙叻秀谭公庙。

265. 《砂拉越美里河婆同乡会 30 周年会庆暨河婆文化节嘉年华会纪念特刊》，砂拉越美里河婆同乡会，2009 年。

266. 《吉隆坡仙四师爷庙 145 周年纪念特刊》，吉隆坡仙四师爷庙，2009 年。

267. 《新加坡民俗导览第三本 · 庙宇文化》，焦点出版有限公司，2009 年。

268. 《福联会讯》，马来西亚福建社团联合会，2010 年。

269. 《广西会讯》2010 年第 18 期。

270. 《马来西亚福州社团联合总会会讯》，马来西亚福州社团联合总会，2010 年。

271. 《回顾过去展望未来：雪兰莪暨吉隆坡福建会馆 125 周年纪念特刊（1885—2010）》，雪兰莪暨吉隆坡福建会馆，2010 年。

272. 《雪隆广东会馆 2010 年度第六十六届常年会员大会》，雪隆广东会馆，2010 年。

273. 《马来西亚雪隆惠州会馆庆祝 146 周年会庆暨筹募循人中学大礼堂基金纪念特刊》，雪隆惠州会馆，2010 年。

274. 《马来西亚广东会馆联合会会讯》2010 年第 39 期。

275. 《吉隆坡黄老仙师慈忠庙金禧纪念特刊》，吉隆坡：黄老仙师慈忠庙，2010 年。

276. 《巴株巴辖登义山道堂空中大道纪念特刊（2006—2009）》，巴株巴辖真空教登义山道堂。

277. 蔡宗贤：《砂拉越大伯公庙资料汇编》，诗巫永安亭大伯公庙，2010 年。

278. 《吉隆坡融融善后会 60 周年纪念特刊》，吉隆坡融融善后会，2010 年。

279. 《永平德教会紫安阁安炉立鼎 10 周年迁阁诸圣晋阙纪念特刊》，永平德教会紫安阁。

280. 《峇南德教会紫心阁创阁 10 周年纪念特刊（2000—2010）》，峇南德教会紫心阁。

281.《吉隆坡赤溪会馆 2011 年度会员大会文件册》，吉隆坡赤溪会馆，2011 年。

282.《马六甲兴安会馆 65 周年纪念特刊》，马六甲兴安会馆，2011 年。

283.《登嘉楼中华大会堂新厦落成纪念特刊》，丁加奴中华大会堂，2011 年。

284.《雪隆江夏堂·马来西亚黄氏宗祠青年团、妇女组 2011 年度常年会员大会会议手册》，2011 年。

285.《第四届全国老友大聚会纪念特刊·大汉山之夜》，彭亨老友联谊会，2011 年。

286.《吉中德教会立善阁金禧纪念特刊》，吉中德教会立善阁。

287.《马来西亚柔佛州新山市地南镇德教会济安善社创社缘起纪念刊》，柔佛乌鲁地南德教会济安善社，2011 年。

288.《新加坡修德善堂养心社庆祝宋大峰祖师圣诞暨成立 95 周年纪念刊》，新加坡修德善堂养心社。

289.《马来西亚柔佛州修德善堂麻坡分堂庆祝宋大峰祖师圣诞暨创堂 50 周年金禧纪念及新堂落成开幕典礼特刊》，修德善堂蔴坡分堂，2011 年。

290.《明修善社金禧纪念特刊》，马来西亚吉打双溪大年明修善社，2011 年。

291.《明修善社庆祝宋大峰祖师圣诞千秋成立 52 周年纪念双庆大典》，吉打双溪大年明修善社，2011 年。

292.《马来西亚槟城州威省北海德教会紫威阁创阁 50 周年金禧纪念特刊》，威省北海德教会紫威阁，2011 年。

293.《吉隆坡联邦直辖区国都花园德教振济阁本阁暨社会善仕联办布施贫老第二十五届（2011 年 1 月 9 日）征信录》，吉隆坡联邦直辖区国都花园德教振济阁，2011 年。

294.《崇慧·我们的家 10 周年特刊》，新山崇德文教会。

295.《不休息菩萨成道三周年感恩纪念专辑》，台湾南投：发一崇德道务中心，2011 年。

296.《国际佛光会马来西亚协会 20 周年庆特刊》，雪兰莪八打灵：国际佛光会马来西亚协会，2011 年。

297.《紫芳阁之夜联欢晚宴 2011：庆祝创阁 55 周年　施医赠药成立 54 周年免费供应与装置义脚活动》，吉隆坡德教会紫芳阁。

298.《马来西亚佛光协会成立 20 周年纪念特刊》，马来西亚佛光协会，2012 年。

299. 《新加坡中华总商会大厦落成纪念刊》。
300. 《柔佛新山白鹤体育会成立20周年暨新厦开幕双庆纪念特刊》。
301. 陈云深：《芙蓉志元三教堂特刊》（第一版）。
302. 《精武会讯》（第1~30期）。
303. 《隆雪华堂堂讯》。
304. 《马来西亚留华同学会会讯·留华人》。
305. 《留台联总会讯》。
306. 《马来西亚广东会馆联合会会讯》。
307. 《德讯》（第1~39期），马来西亚德教联合总会。
308. 马来西亚沙巴州亚庇市济和善社鸾文汇编：《济训真理》（第1~8辑）。
309. 《归一会刊》（第1~17辑），新加坡真空教联合会。
310. 《发一崇德杂志》（第100~114期），财团法人光慧文教基金会。
311. 《斗讯》，马来西亚斗母宫九皇大帝总会。
312. 《马来西亚神庙大典》。

二、英文著作

1. L. F. Comber, *Chinese Secret Society in Malaya: A Survey of Triad Society from 1800 to 1900*, J. J. Augustin Incorporated Publisher, 1959.

2. C. S. Wong, *A Gallery of Chinese Capitans*, *Ministry of Culture*, Singapore, 1963.

3. Michael B. Leigh, *The Chinese Community of Sarawak: A Study of Communal Relations*, Malaysia Publishing House Ltd. , 1964.

4. Song Ong Siang, *One Hundred Years History of the Chinese in Singapore* (*Ⅲ*), Malaya University Press, 1967.

5. W. Bligthe, *The Impact of Chinese Secret Secieties in Malaya: A History Study*, Oxford University Press, 1969.

6. Tan Chee-Beng, *The Development and Distribution of Dejiao Associations in Malaysia and Singapore: A Study on Chinese Religious Organizations*, Institute of Southeast Asian Studies, 1985.

7. Wolfgang Franke, Chen Tieh Fan, *Chinese Epigraphic Materials in Malaysia* Vol. 1－3, Malaya Vniversity Press, 1985。

8. Ten Chee-Beng, *Dejiao Associations in Malaysia and Singapore*, Institute of Southeast Asian Studies, 1985.

9. Yen Ching-hwang, *A Social History of the Chinese in Singapore and Malaya*

1800 - 1911, Oxford University Press, 1986.

10. Edited by George Hicks, *Chinese Organisations in Southeast Asia in the 1930s.*, Select Books Pte Ltd, 1996.

11. Wolfgang Moese, Gottfried Reinknetch and Eva Schmitz-Seiber, *Chinese Regionalism in West-Malaysia and Singapore*, Hamburg, 1979.

12. James C. Jackson, *Chinese in the West Borneo Goldfields*, University of Hull, 1970.

13. Ray Nyee, *Chinese New Villages in Malaya: A Community Study*, Malaysian Sociological Research Inetitute Ltd., 1973.

14. R. K. Vasil, *Enthnic Politics in Malaysia*, First Published in 1980 by Radiant Publishers, New Delhi.

15. Tan Cheen Beng, *The Baba of Malaka: Culture and Identity of a Chinese Peranakan Community in Malaysia*, Pelanduk Publication Sdn Bhd, 1988.

16. Some Remarks on the "Three-in-One-Doctrine" and its Manifestations in Singapore and Malaysia, *in Sino-Malaysiana: Selected Papers on Ming and Qing History and an the Overseas Chinese in Southeast Asia* (1942 - 1988), Singapore: South Seas Society, 1989.

17. Saw Swee-Hock, *The Population of Peninsular Malaysia*, Singapore University Press, 1988.

18. Ling liong Sok, Kok Wee Kia etc, *The Future of Malaysia Chinese*, Malaysia Chinese Association, 1992.

19. Yen Ching-hwang, *Community and Politics: The Chinese in Colonial Singapore and Malaysia*, Times Academic Press, 1995.

20. Edited by Leo Suryadinata, *Nationalism and Globalization: East and West*, Singapore Institute of Southeast Asian Studies.

21. Edited by Joel. S. Kahn, *Southeast Asian Identities: Culture and the Politics of Representation in Indonesia, Malaysia, Singapore, and Thailand*, Singapore Institute of Southeast Asian Studies, 1998.

22. Amy L. Freedman, *Political Participation and Ethnic Minorities: Chinese Overseas in Malaysia, Indonesia, and the United States*, Routledge, 2000.

23. Edited by Verinder Grover: *Malaysia: Government and Politics*, New Delhi, Deep & Deep Pulications Pvt. Ltd., 2000.

24. Bernard Formoso, *DE JIAO: A Religious Movement in Contemporary China and Overseas: Purle qi from the East*, Singapore: National University of Singapore, 2010.

后　记

2011年4月至2012年4月，受到国家留学基金委的资助，我有机会在马来亚大学做访问学者。一年期间，我跑遍了马来西亚的13个州，到过许许多多华人聚居的城镇，拜访了大量的华人社团，搜集到了很多珍贵的资料。基于此，我想有必要对2005年出版的《马来西亚华人社团研究》进行修改补充。

本书能够再版，要感谢暨南大学国际关系学院院长、华侨华人研究院执行副院长曹云华教授的提议，感谢他将本书列入《世界华侨华人研究文库》出版计划。

在马来西亚为期一年的考察活动中，我曾得到当地许多华人的热情关照。首先，我要感谢马来亚大学中文系主任苏庆华教授，他的同意使我能够到大马最高学府访学；感谢马来亚大学中文系崔彦、潘碧华、郑庭河、张慧思、严家建、Rosna Binti Din、Noor Syah Riza Shari 等诸位老师，以及蓝佩铵、张志康、王美玲、陈秉玮、陈研而、杜忠全、林志明、陈妙恩等同学的热心相助。

我要特别感谢祝家丰老师（马来亚大学中文系）和刘崇汉先生，他们给了我兄长般的关照，不仅多次主动帮我联系考察对象，而且帮助我解决生活方面的困难和不便。他们很多颇有见地的学术观点，使我受益匪浅。

我也要特别感谢沙巴亚庇德教会济和善社社长戴荣强（兼任马德联总会副总会长）、新加坡真空教联合会主席林玉润老师及其夫人梁秀婷女士，在他们无微不至的关照下，我能够到访马来西亚全境，还到了新加坡、印度尼西亚、泰国、文莱等地考察。马来西亚福建会馆联合会妇女组主任郑桂珠大姐、砂拉越古晋德教会信德堂堂主林裕标、雪兰莪适耕庄紫沛阁阁长纪祥国（兼任马德联总会总务）、雪兰莪沙登真空教道堂刘永水先生、槟州北海德教会紫道阁阁长陈顺和、森美兰马口德教会紫康阁名誉阁长戴金松夫妇、马来西亚一贯道总会莫华兴经理和许传美秘书、柔佛居銮三一教珠光书院主坛经师杨文进等，以上诸位对我的考察活动也给予了很多热忱帮助，在此深表谢意！

我还要感谢在马来西亚一年期间下列诸位的帮助和关照：

南方大学校长祝家华博士、中文系主任安焕然博士、陈秋平博士；

拉曼大学中华研究院院长何启良教授，以及吴明珠博士、张晓威博士；

新纪元学院马来西亚历史研究中心主任廖文辉博士；

马六甲社会闻人、文史工作者、马来西亚华校校友联合会总会顾问林源瑞局绅；

马来西亚孝恩文化基金会执行长、马华公会中央党校常务副校长王琛发博士；

著名新马华族会馆史料研究者、柔佛新山咖啡酒餐公会执行秘书吴华先生；

著名马华文学作家云里峰先生；

暨南大学校友冼伟国先生、叶清润先生；

马来西亚暨南大学校友会会长黄良兴；

马来西亚留台成功大学校友会会长李庆发；

博特拉大学外语系庄华兴博士；

霹雳太平文化人李永球先生；

马来西亚华社研究中心副主任詹缘端；

柔佛居銮真空教道堂主持廖经念老师；

槟城海客园真空祖师道堂廖福生老师、廖金球老师；

砂拉越华人社团联合会副总会长、砂拉越民都鲁德教会紫因阁阁长谢水仁；

马来西亚会宁总会副会长、妇女组主席申约然女士及其丈夫何先生；

霹雳德教会洗肾中心医药基金会署理主席丁亚洲夫妇；

马来西亚兴安会馆总会副总会长、丁加奴兴安会馆会长陈春发局绅；

吉兰丹潮州会馆名誉会长、哥打巴鲁德教会紫灵阁阁长陈锦佳；

马六甲兴安会馆副主席吴添福先生；

森美兰中华大会堂副主席、芙蓉亚沙仙师爷千古庙主席黄俊棠先生等。

如果没有当地华人的帮助，我对马来西亚华社及华团的考察将会“寸步难行”，一年的考察活动将不能顺利进行，对自己的原书也可能没有机会继续完善。

在此，我还要感谢何启良教授和刘崇汉先生在百忙中为本书作序。他们的序言既使本书颇为增色，也是对我本人的鼓励和督促。

感谢暨南大学出版社责任编辑黄圣英、陈启立等人对本书编排所付出的辛勤劳动。

感谢我的研究生潘浪、李群峰、欧阳班铱、张钊帮忙整理相关资料。

从初版到再版，这本书曾得到国内外诸多专家学者的指导和帮助，谨致谢悃！请恕在此不再一一具名。当然，再版书中仍然出现的错误完全由我本人负责，书中的错漏、欠妥之处，敬请学界批评指正！

华团是观察马来西亚华社“风景”的一个“绝佳”窗口，是一把解开华社“谜团”必不可少的“钥匙”，是深入研究当地华社问题的一条关键“路径”。因此，本书的再版并不意味着我对华团研究的终结，而是又一个新起点。

石沧金

2013 年 3 月